ZTEN MAL
ERLEBT?

Die zweigeteilte Gepäckraumklappe ermöglicht ein flexibles und bequemes Beladen.

 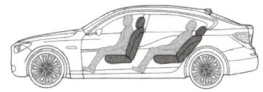

Der First Class Sitzkomfort lässt Sie außergewöhnlich entspannt reisen.

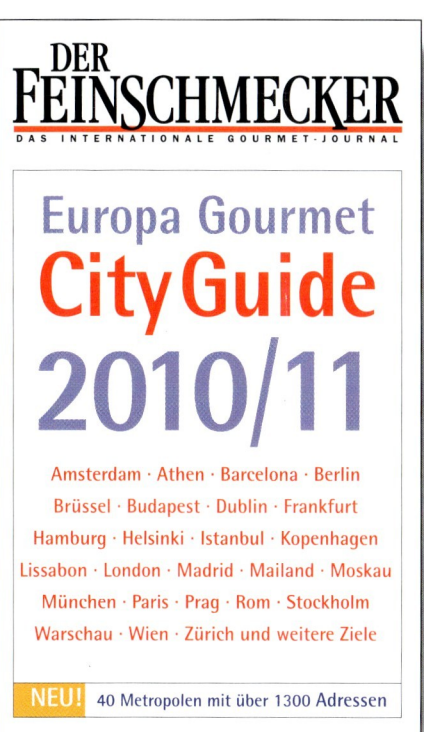

DER FEINSCHMECKER

DAS INTERNATIONALE GOURMET-JOURNAL

Europa Gourmet
City Guide
2010/11

Amsterdam · Athen · Barcelona · Berlin
Brüssel · Budapest · Dublin · Frankfurt
Hamburg · Helsinki · Istanbul · Kopenhagen
Lissabon · London · Madrid · Mailand · Moskau
München · Paris · Prag · Rom · Stockholm
Warschau · Wien · Zürich und weitere Ziele

NEU! 40 Metropolen mit über 1300 Adressen

Hotels, Restaurants,
In-Lokale und Bars

Herausgegeben
von der Redaktion

DER FEINSCHMECKER

Europas Vielfalt:
Entdecken & genießen!

Eine Nacht in einem ehemaligen Sultanspalast am Bosporus, ein paar Tapas mit Blick auf die Ramblas in Barcelona, Erinnerungen an Yves Montand in einer wuseligen Pariser Brasserie, ein Prosecco in der prächtigen Galleria Vittorio Emanuele in Mailand – Städtereisen in Europa bieten vielfältige Möglichkeiten, kleine Momente des Glücks zu erleben und wieder einmal zu erfahren: Das Leben ist schön!

Natürlich darf die Flucht aus dem Alltag nicht dem Zufall überlassen werden! Dieser Guide hilft dem Glück auf die Sprünge: Er beschreibt und empfiehlt Hotels, Restaurants, Bistros, Bars und Kneipen in 40 Metropolen und Hauptstädten, die immer eine Reise wert sind. Alle wurden von uns getestet und bewertet.

Selbstverständlich informieren wir über die jeweiligen Top-Hotels und -Restaurants. Wir waren aber auch in familiären Gästehäusern, in legeren Bistros, in den neuesten In-Lokalen, und natürlich verraten wir auch, wo man die kulinarischen Spezialitäten des Landes in bester Qualität probieren kann.

Es gibt viel zu entdecken. Gute Reise – und viel Glück!

Ihre FEINSCHMECKER-Redaktion

Exclusive Collection 2009 | 10

BECKER
JUWELIERE & UHRMACHER

GÄNSEMARKT 19   20354 HAMBURG   T +49.(0)40.35 75 85 0
ALSTERTAL-AEZ   22391 HAMBURG   T +49.(0)40.606 52 62
WWW.BECKER-HAMBURG.DE

Die besten
Hotels und Restaurants
in Europa

Der FEINSCHMECKER-**Bewertungsschlüssel**	S. 14	Lissabon	S. 272
Wie Restaurants und Hotels bewertet werden, was die Symbole bedeuten		Ljubiljana	S. 286
		London	S. 294
		Luxemburg	S. 322
		Lyon	S. 332
Hotels: Die Besten der Besten	S. 28	Madrid	S. 342
		Mailand	S. 362
Restaurants:		Moskau	S. 376
Die Besten der Besten	S. 32	München	S. 390
		Nizza	S. 410
40 Städte in Europa		Oslo	S. 420
Amsterdam	S. 38	Paris	S. 430
Athen	S. 50	Prag	S. 458
Barcelona	S. 62	Riga	S. 472
Berlin	S. 82	Rom	S. 482
Bratislava	S. 102	St. Petersburg	S. 500
Brüssel	S. 110	Sofia	S. 510
Budapest	S. 130	Stockholm	S. 518
Bukarest	S. 140	Tallinn	S. 530
Dublin	S. 150	Valencia	S. 540
Edinburgh	S. 162	Warschau	S. 548
Florenz	S. 172	Wien	S. 560
Frankfurt	S. 186	Zürich	S. 578
Genf	S. 202		
Hamburg	S. 214	**Stadtpläne**	
Helsinki	S. 232	Amsterdam	S. 48
Istanbul	S. 244	Athen	S. 60
Kopenhagen	S. 260	Barcelona	S. 80

€ 2.920,-

€ 2.425,-

BECKER

JUWELIERE & UHRMACHER

GÄNSEMARKT 19   20354 HAMBURG   T +49.(0)40.35 75 85 0
ALSTERTAL-AEZ   22391 HAMBURG   T +49.(0)40.606 52 62
WWW.BECKER-HAMBURG.DE

INHALT

Die besten
Hotels und Restaurants
in Europa

Berlin-Mitte	S. 99	München	S. 408
Berlin	S. 100	Nizza	S. 418
Bratislava	S. 109	Oslo	S. 428
Brüssel	S. 127	Paris	S. 454
Brüssel Innenstadt	S. 128	Paris Champs-Elysées	S. 456
Budapest	S. 139	Prag	S. 470
Bukarest	S. 149	Riga	S. 480
Dublin	S. 160	Rom	S. 498
Edinburgh/Leith	S. 170	St. Petersburg	S. 508
Edinburgh	S. 171	Sofia	S. 516
Florenz	S. 184	Stockholm	S. 528
Frankfurt	S. 200	Tallinn	S. 538
Genf	S. 212	Valencia	S. 547
Hamburg	S. 229	Warschau	S. 559
Hamburg Innenstadt	S. 230	Wien	S. 576
Helsinki	S. 242	Zürich	S. 592
Istanbul	S. 258		
Kopenhagen	S. 270	**Register**	
Lissabon	S. 285	Hotels	S. 594
Ljubiljana	S. 293	Restaurants	S. 596
London	S. 318	Bars, Cafés/Heurige/	
London Innenstadt	S. 320	Pubs/Tapas Bars	S. 600
Luxemburg-Stadt und Umgebung	S. 330		
Luxemburg-Stadt	S. 331		
Lyon	S. 340	**Impressum**	S. 602
Madrid	S. 360		
Mailand	S. 374		
Moskau	S. 388		

Restaurants | Hotels

Wie die Restaurants bewertet wurden

F F F F F
In jeder Hinsicht perfekt

F F F F
Küche und Service herausragend,
Ambiente mit großem Komfort

F F F
Kreative Küche, sehr guter Service,
Komfort und Ambiente bemerkenswert

F F
Sehr gute Küche, guter Service,
angenehmes Ambiente

F
Küche und/oder Komfort über dem
Durchschnitt

F
Halber Punkt in Verbindung mit weiteren
Punkten: Ansätze zum Aufstieg in die
nächsthöhere Kategorie

✳ Interessante Location mit besonderem
Konzept/Ambiente/Angebot

Wie die Hotels bewertet wurden

F F F F F
In jeder Hinsicht perfekt

F F F F
Außergewöhnliches Haus
in hervorragender Lage

F F F
Großer Komfort bis ins Detail, sehr guter
Service – rundum Wohlbefinden

F F
Überdurchschnittlicher Komfort in
freundlicher Atmosphäre

F
Moderner Komfort und/oder freundliche
Atmosphäre

F
Halber Punkt in Verbindung mit weiteren
Punkten: Ansätze zum Aufstieg in die
nächsthöhere Kategorie

€ Preisgünstiges Hotel mit Komfort

 Dieses Restaurant ist online reservierbar unter www.der-feinschmecker-club.de/go/guide

---

Was die Abkürzungen und Symbole bedeuten

OT   Orts- bzw. Stadtteil

DZ   Doppelzimmer

Υ   Bar

🏠   Garage oder Parkplatz

🏊   Hallenbad

🌴   Terrasse und/oder Garten

⌂   Übernachtung möglich

Υ   Bemerkenswertes Weinangebot

🛎   Zimmerservice

M   Mittagstisch

▱   Keine Kreditkarten

Schöner Wohnen in Florenz:
Skulpturen, Reliefs, Fresken und
Säulen im Hotel „Four Seasons"
→ S. 173

Foto: Barbara Kraft

Transparenz am Genfer See:
„Grand Hôtel Kempinski"
→   S. 204

Vielfalt der Vorspeisen: im
syrischen Restaurant des „Yoho
Hotels", Hamburg

→ S. 219

Frische Farbe für Dublin:
die Lobby im neuen „Radisson
Blu Hotel"

→ S. 152

Foto: Soren Dam Thomsen

Dinner mit Panoramablick
über Athen: „Le Grand Balcon"
auf dem Lycabettus-Hügel
→ S. 55

Foto: GourmetPictureGuide.de

Es geht aufwärts in Warschau:
jedenfalls in der lichten Lobby
des Hotels „The Westin"
→ S. 551
Foto: GourmetPictureGuide.de

Moskaus erstes Designhotel:
„Golden Apple" in einem Haus
aus dem 19. Jahrhundert

→ S. 378

DER FEINSCHMECKER

BESTE HOTELS

F F F F F

Conrad Brussels, Brüssel   S. 112

F F F F F

Baur au Lac, Zürich   S. 579
Bayerischer Hof, München   S. 391
Four Seasons, Florenz   S. 173
Four Seasons Hôtel George V, Paris   S. 431
Le Richemond, Genf   S. 205

F F F F

Adlon Kempinski, Berlin,   S. 83
Amigo, Brüssel   S. 111
Arts, Barcelona   S. 63
Baltschug Kempinski, Moskau   S. 377
Be Manos, Brüssel   S.111
Bristol, Wien   S. 561
Brown's Hotel, London   S. 295
Bulgari, Mailand   S. 364
Çiragan Palace Kempinski, Istanbul   S. 245
Claridge's, London   S. 296
Crillon, Paris   S. 431
D'Angleterre, Kopenhagen   S. 261
Fairmont Vier Jahreszeiten,
    Hamburg   S. 216
Four Seasons Hotel Prague,
    Prag   S. 459
Four Seasons Istanbul at the Bosphorus,
    Istanbul   S. 246
Four Seasons, Mailand   S. 364
Grand Hotel Amrâth, Amsterdam   S. 39
Grand Hotel Europe, St. Petersburg   S. 501
Grand Hotel Firenze, Florenz   S. 174
Grand Hyatt, Berlin   S. 84
Grande Bretagne, Athen   S. 51
Hassler, Rom   S. 485
Hotel de Rome, Berlin   S. 84
Imperial, Wien   S. 563

InterContinental, Berlin   S. 84
Le Bristol, Paris   S. 433
Le Meurice, Paris   S. 434
Le Regina, Warschau   S. 550
Les Ottomans, Istanbul   S. 248
Mandarin Oriental Hyde Park,
    London   S. 297
Mandarin Oriental, Prag   S. 461
Manos Premier, Brüssel   S. 113
Nordic Light, Stockholm   S. 520
Palace, Berlin   S. 86
Palácio Belmonte, Lissabon   S. 275
Principe di Savoia, Mailand   S. 367
Radisson Blu, Bukarest   S. 145
Ritz, Madrid   S. 346
Ritz, Paris   S. 436
Rome Cavalieri, Rom   S. 488
Sacher Wien Wien   S. 565
Stanhope, Brüssel   S. 115
The Balmoral, Edinburgh   S. 164
The Connaught, London   S. 298
The Dominican, Brüssel   S. 115
The Dorchester, London   S. 299
The Ritz Hotel, London   S. 299
The Ritz-Carlton, Istanbul   S. 250
The Westin Grand Arabellapark,
    München   S. 395
The Westin Palace, Madrid   S. 348
Villa La Vedetta, Florenz   S. 177

F F F F

Ararat Park Hyatt, Moskau   S. 377
Athenaeum, Athen   S. 51
Avenida Palace, Barcelona   S. 63
Beau-Rivage, Genf   S. 203
Bosphorus Palace, Istanbul   S. 245
Brandenburger Hof, Berlin   S. 83
Carol Parc Hotel, Bukarest   S. 141

Cour des Loges, Lyon	S. 333	The Merrion Hotel, Dublin	S. 153
Exedra, Rom	S. 485	The Regent, Berlin	S. 88
Four Seasons Gresham Palace,		The Ritz-Carlton, Berlin	S. 88
Budapest	S. 132	The Westin Grand, Berlin	S. 88
Four Seasons Hotel Dublin, Dublin	S. 151	The Westin Grand Hotel,	
Four Seasons, Istanbul	S. 246	Frankfurt am Main	S. 189
Grand Elysee, Hamburg	S. 216	Vier Jahreszeiten Kempinski,	
Grand Hotel et de Milan, Mailand	S. 364	München	S. 396
Grand Hôtel, Stockholm	S. 519	Villa Florentine, Lyon	S. 333
Grand Hotel Wien, Wien	S. 562	Villa Kennedy, Frankfurt am Main	S. 190
Hessischer Hof, Frankfurt am Main	S. 187	Villa Magna, Madrid	S. 349
Hilton Athens, Athen	S. 52		
Hilton, Frankfurt am Main	S. 187	**F F F** ☐	
Hotel de Russie, Rom	S. 486	AC Miramar, Barcelona	S. 63
Hyatt Regency, Istanbul	S. 247	Admiral, Kopenhagen	S. 261
InterContinental, Frankfurt am Main	S. 188	Albert Premier, Luxemburg	S. 323
InterContinental, Warschau	S. 549	Alden Hotel Splügenschloss, Zürich	S. 579
JW Marriott Grand Hotel, Bukarest	S. 143	Aldrovandi Palace, Rom	S. 483
Kempinski München Airport,		Aleph, Rom	S. 483
München-Flughafen,	S. 392	Andaz Liverpool Street, London	S. 295
La Pérouse, Nizza	S. 411	Astoria, St. Petersburg	S. 501
Le Dokhan's Trocadéro, Paris	S. 434	Athenee Palace Hilton, Bukarest	S. 141
Le Palais, Prag	S. 461	Bairro Alto, Lissabon	S. 273
Le Royal Méridien, Hamburg	S. 216	Banks Mansion, Amsterdam	S. 39
Mandarin Oriental, München	S. 393	Berns, Stockholm	S. 519
Marriott, Kopenhagen	S. 262	Buddha Bar Hotel, Prag	S. 459
Palais Coburg Residenz, Wien	S. 563	Carlo IV, Prag	S. 459
Park Hyatt, Hamburg	S. 217	Casa Fuster, Barcelona	S. 64
Park Hyatt istanbul – Maçka Palas,		Concorde, Berlin	S. 83
Istanbul	S. 248	Continental, Oslo,	S. 421
Park Hyatt Milan, Mailand	S. 366	D'Inghilterra, Rom	S. 484
Plaza Athénée, Paris	S. 435	Do & Co, Wien	S. 562
Radisson Blu es. Hotel, Rom	S. 487	Donna Camilla Savelli, Rom	S. 484
Relais Santa Croce, Florenz	S. 175	Dylan, Dublin	S. 151
Residenza Napoleone III, Rom	S. 488	Eden, Rom	S. 485
Royal Viking Radisson Blu, Stockholm	S. 521	Empire Riverside, Hamburg	S. 215
Santo Mauro, Madrid	S. 347	Four Seasons Hôtel des Bergues,	
Savoy Baur en Ville, Zürich	S. 582	Genf	S. 204
Savoy, Florenz	S. 176	Golden Apple, Moskau	S. 378
Steigenberger Frankfurter Hof,		Gran Hotel La Florida, Barcelona	S. 66
Frankfurt am Main	S. 188	Grand Hotel Central, Barcelona	S. 66
Swissotel, Tallinn,	S. 531	Grand Hôtel Kempinski, Genf	S. 204
Swissôtel The Bosphorus, Istanbul	S. 249	Grand Visconti Palace, Mailand	S. 365
The Charles Hotel, München	S. 395	Haven, Helsinki,	S. 233
The Dolder Grand, Zürich	S. 582	Haymarket Hotel, London	S. 296
The Mandala, Berlin	S. 88	Hilton Munich Park, München	S. 392
The Marmara Pera, Istanbul	S. 249	Hilton, Warschau	S. 549

BESTE HOTELS

Hospes Madrid, Madrid	S. 344		Sanderson, London	S. 297
Howard Johnson Grand Plaza,			Schlössle, Tallinn	S. 531
Bukarest	S. 142		Seven One Seven, Amsterdam	S. 40
Hyatt Regency Warsaw, Warschau	S. 549		Sheraton Grand Hotel & Spa,	
Intercontinental Park Lane, London	S. 296		Edinburgh	S. 163
Intercontinental, Wien	S. 563		Side, Hamburg	S. 218
Kämp, Helsinki	S. 233		Sofitel Luxembourg Le Grand Ducal,	
Kempinski Bristol, Berlin	S. 85		Luxemburg	S. 324
King George Palace, Athen	S. 52		Soho Hotel, London	S. 297
Königshof, München	S. 393		St. George Lycabettus, Athen	S. 53
Las Arenas Balneario Resort,			St. James's Hotel and Club, London	S. 297
Valencia	S. 541		Steigenberger, Hamburg	S. 218
Le Meridien Gallia, Mailand	S. 365		Swissôtel Krasnye Holmy, Moskau	S. 378
Le Meridien, Wien	S. 563		Telegraaf, Tallinn	S. 532
Les Armures, Genf	S. 206		The Clarence, Dublin	S. 153
Lungarno, Florenz	S. 174		The Dylan, Amsterdam	S. 41
Maritim, Berlin	S. 85		The Howard, Edinburgh	S. 164
Marriott, Berlin	S. 86		The Marmara, Istanbul	S. 249
Marriott, Hamburg	S. 217		The Metropolitan, London	S. 299
Metropole, Brüssel	S. 113		The Ring, Wien	S. 566
Negresco, Nizza	S. 411		The Ritz-Carlton, Moskau	S. 379
Nimb, Kopenhagen	S. 262		The Shelbourne, Dublin	S. 153
One Aldwych Hotel, London	S. 297		The Three Sisters, Tallinn	S. 532
Orfila, Madrid	S. 345		The Westin Valencia, Valencia	S. 542
Park Hyatt, Zürich	S. 580		The Westin, Warschau	S. 551
Pestana Carlton Palace Hotel,			3 Rooms, Mailand	S. 368
Lissabon	S. 275		Torre di Bellosguardo, Florenz	S. 177
Pullman Berlin Schweizerhof, Berlin	S. 86		Urban, Madrid	S. 348
Radisson Blu, Brüssel	S. 114		W Istanbul, Istanbul	S. 250
Radisson Blu, Frankfurt am Main	S. 188		Warwick Barsey, Brüssel	S. 116
Radisson Blu Alcron, Prag	S. 461		Widder Hotel, Zürich	S. 583
Radisson Blu Grand Hotel, Sofia	S. 511		Witt Istanbul Suites, Istanbul	S. 251
Radisson Blu Hotel, Berlin	S. 87		York House, Lissabon	S. 276
Radisson Blu Plaza, Hamburg	S. 218			
Radisson Blu Plaza Hotel, Oslo	S. 422			
Residenza del Moro, Florenz	S. 175			
Riva Lofts Florence, Florenz	S. 176			
Royal Windsor, Brüssel	S. 115			

Ein Bordeaux macht jede Bootstour zu einer Kreuzfahrt.

VINS DE BORDEAUX

BORDEAUX

Prächtig: „L'Ambroisie" in Paris S. 442

Foto: GourmetPictureGuide.de

BESTE RESTAURANTS

F F F F F

Alain Ducasse au Plaza Athénée, Paris	S. 437
Comme Chez Soi, Brüssel	S. 118
L'Ambroisie, Paris	S. 442
Pierre Gagnaire, Paris	S. 450
Tantris, München	S. 403

F F F F F

Gordon Ramsay, London	S. 303
La Pergola, Roma	S. 493
L'Astrance, Paris	S. 443

F F F F

Chez Dominique, Helsinki	S. 236
Domaine de Châteauvieux, Genf/Satigny,	S. 208
Enoteca Pinchiorri, Florenz	S. 179
Fischers Fritz, Berlin	S. 92
Français, Frankfurt am Main	S. 192
Guy Savoy, Paris	S. 441
Il Luogo di Aimo e Nadia, Mailand	S. 370
Kong Hans Kælder, Kopenhagen	S. 266
Le Châlet de la Forêt, Brüssel	S. 120
Le Cinq, Paris	S. 446
Le Grand Véfour, Paris	S. 447
Le Meurice, Paris	S. 448
Les Ambassadeurs, Paris,	S. 448
Marcus Wareing at The Berkeley, London	S. 307
Parc des Eaux-Vives, Genf	S. 210
Petermann's Kunststuben, Zürich/Küsnacht	S. 586
Seagrill, Brüssel	S. 121
Sergi Arola Gastro, Madrid	S. 356
The Capital, London	S. 311
Villa Lorraine, Brüssel	S. 122
Warwary, Moskau	S. 385

F F F F

Allegro, Prag	S. 463
Apicius, Paris	S. 437
Auberge de l'Île, Lyon	S. 334
Bo Bech at Restaurant Paustian, Kopenhagen	S. 264
Ciel Bleu, Amsterdam	S. 43
Dallmayr, München	S. 398
Erno's Bistro, Frankfurt am Main	S. 192
Facil, Berlin	S. 91
Haerlin, Hamburg	S. 221
Hélène Darroze at The Connaught, London	S. 305
Jacobs Restaurant, Hamburg	S. 222
Königshof, München	S. 401
La Grande Cascade, Paris	S. 443
La Table de Joël Robuchon, Paris	S. 444
L'Atelier de Joël Robuchon, London	S. 305
Laurent, Paris	S. 445
Le Gavroche, London	S. 307
Le Pavillon de la Rotonde, Charbonnières-les-Bains	S. 336
L'Europe, St. Petersburg	S. 504
Margaux, Berlin	S. 94
Noma, Kopenhagen	S. 267
Operakällaren, Stockholm	S. 524
Oscarsgate, Oslo	S. 425
Patrick Guilbaud, Dublin	S. 156
Poletto, Hamburg	S. 224
Rossini, Florenz	S. 181
Sadler, Milano	S. 372
Sein, Zürich	S. 587
Seven Seas, Hamburg	S. 225
Smak pa Restaurangen, Stockholm	S. 526
Spondi, Athen	S. 56
The Square, London	S. 312
Tiger-Restaurant, Frankfurt am Main	S. 197

DER FEINSCHMECKER

BESTE RESTAURANTS

F F F

Abac, Barcelona	S. 68
Acquarello, München	S. 396
Alain Ducasse at The Dorchester, London	S. 300
Ambassade de L'Ile, London	S. 301
Aqua, Istanbul	S. 251
Bagatelle, Oslo	S. 422
Baltschug Kempinski, Moskau	S. 379
Bigarrade, Paris	S. 439
Bistrot du Mail, Brüssel	S. 116
Bon-Bon, Brüssel	S. 116
Chapter One, Dublin	S. 154
Clairefontaine, Luxembourg	S. 325
Collio, Wien	S. 567
Cracco-Peck, Mailand	S. 370
Die Quadriga, Berlin	S. 90
eleven, Lissabon	S. 278
Gaya par Pierre Gagnaire, Paris	S. 441
Ginza, St. Petersburg	S. 503
Goethe-Stübli, Zürich	S. 585
Guelfi e Ghibellini, Florenz	S. 180
Haga, Bekkestua	S. 424
Hibiscus, London	S. 305
Hostaria dell'Orso, Rom	S. 492
Hugos, Berlin	S. 93
JB, Ljubljana	S. 289
Jeroboam, Moskau	S. 381
Joia, Mailand	S. 371
Kupol, Moskau	S. 382
L'Auberge du Pont de Collonges – Paul Bocuse, Lyon/Collonges-au-Mont-d'Or	S. 335
La Degustation Bohême Bourgeoise, Prag	S. 465
La Mère Brazier, Lyon	S. 336
La Rive, Amsterdam	S. 44
La Rôtisserie, Warschau	S. 554
La Terraza del Casino, Madrid	S. 354
Lasserre, Paris	S. 445
Le Chat Botté, Genf	S. 209
Léa Linster, Luxemburg/Frisange	S. 327
Lorenz Adlon, Berlin	S. 94
MÄTim Raue, Berlin	S. 94
Meinl am Graben, Wien	S. 570
Mesa, Zürich	S. 586
Mosconi, Luxembourg	S. 329
Nahm, London	S. 308
Nedal'nij Vostok, Moskau	S. 383
Nicolas Le Bec, Lyon	S. 338
Notos, Brüssel	S. 120
Olo, Helsinki	S. 238
Pied à Terre, London	S. 308
Postres, Helsinki	S. 238
Prinz Frederik, Hamburg	S. 224
Restaurant Il Baby, Rom	S. 495
Riff, Valencia	S.545
Santceloni, Madrid	S. 356
Sgroi, Hamburg	S. 225
Silk, Frankfurt am Main	S. 197
Spice, Zürich	S. 588
Statholdergaarden, Oslo	S. 426
Steirereck im Stadtpark, Wien	S. 571
Taillevent, Paris	S. 451
The Kitchin, Edinburgh	S. 168
The Paul, København	S. 268
Thornton's, Dublin	S. 158
Tom Aikens, London	S. 313
Umu, London	S. 313
Varoulko, Athen	S. 57
VAU, Berlin	S. 96
Vermeer, Amsterdam	S. 46
Vinkeles, Amsterdam	S. 46
Zum schwarzen Kameel, Wien	S. 572

Das Glück ist flüchtig.
Außer dort, wo es zu Hause ist.

Lettland lockt: das Hotel „Bergs" im Boutiquen-Komplex Bergs Bazar in Riga
→ S. 473

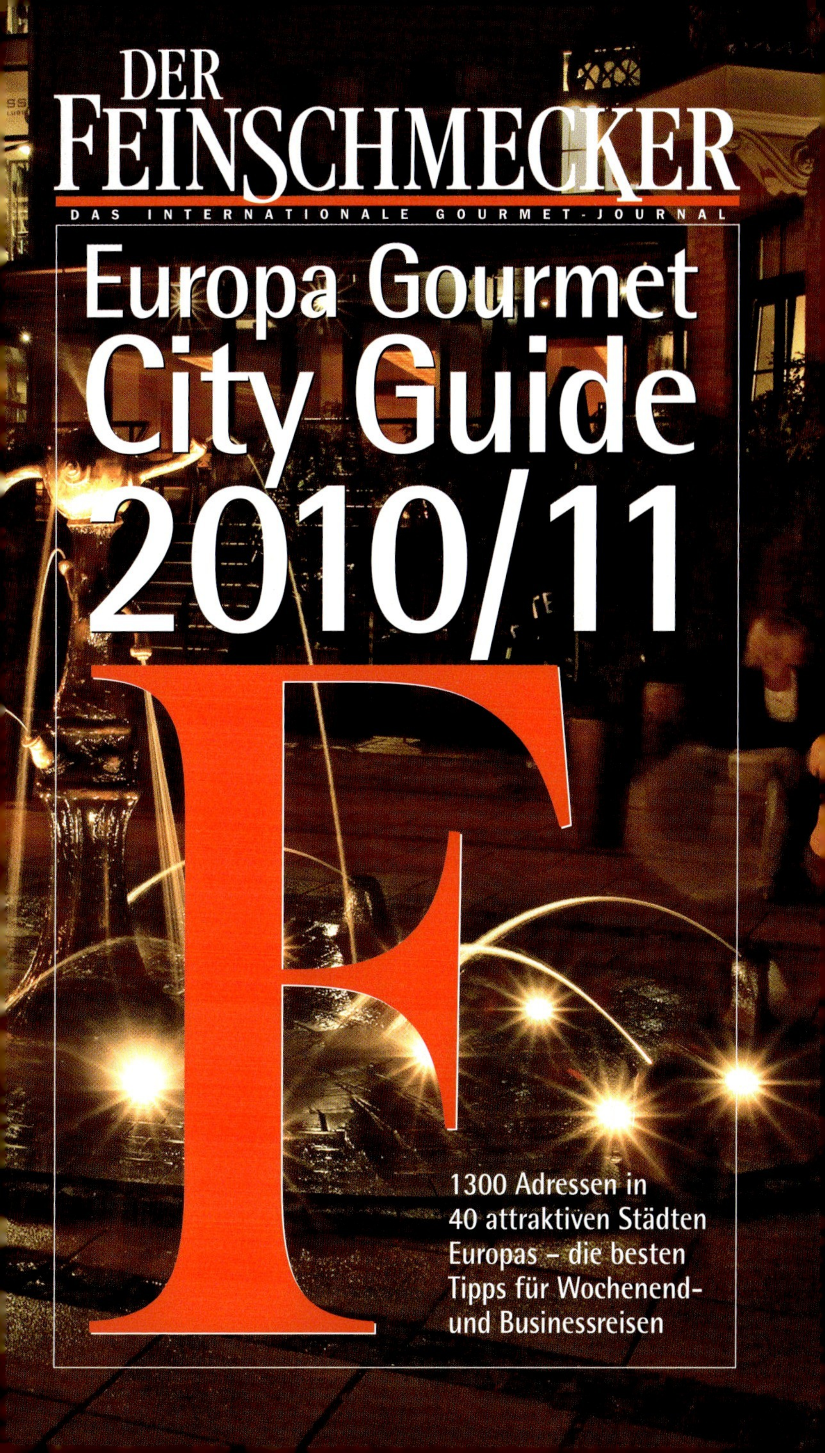

DER FEINSCHMECKER

DAS INTERNATIONALE GOURMET-JOURNAL

Europa Gourmet City Guide 2010/11

F

1300 Adressen in
40 attraktiven Städten
Europas – die besten
Tipps für Wochenend-
und Businessreisen

AMSTERDAM

Neue Hotels wie das „Grand Hotel Amrâth" oder das 20-stöckige „Mövenpick City Centre" in den Docklands beweisen eindrucksvoll, dass die Grachtenstadt längst nicht mehr nur auf Romantik setzt. Die internationale Küche zeigt sich vielseitiger denn je. Höchste Zeit für eine Entdeckungsreise!

Foto: Getty Images/Image Bank/D. Flaherty

Hotels

Banks Mansion F F F
Innenstadt, Herengracht 519-525
PLZ 1017 BV   ■ B 3, S. 48
Tel. 0031/20/420 00 55, Fax 420 09 93
www.banksmansion.nl
51 Zi., 2 Suiten, DZ ab € 199
[AmEx] [DINERS] [EC] [MASTER] [VISA] ⌂

Die Lage an Amsterdams schönstem Kanal
ist perfekt. Das schöne Stadthotel punktet
mit vielen Details, die den Aufenthalt
angenehm machen: Snacks und Getränke
an der Bar sind bereits im Preis enthalten,
am Abend steht ein Schlummertrunk auf
dem Nachttisch. Die Zimmer sind mit
moderner Technik ausgestattet, die Bäder
geräumig und haben Regenduschen.
Gutes Frühstück.

Grand Hotel Amrâth F F F F
Innenstadt, Prins Hendrikkade 108
PLZ 1011 AK   ■ D 2, S. 49
Tel. 0031/20/552 00 00, Fax 552 09 00
www.amrathamsterdam.com
139 Zi., 24 Suiten, DZ ab € 225
[AmEx] [DINERS] [MASTER] [VISA] ♟ 🚗 🏊 ⌂

„Banks Mansion": Schlummertrunk inklusive

Das neue Grandhotel steht mitten in der
historischen Altstadt. Für die luxuriöse
Herberge wurde das berühmte Schifffahrts-
haus (Het Scheepvaarthuis, zwischen 1912
und 1916 erbaut) mit dem prächtigen
Glasdach detailgetreu hergerichtet. Bis zu
vier Meter hohe Wände lassen die ge-
schmackvoll-modernen Zimmer licht und
geräumig wirken, alle haben Hafen- oder
Grachtenblick. Espressomaschine und W-
Lan sind Standard, Getränke aus der Minibar im Preis enthalten. Kleiner Spa mit Pool,
Sauna und Fitness. Lounge, Bar, gutes
Frühstück und Fischrestaurant „Seven Seas".

InterContinental
Amstel Amsterdam F F F F
Innenstadt, Professor Tulpplein 1
PLZ 1018 GX   ■ D 5, S. 49
Tel. 0031/20/622 60 60, Fax 622 58 08
www.amsterdam.intercontinental.com
55 Zi., 24 Suiten, DZ ab € 395
[AmEx] [DINERS] [MASTER] [VISA] ♟ 🚗 🏊 ⌂

Historische Pracht bereits beim Entree: Die
hohe, ganz in Weiß gehaltene atriumartige
Lobby beeindruckt mit Großzügigkeit und
Opulenz. Antiquitäten schmücken den
Flügel von 1866 im Stil der italienischen
Renaissance. Die eleganten Zimmer sind
klassisch eingerichtet mit moderner Technik
und höchstem Komfort. Schöner Spa-
Bereich mit großem Pool. Nicht zuletzt der
sehr gute und persönliche Service machen
das Haus zum führenden der Stadt. Zwei
Restaurants (siehe Restaurant „La Rive").

Lloyd F F
OT Eastern Docklands,
Oostlijke Handelskade 34
PLZ 1019 BN   ■ F 2, S. 49
Tel. 0031/20/561 36 36, Fax 561 36 00
www.lloydhotel.com
117 Zi., DZ ab € 110
[AmEx] [DINERS] [EC] [MASTER] [VISA] € ♟ 🚗 ⌂

Das moderne Designhotel lockt nicht nur
mit gutem Preis-Leistungs-Verhältnis,
sondern auch mit lichtem Interieur und
einem gelungenen Mix aus Antiquitäten
und Moderne. Helle Zimmer, zum Teil mit

integrierter Badewanne. Und die Lage ist gut: Die Hafeninseln haben sich mittlerweile zu einem aufstrebenden Viertel entwickelt. Einen Spa-Bereich gibt's nicht, dafür ein Restaurant.

Mövenpick Hotel Amsterdam City Centre F F

Innenstadt, Piet Heinkade 11
PLZ 1019 BR ■ E 2, S. 49
Tel. 0031/20/519 12 00, Fax 519 12 39
www.moevenpick-amsterdam.com
408 Zi., 32 Suiten, DZ ab € 179
AmEx MASTER VISA ⅄

Die Aussicht aus den oberen Etagen des 20-stöckigen Hotels neben dem gläsernen Muziekgebouw ist grandios, die Inneneinrichtung modern und geradlinig. Alle Zimmer haben moderne Technik, W-Lan gibt es kostenlos überall. Fitness- und Spa-Bereich, Bar und Restaurant mit internationaler Standardküche.

Qbic Hotel Amsterdam WTC F

OT South Axis, Strawinskylaan 241
PLZ 1077 XX südöstlich ■ B 5, S. 48
Tel. 0031/43/321 11 11, Fax 310 07 12
www.qbichotels.com
55 Zi., DZ ab € 69
AmEx DINERS MASTER VISA €

Keine Grachtenhotelatmosphäre, sondern die nüchterne Stimmung einer Bar wie von Edward Hopper: Dieses neue Low-Budget-Designhotel im World Trade Center (WTC) befindet sich etwas außerhalb zwischen Zentrum und Schiphol. Der Kunststoffwürfel in den schwarz-weißen Zimmern, der je nach Stimmung andersfarbig beleuchtet werden kann, gab dem Hotel seinen Namen. Er vereint das extra lange Hästensbett, Schreibtisch, Duschkabine und WC funktional auf kleinstem Raum. Deko? Fehlanzeige. Internet und LCD-TV sind Standard, Service und Personal gibt es dafür nicht. Eingecheckt wird an einem Automaten, der eine Zimmerkarte ausspuckt. Das Frühstück wird zum Glück noch per Hand zubereitet.

„717": Dekoration wie in einem Stillleben

Seven One Seven F F F

Innenstadt, Prinsengracht 717
PLZ 1017 JW ■ B 4, S. 48
Tel. 0031/20/427 07 17, Fax 423 07 17
www.717hotel.nl
8 Suiten, Suite ab € 425
AmEx DINERS MASTER VISA 🚗 🍽

Mehr Gästehaus als Hotel: Im historischen Grachtenhaus aus dem 19. Jahrhundert mit Marmorfußboden, Salon und Patio sind alle acht Suiten hochwertig und höchst geschmackvoll individuell in opulentem Country-Stil mit Antiquitäten und Designermöbeln eingerichtet. Warme Farben, hochwertige Stoffe, die Decken wurden extra für das Hotel angefertigt. Alle haben B&O-Technik und W-Lan. Frühstück, Nachmittagstee und die Getränke aus der Minibar sowie Hausweine sind im Zimmerpreis enthalten. Sehr guter Service.

't Hotel F F

Innenstadt, Leliegracht 18
PLZ 1015 DE ■ B 2, S. 48
Tel. 0031/20/422 27 41, Fax 626 78 73
www.thotel.nl
8 Zi., DZ ab € 145
AmEx DINERS MASTER VISA

„t'Hotel": gutes Preis-Leistungs-Verhältnis

Im Grachtenhaus aus dem 18. Jahrhundert schläft man in hellen, gemütlichen Zimmern in modernem Design. Die Preise sind im Vergleich zu den großen Häusern günstig, dafür gibt es keine Wellness und kein Restaurant im Haus. Das Frühstücksbuffet mit gutem Käse und Säften entschädigt und sorgt für einen guten Start in den Tag.

The College Hotel F F F

OT Oud Zuid, Roelof Hartstraat 1
PLZ 1071 VE   südöstlich ■ A 5, S. 48
Tel. 0031/20/571 15 11, Fax 571 15 12
www.thecollegehotel.com
40 Zi., 5 Suiten, DZ ab € 220
AmEx DINERS EC MASTER VISA ♈ 🏠 ⚘

Schickes Boutiquehotel im Museumsviertel in einem ehemaligen Schulgebäude aus dem 19. Jahrhundert. Die Zimmer, in denen einst die Schüler büffelten, sind naturgemäß geräumig und alle mit Flat-Screen-TV und W-Lan ausgestattet. Das Restaurant befindet sich in der ehemaligen Turnhalle. Massagen gibt's im Zimmer auf Anfrage.

The Dylan F F F

Innenstadt, Keizersgracht 384
PLZ 1016 GB   ■ A 4, S. 48
Tel. 0031/20/530 20 10, Fax 530 20 30
www.dylanamsterdam.com
33 Zi., 8 Suiten, DZ ab € 375
AmEx DINERS MASTER VISA ♈ ⚘

Das Hotel, das heute zu den schicksten der Stadt gehört, hat eine bewegte Geschichte: Es war erst Theater, dann Armenhaus, später minimalistisches Vorzeigeobjekt der britischen Stardesignerin Anoushka Hempel. Schließlich wurde es renoviert, der Mini-

„The College Hotel": einst Schulgebäude mit Klassenzimmern, heute komfortable Herberge

„Blauw aan de Wal": Das puristische Ambiente lenkt die Aufmerksamkeit auf die Gerichte

malismus gemildert und der Name geändert. Wohnliche Moderne bestimmt jetzt das Ambiente. Die Zimmer sind individuell, aber luxuriös eingerichtet, die Bäder oft integriert. (Siehe Restaurant „Vinkeles".)

Restaurants

Blauw aan de Wal F F F

Innenstadt, Ouderijds Achterburgwal 99
PLZ 1012 DD   ■ C 3, S. 48
Tel. 0031/20/330 22 57, Fax 330 20 06
nur Abendessen, So, Mo geschl.
Hauptgerichte € 32-36
AmEx MASTER VISA ☂

Im romantischen Innenhof eines Grachtenhauses ist das beliebte Restaurant eine Oase der Ruhe im Rotlichtviertel. Das puristisch-minimalistische Interieur in dem Haus aus dem 17. Jahrhundert harmoniert gut mit der modernen Küche mit ihren geradlinigen Gerichten. Viele heimische Produkte werden da mit mediterranen Akzenten versehen. Gute, umfangreiche Weinauswahl.

Bordewijk F F

OT Jordaan, Noordermarkt 7
PLZ 1015 MV   ■ B 1, S. 48

Tel. 0031/20/624 38 99
www.bordewijk.nl
nur Abendessen, So, Mo geschl.
Hauptgerichte € 22-31
AmEx DINERS MASTER VISA ☂

Die Stammgäste bleiben Wil Demandt treu, was vor allem an der Verlässlichkeit seiner ehrlichen Küche mit reellen Portionen und kräftigen Aromen liegt. Zu Klassikern wie Seezunge oder côte de bœuf gesellen sich immer wieder neue Gerichte, die gern auch mal mit mediterranen Einflüssen gespickt sind. Flotter, netter Service.

„Bordewijk": kräftige Aromen

Ciel Bleu FFFF

OT Oud Zuid, im Hotel Okura
Ferdinand Bolstraat 333
PLZ 1072 LH   südlich ■ B 5, S. 48
Tel. 0031/20/678 74 50, Fax 678 77 88
www.cielbleu.nl
nur Abendessen, kein Ruhetag
Hauptgerichte € 47-75
AmEx DINERS MASTER VISA @ 🚗 ⌂

Der Standort im 23. Stock des engagierten
Hotels „Okura" mit atemberaubender
Aussicht über die ganze Stadt beflügelt
offensichtlich auch die Kreativität des
Küchenteams. Immer wieder überrascht die
Crew um Onno Kokmeijer im eleganten
Restaurant mit neuen Ideen und noch
ausgefeilteren Kreationen, ohne ihre
französische Basis zu verleugnen. Aromen
und Texturen verbinden sich bestens bei
Foie gras, Kalbsbäckchen und glaciertem
Kalbsbries mit Curry, Gewürzgurkengelee
und Eis aus den mild-süßen Cévennes-
Zwiebeln. Klassischer ist die leicht geräu-
cherte Anjou-Taube mit knusprigem Speck,
Gnocchi, geschmolzener Foie gras und
Morchelljus. Höchst souveräner Service, gute
Weinauswahl.

De Kas FF

OT Watergraafsmeer
Kamerlingh Onneslaan 3
PLZ 1097 DE   östlich ■ F 5, S. 49
Tel. 0031/20/462 45 62, Fax 462 45 63
www.restaurantdekas.nl
Sa mittag, So geschl.
Menüs 50-59
AmEx DINERS MASTER VISA 🍽 🚗 ⛱

Nicht nur Romantiker kommen hier auf ihre
Kosten: Unter dem acht Meter hohen
Glasgiebel sitzt man mitten in der Natur,
besser gesagt, mitten im eigenen Gemüse-
und Kräutergarten. Im Rahmen eines
einzigen Menüs mit verschiedenen Vorspeisen, einem Hauptgericht und Dessert
kommt auf die Tische, was die eigenen
Beete, Bioproduzenten aus der Umgebung
und die nahe Nordsee hergeben. Alles ist
frisch und wird umgehend verarbeitet.
Schöne Sommerterrasse.

Flo F

Innenstadt, Amstelstraat 9
PLZ 1017 DA   ■ C 4, S. 48
Tel. 0031/20/890 47 57, Fax 890 47 50
www.floamsterdam.com
Sa mittag, So mittag geschl.
Hauptgerichte € 17-32
AmEx DINERS MASTER VISA @ 🍽

Schöne Brasserie mit dunklem Holz und
roten Polstern, ein imposantes Buffet von
Krusten- und Schalentieren gleich am
Eingang macht das kulinarische Programm
des Hauses klar. *Choucroute* oder *steak
tartare* sind beliebte Alternativen und
Klassiker, Vegetarier freuen sich über eine
Variation von Roter Bete mit Soufflé, Salat
und Süppchen.

Halvemaan FF

OT Buitenveldert, Van Leijenberglaan 320
PLZ 1082 DD   südöstlich ■ B 5, S. 48
Tel. 0031/20/644 03 48, Fax 644 17 77
www.halvemaan.nl
Sa, So geschl.
Hauptgerichte € 35-60
AmEx DINERS EC MASTER VISA 🍽 ⛱

John Halvemaan kombiniert im licht-
eleganten, halbkreisförmigen Restaurant
geschickt unterschiedliche Produkte und
überzeugt mit aromatischen Spannungs-
bögen. Bei den gebratenen Filets von
der Seezunge ergeben Oktopus, Chorizo,
Orange, Sellerie und Blumenkohl interes-

„Halvemaan": lichte Eleganz, runde Wände

sante Paarungen, bei der Poularde mit geräuchertem Aal, Entenleber, Karotte und Limette überraschen die fruchtigen Noten. Gute Käseauswahl, freundlicher Service.

„La Rive": stilvoll speisen im Hotelrestaurant

La Rive ▮F▮▮F▮▮F▮▮ ▮

Innenstadt, im Hotel Amstel
Professor Tulpplein 1
PLZ 1018 GX   ▮ D 5, S. 49
Tel. 0031/20/520 32 64, Fax 520 32 66
www.restaurantlarive.com
Sa mittag, So, Mo geschl.
Hauptgerichte € 48-75
AmEx DINERS MASTER VISA M⁺ 🏛 ⛩ 🏠 Y

Fürstlich speist man im bildschönen klassischen Hotelrestaurant mit Holzvertäfelungen, Spiegeln und Gemälden, befrackten Kellnern und erstklassigen Weinen. Aus der Küche kommen ausdrucksstarke, aromareiche französisch-mediterrane Kompositionen, etwa sanft gegartes Kabeljaufilet mit Puy-Linsen, Aal, Blumenkohlpüree und Verjus-Reduktion oder rosa Rehrücken mit knusprigen Zwiebeln und Kräutern, Gnocchi und Rosso-di-Montalcino-Jus.

Le Restaurant ▮F▮▮F▮▮ ▮▮ ▮

OT De Pijp, Tweede Jan Steenstraat 3
PLZ 1073 VK   südlich ▮ C 5, S. 48
Tel. 0031/20/379 22 07

www.lerestaurant.nl
nur Abendessen, So, Mo geschl.
Menüs € 65
AmEx MASTER VISA Y

Jan de Wit erkochte sich schon früher in Amsterdam viele Freunde, jetzt setzt er in seinem neuen, intimen Lokal „Le Restaurant" auf Spontaneität: Reservierungen sind nur am selben Tag für den Abend möglich. Dafür nimmt er sich im kleinen Gastraum mit Holzfußboden, grauen Wänden und weißem Leinen Zeit für seine Gäste. Beste Produkte ohne molekulare Extravaganzen werden zu klar strukturierten, geschmackvollen Gerichten, etwa beim langsam gegarten Kalb mit Fenchel und Estragonjus.

Looks ▮F▮▮F▮▮ ▮▮ ▮

Innenstadt, Binnen Bantammerstraat 5-7
PLZ 1011 CH   ▮ D 2, S. 49
Tel. 0031/20/320 09 49
www.restaurantlooks.nl
nur Abendessen, So geschl.
Hauptgerichte € 20-25
AmEx MASTER VISA ⛩ Y

Im November 2007 eröffnete das urbane, gemütliche Restaurant mitten in Chinatown. Warme Farben, dezentes Licht über mehrere Ebenen und eine halboffene Küche, in der die Jahreszeiten das kulinari-

sche Programm bestimmen. Drei Vorspeisen, drei Hauptgerichte und eine Dessertvariation stehen auf der wöchentlich wechselnden Karte, der junge Küchenchef Cas van Linden bereitet alles aus guten, oft regionalen Produkten wie Wild, Kürbis oder Pilzen zu. Es gibt aber auch Rochenflügel mit Kapern und Haselnussbutter, holländische Austern oder das gute Entrecote. Netter Service.

Odeon ✳

Innenstadt, Singel 460
PLZ 1017 AW ■ B 4, S. 48
Tel. 0031/20/521 85 55, Fax 521 85 59
www.odeonamsterdam.nl
So, Mo geschl.
Hauptgerichte € 18-27
AmEx DINERS MASTER VISA M T

Amsterdams erster Konzertsaal beherbergt heute ein gastronomisches Multikonzept mit Café, Restaurant, Bar, Nachtclub und Veranstaltungsräumen im Grachtenhaus. Salate und Snacks gibt es in der Brasserie, im Restaurant steht Internationales wie gegrillter Wolfsbarsch mit *tempura* von der *soft shell crab*, Kartoffelpüree, Spinat und Safran-Hollandaise auf dem Programm.

„Odeon": Multi-Gastronomie und Szenetreff

Salle du Jour ✳

OT Jordaan, Prinsenstraat 10
PLZ 1015 DC ■ B 2, S. 48
Tel. 0031/20/428 24 55
www.salledujour.com
nur Abendessen, Mo geschl.
Hauptgerichte € 20-35

Gemütliches Lokal im Brasseriestil auf zwei Ebenen mit Holzfußboden, -balken und -tischen und Lüstern unter der hohen Decke. Munterer Mix aus Snacks wie *club sandwich* oder Salaten und Gerichten wie gebratenes Filet vom Wolfsbarsch mit Spaghetti und Muscheln auf der Karte.

„Van Vlaanderen": französisch-mediterran

Van Vlaanderen F F

Innenstadt, Weteringschans 175
PLZ 1017 XD südlich ■ B 5, S. 48
Tel. 0031/20/622 82 92
nur Abendessen, So, Mo geschl.
Menüs € 43-49
AmEx EC MASTER VISA T

Verlässlich gute französisch-mediterrane Küche im kleinen, eleganten Restaurant mit schönem Holzboden und weiß eingedeckten Tischen. Alles gelingt gut, vom leckeren hausgemachten Brot bis zu gebratenem

„Vermeer": elegante Tischkultur, klassische Küche und kreative Ideen

Kalbsbries auf lauwarmem Frikassee von der Kalbszunge mit *sauce gribiche.* Netter Service.

Vermeer **F F F**
Innenstadt, im Hotel NH Barbizon Palace
Prins Hendrikkade 59-72
PLZ 1012 AD   ■ C 2, S. 48
Tel. 0031/20/556 48 85, Fax 624 33 53
www.restaurantvermeer.nl
Sa mittag, So geschl.
Hauptgerichte € 40-45
AmEx DINERS MASTER VISA M ⌂ 🍷

Elegante Tischkultur und bequeme Lehnstühle bilden den stilvollen Rahmen für Christopher Naylors klassisch basierte Küche, die immer wieder mit kreativen Ideen überrascht. So etwa bei *langoustine royal,* das er aus Mandelsauce, Birne, *langostino*-Coulis und Mais-Sorbet kreiert. Klassisch ist der Fasan mit Rotkohl, Walnuss, Merrettichpüree und Pfifferlingssauce. Internationale Weinkarte, offene Weine gibt es nur auf Empfehlung des Sommeliers.

Vinkeles **F F F**
Innenstadt, im Hotel The Dylan
Keizersgracht 384
PLZ 1016 GB   ■ A 4, S. 48
Tel. 0031/20/530 20 10, Fax 530 20 30
www.vinkeles.com

nur Abendessen, So geschl.
Hauptgerichte € 29-40
AmEx DINERS MASTER VISA ⌂

Das schicke Restaurant im Hotel „The Dylan" mit seinen Ziegelwänden und ehemaligen Backöfen heißt jetzt „Vinkeles". Dennis Kuipers verbindet Tradition und Moderne auf französischer Basis und hat daraus eine eigene Handschrift entwickelt, die sich bestens etwa bei *ceviche* vom Wolfsbarsch mit Königskrabben-Kürbis-Krokette und Orangenvinaigrette oder Wildente mit Fondant von Knollensellerie und Kakaojus zeigt.

Yamazato **F F F**
OT De Pijp, im Hotel Okura
Ferdinand Bolstraat 333
PLZ 1072 LH   südlich ■ B 5, S. 48
Tel. 0031/20/678 83 51, Fax 678 77 88
www.yamazato.nl
kein Ruhetag
Hauptgerichte € 60-90
AmEx DINERS MASTER VISA M ⌂

Das beste japanische Restaurant der Stadt! Das Ambiente mit seinen hohen Fenstern und dem Holz ist von den Teehäusern der Zen-Klöster inspiriert, der Blick schweift über den japanischen Garten. Die Speisenkarte vereint bestes Sushi und Sashimi sowie Klassiker, etwa *shabu shabu, tempura*

Moriawase oder auch Wagyu-*rib-eye* im „Yamazato"-Stil. Authentischer, höchst aufmerksamer Service in Kimonos.

Bars/Cafés

Café Americain
Innenstadt, im Hotel Eden Amsterdam
American, Leidsekade 97
PLZ 1017 PN   ■ A 5, S. 48
Tel. 0031/20/556 30 00, Fax 556 30 01
www.edenhotelgroup.com
Mo-Fr 6.30-22 Uhr, Sa, So 7-22 Uhr
AmEx DINERS EC MASTER VISA

Der ehemalige Künstlertreff ist heute eines der elegantesten Cafés der Stadt. Der schöne Art-déco-Stil blieb auch nach der letzten behutsamen Renovierung erhalten, die stimmungsvolle Atmosphäre ebenfalls. Die Plätze an der historischen Lesetafel sind besonders beliebt.

Lime
OT Nieuwmarkt, Zeedijk 104
PLZ 1012 BB   ■ D 3, S. 49
Tel. 0031/20/639 30 20
So, Mo-Do 17-1 Uhr, Fr, Sa 17-3 Uhr
AmEx VISA

Loungeatmosphäre mit bequemen Sofas und tiefen Sesseln, warmen Farben und großformatigen Bildern an den Wänden in einer von Amsterdams angesagtesten Bars,

die bekannt ist für ihre Wodka-Cocktails. Hier trifft man sich erst zu späterer Stunde, dann aber wird's auch richtig voll.

Star Ferry
Innenstadt, Piet Heinkade 1
PLZ 1019 BR   ■ E 2, S. 49
Tel. 0031/20/788 20 90
www.starferry.nl
So-Do 10-1 Uhr, Fr, Sa 10-2 Uhr
AmEx MASTER VISA ☂

Weiträumiges gläsernes Café für Frühstück, Lunch, Kaffee oder einen Drink im Muziekgebouw, Amsterdams architektonisches Highlight im neuen Hafenviertel. Schöne Terrasse mit Blick über den Fluss.

Wildschut
Innenstadt, Roelof Hartplein 1-3
PLZ 1071 TR   südöstlich ■ B 5, S. 48
Tel. 0031/20/676 82 20
Fax 673 86 22
www.goodfoodgroup.nl/wildschut.html
Mo-Fr ab 9 Uhr, Sa, So ab 10 Uhr
AmEx DINERS MASTER VISA ☂

Die gemütliche Café-Bar mit Art-déco-Ambiente ist ein beliebter Treffpunkt nahe des Kulturzentrums Concertgebouw und in der Nähe des Rotlichtviertels. Cocktails, Bier und Snacks in lockerer Atmosphäre.

„Yamazato": Zen-Atmosphäre beim Japaner

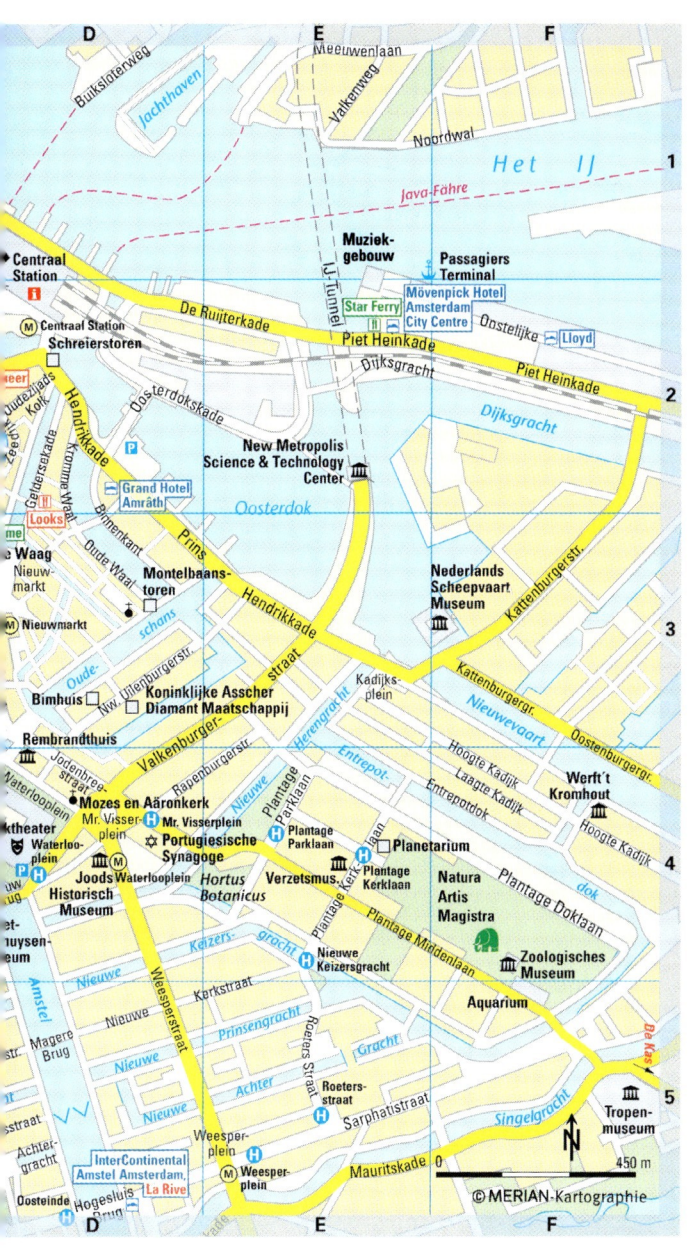

ATHEN

Die Gastronomie in der griechischen Hauptstadt entwickelt sich!
Mehr und mehr Köche interpretieren klassische Rezepte neu und
bieten moderne Gerichte, die internationale Vergleiche nicht mehr
scheuen müssen

Hotels

Athenaeum F F F F ☐
OT Leoforos, 89-93 Syngrou Ave.
PLZ 11745   südwestlich ■ C 5, S. 60
Tel. 0030/210/920 60 00
Fax 920 65 00
www.athens.intercontinental.com
483 Zi., 59 Suiten, 1 App., DZ ab € 190
AmEx DINERS MASTER VISA ⅋ 🚗 🛎

Business rund um die Uhr: „Athenaeum"

Großes Tagungshotel (24-Stunden-Business-Center) südlich des Stadtzentrums. Großzügige Zimmer mit allen technischen Standards, der W-Lan-Zugang kostet fünf Euro. „Executive Club" mit separater Lounge. Schöne Ausblicke vom Restaurant und der Bar auf dem Dach. Moderner Wellnessbereich mit Sauna und Whirlpool.

Fresh Hotel F F ☐ ☐ ☐
OT Omonia, 26 Sofokleous Ke Klistenous
PLZ 10552   ■ C 1, S. 60
Tel. 0030/210/52 48 51 16
Fax 524 85 17
www.freshhotel.gr
130 Zi., 3 Suiten, DZ ab € 110
AmEx DINERS MASTER VISA ⅋ 🚗 🛎

Urbanes Designhotel mit munteren Farben, Fitnesscenter, Sauna und WiFi-Internet-Zugang. Die modern eingerichteten Zimmer sind nicht sehr groß, dafür bietet die „Air Lounge" auf der Dachterrasse Pool und Panoramablick. Dank der zentralen Lage nicht weit von der Börse zwischen Omonia-Platz und Plaka sind viele Sehenswürdigkeiten schnell erreicht.

Grande Bretagne F F F F ☐
OT Syntagma, A 1 Syntagma Square/
Vasileos Georgiou
PLZ 10563   ■ E 2, S. 61
Tel. 0030/210/333 00 00
Fax 322 80 34
www.grandebretagne.gr
265 Zi., 56 Suiten, DZ ab € 340
AmEx DINERS MASTER VISA ⅋ 〰 🛎

Das aufwendig restaurierte Grandhotel am Syntagma-Platz ist seit mehr als 100 Jahren Athens erste Adresse. Die Gäste residieren in großzügig geschnittenen und mit Antiquitäten möblierten Zimmern, die allen modernen Komfort haben. Opulenter Wellnessbereich mit Indoor-Pool im Keller und ein Außenpool auf der Dachterrasse. Mehrere Restaurants. (Siehe Restaurant „GB Corner" und Bar „Alexander's".)

Der Klassiker: „Grande Bretagne"

ATHEN

A

Großzügige Lobby, geräumige Zimmer: „Hilton Athens" im Osten der Innenstadt

Hilton Athens **F F F F**
OT Ilissia, 46 Vassilissis Sofias Ave.
PLZ 11528   östlich ■ F 3, S. 61
Tel. 0030/210/728 10 00
Fax 728 11 11
www.athens.hilton.com
502 Zi., 34 Suiten, DZ ab € 272
AmEx DINERS MASTER VISA ♉⌂≋⌘
Das 1963 erbaute Hotel nicht weit von der
US-Botschaft wurde für die Olympischen
Spiele 2004 gründlich renoviert. Modern
und komfortabel eingerichtete Zimmer mit
einigen griechischen Designanleihen.
Großer Außenpool und Wellnessbereich.
Mediterrane Küche im „Byzantine"-
Restaurant (siehe Restaurant „Milos" und
Bar „Galaxy").

King George Palace **F F F**
OT Syntagma, A 3 Vasileos Georgiou
PLZ 10564   ■ E 2, S. 61
Tel. 0030/210/322 22 10
Fax 325 05 04
www.classicalhotels.com
78 Zi., 24 Suiten, DZ ab € 390
AmEx DINERS MASTER VISA ♉≋⌘
Die luxuriöse Herberge am Syntagma-Platz
hat viel Prominenz aus Politik, Wirtschaft
und Kultur gesehen. Mit Antiquitäten und

erstklassigen Reproduktionen eingerichtete
Räume, schicker kleiner Spa im Souterrain,
schöner Blick vom Restaurant „Tudor Hall"
in der siebten Etage zur Akropolis.

Pool mit Perspektive: „King George Palace"

52

Phaedra **F**

OT Plaka, 16 Cherefondos St.
PLZ 10558   ■ D 4, S. 61
Tel. 0030/210/323 84 61
Fax 322 77 95
www.hotelphaedra.com
21 Zi., DZ ab € 80
[AmEx] [DINERS] [MASTER] [VISA] €

Das preisgünstige Hotel in einer ruhigen
Nebenstraße der Plaka bietet saubere und
zweckmäßig möblierte Zimmer, allerdings
haben nicht alle ein eigenes Bad. Von
einigen Zimmern sieht man den Lycabettus-
Felsen. Freundlicher Service, Frühstück und
Internetzugang sind inklusive.

St. George Lycabettus **F F**

OT Kolonaki, 2 Kleomenous St.
PLZ 10675   ■ F 1, S. 61
Tel. 0030/210/729 07 11
Fax 723 44 35
www.sglycabettus.gr
148 Zi., 6 Suiten, DZ ab € 183
[AmEx] [DINERS] [MASTER] [VISA] 🍴 🛏

Kleines Lokal, große Weine: „Edodi"

Schöne Lage am Fuße des pinienbewachse-
nen Lycabettus-Hügels nur einen kurzen
Spaziergang vom Zentrum entfernt. Von den
modern eingerichteten Zimmern bietet sich
ein Panoramablick über die Stadt bis zur
Akropolis. Die coole „Frame Bohemian Bar"
im Souterrain macht im Sommer der
„Skybar" auf der Dachterrasse Konkurrenz.
Im „Le Grand Balcon"-Restaurant gleich
darunter wird moderne internationale
Küche serviert (siehe Restaurants).

Restaurants

Edodi **F F**

OT Koukaki, 80 Veikou St.
PLZ 11741   südwestlich ■ C 5, S. 60
Tel. 0030/210/921 30 13
Fax 921 30 13
www.edodi.gr
nur Abendessen, So geschl.
Hauptgerichte € 25-32
[AmEx] [DINERS] [MASTER] [VISA] 🍴

Eine Speisenkarte gibt es nicht, dafür eine
Auswahl der Rohwaren direkt am Tisch, die
dann in der Küche zubereitet werden. Das
kann Hummer mit pikanter Parmesansauce
oder Schwertfisch in der Tomatenkruste
sein. Kerzen erleuchten den Speiseraum des
intimen Restaurants mit nur acht Tischen.
Gut sortierter Weinkeller mit 300 Positionen,
von denen mehrere Dutzend auch glasweise
ausgeschenkt werden.

48 The Restaurant **F F**

OT Ampelokipi, 48 Armatolon & Keklefton
PLZ 11471   nordöstlich ■ F 1, S. 61
Tel. 0030/210/641 10 82
Fax 645 06 62
www.48therestaurant.com
nur Abendessen, So geschl. (Ende Mai-
Anfang Sept. geschl.)
Hauptgerichte € 26-38
[AmEx] [DINERS] [MASTER] [VISA] 🛏 🍴

Chefkoch Peskias zeigt, was er bei Ferran
Adrià gelernt hat, vom aromareichen
Makrelentatar bis zur Feta-Eiscreme. Im
scharlachroten Weinkeller lagern knapp 700
Sorten, darunter viele Franzosen. Die hohen

A

Bühne der Honoratioren: „GB Corner"

Fisherman's Friend: Tassos „Kollias"

Räume der ehemaligen Kunstgalerie mit Wänden aus gebürstetem Beton, grünem Glas, Licht- und Wasserspielen bilden den spektakulären Rahmen eines kulinarischen Abenteuers.

GB Corner FF

OT Syntagma, im Hotel Grande Bretagne, 1 Syntagma Square/Vasileos Georgiou St.
PLZ 10563　■ E 2, S. 61
Tel. 0030/210/333 00 00, Fax 322 80 34
www.grandebretagne.gr
kein Ruhetag
Hauptgerichte € 25-40
AmEx DINERS MASTER VISA M ⛱ ⌂ 🍷
Bei einer „Symphonie von Jakobsmuscheln und Langustinen a la plancha" werden große Geschäfte und kleine Intrigen (oder umgekehrt) entwickelt: Die Ess-Ecke in der repräsentativen Hotellobby ist bevorzugter *meeting point* von Politikern und Geschäftsleuten.

Kollias FF

OT Piraeus, 3 Plastira St.
PLZ 18756　südlich ■ C 5, S. S. 60
Tel. 0030/210/462 96 20, Fax 461 91 50

www.kollias.gr
außer Sa, So nur Abendessen,
So abend geschl.
Menüs € 35
AmEx DINERS MASTER VISA 🚗 ⛱
Im rustikalen Familienrestaurant gibt es seit mehr als 20 Jahren frischen, gut zubereiteten Fisch. Tassos Kollias hat viele Rezepte von Fischerfrauen gesammelt und bereitet *tsipura* (Goldbrasse), *sinagrida* (Meerbrasse), Roten Skorpionfisch nach Art der Saronischen Inseln oder einen Seeigel-Salat ganz klassisch zu. Dazu gibt es griechische Weine in großer Auswahl und zu vernünftigen Preisen.

Kuzina F

OT Thisio, 9 Adrianou St.
PLZ 10555　■ B 2, S. 60
Tel. 0030/210/324 01 33, Fax 324 01 35
www.kuzina.gr
kein Ruhetag
Hauptgerichte € 14-25
DINERS MASTER VISA
Nach früheren Ausflügen in die Welt der Fusion-Küche konzentriert sich Aris Tsanaklides jetzt auf authentische griechische

Gerichte, aber modern interpretiert und appetitlich angerichtet. So die Beinscheiben vom Milchferkel in Orangenkruste mit Kürbismus. Seine kulinarische Oase liegt an einer der Hauptschneisen durch die Plaka, eingerahmt von Snack-Lokalen, die ihr zweifelhaftes Angebot in bunten Bildern und einem Dutzend Sprachen anpreisen.

Le Grand Balcon **F F** ☐ ☐ ☐

OT Kolonaki, im St. George Lycabettus Hotel, 2 Kleomenous St.
PLZ 10675   ■ F 2, S. 61
Tel. 0030/210/729 07 11 19
Fax 723 44 35
www.sglycabettus.gr
nur Abendessen, So, Mo geschl.
Hauptgerichte € 25-30
DINERS MASTER VISA 🍴🕯☂

Moderne griechische und internationale Küche auf gutem Niveau, professionell serviert. Und im Preis inbegriffen ist der einzigartige Blick über Athen.

Luna Rossa **F F** ☐ ☐ ☐

OT Kallithea, 213 Sokratous St.
PLZ 17674   südwestlich ■ C 5, S. 60
Tel. 0030/210/942 37 77

www.lunarossa.gr
kein Ruhetag
Hauptgerichte € 15-40
MASTER VISA 🍴🍷

Die Liebe hat Danilo Petrini vor vielen Jahren aus Rom nach Athen verschlagen. Der Purist bereitet in seinem kleinen Restaurant klassische italienische Gerichte wie hausgemachte Tagliatelle mit Butter und frisch gehobelter Trüffel ohne Firlefanz, aber leicht und mit großer Geschmacks-intensität zu. Die hervorragende Weinkarte beeindruckt mit 900 Positionen vor allem aus Italien, Griechenland und Frankreich.

Milos **F F F** ☐ ☐

OT Ilissia, im Hotel Hilton Athens
46 Vassilissis Sofias Ave.
PLZ 11528   östlich ■ F 3, S. 61
Tel. 0030/210/724 44 00, Fax 724 44 11
www.milos.ca
kein Ruhetag
Hauptgerichte € 30-50
AmEx DINERS MASTER VISA 🍴🕯☂🍷

Patron Costas Spiliades ist einen langen Weg gegangen, bevor er an seinen Geburts-ort zurückkehrte. Seine erfolgreichen Restaurants in Montreal und New York

Festlicher Rahmen: „Le Grand Balcon"

Weltläufig: „Milos" im „Hilton Athens"

A

folgen dem gleichen Konzept wie das „Milos" im hellen und luftigen Souterrain des „Hilton"-Hotels. Die offene Küche verarbeitet beste Zutaten, vor allem frische Meerestiere: schlicht gegrillter Wolfsbarsch mit blanchierter Rauke oder Suppe von Bio-Linsen mit geräuchertem Lachs und Mastelo-Käse von der Insel Chios.

Papadakis `F F`

OT Kolonaki, 15 Voukourestiou St.
PLZ 10673 ■ F 1/2, S. 61
Tel. und Fax 0030/210/360 86 21
So geschl.
Hauptgerichte € 20-44
`AmEx` `MASTER` `VISA`

Die Köchin Argyro Barbarigou kennen viele Athener aus ihrer TV-Show. Nach vielen erfolgreichen Jahren auf der Insel Paros bedient sie ihre Gäste nun in ihrem schlichten, aber schicken Lokal in der Hauptstadt. Traditionelle Gerichte kommen leicht und modern auf den Tisch. Köstlicher, in einer Sauce von Honig und Wein karamellisierter Oktopus, als Dessert hausgemachte *halva,* eine Sesam-Honig-Eiscreme.

Pil-Poul `F F F`

OT Agora, 51 Apostolou Pavlou
PLZ 11851 ■ A 2, S. 60
Tel. 0030/210/342 36 65
Fax 341 30 46
www.pilpoul.gr
nur Abendessen, So geschl.
Hauptgerichte € 30-39
`AmEx` `DINERS` `MASTER` `VISA`

Klassische französische Küche mit griechischen Anleihen in einer neoklassischen Villa. Um seinen Hummer mit Passionsfrucht, den Rebhuhn-Risotto oder die Foie gras mit karamellisierten Endivien genießen zu können, sollte man lange im Voraus reservieren. Traumhafter Blick auf die nahe Akropolis.

Spondi `F F F F`

OT Pagrati, 5 Pyrronos
PLZ 11638 ■ F 5, S. 61
Tel. 0030/210/756 40 21
Fax 756 70 21
www.spondi.gr
nur Abendessen
Hauptgerichte € 34-55
`AmEx` `DINERS` `MASTER` `VISA` 🚗 ⛱ 🍸

Seit Langem das beste Restaurant der Stadt: „Spondi" im Pagrati-Viertel

Schickes Restaurant mit kreativer Fischküche: „Varoulko"

Die Kombination aus französischer Kochkunst mit frischen saisonalen Zutaten und
der Kreativität des Chefs Arnaud Bignon gilt
als beste kulinarische Adresse in der
griechischen Hauptstadt. Das dekorative
Interieur aus Naturstein und Holz, vor allem
aber der mit Bougainvilleen geschmückte
Innenhof bilden den angemessenen Rahmen für Wolfsbarschtatar mit Selleriebäll-
chen, Heringskaviar und Austernsorbet
oder Grand-Cru-Schokoladen-Desserts.
Auch der Keller mit 1300 Weinen (Schwerpunkt Frankreich und Griechenland) sucht
seinesgleichen.

Varoulko F F F
OT Keramikos, 80 Piraeus St.
PLZ 10435 ◼ A 1, S. 60
Tel. 0030/210/522 84 00
Fax 522 88 00
www.varoulko.gr
nur Abendessen, So geschl.
Hauptgerichte € 28-30
AmEx DINERS MASTER VISA

Lefteris Lazarou serviert seine kreativen
Fischgerichte in der Nähe des angesagten
Gazi-Viertels. Das schicke Restaurant geht
über mehrere Ebenen, mit Glasböden und
Durchsicht auf die Küche. Zum Carpaccio
von marinierten Fischen, zu den Artischo-
cken mit Fischrogen oder zur legendären
Seeteufelleber in Soja-Honig-Balsamico-
Sauce kommen auch überraschende
Gerichte wie Zicklein-Schokoladen-Risotto.
Köstliche Desserts, etwa Orangen-Passions-
frucht-Ananas-Suppe oder eine Mousse von
Gianduja-Nougat mit Schokoladen-Sorbet.

Bars/Cafés

Alexander's
OT Syntagma, im Hotel Grande Bretagne
1 Syntagma Square/Vasileos Georgiou St.
PLZ 10563 ◼ E 2, S. 61
Tel. 0030/210/333 00 00, Fax 322 80 34
www.luxurycollection.com/grandebretagne
tgl. 8-2 Uhr
AmEx MASTER VISA

Das Hotel „Grande Bretagne" bietet *barflies* die Wahl: entweder ins klassische „Alexander's"

Auf dem riesigen Wandteppich hinter der Bar zeigt sich ein kämpferischer Alexander der Große. Die repräsentative Lobby-Bar des Grandhotels serviert Kaffee, Longdrinks und Aperitifs an die locker angeordneten Tische. Die große Whisky- und Armagnac-Auswahl enthält auch Raritäten wie einen Black Single Malt Loch Ohu oder einen Sempé Armagnac von 1908. Weinliebhaber können aus 3000 Sorten wählen. Freunde frischer Luft und weiten Blicks gehen in die „Sky Bar" auf dem Dach des Hotels.

Balthazar

OT Ampelokipi, 27 Tsocha St.
PLZ 11521   nordöstlich ■ F 1, S. 61
Tel. 0030/210/641 23 00, Fax 641 23 10
www.balthazar.gr
tgl. 21-3.30 Uhr, im Winter geschl.
AmEx DINERS MASTER VISA 🚗 🍸

Seit 30 Jahren eine Ikone im Nachtleben der Hauptstadt. Im grünen, wie eine Oase anmutenden Innenhof des neoklassischen Wohnhauses treffen sich lokale Prominenz und Stadtbesucher auf einen Drink oder mehr. Die Musik ist gedämpft, die Stimmung bestens.

Galaxy

OT Ilissia, im Hotel Hilton Athens
46 Vassilissis Sofias Ave.
PLZ 11528   östlich ■ F 3, S. 61
Tel. 0030/210/728 10 00, Fax 728 11 11
www.athens.hilton.com
Mo-Do 17-3 Uhr, Fr, Sa 17-4 Uhr,
So 15-3 Uhr
AmEx DINERS MASTER VISA 🚗 🍸
Von der 13. Etage des „Hiltons" bietet sich ein fantastischer Rundblick von der Georgios-Kirche auf dem Lycabettus-Felsen

im Erdgeschoss oder in die spektakuläre „Sky Bar" auf dem Dach. Wohlsortiert sind beide

über die Akropolis bis zum Hafen von Piräus. Die Flaschenbatterie hinter der langen Bar lässt kaum Wünsche offen. Auf der großen Terrasse wird im Sommer gegrillt. Dazu ertönt Lounge-Musik und sanfter Elektro-Beat.

Tribeca
OT Kolonaki, 46 Skoufa St.
PLZ 10672 ■ E 1, S. 61
Tel. 0030/210/362 35 41
tgl. 9-4 Uhr
✉
In Kolonaki, vor allem entlang der Skoufa-Straße, reihen sich Bars und Cafés. Das winzige „Tribeca" liegt im Epizentrum des munteren Stadtviertels. Morgens wird italienischer Kaffee serviert, nachmittags treffen sich Angestellte zum *after work chillout,* abends dominieren Wein, Bier und Longdrinks zu lockerer Musik – von Rhyth'm & Blues bis Soft Rock.

Whispers of Wine
OT Maroussi, 48 Agiou Konstantinou St.
PLZ 15124 nordwestlich ■ C 1, S. 60
Tel. 0030/210/617 90 51
Fax 617 90 51
www.whispers.gr
Mo-Fr 12-0 Uhr, Sa 20.30-0.30 Uhr
AmEx DINERS MASTER VISA
Im luftigen Marousi-Viertel nördlich vom Zentrum trifft man sich auf ein Glas Wein und leckere Kleinigkeiten nach der Arbeit und bis tief in die Nacht. Von den 250 Weinen auf der Karte (viele von kleinen griechischen Winzern) werden 35 auch offen ausgeschenkt. Dazu ertönt Latin-Lounge und sanfte amerikanische Soul-Musik.

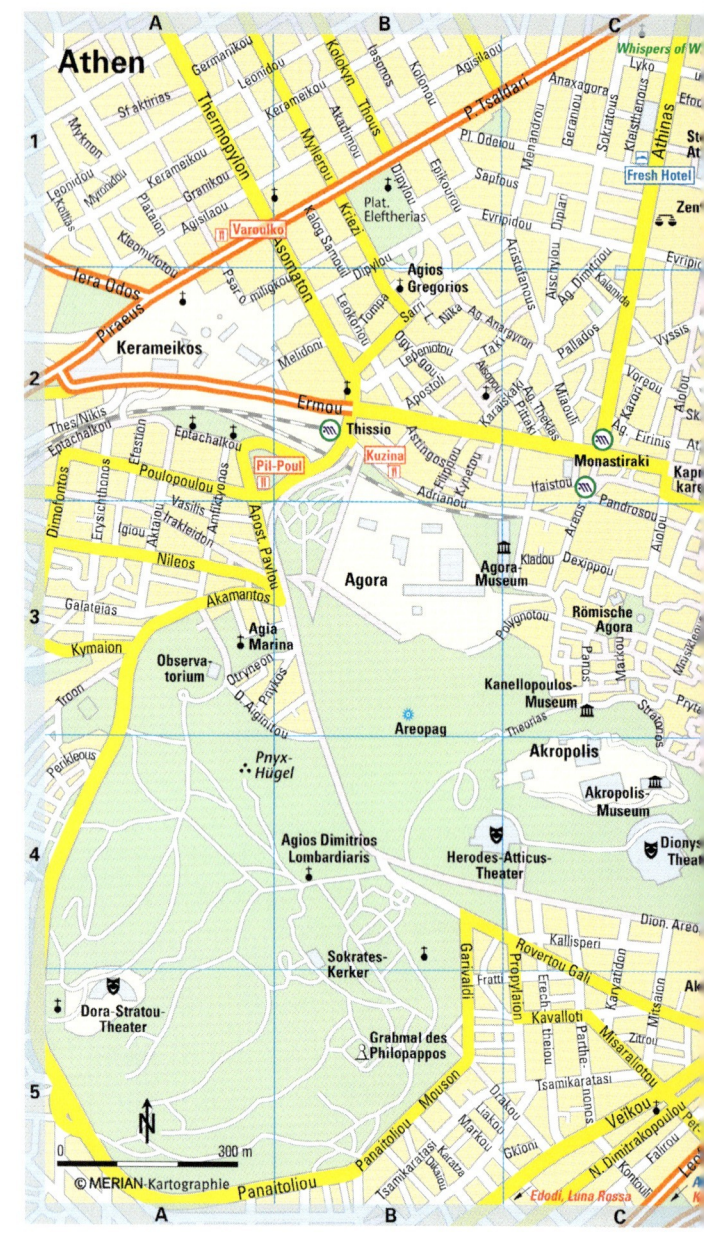

BARCELONA

Weltstadt am Mittelmeer: alte Viertel und prächtige Paseos, traumhafte Museen, schicke Designhotels und Stadtpaläste als Gäste-Refugien. Kreative Restaurants setzen auf die aufgeschlossene Klientel, traditionsbewusst bleiben die vitalen Tapas-Bars

Hotels

AC Miramar **F F F**

OT Montjuïc, Pl. Carlos Ibanez, 3
PLZ 08038 ■ C 5, S. 80
Tel. 0034/932 81 16 00, Fax 932 81 16 01
www.hotelmiramarbarcelona.com
73 Zi., 2 Suiten, DZ ab € 150
AmEx MASTER VISA ⛾🚗≋♔

Hier kann man nach einem Tag städtischen
Trubels im Grünen schlafen. Das Hotel entstand einst für die Weltausstellung 1929
auf Barcelonas Hausberg Montjuïc und ist
gerade aufwendig um- und ausgebaut
worden. Schöner Ausblick, große Pool- und
Gartenzone. Die Zimmer sind zeitgenössisch
elegant eingerichtet. Von hier aus kann man
bequem in die Stadt hinunterlaufen oder erst
einmal die umliegenden Parks erkunden.

Arts **F F F F**

OT Villa Olimpica, Marina, 19-21
PLZ 08005 ■ F 5, S. 81
Tel. 0034/932 21 10 00, Fax 932 21 10 70
www.hotelartsbarcelona.com
483 Zi., 44 Suiten, 28 App., DZ ab € 325
AmEx DINERS MASTER VISA ⛾🚗≋♔

Ein hervorragendes Ritz-Carlton-Hotel
schon deshalb, weil es in einem bemerkenswerten, zur Olympiade 1992 errichteten
Hochhaus in Meernähe liegt. Zum Strand
sind es nur ein paar Schritte, und der Pool-
und Open-Air-Barbereich dehnt sich elegant
über das weitläufige Dach des benachbarten Casinos gen Meer aus. Komfortabler
Luxus mit Ausblicken, die umso schöner
sind, je höher man wohnt. Die obersten
Etagen sind für Appartements und das
schöne „Six Senses Spa" reserviert. Höchst
komfortable Zimmer und Suiten, sehr höfliches Personal. (Siehe Restaurant „Arola".)

Avenida Palace **F F F F**

Innenstadt, Gran Vía Corts Catalanes, 605
PLZ 08007 ■ D 3, S. 81
Tel. 0034/933 01 96 00, Fax 933 18 12 34
www.avenidapalace.com
151 Zi., 18 Suiten, DZ ab € 150
AmEx DINERS EC MASTER VISA ⛾🚗♔

Ein Klassiker in entsprechendem Ambiente:
Gold schimmernde Handläufe an Treppen-
geländern voll barocker Ornamentik, mit
Marmor verkleidete Säulen in verschiedenen
Farbtönen und Maserungen, tiefe dunkle

Top-Designhotel mit schicken Zimmern und Blick auf die goldene Wal-Skulptur: „Arts"

Teppiche mit floralen Motiven, und zwischen Restaurant und Lobby ein Porträt des Hotelgründers in Öl. Die Zimmer sind großzügig geschnitten und gediegen elegant, die Lage des Hotels zwischen Gran Via und Passeig de Gràcia könnte kaum zentraler sein.

B Hotel ⅎⅎ
OT Sants, Gran Via, 389-391
PLZ 08015   ■ B 3, S. 80
Tel. 0034/935 52 95 00, Fax 935 52 95 01
www.nnhotels.com
84 Zi., DZ ab € 120
AmEx DINERS EC MASTER VISA
€ ♈ 🏨 🏔 ☂

Keine Pagen, kein Portier, kein ordentliches Restaurant: Daran merkt man, dass das „B-Hotel" ein eher bescheidenes Haus ist. Ansonsten sieht es nach mehr aus. Das minimalistische Design in warmen Farben verbindet einen Hauch von Luxus mit einer angenehmen Nüchternheit: Marmor, Stein, Holz und Stoff werden in Tönen braun und weiß kombiniert. Die Zimmer, nicht groß und doch geräumig. Von der Dachterrasse mit kleinem Pool fällt der Blick auf die Plaça Espanya. Messehallen und der Montjuïc in unmittelbarer Nähe.

Banys Orientals ⅎⅎ
OT Born, c/ Argentería, 37
PLZ 08003   ■ D 4, S. 81
Tel. 0034/932 68 84 60, Fax 932 68 84 61
www.hotelbanysorientals.com
43 Zi., 13 Suiten, DZ ab € 99
AmEx DINERS MASTER VISA € ♈

In einer der schönsten Gassen des Altstadt-Szeneviertels Born gelegen und klein wie viele Häuser der Umgebung. Auf eine Lobby mit Auslauf oder Lounge musste man verzichten, zum Frühstück wird die obere Etage des benachbarten Restaurants genutzt. Die Räume sind sehr geschmackvoll eingerichtet, in einer gelungenen Mischung aus klassischen Formen und zeitgenössischem Finish. Sehr günstig für die Gegend und den Zimmerstandard. Suiten in zwei nahe gelegenen Gebäuden. (Siehe Restaurant „Senyor Parellada" unter separater Leitung).

Barceló Raval ⅎⅎⅎ
OT Raval, Rambla del Raval, 17-21
PLZ 08001   ■ C 4, S. 80
Tel. 0034/933 20 14 90, Fax 933 20 14 94
www.barcelo.com
186 Zi., DZ ab € 107
AmEx DINERS MASTER VISA € ♈

Im Herzen des multikulturellen und besonders nachtaktiven Altstadtviertels Raval, direkt am palmengesäumten Boulevard Rambla del Raval, hat die Barceló-Kette dieses runde Designhotel mit Metallmantel eröffnet. Alle Zimmer sind mit Nespressomaschine und iPod-Dock ausgestattet, nicht eben groß, aber klug eingerichtet. An kräftigen Farbeffekten, in Hellgrün, Fuchsia und Silber, wird nicht gegeizt. Von der schmalen, rundumlaufenden Dachterrasse hat man einen fantastischen Blick über die Stadt. Frühstückswahl zwischen Buffet oder à la carte.

Casa Camper ⅎⅎ
OT Raval, c/ Elisabets, 11
PLZ 08001   ■ D 3, S. 81
Tel. 0034/933 42 62 80, Fax 933 42 75 63

Geschmackvoll: „Banys Orientals"

B

www.casacamper.com
25 Zi., DZ ab € 179
AmEx DINERS EC MASTER VISA ⛌

Die Besitzer der mallorquinischen Schuhmarke Camper haben in einer der schönsten Straßen des Raval ihr erstes Hotel eröffnet. Und so wie die Schuhe modernes Design, gute Qualität und große Bequemlichkeit miteinander verbinden, so tut es auch das Hotel. Großartige Betten, wunderbare Hausschuhe (natürlich!), eine riesige Dusche, am Rande des Foyers eine Imbisszone mit leckeren Kleinigkeiten ohne Aufpreis. Einziger Nachteil: Der Hotelflur verläuft zwischen dem Schlaf- und dem Wohnbereich jedes Zimmers. Das ist eindeutig unpraktisch.

Casa Fuster F F F ☐ ☐
OT Eixample, Passeig de Gracia, 132
PLZ 08008   ■ D 2, S. 81
Tel. 0034/932 55 30 00, Fax 932 55 30 02
www.hotelcasafuster.com
100 Zi., 20 Suiten, DZ ab € 192
AmEx DINERS EC MASTER VISA ⛌ ☕

Für Bewunderer des katalanischen Jugendstils: Der fünfstöckige Bau des berühmten Architekten Lluís Domènech i Montaner, erst vor Kurzem zum Hotel umgebaut, liegt wunderbar am oberen Ende des Passeig de Gràcia. Von der Dachterrasse hat man einen zauberhaften Blick über Barcelonas Prachtboulevard. Die Zimmer sind klassisch luxuriös ausgestattet, das „Café Vienés" im Erdgeschoss war einst ein stadtweit bekannter Treffpunkt. Im Restaurant „Galaxó" wird unter einer spektakulär geschwungenen Blattgolddecke neo-mediterrane Küche serviert.

Condes de Barcelona F F F ☐ ☐
Innenstadt, Passeig de Gràcia, 73-75
PLZ 08008   ■ D 2, S. 81
Tel. 0034/934 45 00 00, Fax 934 45 32 32
www.condesdebarcelona.com
235 Zi., 5 Suiten, DZ ab € 129
AmEx DINERS MASTER VISA ⛌ ☖ ☕

Ein Hotel in zwei Gebäuden, verteilt auf zwei Straßenecken derselben Kreuzung,

Katalanischer Jugendstil: „Casa Fuster"

direkt am Einkaufsboulevard Passeig de Gràcia. Im älteren Teil ist neben der Jugendstilfassade auch das romanisch inspirierte Treppenhaus erhalten geblieben. Dafür wartet der jüngere Teil mit einer riesigen Dachterrasse auf, von der aus man gleichzeitig Gaudís Pedrera und die Sagrada Familia ins Auge fassen kann. Die meisten Zimmer bewahren sich eine klassische, moderate Eleganz. Stück für Stück werden Räume mit modernerem Design nachgerüstet. Der baskische Starkoch Martín Berasategui unterhält im älteren Hotelteil sein Restaurant (siehe Restaurant „Lasarte"), im neueren Teil das informellere „Loidi".

Duquesa de Cardona F F F ☐ ☐
Innenstadt, Paseo Colon, 12
PLZ 08002   ■ D 5, S. 81
Tel. 0034/932 68 90 90, Fax 932 68 29 31
www.hduquesadecardona.com

40 Zi., 5 Suiten, DZ ab € 265

`AmEx` `DINERS` `MASTER` `VISA` ⛾ ⚘

Aussicht auf den Hafen vom Haus im Gotischen Viertel. Das historische Gebäude aus dem 18. Jahrhundert wurde sehr ansprechend renoviert und restauriert. Hübsch eingerichtet sind die Zimmer, ein Dutzend bietet Hafenblick. Kleiner Pool, auf Wunsch wird das Frühstück auf der Terrasse à la carte serviert.

Gran Hotel La Florida `F F F`

OT Vallvidrera
Ctra. Vallvidrera al Tibidabo, 83-93
PLZ 08035   nordwestlich ■ D 1, S. 81
Tel. 0034/932 59 30 00, Fax 932 59 30 01
www.hotellaflorida.com
70 Zi., 8 Suiten, DZ ab € 166

`AmEx` `DINERS` `EC` `MASTER` `VISA` ⛾ 🚗 ≈ ⚘

Einen Hauch von Zauberberg mag schon empfinden, wer sich während seines Barcelona-Aufenthalts hoch über der Stadt auf dem Tibidabo einquartiert. Das Hotel wurde 1925 mit dem dezidierten Willen eingeweiht, das beste Haus am Ort zu sein, und seit der Neueröffnung 2003 gehört es sicher wieder in die Spitzengruppe. Der Blick hinab auf Barcelona ist fantastisch,

Langer Pool: „Gran Hotel La Florida"

der 37 Meter lange Indoor-Outdoor-Pool ein kühner Riegel. Das Zimmerdesign reicht von zurückhaltend-klassisch bis zu schwelgerisch-elegant. Die teilweise originellen Suiten wurden von namhaften Künstlern gestaltet, darunter Rebecca Horn. Das Restaurant „L'Orangerie" serviert mediterrane Küche mit asiatischen Akzenten.

Grand Hotel Central `F F F`

OT Born, Via Laietana, 30
PLZ 08003   ■ D 4, S. 81
Tel. 0034/932 95 79 00, Fax 932 68 12 15
www.grandhotelcentral.com
147 Zi., 22 Suiten, DZ ab € 160

`AmEx` `DINERS` `MASTER` `VISA` ⛾ ⌂ ⚘

Der klassische Name trügt: Das Hotel hat erst fünf Jahre auf dem Buckel. Aber der Besitzer Pau Guardans möchte ihm mit der Zeit den Ruf eines zeitgenössischen Klassikers verschaffen. Die Zimmer sind geschmackvoll-modern und in gedeckten Farben gehalten, von der Dachterrasse (und vom Pool) geht der Blick an der gotischen Kirche Santa Maria del Mar vorbei Richtung Meer. Guardans hat für die Gäste einen kleinen eigenen Leitfaden zur Erkundung Barcelonas verfasst. Das Hotelrestaurant „Ávalon", von Ramón Freixa betreut, bietet eine zart aufgefrischte katalanische Küche ohne übertriebene Ansprüche.

Murmuri `F F F`

OT Eixample, Rambla de Catalunya, 104
PLZ 08008   ■ D 2, S. 81
Tel. 0034/935 50 06 00, Fax 935 50 06 01
www.murmuri.com
53 Zi., 2 Suiten, DZ ab € 159

`AmEx` `DINERS` `EC` `MASTER` `VISA` ⛾

Sehr schön und zentral gelegen an der verkehrsberuhigten und baumbestandenen Einkaufsbummelmeile Rambla de Catalunya. Die schmale Lobby ist edel mit Blattsilber ausgelegt, und auch die Zimmer setzen auf schimmernde Stoffe, vor allem in Beige. Die Dachterrasse ist klein wie das Hotel im Ganzen. Rechts der Rezeption befindet sich die charmant-luxuriös gestaltete „Bar Marfil", links das Restaurant, dominiert von

einem endlos langen violetten Sofa. Aus-
nahmsweise hat kein Katalane designt,
sondern die Londonerin Kelly Hoppen. Das
Restaurant bietet eine Fusion zwischen
Vietnam- und Thaiküche.

Neri F F F

OT Barri Gótic, c/ Sant Server, 5
PLZ 08002   ■ D 4, S. 81
Tel. 0034/933 04 06 55
Fax 933 04 03 37
www.hotelneri.com
22 Zi., DZ ab € 285
[AmEx] [DINERS] [MASTER] [VISA] ⛾ ⌂

Mittendrin und doch abgeschieden: Das
„Neri" liegt einen Steinwurf von Barcelonas
Kathedrale entfernt, im Herzen des Gotischen Viertels, an einem der schönsten und
zugleich verschwiegensten Plätze der Stadt.
Die Zimmer im ehemaligen Palast aus dem
18. Jahrhundert sind mit viel Sinn für Stoff-
und Farbenspiel dekoriert. Im Restaurant
pflegt der Newcomer Sergio Ruiz eine
mediterrane Küche mit orientalischen
Anklängen, etwa bei der *presa* vom Ibérico-
Schwein mit Curry von Trockentomaten. Das
Café des Hotels reicht bis auf den idyllisch-
verschatteten Platz Sant Felip Neri hinaus.

Omm F F F

OT Eixample, c/ Rosselló, 265
PLZ 08008   ■ D 2, S. 81
Tel. 0034/934 45 40 00, Fax 934 45 40 04
www.hotelomm.es
91 Zi., 8 Suiten, DZ ab € 240
[AmEx] [DINERS] [EC] [MASTER] [VISA] ⛾ 🏨 ⌂

Einen Häuserblock von Gaudís berühmter
Pedrera entfernt liegt das Flaggschiff unter
Barcelonas Designhotels, entworfen von Juli
Capella und mit viel Liebe und Geschmack
eingerichtet. Die Zimmer sind etwas zurück-
haltender gestaltet als die beeindruckende
und weitläufige Lobby. Unterm Dach kann
man Relaxen im „Spaciomm", im Kellerclub
„Ommsession" legen DJs nicht nur für
Hotelgäste auf (siehe Restaurant „Moo").

Pulitzer F F F

Innenstadt, c/ Bergara, 8
PLZ 08002   ■ D 3, S. 81
Tel. 0034/934 81 67 67, Fax 934 81 64 64
www.hotelpulitzer.es
91 Zi., 1 Suite, DZ ab € 120
[AmEx] [DINERS] [EC] [MASTER] [VISA] ⛾ ⌂

Auf beeindruckende Weise erweckt das
Design von Lázaro Rosa den Eindruck, als
handele es sich beim jungen „Pulitzer" um

Die Gäste wohnen in einem ehemaligen Palast nahe der Kathedrale: „Neri"

einen in Würde und großem Stil gealterten ewigen Geheimtipp. Die Lobby ist riesig und lädt dazu ein, die Zeit zu vergessen. Hier mischen sich moderne Möbel klassischen Zuschnitts mit ein paar asiatischen Stücken, rundherum hängen minimalistische Großformate. Auch die Zimmer sind nicht nur schön, sondern scheinen Persönlichkeit zu besitzen. Netter Service.

Restaurants

Abac **F F F**
OT Sant Gervasio, Av. Tibidabo, 1
PLZ 08022   nordwestlich ■ D 1, S. 81
Tel. 0034/932 54 22 99, Fax 933 19 66 01
www.abacbarcelona.com
So, Mo geschl.
Hauptgerichte € 35-50

AmEx DINERS MASTER VISA 🍴 🍷 🏠 🛏 🏠 🍸

Der Chef Xavier Pellicer hat einen Aufstieg in jeder Hinsicht hinter sich. Sein neues „Abac" liegt in Barcelonas Oberstadt an der villengesäumten Avinguda de Tibidabo. Der edle Speisesaal ist umschlossen von einem Garten, und im Herrenhaus nebenan wird unter dem selben Namen ein „Restaurant-Hotel" mit 15 luxuriösen Zimmern betrieben. Das Essen hält mit: Sowohl die confierte Kalbssehne mit Muscheln und Kaviar als auch die Seegurken mit „Hamburger" aus Schweinsfuß schmeckten.

Agut **F**
OT Barri Gòtic, c/ d'en Gignàs, 16
PLZ 08002   ■ D 4, S. 81
Tel. 0034/933 15 17 09, Fax 933 16 01 56
So abend, Mo geschl.
Hauptgerichte € 12-20

AmEx DINERS MASTER VISA 🍴 🏠

Ein Restaurant, das fast versteckt in einer Altstadtgasse liegt. Rundum machen immer neue Bars und Läden auf, im „Agut" wird in der dritten Generation die katalanische Küche hoch gehalten. Das Lokal trägt seine Patina mit Stolz und Anstand. Zwischen niedrigen Stützbögen und halbhoch getäfelten Wänden, großflächig mit Malerei in Öl behängt, kann man Auberginen-Flan mit gratiniertem Schafskäse, Stockfisch mit gebackenem Paprika oder Ochsenfilet mit Trüffelsauce und Totentrompeten genießen.

Alkimia **F F**
OT Eixample, Indústria, 79
PLZ 08025   ■ E 2, S. 81
Tel. und Fax 0034/932 07 61 15
alkimia@telefonica.net

„Alkimia": katalanische Gerichte, von Jordi Vila kreativ verändert

Sa, So geschl.
Hauptgerichte € 18-30
`DINERS` `EC` `MASTER` `VISA` M

Schon einige Jahre, ehe in Barcelona der Begriff *bistronomique* in Mode kam, eröffneten Jordi Vila (Küche) und seine Frau Sonia (Service) ihr kleines, wegweisendes Restaurant. Der schmale Saal, hell, ohne grell zu sein, ist mit frei erfundenen alchemistischen Symbolen verziert, ein Hinweis auf Vilas Stil: Er benutzt die katalanische Küche als Sprungbrett für eigene Kompositionen, etwa Seeteufel mit mariniertem Blumenkohl und Olivenkonfitüre oder saftigen Lammrücken mit Käsefondue und Thymianbrot.

Arola `F``F``F`

OT Villa Olimpica, im Hotel Arts
Marina, 19-21
PLZ 08005 ■ F 5, S. 81
Tel. 0034/932 21 10 00, Fax 932 21 10 70
www.arola-arts.com
Mo, Di geschl.
Hauptgerichte € 25-45
`AmEx` `DINERS` `MASTER` `VISA` M

Während Starkoch Sergi Arola in seinem Madrider Hauptquartier „Gastro" steng auf Etikette achtet, setzt sein Barceloneser Satellit auf entspannte Atmosphäre: In der Lounge-Zone kann man sich locker in die Kissen lümmeln, und am späteren Abend sorgt ein DJ für animierte Stimmung. Das schicke, lichte Restaurant mit Terrasse liegt nah am Meer, als ein Teil der luxuriösen Anlagen des Hotels „Arts". Kreative Tapas mit hervorragenden Zutaten sind das Markenzeichen des Hauses, darunter etwa das Kaisergranat-Carpaccio mit Orange und Vanille oder die *tacos* mit Blutwurst, Foie gras und weißen Bohnen.

Bilbao `F``F`

OT Gràcia, c/ Perill, 33
PLZ 08012 ■ D 2, S. 81
Tel. 0034/934 58 96 24
So geschl.
Hauptgerichte € 12-28
M

Ein beliebtes Restaurant mit Tradition in Gràcia. Zwischen Mobiliar im Kaffeehausstil und bunt gemischten Bildern an den Wänden wieseln hemdsärmelige Kellner umher und servieren die Standards des Hauses, darunter Spiegeleier mit Foie gras, hervorragend die Ochsenschwanz in Rotweinsauce. Tagsüber gibt es ein Mittagsmenü zu sehr volksnahen Preisen und passend dazu regelmäßig Schlangen von Wartenden.

Ca l'Isidre `F``F`

OT Ciutat Vella, c/ de les Flors, 12
PLZ 08001 ■ C 4, S. 80
Tel. 0034/934 41 11 39, Fax 934 42 52 71
www.calisidre.com
So geschl.
Hauptgerichte € 21-25
`AmEx` `DINERS` `MASTER` `VISA` M

Ein Klassiker, der Etikette und familiäre Atmosphäre vereint. Im kleinen Saal, mit viel Holz, Polstern, Teppich und gerahmtem Öl dekoriert, servieren Kellner mit weißen Jacketts katalanische Küche: Alle Gerichte mit einem „C"-Vermerk auf der Karte gehören zum katalanischen Kanon und werden mit einheimischen Zutaten hergestellt, etwa die Seegurken aus Blanes oder die gefüllten Schweinsfüße mit Entenleber. Weil der Qualitätsanspruch hoch ist, wechselt die Karte mitunter täglich, was natürlich auch von den Beutezügen des Chefs Isidre Gironés auf dem nahe gelegenen Boqueria-Markt abhängt.

Can Majó `F``F`

OT Barceloneta, c/ Almirall Aixada, 23
PLZ 08003 ■ D 5, S. 81
Tel. 0034/932 21 54 55
www.canmajo.es
So abend, Mo geschl.
Hauptgerichte € 7-36
`AmEx` `DINERS` `MASTER` `VISA` M

Direkt an der Strandpromenade, zwischen dem Hafenviertel Barceloneta und den (Sonnen-)Badenden, liegt dieses Fischrestaurant, seit 40 Jahren in Händen der selben Familie. Am besten sitzt man auf der

Degustationsmenüs in zurückhaltend-elegantem Rahmen: „Cinc Sentits"

großen Terrasse, aber die Spezialitäten des Hauses wie der Fischtopf mit Seeteufel, Muscheln und Gambas oder der Reis mit Hummer schmecken genauso gut in den zwei Speisesälen, die passend in Hellblau gestrichen und mit Gemälden aus dem Hafenmilieu versehen sind.

Can Margarit F

OT Poble-sec, c/ Concòrdia, 21
PLZ 08004   ■ B 4, S. 80
Tel. 0034/934 41 67 23
nur Abendessen, So geschl.
Hauptgerichte € 10-12
MASTER VISA

Enric Margarit's Taverne bietet im Grunde nur ein kulinarisches Rumpfangebot, dafür aber ein originelles *setting* und die dazugehörige Atmosphäre. Im ersten, fast hallengroßen Saal, stehen noch die riesigen Fässer des ehemaligen väterlichen Weinlagers. Vor 35 Jahren wandelte der Sohn, heute auch schon über 70, den Betrieb in ein Restaurant um. Die Karte wurde seitdem nicht einmal modernisiert, allerdings liegt sie mittlerweile in zehn Sprachen vor. Der Bestseller des volkstümlich stimmungsvollen Lokals ist das mit zahlreichen Kräutern gebratene Kaninchen. Vier offene und nur drei bescheidene Flaschenweine.

Cinc Sentits F F

OT Eixample, Aribau, 58
PLZ 08011   ■ C 3, S. 80
Tel. 0034/933 23 94 90, Fax 933 23 94 91
www.cincsentits.com
So, Mo geschl.
Menüs € 46-65
AmEx DINERS MASTER VISA M

Besitzer Jordi Artal war Informatik-Ingenieur in Silicon Valley, bevor er sich selbst zum kreativen Küchenchef umschulte. In seinem zurückhaltend eleganten Restaurant pflegt er besonders die mehrgängigen Degustationsmenüs. Der „Klassiker" ist das zartknusprige Ibérico-Ferkel mit zweierlei Apfel, *ratafia* (ein katalanischer Kräuterschnaps) und Prioratwein-Honig-Sauce. Artals Mutter hat den Service im Saal im Griff.

Comerç 24 F F

OT Born, c/ Comerç, 24
PLZ 08003   ■ E 4, S. 81
Tel. 0034/933 19 21 02, Fax 933 19 10 74
www.carlosabellan.com
So, Mo geschl.
Hauptgerichte € 9-38
MASTER VISA M

Carles Abellan, „El Bulli"-geschult, war 2001 einer der ersten, der sein Restaurant von einer Art weiterentwickeltem Tapas-

Format her neu konzipierte. Sein edles Lokal, sehr geschmackvoll in Anthrazit ausgekleidet und mit leuchtend roten und gelben Akzenten versehen, liegt am Rande des Szeneviertels Born. Der global orientierte Einfallsreichtum des Chefs führt zu interessanten Begegnungen, etwa beim Safranreis mit Parmesan, Lakritz und Litschi oder beim Hummer-*maki* mit Avocado. Unter den „Klassikern" findet sich auch das „Überraschungsei", in der Schale serviert, mit schwarzen Trüffeln und Kartoffelschaum.

Coure FF

OT Sarria/Sant Gervasi, Paseo Marimon, 20
PLZ 08021 ■ C 1, S. 80
Tel. 0034/932 00 75 32
restaurantcoure@hotmail.com
So, Mo geschl.
Hauptgerichte € 18-25
DINERS MASTER VISA

Albert Ventura zählt zu den jungen katalanischen Chefs, die ein beachtliches kreatives Potential entfalten. Sein kleines *bistronomique* liegt im Souterrain, strahlt aber, ganz in Weiß gehalten, eine gewisse elegante Großzügigkeit aus. Auf den Tisch kommt eine neo-katalanische Küche, die sich der neuesten Techniken bedient. Gelungen waren der Tintenfisch mit Ingwerschaum, Topinambur, Waldpilzen und Schwarzwurzeln oder der confierte *bacalao* (Stockfisch) mit geräucherter Aubergine in Limettensauce.

Els Pescadors F

OT Poblenou, Plaza Prim, 1
PLZ 08005 östlich ■ F 4, S. 81
Tel. 0034/932 25 20 18, Fax 932 24 00 04
www.elspescadors.com
kein Ruhetag
Hauptgerichte € 22-35
AmEx DINERS MASTER VISA

Aus einer ehemaligen Fischertaverne im strandnahen Viertel Poblenou haben Josep Maria Maulini und seine Frau ein zeitgemäßes Restaurant gemacht. Das Lokal, inzwischen erweitert und modern aufgehübscht, liegt an der zauberhaften Plaça Prim. Geblieben ist der alte Steinfußboden, in den nun kleine Fischmotive eingelassen sind. Natürlich kommen die Spezialitäten des Hauses weiterhin aus dem Meer, etwa beim Reis mit kurz gebratenem Tintenfisch, Seeigel und Tinten-Aioli oder beim Petersfisch mit schwarzer Butter und Kapern. Dem Stockfisch gilt gar ein eigener Abschnitt auf der Karte.

Espai Sucre FF

OT Born, Princesa, 53
PLZ 08003 ■ E 4, S. 81
Tel. 0034/932 68 16 30, Fax 932 68 15 23
www.espaisucre.com
nur Abendessen, So, Mo geschl.
Menüs € 20-55
DINERS MASTER VISA @

Ein einzigartiges Nachspeisen-Restaurant, gewissermaßen der Showroom von Jordi Butrons nahe gelegener Dessertschule. In sehr anregenden drei- und fünfgängigen Dessertmenüs kann man der Leidenschaft

Nur Nachspeisen: „Espai Sucre"

fürs Süße frönen, obwohl sich manche Kreationen ganz bewusst an der Grenzlinie des „Salzigen" bewegen, etwa der Käse-Kirsch-Kuchen mit Roter Bete und Schwarzbier oder der Brotpudding mit *bacon*-Eis und Ananas. Zu jedem Dessert wird ein passender Süßwein empfohlen. Wem der Auftakt mit Nachtisch zu ungewohnt ist, dem stehen auch gewöhnliche Gerichte für den Einstieg zur Auswahl.

Fonda Gaig FF

OT Eixample, c/ Còrsega, 200
PLZ 08036 ■ C 2, S. 80
Tel. 0034/934 53 20 20, Fax 934 29 70 02
www.fondagaig.com
So abend, Mo geschl.
Hauptgerichte € 15-25
AmEx DINERS EC MASTER VISA M

Bereits seit 140 Jahren gibt es das „Gasthaus Gaig". Freilich nicht am selben Ort und schon gar nicht in der aktuellen, cremefarbenen Dekoration mit roten Ledersitzen. Erst im vergangenen Jahr konnte Carles Gaig das 2003 geschlossene Traditionslokal der eigenen Familie unter selbem Namen neu beleben. Während er im Restaurant „Gaig" des Hotels „Cram" weiterhin gehobene Autorenküche verantwortet, setzt die „Fonda Gaig" auf ewige Werte der Region, darunter Fleischbällchen mit Tintenfisch, gebratenes Kaninchen mit Aioli oder gegrillten Wolfsbarsch mit Spinat, Rosinen und Pinienkernen. Zusätzliche Tageskarte.

Gresca FF

OT Eixample, Provença, 230
PLZ 08036 ■ D 2, S. 81
Tel. 0034/934 51 61 93
www.gresca.net
Sa mittag, So geschl.
Hauptgerichte € 12-23
MASTER VISA M

Rafael Peña (Küche) und seine Frau Mireia Navarro (Saal) bewältigen die Arbeit in ihrem kleinen Restaurant fast allein. Auf manchen Schnickschnack müssen sie deshalb verzichten, nicht jedoch auf Können

und Originalität. Peña reichert die katalanische Küche auch mit Einflüssen an, die er seinen Lehrjahren im Ausland verdankt. Besonders überraschend: das Kraken-Carpaccio mit Blutwurst. Mittags gibt es ein günstiges Menü.

Hisop FFF

OT Sarrià, Passatge Marimon, 9
PLZ 08021 ■ C 1, S. 80
Tel. 0034/932 41 32 33
www.hisop.com
Sa mittag, So geschl.
Hauptgerichte € 16-24
AmEx DINERS MASTER VISA @ M

Zwei Küchenchefs, die mit den Bestandteilen der katalanischen Küche jonglieren: Guillem Pla und Oriol Ivern bringen nur auf die Karte, was sie beide gleichermaßen überzeugt. Ihr Lokal ist von nüchterner Eleganz, die Küche betont fantasievoll. Köstlich: der Seeteufel „à la royal" mit Haselnüssen oder das Lammkarree mit Auberginen und Quitten. Die „Neuprogrammierung" regionaler Klassiker gelingt in der Regel hervorragend, nur die süßen Oliven zum Kaffee überzeugen lediglich als Witz.

Nüchterne Eleganz, pfiffige Küche: „Hisop"

B

Hofmann ⬛ F F ⬜⬜⬜

OT Sant Gervasi
La Granada del Penedès, 14-16
PLZ 08006 ⬛ D 1, S. 81
Tel. 0034/932 18 71 65, Fax 932 18 98 67
www.hofmann-bcn.com
Sa, So geschl.
Hauptgerichte € 25-30
[AmEx] [DINERS] [MASTER] [VISA] ⋔ ♈

Die deutschstämmige Mey Hofmann führt
seit Langem eine hoch angesehene Kochschule in der Altstadt. Nachdem es dort zu
eng wurde, eröffnete sie Anfang 2008 in
der Oberstadt eine vergrößerte und veredelte Version ihres angeschlossenen Restaurants. Vom getäfelten Speisesaal kann man
durch eine zarte Gaze-Gardine und ein
Fenster im Cinemascope-Format in die
Küche sehen. Dort sind erheblich mehr
Menschen im Einsatz, als man in einem
Restaurant erwarten würde: Die Kochschüler
lernen *on the job,* von drei Souschefs
überwacht. Hofmann kocht klassische
Moderne und widmet sich den Nachspeisen
mit besonderer Leidenschaft. Die Karte
verzeichnet mehr Desserts als Hauptgerichte, und mancher eingeweihte Gast bestellt
statt einer Vor- lieber zwei Nachspeisen.

Lasarte ⬛ F F F ⬜⬜

OT Eixample, im Hotel Condes de Barcelona,
Mallorca, 259
PLZ 08008 ⬛ D 2, S. 81
Tel. 0034/934 45 32 42, Fax 934 45 32 32
www.restaurantlasarte.com
So, Mo geschl.
Hauptgerichte € 36-57
[AmEx] [MASTER] [VISA] ⋔ 🏠 🏠

Die Barceloneser Zweigstelle des baskischen Spitzenkochs Martín Berasategui ist
zunächst eine Hommage an den Genius
Loci: An der Wand befinden sich Antoni
Gaudís maritime Zimmerfliesen aus der
nahe gelegenen Casa Milà als weißes
Relief. Auch die Küche ist mediterraner als
im baskischen Stammhaus. Trotzdem gibt
es zwischen den Gerichten, die der hiesige
Chef Antonio Saez in Abstimmung mit
Berasategui serviert, natürlich Klassiker des

„Lasarte": Filiale von Martín Berasategui

Basken wie das *millefeuille* von Apfel, Aal
und Foie gras. Neben dem zwölfgängigen
Degustationsmenü wird seit Kurzem auch
ein wöchentlich wechselndes viergängiges
Menü „100 % Berasategui" angeboten:
Auf der dazugehörigen Extrakarte wird
hinter jedem Gang das Jahr von dessen
Kreation vermerkt. Toll!

Manairo ⬛ F F ⬜⬜⬜

OT Eixample, Diputació, 424
PLZ 08013 ⬛ E 3, S. 81
Tel. 0034/932 31 00 57, Fax 932 65 23 81
www.manairo.com
So geschl.
Hauptgerichte € 25-30
[AmEx] [DINERS] [MASTER] [VISA] ⋔

Jordi Herrera denkt sich nicht nur neue
Gerichte, sondern auch neue Geräte aus. In
seinem schmalen, dezent modern eingerichteten Restaurant im Eixample-Viertel spürt
er den essentiellen Aromen der katalanischen Küche nach und erfindet nebenbei
eine Heißluftnadel zum Gambas-Kochen
von innen oder einen Nagelgrill, um
Fleischstücken gezielter einzuheizen. Sehr
gut waren der Salat von geräuchertem
Thunfisch mit Tomatencoulis und Wermut-

B

Zweigstelle der Gebrüder Roca: „Moo"

Perlen, das Rinderfilet (vom Nagelgrill!) mit gebratenem Gemüse und die Passionsfruchtsuppe mit Basilikum-Eis.

Moo **F F**
OT Eixample, im Hotel Omm
c/ Rosselló, 265 ■ D 2, S. 81
PLZ 08008
Tel. 0034/934 45 40 00, Fax 934 45 40 04
www.hotelomm.es
Sa mittag, So geschl.
Menüs € 65-100

AmEx DINERS MASTER VISA ⋈ ☎ ☆ ♟ ♙

Die „hauptstädtische" Dependance der katalanischen Brüder Joan, Josep und Jordi Roca, deren ureigenes Haus „El Celler de Can Roca" in Girona liegt, besitzt einen der schönsten Speisesäle Barcelonas. Beige eingekleidet, mit schicken schwarzen Stühlen vor weißem Tischtuch, unter schräg in den Raum ragenden Oberlichtern und mit einem Bambusgarten im Fond, erhält die technisch hoch entwickelte neo-katalanische Küche der Rocas einen perfekten Rahmen. Unter den vier angebotenen Menü-Varianten befindet sich auch eine vegetarische.

Roig Robí **F F**
OT Gràcia, c/ Sèneca, 20
PLZ 08006 ■ D 2, S. 81
Tel. 0034/932 18 92 22, Fax 934 15 78 42

www.roigrobi.com
So geschl.
Hauptgerichte € 24-32

AmEx DINERS EC MASTER VISA

@ ⋈ ☎ ♟ ♙

Seit 27 Jahren führt Mercé Navarro ihr schmuckes Restaurant in einer Gasse von Gràcia. Ihre Trümpfe sind eine tadellose katalanische Küche und ein zauberhafter Gartenpatio. Deshalb ist das „Roig Robí" zu einem der Lieblingsrestaurants von Barcelonas guter Gesellschaft geworden, der etwas informellen Bastbestuhlung zum Trotz. Wunderbar waren der Wolfsbarsch aus dem Ofen mit Tomaten-*coca,* Oliven und Pinienkernen, das Ibérico-Spanferkel mit Quitte sowie die *turrón*-Suppe mit Vanilleeis. Für das Deckblatt der Karte hat Kataloniens Malerlegende Antoni Tàpies eine schöne Zeichnung gestiftet.

Saüc **F F F**
OT Eixample, Pasaje Lluis Pellicer, 12 Bajos
PLZ 08036 ■ C 2, S. 80
Tel. 0034/933 21 01 89
www.saucrestaurant.com
So, Mo geschl.
Hauptgerichte € 25-35
AmEx MASTER VISA ⋈

Bei aller Experimentierfreude fühlt sich Xavier Franco besonders der Essenz der regionalen Küche verpflichtet. Deshalb schmecken seine Gerichte, obwohl sie mit modernstem Feingefühl entstehen, immer eine Spur bodenständiger als die seiner Kollegen gleicher Klasse. Mehrfach ist man versucht, spontan Brot in eine seiner köstlichen Saucen tunken, etwa bei der saftigen Rinderwange mit Aprikosen und Thymianspeck.

Semproniana **F F**
OT Ensanche, c/ Rosselló, 148
PLZ 08036 ■ C 2, S. 80
Tel. 0034/934 53 18 20
www.semproniana.net
So geschl.
Hauptgerichte € 18-21
MASTER VISA ⋈ ♙

Besitzerin Ada Parellada hat die hohen, luftigen Räume einer ehemaligen Verlagsdruckerei in den Speisesaal ihres Restaurants verwandelt und die neuen Möbel mit viel Liebe auf Antiquitätenmärkten zusammengesucht. Lauter verschiedenartige Lampen und Stühle gibt es, und selbst die Wände sind mal in Rot, mal in Grün und mal in Altrosa gestrichen. Die Küche ist unorthodox katalanisch, schon weil Co-Chef Joan Pluvinet den traditionellen Saucen immer eine persönliche Note gibt, etwa beim „Steinbutt in Schwarz" (mit Tintenfischtinte) oder dem süß-sauren Lamm mit gebratenen Kartoffeln.

Senyor Parellada F

OT Born, Argentería, 37
PLZ 08003   ■ D 4, S. 81
Tel. 0034/933 10 50 94,
 Fax 932 68 31 57
www.senyorparellada.com
kein Ruhetag
Hauptgerichte € 9-22
[AmEx] [DINERS] [EC] [MASTER] [VISA] M

Ramón Parellada kommt stets gut gelaunt an den Tisch. Aber seine Karte steht auch ohne Beratung: Die katalanischen Würste, der Reis mit gutem Fleisch und Fisch, den er nach sich selbst benannt hat, und das Thunfischsteak in Tomatencoulis sind sehr empfehlenswert.

Syrah F F

OT Port Olimpic, im Hotel AB Skipper
Av. Litoral, 10
PLZ 08005   ■ E 5, S. 81
Tel. 0034/932 21 65 65, Fax
93 42 21 36 00
www.restaurantsyrah.com
So, Mo geschl.
Hauptgerichte € 16-35
[AmEx] [DINERS] [MASTER] [VISA] M ⌂ ⌂ ⌂

Vom großen Esssaal des „AB Skipper" abgesondert und mit einem eigenen Eingang versehen, bewahrt sich das „Syrah" unterm Hoteldach seine Eigenständigkeit. Chef Xavier Gruber nutzt sie für eine kreative Küche, in der mancher Klassiker,

neu nachbuchstabiert, ungeahnte Geschmacksnuancen offenbart. An den sphärifizierten Paprikakügelchen, die dem Melonen-Gazpacho einen fast prickelnden Akzent verleihen, und am duftenden Trüffelschaum, der die Ravioli mit Stopfleber abrundet, ist die souveräne Umsetzung aktuellen Know-hows zu erkennen.

Via Veneto F F F

OT Sarrià, c/ Ganduxer, 10
PLZ 08021   ■ C 1, S. 80
Tel. 0034/932 00 72 44, Fax 932 01 60 95
www.viavenetorestaurant.com
Sa mittag, So geschl.
Hauptgerichte € 22-44
[AmEx] [DINERS] [MASTER] [VISA] @ M

Traditionsreiches Restaurant: „Via Veneto"

Ein Klassiker des großbürgerlichen *uptown* Barcelona, gediegen luxuriös ausgekleidet mit Rüschenvorhängen, Belle-Epoque-Möbeln und rosa Tischdecken. Ganz klassisch im Speisesaal auch das Familienporträt in Öl von José und Pedro Monje, dem leitenden Vater-&-Sohn-Gespann, im Kreise der Ihren. Der Service ist tadellos, die Gerichte sind kunstvoll arrangiert. Die Küche hält die katalanische Tradition in Ehren, das passt auch gut zur gediegenen Klientel. Aber Chef Carlos Tejedor scheut sich auch nicht, sie gelegentlich zu verfeinern, etwa bei der Wachtel aus der Bresse in zwei Texturen mit Puy-Linsen. Umfangreiche Weinkarte.

Bars/Cafés/Tapas-Bars

Bar Mirablau

OT Sant Gervasi, Pl. del Doctor Andreu, 2
PLZ 08035   √ √ nordwestlich ■ D 1, S. 81
Tel. 0034/934 18 58 79, Fax 934 18 85 59
mirabe@arrakis.com
So-Mi 11-4.30 Uhr, Do-Sa 11-6 Uhr
AmEx DINERS MASTER VISA M T

In dieser Cocktailbar an einer Flanke des
Tibidabo wenden nur die wenigsten Besucher ihre Blicke den Barmixern zu, denn
durch die Panoramafenster kann man
hinabsehen auf die nächtlich erleuchtete
Stadt. Wer keinen Platz in der ersten Reihe
abbekommt, zieht eindeutig den Kürzeren.
Der DJ legt Hits aus mehreren Jahrzehnten
auf, wer will, kann tanzen.

Cal Pep

OT La Ribera, Pl. de les Olles, 8
PLZ 08003   ■ E 4, S. 81
Tel. 0034/933 10 79 61, Fax 933 19 62 81
www.calpep.com
Mo 19.30-23 Uhr, Di-Fr 13.15-15.45 und
19.30-23 Uhr, Sa 13.15-15.45 Uhr
AmEx DINERS MASTER VISA M Y

Tolle Tapas-Bar, und immer voll: „Cal Pep"

Eine Tapas-Institution, die im Szeneviertel
Born zu Recht alle Moden übersteht.
Gegessen wird vor allem an der langen
Theke, die sich längs durch den schlauchar-
tigen Raum zieht. Lebhafte Atmosphäre und
professioneller Service. Eine feste Karte
gibt es nicht, besonders empfehlenswert
sind Fisch- und Meeresfrüchteteller, etwa

Muscheln oder gebratene Minitintenfische.
Mittags kommt man besser rechtzeitig,
sonst kann das Warten auf einen Platz am
Tresen Zeit und Nerven kosten.

Cata 1.81

OT Eixample, c/ València, 181
PLZ 08011   ■ C 2, S. 80
Tel. 0034/933 23 68 18, Fax 933 23 68 18
www.cata181.com
Mo-Fr 13-24 Uhr, Sa 20-0.30 Uhr
DINERS MASTER VISA

Ein kleines Weinlokal mit weißen Wänden,
metallen schimmernder Decke und orange-
farbenen Hockern und Bänken. Eher modern
als gemütlich, eher locker als komfortabel,
bei alldem aber sehr sympathisch. Die
Weinkarte, auf spanische Kellereien beschränkt, hat weit über 200 Einträge. Rund
15 Weine werden offen ausgeschenkt.
Dazu kann man *platillos,* Tellerchen, bestellen: Kleinigkeiten wie etwa die köstlichen
Schweinsfüße mit Feigen und Walnüssen in
Weinsauce.

Dos Palillos

OT Raval, c/ Elisabets, 9
PLZ 08001   ■ D 4, S. 81
Tel. 0034/933 04 05 13
www.dospalillos.com
Di, Mi 19.30-23.30 Uhr, Do-Sa 13-15.30 Uhr
und 19.30-23.30 Uhr
DINERS EC MASTER VISA M

Fusion nach Barceloneser Art: Der vordere
Thekenbereich ist liebevoll im Stil einer
klassischen *barrio*-Bar gestaltet, mit Terraz-
zo-Fußboden und billiger Alu-Tür, dahinter
liegt ein Speisesaal in Rot und Schwarz,
serviert werden asiatische Tapas auf hohem
Niveau. Das Konzept stammt von Albert
Raurich, zehn Jahre lang Souschef im „El
Bulli", und seiner japanischen Frau, der
Sommelière Tamae Imachi. Über der Bar-
theke wird die Komposition der Tapas auf
hübschen Zeichnungen erläutert. Im rot-
schwarzen Saal, abends fürs Degustationsmenü reserviert, isst man, abermals an
einer Theke, direkt im Angesicht der munter
werkelnden Köche.

B

Dry Martini

OT Eixample, c/ Aribau, 162-166

PLZ 08036 ■ D 2, S. 81

Tel. 0034/932 17 50 80, Fax 932 04 36 16

www.drymartinibcn.com

tgl. 18.30-2.30 Uhr

[AmEx] [MASTER] [VISA]

Javier de las Muelas hat sich im Eixample-Viertel den Traum von einer klassischen Cocktailbar erfüllt. Vom dunklen Holz der Einbauten über die weißen Jäckchen der Mixer bis zur riesigen Auswahl an Drinks stimmt einfach alles. Weil de las Muelas aber nicht nur die Tradition verehrt, sondern auch ein Tüftler ist, hat er neben dem weitgespannten Kanon auch die selbstfundenen „Spoon Martinis" im Programm, Cocktails zum Löffeln. Ein schmaler Gang führt zum „geheimen" Hinterzimmer-Restaurant „Speakeasy".

Els Fogons de la Barceloneta

OT Barceloneta, Pl. de la Font

PLZ 08003 ■ E 5, S. 81

Tel. 0034/932 24 26 26

www.elsfogonsdelabarceloneta.com

Di-Sa 8.30-24 Uhr

[DINERS] [MASTER] [VISA] 🅼 🌴

Ein luftiges Tapas-Lokal in Strandnähe. Der moderne, grau-orange Esssaal mit offener Küche liegt genau zwischen der Markthalle und dem zentralen Platz des alten Hafenviertels Barceloneta. Hier gibt es klassische Kleinigkeiten wie gegrillte Sardinen oder Muscheln in überdurchschnittlicher Qualität, aber auch moderne Kombinationen wie Thunfisch mit Feige, *bacalao* (Stockfisch) mit Lakritz oder „Gin-Tonic" aus Jakobsmuscheln.

Inopia

OT San Antonio, Tamarit, 104

PLZ 08015 ■ B 3/4, S. 81

Tel. 0034/934 24 52 31

www.barinopia.com

Di-Fr 19-23 Uhr, Sa 13-15.30 Uhr

[MASTER] [VISA]

Eine Tapas-Bar, schlicht und exquisit zugleich. Keine raffinierten Rezepte auf

Bruder von Ferran Adrià als Chef: „Inopia"

kleinstem Raum, sondern vor allem Standards wie Russischer Salat, Schinkenkroketten, Baguettes oder frittierter Fisch. Die allerdings aus allerbesten Zutaten. Das „Inopia" ist der Versuch, eine Allerweltsbar auf hohem Niveau und mit einem Augenzwinkern neu zu inszenieren. Besitzer ist Albert Adrià, Bruder von Ferran Adrià und im „El Bulli" der Mann für den Nachtisch.

La Panxa del Bisbe

OT Gràcia, c/ Rabassa, 37

PLZ 08024 ■ E 1, S. 81

Tel. 0034/932 13 70 49

www.lapanxadelbisbe.com

Di-Sa 13.30-15.30 und 20-24 Uhr

[AmEx] [DINERS] [MASTER] [VISA] 🅼

Der „Bauch des Bischofs" nennt sich zwar das Restaurant, doch auf der Karte überwiegen die Tapas. In Gràcia betreibt der talentierte junge Chef Xavi Codina eine moderne Miniaturküche, die zum alternativen Multikultiflair des Viertels passt und zur Größe seines gemütlich-modernen Gastraums in Braun, in dem kaum mehr als 30 Besucher unterkommen können. In die Artischockencreme senkt er gebratenen Porree, Huhn und Erdbeerstückchen, das Sushi von gebratenem Aal wird mit Avocado und saurem Apfel angereichert und zur Schnitte vom Adlerfisch gibt es *babaganoush* (Auberginenmus) und geröstete Salatherzen.

Gemütliche, stimmungsvolle Atmosphäre und gute Weine: „La Vinya del Senyor"

La Vinya del Senyor

OT Born, Pl. Santa María del Mar, 5
PLZ 08003 ■ D 4, S. 81
Tel. 0034/933 10 33 79, Fax 932 68 31 57
Mo-Do 12-1 Uhr, Fr, Sa 12-2 Uhr,
So 12-24 Uhr
AmEx DINERS MASTER VISA ☂ ♟

Stimmungsvolle kleine Weinbar in einer
ehemaligen Fischereiwaren-Handlung
direkt gegenüber der gotischen Kirche
Santa Maria del Mar. Ein paar Tische stehen
draußen auf dem verkehrsberuhigten
Platz. Mehr als 300 Flaschenweine hält
die Bodega auf Lager. Regelmäßig gibt es
Degustationen mit Weinen aus einer
bestimmten Region, einer Kellerei oder
von einer einzigen Rebsorte. Die kleine
Tapas-Karte ist klassisch orientiert, aber
mit hervorragenden Zutaten.

Monvinic

OT Eixample, Diputació, 249
PLZ 08007 ■ D 3, S. 81
Tel. 0034/932 72 61 87, Fax 932 72 61 84
www.monvinic.com
Mo-Fr 13-23 Uhr
MASTER VISA

Mit dieser einzigartigen Kultstätte des
Weins hat sich der katalanische Unterneh-
mer Sergi Ferrer-Salat einen Traum erfüllt.

Sechs Sommeliers kümmern sich um
mehrere Tausend Weine in der Bodega und
bieten ständig Flaschen aus jedem weinpro-
duzierenden Land der Erde an. Selbst unter
den knapp 30 offenen Weinen finden sich
Angebote aus aller Welt. Die digitale Karte
kann man selbst gezielt nach Rebsorten,
Regionen oder Jahrgängen sortieren, und zu
jeder Wahl gibt es Informationen sowie ein
Foto des Winzers. Gläserne Wände trennen
die einzelnen Zonen, darunter eine umfangreiche thematische Bibliothek und einen
Saal für Weinproben und Konferenzen. Auch
ein Restaurant ist vorhanden.

Tapaç 24

OT Eixample, Diputació, 269
PLZ 08007 ■ D 3, S. 81
Tel. 0034/934 88 09 77, Fax 933 19 10 74
www.carlesabellan.com
Mo-Sa 9-24 Uhr
DINERS MASTER VISA

Carles Abellan, dessen Restaurant „Comerç
24" der experimentellen Tapas-Kunst
gewidmet ist, hat mit „Tapaç 24" ein
Lokal unter dem Motto „Keine Experimente" eröffnet. Hier gibt es klassische Tapas
aus besten Zutaten. Empfehlenswert:
die deftigen Eintopfgerichte und das als
tapa d'or figurierende Brot mit Tomate.

**EIN WASSER, DAS AUF
DIE WEINKARTE GEHÖRT.**

ACQUA PANNA DAS STILLE WASSER DER TOSKANA.
SEIDIG WEICH UND NEUTRAL IM GESCHMACK IST ES DER PERFEKTE BEGLEITER EDLER WEINE.

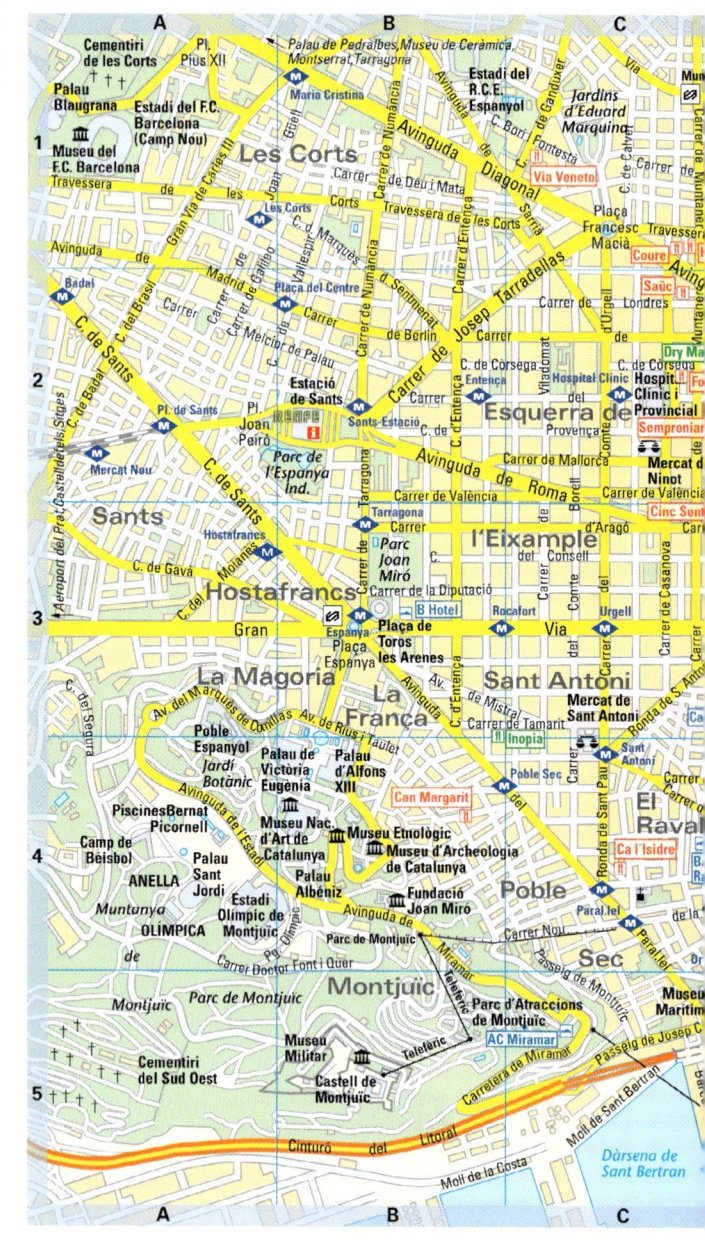

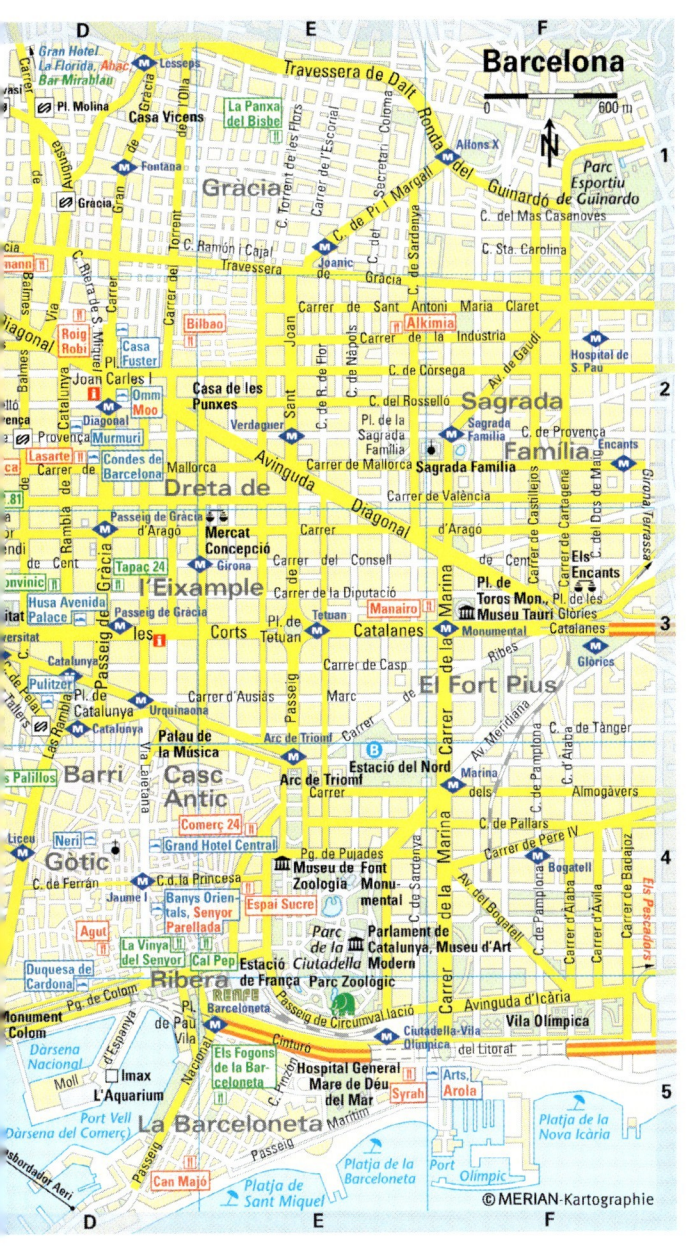

Barcelona

0   600 m

BERLIN

Durch Berlin fließt die Spree, hier unter der Oberbaumbrücke. Und in der Top-Gastronomie bricht sich langsam eine neue deutsche Küche Bahn, die die guten Produkte des Umlands nutzt und für Ideen aus aller Welt offen ist

Hotels

Adlon Kempinski **F F F F**
OT Mitte, Unter den Linden 77
PLZ 10117   ■ B 2, S. 99
Tel. 030/226 10, Fax 22 61 22 22
www.hotel-adlon.de
304 Zi., 78 Suiten, DZ ab € 490
AmEx DINERS MASTER VISA ⛨ 🏨 🛏 🍸
Im letzten Jahr wurde der Wellnessbereich
renoviert, ein Raritätenweinhandel einge-
richtet, die Zimmer werden eh kontinuierlich
auf Stand gebracht, und Tim Raue hat der
Gastronomie einen Schub gegeben (siehe
Restaurants „Gabriele" und „MÄ Tim
Raue"). Im Kempinski-Flaggschiff tut sich
immer was.

Brandenburger Hof **F F F F**
OT Wilmersdorf, Eislebener Str. 14
PLZ 10789   ■ B 3, S. 100
Tel. 030/21 40 50, Fax 21 40 51 00
www.brandenburger-hof.com
58 Zi., 14 Suiten, DZ ab € 295
AmEx DINERS EC MASTER VISA ⛨ 🏨 🍸
Das bewährte Stadtpalais mit dem bekannt
guten Service ist ebenso geeignet für die
Geschäftsreise wie das romantische Wo-
chenende zu zweit. Neu: Im 1. Stock hat ein

elegantes kleines Businesscenter eröffnet,
mit Sitzecke, Flat-Screen und kostenlosem
Internetzugang. Außerdem können Gäste
kostenlos den „Tiergarten Sporting Club"
nahebei in der Corneliusstraße nutzen.
(Siehe Restaurant „Die Quadriga".)

Concorde **F F F**
OT Charlottenburg, Augsburger Str. 41
PLZ 10789   ■ B 3, S. 100
Tel. 030/800 99 90, Fax 80 09 99 99
www.concorde-hotels.com/concordeberlin
267 Zi., 44 Suiten, DZ ab € 220
AmEx DINERS EC MASTER VISA ⛨ 🏨 🍸
Großzügig ist das Platzangebot des modernen Grandhotels im Art-déco-Stil. Zimmer
(ab 40 Quadratmeter) in warmen Farbtönen. Das Businesscenter bietet modernste
Technik, es gibt auch einen kleinen Wellnessbereich. Sehr gutes Frühstück und gute
moderne Küche im Bistro „Le Faubourg".

Ellington **F F**
OT Schöneberg, Nürnberger Str. 50-55
PLZ 10789   ■ C 3, S. 100
Tel. 030/68 31 50, Fax 683 15 55 55
www.ellington-hotel.com
285 Zi., 27 Suiten, DZ ab € 128
AmEx DINERS MASTER VISA ⛨ 🏨

Mit Kamin und Pickelhaube: „Adlon"

Mit Sprossenfenstern: „Ellington"

Modern: „Grand Hyatt"

Klassisch: „Hotel de Rome"

Im Mendelsohn-Bau von 1931 ist alles in Weiß gehalten, die langen Flure, die Zimmer. Letztere haben offene Bäder, die Standardkategorie ist ziemlich klein. Aus zwei Turmzimmern blickt man auf die Gedächtniskirche. Restaurant „Duke", freundliches Personal.

Grand Hyatt **FFFF**

OT Tiergarten, Marlene-Dietrich-Platz 2
PLZ 10785　　　　　　■ E 3, S. 101
Tel. 030/25 53 12 34, Fax 25 53 12 35
www.berlin.grand.hyatt.de
342 Zi., 16 Suiten, DZ ab € 255
AmEx DINERS EC MASTER VISA 🍸🚗🏊🌳

Das bestens geführte, schicke Grandhotel in der lebendigen Berliner Mitte macht weiterhin Fahrt. Nachdem der Bankettbereich kräftig aufgehübscht worden ist, wurde zuletzt die Gastronomie geliftet: Wo einst das Bistro „Dietrichs" war, hat Designer Tony Chi das Restaurant „mesa" nach New Yorker Manier geschaffen, mit internationalem Flair und kommunikativem Konzept. Für den ganzen Tisch bestellt werden die Kleinigkeiten aus allen Kulturen der Welt: *pimientos de Padrón*, geschmorte Kalbsbacke, Ochsenmaulsalat, *dim sum*, Lammcurry, Currywurst mit Pommes. (Siehe Restaurant „Vox".)

Hotel de Rome **FFFF**

OT Mitte, Behrenstr. 37
PLZ 10117　　　　　　■ C 2, S. 99
Tel. 030/460 60 90, Fax 46 06 09 24 10
www.roccofortecollection.com
103 Zi., 43 Suiten, DZ ab € 395
AmEx DINERS EC MASTER VISA 🍸🚗🏊🌳

Hinter wilhelminischer Steinfassade wohltuende Privatheit. Das schätzen viele Prominente. Alle Annehmlichkeiten eines Luxushotels samt großem Pool und lebendiger Bar. Im Restaurant „Parioli" kocht Jörg Behrend kreativ modern: Gelungen die Suppe aus geschmolzenem Mozzarella mit Tomaten-Eis und Sardellen. Internationale Weine, motivierter Service.

InterContinental **FFFF**

OT Tiergarten, Budapester Str. 2
PLZ 10787　　　　　　■ C 3, S. 100
Tel. 030/260 20
Fax 26 02 26 00
www.berlin.intercontinental.com
584 Zi., 50 Suiten, DZ ab € 176
AmEx DINERS EC MASTER VISA 🍸🚗🏊🌳

Dem Dauerabonnenten für unser „Businesshotel des Jahres" sieht man das Baujahr 1958 kaum noch an. Ständig wird in den beiden Flügeln modernisiert. Die Teilnehmer politischer Konferenzen schätzen die hohen

Sicherheitsstandards, Privatgäste den attraktiven großen Wellnessbereich. Muntere Bars. (Siehe Restaurant „Hugos".)

Kempinski Bristol F F F

OT Charlottenburg, Kurfürstendamm 27
PLZ 10719 ■ B 3, S. 100
Tel. 030/88 43 40, Fax 883 60 75
www.kempinski-berlin.com
303 Zi., 52 Suiten, DZ ab € 123
AmEx DINERS EC MASTER VISA ♈︎ 🏠 ≈ ♤

Das Baudenkmal aus der Nierentisch-Ära wird Zug um Zug renoviert. Bei Redaktionsschluss war die Generalsanierung des Turms in der Fasanenstraße, der 1968 angebaut wurde, noch im Gange: Neben den 64 Zimmern sollen im 10. und 11. Stock zwei Luxussuiten eingerichtet werden.

Louisa's Place F F F

OT Charlottenburg, Kurfürstendamm 160
PLZ 10709 ■ A 4, S. 100
Tel. 030/63 10 30, Fax 63 10 31 00
www.louisas-place.de
47 Suiten, Suite ab € 135
AmEx DINERS EC MASTER VISA 🏠 ≈ ♤

Schön eingerichtete, großzügige Wohnungen im Gründerzeithaus am oberen Ku'damm. Hier mieten sich gern Künstler ein, die längere Zeit in der Stadt verbringen,

auch die Crew für das Polanski-Filmprojekt „The Ghost" zog hier ein. Kleine Wellness, engagierter Service, gutes Frühstück. Moderne Küche im Bistro „Balthazar".

Lux 11 F F

OT Mitte, Rosa-Luxemburg-Str. 9-13
PLZ 10178 ■ E 1, S. 99
Tel. 030/936 28 00,
Fax 93 62 80 80
www.lux-eleven.com
72 App., App. ab € 135
AmEx DINERS EC MASTER VISA ♈︎ 🏠

Im Viertel der jungen Kreativen um die Volksbühne: hohe Räume mit in Creme, Beige und Schiefergrau gehaltenem Design. Alle Appartements haben DVD-Player, LCD-Fernseher, W-Lan, komplette Küche inklusive Waschmaschine und Trockner.

Maritim F F F

OT Tiergarten, Stauffenbergstr. 26
PLZ 10785 ■ D 3, S. 101
Tel. 030/206 50, Fax 20 65 10 00
www.maritim.de
467 Zi., 38 Suiten, DZ ab € 170
AmEx DINERS EC MASTER VISA ♈︎ 🏠 ≈ ♤

Design und Einrichtung des großen Konferenzhotels am Verteidigungsministerium, in dem bis zu 5500 Teilnehmer tagen oder

Willkommen: „Kempinski Bristol"

Große Dimensionen: „Maritim"

Großzügiges Platzangebot am Europa-Center: „Palace"

feiern können, zitieren die Goldenen Zwanzigerjahre. Für Wellness ist gesorgt, das Restaurant „M" pflegt auch Alt-Berliner Gerichte.

Marriott FFF

OT Tiergarten, Inge-Beisheim-Platz 1
PLZ 10785 ◼ A 3, S. 99
Tel. 030/22 00 00, Fax 220 00 10 00
www.berlinmarriott.com
370 Zi., 9 Suiten, DZ ab € 189
AmEx DINERS EC MASTER VISA 𝖸 🚗 〰 🦢

Das 35 Meter hohe Atrium beeindruckt noch immer, und Businessreisende genießen eine gute Rundumversorgung. Ein kleiner Wellnessbereich sorgt für die Kondition im Daseinskampf, in der „Exchange"-Bar kann man bei Jazzmusik entspannen. Am Wochenende „Langschläfer-Frühstück" bis 15 Uhr. Restaurant „Midtown" mit Showküche.

Meliá FFF

OT Mitte, Friedrichstr. 103
PLZ 10117 ◼ B 1, S. 99
Tel. 030/20 60 79 00, Fax 20 60 79 04 44
www.meliaberlin.com
364 Zi., 16 Suiten, DZ ab € 162
AmEx DINERS EC MASTER VISA 𝖸 🚗 🦢

Komfortabler Rückzugsort am wuseligen Bahnhof Friedrichstraße und in Gehweite

der Museumsinsel. Großzügige Zimmer in angenehmen Farben mit bequemen Betten, schönen Bädern, Flat-Screens und W-Lan. Executive-Etage mit eigener Lounge und separatem Zigarrenraum. Toller Blick von der Dachterrasse. Frühstück mit spanischen Spezialitäten.

Palace FFFF

OT Charlottenburg, Budapester Str. 45
PLZ 10787 ◼ C 3, S. 100
Tel. 030/250 20, Fax 25 02 11 19
www.palace.de
250 Zi., 32 Suiten, DZ ab € 160
AmEx DINERS EC MASTER VISA 𝖸 🚗 〰 🦢

Das bewährte Haus am Europa-Center investiert kontinuierlich in seine Hard- und Software. Es bleibt technisch up to date und hat auch Wellness- und Fitnessfans einiges zu bieten. Gutes Frühstück, individueller Service. (Siehe Restaurant „first floor".)

Pullman Berlin Schweizerhof FFF

OT Tiergarten, Budapester Str. 25
PLZ 10787 ◼ C 3, S. 100
Tel. 030/269 60, Fax 26 96 10 00
www.accorhotels.com
383 Zi., 10 Suiten, DZ ab € 155
AmEx DINERS EC MASTER VISA 𝖸 🚗 〰 🦢

Der Accor-Konzern hat nicht nur den Vornamen geändert, aus „Sofitel" wurde „Pullman", sondern das moderne Traditionshaus auch Zug um Zug modernisiert, Flat-Screens und W-Lan sind in den Zimmern obligatorisch. Zuletzt wurde der schon vorher sehr großzügige Wellnessbereich erneuert. Restaurant und Bar.

Q! FF

OT Charlottenburg, Knesebeckstr. 67
PLZ 10623   ■ B 3, S. 100
Tel. 030/810 06 60, Fax 810 06 66 66
www.q-berlin.com
72 Zi., 4 Suiten, 1 App., DZ ab € 150
AmEx DINERS EC MASTER VISA ⏀ 🏨 🍴
„Fließende Wohnlandschaften" wollten die Schöpfer des privaten Designhotels am Ku'damm schaffen: Die Dusche hat eine Acryltür, das Waschbecken befindet sich am Bett. Frühstück gibt's am Wochenende bis 13 Uhr. Restaurant und Bar sind loungeartig verbunden und nur Hotelgästen und Club-Mitgliedern vorbehalten.

Radisson Blu FFF

OT Mitte, Karl-Liebknecht-Str. 3
PLZ 10178   ■ D 1, S. 99
Tel. 030/23 82 80, Fax 238 28 10
www.radissonblu.com

427 Zi., 21 Suiten, 1 App., DZ ab € 155
AmEx DINERS EC MASTER VISA ⏀ 🏨 🌊 🍴
Der Zylinder mit einer Million Liter Salzwasser und rund 2500 Fischen in der Lobby ist das markanteste Merkmal des Hotels. Die Lage an der Spree gegenüber dem Dom ist auch nicht schlecht, und der Service klappt meist wie am Schnürchen. Die Zimmer haben Panoramafenster, Flat-Screens, W-Lan und Kaffee-/Teebereiter. Im obersten Geschoss verglaste „DomLounge" mit Panoramablick für Events. Zwei Restaurants, schicke Bar.

Swissôtel FFF

OT Charlottenburg, Augsburger Str. 44
PLZ 10789   ■ B 3, S. 100
Tel. 030/22 01 00, Fax 220 10 22 22
www.swissotel.com/berlin
316 Zi., 23 Suiten, DZ ab € 175
AmEx DINERS EC MASTER VISA ⏀ 🏨 🍴
Die große Lobby im ersten Stock ist durch die Werke von Lüpertz, Immendorff und Förg künstlerisch wertvoll, vom wieder empfehlenswerten „Restaurant 44" auf der gleichen Ebene blickt man auf den Ku'damm und das „Kranzlereck". Die modern möblierten Zimmer bieten W-Lan und Lavazza-Espressomaschinen. Wellness bleibt ein Stiefkind, eine Trockensauna immerhin gibt es.

Blick auf den Himmel über Berlin: „Swissôtel"und sein „Restaurant 44"

The Mandala F F F F

OT Tiergarten, Potsdamer Str. 3
PLZ 10785 ■ D 3, S. 101
Tel. 030/590 05 00 00, Fax 590 05 20 00
www.themandala.de
157 Suiten, Suite ab € 270
AmEx DINERS EC MASTER VISA 🍸🏠♻

Viel Platz, hochwertige Ausstattung und
mitten im Zentrum: Kein Wunder, dass
das Haus viele treue Stammgäste hat. Im
11., dem obersten Stockwerk, hat der
„ONO Spa" eröffnet, mit Fitness, Saunen
und einem 25 Meter langen „Via Sensus
Fußreflexzonenweg" im Freien mit Blick
über die Stadt. Alle Behandlungen können
auch in den drei Spa-Suiten gebucht
werden, darunter das ebenfalls neue
„Top of Town"-Penthouse mit 200 Quadratmeter Fläche. (Siehe Restaurant „Facil".)

The Regent F F F F

OT Mitte, Charlottenstr. 49
PLZ 10117 ■ C 2, S. 99
Tel. 030/203 38, Fax 20 33 61 19
www.regenthotels.com/berlin
156 Zi., 39 Suiten, DZ ab € 300
AmEx DINERS EC MASTER VISA 🍸🏠♻

Diskreter Luxus, den nach wie vor auch viele
Prominente schätzen, am Gendarmenmarkt.
Die Betten sind bequem, die Marmorbäder

geräumig. Morgens liegt die Tageszeitung
vor dem Zimmer, das Frühstück wird am
Tisch serviert, Eierspeisen kommen frisch
aus der Küche. Engagierter Service. (Siehe
Restaurant „Fischers Fritz".)

The Ritz-Carlton F F F F

OT Tiergarten, Potsdamer Platz 3
PLZ 10785 ■ A 3, S. 99
Tel. 030/33 77 77, Fax 337 77 55 55
www.ritzcarlton.com
263 Zi., 39 Suiten, 1 App., DZ ab € 295
AmEx DINERS EC MASTER VISA 🍸🏠♒♻

Das Luxushotel am Potsdamer Platz entwickelt sich: Auf dem Dach wurde das „The
Ritz-Carlton Apartment" aufgesetzt, die mit
280 Quadratmetern größte Luxussuite in
der Hauptstadt mit schönem Wallnusspar-
kett in Fischgrätenmuster, aus den großen
Fenstern schaut man auf Tiergarten und
Potsdamer Platz. Die „Brasserie Debrosses"
hat sich als Champagner-Brunch-Location
etabliert (68 Euro). Es gibt sogar Hummer.
Minus: Das Restaurant „Vitrum" wurde
geschlossen.

The Westin Grand F F F F

OT Mitte, Friedrichstr. 158-164
PLZ 10117 ■ B 2, S. 99
Tel. 030/202 70, Fax 20 27 33 62

Fast wie in der Belle Époque: „Regent" am Gendarmenmarkt

Runderneuert: „The Westin Grand"

Deutsch-österreichische Küche: „Aigner"

www.westin.com/berlin
357 Zi., 43 Suiten, DZ ab € 139
AmEx DINERS EC MASTER VISA

Das Grandhotel von 1985 im Stil der Belle Époque wurde in den letzten Jahren einer Komplettrenovierung unterzogen. Zu deren Abschluss eröffnete Ende Januar 2009 der Wellnessbereich „Glow Spa & Beauty" im zweiten Stock neben den ebenso neuen Spa-Suiten: Beautybereich, modernste Fitnessgeräte, Pool, Whirlpool und Saunen. Nun ist alles up to date.

Restaurants

Aigner FF
OT Mitte, im Hotel Sofitel Gendarmenmarkt
Französische Str. 25
PLZ 10117   ■ C 3, S. 99
Tel. 030/203 75 18 50, Fax 203 75 18 59
www.aigner-gendarmenmarkt.de
kein Ruhetag
Hauptgerichte € 12-32
AmEx DINERS EC MASTER VISA

Immer wieder gern frequentierter *meeting point* am Gendarmenmarkt. Im Interieur eines historischen Wiener Kaffeehauses goutieren Büromenschen, Shopper und Touristen die verlässliche deutsch-österreichische Küche und den so lockeren wie umsichtigen Service. Auch beliebte Bar.

Alpenstueck ✳
OT Mitte, Gartenstr. 9
PLZ 10115   ■ E 1, S. 101
Tel. 030/21 75 16 46, Fax 21 75 16 47
www.alpenstueck.de
nur Abendessen
Hauptgerichte € 16-19
MASTER VISA

Das große, helle Restaurant im Torstraßen-Viertel mit dezentem Alpendekor hat sich als Treffpunkt von Künstlern und Intellektuellen etabliert. Serviert wird Süddeutsches und Österreichisches, vieles auf vegetarischer Basis: Kässpätzle mit Allgäuer Bergkäse und Feldsalat, Schlipfkrapfen mit Spinat-Frischkäse-Füllung, aber auch Spanferkel mit Mangold und Kartoffelpüree. Deutsch-österreichische Weinkarte.

Bandol sur Mer ✳
OT Mitte, Torstr. 167
PLZ 10115   ■ E/F 1, S. 101
Tel. 030/67 30 20 51
nur Abendessen
Hauptgerichte € 19-24

Seit Brad Pitt hier gegessen hat, ist es im winzigen Bistro mit offener Küchenzeile und Einrichtungsgegenständen aus dem ehemaligen DDR-Staatsratsgebäude fast jeden Abend rappelvoll. Die kreativen Berliner

Neue deutsche Küche: „Bieberbau"

allerdings kommen meist erst gegen 22 Uhr und sitzen bei gutem Wetter bevorzugt an den alten Biergarten-Garnituren auf dem schiefen Bürgersteig bei Austern, Fischsuppe, Fasanenterrine, Entrecote mit Kartoffelgratin und Rosenkohl-Möhren-Salat sowie Crème brûlée. Gute französische Weine, darunter Schönes aus Bandol.

Bieberbau ▪F▪F▪▫▫▫

OT Wilmersdorf, Durlacher Str. 15
PLZ 10715 ▪ B 5, S. 100
Tel. 030/853 23 90 Fax 81 00 68 65
www.bieberbau-berlin.de
nur Abendessen, So, Mo geschl.
Hauptgerichte € 15-20
▪EC▪
Im historischen, mit viel Stuck verzierten Gastraum saßen einst Maler wie Pechstein und Kirchner. Heute serviert hier Stephan Garkisch neue deutsche Küche aus regionalen Produkten: Hirsch mit Stachelbeermus, Rote Bete auf Ziegenkäsecreme.

Borchardt ▪F▪F▪▫▫▫

OT Mitte, Französische Str. 47
PLZ 10117 ▪ C 2, S. 99
Tel. 030/81 88 62 62
Fax 81 88 62 49
www.borchardt-catering.de
kein Ruhetag
Hauptgerichte € 12-30
▪AmEx▪ ▪EC▪ ▪MASTER▪ ▪VISA▪ 🅼 ⛱ 🍸
Immer wieder mal wird dem Service vorgeworfen, er hätschele die zahlreiche promi-

nente Stammkundschaft aus Politik, Wirtschaft und Kultur auf Kosten der anderen Gäste. Wir *no-names* können das nicht bestätigen, sondern wurden stets zügig und freundlich bedient. Und die unaufgeregte fein-bürgerliche Küche (Dauerrenner: Wiener Schnitzel) gab auch keinen Anlass zur Kritik.

Die Quadriga ▪F▪F▪F▪▫

OT Wilmersdorf, im Hotel Brandenburger Hof, Eislebener Str. 14
PLZ 10789 ▪ C 3, S. 100
Tel. 030/21 40 50, Fax 21 40 51 00
www.brandenburger-hof.com
nur Abendessen, So geschl.
Hauptgerichte € 38-48
▪AmEx▪ ▪DINERS▪ ▪EC▪ ▪MASTER▪ ▪VISA▪ 🍴 ⌂ 🍸
Sauli Kemppainen, der neue Mann am Herd, hat sich schnell mit eigener Handschrift profiliert. Souverän spielt er mit Gegensätzen wie weich und knusprig, saftig und trocken, warm und kalt. Raffinesse hatten die glasig gegarten Medaillons von Hummer und Seeteufel mit tiefgrünem Basilikumpüree und einem sensationellen Gurken-Risotto, gewürzt mit winzigen Splittern von ofengetrockneter Chorizo. Für einen so souveränen wie entspannten Service sorgt

Neue Handschrift: „Die Quadriga"

Maître-Sommelier Vedad Hadziabdic, ebenfalls neu und früher im „Aqua", Wolfsburg.

E.T.A. Hoffmann ▮F▮F▮ ▮ ▮

OT Kreuzberg, im Hotel Riehmers
Hofgarten, Yorckstr. 83
PLZ 10965　　　　　　　■ E 4, S. 101
Tel. 030/78 09 88 09, Fax 78 09 88 08
www.restaurant-e-t-a-hoffmann.de
nur Abendessen, Di geschl.
Hauptgerichte € 19-25
EC　MASTER　VISA　♁⌂🍷

Kein Chichi, sondern gute regionale Produk-
te, kreativ zubereitet mit mediterranem
Touch. So sorgt Thomas Kurt für zufriedene
Gäste im Kreuzberger Baudenkmal Rieh-
mers Hofgarten. Ausgesprochen faires Preis-
Leistungs-Verhältnis. Freundlicher Service.

Facil ▮F▮F▮F▮F▮ ▮

OT Tiergarten, im Hotel The Mandala
Potsdamer Str. 3
PLZ 10785　　　　　　　■ D 3, S. 101
Tel. 030/590 05 12 34
Fax 590 05 22 22
www.facil.de
Sa, So geschl.

Hauptgerichte € 40-46
AmEx　DINERS　EC　MASTER　VISA
@ ⁑ ♁ ⛱ ⌂ 🍷

Zweifellos eins der schönsten Restaurants
in der Stadt. Im bambusumstandenen
Glaspavillon in der fünften Etage fühlt man
sich dem Alltag enthoben. Diese Stimmung
befördern der umsichtige Service und die
kreative Küche, die sich nie verzettelt:
Diesmal überzeugten und erfreuten Felsen-
oktopus vom Grill mit Tomaten-Chorizo-
Marmelade und Lammrücken mit einer
intensiven Anchovis-Emulsion. Günstige
Mittagsangebote, umfassende Weinauswahl.

first floor ▮F▮F▮F▮ ▮

OT Charlottenburg, im Hotel Palace
Budapester Str. 45
PLZ 10787　　　　　　　■ C 3, S. 100
Tel. 030/25 02 10 20, Fax 25 02 11 19
www.firstfloor.palace.de
Sa mittag, So mittag geschl.
Hauptgerichte € 38-47
AmEx　DINERS　EC　MASTER　VISA　⁑ ♁ ⌂ 🍷

Eines der inzwischen ganz wenigen
Top-Restaurants, in dem auch mittags das
gesamte Repertoire angeboten wird.

Glaspavillon mit viel Grün im fünften Stock: „Facil"

Matthias Buchholz im „first floor"

Die beste Küche der Stadt: „Fischers Fritz"

Matthias Buchholz pflegt weiterhin seinen französisch grundierten Stil und überzeugt diesmal mit Rücken und Schulter vom Müritz-Lamm, begleitet von Bohnen und Oliven-Orangen-Emulsion. Riesige Weinauswahl, kundig erklärt.

Fischers Fritz **F F F F**
OT Mitte, im Hotel The Regent
Charlottenstr. 49
PLZ 10117   ■ C 2, S. 99
Tel. 030/20 33 63 63, Fax 20 33 61 19
www.fischersfritzberlin.com
kein Ruhetag
Hauptgerichte € 39-75
AmEx DINERS EC MASTER VISA
M 🏛 🍽 🏠 🍷

Berlins Bester: Kraftvoll und subtil sind keine Gegensätze für das Energiebündel Christian Lohse, seine filigranen Kompositionen strotzen vor Aromen. Highlights diesmal: geröstete Jakobsmuscheln mit Zucchini-*brandade,* lauwarmer Sherryvinaigrette und Blutwurst sowie bretonischer Hummer aus der Presse mit Pilzen und *corail*-Jus. Festlicher Rahmen, große Weinauswahl, versierter Service.

Gabriele **F F F**
OT Mitte, im Adlon Palais, Behrenstr. 72
PLZ 10117   ■ A 2, S. 99
Tel. 030/20 62 86 10
www.gabriele-restaurant.de
nur Abendessen, Mi, Do geschl.
Hauptgerichte € 32-42
AmEx DINERS EC MASTER VISA @ 🏛 🏠

Björn Panek, der ehemalige Souschef von Tim Raue, hat im schönen Restaurant seinen eigenen kreativen Stil entwickelt. Italienisches interpretiert er neu, etwa beim „Carpaccio Gabriele" aus Rinderfilet, Nebbiolo, Schnittlauch und Olivenölcreme, das zum Kunstwerk wird. Mutig kombiniert er im Aromenmenü Sardine mit Brombeer-Essig-Sud. Exzellente Desserts, italienische Weinauswahl

Goko ✳
OT Mitte, Neue Schönhauser Str. 12
PLZ 10178   ■ D 1, S. 99
Tel. 030/27 58 25 49, Fax 27 58 25 29
www.go-ko.com
kein Ruhetag
Hauptgerichte € 9-22
EC MASTER VISA M 🍽

Japanische Küche im trendigen Modeviertel rund um die Hackeschen Höfe. Viele Sushi-Variationen, auch mal mit Thunfischbauch-Tatar, gutes leichtes *kaiseki*-Menü, serviert in der Bento-Box. Die Inneneinrichtung des lichten Lokals orientierte sich an Feng-Shui-Prinzipien.

Grill Royal ✳

OT Mitte, Friedrichstr. 105 b
PLZ 10117 ■ B 1, S. 99
Tel. 030/28 87 92 88, Fax 28 87 92 84
www.grillroyal.com
nur Abendessen
Hauptgerichte € 15-56
[AmEx] [EC] [MASTER] [VISA] @ ☂ ♈

Im großzügigen Restaurant im Seventies-Stil im Edel-Plattenbau direkt an der Spree trifft sich alles, was in Kunst und Film Rang und Namen hat. Darauf kann man sich verlassen. Glückssache dagegen ist die Qualität der Gerichte. Ordentlich war die Blutwurst auf gebratenem Blumenkohl mit Röstzwiebeln und Zwiebelvinaigrette, belanglos und lieblos zubreitet waren

Schöne Aussichten: „Hugos"

dagegen die Beilagen zum Bœuf Stroganoff und Petersfisch. Die internationale Weinkarte wurde ausgebaut. Exzellente Champagner. Ein Tipp: De Venoge Cordon Bleu Brut. Raucher-Lounge.

Hugos F F F ☐

OT Tiergarten, im Hotel InterContinental
Budapester Str. 2
PLZ 10787 ■ C 3, S. 100
Tel. 030/26 02 12 62, Fax 26 02 12 39
www.hugos-restaurant.de
nur Abendessen, So geschl.
Hauptgerichte € 48-55
[AmEx] [DINERS] [EC] [MASTER] [VISA] 🛏 ⌂ ♈

Letztens nicht in Höchstform, aber eine feste Größe in der Berliner Top-Gastronomie. Thomas Kammeier bietet eine Küche, die die natürlichen Aromen der Produkte herausarbeitet und mit sanfter Würze unterstützt. Dazu braucht er keine Prestigewaren, auch das Berliner Umland bringt Qualität hervor. Gutes Weinangebot mit entsprechender Beratung, erfrischend natürlicher Service und Panoramablick über die Lichter der Großstadt.

Lorenz Adlon F F F ☐

OT Mitte, im Hotel Adlon
Unter den Linden 77
PLZ 10117 ■ A 2, S. 99
Tel. 030/22 61 19 60, Fax 22 61 13 89
www.hotel-adlon.de
nur Abendessen, Mo geschl.
Hauptgerichte € 42-72
[AmEx] [DINERS] [EC] [MASTER] [VISA] 🛏 ⌂ ♈

Thomas Neeser weiß, was die weltläufige internationale Klientel vom *fine-dining*-Restaurant eines Grandhotels erwartet: französische Küche mit Luxusprodukten und maßvollen Überraschungen. Zum klassischen Repertoire gehören der iranische Imperialkaviar und die Ente aus der Presse, mit Showeffekten am Tisch zubereitet. Abwechslung bietet die „Komposition von Flusskrebsen, Froschschenkeln und Eisbein mit Brunnenkresse und Senfsaat". Gut! Weinauswahl und Service erfüllen den selbst gesteckten Anspruch.

MÄ Tim Raue **F F F**

OT Mitte, im Adlon Palais, Behrenstr. 72
PLZ 10117 ■ A 2, S. 99
Tel. 030/301 11 73 33, Fax 301 11 73 37
www.ma-restaurants.de
So, Mo geschl.
Hauptgerichte € 48-88
AmEx DINERS EC MASTER VISA ⋔ 🏠 🏡

Mondäne Atmosphäre mit edlen Materialien
wie Jade, Schiefer, Kaschmir, im Raum hinter
Glas die fast lebensgroße Skulptur eines
Pferdes, Glückssymbol in Asien: der adäqua-
te Rahmen für Tim Raues chinesisch
inspirierte Küche, die souverän mit exotischen Produkten und Aromen experimentiert. Zu seinem Reich im „Adlon Palais"
gehören auch das informellere japanisch
beeinflusste Restaurant „Uma", der
elegante Italiener „Gabriele" (siehe
Seite 92) und die schicke Bar „Shochu".

Maremoto **F F**

OT Friedrichshain, Strausberger Platz 2
PLZ 10243 südöstlich ■ E 1, S. 99
Tel. 030/40 05 42 30, Fax 61 65 11 80
www.maremotoberlin.de
nur Abendessen, So, Mo geschl.
Menüs € 72-129
AmEx EC MASTER VISA

Tim Raues Salon im Adlon Palais: „MÄ"

Cristiano Rienzner hat bei Ferran Adrià
gelernt. Das führt er konsequent und
gekonnt an der Karl-Marx-Allee vor. Serviert
wird Überraschendes in Menü-Form (sechs
bis 15 Gänge): Hibiskus-Papier, sphärische
Olive, Sorbet aus Gänsestopfleber mit
weißem Portwein, *baccalà* mit Joghurt-
Gelee und Kaviar. Dass Rienzner auch
Traditionelles beherrscht, zeigt er im „Tal-
ler", seinem neuen Mittagsrestaurant am
Kreuzberger Oranienplatz 2. Dort gibt's
montags bis donnerstags etwa geschmorte
Kalbsbäckchen mit Kartoffel-*espuma* und
aromatischen, im Vakuum gefriergetrockne-
ten Himbeeren.

Margaux **F F F F**

OT Mitte, Unter den Linden 78
PLZ 10117 ■ A 2, S. 99
Tel. 030/22 65 26 11, Fax 22 65 26 12
www.margaux-berlin.de
nur Abendessen, So geschl.
Hauptgerichte € 38-52
AmEx DINERS EC MASTER VISA ♀

Keine Frage, Michael Hoffmann ist der
Kreativkopf der Hauptstadt, der sensibel
Aromen und Produkte (Thunfisch mit
„Mole" und gebundenem Wasser von rosa
Grapefruit) zu verbinden weiß, ungewöhn-
liche Produkte (Kabeljaukutteln) im Reper-
toire hat und Taube mit Gewürzpaste auf
den idealen, rosa-saftigen Garpunkt bringt.
Allerdings sind nicht alle Kreationen
gleichermaßen stimmig. So hinterließ die
Entenstopfleberterrine mit in Salz gegartem
Chicorée einen disharmonisch metallischen
Geschmack.

Reinstoff **F F**

OT Mitte, Schlegelstr. 26c
PLZ 10115 ■ E 1, S. 101
Tel. 030/30 88 12 14
Fax 40 05 42 20
www.reinstoff.eu
nur Abendessen, So, Mo geschl.
Menüs € 45-99
AmEx EC MASTER VISA ⛱ ♀

Ein fulminanter Neuzugang: In der ehemaligen Feuerwache in den Edison-Höfen kocht

Kreativzentrum: „Margaux"

Viele gute Flaschen: „Rutz Weinbar"

Daniel Achilles, der vorher bei Juan Amador in Langen war. Und seine klassischen, akkurat zubereiteten, mit avantgardistischen Ideen gespickten Gerichte machen Spaß. Exzellent sind Sepia und Jakobsmuscheln auf Gelben Rüben in Miso-Öl, sehr aromatisch Taubenbrust und -keule in *lardo* mit Blumenkohlpüree und Nougatsauce. 220 Sorten im Weinkeller, professioneller Service.

Rutz Weinbar ▮▮▮▯

OT Mitte, Chausseestr. 8
PLZ 10115   ▪ E 1, S. 101
Tel. 030/24 62 87 60
Fax 24 62 87 61
www.rutz-weinbar.de
nur Abendessen, So geschl.
Hauptgerichte € 22-34
AmEx   EC   MASTER   VISA   ⊤   ☍

Nach personellen Veränderungen ist wieder Ruhe eingekehrt, und Chefkoch Marco Müller kann sich ganz auf seine aromareiche Küche konzentrieren: Essenz von Taube und Périgord-Trüffel mit Tauben-*confit* auf Apfel-Porree-Püree, krosser Müritz-Karpfen auf gebackener Blutwurst in Pflaumensauce mit Champagnerkraut, Frischkäse-*tarte* mit

Birnensorbet auf einem exzellenten „Ragout" aus Birne, Tomate und Rucola. Wieder beeindruckende Weinkarte mit aktuell 630 Positionen.

San Nicci ▮▮▯▯▯

OT Mitte, im Admiralspalast
Friedrichstr. 101
PLZ 10117   ▪ B 1, S. 99
Tel. 030/306 45 49 80, Fax 306 45 49 89
www.san-nicci.de
kein Ruhetag
Hauptgerichte € 11-32
AmEx   DINERS   EC   MASTER   VISA   M   ⊤   ☍

Bequeme Polstermöbel in Altrosa und Curry, elegante Bistrotische, frische Blumen, und von fast jedem Platz aus hat man alles und jeden im Blick. Vor allem am Mittag ist der Szenetreff im historischen Admiralspalast beliebt. Jetzt kocht Patrick Schramm, der ehemalige Souschef, der von Anfang an dabei ist. Die Atmosphäre stimmt, die kreative italienische Küche schmeckt: Kürbis-Tortelli in Mandelschaum, Seeteufel vom Grill in einem Zitrusfrüchte-Fumet mit Melone und Estragon-Lauch. Kleine feine Weinkarte mit italienischen und deutschen Gewächsen. Angenehmer Service.

VAU F F F

OT Mitte, Jägerstr. 54/55
PLZ 10117   ■ C 3, S. 99
Tel. 030/202 97 30, Fax 20 29 73 11
www.vau-berlin.de
So geschl.
Hauptgerichte € 38-38
AmEx DINERS EC MASTER VISA ♦ ⚐ ♈ ♈

Frische Energie in Kolja Kleebergs Restaurant in Gendarmenmarkt-Nähe: Die Atmosphäre stimmt, die Gerichte gelingen. Schön kombiniert waren die Geschmacksnuancen bei der Rote-Bete-Suppe mit geräucherter Wachtel, Balsamico und Dattelmus, gelungen auch der geröstete Heilbutt auf lauwarmer Blutorangen-Grütze mit Grießknödel und Chicorée, besonders aromaintensiv waren die aus Bolivien importierten Felchlin-Wildkakaobohnen à la „Negresco" mit Honigfeigen. Große Weinkarte.

Vox F F

OT Tiergarten, im Hotel Grand Hyatt Berlin
Marlene-Dietrich-Platz 2
PLZ 10785   ■ E 3, S. 101
Tel. 030/25 53 17 61, Fax 25 53 17 65
www.vox-restaurant.de
Sa mittag, So mittag geschl.
Hauptgerichte € 16-36
AmEx DINERS EC MASTER VISA
♦ ⌂ ♈ ⌂ ♈

Entspannte, weltläufige Atmosphäre im großen Restaurant mit der Showküche – wie gewohnt. Der Sushimeister geht konzentriert seinem Handwerk nach, und wer es lieber regional mag, den erfreuen Hirschrücken und Gänseleber mit Ingwer-Möhren und Kirschsabayon. Der freundliche Service hat seine Augen fast überall. Zum Digestif geht's in die schön lebendige Bar nebenan.

Weingrün F

OT Mitte, Gertraudenstr. 10-12
PLZ 10178   ■ D 3, S. 99
Tel. 030/20 62 19 00, Fax 20 62 38 00
www.rotisserie-weingruen.de
nur Abendessen, So, Mo geschl.
Hauptgerichte € 12-18
AmEx DINERS EC MASTER VISA

Kolja Kleeberg, der Chef im „VAU"

Das jüngste Kind des stadtbekannten Gastronomen Herbert Beltle („Altes Zollhaus", „Aigner" – siehe Seite 89) befindet sich im „Hochzeitshaus" nahe dem Spittelmarkt, wo es alles rund um das Heiratsfest gibt. Spezialität im hohen Raum sind Gerichte vom „Flammenwand-Grill": Schweinebraten, Entrecote, ganze Dorade. Dazu Salate, gebratene Kartoffeln, verschiedene Saucen, Weine vom eigenen Pfälzer Gut, professioneller Service und locker-entspannte Atmosphäre.

Bars/Cafés

Enoiteca Il Calice

OT Charlottenburg, Walter-Benjamin-Platz 4
PLZ 10629   ■ A 3, S. 100
Tel. 030/324 23 08
Fax 324 97 37
www.enoiteca-il-calice.de
Mo-Sa 12-2 Uhr, So 17-2 Uhr
AmEx EC MASTER VISA ⌂ ♈ ♈

Familie Bragato ist es gelungen, die großzügige „Enoiteca" mit schöner Weinhandlung an Hans Kollhoffs moderner Plaza zum Dreh- und Angelpunkt italienischer Weinkultur in Berlin zu machen. Einige hundert

Nicht nur italienisch: „Enoiteca Il Calice"

Gewächse stehen auf der Karte, darunter viele unbekannte vor allem aus dem Norden Italiens. 30 bis 40 werden offen angeboten. In der Küche steht nun Sebastian Schmidt. Am Service wird gefeilt.

Newton Bar

OT Mitte, Charlottenstr. 57
PLZ 10117 ■ C 3, S. 99
Tel. 030/202 94 21, Fax 20 29 54 25
www.newton-bar.de
So-Di 10-3 Uhr, Mi-Sa 10-4 Uhr
AmEx MASTER VISA

Schwere rote Ledersessel, an der Wand die nur mit Pumps bekleideten „Big Nudes", das größte sich in Privatbesitz befindende Foto von Helmut Newton. Darunter sitzen besonders gern Geschäftsmänner auf Besuch in Berlin. Im Sommer stehen vor der Tür elegante Korbmöbel, und der Tresen wird durch die offenen Glastüren hindurch bis auf die Straße verlängert. Man schaut auf den Gendarmenmarkt. Besonders schön: die kreativen Coladas, beispielsweise der Shanghai mit Lychee, Pflaumenlikör, Limetten, Zitronengras, Bitter Lemon. Zigarrenlounge mit Humidor.

Reingold

OT Mitte, Novalisstr. 11
PLZ 10115 ■ E 1, S. 101
Tel. 030/28 38 76 76
www.reingold.de
Di-do 19-2 Uhr, Fr/Sa 19-4 Uhr
AmEx EC MASTER VISA

Ende 2008 hat David Wiedemann, einer der kreativsten Barmixer der Stadt und Kopf hinter der „Sage Cocktails-Barschule", die schöne Bar im 30er-Jahre-Stil im szenigen Torstraße-Viertel übernommen. Seitdem kommt nichts mehr aus der Dose; nur frische Früchte und Pürees, jeder Sirup ist selbst gemacht, Salbei, Mango, Cassis werden mittels Calciumbad oder Stickstoff in „Dotter" und Schäume verwandelt, die Eiswürfel sind aus Evian. Drei Cocktailtipps: Aperol Sour, Pink & Süße und der Pineapple Celery Boost.

Frische Früchte: „Reingold"

Saphire Bar

OT Prenzlauer Berg, Bötzowstr. 31
PLZ 10407 nordöstlich ■ F 1, S. 101
Tel. 030/25 56 21 58
www.saphirebar.de
So-Do 20-2 Uhr, Fr, Sa 20-4 Uhr
AmEx EC MASTER VISA

B

Das Bötzowviertel zwischen Greifswalder Straße und Volkspark Friedrichshain ist eine von Berlins geheimen Szene-Nischen. Dreh- und Angelpunkt ist die schicke Bar im James-Bond-Look; weißes Leder, Siebziger-jahre-Holzfurnier, an der Wand ein riesiger Saphir. Dazu gibt's ausgesprochen kreative Drinks mit gehaltvollen Namen. Wie wär's mit dem „Abgrund an Bitterkeit", der gehaltvollen „Erleichterung des Leidens", den „Züchtigungs-Phantasien" oder einem „Bösen Mädchen" aus Beefeater Dry Gin, Crème de Cassis und Mus aus Schwarzen Johannisbeeren?

Solar

OT Kreuzberg, Stresemannstr. 76
PLZ 10963   ■ E 3, S. 101
Handy 0163-765 27 00
Fax 030/23 00 58 11
www.solarberlin.com
Mo-Do 18-2 Uhr, Fr, Sa 18-4 Uhr, So 10-2 Uhr
[AmEx] [EC] [MASTER] [VISA] 🚗

Den Eingang im Hinterhof gegenüber den Fassaden-Resten des Anhalter Bahnhofs muss man suchen, dann geht's im gläsernen Fahrstuhl hoch in den 16. Stock. Die Fahr-stuhltür öffnet sich zum Restaurantbereich, die Cocktailbar mit Rundumblick auf Berlin liegt noch eine Treppe höher. Auf einer Art Hollywoodschaukel werden Cocktail-Klassiker serviert; Coladas, Frozens, Mojitos. Die meisten der Drinks sind eher durch-schnittlich, auch essen muss man hier nicht. Der Blick allerdings ist unschlagbar, vor allem bei Sonnenuntergang.

Tausend

OT Mitte, Schiffbauerdamm 11
PLZ 10117   ■ B 1, S. 99
Tel. 030/41 71 53 96
www.tausendberlin.com
Di-Sa ab 21 Uhr
[AmEx] [DINERS] [MASTER] [VISA]

Berlins schönste und angesagteste Bar, die von Interieur und Publikum her auch in New York oder Shanghai stehen könnte, ver-steckt sich im Gewölbe unter der S-Bahn-Trasse am Bahnhof Friedrichstraße:

Nach der Stahltür in der Backsteinwand schauen! Die exzellenten Drinks mixt Mario Grünfelder, der schon im „Shiro i Shiro" für Aufsehen sorgte. Unschön ist die Politik der Türsteher. Aber wer früh da ist und freund-lich fragt, kommt meist auch hinein. Restau-rant im hinteren Raum.

Victoria Bar

OT Tiergarten, Potsdamer Str. 102
PLZ 10785   ■ D 3, S. 101
Tel. 030/25 75 99 77
www.victoriabar.de
So-Do 18.30-3 Uhr, Fr, Sa 18.30-4 Uhr
[EC] [VISA]

Die lebendigste und professionellste Cocktailbar im alten Westen steht nur ein paar hundert Meter vom Potsdamer Platz entfernt. Außen die Klingel, innen ein langer schmaler Raum mit langer Theke, viel Stammkundschaft, wunderbar gemischt, die auch kommt, weil neues Szene-Chichi unerwünscht ist. Hier geht es um die Kunst des Gastgebens und perfekte Drinks. 120 Positionen, viele Klassiker, aber auch Kreatives. Drei Tipps: Guyana Manhattan, Ginger Gimlet oder Smoker's Delight aus Laphroaig, Mozart-Black-Chocolate-Likör und Aromatic Bitter.

Windhorst Bar & Lounge

OT Mitte, Dorotheenstr. 65
PLZ 10117   ■ B 2, S. 99
Tel. 030/20 45 00 70
message@windhorst-bar.de
Mo-Fr ab 18 Uhr, Sa ab 21 Uhr
[EC] [MASTER] [VISA] 🚗

Günter Windhorsts kleine Bar mit elegan-tem 30er-Jahre Ambiente und sanftem Blues vom Plattenspieler ist der perfekte Ort für einen guten Drink nach dem Shopping auf der wuseligen Friedrichstraße. Die Karte weist 84 Klassiker aus. Zusätzliche Drinks werden je nach Saison aus frischen Früch-ten und Gemüsen gemixt, etwa der Water-melon Man aus Melone, weißem Rum, Zitronensaft, Cointreau und Rose's Lime Juice. Vor der Tür, unter einem mächtigen Knöterich, stehen Tische und Bänke.

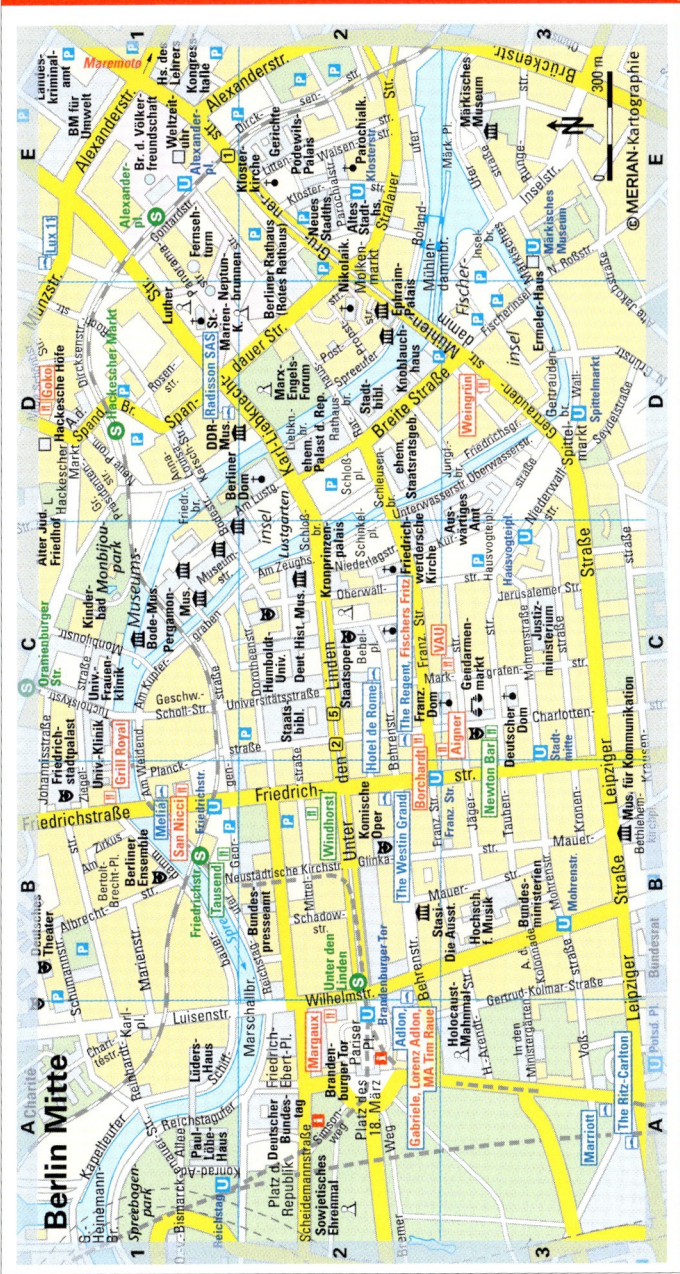

© MERIAN-Kartographie

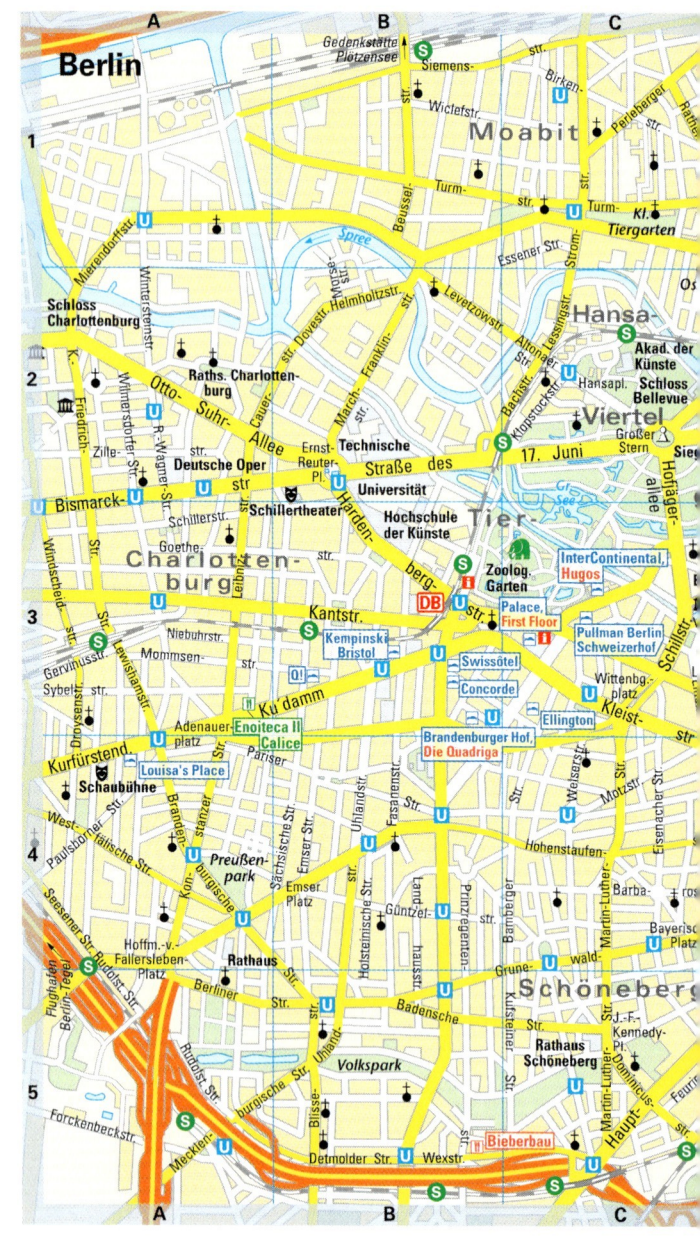

Berlin

Gedenkstätte Plötzensee

Siemens-

Moabit

Schloss Charlottenburg

Raths. Charlottenburg

Deutsche Oper

Bismarck-

Hansa-

Akad. der Künste

Schloss Bellevue

Viertel

Technische Universität

Straße des 17. Juni

Hochschule der Künste

Tier-

Charlottenburg

Zoolog. Garten

InterContinental, Hugos

Kantstr.

Kempinski Bristol

Palace, First Floor

Pullman Berlin Schweizerhof

Ku'damm

Swissôtel

Concorde

Wittenbg.platz

Kleist-

Enoiteca II Calice

Ellington

Louisa's Place

Brandenburger Hof, Die Quadriga

Schaubühne

Hohenstaufen-

Preußen-park

Bayerisc Platz

Hoffm.-v.-Fallersleben-Platz

Rathaus

Schöneberg

Volkspark

Rathaus Schöneberg

J.-F.-Kennedy-Pl.

Forckenbeckstr.

Bieberbau

Detmolder Str.   Wexstr.

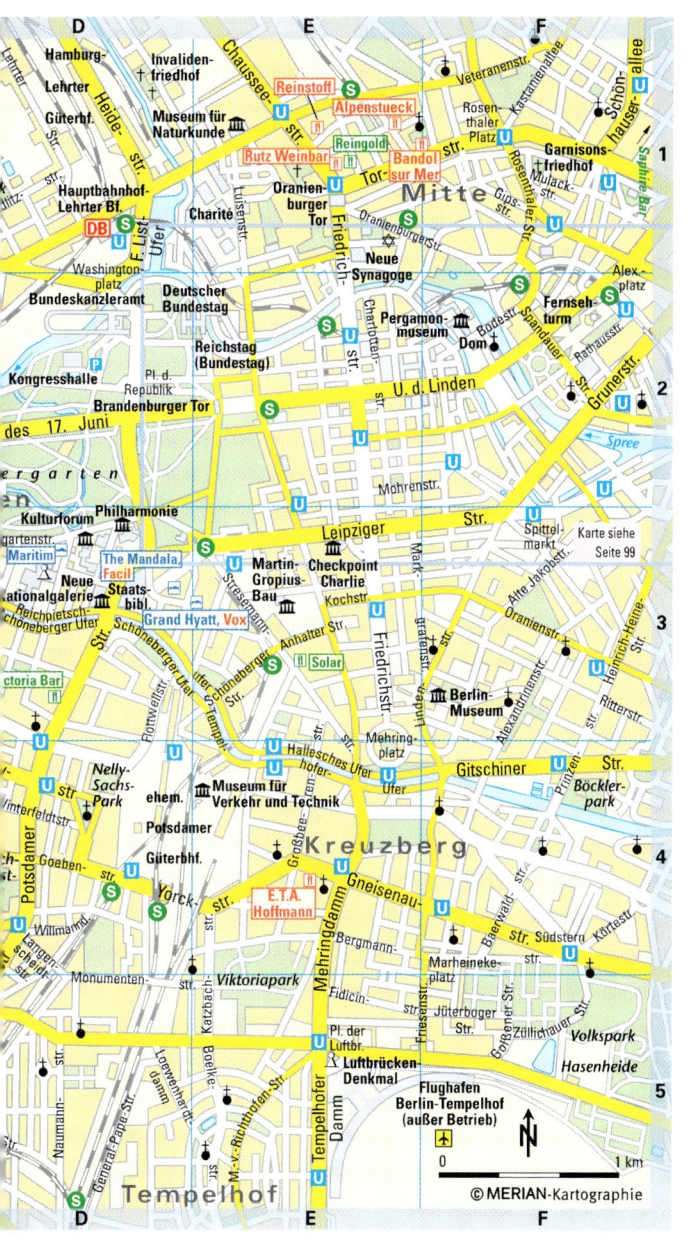

D E F

Hamburg-
Lehrter
Güterbf.
Heide-
Invaliden-
friedhof
Chaussee-
str.
Veteranenstr.
Schön-
hauser-
Allee
Reinstoff
Alpenstueck
Rosen-
thaler
Platz
Kastanienallee
Sophie Bar
Museum für
Naturkunde
Reingold
Tor-
str.
Garnisons-
friedhof
Mulack-
str.
Rutz Weinbar
Bandol
sur Mer
Hauptbahnhof-
Lehrter Bf.
Oranien-
burger
Tor
Gips-
str.
Mitte
1
DB
Charité
Friedrich-
Oranienburger Str.
F. List Ufer
Washington-
platz
Bundeskanzleramt
Deutscher
Bundestag
Luisenstr.
Neue
Synagoge
Charlottenstr.
Pergamon-
museum
Bodestr.
Spandauer
Fernseh-
turm
Alex-
platz
Rathausstr.
Reichstag
(Bundestag)
Dom
Grunerstr.
Kongresshalle
Pl. d.
Republik
P
U. d. Linden
Spree
2
Brandenburger Tor
des 17. Juni
e r g a r t e n
Kulturforum
Philharmonie
Mohrenstr.
Leipziger
Str.
Spittel-
markt
Karte siehe
Seite 99
Maritim
gartenstr.
The Mandala
Facil
Martin-
Gropius-
Bau
Checkpoint
Charlie
Mark.
Alte Jakobstr.
Neue
Nationalgalerie
Staats-
bibl.
Kochstr.
Oranienstr.
Heinrich-Heine-
Reichpietsch-
Schöneberger Ufer
Grand Hyatt, Vox
Anhalter Str.
Friedrichstr.
3
Victoria Bar
Schöneberger Ufer
Stresemannstr.
Solar
prafenstr.
Berlin-
Museum
Alexandrinenstr.
Ritterstr.
Flottwellstr.
Hallesches Ufer
hofer-
Ufer
Mehring-
platz
Gitschiner
Str.
Pinten-
str.
Böckler-
park
4
Nelly-
Sachs-
Park
ehem.
Museum für
Verkehr und Technik
Großbee-
Kreuzberg
Baerwald-
str.
Körtestr.
interfeldtstr.
Potsdamer
str.
Potsdamer
Güterbf.
Goeben-
str.
Yorck-
str.
E.T.A.
Hoffmann
Gneisenau-
Bergmann-
str.
Südstern
Langen-
scheidt-
Willmand-
Monumenten-
Katzbach-
str.
Viktoriapark
Fidicin-
Mehringdamm
stresenstr.
Marheineke-
platz
Jüterboger
Str.
Gneisenstr.
Zillichstr.
Volkspark
Hasenheide
5
Naumann-
str.
Loewenhardt-
damm
Boelke-
M.-Richthofen-Str.
Pl. der
Luftbr.
Luftbrücken-
Denkmal
Flughafen
Berlin-Tempelhof
(außer Betrieb)
Tempelhofer
Damm
Gontermann-
str.
Fl. der
Luftbr.
Tempelhof
0   1 km
© MERIAN-Kartographie
N
D E F

BRATISLAVA

Die Gastronomie in der Hauptstadt der Slowakei galt lange als ein bisschen verschlafen. Das ist vorbei: In der stimmungsvollen Altstadt laden immer neue Restaurants mit schicker Einrichtung zur Reise durch die Küchen der Welt

Hotels

Arcadia ▮F▮▮F▮▮F▮▯▯

Altstadt, 3 Frantiskánska
PLZ 81101   ◼ B 3, S. 109
Tel. 00421/2/59 49 05 00, Fax 59 49 05 55
www.arcadia-hotel.sk
21 Zi., 13 App., DZ ab € 280

AmEx DINERS MASTER VISA Ⴚ

Das 2007 eröffnete erste Fünf-Sterne-Hotel
steht zentral im Herzen der historischen
(autofreien) Altstadt und doch etwas abseits
ausgetretener Touristenpfade. Das denkmalgeschützte Haus stammt aus dem
13. Jahrhundert, es gehört zu den Leading
Small Hotels of the World. Die mit Gewölbedecken und Holzbalken ausgestatteten
Zimmer gruppieren sich rund um einen
überdachten Arkadenhof und vermitteln ein
sehr privates Wohngefühl.

Devín ▮F▮▮F▮▯▯▯

Altstadt, 4 Riecna
PLZ 81102   ◼ B 5, S. 109
Tel. 00421/2/59 98 51 11, Fax 54 43 06 82
www.hoteldevin.sk
94 Zi., 6 App., DZ ab € 189

AmEx DINERS MASTER VISA Ⴚ 🏠

Seit es 1950 an der Donauufer-Promenade
errichtet wurde, strahlt das „Devin" zurückhaltende Eleganz aus. Der Bau steht unter
Denkmalschutz, die handwerklich hochwertige Ausstattung im Inneren vermittelt
Behaglichkeit. Die hübsche Bar mit beque-

Private Atmosphäre: „Arcadia"

men Clubsesseln aus Leder wird auch von
auswärtigen Gästen gerne besucht. Neu
adaptiertes „Relaxing Center" mit Fitnessraum, Whirlpool und Sauna. Gut etabliertes
Restaurant mit französischer Küche.

Baudenkmal aus den 50er-Jahren: „Devín"

Zentrale Lage in einer luxuriösen Einkaufspassage: „EA Art Hotel William"

EA Art Hotel William **F F**

Altstadt, 17 Laurinská
PLZ 81101 ■ C 3, S. 109
Tel. 00421/2/59 88 91 11
Fax 59 88 94 45
www.art-hotel-william.sk
36 Zi., 2 Suiten, 2 App., DZ ab € 199
AmEx DINERS MASTER VISA 🚗

Das Hotel der tschechischen Unternehmens-
gruppe Euroagentur nimmt die letzten drei
Stockwerke einer frisch renovierten lichtdurchfluteten Einkaufspassage aus den
1930er-Jahren ein. Teure Geschäfte mit
italienischer Luxusware bilden das Umfeld,
die im zeitgemäßen Design eingerichteten
Zimmer bieten alle Annehmlichkeiten, die
man von einem Businesshotel erwartet.

Marrol's **F F**

Altstadt, 4 Tobrucká
PLZ 81102 ■ C 4, S. 109
Tel. 00421/2/57 78 46 00, Fax 57 78 46 01
www.hotelmarrols.sk
51 Zi., 3 Suiten, DZ ab € 205
AmEx DINERS MASTER VISA 🚗🕯

Denkmalgeschütztes Haus im Retro-Stil,
vom slowakischen Wirtschaftsmagazin
„Trend" mehrmals hintereinander zum
besten Hotel des Landes gekürt. Holztäfe-
lungen, Lederfauteuils und offener Kamin
verbreiten eine angenehme Landhausatmosphäre. Die klassisch eingerichteten Zimmer
und Suiten sind unter anderem mit LCD-
Fernseher ausgestattet, überall im Haus
besteht freier Internetzugang.

Blickt auf eine lange Tradition zurück: „Radisson SAS Carlton"

Radisson Blu Carlton `F F F`

Altstadt, 3 Hviezdoslavovo Nam.
PLZ 81102 ■ B 4, S. 109
Tel. 00421/2/59 39 00 00, Fax 59 39 00 10
www.radissonblu.com
161 Zi., 9 Suiten, DZ ab € 199
`AmEx` `DINERS` `MASTER` `VISA` ♈

Das repräsentative Haus gegenüber der
Oper und der Philharmonie ist durchaus
einer Weltstadt würdig und könnte auch
an der Wiener Ringstraße stehen. Hier sind
einst *celebrities* wie Alfred Nobel, Theodore
Roosevelt oder Thomas Edison abgestiegen,
und auch heute gehen hier Geschäftsleute, Politiker und Gäste aus aller Welt
ein und aus.

Restaurants

Camouflage `F F`

Altstadt, 1 Ventúrska
PLZ 81101 ■ A 4, S. 109
Tel. 00421/2/20 92 27 11, Fax 20 92 29 12
www.camouflage.sk
im Winter So geschl.
Hauptgerichte € 14-30
`AmEx` `DINERS` `MASTER` `VISA` M ⛱ ♈

Das Lokal im Erdgeschoss des Palais Erdödy
erstrahlt ganz in Weiß, farbliche Akzente
setzen abstrakte Gemälde an der Wand. Im
hinteren Teil des Restaurants zieht eine
hinter Glas inszenierte Feuerstelle die Blicke
auf sich. Auch die Küche gibt sich ambitioniert: Man schwelgt in Luxusprodukten von
Austern über Hummer bis zur Gänseleber.
Allmählich gelingt es auch, den hohen
Ansprüchen zu entsprechen. Die Entenbrust
mit Puy-Linsen war von zwei Löffeln dezentem Sahnemeerrettich begleitet, was gut zu
den in Honig getränkten und mit Gänseleber belegten Äpfeln passte. Große Auswahl
an Weinen aus der Slowakei, Frankreich,
Portugal, Spanien, Italien und der Neuen
Welt. Unter gleicher Leitung und Adresse:
das mediterrane Restaurant „Flowers"
und das angesagte „Lancia Café" mit
Abbildungen der Modelle des italienischen
Autoherstellers an den Wänden.

„Camouflage": ambitioniert

Mix aus mediterraner und asiatischer Küche: „Le Monde"

1. Slovak Pub F F
Innenstadt, 62 Obchodná
PLZ 81102   ■ C 2, S. 109
Tel. 00421/2/52 92 63 67, Fax 52 63 32 85
www.slovakpub.sk
kein Ruhetag
Hauptgerichte € 3-13

AmEx DINERS MASTER VISA M

Die beste Adresse, um slowakische Hausmannskost zu probieren. Die beliebteste Speise heißt *bryndzové halušky,* Frischkäsenockerln, weniger bekannt ist *vyprážaný,* Hermelin, ein slowakischer Camembert, der gebacken und mit *sauce tartare* serviert wird. Auch gut: gefüllte Teigtaschen mit zerlassener Butter oder Mohnnudeln aus Kartoffelteig. Dazu slowakisches Bier, das in der Verkleinerungsform *pifko* auf der Karte steht und bis 18 Uhr sehr günstig angeboten wird.

Le Monde F
Altstadt, 8 Rybárska brána
PLZ 81101   ■ B 4, S. 109
Tel. 00421/2/54 41 54 11, Fax 52 63 72 28
www.lemonde.sk
So geschl.

Hauptgerichte € 10-22

AmEx DINERS MASTER VISA ☂

Das Barockhaus mit schmiedeeisernem Balkon vis-à-vis der alten Oper strahlt etwas Mondänes aus. Wie der Name vermuten lässt, lädt das von einem Prager Gastronomen geführte Luxusrestaurant zu einer kleinen kulinarischen Weltreise ein: Der Mix aus mediterraner und asiatischer Küche trifft den Nerv der Zeit. Ambitionierte Weinkarte. Der Müller-Thurgau vom Weingut Mrva & Stanko passte vorzüglich zum Seebarsch mit getrüffeltem Kartoffelpüree.

Medúsa F
Altstadt, 21 Michalská
PLZ 81101   ■ A/B 3, S. 109
Tel. 00421/2/54 64 73 44
Fax 54 64 73 45
www.medusarestaurant.sk
kein Ruhetag
Hauptgerichte € 12-21

AmEx DINERS MASTER VISA ☂

Ein freundliches, junges Team serviert hier bei jazziger Musik die gesamte Palette europäischer Lieblingsgerichte von *calamari fritti* über Parma-Schinken mit Melone bis

zu Paprikaschoten, mit Schafkäse gefüllt.
Ausladendes Angebot auch an Whiskys,
Wodkas, Grappas und Tequilas.

Paparazzi ✳

Altstadt, 1 Laurinská
PLZ 81101   ■ B 4, S. 109
Tel. 00421/2/54 64 79 71, Fax 54 64 79 73
www.paparazzi.sk
kein Ruhetag
Hauptgerichte € 10-30
AmEx DINERS MASTER VISA ☂

Nicht zu verfehlen, man stolpert förmlich
über die neben der Eingangstür postierte
lebensgroße Figur mit Fotoapparat. Das
Ecklokal mit den ausdrucksstarken Schwarz-
Weiß-Fotos an den Wänden gilt als Lieb-
lingsbar der „BoBos", der *bourgeois
bohemiens.* Die Küche gibt sich durch
und durch italienisch, hält aber nicht immer
das, was sie verspricht.

Italienischer Blickwinkel: „Paparazzi"

Tempus Fugit F ☐☐☐☐

Altstadt, 5 Sedlarska
PLZ 81101   ■ B 4, S. 109
Tel. 00421/2/54 41 43 57, Fax 54 41 43 42
www.tempusfugit.sk
kein Ruhetag
Hauptgerichte € 8-32
AmEx DINERS EC MASTER VISA M ☂

Zwischen Säulen und Wandmalereien im
Gewölbe fühlt man sich in die Antike versetzt. Die Cross-over-Küche kennzeichnet auf
der Karte slowakische, vegetarische und
besonders scharfe Gerichte. Mit einer
Kombination aus vier Miniportionen von
Krautfleckerln, Käsenockerln, Krautsuppe und
gebackenem Hermelin (eine Art Camembert)

Paprikaschoten und Jazz: „Medúsa"

Starke Seile: Sie halten die Donaubrücke mit der Bar „Ufo"

versucht man, die Nationalküche den ausländischen Gästen näherzubringen. Im Schwesterrestaurant „Mezzo Mezzo" (Rybárska brána 9) mit ähnlichem Repertoire herrscht cool-modernes Bistro-Ambiente.

Bars/Cafés

Peoples Lounge

Altstadt, 1 Gorkého
PLZ 81108   ■ B 4, S. 109
Tel. 00421/2/54 64 07 77, Fax 54 64 79 73
www.peopleslounge.sk
So-Do 10-24 Uhr, Fr/Sa 10-1 Uhr
AmEx DINERS MASTER VISA ☂

Die populäre Mischung aus Restaurant, Bar und Lounge wurde bei Redaktionsschluss umgebaut. Die rührige „Red Monkey Group", die auch „Paparazzi" und „UFO" betreibt, wird wieder mit einem raffinierten Interieur fürs Stadtgespräch sorgen. Auf der Getränkekarte: Whisky aus Japan, 20 Jahre alter Portwein, lokale Schnäpse wie *borovička* (aus Wacholderbeeren) und *slivovicka* (aus Zwetschgen).

Trafo Music Bar

Altstadt, 1 Ventúrska
PLZ 81101   ■ A 4, S. 109
Tel. 00421/2/20 92 27 44, Fax 20 92 29 12
www.trafo.sk
Mi-Sa 21-5 Uhr
AmEx DINERS EC MASTER VISA ♟

In diesem hippen *late night spot* ist hinter einem Glaskasten tatsächlich ein Transformator in Betrieb. An der 15 Meter langen Bar kann man sich vom Elektroschock erholen, von den *power moments* auf der Tanzfläche ruht man sich danach in der *chillout zone* aus, durch die ein Labyrinth von Gängen im Souterrain des Palastes führt. Zielpublikum: die junge Schickeria Bratislavas.

Ufo

Altstadt, Nový Most
PLZ 81101   südlich ■ A 5, S. 109
Tel. 00421/2/62 52 03 00
Fax 62 52 03 02
www.u-f-o.sk/en/
tgl. 10-23 Uhr
AmEx DINERS MASTER VISA

Die wohl atemberaubendste Bar in ganz Mitteleuropa! Man sitzt auf transparenten Plexiglasmöbeln ungefähr 80 Meter über der Donau auf der hin und wieder leicht schwankenden Brücke Nowy Most. Wer ein Rezept für einen neuen Cocktail mitbringt, fungiert als Namensgeber für diesen Drink, und wird auf der Karte des „Ufo" verewigt.

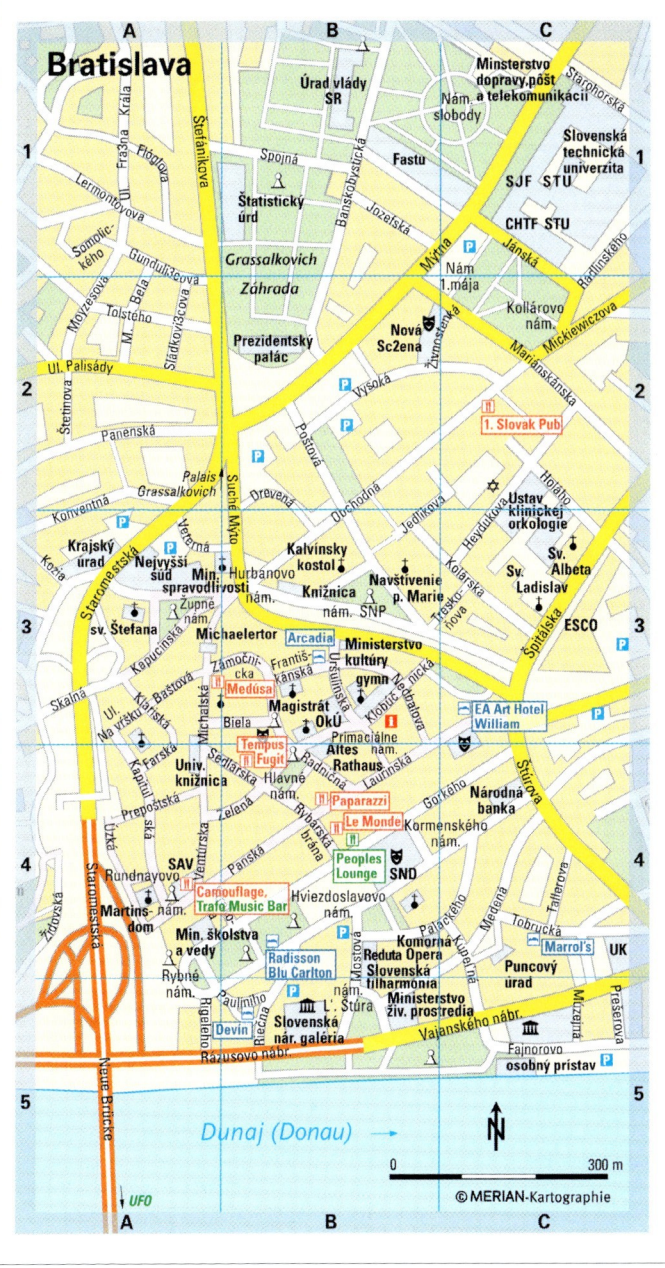

Bratislava

A · B · C

A

Štefánikova
Fraňa Kráľa
Flöriova
Lermontovova
Sonolic-kého
Gunduličova
Moyzesova
M. Bela
Sládkovičova
Tolstého
Šancová
Panenská
Ul. Palisády
Konventná
Palais Grassalkovich
Suché Mýto
Veterná
Staromestská
Kozia
Krajský úrad
Najvyšší súd
Min. spravodlivosti
Hurbanovo nám.
Žúpné nám.
sv. Štefana
Skalná
Kapucínska
Ul. Na vŕšku
Klariská
Michalská
Farská
Kapitulská
Prepoštská
Zelená
Sedlárska
Univ. knižnica
Panská
SAV
Rudnayovo nám.
Ventúrska
Martins-dom
Min. školstva a vedy
Rybné nám.
Paulínyho
Rigeleho
Riečna
Devín
Devín
Štúrova
Vajanského nábr.
Rázusovo nábr.
Neue Brücke
UFO

B

Úrad vlády SR
Spojná
Banskobystrická
Jozefská
Fastu
Štatistický úrd
Grassalkovich Záhrada
Prezidentský palác
Vysoká
Poštová
Drevená
Obchodná
Jedlíkova
Kalvínsky kostol
Knižnica
Navštívenie p. Marie
Michaelertor · Arcadia
Zámočni-cka
František-kánska
Ursulínska
Medúsa
Magistrát OkÚ
Biela
Tempus Fugit
Primaciálne nám.
Altes Rathaus
Radničná
Hlavné nám.
Laurinská
Klobučic...
Paparazzi
Rybárska brána
Le Monde
Kormeského nám.
Camouflage, Trafe Music Bar
Peoples Lounge
SND
Hviezdoslavovo nám.
Radisson Blu Carlton
Reduta Opera
Slovenská filharmónia
L'. Štúra nám.
Slovenská nár. galéria
Komorná Opera
Ministerstvo živ. prostredia
Ministerstvo kultúry
gymn.
nám. SNP

C

Ministerstvo dopravy,pôšt a telekomunikácií
Stanhorská
Nám. slobody
Slovenská technická univerzita
SJF STU
CHTF STU
Jánska
Radlinského
Mýtna
Nám 1.mája
Kollárovo nám.
Mickiewiczova
Nová Sc2ena
Žilinského
Mariánskánska
Horiáno
1. Slovak Pub
Ustav klinickej orkologie
Heydukova
Kolárska
Sv. Ladislav
Sv. Albeta
Treskó-...nova
ESCO
Špitálska
EA Art Hotel William
Nedbalova
Národná banka
Gorkého
Štúrova
Tallerovo
Mesiar
Medená
Kúpeľná
Tobrucká
Marrol's
UK
Puncový úrad
Prešerova
Miezlná
Fajnorovo
osobný prístav

Dunaj (Donau) →

N

0   300 m

© MERIAN-Kartographie

BRÜSSEL

Von der Grand'Place aus sind die Hochhäuser der Europa-Metropole unsichtbar. Doch in Brüssels Restaurants kann man eine Reise um die Welt machen, Hotels und Bars gibt es für jeden Geschmack

Hotels

Amigo `F` `F` `F` `F`

Innenstadt, Rue de l'Amigo 1-3
PLZ 1000   ■ C 4, S. 129
Tel. 0032/25 47 47 47, Fax 25 13 52 77
www.roccofortecollection.com
156 Zi., 18 Suiten, DZ ab € 179
`AmEx` `DINERS` `EC` `MASTER` `VISA` ⛾ 🚗 ⚲

Gleich hinter Brüssels berühmtem Rathaus
liegt das Traditionshotel, die Stammadresse
deutscher Regierungschefs und französi-
scher Staatspräsidenten (ihre Suiten mit
Terrassen liegen nebeneinander im obersten
Stock) sowie internationaler Popstars.
Egal ob Lounge, Salons oder Zimmer, die
Einrichtung besticht mit diskreter Eleganz,
die bewusst Antiquitäten und klassische
Moderne mischt. Reproduktionen von
Broodthaers-Zeichnungen, Magritte-
Gemälden und Hergé-Comics schaffen
einen liebenswürdigen Bezug zur Stadt.
Gediegene Marmorbäder und ein schönes
Fitnesscenter sorgen für Wohlbefinden.
Das Frühstück wird à la carte serviert. Der
tadellose Service ist bekannt für seine
absolute Diskretion. Das modern gestylte
Restaurant „Bocconi" mit seiner leichten,
neuen italienischen Küche schätzen auch
einheimische Gourmets. Modernes Busi-
nesscenter und Konferenzräume.

Au Repos des Chasseurs `F` `F`

OT Watermael-Boitsfort
Av. Charles-Albertlaan 11
PLZ 1170   ■ C 3, S. 127
Tel. 0032/26 60 46 72, Fax 26 74 26 76
www.repos-des-chasseurs.com
11 Zi., DZ ab € 90
`AmEx` `MASTER` `VISA` ⛾ ⚲

Wer die Ruhe im Grünen und den Vogel-
sang liebt, ist hier genau richtig. Direkt
hinter der ehemaligen Waldschänke beginnt
der ausgedehnte Forêt de Soignes mit
seinen jahrhundertealten majestätischen
Buchen – ideal zum Spazierengehen,
Joggen oder Radfahren. Die Zimmer sind
modern eingerichtet, sehr geräumig und
hell. Im Restaurant des Hauses treffen sich

„Amigo": beliebt auch bei den Brüsselern

im Herbst die Liebhaber von Wildgerichten,
in den anderen Monaten steht gute franko-
italienische Küche auf dem Menü. Die
sympathische *auberge* am Stadtrand ist mit
Metro und Tram mühelos zu erreichen.
Rabatt bei längerem Aufenthalt.

Be Manos `F` `F` `F` `F`

OT Anderlecht, Square de l'Aviation 23-27
PLZ 1070   ■ A 5, S. 129
Tel. 0032/25 20 65 65, Fax 25 20 67 67
www.bemanos.com
60 Zi., DZ ab € 380
`AmEx` `DINERS` `MASTER` `VISA` ⛾ 🚗 ⚲

Eine ehemalige Textilfabrik – nur wenige
Schritte von der Gare du Midi und der
Grand'Place entfernt – haben Constantin
und Sylvie Poulgouras in ein Traumhotel
verwandelt. Die großzügigen Zimmer,
einige davon mit Balkon, sind ganz in
Schwarz und Weiß, Silber und Leder gehalten und bieten schicke Designermöbel und
neueste Hightech-Ausrüstung. Große Fotos
an den Wänden setzen markante Akzente.
Die Badezimmer sind mit diskret glitzern-
dem chinesischem Schiefer ausgekleidet.
Die Schönheitsprodukte stammen von der
griechischen Luxusmarke Korres. Glamou-
röse Cocktailbar im Erdgeschoss, faszinie-
rende „Black Lounge" im dritten Stock. Sie
führt zur Attraktion des Hauses: eine weite
Terrasse mit Teakmöbeln, Sonnenschirmen

B

„Conrad Brussels": luxuriöse Duplex-Suite

und Ausblick auf die Stadt, die Ferienstimmung aufkommen lässt. Das moderne Wellnesscenter, das auch Massagen oder Hautbehandlungen anbietet, ist ein weiterer Pluspunkt. Zum Frühstück werden gesunde Bio-Produkte serviert. Vorzüglicher persönlicher Service, wozu auch die Vermietung von Smarts an die Gäste gehört.

Bloom! F F ☐ ☐ ☐
Innenstadt, Rue Royale 250
PLZ 1210   ■ E 2, S. 129
Tel. 0032/22 20 66 11, Fax 22 17 84 44
www.hotelbloom.com
301 Zi., 4 Lofts, DZ ab € 140
AmEx DINERS MASTER VISA ⍐
Frisch, fröhlich, farbig wie eine Blüte kommt das Hotel am Botanischen Garten daher. Jedes der geräumigen Zimmer hat ein europäischer Kunststudent mit einem Wandbild individuell gestaltet. Flachbildschirm-Fernseher, kostenloses W-Lan sowie Kaffeemaschine sind inklusive. Reichhaltiges Frühstücksbuffet mit Bioprodukten, guter Fitnessbereich. Lounge, Bar und Restaurant „Smoods" mit Fusion-Küche gehen nahtlos

ineinander über und mischen verschiedene Stile. Junges Publikum, ebenso junger Service. Tipp: Die Zimmer auf der Rückseite der oberen Stockwerke haben eine herrliche Sicht auf die Stadt.

Brussels Welcome F F ☐ ☐ ☐
Innenstadt, Quai au Bois à Brûler 23
PLZ 1000   ■ C 2/3, S. 128
Tel. 0032/22 19 95 46, Fax 22 17 18 87
www.hotelwelcome.com
15 Zi., 2 Suiten, DZ ab € 120
AmEx DINERS MASTER VISA ⍐ ⌂
Am alten Fischmarkt bei der Place Ste.-Catherine mit seinen (durchweg arg touristischen) Restaurants liegt diese kleine, originelle Bleibe für Globetrotter. Alle Zimmer sind üppig mit Möbeln, Souvenirs und Stoffen aus exotischen Ländern ausgestattet und vermitteln ein Gefühl von Exotik. Komfortable Bäder. Netter Empfang durch die reiselustigen Eigentümer. Passables Frühstück.

Conrad Brussels F F F F F
OT Ixelles, Av. Louise 71
PLZ 1050   ■ D 6, S. 129
Tel. 0032/25 42 42 42, Fax 25 42 42 00
www.conradbrussels.com
269 Zi., 39 Suiten, DZ ab € 345
AmEx DINERS MASTER VISA ⍐ ⌂ ≋ ⚲
US-Präsidenten, arabische Scheichs und koreanische Industriemagnaten bevorzugen die luxuriöse Adresse in der eleganten Oberstadt mit ihren Luxusboutiquen. Die Zimmer und Suiten sind stilsicher eingerichtet, äußerst komfortabel und modern. Der Service erfüllt auch die ausgefallensten Wünsche. Zu den Attraktionen des Hotels gehört das „Aspria"-Wellnesscenter mit eindrucksvollem Pool, den neuesten Fitnessgeräten, Yoga- und Tanzkursen sowie kompetentem Personal. Das „Café Wiltcher's" im Haus ist sehr beliebt für den entspannten ausgiebigen Sonntags-Brunch. Das Hotel verfügt über mehrere bestens ausgerüstete Konferenzräume jeder Größe, Salons für Empfänge und einen prunkvollen Ballsaal.

Hôtel du Congrès F ☐☐☐

Innenstadt, Rue du Congrès 42
PLZ 1000 ■ E 3, S. 128
Tel. 0032/22 17 18 90, Fax 22 17 18 97
www.hotelducongres.be
67 Zi., DZ ab € 140

AmEx DINERS MASTER VISA ⟨Y⟩

Aus vier alten Brüsseler Bürgerhäusern
mitten im Regierungsviertel ist ein nettes
Hotel geworden. Universitätsprofessoren
gehören zu den Stammgästen, zusehends
schätzen auch Beamte und Lobbyisten
die günstige Lage und das hervorragende
Preis-Leistungs-Verhältnis. Empfang und
Salon im Stil der Belle Époque, der angenehme Garten und die freundlichen Mitarbeiter vermitteln das Gefühl, bei alten
Freunden zu Gast zu sein. Die Zimmer sind
allesamt modern und komfortabel.

Manos Premier F F F F

OT St. Gilles, Chaussée de Charleroi 100-
106
PLZ 1060 ■ A 2, S. 127
Tel. 0032/25 37 96 82, Fax 25 39 36 55
www.manoshotel.com
42 Zi., 9 Suiten, DZ ab € 295

AmEx DINERS MASTER VISA ⟨Y⟩ 🏠 ⟨⟩

In mehreren Patrizierpalästen der eleganten
Oberstadt ist dieses Hotel untergebracht.
Schon in der Lobby und den Lounges
herrscht eine fürstliche Atmosphäre. Die
Zimmer sind mit Louis-XV- und Louis-XVI-
Möbeln eingerichtet, die Marmorbäder
verschwenderisch. Der Wellnessbereich mit
Hamam, Jacuzzi, Sauna und Fitnessgeräten
ist im maurischen Stil gehalten. Zur Entspannung trägt auch der weitläufige Garten
mit Springbrunnen und Sonnenterrasse bei.
Im vornehmen Restaurant „Kolya" kommen
leichte, mediterran angehauchte Gerichte
auf die perfekt gedeckten Tische. Angesagte
Lounge-Bar im Kolonialstil, Raucherzimmer
mit offenem Kamin. Der Service ist tadellos
und individuell. Er arbeitet unter der Leitung
des Eigentümers. Auf der gegenüberliegenden Straßenseite steht ein supermodernes
Konferenzzentrum zur Verfügung. Die
Luxusboutiquen sind in wenigen Minuten
zu Fuß zu erreichen.

Metropole F F F ☐

Innenstadt, Pl. de Brouckère 31
PLZ 1000 ■ C 2, S. 128
Tel. 0032/22 17 23 00, Fax 22 18 02 20
www.metropolehotel.com
291 Zi., 15 Suiten, DZ ab € 175

AmEx DINERS EC MASTER VISA ⟨Y⟩ ⟨⟩

Der mehr als hundertjährige Palast ist noch
immer im Besitz der Brüsseler Brauerdynas-
tie Wielemans. Im Gästebuch der Hotellegende haben sich Opern- und Filmstars,

„Manos Premier": gediegene Eleganz in restaurierten Patrizierpalästen der Oberstadt

„Royal Windsor": offene Showküche für eher schlanke Gäste im schicken Hotelrestaurant

Virtuosen und Dirigenten, Nobelpreisträger und betuchte Literaten verewigt. Marmorverkleidungen und Buntglasfenster, vergoldeter Stuck und Kristalllüster, Mahagonimöbel und schmiedeeiserne Geländer vermitteln Opulenz und Frivolität der Belle Époque. Der alte Lift ist eine echte Sehenswürdigkeit. In der Bar mit Chesterfieldmöbeln und einem Pianisten herrscht die Atmosphäre eines kolonialen Clubs, der Speisesaal wirkt wahrlich fürstlich. Manche Zimmer sind ebenso pompös ausgestattet, die anderen elegant eingerichtet. Alle haben schöne Bäder und besten technischen Komfort. Moderne Konferenzräume. Der Service, zum Teil in goldbetresster, roter Livree, ist selbstverständlich top. Im Sommer herrscht Highlife auf der Terrasse an der Place de Brouckère.

Pacific F F

Innenstadt, Rue Antoine Dansaert 57
PLZ 1000   ■ B 3, S. 128
Tel. 0032/22 13 00 80, Fax 22 13 00 83
www.hotelcafepacific.com
13 Zi., DZ ab € 189
AmEx EC MASTER VISA Y ⌂

Das intime Art-déco-Haus liegt mitten im Trendviertel der Modeschöpfer, Designer,

Filmemacher, Werbeleute. Die ruhigen, hellen Zimmer sind individuell und cool gestylt, mit feinster Leinenbettwäsche und Bulgari-Produkten in den Bädern. Zum Frühstück im alten Café mit Holzvertäfelung und Spiegeln gibt es Brüsseler Spezialitäten wie *cramique* (Rosinenbrötchen) und *pistolets* (Brötchen), sowie Biomüsli, -obst und -säfte. In dem schmalen Raum befindet sich auch die Bar.

Radisson Blu F F F

Innenstadt, Rue du Fossé-aux-Loups 47
PLZ 1000   ■ D 3, S. 128
Tel. 0032/22 19 28 28, Fax 22 17 40 85
www.radissonblu.com
281 Zi., 23 Suiten, DZ ab € 238
AmEx DINERS VISA Y ⌂ ⌂

Das nicht nur von Businessgästen gern genutzte Haus im Neo-Art-déco-Stil liegt zentral, in unmittelbarer Nähe von Zentralbahnhof, Grand'Place und Oper. Die Zimmer sind modern eingerichtet und haben größten technischen Komfort. Das helle Atrium unter einer Glaskuppel mit Lounge und Restaurant bildet den spektakulären Mittelpunkt. Die „Bar dessiné", die an berühmte Comicfiguren erinnert, ist intimer. Riesiges Frühstücksbuffet im völlig

neu durchgestylten „Pebble Wood Room".
Zahlreiche Konferenzräume und super-
moderner Wellnessbereich. Der Service hat
Charme und große Klasse (siehe Restaurant
„Seagrill").

Royal Windsor FFF
Innenstadt, Rue Duquesnoy 5
PLZ 1000 ■ C 4, S. 129
Tel. 0032/25 05 55 55, Fax 25 05 55 00
www.royalwindsorbrussels.com
249 Zi., 17 Suiten, DZ ab € 500
AmEx DINERS EC MASTER VISA ⊻ 🚗 🏊
Nur wenige Schritte von der Grand'Place
entfernt bietet das Luxushotel etwas
Besonderes: Zwölf „Fashion Rooms", die
von tonangebenden belgischen Mode-
schöpfern bis ins letzte Detail eingerichtet
worden sind – allerdings mit Ausnahme
der Badezimmer. Der Stil ist ausgemacht
eigenwillig und reicht von sehr cool (Jean-
Paul Knott) über pop-artig (Marina Yee)
oder romantisch (Kaat Tilley) bis zu glamou-
rösem Flair (Gérald Watelet). Mehrere dieser
Zimmer bieten einen Blick aufs Rathaus.
Der hauseigene Nachtklub ist sehr beliebt,
das Fitnesscenter völlig neu eingerichtet.

Stanhope FFFF
Innenstadt, Rue du Commerce 9
PLZ 1000 ■ E 5, S. 129
Tel. 0032/25 06 91 11, Fax 25 12 17 08
www.thonhotels.be
108 Zi., 9 Suiten, 2 App., DZ ab € 360
AmEx DINERS EC MASTER VISA ⊻ 🚗 🏊
Im Europaviertel mit seinen recht seelenlosen
Bürobauten für Banken, Botschaften und
EU-Kommissionsdirektorate bezaubert dieses
kürzlich erweiterte Hotel mit dem Charme
eines englischen *country house*. Im Innenhof
spendet gar eine denkmalgeschützte Akazie
Schatten. Die Lounge schätzen auch Einhei-
mische für einen Five o'Clock Tea mit allem,
was dazugehört, die neue „Library Bar" mit
gedämpfter Clubatmosphäre und klassischen
Cocktails lockt ein schickes Publikum. Die
Zimmer sind komfortabel mit Antiquitäten
eingerichtet. Attraktiver Wellnessbereich. Der
Service ist diskret und persönlich.

„The Dominican": Lounge mit Endlostheke

The Dominican FFFF
Innenstadt, Rue Leopold 9
PLZ 1000 ■ C/D 3, S. 128
Tel. 0032/22 03 08 08, Fax 22 03 08 07
www.thedominican.be
150 Zi., 4 Suiten, DZ ab € 225
AmEx VISA ⊻ 🏊
Neues Boutiquehotel hinter der Oper. In
Erinnerung an ein Kloster, das hier einmal
stand, sind alle Räume um einen italienisch
anmutenden Innenhof arrangiert. Die
Lounges sind weitläufig und hoch, offene
Kamine und Kerzenbeleuchtung strahlen
Klasse aus. Sie sind inzwischen sehr beliebt
zum Aperitif vor oder Drink nach einer
Aufführung. Das Personal bedient aufmerk-
sam und freundlich. In den luxuriösen
Zimmern mit verschwenderischen Bädern
bestechen moderne Eleganz und warme
Farbtöne. Gepflegter Wellnessbereich.

The White Hotel `F F` ☐ ☐

OT Ixelles, Av. Louise 212
PLZ 1050   ■ B 2, S. 127
Tel. 0032/26 44 29 29, Fax 26 44 18 78
www.thewhitehotel.be
58 Zi., DZ ab € 85
`AmEx` `EC` `MASTER` `VISA` ⟡ 🏠

Zen-cool, minimalistisch, mit ausgewählten
Designermöbeln und ganz in Weiß sind die
großen Zimmer eingerichtet. Die im obersten Stockwerk haben Terrassen mit Panoramablick. Die Bäder sind hingegen klein und
funktionell. In der Lounge gibt es Kojen mit
PCs und ab und zu Live-Auftritte von DJs.
Das Frühstück lässt das Herz von Gesund-
heitsfans höherschlagen. Das Hotel stellt
Führer mit Trendadressen zur Verfügung und
vermietet praktische Vespas. Es liegt ver-
kehrsmäßig günstig an der Avenue Louise,
genau zwischen den beiden Trendvierteln
um die Place du Châtelain und die Place
Flagey mit ihren Restaurants, Bars und
Discos. Junger, kosmopolitischer Service für
ebensolches Publikum.

Warwick Barsey `F F F` ☐

OT Ixelles, Av. Louise 381-383
PLZ 1050   ■ B 2, S. 127
Tel. 0032/26 49 98 00, Fax 26 40 17 64
www.warwickbarsey.com
94 Zi., 5 Suiten, DZ ab € 100
`AmEx` `DINERS` `MASTER` `VISA` 🏠 ⟡

Der Pariser Stardesigner Jacques Garcia,
berühmt durch das Pariser „Hôtel Costes",
hat an der schicken Avenue Louise eine
barocke Traumwelt geschaffen, ganz im
Sinne von Baudelaires *„luxe, calme et
volupté".* Die Atmosphäre ist gedämpft,
obwohl Lounge und Restaurant zu den
beliebtesten Treffs von Brüssels *beautiful
people* gehören. Die Gäste schätzen die
trendigen Fusion-Gerichte von Jean-Philippe
Bruneau, dem Sohn des Starkochs, der
partout nicht in Vaters Fußstapfen treten
will. In den komfortablen Zimmern fallen
grelle Farbakzente auf, in vielen Badezimmern gedeihen Orchideen. Place du Châtelain und Place Flagey mit ihrem quirligen
Nachtleben sind bequem zu Fuß zu errei-

chen ebenso wie der Stadtwald Bois de
la Cambre für den Morgen danach.
Der Service ist nett und professionell.

Restaurants

Bistrot du Mail `F F F` ☐

OT Ixelles, Rue du Mail 81
PLZ 1050   ■ A/B 2, S. 127
Tel. 0032/25 39 06 97
www.bistrotdumail.be
Sa mittag, So, Mo geschl.
Hauptgerichte € 28-39
`AmEx` `MASTER` `VISA` ⟡

Bistrot ist ein Understatement für das
kleine, elegante Lokal im Trendviertel um
die Place du Châtelain. Chefkoch Stéphane
Lefebvre kommt aus dem Tempel der
Molekularküche „L'Air du temps", aber im
eigenen Haus verzichtet er auf überflüssige
technische Kunststücke. Er verarbeitet nur
superfrische Produkte, meistens aus der
unmittelbaren Umgebung, liebt stimmige
Texturmischungen, definiert Geschmacksnuancen klar. Etwa bei perfekt gebratenem
Kabeljaurücken, dem grob zerstoßene
Kartoffeln mit grünen Oliven, knusprig
gebackene Kartoffelstreifchen und eine Jus
aus Huhn, Tomate und Limette Profil geben.
Das Täubchen kommt im eigenen Saft mit
Selim-Pfeffer, Petersilienwurzel-*mousseline*
und einem leicht süßlichen Rote-Bete-Salat.
Die Speisenkarte ist kurz und ändert sich
fast täglich. Das Preis-Leistungs-Verhältnis
ist unschlagbar, besonders beim Lunch für
20 Euro. Freundlicher Empfang und Service.

Bon-Bon `F F F` ☐

OT Uccle, Rue des Carmélites 93
PLZ 1180   ■ A 2, S. 127
Tel. 0032/23 46 66 15
www.bon-bon.be
Sa mittag, So, Mo geschl.
Menüs € 67-110
`AmEx` `DINERS` `MASTER` `VISA` M 🏠 ⛱

„Salon d'Artisan Cuisinier" nennt Christophe Hardiquest sein hübsches Art-déco-
Restaurant. Mit täglich neuen Kreationen
hat er sich in Brüssel einen Namen ge-

„Bon-Bon": pikante Leichtigkeit im Salon

macht. Dabei steht die Fantasie stets im Dienste der geschmacklichen Harmonie. Etwa bei den gebratenen Jakobsmuscheln mit Artischockencreme, kurz gegrilltem Parma-Schinken und rohen Steinpilzscheib-chen. Oder der bei Niedrigtemperatur per-fekt rosarot gegarten, dann angebratenen Wildente, die mit Bratkartoffeln und Stein-pilzen noch herzhafter, mit säuerlichen Scheiben von Karotte, Roter Bete und Teltower Rübchen noch pikanter schmeckt; eine Petersilienwurzel-Mousse sorgt für Leichtigkeit. Große Käseausewahl und hin-reißende Desserts. Die Weine aus kleineren Anbaugebieten überraschen, auch preislich. Unbedingt mehrere Tage im Voraus reser-vieren!

Callens Café F

OT Ixelles, Av. Louise 480
PLZ 1050   ■ B 2, S. 127
Tel. 0032/26 47 66 68, Fax 26 47 66 68
www.callenscafe.be
Sa mittag, So geschl.
Hauptgerichte € 9-24
AmEx DINERS EC MASTER VISA

Das schick gestylte Lokal mit einem etwas lauten Bar- und Brasserie-Teil und einem ruhigeren Raum bleibt ein Lieblingstreff von Brüssels Jeunesse dorée. Die Stimmung ist einfach toll, Jean und Olivier Callens betrachten ihre Gäste als Freunde, mit denen sie feiern. Vor allem stimmt der Küchenstil: Brasseriegerichte mit Pfiff, dazu stets frisches Gemüse oder Salat. So kommt der *salade niçoise* mit gegrilltem frischem Thunfisch und marinierten Anchovis auf den Tisch. Die Urbrüsseler *boulettes* (Klößchen aus Kalb- und Rindfleisch) begleiten eine frische Tomaten-Rucola-Zitronen-Sauce. Hinzu kommen freundlich kalkulierte Preise, auch bei den Weinen und mittags – wenn gewünscht – ein sehr schneller Service für eilige Gäste. Bei warmem Wetter ist der Garten ein regelrechter Laufsteg. Am Wochenende herrscht spätabends Feierstim-mung, wenn DJs oder Livemusik geboten werden. Auf jeden Fall unbedingt rechtzeitig reservieren!

Chou F F

OT Louise/Louisa, Place de Londres 4
PLZ 1050   ■ E 5, S. 129
Tel. 0032/25 11 92 38
www.restaurantchou.be
Sa, So geschl.
Hauptgerichte € 29-30
AmEx MASTER VISA ♀

Klein und fein ist das neue Restaurant von Dominique Aubry. Im hinteren Speiseraum schweift der Blick durch einen spektakulä-ren roten Glasboden bis in den Weinkeller. Dort lagern wunderbare vorwiegend junge Crus aus Burgund. Auf den Tisch kommen dazu saisonale Gerichte aus erstklassigen Zutaten, die Biss und Geschmack haben: etwa die kurz gegrillten Jakobsmuscheln mit einem Bällchen Blattspinat und würzigem Schalentiersud, mit Safran gebratener grüner Spargel oder das „ganz einfach" gebratene Täubchen mit grob zerstoßenen Kartoffeln, kräftigem Olivenöl und Schnitt-lauch. Brüssels Feinschmecker stehen Schlange, deshalb unbedingt mehrere Tage im Voraus reservieren.

„Comme Chez Soi": Klassiker und Modernes in allerfeinstem Belle-Époque-Ambiente

Comme Chez Soi F F F F F
Innenstadt, Pl. Rouppe 23
PLZ 1000   ■ B 4/5, S. 129
Tel. 0032/25 12 29 21, Fax 25 11 80 52
www.commechezsoi.be
Mi mittag, So, Mo geschl.
Hauptgerichte € 24-98
AmEx DINERS MASTER VISA M*

Belgiens lebender Kochlegende Pierre Wynants fiel der Entschluss schwer, aber letztlich hat er doch seinem Schwiegersohn Lionel Rigolet die Leitung der Küche überlassen. Brav bereitet er weiterhin Klassiker wie die Mousse aus Ardenner Räucherschinken, die Roulade von Seezungenfilets und Hummermedaillons oder das Rinderfilet in

Trüffelsauce. Rigolet beweist mit ganz eigenen Akzenten, wie entwicklungsfähig auch die Haute Cuisine ist. Da gibt es Meerbarbenrücken und Froschschenkel in einem Sud aus türkischen Garnelen und mildem Paprika, dazu leicht mit Knoblauch parfümierte Quinoa-Blätter und -Samen. Delikat schmeckt der geräucherte Heilbutt in Gelee mit einem Weißkohl-Räucherlachs-Salat, kräftig der Hasenrücken mit gesottenen Wildpilzen, Pomerol-Coulis und Senf-Sahne-Creme. Neben den absoluten Spitzengewächsen zu schwindelregenden Preisen bietet man neuerdings auf einer eine zweiten Karte eine schöne Auswahl an Bouteillen von 37 bis 100 Euro. Glasweise wird jedoch nicht ausgeschenkt. Der Service ist wie eh und je tipptopp, mit einer Spur Brüsseler Jovialität.

In 't Spinnekopke F ☐☐☐

Innenstadt, Pl. Jardin aux Fleurs 1
PLZ 1000 ■ B 3, S. 128
Tel. 0032/25 11 86 95
Fax 25 13 24 97
www.spinnekopke.be
Sa mittag, So geschl.
Hauptgerichte € 16-30
`AmEx` `DINERS` `MASTER` `VISA` 🌴

Das lebendige Szeneviertel hinter der Börse dehnt sich immer weiter aus. Das uralte Häuschen des Restaurants mit seinen niedrigen Räumen, gescheuerten Böden, rot-weiß eindeckten Tischen und unverkennbar Brüsseler Kellnern und Kellnerinnen wirkt da fast anachronistisch. Aber: Auch die *fashionistas* lieben die perfekt zubereiteten belgischen Spezialitäten, die durchaus Überraschungen in petto haben. Etwa die Kroketten mit würzigem Käse der Abtei Maredsous oder die in Rochefort-Trappistenbier kurz gegarten Jakobsmuscheln. Absolut empfehlenswert sind auch die mit Chicorée geschmorten oder in Klosterbier gegarten Muscheln. Große Auswahl bester belgischer Biere. Die Terrasse vor dem Haus ist beliebt zum Sonnen, Sehen und Gesehenwerden. Dazu passen die inzwischen recht hohen Preise.

L'Horloge du Sud F ☐☐☐

OT Ixelles, Rue du Trône 141
PLZ 1050 ■ E 6, S. 129
Tel. 0032/25 12 18 64, Fax 25 03 09 11
www.horlogedusud.be
Sa mittag, So geschl.
Hauptgerichte € 10-13
`AmEx` `DINERS` `EC` `MASTER` `VISA`

Im wunderbaren Ambiente einer alten Eckkneipe kommen würzige Spezialitäten aus Afrika und der Karibik auf die Holztische: *maafé* (Huhn oder Lamm in Erdnusssauce) oder *moambe* (Huhn oder Fisch mit frittierten Bananen, Palmnussmus und Maniokblättern). Originell ist auch das *afro street food.* Unbedingt probieren: Die umwerfenden Cocktails, längst nicht nur mit verschiedenen Rumsorten: etwa „Sunny Mood", eine Mischung aus Cointreau, Orangensaft und Hibiskussirup. Große Auswahl hauseigener Fruchtsäfte, Fair-Trade-Weine und belgischer Edelbiere. Freundlicher Service, äußerst demokratische Preise und ein internationales Publikum. Regelmäßig Konzerte, Lesungen, Podiumsdiskussionen.

La Manufacture F F ☐☐

OT Jette, Rue Notre-Dame-du-Sommeil 12
PLZ 1000 ■ B 3, S. 128
Tel. 0032/25 02 25 25, Fax 25 02 27 15
www.manufacture.be
Sa mittag, So geschl.
Hauptgerichte € 14-31
`AmEx` `DINERS` `EC` `MASTER` `VISA` M 🌴 🍸

Die ehemalige Fabrik des Luxus-Lederwarenherstellers Delvaux ist im Laufe der Jahren en vogue geblieben. Das spricht für den Innenarchitekten, dem vor zwanzig Jahren eine gelungene Mischung von Alt und Neu gelang, für den immer netten, effizienten Service und nicht zuletzt für die Küche. Sie bietet konstante Qualität und bleibt mediterran angehaucht: Ein Jakobsmuschelspieß mit Sesam, Herings-„kaviar" und einer Safran-Zitrone-Orangen-Vinaigrette oder eine mit hausgeräuchertem Wildlachs gefüllte *pastilla* an kräftiger Meerrettich-Dill-Creme und frischem Rote-Bete-Limetten-

Sorbet beweisen Niveau und Fantasie. Die internationale Weinkarte passt gut dazu. Erfreulich sind neben dem hübschen begrünten Innenhof die zivilen Preise.

Le Châlet de la Forêt

OT Uccle, Drève de Lorraine 43
PLZ 1180   ■ B 3, S. 127
Tel. 0032/23 74 54 16, Fax 23 74 35 71
www.lechaletdelaforet.be
Sa, So geschl.
Hauptgerichte € 33-54
AmEx DINERS MASTER VISA

„Le Châlet de la Forêt": luftige Desserts

Das dezent gestylte, vornehme Chalet im eleganten Garten bleibt ein Hort der Eleganz und einer unaufgeregten einfallsreichen Küche. Da überrascht der Chef zum Beispiel mit auf Holzkohlenfeuer kurz gegrillten Austern an Buchweizen, der mit Senf, Meersalz und Nori (getrocknetem und geräuchertem japanischen Seetang) al dente gegart wurde. Bei den gebackenen Seezungenfilets mit kleinen Tintenfischen, Schwarzwurzeln, Nusspesto in einer Vinjaune-Sauce sind ganz unterschiedliche Geschmacksnuancen harmonisch vereint. Über Holzkohlefeuer rosarot gegrillte zarte

Taubenbrust mit Grünkohl und Wacholderbeeren ist ebenfalls ein delikater Genuss. Wunderbare Weinkarte, allerdings werden gerade mal zwei trockene Weine glasweise angeboten. Der Service ist freundlich, diskret und professionell, zusammen mit den großzügigen Abständen zwischen den Tischen ideal für vertrauliche Treffen von Bankern und Botschaftern.

Nonbe Daigaku

OT Ixelles, Avenue Buyl 31
PLZ 1050   ■ B 2, S. 127
Tel. 0032/26 49 21 49
So, Mo geschl.,
Hauptgerichte € 9-48 Euro
MASTER VISA

Das Haus im Univiertel ist außen so schmucklos wie innen. Doch Monsieur Yosuke Suetsugu gilt als bester japanischer Koch Belgiens. Präzise und schnell schneidet er frische Fische und Schalentiere zu Sashimi. Miso-Suppe, *wasabi* und Sojasauce schmecken bei ihm besser als anderswo. Top sind ausgefallene Gerichte aus dem Rezeptbuch seiner Mutter, etwa lauwarme Eiercreme mit frischen Austern, roher Königskrabbe, Shiitakepilzen und einem Hauch geriebener Orangenschale. Heiß begehrt sind die acht Plätze um den Arbeitsbereich des Chefs. Vor allem abends lockere Atmosphäre. Unbedingt reservieren.

Notos

OT St. Gilles, Rue de Livourne 154
PLZ 1000   ■ B 2, S. 127
Tel. 0032/25 13 29 59
www.notos.be
Mo mittag, So geschl.
Hauptgerichte € 22-28
AmEx MASTER VISA

Constantin Erinkoglou ist und bleibt ein Phänomen. Der Doktor der Soziologie, frühere Generaldirektor für Außenbeziehungen der EU-Kommission und Anthroposoph kocht angeblich nur das, was seine Großmutter in Thessaloniki auftischte: Mit Fenchel, Kartoffeln und Weißwein gegarter Tintenfisch; Wildentenfilet mit getrockneten

„Notos": edle griechische Weine im Keller

Feigen und Granatapfelsaft; oder Schwertfisch mit Zitronen-Minz-Sauce und Fenchel-Lauch-*mousseline*. Ganz eindeutig ist Constantin aber längst im Norden angekommen und verknüpft geschmackssicher Länder und Traditionen. Etwa beim Risotto mit Tintenfisch, Languste und Nordsee-Muscheln; bei der mit Waldpilzen, Kastanien und Safran gefüllten Lammschulter; beim aufregenden Hasenfilet mit Perlzwiebeln, Heidekrautblüten, Orangenschale, die mit Ingwer, Kümmel und Paprika gewürzt sind. Auf der Weinkarte stehen die feinsten neuen Crus aus Griechenland. Freundlicher und effizienter Service.

Raconte-moi des salades [F]

OT Ixelles, Pl. du Châtelain 19
PLZ 1050   ■ B 2, S. 127
Tel. 0032/25 34 27 27, Fax 25 34 27 27
www.racontemoidessalades.com
So abend geschl.
Hauptgerichte € 11-25
MASTER VISA 🍸
Das Stammhaus liegt an der lauschigen Place du Châtelain mit ihrem lustigen Treiben. Inzwischen gibt es aber auch Dependancen in der Chaussée de Waterloo

(Nr. 599), zwischen Börse und Rue Dansaert (40, rue Auguste Orts) und im Universitätsviertel (Chaussée de Boondael 469 – dort bis 3 Uhr morgens geöffnet!). Auf der Speisenkarte stehen ausgefallene Salate, etwa mit Hühnerbrust, Kokosmilch, grünem Curry und Quinoa-*taboulé*, oder mit Ziegenkäse und Bergschinken gefüllte Champignons. Große Auswahl an frischen originellen Carpaccios, Tatars und Rühreigerichten. Dazu werden frische Landweine und belgische Biere serviert.

Rouge Tomate [F][F]

OT Ixelles, Avenue Louise 190
PLZ 1000   ■ B 2, S. 127
Tel. 0032/26 47 70 44, Fax 26 46 63 10
www.rougetomate.com
Sa mittag, So geschl.
Hauptgerichte € 21-35
AmEx DINERS MASTER VISA 🍸🌴
Ausgemacht trendy ist ein Patrizierpalais der Jahrhundertwende umgestylt worden. Helles Holz und Leder und futuristische Fotos zeichnen das elegante Interieur aus. Im Sommer lockt die schicke Gartenterrasse. Chefkoch Nicolas Rivière verführt mit kreativen frischen Gerichten. Perfekt gegrillte Jakobsmuscheln kommen auf kurz blanchierten, knackigen Karotten- und Zwiebelspänen, gekrönt werden sie von einem salzigen Algenchutney. Eine dicke Schnitte Kabeljau war mit Olivenöl, Knoblauch und Dill perfekt gedünstet. Leichte Desserts fast ohne Zucker, Gemüse-Frucht-Cocktails (etwa Fenchel, Erdbeere, Koriander) und beste Bioweine unterstreichen, dass Gesundheit großgeschrieben wird. Stilvoller, junger Service.

Seagrill [F][F][F][F]

Innenstadt, im Hotel Radisson SAS
Rue du Fossé-aux-Loups 47
PLZ 1000   ■ D 3, S. 128
Tel. 0032/22 17 92 25, Fax 227 34 30
www.seagrill.be
Sa, So geschl.
Hauptgerichte € 45-55
AmEx DINERS MASTER VISA 🍸🏠🍷

„Seagrill": Fisch und Meeresfrüchte stilsicher und einfallsreich zubereitet

Schier unerschöpflich sind der Einfallsreichtum und die Stilsicherheit von Yves Mattagne, wenn es um Fisch und Meeresfrüchte geht. Frisches Thunfisch-Carpaccio mit pikantem *wasabi*-Gelee, Entenbruststreifchen in Krokant und leicht bitterer Foie gras gehören zu seinen neuesten Kreationen. Der unter einer Nusskruste perfekt gegrillte Kabeljaurücken mit Kastanien und einer mit Trüffel und Petersilie abgeschmeckten Kastaniensuppe erhält zur Auflockerung der Beige- und Brauntöne einen Streifen Goldstaub quer über den Teller. Der Service ist tadellos (hier werden ganze Fische noch auf einem Servierwagen bei Tisch filetiert) und dennoch entspannt. Fürstliche Weinkarte mit wohltuenden Preisen. Der einzige Wermutstropfen: die relativ banalen Desserts, die ebenfalls auf einem Wagen anrollen.

Villa Lorraine F F F F

Bois de la Cambre, Avenue Vivier d'Oie 75
PLZ 1000   ■ B 3, S. 127
Tel. 0032/23 74 31 63, Fax 23 72 01 95
www.villalorraine.be
So, Mo geschl.
Hauptgerichte € 40–95
AmEx DINERS MASTER VISA @ M̌ 🏠 ⛱ ☂

Einfach Klasse hat das vitale Traditionshaus am Waldrand. Die dunkle Bar mit ihren schweren Ledermöbeln und die Salons für kleine Gesellschaften strahlen Clubatmosphäre aus, im großen Speisesaal mit feinsten Seidentapeten und Türen zum

Garten herrscht Ferienstimmung. Brüssels alter Adel und *old money* in Stadtkleidung haben inzwischen von lässig gekleideten Künstlern, Designern und Werbeleuten Gesellschaft bekommen. In der Küche vereinen Vater Freddy und Sohn Patrick Vandecasserie ihre Kräfte, ersterer mit dem Sinn für Perfektion, letzterer mit einem gehörigen Schuss kreativer Fantasie. Die Resultate schmeicheln den Geschmacksnerven: Hauchdünne Ravioli, mit Foie gras, Austern und Pfifferlingen gefüllt und in einer feinen Emulsion der Kochsäfte; auf einem Man-

„Villa Lorraine": ein Evergreen im Grünen

goldblatt gratinierter Munster-Käse mit Nusskrokant, Balsamicojus, getrockneter, aber saftiger Aprikose und Dattel; oder die frischen Orangenscheiben mit karamellisierten Schalenstreifen, Kiwi-Eis und Schokosplittern. Der Service ist perfekt und entspannt. Es macht Spaß zuzuschauen, wie Entrecote, Fasan oder Hasenrücken nach allen Regeln der Kunst filetiert werden. Die Weinkarte ist international, es gibt auch zahlreiche feine Crus in der Preisspanne von 20 bis 50 Euro.

Villa Natka `F``F`

OT Uccle, Chaussée de Waterloo 1020
PLZ 1180   ■ B 3, S. 127
Tel. 0032/23 74 93 63, Fax 23 72 37 31
www.villanatka.be
Sa mittag, So geschl.
Hauptgerichte € 20-48
`AmEx` 🍽 🏠 ⊤

Der Pariser Modeschöpfer Daniel Hechter hat die alte Villa in warmen Braun- und Rottönen angenehm gestylt. Atmosphäre ist hier wichtiger als Gastronomie, obwohl Roastbeef-Scheibchen mit Ingwer, grüner Paprika, Radieschen und frischem Koriander gut gelingen und das Arganöl-Eis im Mandelkekshörnchen auch. Die meisten Gerichte gibt es in kleinen Portionen, um ein lockeres Tapas-Menü zusammenzustellen. Stadtbekannt ist die Villa für rauschende Events und im Sommer für die Champagnerbar am Hollywood-Pool. Ausgesprochen nette Details: Der Jetset von morgen wird mit Kindermenüs herangezogen, die Preise sind erstaunlich redlich, und der Service ist überhaupt nicht versnobt. Ein Erfolgsrezept.

Vismet `F``F`

Innenstadt, Pl. Sainte-Cathérine 23
PLZ 1000   ■ C 3, S. 128
Tel. 0032/22 18 85 45, Fax 22 18 85 46
vismet@hotmail.com
So, Mo geschl.
Hauptgerichte € 17-29
`AmEx` `MASTER` `VISA` 🍽 ⊤

Etwas abseits der Touristenfallen am alten Fischmarkt liegt das hübsche Haus. Die gemütliche Einrichtung erinnert an den Speisesaal eines alten Postdampfers zwischen Ostende und Dover. In der offenen Küche bereitet Tom Dercroos täglich Fischgerichte aus fangfrischer Ware. Nicht umsonst ist er ein Kind der Küste und hat sein Fach bei Meister Yves Mattagne im „Sea Grill" gelernt. Das merkt der Gast an den perfekten Garzeiten und den ausgefalleneren Kombinationen. So dekoriert der Chef eine Knollensellerie-*mousseline* und Safran-Essig um gebratene Jakobsmuscheln. Der weniger „edle" Seehecht schmeckt köstlich dank einer würzigen Mischung von Anchovis, Oliven, Rosmarin und confiertem Knoblauch. Gegrillte Seezunge mit Chicorée-Mangold-Salat oder in Butter gebackene Scholle mit Fenchel-Anchovis-Gemüse bezeugen ebenfalls Kreativität und Gespür für Kontraste – ohne dabei zu übertreiben.

Viva M'Boma `F`

Innenstadt, Rue de Flandre 17
PLZ 1000   ■ B/C 3, S. 128
Tel. 0032/25 12 15 93, Fax 24 69 42 84
Mo abend, Di abend, Mi, So geschl.
Hauptgerichte € 10-27
`MASTER` `VISA` 🍽 ⊤

In der schmalen Rue de Flandre, einst volkstümlich, heute in Mode, eröffnet ein Restaurant nach dem anderen, die wenigsten halten sich. „Viva M'Boma", was so viel wie „Hoch lebe unsere Oma" bedeutet, hält sich seit Jahren. Großmutters beste Rezepte haben hier einen modernen Touch. So gibt es zur Terrine von Kalbsbries, Kastanien und grünen Pfefferkörnern einen mit bestem Olivenöl angemachten knackigen Rucola-Salat. Eine Kalbszunge wird mit Backpflaumen und Rosinen geschmort, ein leichtes Selleriepüree sorgt für kontrastreiche Frische. Die hier sehr dicken Fritten werden in Rindertalg frittiert. Schöne Weinauswahl zu sehr redlichen Preisen. Auch an typisch flämischen Gerichten wie *carbonnades* (Fleischeintopf), *stoemp* (Kartoffelstampf) oder *waterzooi* (Hühnereintopf) kann man sich laben – meist in großen Portionen. Die

Bedienung unter Leitung der Patronin Katia Ruebens ist freundlicher geworden und wie eh und je effizient. Für die warmen Tage gibt's eine lauschige Gartenterrasse.

Bars/Cafés

À la Mort Subite

Innenstadt, Rue Montagne-aux-Herbes Potagères 7
PLZ 1000   ■ D 3, S. 128
Tel. 0032/25 13 13 18, Fax 25 12 86 64
www.alamortsubite.com
tgl. 11-1 Uhr
MASTER VISA

„À la Mort Subite": Brüsseler Legende

Bürger und Studenten, Schauspieler und Touristen lieben dieses Traditionslokal „Zum plötzlichen Tod". Spezialität sind die hauseigenen Biere, die im Pajottenland vor den Toren der Hauptstadt handwerklich gebraut werden: Lambic mit der berühmten spontanen Gärung, Gueuze – fassgereiftes Lambic verschiedener Jahrgänge, mit einer weiteren Flaschengärung à la Champagner – und das mit Sauerkirschen vergorene Kriek. Ebenso beliebt sind die herzhaften Stullen vom Landbrot, belegt mit Quarkaufstrich, Bauernschinken oder pâté sowie die feinen Omelettes.

Bebo

Innenstadt, Av. de Stalingrad 2
PLZ 1000   ■ B 5, S. 129
Tel. 0032/25 14 71 11
tgl. 8-23 Uhr

Das sorgfältig renovierte, alte café du coin wäre nichts Besonderes, wenn es nicht gleich neben dem Gourmettempel „Comme chez Soi" läge und obendrein noch von Véronique Wynants, der jüngeren Tochter des Sternekochs, geführt würde. Unermüdlich betont die eigenwillige Dame, dass es keinerlei Bezug zu „denen nebenan" gibt. Die Gäste kommen, um ganz einfach Kaffee und Tee, Bier oder Wein zu trinken. Es gibt ein Frühstück (5 Euro), eine Tagessuppe (3,20 Euro), preiswerte Tagesgerichte (9 Euro), Tapas. Gemischtes Publikum von einfachen Leuten aus dem Viertel, eleganten Damen aus den Villenvororten, jungen Leuten, denen die Jazzmusik gefällt. Nette Terrasse unterm Glasdach, von der aus sich das bunte Treiben auf dem Boulevard und auf der Place Rouppe gut beobachten lässt.

Café Belga

OT Ixelles, Pl. Eugène Flagey Plein 18
PLZ 1050   südlich ■ E 6, S. 129
Tel. 0032/26 40 35 08, Fax 26 44 05 24
www.cafebelga.be
tgl. 8-3 Uhr

Geschafft! Nach langen Jahren ist die Place Flagey endlich neu – und schick – angelegt. „Café Belga" im traumhaften Art-déco-Bau des Alten Funkhauses lockt noch mehr Gäste. Sogar in der kalten Jahreszeit drängen sie sich drinnen und draußen. Brüsseler Studenten, Künstler und Berufstätige plaudern locker in vielen Sprachen. Insbesondere am Samstagvormittag, wenn auf dem Platz die Marktstände stehen, kommen viele zum entspannten Frühstück.

Chez Richard

OT Sablon, Rue des Minimes 2
PLZ 1000   ■ C 5, S. 129
Tel. 0032/25 12 14 06
Mo-Sa 7-3 Uhr, So 9-21 Uhr

Das kleine, gemütliche Lokal gehört zu den Lieblingstreffs von Antiquitätenhändlern, belgischen Diplomaten und Rechtsanwälten, die in der unmittelbaren Umgebung

arbeiten. Das Ur-Brüsseler Ambiente faszi-
niert auch Nicht-Belgier, die mühelos in
die lebhafte Konversation integriert werden.
Freitags und samstags herrscht ab 23 Uhr
Bombenstimmung. Dann wird bis zum
Morgengrauen getanzt und durchgefeiert.

Crystal Lounge

OT Ixelles, im Hotel Sofitel Le Louise
Av. de la Toison d'Or 40
PLZ 1050   ■ D 6, S. 129
Tel. 0032/25 49 61 44, Fax 25 02 80 85
www.crystallounge.be
tgl. 10–1 Uhr
AmEx DINERS MASTER VISA

Antoine Pinto, der inzwischen viele Restaurants aufregend gestylt und allein dadurch
schon besuchenswert gemacht hat, gelang
mit dieser Cocktailbar im Hotel „Sofitel
Louise" ein neues Meisterstück. Die sanft
geschwungene, lange Bar aus Alabaster ist
so hinreißend wie der drapierte, barocke
Kristallüster oder die abends dramatisch
leuchtenden Tischfüße. Chef-Barman David
François gehört zu den besten Cocktail-
mixern Europas. Unter anderem mit „Perfect
Louise" (Wodka, Bananencreme, Mango-,
Passionsfrucht- und Zitronensaft) und
„Sueno Azul" (Martini dry, Blue Curaçao,
Bananencreme) hat er begehrte Preise
gewonnen. Das freundliche Team serviert
aber auch zwei Dutzend Tee- und fast
ebenso viele Kaffeespezialitäten.

Délirium Cafe

Innenstadt, Impasse de la Fidélité 4 a
PLZ 1000   ■ C 3, S. 128
Tel. 0032/25 14 44 34, Fax 25 11 01 39
www.deliriumcafe.be
tgl. 10–4 Uhr
DINERS MASTER VISA

2004 verschiedene Biere stehen auf der
Karte – das hat der Patron von einem Notar
feststellen lassen, und damit ist das Café im
Touristenviertel Ilot sacré ins „Guinness
Book of Records" gekommen. Überdies gibt
es 500 Sorten Hochprozentiges, darunter
eine Vielzahl belgischer Genever (Wachol-
derschnaps). Dem Eigentümer gehört auch

die „Floris Bar" im Nachbarhaus. Sie lockt
mit sage und schreibe über 300 Absinth-
spezialitäten. Ganz neu in der Gasse ist
der „Floris Garden", der mit über 500
Rumsorten, über 200 Tequilas, 150 Cocktails und Karibik-Atmosphäre lockt. In
den Lokalen herrscht eine ausgelassene
Stimmung. Dazu trägt auch das kompetente
und sehr nette Personal bei.

L'Archiduc

Innenstadt, Rue Antoine Dansaert 6
PLZ 1000   ■ B 3, S. 128
Tel. 0032/25 12 06 52
www.archiduc.net
tgl. 16–5 Uhr
AmEx DINERS MASTER VISA

In der Art-déco-Bar, die heute noch genau
so aussieht wie zu Zeiten von Madame Alice
in den 1930er-Jahren, trafen sich früher
Börsenmakler und Sekretärinnen, bevor sie
ein diskretes Stundenhotel aufsuchten. In
den 1950er-Jahren wurde die Bar mit ihrer
zugleich theatralischen und diskreten
Galerie im ersten Stock ein Tempel des Jazz.
Unter anderen Nat King Cole und Alice Babs
traten hier auf und ließen sich zu neuen
Werken inspirieren, auch Jacques Brel kam
gern vorbei. Die Jazz-Atmosphäre ist geblieben, samstags und sonntags werden am
Spätnachmittag Livekonzerte geboten,
regelmäßig improvisieren auch (berühmte)
Gäste auf dem Flügel. Die Getränkekarte ist

„L'Archiduc": berühmte Bar mit Live-Jazz

klassisch, das Publikum stammt großenteils aus dem Designer- und Modeschöpferviertel der Rue Antoine Dansaert.

Le Cirio

Innenstadt, Rue de la Bourse 18
PLZ 1000 ■ C 3, S. 128
Tel. 0032/25 12 13 95, Fax 25 11 00 30
tgl. 10-1 Uhr

Das pompöse Haus der Belle Époque ist und bleibt eine Brüsseler Institution neben der Börse. Noch wird hier eine Spezialität der Hauptstadt serviert, das *half 'n half,* eine Mischung aus halb trockenem Schaumwein oder Champagner und halb vollmundigerem Weißwein wie Silvaner oder Chardonnay. Zum Publikum zählen noch die echten *madames belges,* die gut frisierten, üppig gepuderten älteren Damen, die sich die Augenbrauen auszupfen und dick schwarz nachziehen. Ansonsten sind die Gäste bunt gemischt – schließlich ist dies einer der wenigen Treffs ohne laute Musik und Lärm. Die Kellner und Kellnerinnen sind schlagfertiges Brüsseler Urgestein.

Quentin Pain et Vin

OT Ixelles, Rue du Page 9
PLZ 1050 ■ A/B 2, S. 127
Tel. 0032/25 37 85 97, Fax 25 38 12 19
www.quentinvins.com
Mo-Sa 12.30-22.30 Uhr

Das schmale Lokal mit ein paar Tischen vor der Tür ist ein Fixpunkt im Trendviertel um die Place du Châtelain. Quentin Jadoul hat nämlich eine feine Nase für gute Weine aus weniger bekannten Anbaugebieten. Zur Stärkung serviert er alles andere als banale Brötchen: etwa Brioche, belegt mit einem dünnen Hamburger mit frischen Kräutern, *pomodori sott'olio,* Rucola und Coppa-Chips, das ganze mit Comté gratiniert. Oder einen Toast mit Parmesan, Lavendelhonig und weißem Trüffel. Jeden Donnerstag gibt es eine Champagner-Bar mit vier Sorten – die *flûte* zum demokratischen Preis von 6,50 Euro – und viel Spektakel. Beschwingt

zieht die Jeunesse dorée anschließend in die nahe gelegenen Diskos.

Sounds

OT Ixelles, Rue de la Tulipe 28
PLZ 1050 ■ E 6, S. 129
Tel. 0032/25 12 92 50, Fax 25 03 23 82
www.soundsjazzclub.be
Mo-Sa 20-4 Uhr

Die nette Brasserie mitten im Studenten- und Künstlerviertel Ixelles war in früheren Zeiten ein *café concert,* eine Gaststätte mit kleiner Bühne für Live-Auftritte. Nach dem Krieg machten dort ein gewisser Jacques Brel und die Sängerin Barbara erste Singversuche. Seit 1986 gehört das Lokal zu den besten belgischen Jazzklubs. Sergio Duvalloni und Rosy Merlini haben ein feines Gespür für junge Talente, die hier eine Chance bekommen – und später regelmäßig wiederkommen. Alle Stile sind zu hören, vom Blues über Free zum Acid, dazu jede Menge Cross-over. Die Atmosphäre ist leicht intellektuell, die Getränkekarte klassisch, zur Stärkung werden einfache italienische Gerichte aufgetischt.

The Flat

OT Ixelles, Rue de la Reinette 12
PLZ 1000 ■ D 5, S. 129
Tel. 0032/25 02 74 34
www.theflat.be
Mi-Sa 18-2 Uhr
AmEx MASTER VISA

Das ungewöhnliche Konzept dieser Bar kommt blendend an, insbesondere bei jungen Leuten. Wie ein schickes Apparte-ment ist der erste Stock eines alten Bürger-hauses eingerichtet, auch die diskrete Beleuchtung wirkt anheimelnd. Die Gäste setzen sich, als seien sie bei Freunden zu Besuch. Nur in die Badewanne oder unter die Bettdecke darf man nicht. Kurios und populär ist auch das Börsenspiel: Bei täglich neu ausgewählten Getränken richtet sich der Preis nach der Nachfrage, je größer, desto teurer, bis zum „Crash". Zum Aperitif werden Tapas kostenlos gereicht.

Im Erdgeschoss befindet sich eine minimalistisch eingerichtete Bar mit Tanzfläche und DJs, die abwechslungsreiche Partymusik mixen.

The SolAr

Avenue Brugmann 52
PLZ 1190   ■ A 2, S. 127
Tel. 0032/487 52 32 05
www.thesolar.pt
Do, Sa 11-19 Uhr, Fr 11-24 Uhr,
So-Mi für Gruppen nach Vereinbarung
Die Weinbar im eindrucksvollen Kellergewölbe eines Stadtpalais ist auf die besten, neuen Gewächse aus verschiedenen Regionen Portugals spezialisiert – die auch noch ungemein erschwinglich sind. Dazu werden frische *petiscos*-Häppchen serviert. Elegante Einrichtung im Stil eines Country-Clubs und dazu ein zauberhafter Park.

Winery

OT St. Gilles, Pl. G. Brugmann 18
PLZ 1050   ■ A 2, S. 127
Tel. 0032/23 45 47 17, Fax 23 45 08 04
www.winery.be
Mo-Sa 11-20 Uhr
AmEx MASTER VISA
Die Weinbar ist betont cool gestylt, blaues Licht in der Abenddämmerung passt perfekt zur blauen Stunde. Entsprechend beliebt ist sie als Treffpunkt zum Aperitif. Kredenzt werden feine Gewächse interessanter europäischer Erzeuger wie des provenzalischen Château du Galoupet oder des Grafen Philippe de Nazelle aus der Umgebung von Toulouse. Dazu gibt es ausgewählte leckere Würste, Schinken und Käse, eine kräftige Gemüsesuppe oder aber ein Überraschungsgericht. Die Atmosphäre ist sehr kultiviert. Regelmäßig veranstaltet der Besitzer auch Weinkurse.

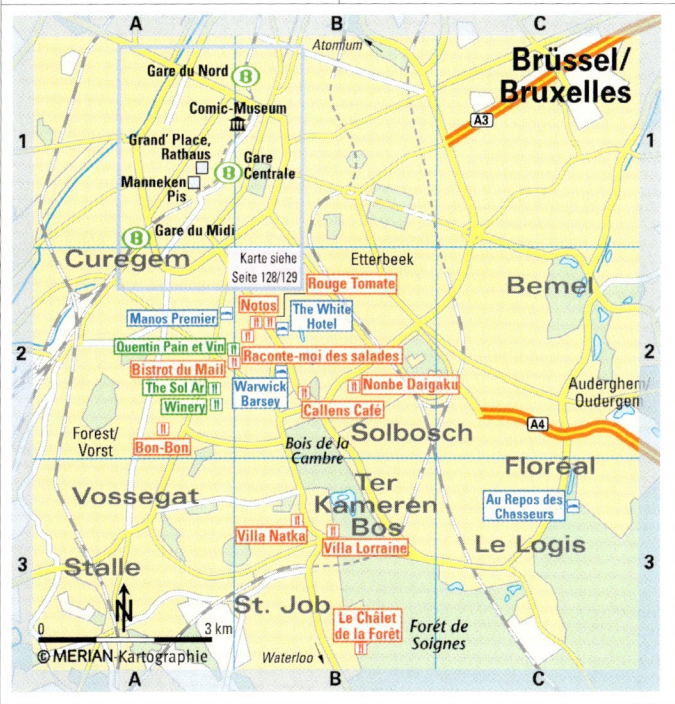

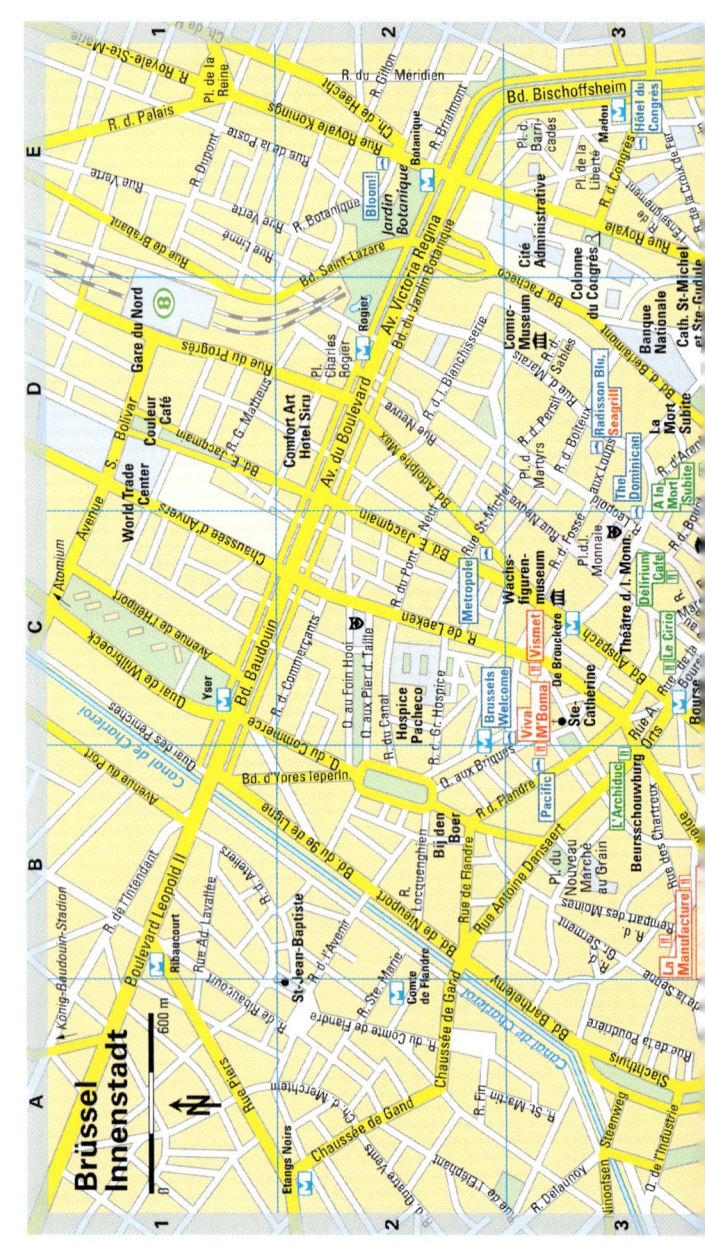

Brüssel
Innenstadt

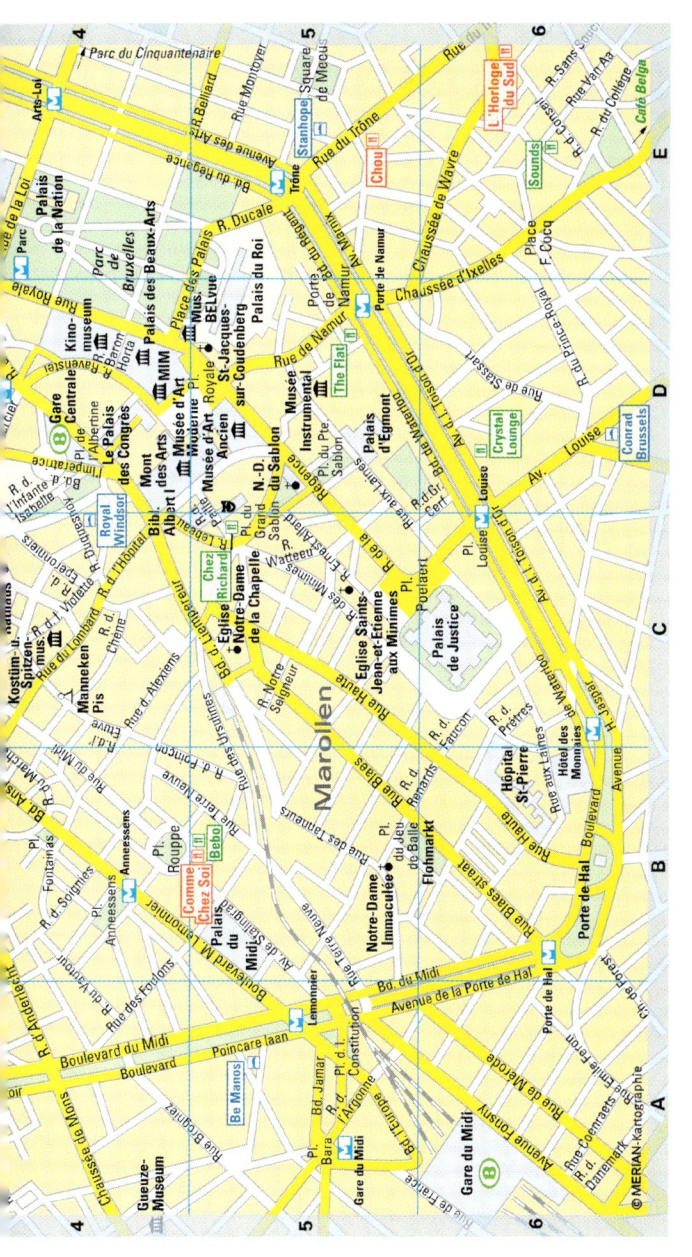

BUDAPEST

Ungarns Hauptstadt ist im 21. Jahrhundert angekommen. Designhotels mischen sich mit restaurierten Grandhotels; prächtige Kaffeehäuser sind auch coole Szenelokale. Die ungarische Küche lebt – in Wirtshäusern wie in schicken Gourmetrestaurants

Foto: GourmetPictureGuide.de

Hotels

art'otel Budapest ⓕⓕ ☐ ☐ ☐
1. Bezirk, Bem rakpart 16-19
PLZ 1011 ■ A 2, S. 139
Tel. 0036/1/487 94 87, Fax 487 94 88
www.artotel.hu
154 Zi., 11 Suiten, DZ ab € 119
AmEx EC MASTER VISA 🍸🏨🍹

Das „art'hotel" besteht aus vier restaurierten Barockhäusern, die im Jahr 2000 miteinander verbunden und durch einen Neubau am Donaukai ergänzt wurden. Auf der Budaer Seite gelegen, bietet es freie Sicht auf die Prunkbauten im Pester Stadtteil. An den Wänden hängen Gemälde aus der Kunstsammlung des New Yorker Künstlers Donald Sultan. Zur Auswahl stehen hofseitige Zimmer oder solche mit Donaublick.

Atrium Hotel ⓕⓕ ☐ ☐ ☐
1. Bezirk, Csokonai út 14
PLZ 1081 nordöstlich ■ C 4, S. 139
Tel. 0036/1/299 07 77, Fax 215 60 90
www.atriumhotelbudapest.com
57 Zi., DZ ab € 122
AmEx MASTER VISA 🍸

Das im März 2007 eröffneten „Atrium" gehört zur jungen Generation der Budapester Hotels: Es liegt in einem ehemaligen Wohnhaus; Lobby, Frühstücksraum und Bar gehen fließend ineinander über und profitieren vom Tageslicht, das über das Glasdach in den ehemaligen Innenhof fällt. Weiße Wände, helle Holzfußböden sowie Farbakzente in Flieder, Pistazie und Türkis sorgen für ein lockeres Ambiente.

Buda Castle Fashion Hotel ⓕⓕ ☐ ☐ ☐
1. Bezirk, Uri út 39
PLZ 1014 ■ A 3, S. 139
Tel. 0036/1/224 79 00, Fax 201 49 03
www.budacastlehotelbudapest.com
25 Zi., DZ ab € 89
AmEx DINERS MASTER VISA 🍸

Wer Ruhe und Abgeschiedenheit sucht, wird dieses 2008 in einem Renaissancehaus auf dem Burghügel neu eröffnete Hotel zu schätzen wissen. Lobby, Frühstücksraum und manche der Suiten haben Zugang zu einem kleinen Garten im Innenhof. Vier Kategorien stehen zur Auswahl – Suite, Twin, Duplex und Double – alles Nichtraucherzimmer und um einiges geräumiger als die Norm. Gratis W-Lan. Sehr freundlicher Service. Günstige Preise für Frühbucher.

Burg Hotel ⓕⓕ ☐ ☐ ☐
1. Bezirk, Szentháromság tér 7-8
PLZ 1014 ■ A 3, S. 139
Tel. 0036/1/212 02 69
Fax 212 39 70
www.burghotelbudapest.com
23 Zi., 1 Suite, 2 App., DZ ab € 99
AmEx EC MASTER VISA 🍸

Das Eckgebäude gegenüber der Matthiaskirche diente in den 1980er-Jahren Diplomaten als Gästehaus und wurde im Jahr 2000 zu einem Hotel umfunktioniert. Vor allem abends, wenn im Burgviertel die Touristenströme versiegen, lässt sich die Altstadt-Atmosphäre hier gut genießen. Das „Burg Hotel" hat keinen Lift und daher nur drei Sterne. Das Management spricht fließend Deutsch und ist auch sonst sehr zuvorkommend. Weitere Pluspunkte: kostenloses Parken am Burghügel, Internetzugang.

Corinthia Grand Hotel Royal ⓕⓕⓕ ☐ ☐
1. Bezirk, Erzsébet körút 43-49
PLZ 1073 nordöstlich ■ A 3, S. 139
Tel. 0036/1/479 40 00, Fax 479 43 33
www.corinthiahotels.com
414 Zi., 31 Suiten, 26 App., DZ ab € 225
AmEx DINERS MASTER VISA 🍸🏨🌊🍹

Das 1896 eröffnete Grand Hotel wurde vor zehn Jahren aus seinem Dornröschenschlaf erweckt. Die alte Pracht konnte aber kaum noch restauriert, nur nachgebaut werden. Heute ist es einladender denn je. Die modernen Zimmer in warmen Farben haben fürstlichen Komfort. Dazu kommen ein schöner Spa und ein vielfältiges Gastro-Angebot mit „Brasserie Royale" im Atrium, Bistro und Sushi-Bar. Sonntags Brunch.

„Four Seasons Gresham Palace": Übernachten als Erlebnis der gehobenen Art

Four Seasons
Gresham Palace F F F F

1. Bezirk, Roosevelt tér 5-6
PLZ 1051   ■ B 3, S. 139
Tel. 0036/1/268 60 00
Fax 268 50 00
www.fourseasons.com/budapest
162 Zi., 17 Suiten, DZ ab € 340
AmEx DINERS MASTER VISA ☕ 🏨 ⛲

Direkt an der Kettenbrücke über der Donau
glänzt diese gelungene Wiedergeburt eines
Jugendstil-Hotelpalasts. Prächtige Boden-
mosaiken und gläserne Kuppeln, kostbare
Fliesen, Stuck und Glasfenster, alles perfekt
restauriert. Durch das prunkvolle Treppenhaus erreicht man die Zimmer. Klare Linien
und Stoffe in warmen Erdfarben prägen
das Ambiente. Die Betten und Bäder sind
erstklassig; W-Lan ist auch vorhanden. Für
Wellness ist mit Pool, Sauna und Fitnessraum gesorgt. Zwei Restaurants mit ungari-
scher und italienischer Küche.

Kempinski Hotel
Corvinus Budapest F F F

8. Bezirk, Erzsébet tér 7-8
PLZ 1051   ■ B 3, S. 139
Tel. 0036/1/429 37 77, Fax 429 47 77
www.kempinski-budapest.com
335 Zi., 31 Suiten, DZ ab € 160
AmEx DINERS MASTER VISA ☕ 🏨 ⛲ ⛲

Das lichtdurchflutete Haus mit seinem
zeitlos-elegantem Interieur bildet in der
Budapester City eine Art Oase inmitten
urbaner Betriebsamkeit. Alles läuft wie am
Schnürchen. Was Service, Lage und Preis-
Leistungs-Verhältnis betrifft, kann sich das
erste ungarische Mitglied der Leading
Hotels of the World immer noch gut gegenüber der Konkurrenz behaupten. Bei den
Zimmern und Suiten hat man die Wahl
zwischen der Park- oder der noch ruhigeren

**„Kempinski Hotel Corvinus Budapest": In
der riesigen Lobby ist Platz für Diskretion**

Hofseite. Der Spa-, Fitness- und Poolbereich ist zwar nicht sehr groß, doch mit Blick nach draußen und allen üblichen Annehmlichkeiten. Leichte Küche nur aus frischen Produkten.

Lanchid 19 F F

1. Bezirk, Lanchid út 19-21
PLZ 1013 ■ A 3, S. 139
Tel. 0036/1/419 19 00, Fax 419 19 19
www.lanchid19hotel.hu
45 Zi., 3 Suiten, DZ ab € 191
AmEx MASTER VISA Ｙ🚗🛏

Wohl eine der schönsten Varianten von *„a room with a view"* bietet dieses zwischen Donau und Burg gelegene, neu gebaute Hotel. In den Zimmern sind die Betten etwas erhöht, sodass man tatsächlich im Liegen das Wasser, die Bäume und die Silhouette der Stadt am anderen Ufer sehen kann. Nachts erzeugt das Lichtkonzept an der Fassade einen leuchtend grünen Rahmen, in dem dann das Parlament auf der anderen Seite wie auf einer Ansichtskar-

te erscheint. Das 2007 fertig gestellte Haus gehört zu den Designhotels und hat dem Architekten Sugàr Pèter zahlreiche Auszeichnungen eingebracht, zuletzt den „European Hotel Design Award 2008". Die Zimmer im zeitgemäßen Look sind nicht groß, aber genau richtig dimensioniert.

Mamaison
Andrassy Hotel F F

1. Bezirk, Anrássy út 111
PLZ 1063 nordöstlich ■ C 2, S. 139
Tel. 0036/1/462 21 00, Fax 322 94 45
www.andrassyhotel.com
61 Zi., 7 Suiten, DZ ab € 124
AmEx DINERS MASTER VISA Ｙ🚗🛏

Das 1937 erbaute und 2007 renovierte Haus des Bauhaus-Architekten Alfréd Hajós hat das gewisse Etwas. Zurückhaltende Eleganz im Einklang mit Funktionalität. Hinzu kommt die Lage im grünen Botschaftsviertel am Ende der zum Unesco Weltkulturerbe gehörenden Andrássy utca. Alle Zimmer und Suiten haben Balkon,

manche auch Jacuzzi. Die weichen Teppichböden und gut aufeinander abgestimmten Farben schaffen ein angenehmes, fast privates Ambiente. Das schicke in Schwarz gehaltene Restaurant „Baraka" (siehe Restaurants) wird wegen seiner für Budapest seltenen *seafood*- und Fusion-Küche sehr geschätzt.

Restaurants

Baraka Restaurant & Lounge F F

1. Bezirk, im Hotel Mamaison Andrássy
Andrássy út 111
PLZ 1063   nordöstlich ■ C 2, S. 139
Tel. 0036/1/483 13 55
Fax 483 13 56
www.barakarestaurant.hu
kein Ruhetag, Hauptgerichte € 14-23

[AmEx] [MASTER] [VISA]

Das elegante Designrestaurant mit Lounge erinnert an die Schaufenster teurer Wohnboutiquen und bietet eine internationale, leicht asiatisch geprägte Küche an. Das Lachs-*tataki* in Kokosnuss-Kruste mit Passionsfrucht-Vinaigrette oder die Entenbrust mit fünf Gewürzen und indonesischem Klebreis und Zimtapfel schmecken so gut, wie sie aussehen. Ungarische Weine, aufmerksamer Service, entspannte Atmosphäre. Terrasse mit 50 Plätzen.

Bock Bisztro F

1. Bezirk, Erzsébet körút 43-49
PLZ 1073   nordöstlich ■ C 3, S. 139
Tel. 0036/1/321 03 40, Fax 321 03 40
www.bockbiszto.hu
So geschl.
Hauptgerichte € 10-20

[MASTER] [VISA]

Wer die deftige Traditionsküche des Landes sucht, wird hier fündig. Gleich neben dem „Corinthia Grand Hotel Royal" liegt das populäre Lokal. Es gibt Speck vom Mangalitzaschwein aus Salat, ein Gulasch von Rindsbacken, gebratenen „schwarzen Pudding" (Blutwurst) mit Erbsenpüree und hausgemachte Quarkstrudel. Gute Alternative: die Tapas. Die ungarischen Weine sind mit 300 Flaschen bestens vertreten.

Café Kör F F

8. Bezirk, Sas út 17
PLZ 1051   ■ B 3, S. 139
Tel. 0036/1/311 00 53, Fax 311 03 88
www.cafekor.com
So geschl.
Hauptgerichte € 4-14

Hier werden keine Experimente gemacht. Seit mehr als 13 Jahren schon steht dieses sympathische Bistro für klassische ungarische Küche. Unkomplizierte Gerichte wie das Krautfleisch vom Kalb, die mit Hack-

„Baraka Restaurant & Lounge": Touch of Asia

fleisch gefüllten Hortobágy-Palatschinken oder das Schmorgericht *letscho,* das mit pikanter Wurst zubereitet und mit Ei gebunden wird, erfreuen Geschäftsleute beim Lunch genauso wie hungrige Touristen. Eine besonders gute Hand hat man hier für Mehlspeisen: Die *szilvás gombóc* (Zwetschgenknödel) waren eine Sensation: Die Hülle aus lockerem Kartoffelteig, die Frucht nach Zimt duftend, die Brösel fein zermahlen. Großes Angebot an ungarischen Weinen, viele auch offen ausgeschenkt.

„Callas": Kaffeehaus der neueren Art

Callas [F]

1. Bezirk, Andrássy út 20
PLZ 1061   ■ C 3, S. 139
Tel. 0036/1/354 09 54, Fax 354 07 94
www.callascafe.hu
kein Ruhetag
Hauptgerichte € 9-25
[AmEx] [DINERS] [MASTER] [VISA] 🌴

Ein lebendiger Tribut an die Zeit, als Budapest die Stadt der großen Cafés war. Das Restaurant wurde vom Interior-Designer David Collins umgestaltet. Das Haus neben der Staatsoper pflegt eine internationale Bistroküche und serviert beliebte Leckerbissen wie Crème brûlée, ungarische Steaks und Schokoladen-Soufflé. Auch für Frühstück und Snacks geeignet. Ein Hauch von Nostalgie umweht das schicke Ambiente.

Csalogány 26 étterem [F][F]

1. Bezirk, Csalogány út 26
PLZ 1015   ■ A 2, S. 139
Tel. 0036/1/201 78 92
www.csalogany26.hu
So, Mo geschl.
Hauptgerichte € 9-17
[MASTER] [VISA] M 🌴

Petö Balász ist in Budapest kein Unbekannter. Vor zwei Jahren eröffnete er nun sein eigenes Lokal. Die Inneneinrichtung des „Csalogány" passt zur Küchenlinie des Chefs: Konzentration auf das Wesentliche, lebendige Farben, möglichst wenig Dekor. Die Tagesgerichte bereitet er frisch zu, gängige Gewürze ersetzt er durch aromatische Essenzen und -öle, diese bilden auch die Basis seiner Saucen. Die Entenleber *à la minute* gerät zart und innen rosig. Sehr aromatisch ist das kross gebratene Steak vom Mangalitza-Schwein, innen weich und gut marmoriert. Dazu statt Jus grasgrünes Schnittlauchöl, eine nicht sehr pikante rote Paprika-*velouté* sowie knackige grüne Bohnen, nur kurz blanchiert. Sehr angenehm das Preis-Leistungs-Verhältnis: drei Gänge für umgerechnet rund Euro 22.

Dió [F]

8. Bezirk, Sas út 4
PLZ 1051   ■ B 3, S. 139
Tel. 0036/1/328 03 60, Fax 328 03 61
www.diorestaurant.com
kein Ruhetag
Hauptgerichte € 10-19
[AmEx] [EC] [MASTER] [VISA] 🌴

Traditionelles ungarisches Design, mit modernen Elementen durchsetzt, prägen das Ambiente. Mut zum Risiko zeigen die Köche: Sie haben sich vorgenommen, Elemente der klassischen ungarischen Küche mit neuen Aromen und Gewürzen zu kombinieren. Hirse, Weizen und Ziegenfleisch treffen auf Safran, Koriander und Salbei. Das Brathendl mit Dörrtomaten, Apfel-Kastanien-Ragout und Hirse ist ein Beispiel für diesen Stil. Der Zwetschgenknödel liegt auf einem Bett von Mascarpone, gewürzt mit Zimt und Vanille, dazu eine

BUDAPEST

B

Sauce aus Rotwein und Mohn. Probieren geht über Studieren … Ungarische Weine, Sommerterrasse.

Dunapark [F][F][ ][ ][ ]
13. Bezirk, Pozsonyi út 38
PLZ 1137 ■ B 1, S. 139
Tel. 0036/1/786 10 09, Fax 787 41 58
www.dunaparkkavehaz.hu
kein Ruhetag
Hauptgerichte € 10-21
[AmEx] [DINERS] [MASTER] [VISA] ⛱

Vor zwei Jahren wieder eröffnetes elegantes Kaffee-Restaurant im originalen Art-déco-Stil, absolut sehenswert. Auch die Terrasse im Grünen und die Live-Piano-Musik (ab 16 Uhr) sind nach einem Spaziergang auf der Margareten-Insel einen Abstecher wert. Neben üppigen Torten und Petits Fours profiliert sich die Küche auch mit Crème brûlée von der Gänsestopfleber, gedämpftem *fogosch* (Zander) auf Zucchini-Lauch-Gemüse oder einem *à point* gebratenen Hirschsteak mit Pflaumenjus und Kartoffelpüree. Die Weinkarte bietet ungarische Spitzenweine. Desserts wie Schokoladensoufflé oder Mohn-*panna-cotta* mit Rotweinsauce ergänzen das Angebot aus der Tortenvitrine.

Gerlóczy Kávéház [F][ ][ ][ ][ ]
5. Bezirk, V. Gerlóczy út 1
PLZ 1052 ■ C 3/4, S. 139
Tel. 0036/1/501 40 00, Fax 501 40 01
www.gerloczy.hu
kein Ruhetag
Hauptgerichte € 10-19
[AmEx] [DINERS] [EC] [MASTER] ⛱ ⌂

Ein Bistro mit Pariser Flair, ein Lieblingslokal der *expats,* der Ausländergemeinde von Budapest. Hier kommt man am Samstagvormittag vorbei, um das frisch gebackene Brot zu kaufen oder um zu frühstücken. Eine eigene Rubrik auf der Karte listet Getränke und Gerichte mit Valrhona-Schokolade auf. Abends trifft man sich zu zweit oder mit Freunden, hört dem Harfe- bzw. Gitarrespieler zu und probiert die ungarischen Weine. Als Aperitif an der

Bar passte der 2006er Vörcsöki Furmint „Kerkaborum"aus der Balaton-Gegend vorzüglich. Mit Gerichten wie Jakobsmuscheln auf Chorizo-Bohnen-Gemüse oder Lammkeule in Honig-Minz-Sauce verfolgt das „Gerlóczy" eine mediterrane Linie. Im oberen Stockwerk werden Gästezimmer vermietet. Auch hier stimmen Ambiente und Preis-Leistungs-Verhältnis.

Gundel [F][F][ ][ ][ ]
1. Bezirk, Állatkerti út 2
PLZ 1146 nordöstlich ■ C 1, S. 139
Tel. 0036/1/468 40 40, Fax 363 19 17
www.gundel.hu
kein Ruhetag
Hauptgerichte € 21-38
[AmEx] [DINERS] [MASTER] [VISA] M ⛱ ⌂

Das einst als Künstlerlokal berühmte, hundertjährige Restaurant beeindruckt wieder mit Eleganz und Stil. Es weckt Erinnerungen an die Zeit um 1900. Im großen Speisesaal mit Stuckdecke und glänzenden Säulen lässt man sich ungarische Küchenklassiker wie *fogosch* à la „Gundel", die Palatschinken oder auch die am Stück geröstete Gänseleber mit neuen Kartoffeln schmecken. Es gibt sie auch als Pastete, mit Trüffeln und Tokaier zubereitet. Unverzichtbar: die süßen Crêpes nach Art des Hauses. Livemusik zum Diner. Große Sommerterrasse.

„Gundel": elegant speisen wie um 1900

„Menza": Die Bar war schon mal eine Autowerkstatt, die Loungemusik noch nie besser

Menza F

6. Bezirk, Liszt Ferenc tér 2
PLZ 1061   nordöstlich ■ C 3, S. 139
Tel. 0036/1/413 14 82
Fax 413 14 83
www.menza.co.hu
kein Ruhetag
Hauptgerichte € 5-14
AmEx DINERS MASTER VISA

Manche Lokale am Liszt Ferenc tér halten sich gerade mal ein halbes Jahr. Nicht so das nette „Menza" mit seinen Blumentapeten im Stil der Sixties. Es war früher einmal eine Autowerkstatt und bietet großzügige Räume auf zwei Ebenen. Durch die bis zum Boden verglasten Fenster lässt sich das bunte Treiben draußen gut beobachten, auf den gepolsterten Bänken sitzt es sich bequem, die jazzig-elektronische Loungemusik ist auch immer gut. Auf der Speisenkarte stehen ungarische und internationale Klassiker.

Spoon Café & Lounge F F

5. Bezirk, Vigadó tér 3
PLZ 1052   ■ B 3, S. 139
Tel. 0036/1/411 09 33, Fax 411 09 34
www.spooncafe.hu
kein Ruhetag
Hauptgerichte € 14-24
AmEx DINERS MASTER VISA ☂

Vom großen Vorbild – dem „Le Spoon" in der Pariser Rue de Marignan – abgeguckt ist die elegante, puristische Innenausstattung dieses am Donaukai vor Anker liegenden Kreuzfahrtschiffes. Schöner als im lauten Original in der Seine-Metropole ist der Blick aus den Fenstern von den beiden Restaurants und der Terrasse auf die spektakulär beleuchteten Donauufer. Neuer Anziehungspunkt zu später Stunde ist die „Oriental Bar" unter Deck, sie wird sowohl von den Budapester *beautiful people* als auch von den *expats,* den hier lebenden Ausländern, für ihr Cocktail-und Zigarrenangebot hoch geschätzt.

Tom & George F F

5. Bezirk, Október 6 út 8
PLZ 1054   ■ B 3, S. 139
Tel. 0036/1/266 35 25, Fax 267 07 43
www.tomgeorge.hu
kein Ruhetag
Hauptgerichte € 11-27
AmEx MASTER VISA ☂

Budapester Evergreen im Viertel nahe der St. Stephans-Basilika, Treffpunkt der Schönen und Erfolgreichen. Die viel gereisten Besitzer (Tomás & György) entwickeln immer wieder neue Ideen sowohl für das exzentrische Interieur als auch für die Karte. Aufsehenerregend wie das Design ist die

„Negro Café": Budapester Dolce Vita mit Blick auf die ehrwürdige St. Stephans-Basilika

Cross-over-Küche zu der das *chicken tikka masala* genauso gehört wie das Paprikahuhn mit Semmelknödel oder die Gänseleberterrine mit Walnüssen und Enten-*confit,* begleitet von Feigenchutney und Rettichsprossen. Kompetenter junger Service.

Bars/Cafés

A 38 Ship

OT Ujbuda, Pázmány Péter rakpart
PLZ 1507   südöstlich ■ C 5, S. 139
Tel. 0036/1/464 39 46
www.a38.hu
Mo-Sa 11-24 Uhr
AmEx DINERS MASTER VISA ☂

Das „A 38" war einmal ein Frachter, der unter ukrainischer Flagge Steine über die Donau schipperte. Seit 2003 ankert er auf der Budaer Seite nahe der Petöfi-Brücke und gehört zu den angesagten Clubs der Stadt, sehr beliebt bei den Budapester Kreativen. Für den Umbau verantwortlich zeichnet der Architekt László Váncza, der mit Zaha Hadid gemeinsam in Pest Szervita Platz ein Bürohaus plant, das viel von sich reden macht. Das „A 38" kann gut 400

Leute fassen. Sie verteilen sich auf mehrere Locations – den Saal für Livekonzerte, den Club, die Terrasse und die VIP-Bar. Das Alter der Gäste variiert je nach Programm. Großes Speiseangebot in Standardqualität.

Negro Café

1. Bezirk, Szent István tér 11
PLZ 1051   ■ B 3, S. 139
Tel. 0036/1/302 01 36
negro@t-online.hu
tgl. 8-2 Uhr
AmEx DINERS MASTER VISA ☂

Am Platz vor der imposanten St. Stephans-Basilika sitzt man im Freundeskreis bis spät in die Nacht und genießt. Im Inneren des Lokals steht ein DJ an den Plattentellern. Der Barkeeper gilt als größtes Cocktail-Mix-Talent der Stadt, er wird höchstens von seinem Kollegen im Hotel „Four Seasons" übertroffen. Die Auswahl an Drinks ist groß: 10 auf Basis von Champagner, 10 Digestifs, 10 Aperitifs, 10 auf Martini-Basis. An kühleren Tagen und im Winter blickt man durch die verglasten Fenstertüren auf die beeindruckende Szenerie, die an Fellinis „La Dolce Vita" erinnert.

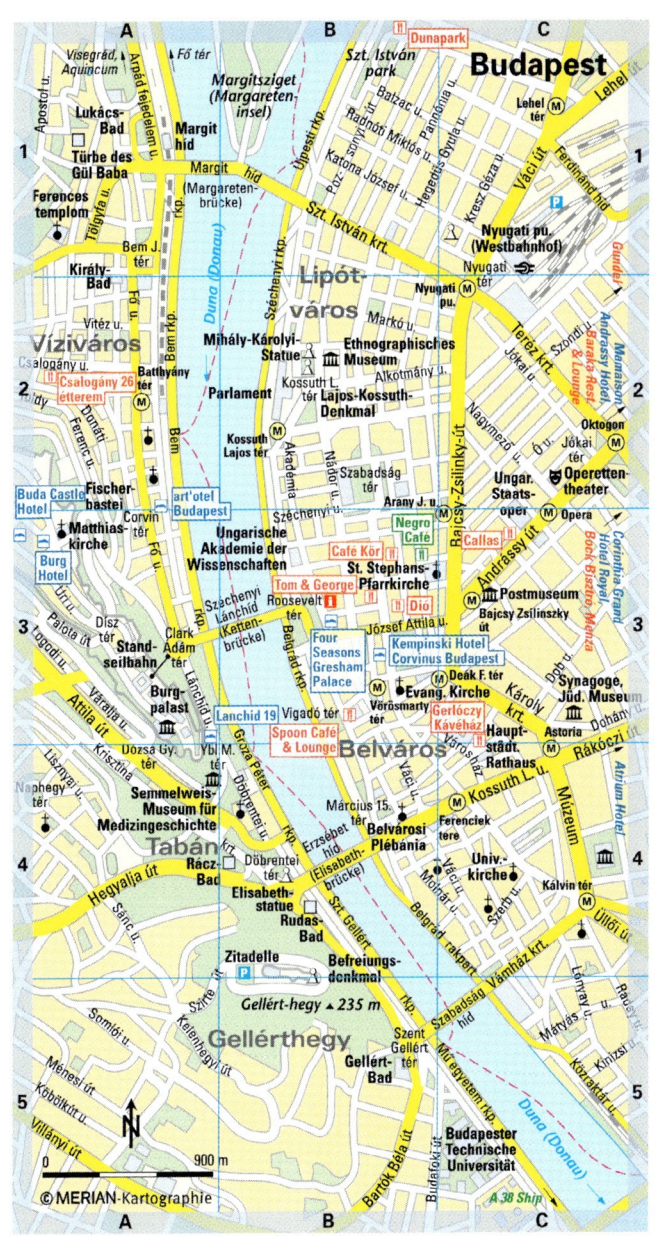

Budapest

Visegrád u. • Fő tér
Aquincum

Apostol u.
Lukács-
Bad
Türbe des
Gül Baba
Ferences
templom

Margit
híd

Árpád fejedelem u.

Margit-
sziget
(Margareten-
insel)

Szt. István
park
Dunapark

Batzac u.
Radnóti Miklós u.
Katona József u.

Pannónia u.
Hegedüs Gyula u.

Lehel
tér
Lehel

Kresz Géza u.

Váci út

Ferdinánd híd

Margit híd
(Margareten-
brücke)

Szt. István krt.

Nyugati pu.
(Westbahnhof)

Gyárdú

Bem J.
tér
Batthyány
Király-
Bad

Vitéz u.

Duna (Donau)

Lipót-
város

Nyugati
Nyugati pu.

Tölgyfa u.
Bem rkp.

Csalogány u.
Víziváros
Csalogány 26
étterem

Mihály-Károlyi-
Statue
Parlament

Markó u.
Ethnographisches
Museum

Alkotmány u.

Teréz krt.
Jókai u.

Szondi u.

Andrássy
Hotel
Bistro &
Lounge

Oktogon
Octogon

Bem
Dónáti u.
Ferenc u.

Kossuth
Lajos tér
Parlament

Kossuth L.
tér
Lajos-Kossuth-
Denkmal

Akadémia

Nádor u.
Szabadság
tér

Arany J. u.

Nagymező
Ó u.
Jókai
tér

Ungar.
Staats-
oper

Operetten-
theater

Fischer-
bastei
Matthias-
kirche
Burg
Hotel

Buda Castle
Hotel

art'otel
Budapest

Corvin
tér

Ungarische
Akademie der
Wissenschaften

Negro
Café
Café Kör
St. Stephans-
Pfarrkirche

Andrássy út

Opera

Callas

Postmuseum

Bajcsy Zsilinszky
út

Palota út
Logodi u.

Dísz
tér

Attila út
Várfok u.

Stand-
seilbahn

Burg-
palast

Clark
Ádám tér

Lánchíd

Széchenyi
Lánchíd
(Ketten-
brücke)

Tom & George
Roosevelt
tér
Dió

József Attila u.

Four
Seasons
Gresham
Palace

Belgrád rkp.

Kempinski Hotel
Corvinus Budapest

Deák F. tér
Evang. Kirche
Vörösmarty
tér

Synagoge,
Jüd. Museum

Dohány

Astoria

Károly krt.

Rákóczi

Lánchíd 19

Vigadó tér

Spoon Café
& Lounge

Belváros

Gerlóczy
Kávéház

Haupt-
städt.
Rathaus

Múzeum

Atrium Hotel

Dózsa Gy.
tér

Ybl M.
tér

Döbrentei u.

Gróza Péter

Erzsébet híd
(Elisabeth-
brücke)

Március 15.
tér

Belvárosi
Plébánia

Ferenciek
tere

Kossuth L. u.

Tabán

Krisztina

Lisznyai u.

Naphegy u.
tér

Semmelweis-
Museum für
Medizingeschichte

Döbrentei
tér

Elisabeth-
statue

Univ.-
kirche

Váci u.
Szerb u.

Kálvin tér

Üllői út

Szent Gellért rkp.

Hegyalja út

Sánc u.

Rácz-
Bad

Rudas-
Bad

Belgrád rakpart

Mohári u.

Zitadelle

Befreiungs-
denkmal

Gellért-hegy ▲ 235 m

Kelenhegyi út
Gellérthegy

Szent
Gellért
tér
Gellért-
Bad

Szabadság híd

Vámház krt.

Mátyás u.

Kinizsi u.

Raday u.

Lónyay u.

Ménesi út
Köböklút u.
Somlói u.
Villányi út

Szirte u.

Szabadság híd

Bartók Béla út

Budafoki út

Műegyetem rkp.

Budapester
Technische
Universität

Duna (Donau)

A 38 Ship

N

0   900 m

© MERIAN-Kartographie

BUKAREST

Moderne Hotels und pfiffige Bars nicht nur für Geschäftsleute, traditionelle
Restaurants und gemütliche Cafés: Rumäniens Hauptstadt bietet weit mehr als
nur monumentalen Zuckerbäckerstil aus diktatorischen Zeiten

Hotels

Amzei `F` `F` ☐ ☐

Sector 1, Str. Piata Amzei, Nr. 8
PLZ 010344   östlich ■ C 1, S. 149
Tel. 0040/021/313 94 00, Fax 313 94 94
www.hotelamzei.ro
22 Zi., DZ ab € 149
AmEx MASTER VISA ☸ ⚘
Wer subtilen Komfort in einer privaten
Atmosphäre mag, dem sei das Boutiquehotel „Amzei" empfohlen. Es liegt an
einer lebhaften Querstraße in der Nähe des
Prachtboulevards Calea Victoriei in einer
schneeweißen Villa aus dem Jahre 1912
und zeichnet sich besonders durch seinen
herzlichen Service aus. Die Zimmer sind
im klassisch-eleganten Stil eingerichtet, der
Frühstücksraum ist schlicht und pragmatisch, der Treppenaufgang mit Atrium
schlicht prachtvoll.

Athenée Palace Hilton `F` `F` `F` ☐

Sector 1, Str. Episcopiei, Nr. 1-3
PLZ 010292   ■ C 2, S. 149
Tel. 0040/021/303 37 77, Fax 315 21 21
www.hilton.de/bucharest
212 Zi., 60 Suiten, DZ ab € 226
AmEx DINERS MASTER VISA ☸ ⌂ ≈ ⚘
Während des Zweiten Weltkriegs war das
Hotel der Treffpunkt für Journalisten,
Politiker und Spione. Heute lockt das Haus
wegen seiner wunderschönen historischen
Räume und dem perfekten, sehr zuvor-
kommenden Service. Die Zimmer sind eher
schlicht, aber äußerst geschmackvoll.
Darüber hinaus bietet das „Hilton" einen
Schönheits-Salon, einen Fitnessclub mit
geheiztem Pool, ein Casino und vier Restaurants (sehr schöne Brasserie!). Tipp: Abends
auf einen *night cap* in die „English Bar",
nicht nur wegen der 40 Whiskysorten,
sondern auch, um den Pioniergeist zu
schnuppern, der dem Raum anhaftet.

Carol Parc Hotel `F` `F` `F` `F` ☐

Sector 4, Aleea Suter, Nr. 23-25
PLZ 040547   ■ B 5, S. 149
Tel. 0040/021/336 33 77, Fax 336 37 36

www.carolparchotel.ro
13 Zi., 4 Suiten, DZ ab € 195
AmEx EC MASTER VISA ☸ ⌂ ⚘
Es ist das luxuriöseste Boutiquehotel
Bukarests: Jedes der geräumigen Zimmer
(inklusive der fast königlich anmutenden
Badezimmer) wurde von italienischen
Designern individuell gestylt und mit der
neusten Technik ausgestattet. Im „Piano
Club" lockt ein Kamin, neben dem „Arcade
Dining Room" steht eine weiße Stretch-
limousine, die für den Transfer der Gäste
reserviert ist. Das „Carol Parc" liegt in
einem sehr ruhigen, hübschen Quartier im
ehemaligen Palast des deutschen Architekten Suter. Trotz allem neuen Luxus herrscht
eine unaufdringlich-intime Atmosphäre,
was auch an seinen Angestellten liegen
mag, die jeden Gast mit würdevoller Herz-
lichkeit willkommen heißen.

Luxuriöses Boutiquehotel: „Carol Parc"

Casa Capsa █F█F█ ▢ ▢

Sector 1, Calea Victoriei, Nr. 29
PLZ 010061   ■ B 2, S. 149
Tel. 0040/021/313 40 38
Fax 313 59 99
www.capsa.ro
49 Zi., 10 Suiten, 1 App., DZ ab € 125
AmEx | EC | MASTER | VISA ♉ ♧

Das Haus wurde 1886 unter französischem
Management eröffnet und war lange Zeit
Treffpunkt der rumänischen High Society
und der Intellektuellen. Der Charme jener
Zeiten ist trotz Renovierungen erhalten
geblieben: Alle drei Stockwerke sind mit
antiken Leuchtern und Polstermöbeln im
Louis-XIV-Stil versehen, mit Marmor aus-
gelegte Atrien schaffen stimmungsvolle
Lichtinseln, und jedes Zimmer wartet mit
schweren ockerfarbenen Vorhängen und
Himmelbetten auf. Das Haus ist besonders
gebucht für Kongresse, Symposien und
private Feste, die sich in einem der vier
Salons organisieren lassen. Das Personal
ist galant und hilfsbereit, auch wenn
die Verständigung auf Englisch zuweilen
nicht reibungslos funktioniert.

Howard Johnson Grand Plaza █F█F█F█ ▢

Sector 1, Calea Dorobantilor, Nr. 5-7
PLZ 010551   nordwestlich ■ A 1, S. 149
Tel. 0040/021/201 50 00
Fax 201 18 88
www.hojoplaza.ro
268 Zi., 17 Suiten, DZ ab € 224
AmEx | DINERS | MASTER | VISA ♉ ♧

Ein gigantisches Hotel mitten im Business-
und Diplomatenviertel, ein exquisiter, wenn
auch steril wirkender Dreh- und Angelpunkt
für Geschäftsleute: Zimmer und Suiten verfügen über High-Speed-Internetanschlüsse
und sind im minimalistischen Zen-Chic
eingerichtet. Fitnessclub. Die Rezeptionis-
tinnen haben den kompetenten Charme
hervorragend ausgebildeter *flight atten-
dants*, und die Köche des japanischen
Restaurants „Benihana", des „Avalons"
und des „Fusion Brunch" sorgen für eine
Kulinarik, die weit über die Hotelgrenzen
hinaus bekannt ist. Immerhin ist das
„Fusion Brunch" das erste Lokal Bukarests,
in dem man einen euro-asiatischen Brunch
genießen kann.

InterContinental █F█F█F█ ▢

Sector 1, Nicolae Balcescu B-dul, Nr. 4
PLZ 010051   ■ C 3, S. 149
Tel. 0040/021/310 20 20, Fax 312 04 86
www.intercontinental.com
262 Zi., 21 Suiten, DZ ab € 190
AmEx | DINERS | MASTER | VISA ♉ ♘ ≈ ♧

Das Haus hat zwar eine leicht verblasste
Aura, ist aber trotz allem noch ein touristi-
scher Magnet. Es gilt als das höchste Hotel
der Stadt, was es an sich zur Attraktion
macht. Die Aussicht aus den großzügigen
(und eher schwerfällig-eleganten) Zimmern
ist atemberaubend, geradezu spektakulär

Farbenfroher Empfang für die Gäste:

ist sie aber vom 22. Stock aus, wo sich auch das (24 Stunden geöffnete) Fitnesscenter befindet. Man sitzt im Jacuzzi, dreht ein paar Runden im Pool oder entspannt sich auf der Terrasse und blickt dabei auf die Metropole herab, die sich endlos auszubreiten scheint.

JW Marriott Grand Hotel ████

Sector 5, Calea 13. Septembrie, Nr. 90
PLZ 050726   ■ A 4, S. 149
Tel. 0040/021/403 00 00, Fax 403 00 01
www.jwmarriott.ro
379 Zi., 23 Suiten, DZ ab € 247
AmEx DINERS MASTER VISA ♉ 🚗 🏊 🍸

Gilt als die ganz große, edle Dame von Bukarest. Das prunkvolle Gebäude ist im selben Stil erbaut wie der Parlamentspalast und hätte als Hauptquartier der Feuerwehr

„K+K Hotel Elisabeta" mitten in Bukarest

dienen sollen. Heute nächtigen hier Touristen aus aller Welt: Die Standardzimmer sind mittelgroß, ganz in Moosgrün und Beige gehalten, die Accessoires in den Badezimmern sind aus rumänischer Keramik. Zum Wohl der Gäste gibt es sechs Restaurants (siehe Restaurant „Yakimono"), ein Fitnesscenter mit Pool, Sauna und Squash und eine Shoppingpassage. Breite, geschwungene Marmortreppen führen zur ersten Etage hoch, wo nachmittags ein köstliches Dessertbuffet wartet. Die Hotel-Atmosphäre wirkt hell und freundlich, die Stimmung dank des motivierten und unprätentiösen Personals weder steif noch behäbig.

K+K Hotel Elisabeta ██

Sector 1, Str. Slanic, Nr., 26
PLZ 030242   ■ C 3, S. 149
Tel. 0040/021/302 92 80, Fax 311 86 32
www.kkhotels.com
59 Zi., 8 Suiten, DZ ab € 129
AmEx DINERS EC MASTER VISA ♉ 🍸

Das Hotel der „K+K"-Kette, die auch Hotels in Wien, Budapest, Prag und München führt, liegt zentral und bietet mit seine eher designten Architektur ein angenehmes Flair. Komfortzimmer und Bar-Bistro.

Novotel City Centre ██

Sector 1, Calea Victoriei, Nr. 37 b
PLZ 010061   ■ C 2, S. 149
Tel. 0040/021/308 85 00, Fax 308 85 01
www.novotel.com
242 Zi., 16 Suiten, DZ ab € 160
AmEx DINERS MASTER VISA ♉ 🚗 🏊

Das erste „Novotel" Rumäniens gibt sich für ein Businesshotel spektakulär: In seiner gläsernen Fassade spiegeln sich die Gebäude des Victoriei Boulevards, daran angebaut ist die rekonstruierte Front des ehemaligen Nationaltheaters, die auch als Hoteleingang dient. Innen ist das Haus so pragmatisch wie elegant: In der Lobby stehen knallrote, muschelförmige Sofas, in der Hotelbar fuchsiafarbene Sessel, das „Cafe Theatro Restaurant" wirkt mit seinen klaren, schlichten Linien wie ein Szenelokal und

Gilt als Prestigeobjekt unter den großen Luxushotels in Osteuropa: „Radisson Blu"

setzt vornehmlich auf Frischeprodukte. Das Hotel verfügt über großzügige Zimmer und einen hübschen Wellnessbereich mit Pool. Geduldiges Personal – selbst bei größeren Turbulenzen.

Radisson Blu ████

Sector 1, Calea Victoriei, Nr. 63-81
PLZ 010065   ■ B 2, S. 149
Tel. 0040/021/311 90 00, Fax 313 90 00
www.radissonblu.com/hotel-bucharest
385 Zi., 39 Suiten, 1 App., DZ ab € 200
AmEx DINERS MASTER VISA

Es hat viele Zimmer und Suiten, 12 Konferenzsäle, vier Restaurants, drei Bars, eine sehr gepflegte Poolanlage mit Jacuzzi im Garten, einen großen Pool im Fitnesscenter, einen kleinen, feinen „Bali Spa": Das neu eröffnete „Radisson Blu" ist das größte Luxushotel Osteuropas. Viel Gigantismus, doch strahlt das Hotel Anmut und Eleganz aus. Dies liegt an seinem raffinierten und funktionalen Design, am außergewöhnlich freundlichen und kompetenten Personal, und nicht zuletzt an der Qualität der Speisen. Köstlichkeiten am Frühstücksbuffet im „Dacia Felix", Brot direkt vom hauseigenen Bäcker. (Siehe Restaurant „Prime Steaks and Seafood" und „Blå Lounge Bar".)

Rembrandt Hotel ██

Sector 3, Str. Smardan, Nr. 11
PLZ 030071   ■ C 3, S. 149
Tel. 0040/021/313 93 15
Fax 313 93 16
www.rembrandt.ro
16 Zi., DZ ab € 102
EC MASTER VISA

Dieses kleine Designhotel liegt mitten im Leipziger Viertel und reiht sich von außen so nahtlos in die Front der Altstadtfassaden ein, dass man es übersieht, wenn man nicht danach sucht. Innen ist es exquisit: Auf allen Böden liegt wunderschönes, glänzendes Parkett, die Zimmer sind im reduzierten Landhausstil eingerichtet, das hoteleigene Restaurant im ersten Stock ist Bistro, Bar und Frühstücksraum in einem, an den Wänden hängen Originalfotografien

rumänischer Künstler. Ach ja: Der Willkommensgruß ist so herzlich, dass man sich sofort heimisch fühlt.

Restaurants

Balthazar ██

Sector 2, Str. Dumbrava Rosie, Nr. 2
PLZ 020463   ■ C 2, S. 149
Tel. 0040/021/212 14 60
Fax 212 14 61
www.balthazar.ro
kein Ruhetag
Hauptgerichte € 13-20
EC MASTER VISA

Mauvefarbene Wände, in den Ecken Bäumchen, an deren Ästen Zettelchen mit Zitaten zum Thema Sex hängen, dazu französischasiatische Küche: Das von der rumänischen Modedesignerin Venera Arapu eingerichtete Restaurant gehört zu den innovativsten Szenelokalen Bukarests. Die sinnlichorientalische Atmosphäre verleitet ebenso zum Genuss wie die Verheißungen auf der Menükarte. Nach dem Lachstatar mit Trüffel und Blutorangen und dem Thunfischsteak mit mariniertem Ananascarpaccio zu Fenchel- und Bambussalat, beides sehr aufmerksam und liebevoll serviert, ist klar: Wir kommen wieder.

Caru'cu bere ██

Sector 3, Stavropoleos, Nr. 5
PLZ 023971   ■ C 3/4, S. 149
Tel. 0040/021/313 75 60
www.carucubere.ro
kein Ruhetag
Hauptgerichte € 5-20
EC MASTER VISA

Ein Besuch im „Caru'cu bere" sollte bei jedem Bukarest-Reisenden auf dem Pflichtprogramm stehen, denn allein schon die Atmosphäre im Lokal ist einen Besuch wert: Man sitzt in lautem Stimmengewirr (und leider auch in waberndem Zigarettenrauch) an dunklen Holztischen unter dem gigantischen neugotischen Gewölbe, und in der Mitte des Raums steht die wunderschöne Theke, deren Zapfhähne daran erinnern, dass im „Caru'cu bere" seit bald 130 Jahren dem Bier gehuldigt wird. Man sollte das angenehm milde „Caru'cu bere" *draught* probieren und sich an eines der rustikalen Gerichte wagen. Empfehlenswert ist etwa die kalte Fleischplatte, danach in Kohl gewickelte Hackfleischrollen mit Polenta und Sourcream, serviert mit Chilischoten und hausgemachtem Fladenbrot. Übrigens, ein Abstecher lohnt sich auch für Biermuffel und Vegetarier: Die Karte offenbart eine attraktive Weinliste und eine nette Auswahl an Salaten.

Casa Doina La Sosea F☐☐☐☐

Sector 1, Sos. Kiseleff, Nr. 4
PLZ 011345   nördlich ■ A 1, S. 149
Tel. 0040/021/222 67 17, Fax 222 67 18
www.casadoina.ro
kein Ruhetag
Hauptgerichte € 6-24

[AmEx] [DINERS] [MASTER] [VISA] M ⍟

Wer gerne neben Fernsehstars und Politikern diniert, darf sich das „Casa Doina" nicht entgehen lassen. Das Lokal wurde Ende des 19. Jahrhunderts von Ion Mincu, dem Begründer der Rumänischen Architekturschule, als Villa erbaut und verfügt über schöne dunkle, mit Ornamenten verzierte Holzdecken, einen parkähnlichen Garten, Hacienda-ähnliche Terrassen und ein atmosphärisches Kellergewölbe. Serviert werden internationale, aber auch rumänische Gerichte, wie etwa Gemüsesuppe mit Fleischklößchen und Chili oder Schweinesteak in Kümmel-Senf-Sauce. Das Essen ist schmackhaft, wenn auch nicht überwältigend, das Personal eher pragmatisch-herb. Einziger Wermutstropfen: die viel zu laute Lounge-Musik.

La Mama F☐☐☐☐

Sector 1, Episcopiei, Nr. 9
PLZ 010292   ■ C 2, S. 149
Tel. 0040/021/312 97 97
www.lamama.ro
kein Ruhetag
Hauptgerichte € 6-11

[MASTER] [VISA] M ⍟

Ganz in Lila, mit imposanten Lüstern:

Das Restaurant gehört zu einer Kette von sieben Filialen, die besonders von der Bukarester Mittelschicht besucht werden. Es bietet solide rumänische Speisen, die, wie der Name andeutet, von Mutters Küche inspiriert sind. Das Essen ist solide, das Preis-Leistungs-Verhältnis attraktiv (große Portionen). Sehr hübsch ist vor allem die „La Mama"-Filiale an der Episcopiei 9 hinter dem Athenäum: Das Lokal hat eine laubverhangene Terrasse und eine große Anzahl Tische für Nichtraucher.

La Mandragora F F☐☐☐

Sector 1, Mendeleev, Nr. 29
PLZ 010362   ■ C 4, S. 149
Tel. 0040/021/319 75 92
Fax 319 75 92
octavian@mandragora.ro
nur Abendessen, So geschl.
Hauptgerichte € 9-24

[EC] [MASTER] [VISA] ⍟

das beliebte „La Mandragora"

Die Fusion-Cuisine hat in Bukarest Hochkonjunktur, ein hippe kulinarische Anlaufstelle liegt an der Mendeleev-Straße. Das Lokal ist ganz in Glitter, Gold und Lila gehalten (der Nichtraucherraum hingegen ist leider sehr viel nüchterner), zu essen gibt's wunderbare Kreationen des deutschen Küchenchefs Paul Peter Kopij (wie etwa die Entenbrust an Gingerale). Sehr erfreulich ist auch der rasche und freundliche Service, der einen schließlich dazu einlädt, den Abend in der hauseigenen Lounge abzurunden.

Prime Steaks and Seafood **F F F**

Sector 1, im Hotel Radisson Blu
Calea Victoriei, Nr. 63-81
PLZ 010065 ■ B 2, S. 149
Tel. 0040/021/311 90 00, Fax 313 90 00
www.radissonblu.com/hotel-bucharest
Sa mittag, So mittag geschl.

Hauptgerichte € 18-55

[AmEx] [DINERS] [MASTER] [VISA]

Das Steakhouse des „Radisson Blu" hat es sich zum Ziel gesetzt, das beste Restaurant Rumäniens zu werden. Das Personal ist hervorragend ausgebildet und ungemein freundlich, das Design bahnbrechend (besonders cool: die knallrote Küche), das Essen beeindruckend. Zum Auftakt werden gegrillte Gemüse mit Saucen serviert (allein die Fetasauce ist ein Erlebnis). Danach gilt es, sich zwischen *seafood grills* oder *beef* zu entscheiden. Bekennt man sich zum Fleisch, ist das Black Angus Beef der Höhepunkt: Es ist perfekt gebraten, saftig und dennoch knusprig; dazu gibt's Lavendel-, Kakao-Chili-, oder Fenchelsalz und Senfsorten. Den Wein kann man sich im begehbaren, gläsernen Weinkeller aussuchen.

Yakimono **F F**

Sector 5, im JW Marriott Grand Hotel
Calea 13. Septembrie, Nr. 90
PLZ 050726 ■ A 4, S. 149
Tel. 0040/021/403 46 80, Fax 403 00 00
george@yakimono-restaurants.com
kein Ruhetag
Hauptgerichte € 15-32

[AmEx] [MASTER] [VISA]

CEOs, Manager, *expats* und Connaisseure dinieren seit Neuestem im „Yakimono", einem edlen japanischen Restaurant mit hervorragenden Sushi und Sashimi. Es liegt, passend zur Klientel, in den marmornen Shopping-Arkaden des „JW Marriott Grand Hotels" und präsentiert sich mit luxuriösminimalistischem Design und einer beachtlichen Weinliste.

Bars/Cafés

Blå Lounge Bar

Sector 1, im Hotel Radisson Blu
Calea Victoriei, Nr. 63-81
PLZ 010065 ■ B 2, S. 149
Tel. 0040/021/311 90 00, Fax 313 90 00
www.radissonblu.com/hotel-bucharest
Mo-Sa 9-24 Uhr

[AmEx] [DINERS] [MASTER] [VISA]

„Blå" bedeutet „Blau" auf Schwedisch und ist als Assoziation zum „Radisson" gedacht, in dessen Hallen sie zu finden ist. Und die Bar ist denn auch so cool wie ihr Name: Die rund 15 Meter lange Theke sieht aus wie ein Eisberg, ist blau beleuchtet und von einem mit Glas bedeckten Wasserlauf umgeben. Die Getränkekarte lässt keine Wünsche offen, bietet nebst allen gängigen internationalen Drinks auch eine schöne Auswahl an skandinavischen Aquavits, selbst die alkoholfreien Drinks sind überraschend originell – oder schon mal einen Apfelmojito probiert?

Chocolat

Sector 3, Calea Victoriei, Nr. 12 a
PLZ 010094 ■ B 2, S. 149
Tel. 0040/021/314 92 45
www.chocolat.com.ro
tgl. 9–23 Uhr
MASTER VISA

Das Café ist ein wunderbarer Ort, um sich von Stadtwanderungen zu erholen. Im „Chocolat" gibt es die wohl beste Patissiere der Stadt, die Kleinode sind wunderbar sortiert, von der Praline bis zum Torten-stück. Ausgewählt wird an der Theke (wo man auch Brot kaufen kann), gegessen an urgemütlichen grob gezimmerten kleinen Holztischen. Besonders betörend sind die etwas anderen „Schwarzwälder"-Törtchen: Schlagsahne auf Schokolade-Mousse-Bisquit, das Ganze in edelste schwarze Schokolade getaucht. Da gilt nur eines: Nimm zwei!

Grand Café Galleron

Sector 1, Str. Nicolae Golescu, Nr. 18 a
PLZ 010285 ■ C 2, S. 149
Tel. 0040/021/312 45 65
Fax 312 45 71
www.grandcafegalleron.ro
tgl. 9–24 Uhr
MASTER VISA

Das Café liegt unmittelbar hinter dem Konzerthaus Athenäum und befindet sich in den Räumen einer traditionellen rumäni-schen Villa, die mit ihren schweren Leuch-

tern und Marmorsäulen noch immer einen Hauch melancholischer Eleganz verströmt. Das Entree besticht mit seiner prachtvollen Bar, die angrenzenden nischenartigen Zimmer sind mit „Library" oder „Orange-rie" bezeichnet und entsprechend einge-richtet. Hier trifft man sich zum Frühstück, Lunch oder Feierabenddrink. Housemusik verbreitet Partystimmung – unabhängig von der Tageszeit. Wer Ruhe will, sucht sich deshalb lieber einen Platz im Garten.

Kristal Glam Club

Sector 2, J. S. Bach, Nr. 2
PLZ 020204 nördlich ■ B 2, S. 149
Tel. 0040/021/231 21 36, Fax 231 21 36
www.clubkristal.ro
Fr, Sa 22–5 Uhr

Fragt man einen Bukarester Partygänger, wo man so richtig tanzen kann, nennt er schnell den „Kristal Glam Club". Hier legen auch internationale DJs auf, denn der Club steht seit drei Jahren ganz oben auf der Beliebtheitsskala, was in der heutigen schnelllebigen Zeit beachtlich ist. Der Tanzpalast ist in einem ehemaligen Kino untergebracht, sehr atmosphärisch mit Leuchtern und großzügigen Lichtanlagen ausgestattet.

Market 8

Sector 3, Str. Stavropoleos, Nr. 8
PLZ 023971 ■ C 4, S. 149
Tel. 0040/021/313 41 67, Fax 313 41 68
www.market8.ro
Mo–Sa 9–24 Uhr, So 11–24 Uhr
MASTER VISA

Zürich, Berlin, Stockholm oder Paris könnten Bukarest um dieses Café beneiden: Das „Market 8" offeriert frische Lunchmenüs und französische Patisserie im besten Boudoir-Ambiente: Lila Wände, barocke Spiegel, freche Lampen und noch frechere Sessel, draußen lockt eine große Terrasse, alles ist untermalt mit der neuesten Lounge-musik. Zum Café gehört eine avantgardis-tische Möbelausstellung (im oberen Stock), die überaus inspirierend wirkt.

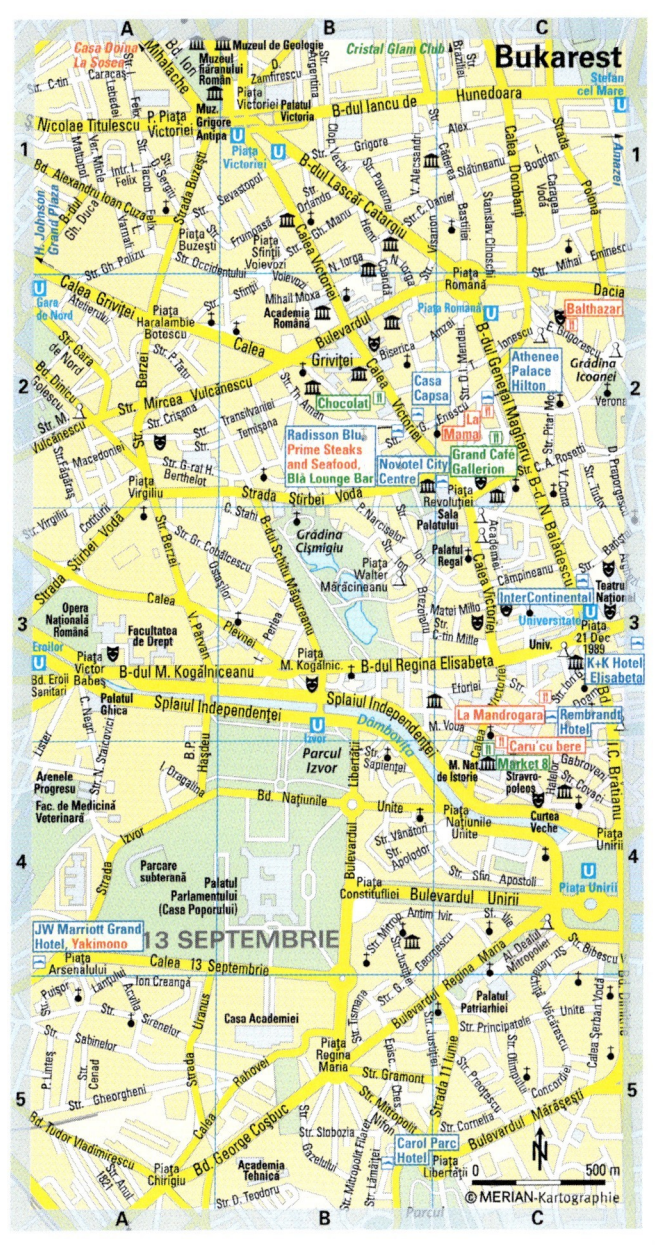

DUBLIN

In der irischen Hauptstadt wird die Beständigkeit gepflegt. Guinness gibt es seit 250 Jahren, in Hotels erlebt die Historie eine prachtvolle Renaissance. Doch die Moderne hat längst Einzug gehalten: In den Docklands ist ein neues Viertel mit schicken Weinbars entstanden

Hotels

Dylan F F F

OT Center, Eastmoreland Place
PLZ D 4   südöstlich ■ F 5, S. 161
Tel. 00353/1/660 30 00, Fax 660 30 05
www.dylan.ie
38 Zi., 6 Suiten, DZ ab € 199
AmEx MASTER VISA ⌣ ⌣

Das extravagante Design von Dublins
jüngstem Boutiquehotel hebt sich von dem
Naturfarben-Einheitslook so vieler neuer
Häuser ab – nicht nur wegen des mit
Emuleder gepolsterten Aufzugs. Grün und
Gold setzen zum prägenden Weiß farbige
Akzente, avantgardistische Spiegel tun ihr
Übriges. Die Zimmer sind geräumig mit
angenehmen Details wie Kissenmenü, Flat-
Screen-TV, iPod mit Bose-Dockingstation
und drahtlosem B&O-Telefon. Schicke,
beliebte Bar, Restaurant.

Four Seasons Hotel Dublin F F F F

OT Ballsbridge, Simmonscourt Rd.
PLZ D 4   östlich ■ F 4, S. 161
Tel. 00353/1/665 40 00, Fax 665 40 99

www.fourseasons.com/dublin
143 Zi., 54 Suiten, DZ ab € 265
AmEx MASTER VISA ⌣ ⌣ ⌣ ⌣

Abseits des Trubels steht das moderne
Grandhotel in einem ruhigen Viertel mit
Residenzen und Botschaften etwas außerhalb des Zentrums. Eine prunkvolle Lobby,
geräumige, äußerst stilvolle klassisch
eingerichtete Zimmer, Meeting-Räume, eine
schöne Tee-Lounge, Restaurants und Bars
sowie ein Spa mit Pool gehören zur umfangreichen Ausstattung des Hauses.

Jurys Inn Custom House F F

OT Center, Custom House Quay
PLZ D 1   ■ F 3, S. 161
Tel. 00353/1/607 50 00
Fax 829 04 00
www.jurysinns.com
239 Zi., DZ ab € 89
AmEx DINERS MASTER VISA € ⌣ ⌣

Die Docklands sind Dublins aufstrebendes
Viertel, und mittendrin, direkt am Fluss,
steht dieses Mittelklassehotel. Die Zimmer
sind funktional und ohne Luxus, dafür aber
preisgünstig. Manche haben sogar einen
schönen Blick auf den Fluss Liffey.

„Dylan": Grüne Farbe und extravagante Spiegel setzen im weißen Interieur auffällige Akzente

Radisson Blu Hotel **F F F**

OT Center, Golden Lane

PLZ D 8   ■ D 4, S. 161

Tel. 00353/1/898 29 00, Fax 898 29 01

www.radissonblu.com

150 Zi., 12 Suiten, DZ ab € 160

AmEx MASTER VISA ⟡ 🏠 ⚘

Mit seiner gläsernen Front setzt das neue Hotel architektonisch neue Akzente in der Stadt. Moderne bestimmt auch das Innere: komfortable Zimmer in angenehmen Braun- und Beigetönen mit Flat-Screen-TV und guten Betten, 15 technisch top ausgerüstete Konferenzräume (W-Lan kostenfrei). Schöne Bar mit Raritäten, französische Brasserie-Klassiker gibt's im Restaurant „Verres en Verres". Gäste trainieren kostenlos im benachbarten Fitnessclub.

The Clarence **F F F**

OT Center, 6-8 Wellington Quay

PLZ D 2   ■ D 3, S. 161

Tel. 00353/1/407 08 00, Fax 407 08 20

www.theclarence.ie

45 Zi., 4 Suiten, DZ ab € 229

AmEx DINERS MASTER VISA ⟡ 🏠 ⚘

Das Boutiquehotel, das den Mitgliedern der Gruppe U2 gehört, sieht einer großen Zukunft entgegen. Stararchitekt Sir Norman Foster hat einen spektakulären Entwurf für einen Fast-Neubau mit 140 Zimmern ausgearbeitet. Die historische Fassade bleibt erhalten, ein Glasdach soll den Komplex überspannen. Wann die Bauarbeiten abgeschlossen sein werden, stand bei Redaktionsschluss noch nicht fest.

The Merrion Hotel **F F F F**

OT Center, Upper Merrion St.

PLZ D 2   ■ F 5, S. 161

Tel. 00353/1/603 06 00, Fax 603 07 00

www.merrionhotel.com

122 Zi., 20 Suiten, DZ ab € 230

AmEx DINERS MASTER VISA ⟡ 🏠 🏊 ⚘

Klassisches Grandhotel, dessen Grandezza auch Stars und viele andere Prominente schätzen. Prunkvolle Räumlichkeiten und großzügige klassische Zimmer mit schönen Antiquitäten, hochwertigen Stoffen und Marmorbädern. Überall im Haus aus dem 18. Jahrhundert hängen Bilder zeitgenössischer irischer Künstler – eine der größten

„Radisson Blu Hotel": moderne Bar, Lounge und Raritäten-Kabinett

„The Morrison": zeitgemäßes Design, eigene Kunstgalerie und beste Lage am Fluss

privaten Sammlungen des Landes. Sehr stilvoller Spa mit schönem Pool. Zwei Bars mit guter Weinauswahl, zwei Restaurants (siehe Restaurant „Patrick Guilbaud").

The Morrison **F F F**

OT Center, Ormond Quay
PLZ D 1 ■ D 3, S. 161
Tel. 00353/1/887 24 00, Fax 874 40 39
www.morrisonhotel.ie
122 Zi., 16 Suiten, DZ ab € 135
AmEx DINERS MASTER VISA Y ⌂

Im Herzen der Stadt, direkt am Liffey, verbindet das Boutiquehotel geschickt Historie und Moderne, Ost und West. Die Zimmer haben iPod-Dockingstations, viele bieten einen schönen Blick über den Fluss. Hochmodernes Konferenzcenter mit Kunstgalerie. Bar, europäische Gerichte mit irischen Produkten im Restaurant „Halo".

The Shelbourne **F F F**

27 St Stephen's Green
PLZ D 2 ■ E 5, S. 161
Tel. 00353/1/663 45 00, Fax 661 60 06
www.theshelbourne.ie
243 Zi., 19 Suiten, DZ ab € 191
AmEx DINERS MASTER VISA Y ⌂

Nach dem Umbau vor zwei Jahren steht das 1824 erbaute Hotel wieder im Mittelpunkt des gesellschaftlichen Lebens der Stadt. Die schönsten Zimmer sind die mit Blick über St Stephen's Green, alle sind komfortabel und haben Flat-Screen-TV, W-Lan und Laptopsafe. Beliebtes Restaurant mit Austernbar und Showküche. Die Eröffnung des Spa-Bereichs wurde verschoben und ist nun für 2009 angekündigt – wir sind gespannt. (Siehe „Horseshoe Bar".)

Restaurants

Bentley's Oyster Bar & Grill **F**

OT Center, im Hotel Brownes
22 St Stephen's Green
PLZ D 2 ■ E 5, S. 161
Tel. 00353/1/638 39 39, Fax 638 39 00
www.brownesdublin.com
kein Ruhetag, Hauptgerichte € 19-44
AmEx DINERS EC MASTER VISA @ M ⌂

Der Ire Richard Corrigan ist zu seinen Wurzeln zurückgekehrt und hat 2008 sein Londoner Erfolgskonzept nach Dublin transportiert. In einem georgianischen *townhouse* an St Stephen's Green hat seine

„Chapter One": stimmungsvolles Ambiente

„Dax": vinophile Adresse im Souterrain

„Oyster Bar" elegante Räume mit dunklem Holzfußboden, pinkfarbenen Wänden, Spiegeln und großen Lüstern bezogen. An der Bar wird zu frischen Galway-Austern Champagner ausgeschenkt, an den weiß eingedeckten Tischen werden eine opulente *seafood*-Platte, Kabeljau auf Puy-Linsen und *salsa verde* oder bestes Irish-Angus-Beef-Filet in Pfeffersauce serviert. Cocktails in der „Aviator's Lounge" im Obergeschoss. Zehn schöne Zimmer.

Chapter One F F F

OT Center, im Writers Museum
18-19 Parnell Square
PLZ D 1   ■ D 1, S. 161
Tel. 00353/1/873 22 66, Fax 873 23 30
www.chapteronerestaurant.com
Sa mittag, So, Mo geschl.
Hauptgerichte € 18-36
AmEx DINERS MASTER VISA M* Y
Rustikale Steinwände, Bögen und Nischen sind die passende Kulisse für die klassische Küche mit französischen Einflüssen, die zu den besten der Stadt gehört. *Pithivier* (Auflauf) von der Wildente mit Selleriepüree und Madeirajus ist ein gelungener Auftakt,

die langsam gegarte Schulter vom Spanferkel mit Orange und Walnuss nimmt ebenso Bezug auf die Saison wie Wild mit Blutwurst, Spitzkohl und Essenz von geräucherter Roter Bete. Gute Weinauswahl, mittags gibt es einfachere, aber dafür günstige Menüs. Netter Service.

Dax F F

OT Center, 23 Upper Pembroke St.
PLZ D 2   südlich ■ E 5, S. 161
Tel. 00353/1/676 14 94
www.dax.ie
Sa mittag, So, Mo geschl.
Hauptgerichte € 22-39
AmEx MASTER VISA M* Y
Weinregale fast bis zur Decke machen klar, was hier im Zentrum des Interesses steht: Das „Dax" ist Weinbar und Restaurant, wobei die Küche längst nicht nur Beigabe ist. Mit Pilzen gefüllte *ballottine* vom Kaninchen mit Rhabarberkompott und Majoran-Vinaigrette oder gebratenes Heilbuttfilet mit Bauchspeck und Limettenschaum sind beste Beispiele für die aromareichen Gerichte, die in dem gemütlichen Souterrainlokal serviert werden.

Im ersten Stock über Dublins bestem Delikatessengeschäft werden in einer unkomplizierten Brasserie mit Holzfußboden und langem Tresen Klassiker aufgetischt. Immer wieder lecker ist die warme Ziegen-käse-*tarte*, köstlich das irische Angus Beef mit Ochsenschwanzragout, Zwiebelpüree und Rotweinjus. Sehr gut sortierte Weinbar im Souterrain!

„Fallon & Byrne": shoppen und schlemmen

Fallon & Byrne F
OT Center, 11-17 Exchequer St.
PLZ D 2   ■ D 4, S. 161
Tel. 00353/1/472 10 00, Fax 472 10 16
www.fallonandbyrne.com
kein Ruhetag
Hauptgerichte € 18-32
AmEx MASTER VISA ♛ ⚲

L'Écrivain F F F
OT Center, 109 a Lower Baggot St.
PLZ D 2   ■ F 5, S. 161
Tel. 00353/1/661 19 19, Fax 661 06 17
www.lecrivain.com
Sa mittag, So geschl.
Hauptgerichte € 35-85
AmEx MASTER VISA ♛ ⚲

Von der Galerie überblickt man den gemüt-lichen Raum des beliebten Restaurants, in dem man selbst an Wochentagen besser zwei Wochen im Voraus reservieren sollte. Dann kann man sich umso länger auf Kreationen wie Wachtel mit Muskattrauben, Roter Bete und zart geschmorter Keule oder Spanferkel freuen, das stimmig von Schalot-tencreme, Balsamico-Zwiebeln, Schwarz-wurzel-Schinken-Beignet und Schweinefuß-Crostini begleitet wird. Gute Weinauswahl, sehr aufmerksamer Service.

„L'Écrivain": starke Aromen und gute Ideen machen Spaß – sogar ganz oben auf der Galeria

Marco Pierre White Steakhouse and Grill FF☐☐☐

OT Center, 51 Dawson Street
PLZ D 2　　　　■ E 4, S. 161
Tel. 00353/1/677 11 55, Fax 670 65 75
www.fitzers.ie
kein Ruhetag.
Hauptgerichte € 19-29

AmEx MASTER VISA M ⊤ Ⴘ

Das Steakhouse von Marco Pierre White ist der jüngste Neuzugang in der Dubliner Gastronomielandschaft, der von einem populären Promi-Chef eröffnet wurde. Das kluge Konzept, das auf solide Leistung, eine entspannte Atmosphäre und gute Produkte setzt und bewusst auf jegliche Hemmschwelle verzichtet, passt in die Zeit. Die Einrichtung ist modern, aber leger in gedeckten Farben gehalten, die Stimmung angenehm unprätentiös. Die Speisenkarte passt sich geradlinig in die Philosophie ein. Unbedingt probieren: die Carlingford Austern als Vorspeise! Die Räucherhering-*pâté* ist schon zu Beginn ein Klassiker. Die Steaks (alle vom Hereford Beef) sind ein Muss, dazu wählt der Gast nach seinem

Gusto Beilagen wie Pommes frites *(chips)*, Spinat, Sauce béarnaise oder Karottenpüree. Gebratene Kalbsleber gibt es auch, Heilbutt in drei verschiedenen Varianten und zum Abschluss *rice pudding.* Terrasse.

One Pico F☐☐☐

OT Center, 5-6 Molesworth Place
Schoolhouse Lane
PLZ D 2　　　　■ E 4, S. 161
Tel. 00353/1/676 03 00, Fax 676 04 11
www.onepico.com
So geschl.
Hauptgerichte € 20-39

AmEx MASTER VISA M ⌂ Ⴘ

In dem kleinen, gemütlichen Lokal mit elegant weiß eingedeckten Tischen wird ideenreich und engagiert gekocht. Die Karte wechselt täglich, nicht immer fügen sich die irisch-mediterranen Gerichte allerdings zu harmonischen Kombinationen zusammen. Gelungen spielt die Küche aber bei zartrosa Lammrücken und saftig geschmorter Schulter auf Auberginenpüree und Mint-Hollandaise mit kulinarischen Traditionen. Netter Service.

„Patrick Guilbaud": Das lichte Restaurant im „The Merrion Hotel" bleibt das beste des Landes

„Peploe's Wine Bistro": unkompliziert

Patrick Guilbaud FFFF

OT Center, 21 Upper Merrion St.
PLZ D 2 ◼ F 5, S. 161
Tel. 00353/1/676 41 92, Fax 661 00 52
www.restaurantpatrickguilbaud.ie
So, Mo geschl.
Hauptgerichte € 50-80
AmEx MASTER VISA ⋔ ♟ ⌂

Das Ambiente ist elegant, die Tischkultur
erstklassig, der Service tadellos: Das beste
Restaurant des Landes ist bestens in Form.
Erstklassige irische Produkte werden mit
klassischen Techniken zeitgemäß zubereitet
und höchst ansprechend präsentiert: Das
Kalbsbries harmoniert mit der dezenten
Lakritzsauce, das langsam gebratene
Kabeljaufilet wird stimmig von marokkanischer Zitrone, brauner Butter und Zitronen-
gras-Emulsion unterstrichen. Unbedingt
probieren: die Schokoladendesserts, für die
es eine eigene Karte gibt. Sehr gute Weine.

Peploe's Wine Bistro F

OT Center, 16 St Stephen's Green
PLZ D 2 ◼ E 5, S. 161
Tel. 00353/1/676 31 44, Fax 676 31 54
www.peploes.com
kein Ruhetag
Hauptgerichte € 14-30
AmEx MASTER VISA ♟

Hier treffen sich Banker mit ihren Kunden
und Weinliebhaber nach Feierabend. Das
schicke Souterrain-Bistro in bester Lage an
der Nordseite von St Stephen's Green bietet
eine breite Auswahl an internationalen
Gewächsen vom einfachen Hauswein bis
zum Château Petrus für 2000 Euro. Dazu
werden Tapas und Snacks und abends eher
klassische Gerichte wie Muscheln oder
Lammrücken serviert.

Rhodes D7 FF

OT Mary's Abbey, The Capel Building
PLZ D 7 ◼ D 3, S. 161
Tel. 00353/1/804 44 44, Fax 804 44 45
www.rhodesd7.com
So, Mo geschl.
Hauptgerichte € 17-26
DINERS MASTER VISA ⋔

Die moderne Brasserie von TV-Chef Gary
Rhodes mit Glasfronten zur Straße und
wandfüllenden Bildern im Hintergrund
des großen Raumes war kurz vor
Redaktionsschluss wegen einer geplanten
Renovierung noch immer geschlossen.
Ein Termin für die Wiedereröffnung stand
noch nicht fest. So lange muss Dublins
muntere Szene den beliebten saftigen
gebratenen Schweinebauch mit Blutwurst
woanders essen.

Shanahan's on the Green FF

OT Center, 119 St Stephen's Green
PLZ D 2 ◼ E 5, S. 161
Tel. 00353/1/407 09 39
Fax 407 09 40
www.shanahans.ie
außer Fr nur Abendessen, So geschl.
Hauptgerichte € 36-55
AmEx DINERS MASTER VISA ⋔ ♟

Elegantes georgianisches *townhouse* mit
klassisch-opulentem Interieur und Parkblick
aus den großen Fenstern. Die Küche hat
sich vor allem mit *seafood* wie irischem

„Thornton's": kulinarische Offenbarung im Obergeschoss des „Fitzwilliam Hotels"

Lachs oder Seezunge und mit dem hervorragenden Irish Angus Beef und Steaks wie New York Strip Sirloin einen Namen gemacht. Formvollendeter Service, sehr gute Weinauswahl mit vielen französischen Gewächsen. „Oval Office"-Bar.

Thornton's `F` `F` `F`

OT Center, 128 St Stephen's Green
PLZ D 2 ■ E 5, S. 161
Tel. 00353/1/478 70 08, Fax 478 70 09
www.thorntonsrestaurant.com
So, Mo geschl.
Hauptgerichte € 32-49
AmEx DINERS MASTER VISA M ☀ 🚗 ⌂ ☂

Kevin Thornton verblüfft immer wieder mit neuen Ideen und außerordentlichem Engagement. Im 2007 aufgefrischten, modernen Restaurant mit hinterleuchteter Glaswand, weiß eingedeckten Tischen und bequemen roten Stühlen setzt er irische Produkte zeitgemäß und aromareich in Szene. Ein Genuss ist der warme Seeigel von Aran Island, köstlich der geschmorte Kalbskopf mit Poitin-Sauce (hausgebrannter Whiskey) und eine Offenbarung das Wicklow-Reh mit Kartoffel-*mousseline*, Endivien, Zucchini-*clafoutis* und Schokoladensauce. Französisch dominierte Weinkarte, sehr zuvorkommender Service.

Venu `F`

OT Center, Annes Lane
PLZ D 2 ■ E 4, S. 161
Tel. 00353/1/670 67 55, Fax 633 45 59
www.venubrasserie.com
Mo und So geschl.
Hauptgerichte € 15-27
AmEx DINERS MASTER VISA M ☀

Cooles Ambiente mit Industriedesign, Lederbänken und blau beleuchteter Bar machen das Lokal von Charles Guilbaud, dem Sohn von Irlands bestem Koch, zum beliebten Hotspot der Stadt. Klassiker wie Coq au Vin, *filet mignon* oder *fish & chips* sowie ein irisches *rib-eye steak* mit hausgemachten Pommes bilden eine solide Grundlage für das abendliche Schaulaufen.

Bars/Cafés

Ely hq

OT Docklands, Hanover Quay
PLZ D 2 östlich ■ F 3, S. 161
Tel. 00353/1/633 99 86
www.elywinebar.ie
Mo 12-15 Uhr, Di-Do 12-22.30 Uhr,
Fr-Sa 12-23.30 Uhr
AmEx DINERS MASTER VISA ☂

Die Dependance am Hanover Quay ist die neueste und dritte Weinbar des kleinen

„Ely hq": Imperium für Weinliebhaber

Imperiums von Eric Robson. Modernes, lichtes Design mit viel Glas gibt den Blick frei auf den Grand Canal Square in den südlichen Docklands, Dublins aufstrebendem Viertel. Die Weinauswahl ist riesig, 90 Gewächse werden auch glasweise ausgeschenkt. Dazu gibt es Klassiker des Hauses, die allesamt mit Produkten lokaler und zum Teil ökologisch arbeitender Farmer zubereitet werden.

Horseshoe Bar

OT Docklands, im Hotel The Shelbourne
27 St Stephen's Green
PLZ D 2 ■ E 5, S. 161
Tel. 00353/1/663 45 00, Fax 661 60 06
www.theshelbourne.ie
tgl. ab 17 Uhr
AmEx DINERS MASTER VISA

Die Form des Tresens gab der Hotelbar ihren Namen, die in kürzester Zeit zu einem der beliebtesten Treffpunkte der Stadt avancierte. Hausgäste trinken hier neben Prominenz aus Politik und Showbiz ihr Pint. Nette Bedienung.

The Stag's Head

1 Dame Court
PLZ D 2 ■ D 4, S. 161
Tel. 00353/1/679 36 87
www.thestagshead.ie
tgl. ab 10.30 Uhr
MASTER VISA

Der viktorianische Pub steht zwar in jedem Reiseführer, weil schon James Joyce hier Guinness trank, ist aber tatsächlich einen Besuch wert. Bunte Glasfenster, historisches Flair und ein Geweih über dem Tresen – viele schwören, das Lokal sei der schönste Pub der Stadt.

„The Stag's Head": In diesem viktorianischen Pub trank schon James Joyce sein Guinness

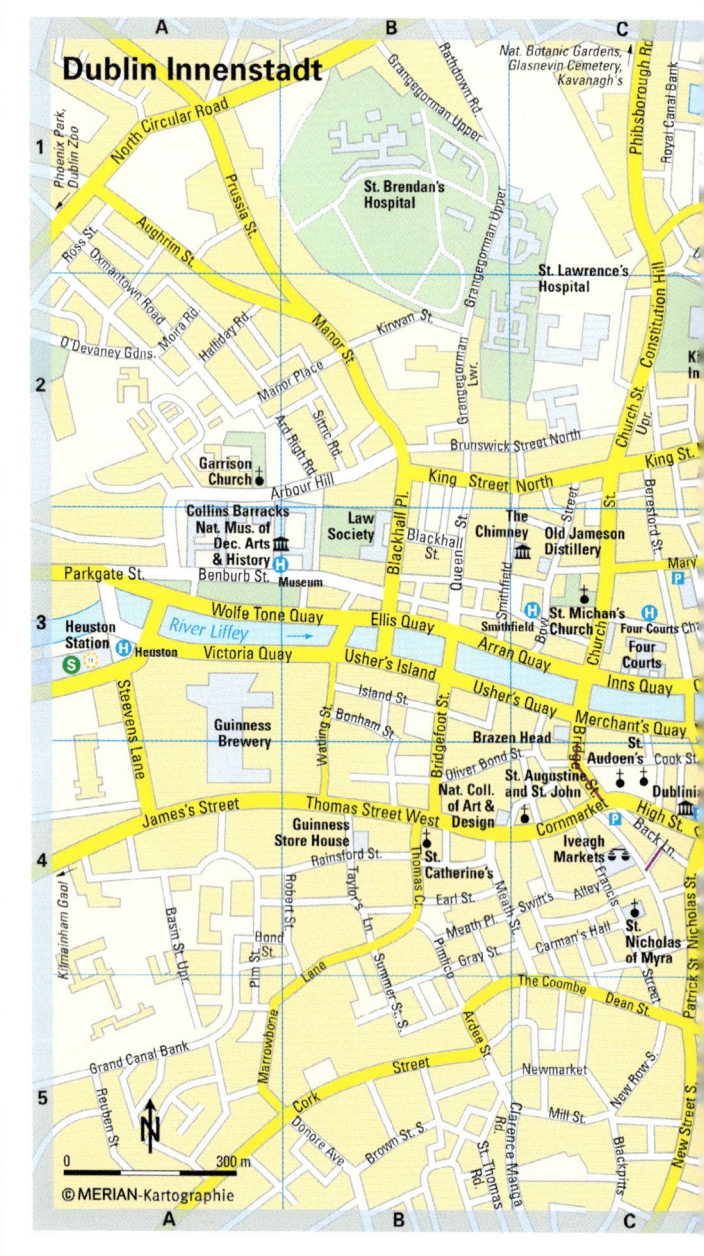

Dublin Innenstadt

Phoenix Park, Dublin Zoo

North Circular Road

Nat. Botanic Gardens, Glasnevin Cemetery, Kavanagh's

Phibsborough Rd

Royal Canal Bank

Grangegorman Rd

Rathdown Rd

Prussia St.

Ross St.

Aughrim St.

Oxmantown Road

Moira Rd.

Halliday Rd.

O'Devaney Gdns.

Manor St.

Kirwan St.

Grangegorman Upper

St. Brendan's Hospital

St. Lawrence's Hospital

Constitution Hill

Ki In

Manor Place

Ard Righ Rd.

Simic Rd.

Grangegorman Lwr.

Brunswick Street North

Church St. Upr.

King St.

Garrison Church

Arbour Hill

King Street North

Blackhall Pl.

Blackhall St.

Queen St.

Smithfield

The Chimney

Church St.

Beresford St.

King St.

Collins Barracks Nat. Mus. of Dec. Arts & History

Law Society

Old Jameson Distillery

Marv P

Parkgate St.

Benburb St.

Museum

Wolfe Tone Quay

Ellis Quay

St. Michan's Church

Four Courts Ch

Heuston Station

Heuston

River Liffey

Victoria Quay

Arran Quay

Smithfield

Four Courts

Steevens' Lane

Island St.

Usher's Island

Usher's Quay

Inns Quay

Merchant's Quay

Guinness Brewery

Waiting St.

Bonham St.

Bridgefoot St.

Brazen Head

Oliver Bond St.

St. Audoen's

Cook St.

James's Street

Thomas Street West

St. Augustine and St. John

Cornmarket

High St.

Back Ln.

Dublin

P

Guinness Store House

Nat. Coll. of Art & Design

Rainsford St.

Thomas Ct.

Taylor's Ln.

St. Catherine's

Meath St.

Swift's

Iveagh Markets

Alleys

Francis

St.

Kilmainham Gaol

Basin St. Upr.

Robert St.

Bond St.

Earl St.

Meath Pl.

Pimlico

Carman's Hall

St. Nicholas of Myra

Patrick St.

Nicholas St.

Lane

Summer St. S.

Gray St.

The Coombe

Dean St.

Grand Canal Bank

Marrowbone

Ardea St.

Newmarket

Clarence Manga Rd.

New Row S.

New Street S.

Reuben St.

Cork

Donore Ave.

Brown St. S.

St. Thomas Rd.

Street

Mill St.

Blackpitts

N

0   300 m

© MERIAN-Kartographie

A   B   C

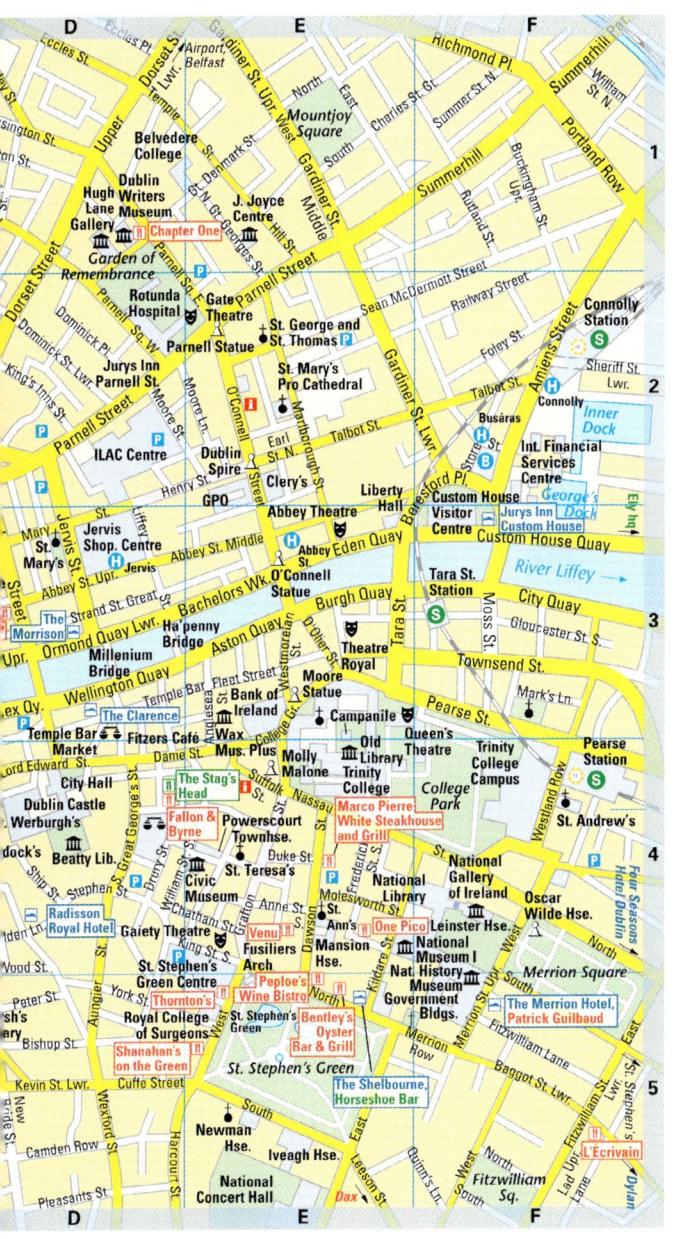

EDINBURGH

Selten ergänzen sich Vergangenheit und Gegenwart so gut wie in der schottischen Hauptstadt. Junge Köche krempeln mit frischen Ideen alte Traditionen um und kreieren aus Historie und Moderne einen spannenden Mix

Hotels

Christopher North House ⅎⅎ☐☐

Innenstadt, 6 Gloucester Place
PLZ EH3 6EF ■ B 1, S. 171
Tel. 0044/13 12 25 27 20
Fax 13 12 20 47 06
www.christophernorth.co.uk
14 Zi., DZ ab € 123
AmEx DINERS MASTER VISA €̶ ☖

Familiäres, kleines Hotel in einer ruhigen
Wohngegend der Neustadt, nicht weit
von der George Street. Die Zimmer in dem
georgianischen *townhouse* wurden alle
geschmackvoll renoviert und verbinden
Historie und Avantgarde mit modernem
Komfort. Café im Haus.

Missoni ⅎⅎⅎ☐

Innenstadt, 1 George IV Bridge
PLZ EH1 1AD ■ C 2, S. 171
Tel. 0044/13 12 20 66 66
Fax 13 12 20 66 60
www.hotelmissoni.com
129 Zi., 7 Suiten, DZ ab € 260
AmEx DINERS MASTER VISA ⌻ ☖ ⌾

Das im Juni 2009 eröffnete Haus an der
Royal Mile, Ecke George IV Bridge ist das
erste Hotel des berühmten Labels. Die
schwarz-weißen Missoni-Muster finden sich
als Thema überall, bisweilen mit Farbakzenten in Türkis und Flieder. Muntere
Zimmer mit LCD-TV, W-Lan (kostenlos),
Espressomaschine. Schicke Bar in der Lobby,
italienische Küche im Restaurant „Cucina".

Prestonfield House ⅎⅎⅎ☐

OT Southside, Priestfield Rd.
PLZ EH16 5UT südöstlich ■ E 3, S. 171
Tel. 0044/13 12 25 78 00
Fax 13 16 68 39 76
www.prestonfield.com
18 Zi., 5 Suiten, DZ ab € 233
AmEx DINERS MASTER VISA ⌻ ☖ ⌾

Landhaus aus dem 17. Jahrhundert, etwa
zehn Minuten mit dem Taxi von der Stadtmitte entfernt. Die Einrichtung ist opulent-
extravagant, barock und fast wie in einer
Theaterkulisse: handbemalte Tapeten und
üppige Brokatstoffe, venezianisches Glas-
mosaik in den Bädern, dazu moderne
Technik wie Flat-Screen-TV und Bose-
Soundsystem. Schottisch-internationale
Küche im „Rhubarb". Keine Wellness.

Sheraton
Grand Hotel & Spa ⅎⅎⅎ☐

1 Festival Square
PLZ EH3 9SR ■ B 3, S. 171
Tel. 0044/13 12 29 91 31
Fax 13 12 28 45 10
www.sheratonedinburgh.co.uk

„Prestonfield House": opulent-barockes Ambiente wie in einer Theaterkulisse

260 Zi., 16 Suiten, DZ ab € 170

[AmEx] [DINERS] [MASTER] [VISA] ⛟🚗♨

Modernes, internationales Businesshotel am Festival Square. Die komfortablen Zimmer sind klassisch und in hellen Farben eingerichtet, zur Entspannung gibt es einen Spa mit Whirlpool auf dem Dach. Umfangreiche Konferenzangebote, Restaurants, Bar.

The Balmoral ▪F▪F▪F▪F▪

Innenstadt, 1 Princes St.
PLZ EH2 2EQ ■ D 2, S. 171
Tel. 0044/13 15 56 24 14
Fax 13 15 57 23 42
www.thebalmoralhotel.com
188 Zi., 20 Suiten, DZ ab € 190

[AmEx] [DINERS] [MASTER] [VISA] ⛟🚗♨🛎

Das Haus der Rocco-Forte-Gruppe mit dem markanten Uhrenturm führt die Rangliste der besten Hotels der Stadt souverän an. Fürstlich logiert man in zentraler Lage an der Princes Street mit Blick auf die illuminierte Burg und Altstadt. Höchst komfortable Zimmer in warmen Erdfarben mit Marmorbädern und moderner Technik, traumhafte Suiten mit Antiquitäten, Kamin und einem Top-Service, der auf Wunsch beim Auspacken hilft, kostenloses Leihhandy. Das Concierge-Team (20 Mitarbeiter!) versteht sein Fach. Sehr schöner Spa mit Pool. Zehn Konferenzräume, zwei Restaurants (siehe „Number One"), zwei Bars (siehe „Palm Court Bollinger Bar").

The George ▪F▪F▪▪▪

Innenstadt, 19-21 George St.
PLZ EH2 2PB ■ C 1, S. 171
Tel. 0044/13 12 25 12 51
Fax 13 12 26 56 44
www.principal-hayley.com
249 Zi., 3 Suiten, DZ ab € 125

[AmEx] [DINERS] [MASTER] [VISA] ⛟

Das Hotel wurde 2006 renoviert, bei Redaktionsschluss waren zusätzliche Zimmer noch im Bau. Auch ein Spa ist geplant. Modern-komfortable Einrichtung. Das Bar-Restaurant „Tempus" ist ein beliebter Treffpunkt.

„The Balmoral": Edinburghs bestes Hotel,

The Glasshouse ▪F▪F▪▪▪

OT St. James, 2 Greenside Place
PLZ EH1 3AA ■ D 1, S. 171
Tel. 0044/13 15 25 82 00
Fax 13 15 25 82 05
www.theetoncollection.com
65 Zi., 18 Suiten, DZ ab € 205

[AmEx] [DINERS] [MASTER] [VISA] 🛎

Originelles Hotel in 150 Jahre alter, ehemaliger Kirche mit gläsernem Anbau an der Hauptstraße nach Leith. Die Zimmer, in Beige- und Grautönen eingerichtet, haben Holzfußboden und raumhohe Fenster, manche mit Zugang zum Dachgarten.

The Howard ▪F▪F▪F▪▪

Innenstadt, 34 Great King St.
PLZ EH3 6QH ■ C 1, S. 171
Tel. 0044/13 12 74 74 02
Fax 13 15 57 65 15
www.thehoward.com
18 Zi., 5 Suiten, DZ ab € 165

[AmEx] [DINERS] [MASTER] [VISA] 🚗🛎

Sehr charmantes, freundliches kleines Boutiquehotel, fünf Minuten Fußweg von der eleganten George Street entfernt. Die Zimmer und Suiten sind individuell mit Antiquitäten und Gemälden stilvoll eingerichtet und haben Marmorbäder, drei Suiten verfügen über eine eigene Dachterrasse, manche haben Himmelbetten. Intime

ein Haus mit Tradition und Stil

Lounge, kleines Restaurant „Atoll" mit gutem Frühstück, das apart angerichtet am Tisch serviert wird. Butlerservice.

The Scotsman **F F F**

Innenstadt, 20 North Bridge
PLZ EH1 1YT   ■ D 2, S. 171
Tel. 0044/13 15 56 55 65
Fax 13 16 52 36 52
www.theetoncollection.com
69 Zi., 13 Suiten, DZ ab € 174
AmEx DINERS MASTER VISA Y

Das imposante Gebäude beherbergte früher die Tageszeitung „The Scotsman", heute freuen sich Touristen über den zeitgemäß modernisierten Charme im historischen Bau und über moderne Zimmer mit schottischen Insignien wie Tweed. Spa mit Pool und Fitness, Restaurant, Bar.

The Witchery by the Castle **F F F**

Innenstadt, 352 Castlehill
PLZ EH1 2NF   ■ C 2, S. 171
Tel. 0044/13 12 25 56 13, Fax 13 12 20 43 92
www.thewitchery.com
7 Suiten, Suite ab € 335
AmEx DINERS MASTER VISA Y

Das kleine Haus aus dem 16. Jahrhundert steht an der Burg und verbreitet mit seiner extravaganten Einrichtung in dramatischen dunklen Farben, mit antiken Holzvertäfelungen und Himmelbetten eine gotisch-mystische, fast sakrale Atmosphäre, die auch Hollywoodstars bisweilen schätzen. Unbedingt rechtzeitig buchen! Bar, Restaurant. À-la-carte-Frühstück kostet extra.

Tigerlily **F F F**

Innenstadt, 125 George St.
PLZ EH2 4JN   ■ B 2, S. 171
Tel. 0044/13 12 25 50 05
Fax 13 12 25 70 46
www.tigerlilyedinburgh.co.uk
24 Zi., 9 Suiten, DZ ab € 170
Y ♧

Edinburghs führendes Designhotel in der George Street, 2006 eröffnet. Stylish und trendy geht's gleich am Eingang zu, hinter der Rezeption ist die Bar in Pink und Silber, Lounge und Restaurant sind mit silbernen Perlenvorhängen und einem Meer aus transparenten roten Lampen inszeniert. Die Zimmer sind in hellen Farben eingerichtet, haben gute Betten, Holzfußboden, Bang-&-Olufsen-Technik und iPods.

„Tigerlily": Historie, charmant interpretiert

Restaurants

Abstract **F F** ☐ ☐ ☐
Innenstadt, 33-35 Castle Terrace
PLZ EH1 2EL   ■ B 3, S. 171
Tel. 0044/13 12 29 12 22
www.abstractrestaurant.com
So, Mo geschl.
Hauptgerichte € 15-31
AmEx DINERS MASTER VISA M

2007 wurde dieses trendige Restaurant
unterhalb der Burg eröffnet. Von dem
stylischen Ambiente mit Spiegeln und
Tischen im lila Schlangenlederlook sollte
man sich nicht täuschen lassen: Die Küche
ist höchst engagiert und setzt gute schottische Produkte, darunter viel *seafood,* zeitgemäß in Szene. Das können Kaisergranat
mit Kaninchen-*confit* und Blumenkohl-
Curry-Emulsion oder bei 50 Grad langsam
gegartes Beef mit Meerrettichmakkaroni,
Ochsenschwanz und warmem Trüffelgelee
sein. Köstlich: Soufflés, etwa mit Haselnuss
und Popcorn-Eis. Ordentliche Weinauswahl,
aufmerksamer, unprätentiöser Service.

Atrium **F F** ☐ ☐
Innenstadt, 10 Cambridge St.
PLZ EH1 2ED   ■ B 3, S. 171
Tel. 0044/13 12 28 88 82
Fax 13 12 28 88 08
www.atriumrestaurant.co.uk
Sa mittag, So geschl.
Hauptgerichte € 18-30
AmEx MASTER VISA M

Das imposante Atrium des „ Traverse
Theaters" mit gläsernen Fahrstühlen gab
dem Restaurant seinen Namen. Im Herbst
2007 wurde renoviert, die massiven Tische
aus Eisenbahnschwellen und radförmige
Lampen sind originelle Details. Die Küche
hat sich der Slow-Food-Philosophie verschrieben und bezieht die Produkte nur von
lokalen Anbietern und Produzenten. Das
Ergebnis ist höchst geschmackvoll: Jakobsmuscheln mit Schweinebauch, Schalotten-
püree und Jus von Wildpilzen oder Hirschrücken mit Sellerie-Apfel-Gratin, Biorotkohl
und Wacholderjus. Netter Service.

„Abstract": heimische Produkte als Basis für

eine engagierte, zeitgeistige Küche

Martin Wishart **F F F**
OT Leith, 54 The Shore
PLZ EH6 6RA ■ B 2, S. 170
Tel. 0044/13 15 53 35 57
www.martin-wishart.co.uk
So, Mo geschl.
nur Menüs € 28-74
MASTER VISA M ⵂ

Lange war das elegante Restaurant in Leith
das beste der Region. Heute scheint es
bisweilen, als ruhe man sich in dem cremefarbenen Ambiente zwischen opulent
eingedeckten Tischen und modernen
Akzenten in Beige und Braun ein bisschen
auf seinen Lorbeeren aus. Die Foie-gras-
Crème-brûlée mit Apfelsahne war zu süß,
auch die *langostino*-Ravioli mit Curry hatten
zu dominante süßliche Noten. Die Krebs-
tortellini mit Krebsschaum waren gut, aber
keine optimalen Partner für den Lammrücken. Der schwarz gewandete, ausschließlich männliche Service ist flink und höflich:
Die Entschuldigung für den vergessenen
Wein wurde gleich zweimal vorgetragen.

Number One **F F F**
Innenstadt, im Hotel The Balmoral
1 Princes St.
PLZ EH2 2EQ ■ D 2, S. 171
Tel. 0044/13 15 57 67 27
Fax 13 15 57 37 47
www.restaurantnumberone.com
nur Abendessen
nur Menüs € 62-68
AmEx DINERS MASTER VISA @ M ⵂ ⵂ ⌂

Tiefrote Holzvertäfelungen, unzählige
schwarz gerahmte Bilder und Zeichnungen
und dezentes Licht schaffen in dem großen
Raum eine angenehm-elegante Atmosphäre.
Das Brot (sechs Sorten) ist hausgebacken,
Wasser wartet schon gekühlt an den
Tischen. Und auch die Küche wird dem
besten Hotel der Stadt mühelos gerecht:
Zum Wildkaninchen-Foie-gras-Mosaik
kombiniert sie stimmig Pastinakenpüree und
Granatapfelvinaigrette, sehr gut waren auch
der gebratene knackfrische Heilbutt mit
Zitronenpolenta und *sauce vierge* sowie
Rücken und geschmorte Keule vom Reh mit

spicy Rotkohl. Höchst aufmerksamer Service, gute Weinauswahl.

Oloroso F ▯▯▯▯

Innenstadt, 33 Castle St.
PLZ EH2 3DN ■ B 2, S. 171
Tel. 0044/13 12 26 76 14
www.oloroso.co.uk
So, Mo geschl.
Hauptgerichte € 18-60

AmEx DINERS MASTER VISA M

Der Lift fährt nur in den 3. Stock, die letzte Etage muss man über eine Treppe erklimmen. Im Sommer sitzt man auf der Dachterrasse mit Blick auf und über die Dächer, bei schlechtem Wetter gibt die Rundum-Panoramaverglasung den Blick auf Edinburgh frei. Bar und Restaurant sind beliebte Treffpunkte zu Cocktail oder Steak. Daran sollte man sich auch halten, die À-la-carte-Gerichte, wie eine etwas trocken geratene Rinderkeule mit Markknochen, halten nicht mit. Mäßige Weinauswahl. (Zweitrestaurant „Tony's Table" in der North Castle St.)

The Kitchin F F F ▯

OT Leith, 78 Commercial Quay
PLZ EH6 6LX ■ B 2, S. 170
Tel. 0044/13 15 55 17 55
www.thekitchin.com

So, Mo geschl.
Hauptgerichte € 32-41

AmEx MASTER VISA M 🏠 ♟ 🍷

Tom Kitchin hat sein kleines, angenehm unprätentiöses Restaurant in kürzester Zeit zum besten der ganzen Region gemacht. Höchstes Niveau wird hier auch ohne weiße Tischdecken in elegant-modernem Ambiente mit dunkelgrauen Wänden und Fenster zur Küche zelebriert. Die Perfektion der klaren Aromen hat Kitchin bei Alain Ducasse trainiert, wie er mit besten schottischen Produkten eindrucksvoll beweist: köstlich seine Version von *haggis* mit marinierten Steckrüben und Kartoffel-*galette,* butterzart die langsam gegarten Schweinebäckchen mit *langostino* und knusprigem Cracker vom Schweineohr. Eine wahre Wonne war der rosa Rehrücken mit Birne, Maronenpüree und aromastarker Wacholderjus. Mit Fleisch kann er umgehen, am Nebentisch wird die Kalbskeule mit dem Löffel zerteilt. Höchst aufmerksamer, souveräner Service, gute Weinauswahl.

The Plumed Horse F F ▯▯▯

OT Leith, 50-54 Henderson St.
PLZ EH6 6DE ■ B 3, S. 170
Tel. 0044/13 15 54 55 56
www.plumedhorse.co.uk

„The Kitchin": Tom und Michaela Kitchin – höchstes Niveau im kleinen Restaurant

So, Mo geschl.
nur Menüs € 26-49
[AmEx] [DINERS] [MASTER] [VISA] M

Intimes Restaurant mit hellen Wänden
etwas abseits der Quais in Leith. Die
Küche verbindet schottische Produkte mit
klassischer französischer Technik und
setzt vor allem auf *seafood* und heimisches
Wild, etwa mit gebratenem und mit Trüffeln
gefülltem Fasan mit Trüffeljus. Drei-Gänge-
Lunch für 26 Euro.

Wedgwood ▪▪□□

Innenstadt, 267 Canongate, Royal Mile
PLZ EH8 8BQ   ▪ D 2, S. 171
Tel. 0044/13 15 58 87 37
Fax 56 02 05 89 78
www.wedgwoodtherestaurant.co.uk
kein Ruhetag
Hauptgerichte € 13-26
[AmEx] [MASTER] [VISA] M

Nettes, kleines und unkompliziertes Restaurant, das ausgesprochen engagiert geführt
wird, am Ende der Royal Mile. Dunkle
Holztische stehen zwischen roten und
weißen Wänden, ein Durchbruch gewährt
Einblicke in die Küche, aus der überraschend gute und apart angerichtete Kreationen mit vielen heimischen Produkten
kommen. Pekannüsse und marinierte Rote
Bete nehmen die nussigen Aromen des
leicht gratinierten schottischen Ziegen-
käses harmonisch auf. Mit topfrischen,
perfekt gebratenen Jakobsmuscheln
zum *haggis* beweist der Chef, dass das
schottische Nationalgericht tatsächlich
ein guter Partner für zartes *seafood* sein
kann. Gelungen ist ihm auch der Kürbis-
kuchen mit Lavendel-Eis. Sehr herzlicher
Service!

Bars/Cafés

Centotre

Innenstadt, 103 George St.
PLZ EH2 3ES   ▪ B 1/2, S. 171
Tel. 0044/13 12 25 15 50
Fax 13 12 25 25 78
www.centotre.com

Mo-Sa 7.30-22.30 Uhr, So 11-21 Uhr
[AmEx] [MASTER] [VISA]

Das dynamische Bistro mit Säulen, Stuck
und hohen weißen Wänden in Edinburghs
elegantester Einkaufsstraße war früher eine
Bank. Heute ist die Bar mit italienisch
geprägter Weinkarte ein beliebter Treffpunkt, die Speisenkarte vereint krosse Pizza
und italienische Klassiker.

Ecco Vino

Innenstadt, 19 Cockburn St.
PLZ EH1 1BP   ▪ D 2, S. 171
Tel. 0044/13 12 25 14 41
www.eccovinoedinburgh.com
Mo-Do 12-24 Uhr, Fr, Sa 12-1 Uhr,
So 12.30-24 Uhr
[AmEx] [DINERS] [MASTER] [VISA]

Gemütliche kleine Bar in einer Seitenstraße
der berühmten Royal Mile mit holzvertäfel-
tem Interieur. Die meisten Weine stammen
aus Italien, aber auch Frankreich, Spanien
und die Neue Welt sind vertreten. Dazu
gibt es Snacks, Salate, Antipasti und ordentliche Pastagerichte.

Palm Court Bollinger Bar

Innenstadt, im Hotel The Balmoral
1 Princes St.
PLZ EH2 2EQ   ▪ D 2, S. 171
Tel. 0044/13 15 56 24 14
Fax 13 15 57 37 47
www.thebalmoralhotel.com
Mo-So 9-24 Uhr
[AmEx] [DINERS] [MASTER] [VISA]

In der Lobby des exklusiven „The Balmoral"
befindet sich Schottlands einzige Bollinger-
Bar. Unter der hohen Kuppel hängt ein
opulenter venezianischer Lüster, die Bar mit
dem umfangreichen Champagnerangebot
ist raffiniert beleuchtet. Neben etlichen
guten Champagnern gibt es auch eine gute
Auswahl an Single Malt Whiskys. Sehr
stilvoll: der *afternoon tea*.

The Kings Wark

OT Leith, 36 The Shore
PLZ EH6 6QU   ▪ B 2, S. 170
Tel. 0044/13 15 54 92 60

Mo-Do 12-23 Uhr, Fr, Sa 12-24 Uhr,
So 11-23 Uhr

MASTER VISA

Uriger Pub in einem Haus aus dem 15. Jahrhundert nahe den Quais in Leith mit niedrigen Decken, Holzboden und -tischen, Papierservietten und kleinen Brettchen statt Tischdecken. Hier gibt's Bier und Pubklassiker wie *fish & chips* oder das schottische Nationalgericht *haggis* mit *neeps* und *tatties* (Steckrüben und Kartoffeln).

The Vintners Rooms

OT Leith, 87 The Vaults, Giles St. Leith
PLZ EH6 6BZ   ■ B 3, S. 170
Tel. 0044/13 15 54 67 67
Fax 13 15 55 56 53
www.thevintnersrooms.com
Di-Sa 12-14 und 19-22 Uhr

AmEx MASTER VISA

Weinbar und Restaurant in Edinburghs ältestem Speicher und Weinhandelshaus, Ende 2008 wurde sorgsam restauriert. Intimes Ambiente mit Kerzenlicht, Kaminfeuer und Holzböden. Französischschottische Küche, frankophile Weinkarte.

Whiski

Innenstadt, 119 High St.
PLZ EH1 1SG   ■ D 2, S. 171
Tel. 0044/13 15 56 30 95
www.whiskibar.co.uk
tgl. 11-1 Uhr

MASTER VISA

Ein gemütlicher Pub mitten im Touristenrummel der Royal Mile. Schummeriges Licht, an den Wänden unzählige alte und neue Fotos und auf der Karte mehr als 200 verschiedene Single Malts und Blends, dazu diverse Cocktails.

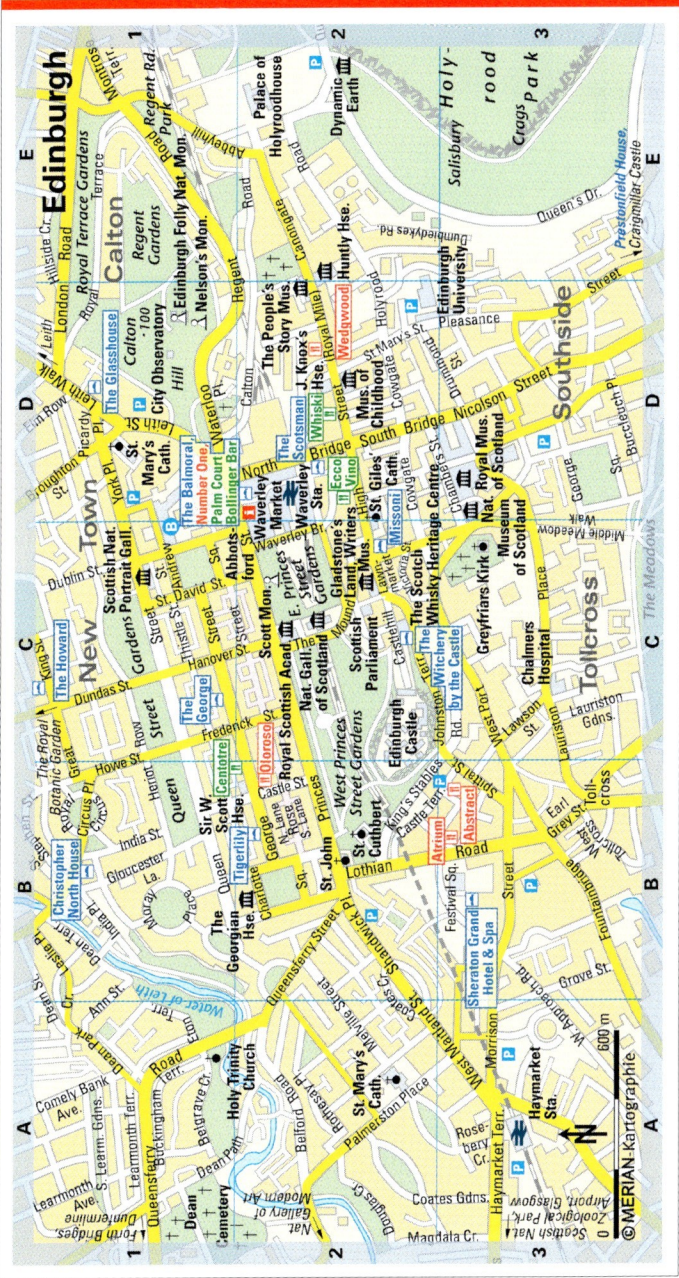

FLORENZ

Die Stadt am Arno ist die Wiege der Renaissance und gilt als toskanisches Mekka der Kunstfreunde. Dem hohen Niveau haben sich Hotels und Restaurants in prächtigen Palazzi angepasst, aber auch Trattorien begeistern mit ihrer einfachen regionalen Küche

Hotels

Cosimo de' Medici **F** **F**
Innenstadt, Largo Fratelli Alinari, 15
PLZ 50123 ■ B 1, S. 184
Tel. 0039/055 21 10 66, Fax 055 21 07 69
www.cosimodemedici.com
27 Zi., DZ ab € 99
AmEx DINERS MASTER VISA ⊖ 🍸 🏠 🍷
Kleines gemütliches Hotel in Bahnhofsnähe
mit gutem Preis-Leistungs-Verhältnis für das
teure Florenz. Die komfortablen Zimmer
sind in warmen Farben gehalten. Sehr
aufmerksamer Service. Alle Sehenswürdigkeiten sind bequem zu Fuß zu erreichen.
Selten für Florentiner Hotels in dieser
Preislage: die eigene Garage.

Four Seasons **F** **F** **F** **F**
Innenstadt, Borgo Pinti, 99
PLZ 50121 ■ F 1, S. 185
Tel. 0039/05 52 62 61, Fax 05 52 62 65 00
www.fourseasons.com/florence
71 Zi., 45 Suiten, DZ ab € 295
AmEx DINERS MASTER VISA 🍸 🏠 🍃 🍷
Eins der besten und schönsten Hotels
Italiens in einem prächtigen barocken
Palazzo mit Park. Pool und riesiger Spa.

Zauberhafte Suiten, eingerichtet im elegant-
klassischen Stil einer fürstlichen Privatresi-
denz. Jedes kleinste Detail wurde beachtet,
um eine persönliche Atmosphäre zu schaffen. Die Gästezimmer verfügen über einen
Komfort, der keine Wünsche offen lässt.
Im hoteleigenen Restaurant „Il Palagio"
werden toskanische Spezialitäten serviert.
Ungewöhnlich freundlicher und aufmerksamer Service.

Gallery Hotel Art **F** **F**
Innenstadt, Vicolo dell' Oro, 5
PLZ 50123 ■ C 3, S. 184
Tel. 0039/05 52 72 63, Fax 055 26 85 57
www.lungarnohotels.com
65 Zi., 9 Suiten, DZ ab € 300
AmEx DINERS MASTER VISA 🍸 🍷
Cooles und minimalistisches Hotel, nur
einen Steinwurf von der Piazza della
Signoria in einer stillen Gasse in historischem Gemäuer. Geräumige Suiten. Persönlicher Service. Besonders zu empfehlen: die
Suite auf dem Dach mit eigener Terrasse
und traumhaftem Blick auf die Domkuppel
und den Glockenturm von Giotto. Die
hoteleigene Bar ist ein beliebter Treffpunkt
für die Florentiner Schickeria.

Stilvolle Eleganz im barocken Palazzo: das „Four Seasons" in der Florentiner Innenstadt

Beeindruckende Renaissance-Architektur mit faszinierendem Charme: „Grand Hotel Firenze"

Grand Hotel Firenze F F F F
Innenstadt, Piazza Ognissanti, 1
PLZ 50123   ■ A 2, S. 184
Tel. 0039/05 52 71 61, Fax 055 21 74 00
www.luxurycollection.com/grandflorence
94 Zi., 13 Suiten, DZ ab € 380
AmEx DINERS MASTER VISA ⛾ 🚗 🛏
Luxushotel mit Renaissance-Atmosphäre.
Hier stiegen um die Wende vom 19. zum
20. Jahrhundert Könige und Fürsten ab. Das
renovierte Haus bietet den faszinierenden
Charme vergangener Zeit, gepaart mit dem
modernen Komfort dieses Jahrhunderts. Der
Garten lädt zum Ausruhen ein. Auf dem
Dach lockt das hoteleigene Restaurant
„InCanto" mit toskanischer Küche. Gute
Lage: Das Haus steht in Bahnhofsnähe.

Helvetia & Bristol F F F
Innenstadt, Via dei Pescioni, 2
PLZ 50123   ■ C 2, S. 184
Tel. 0039/05 52 66 51, Fax 05 52 39 98 97
www.royaldemeure.com
37 Zi., 30 Suiten, DZ ab € 200
AmEx DINERS EC MASTER VISA ⛾ 🚗 🛏
Ein Hotelklassiker, üppig im neobarocken
Stil des späten 19. Jahrhunderts. Herrliche
und geräumige Suiten mit allem Komfort.
Fantastische Lobby, die ein beliebter

Treffpunkt ist und zum Ausruhen einlädt.
Die Säle sind mit kostbaren antiquarischen
Möbeln des 17. Jahrhunderts eingerichtet.
Man fühlt sich wie in der privaten Residenz
eines Florentiner Edelmannes.

Lungarno F F F
Innenstadt, Borgo San Jacopo, 14
PLZ 50125   ■ C 4, S. 184
Tel. 0039/05 52 72 61, Fax 055 26 84 37
www.lungarnohotels.com
60 Zi., 13 Suiten, 4 App., DZ ab € 310
AmEx DINERS EC MASTER VISA ⛾ 🛏
Modernes Hotel mit allem Komfort, mitten
im historischen Zentrum und nur einen
Katzensprung von allen Sehenswürdigkeiten
entfernt. Man sollte ein Zimmer oder eine
Suite buchen mit Blick auf den Arno und
den berühmten Ponte Vecchio. Säle und
Zimmer zeigen beachtenswerte Gemälde
des 20. Jahrhunderts. Das hoteleigene
Restaurant „Borgo San Jacopo" bietet
toskanische Leckereien. Gut schmecken vor
allem die Fleischgerichte.

Lungarno Suites F F
Innenstadt, Lungarno Acciaiuoli, 4
PLZ 50123   ■ C 3, S. 184
Tel. 0039/055 27 26 80 00

Schöne Aussicht auf Florenz und den Ponte Vecchio: das Hotel „Lungarno"

Fax 055 27 26 44 44
www.lungarnohotels.com
11 Studios, 33 Suiten, Studio ab € 290
AmEx DINERS EC MASTER VISA
Sie suchen kein Hotel, sondern eine komfortable Bleibe zum Selbstversorgen? Mit dem gleichen Komfort wie im gegenüberliegenden Hotel „Lungarno" bietet dieses Haus direkt bei den Uffizien und dem Ponte Vecchio moderne und geschmackvoll eingerichtete Miniwohnungen mit allem, was dazugehört. Ideal für Florenz-Besucher, die gern selbst toskanische Gerichte nachkochen wollen. Frühstück: 15 Euro.

Relais Santa Croce FFFF
Innenstadt, Via Ghibellina, 87
PLZ 50122   ■ E 3, S. 185
Tel. 0039/05 52 34 22 30
Fax 05 52 34 11 95
www.relaisantacroce.com
13 Zi., 11 Suiten, DZ ab € 270
AmEx DINERS EC MASTER VISA ⛾ ⚲
Eines der schönsten Hotels in Florenz. Wohnen in einem barocken Palazzo im Zentrum. Hochherrschaftliche Lobby und zauberhafte Suiten mit allem Komfort. Doch am schönsten ist das Gästezimmer mit kleiner Terrasse im obersten Stock mit einem herrlichen Blick auf die Altstadt: ein kleines Liebesnest unter dem Dach! Und dazu noch eines der besten Restaurants der Stadt. Sehr aufmerksamer Service. (Siehe Restaurant „Guelfi e Ghibellini".)

Residenza del Moro FFF
Innenstadt, Via del Moro, 15
PLZ 50123   ■ B 2, S. 184
Tel. 0039/055 26 42 69
Fax 05 52 64 84 94
www.residenzadelmoro.com
5 Zi., 5 Suiten, 1 App., DZ ab € 240
AmEx DINERS EC MASTER VISA ⛾ ⚲
Ruheoase mit eigenem Garten mitten im historischen Zentrum. Modernes Ambiente in einem alten und liebevoll restaurierten Palazzo. Die Eigentümer statteten alle Räume, vor allem die Lobby, mit Gemälden bedeutender Künstler des 20. Jahrhunderts aus. Empfehlenswert sind die geräumigen Gästezimmer, von denen aus man direkt auf die Terrasse des Gartens hinausgehen kann. Sympathischer Service.

Residenza Johanna I. FF
Innenstadt, Via Bonifacio Lupi, 14
PLZ 50129   nördlich ■ B/C 1, S. 184
Tel. 0039/055 48 18 96, Fax 055 48 27 21

Florentiner Hotel-Palazzo seit über 100 Jahren: das prachtvolle „Savoy" in der Innenstadt

www.johanna.it
8 Zi., 1 Suite, DZ ab € 95

Das beste Preis-Leistungs-Verhältnis von
Florenz! Geräumige Zimmer, teilweise mit
Zwischengeschoss, klassisch-elegant
eingerichtet. Frühstück wird nicht serviert,
man kann es in der Kaffeebar um die Ecke
einnehmen. Auf dem Dach eine kleine
Terrasse, ideal zum Ausruhen am Abend.
Die Unterkunft liegt im Zentrum und kann
bequem zu Fuß in 15 Minuten von der
Piazza della Signoria erreicht werden.

Riva Lofts Florence F F F

OT Isolotto, Via Baccio Bandinelli, 98
PLZ 50142   westlich ■ A 3, S. 184
Tel. 0039/05 57 13 02 72
Fax 055 71 11 03
www.rivalofts.com
8 Zi., 2 Lofts, 1 App., DZ ab € 210
AmEx MASTER VISA Ⴘ 🚗 ⌂
Direkt am Arno im Grünen gelegene
Designervilla mit Garten und Pool. Unbedingt zu empfehlen: die geräumigen Suiten
mit Glaswänden, die den Blick auf den Fluss
und einen gegenüberliegenden Stadtpark
freigeben. Eine der coolsten Adressen in

Florenz, minimalistisch und bis ins kleinste
Detail von dem Eigentümer, einem bekannten Architekten, eingerichtet und ausgestattet. Ins historische Zentrum kann man mit
dem Rad fahren, mit dem Taxi sind es keine
fünf Minuten. Eine Unterkunft für Freunde
der absoluten Ruhe.

Savoy F F F F

Innenstadt, Piazza della Repùbblica, 7
PLZ 50123   ■ C 2, S. 184
Tel. 0039/05 52 73 5
Fax 05 52 73 58 88
www.hotelsavoy.it
88 Zi., 14 Suiten, DZ ab € 457
AmEx DINERS MASTER VISA Ⴘ 🚗 ⌂
Florentiner Hotelklassiker seit 1893. Das
luxuriöse Haus liegt an der zentralen Piazza
della Repubblica. Alle Sehenswürdigkeiten
sind bequem zu Fuß zu erreichen. Das Hotel
wurde erst vor Kurzem vollkommen restauriert. Jetzt bietet es neben pompöser
Jahrhundertwende-Eleganz auch modernsten Komfort. Empfehlenswert: die hoteleigene Brasserie „L'Incontro": Man sitzt vor
dem Hotel und schaut beim Essen, einer
kreativen toskanischen Küche, dem bunten
Treiben zu.

Torre di Bellosguardo ▊F▊F▊F▊ ▢
OT Torre Di Bellosguardo
Via Roti Michelozzi, 2
PLZ 50124   westlich ▪ A 5, S. 184
Tel. 0039/05 52 29 81 45
Fax 055 22 90 08
www.torrebellosguardo.com
9 Zi., 7 Suiten, DZ ab € 250
AmEx DINERS EC MASTER VISA ♈ 🏠 ≈ ⚲
Wohnen wie in einer Florentiner Sommer-
residenz auf den nahen Hügeln und mit
einem atemberaubenden Blick auf die
Altstadt. Das historische Haus fasziniert
mit dem Charme vergangener Zeiten, zum
Beispiel mit den Suiten und antiquarischen
Möbeln. Besonders schön sind die Gäste-
zimmer mit Blick auf Florenz. Park mit
Pool sind ideal, um sich wie jene Florenz-
Reisende zu fühlen, die Ende des 19. Jahr-
hunderts die Stadt besuchten und im
Grünen leben wollten.

Torre Guelfa ▊F▊F▊ ▢ ▢
Innenstadt, Via Borgo S.S. Apostoli, 8
PLZ 50123   ▪ C 3, S. 184
Tel. 0039/05 52 39 63 38
Fax 05 52 39 85 77

www.hoteltorreguelfa.com
29 Zi., 2 Suiten, DZ ab € 150
AmEx EC MASTER VISA € ♈ ⚲
Nettes, sympathisches Haus in einem
Palazzo aus dem 14. Jahrhundert direkt im
historischen Zentrum. Beeindruckend sind
die Lobby und die einzelnen Aufenthalts-
säle, ganz zu schweigen von der tollen
Dachterrasse mit Blick auf die Altstadt. Die
Gästezimmer sind konventionell eingerichtet. Ideale Bleibe, um Sehenswürdigkeiten
zu Fuß zu erreichen.

Villa La Vedetta ▊F▊F▊F▊F▊ ▢
OT Poggio Imperiale, Viale Michelangelo, 78
PLZ 50125   östlich ▪ F 5, S. 185
Tel. 0039/055 68 16 31
Fax 05 56 58 25 44
www.villalavedettahotel.com
11 Zi., 7 Suiten, DZ ab € 199
AmEx DINERS EC MASTER VISA ♈
Hotel-Villa in herrlicher Position etwas
oberhalb der Stadt und mit fantastischem
Blick auf die Altstadt. Unbedingt die Zimmer
und Suiten mit Aussicht reservieren. Der
Pool im Garten ist zwar klein, aber wo kann
man sich schon im Wasser ausruhen und

Mitten im historischen Zentrum: das liebenswert geführte Hotel „Torre Guelfa"

Im 1. Stock reservieren: „Alle Murate"

auf Brunelleschis Domkuppel schauen? Viel Komfort und gepflegte Eleganz. Das hoteleigene Restaurant „Onice" bietet leichte kreative toskanische Kost. Gute Weinkarte. Das Lokal ist einer der beliebten In-Treffpunkte der Stadt.

Restaurants

Al Tranvai F
OT S. Frediano, Piazza Torquato Tasso, 14 r
PLZ 50124   westlich ■ A 4, S. 184
Tel. 0039/055 22 51 97
Fax 055 22 51 97
www.altranvai.it
So geschl.
Hauptgerichte € 8-16
AmEx DINERS EC MASTER VISA

Für Florenz-Besucher, die die köstliche und deftige Küche genießen wollen. Kleine, urgemütliche Trattoria, in der es immer voll ist. Unbedingt reservieren. Herzhaft schmecken die verschiedenen Bruschettas, geröstete Weißbrotscheiben mit Pasten und Gemüse. Hausgemachte Nudeln mit kräftigen Saucen und Fleischgerichte von toskanischen Kälbern und Rindern. Kleine Weinkarte. Ein Lokal, um das typische florentinische Ambiente zu genießen.

Alle Murate F F
Innenstadt, Via del Proconsolo, 16 r
PLZ 50122   ■ D 2, S. 185
Tel. 0039/055 24 06 18
Fax 05 52 34 62 79
www.allemurate.it
nur Abendessen, Mo geschl.
Hauptgerichte € 22-45
AmEx DINERS EC MASTER VISA

Essen unter mittelalterlichen Freskenbildern, Ungemein suggestives Restaurant im historischen Zentrum, wo man einen Tisch im ersten Stock, unter der bemalten Decke, reservieren sollte. Man gibt sich prätentiös, auch in der Anrichtung auf den Tellern, aber eine *mamma* kocht zünftige toskanische Klassiker. Ausgezeichnete Nudel- und Fleischgerichte. Die Pasta ist hausgemacht. Kleine, aber gute Weinauswahl.

Buca Lapi F F
Innenstadt, Via del Trebbio, 1 r
PLZ 50123   ■ B 2, S. 184
Tel. 0039/055 21 37 68
Fax 055 28 48 62
www.bucalapi.com
So geschl.
Hauptgerichte € 30-40
AmEx EC MASTER VISA

Zünftiges Restaurant aus dem späten 19. Jahrhundert, in dem *bistecca alla fiorentina* serviert wird, riesige, saftige Steaks von nur in der Toskana weidenden Chianina-Rind. Auch die Wildschweingerichte sind fantastisch. Hausgemachte Nudeln mit Wildschweinsauce. Gute Weinkarte mit Klassikern aus der Toskana. Das gemütliche Lokal ist auch beliebt bei Florentinern, auch wenn es an manchen Tagen recht touristisch zugeht.

Cibrèo F F F
OT Mercato di Sant'Ambrogio, Via Andrea del Verrocchio, 8 r
PLZ 50122   ■ F 2/3, S. 185
Tel. 0039/05 52 34 11 00
Fax 055 24 49 66
www.cibreo.com
So, Mo geschl.

Hauptgerichte € 36

AmEx | DINERS | EC | MASTER | VISA

Eines der beliebtesten In-Lokale von Florenz. Hier trifft man Stars und Sternchen, die es informell, aber mit einem Hauch von Eleganz mögen. Toskanische Fleisch- und Nudelklassiker. Freundlicher Service. Wenn auch nicht gerade preiswert, wird dieses Restaurant auch von vielen jungen Florentinern aufgesucht. Zur Adresse, aber im Haus gegenüber, gehört auch ein Kleinkunsttheater, in dem warme Speisen serviert werden. Die gemütlichere Version des Restaurants ist die „Trattoria Cibrèo". Die Qualität der Gerichte, nur toskanische Nudel- und Fleischklassiker, darunter ein fantastisches Chianina-Steak, ist dieselbe wie im benachbarten Restaurant.

Enoteca Pinchiorri F F F F

Innenstadt, Via Ghibellina, 87
PLZ 50122 ■ E 3, S. 185
Tel. 0039/055 24 27 77, Fax 055 24 49 83
www.enotecapinchiorri.com
Di mittag, Mi mittag, So, Mo geschl.
Hauptgerichte € 70-120

AmEx | EC | MASTER | VISA 🏠 🌳 🍸

Unvergesslich schmecken das Seeteufelfilet mit Thymianlinsen und frittierten Mandeln. Oder toskanische Leber mit Balsamessig

und das zarte Kalbsfilet mit einem Püree aus Zucchini und Bittermandeln. Vielleicht das beste, sicherlich aber das eleganteste und teuerste Restaurant in Florenz. Ein Feinschmeckertreff, bei dem man reservieren muss und als Herr ein Jackett tragen muss, sonst kommt Mann nicht hinein. Toller Weinkeller, der selbst Lenner verzückt. Ein Lokal für besondere Anlässe, für das man allerdings den Kreditrahmen bei seiner Bank vorher erhöhen sollte.

Gozzi Sergio F F ▢ ▢ ▢

Innenstadt, Piazza San Lorenzo, 8 r
PLZ 50123 ■ C 1, S. 184
Tel. 0039/055 28 19 41
nur Mittagessen, So geschl.
Hauptgerichte € 10-20

EC | DINERS | EC | MASTER | VISA 📝

Eine der letzten echten Familientrattorien in Florenz! Ein einfaches Lokal direkt am volkstümlichen San-Lorenzo-Markt. Unbedingt reservieren, denn hier ist es mittags in der Regel immer voll, nicht nur der vielen Florentiner Stammgäste wegen. Leckere hausgemachte Nudeln mit kräftigen Fleischsaucen. Wildschweingeschnetzeltes und Chianina-Filets und -Steaks. Kleine, aber feine Weinkarte. Ein Muss für Feinschmekker, die das Ursprüngliche suchen.

Das Beste im noblen Haus ist der Weinkeller: die „Enoteca Pinchiorri"

F

Eine Entdeckung: „Guelfi e Ghibellini"

Guelfi e Ghibellini ▮F▮▮F▮▮F▮▯
Innenstadt, im Hotel Relais Santa Croce
Via Ghibellina, 87
PLZ 50122 ◼ E 3, S. 185
Tel. 0039/05 52 34 22 30
Fax 05 52 34 11 95
www.relaisantacroce.com
kein Ruhetag
Hauptgerichte € 26-100
`AmEx` `DINERS` `MASTER` `VISA`

Ein Restaurant, das es zu entdecken gilt. Im ersten Stock des Palazzo, in dem auch die „Enoteca Pinchiorri" residiert. Dieses kleine und sehr feine Hotelrestaurant bietet eine elegante Atmosphäre und eine ungemein kreative Küche. Viele der Gerichte tragen fantasievolle Namen, die den Gast in die Irre führen. Was Auster heißt, schmeckt auch so, ist aber etwas ganz anderes. Die ideale Adresse für Feinschmecker, die das Neue suchen. Guter Weinkeller.

Il Latini ▮F▮▮F▮▯▯
Innenstadt, Via dei Palchetti, 6 r
PLZ 50123 ◼ B 2, S. 184
Tel. 0039/055 21 09 16
Fax 055 28 97 94
www.illatini.com
Mo geschl.
Hauptgerichte € 15-50
`EC` `MASTER` `VISA`

Zünftiges Traditionslokal, wo seit den 40er-Jahren Promis ein- und ausgehen. Ganz und gar nicht elegant, eher wie eine Landtrattoria eingerichtet. Auf die Teller kommen traditionelle toskanische Spezialitäten. Reiche Auswahl an herzhaftem Aufschnitt und Wildbret. Hausgemachte Nudeln mit Wildschweinsauce und Chianina-Rindfleisch vom Feinsten. Gut ausgestatteter toskanischer Weinkeller. Sympathischer Service. Man sollte sich auch die Tagesspezialitäten empfehlen lassen.

La Reggia degli Etruschi ▮F▮▯▯▯
OT Fiesole, Via San Francesco, 18
PLZ 50014 ◼ B/C 1, S. 184
Tel. 0039/05 59 93 85
Fax 05 55 93 85
www.lareggia.org
Di geschl.
Hauptgerichte € 20-25
`AmEx` `DINERS` `MASTER` `VISA`

Aussichtsrestaurant im nahen Fiesole. Es empfiehlt sich, bei schönem Wetter mittags auf der Panoramaterrasse einen Tisch zu reservieren. Der Blick auf die Stadt in der Ferne ist fantastisch. Gegessen wird toskanische Hausmannskost, aber auch leckere Risottos mit Gemüse und Wildschweinfleisch. Gute Nudelküche und Vorspeisen mit lokalem Aufschnitt. Kleine Weinkarte. Um einen guten Tisch zu ergattern, müssen Sie unbedingt reservieren.

Lo Zibibbo ▮F▮▮F▮▯▯
OT Pian di San Bartolo, Via di Terzollina, 3 r
PLZ 50139 ◼ B/C 1, S. 184
Tel. 0039/055 43 33 83
Fax 05 54 28 90 70
www.trattoriazibibbo.it
Sa mittag, So geschl.
Hauptgerichte € 13-30
`AmEx` `DINERS` `MASTER` `VISA`

Etwas außerhalb des Stadtzentrums gelegen, aber mit Bus und Taxi schnell zu erreichen. Das Lokal erinnert in seiner Architektur ein wenig an eine Garage. Aber über Design kann man ja streiten, und das Essen ist gut. Toskanische Traditionskost vom Feinsten, mit einem rein toskanischen Weinkeller. Ausgezeichnete handgemachte Nudeln und ein zarter Wildschweinbraten. Reiche Dessertauswahl.

Quattro Leoni FF

Innenstadt, Via dei Vellutini, 1 r
PLZ 50125   ■ B 4, S. 184
Tel. 0039/055 21 85 62
Fax 05 52 67 88 70
www.4leoni.com
Mi mittags geschl.
Hauptgerichte € 15-25
AmEx DINERS MASTER VISA M

„Die" Florentiner VIP-Trattoria, wo man unter anderen den Sänger Gigi d'Alessio oder auch Isabella Rossellini am Nachbartisch treffen kann. Sie alle kommen, um in familiärem Ambiente gute Hausmannskost zu genießen. Ausgezeichnete Vorspeisen (Wurst- und Käseplatten). Schwer zu finden, da in einer kleinen Gasse gelegen. Am besten fragt man Einheimische. Abends unbedingt vorbuchen.

Rossini FFFF

Innenstadt, Lungarno Corsini, 4
PLZ 50123   ■ B 3, S. 184
Tel. 0039/05 52 39 92 24
Fax 05 52 71 79 90
www.ristoranterossini.it
Mi geschl.
Hauptgerichte € 23-29
EC MASTER VISA

Geröstete Artischocken mit Parmesan, Austern-Risotto, feinste Chianina-Filets und für Florenz traditionelle, aber überraschend leicht zubereitete Innereienküche. Toskanische Klassiker kommen in diesem eleganten Restaurant auch auf den Tisch: zum Beispiel die überaus schmackhaften zarten Hahnenkämme, gekocht und gewürzt. Eines der besten Lokale der Stadt, wenn auch der

Speisesaal nicht besonders schön ist. Toller Weinkeller, den Weinliebhaber sich vor ihrer Wahl zeigen lassen sollten. Überaus freundlicher Service.

Santo Bevitore F

OT S. Frediano, Via di Santo Spirito, 64-66 r
PLZ 50125   ■ A 3, S. 184
Tel. 0039/055 21 12 64
www.ilsantobevitore.com
So mittag geschl.
Hauptgerichte € 15-18
MASTER VISA

Gemütliches Lokal für junge und jung gebliebene Florentiner. Viel einheimisches Publikum, das zu einem guten Preis-Leistungs-Verhältnis toskanische Weinklassiker verkosten (rund 15 offene Weine pro Tag) und dazu traditionelle Leckereien essen möchte; wie zum Beispiel ein herzhaftes Gericht aus rohem und durch den Fleischwolf gedrehtem Kalbsfleisch, das mit gutem Olivenöl und vielen Gewürzen abgeschmeckt ist.

Florentiner Traditionsadresse: „Rossini"

Trattoria Sostanza – Troia F F

Innenstadt, Via del Porcellana, 25 r
PLZ 50123   ■ A 2, S. 184
Tel. 0039/055 21 26 91
gianna.benassi@hotmail.it
außer Sept., Okt., April, Mai Sa geschl.
Hauptgerichte € 8-23

In einer unscheinbaren Gasse versteckt
sich der Florentiner Geheimtipp. Ein
einziger Gastraum nur, man sitzt eng oder
auch mit anderen an einem langen Tisch
zusammen. Serviert werden toskanische
Traditionsgerichte, leckere Vorspeisen aus
Gemüse und viele deftige Nudelgerichte
mit Fleischsaucen. Zartes Fleisch vom
Chianina-Rind und Gemüseaufläufe wie
bei *mamma*. Einfache Weinkarte in einem
der gemütlichsten Lokale in Florenz.

Bars/Cafés

Caffè Giacosa Roberto Cavalli

Innenstadt, Via della Spada, 10 r
PLZ 50123   ■ B 2, S. 184
Tel. 0039/05 52 77 63 28
www.caffegiacosa.it
Mo-Sa 7.30-20.30 Uhr
AmEx DINERS MASTER VISA
Klassisches Café mit *fashion touch* des
Florentiner Star-Modemachers Roberto
Cavalli. Tagsüber Kaffee und Plätzchen, zur
Happy Hour Drinks und Cocktails vom
Barmann. Sehr beliebt beim jüngeren und
trendigen Publikum. Dann und wann lässt
sich auch der Meister mit seinen Lieblings-
modells sehen.

Caffè Gioberti

Innenstadt, Via Gioberti, 76-78 r
PLZ 50121   östlich ■ F 4, S. 185
Tel. 0039/055 66 68 03
Mo-Sa 7.30-21.30 Uhr

Hauseigene fantastische Torten und feines
Gebäck: der klassische Treffpunkt für
Florentiner und ab dem späten Nachmittag
einer der sympathischsten Treffpunkte zur

Happy Hour mit rund 60 verschiedenen,
hervorragenden Cocktails.

Il Manduca

Innenstadt, Via San Biagio a Petriolo, 2 a
PLZ 50127   westlich ■ A 1/2, S. 184
Tel. 0039/055 34 01 19
www.ilmanduca.com
Mi-Sa 21-4 Uhr
MASTER VISA
Florentiner Version gewisser Nightclubs
in Las Vegas: ein Pool, in dem attraktive
Signoras schwimmen, ein DJ liefert die
Musik und zur reichen Cocktail-Auswahl
werden kleine Häppchen serviert. Eines der
In-Lokale der Stadt, sehr beliebt bei der
lokalen Schickeria und VIPs auf Durchreise.

Le Volpi e l'Uva

Innenstadt, Piazza dei Rossi, 1 r
PLZ 50125   ■ C 4, S. 184
Tel. 0039/05 52 39 81 32
Fax 05 52 39 81 32
www.levolpieluva.com
Mo-Sa 11-21 Uhr
AmEx MASTER VISA
Einige der besten Tropfen aus der Toskana
und dazu kleine warme und kalte Speisen.
Diese gemütliche Weinbar, Anlaufpunkt von
Florentinern aus dem Viertel beim Palazzo
Pitti, ist der richtige Ort, um mit Einheimi-
schen ins Gespräch zu kommen. Touristen
sind selten. Zu guten Weinen Aufschnittplat-
ten und in Olivenöl eingelegtes Gemüse.

Negroni

Innenstadt, Via dei Renai, 17 r
PLZ 50125   ■ D 5, S. 185
Tel. 0039/055 24 36 47
www.negronibar.com
tgl. 10-2 Uhr
AmEx DINERS MASTER VISA ☂
Erst vor wenigen Jahren öffnete diese Café-
Cocktail-Bar ihre Pforten und ist bereits
eine der wichtigsten Adressen, um sich zur
Happy Hour zu treffen. Reiche Cocktail-
Auswahl. Dazu gibt es leckere warme
Häppchen mit Wurst und Käse, aber auch
verführerische *dolci*.

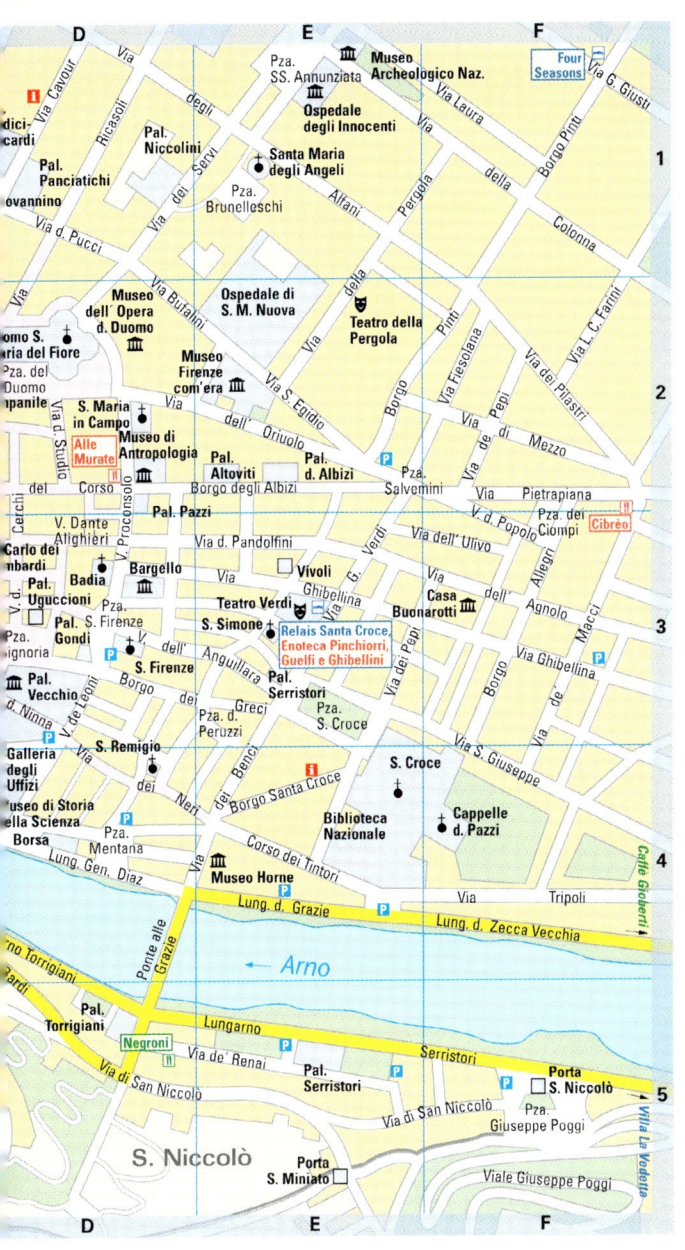

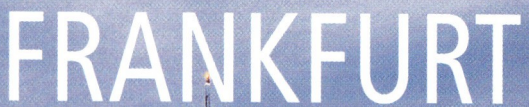

FRANKFURT

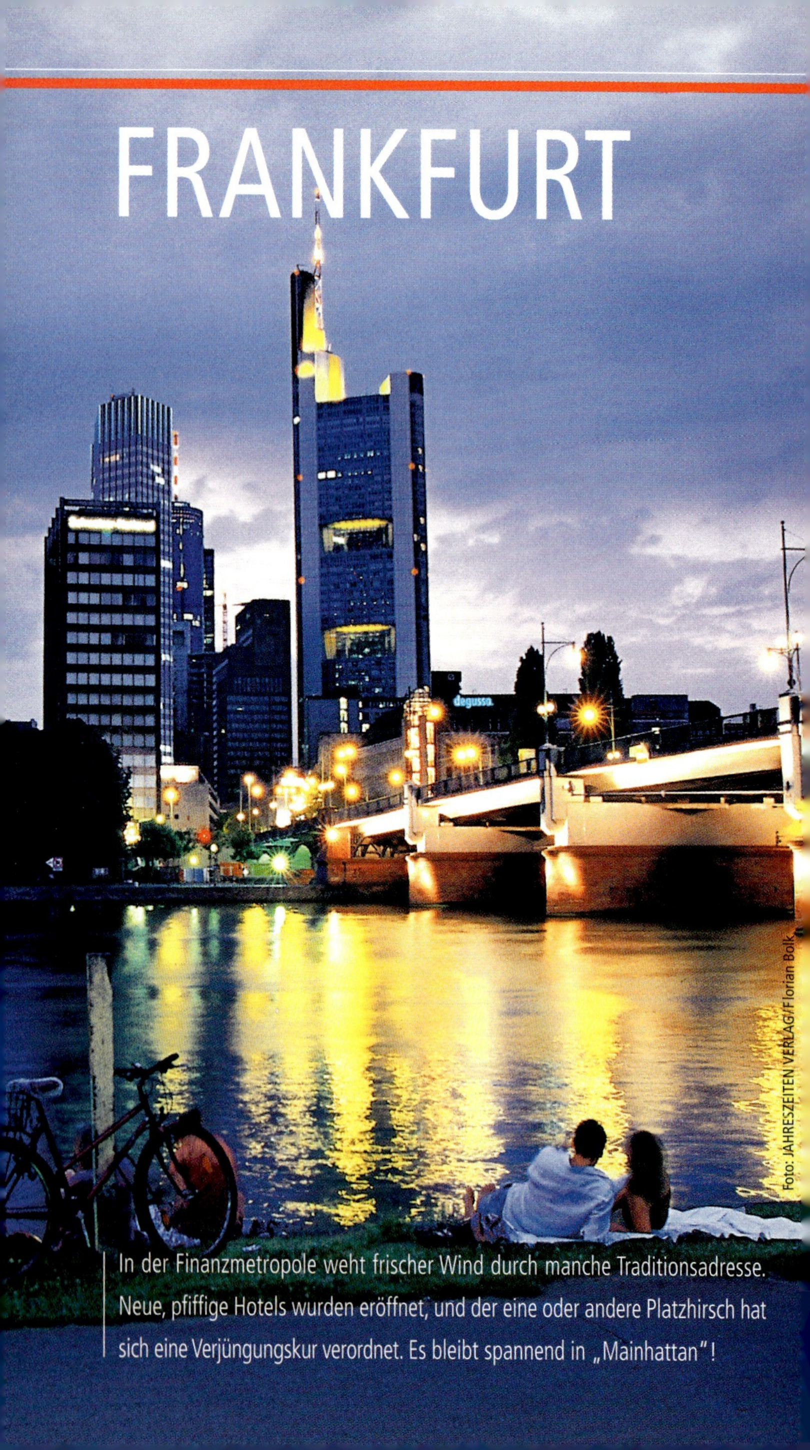

Foto: JAHRESZEITEN VERLAG/Florian Bolk

In der Finanzmetropole weht frischer Wind durch manche Traditionsadresse. Neue, pfiffige Hotels wurden eröffnet, und der eine oder andere Platzhirsch hat sich eine Verjüngungskur verordnet. Es bleibt spannend in „Mainhattan"!

Frankfurt am Main

Gerbermühle `F` `F`
OT Sachsenhausen, Gerbermühlstr. 105
PLZ 60594   östlich ■ F 4, S. 201
Tel. 069/68 97 77 90, Fax 689 77 79 66
www.gerbermuehle.de
13 Zi., 5 Suiten, DZ ab € 140
`AmEx` `EC` `MASTER` `VISA` 🍷🏠🛎
Der denkmalgeschützte ehemalige Sommer-
sitz der Bankiersfamilie von Willemer war
lange ein beliebtes Ausflugsziel, heute ist es
ein schmuckes Designerhotel. Zimmer und
Suiten sind in modernem Landhausstil
eingerichtet, haben Parkettboden und
geräumige Granit-Duschbäder. Frühstück im
Wintergarten oder auf der Terrasse, verlässliche Regionalküche im Restaurant und im
großen Sommergarten. Schicke Bar.

Goldman 25hours `F` `F`
OT Ostend, Hanauer Landstr. 127
PLZ 60314   östlich ■ F 3, S. 201
Tel. 069/40 58 68 90, Fax 40 58 68 98 90
www.25hours-hotels.com
49 Zi., DZ ab € 90
`AmEx` `MASTER` `VISA` 💶🍷
Das schrill-bunte Hotel mit unterschiedlichen Zimmern (Flat-Screen-TV) hinter
farbenfroher Fassade im Ostend hat sich
etabliert. Zeit für Neuerungen: 2008 ist
ein Schwesterhotel hinzugekommen. Und
das ist blau, jeansblau. „Tailored by Levi's"
ist ein lustig-hippes Haus mit Zimmern
der Größen S, M und XL, in jedem hängt
eine Vintage-Jeans als Kunstobjekt. Dachterrasse, Tagungsraum, Musikzimmer.
(Siehe Restaurant „Goldman 25hours".)

Hessischer Hof `F` `F` `F` `F`
OT Westend, Friedrich-Ebert-Anlage 40
PLZ 60325   westlich ■ A 3, S. 200
Tel. 069/754 00, Fax 75 40 29 24
www.hessischer-hof.de
117 Zi., 7 Suiten, DZ ab € 170
`AmEx` `DINERS` `EC` `MASTER` `VISA` 🍷🏠🛎
Gediegene Eleganz prägt das frühere
Stadtpalais des Prinzen von Hessen, der
individuelle Service ist erstklassig. Die

Zimmer im klassischen Stil sind renoviert,
frisches Obst, Mineralwasser und Getränke
aus der Minibar sind im Preis bereits
enthalten. Gutes Frühstück, *open bar* für
Hotelgäste von 18 bis 20 Uhr (siehe
„Jimmy's Bar").

Hilton `F` `F` `F` `F`
Innenstadt, Hochstr. 4
PLZ 60313   ■ C 2, S. 200
Tel. 069/133 80 00, Fax 13 38 20
www.beta.hilton.de/frankfurt
328 Zi., 14 Suiten, DZ ab € 150
`AmEx` `DINERS` `EC` `MASTER` `VISA` 🍷🏠♨🛎
Frankfurts internationales Businesshotel hat
eine ideale Lage zwischen Park, Börse,
Banken und Fressgass'. Moderner Komfort
mit Power-Shower im Bad in den Zimmern
mit großen Fenstern, die jetzt Flat-Screen-
TV und Anschlussmöglichkeiten für iPod
oder MP3-Player haben. Nebenan: „Wave
Fitness Club" mit 25-Meter-Pool. Sechzehn
Tagungsräume und Businesscenter. In der
50 Meter hohen Atrium-Lobby stehen
Check-In-Automaten (Lufthansa). „Asian
Bar" und kalifornisch inspirierte Küche im
„Pacific Colors" mit schöner Parkterrasse.

Inn Side Premium Suites `F` `F`
Innenstadt, im Eurotheum, Neue Mainzer
Str. 66-68
PLZ 60311   ■ B 2, S. 200
Tel. 069/21 08 80, Fax 21 08 82 22
www.innside.de

„Hessischer Hof": elegantes Stadtpalais

74 Zi., 20 Suiten, DZ ab € 122

AmEx DINERS EC MASTER VISA ⏐⏐⏐⏐⏐

Zwischen der 22. und 29. Etage befinden sich die Appartements des Eurotheum-Hochhauses, die auch tageweise vermietet werden. Fünf unterschiedliche Designstile stehen zur Wahl, alle Appartements haben offene Bäder und raumhohe Fenster mit Aussicht auf die Stadt. Drei Konferenzräume und ein kleiner Fitnessbereich mit Sauna runden das Angebot ab. Die Bar in der 22. Etage gehört zu den beliebtesten in Frankfurt (siehe „22nd Lounge").

InterContinental FFFF

Bahnhofsviertel, Wilhelm-Leuschner-Str. 43
PLZ 60329 ■ B 4, S. 200
Tel. 069/260 50, Fax 25 24 67
www.frankfurt.intercontinental.com
770 Zi., 35 Suiten, DZ ab € 127

AmEx DINERS EC MASTER VISA ⏐⏐⏐⏐⏐

Hinter der massiven Fassade des internationalen Businesshotels unweit des Mainufers verbirgt sich ein elegantes Interieur mit umfangreichem Angebot für Geschäftsreisende. Tagungszentrum, Businesscenter, Lounge im 21. Stock und Zimmer in verschiedenen Kategorien sind auf dem neuesten Stand. Lobbybar.

Radisson Blu FFF

OT Bockenheim, Franklinstr. 65
PLZ 60486 westlich ■ A 3, S. 200
Tel. 069/770 15 50, Fax 77 01 55 10
www.radissonblu.com
428 Zi., 14 Suiten, DZ ab € 115

AmEx EC MASTER VISA ⏐⏐⏐⏐⏐

Das Businesshotel, das die Form einer riesigen blauen Scheibe hat, ist nicht zu übersehen. Der Mailänder Designer Matteo Thun hat die Zimmer in vier verschiedenen Stilen gestaltet. Alle Bäder haben ein Fenster zum Zimmer und dadurch Tageslicht. Der Wellnessbereich mit Pool, Sauna und Anwendungen lockt mit Aussicht im obersten Stock. Großer Ballsaal, schöne Terrasse mit Teich, „Kamin-Bar".

Steigenberger Frankfurter Hof FFFF

Innenstadt, Am Kaiserplatz
PLZ 60311 ■ C 3, S. 200
Tel. 069/215 02, Fax 21 51 91
www.frankfurter-hof.steigenberger.de
280 Zi., 41 Suiten, DZ ab € 290

AmEx DINERS EC MASTER VISA ⏐⏐⏐⏐⏐

Frankfurts Traditionshotel steht mitten in der City, unweit von Banken, Börse, Shopping und Kultur. Zum stilvollen Innenleben

„Steigenberger Frankfurter Hof": Traditionsadresse mit Stil und bestem Service

gehören komfortable Zimmer und Suiten unterschiedlicher Größe mit zeitgemäßem Komfort. Der Service klappt reibungslos, vom Schuheputzen bis zum abendlichen *turn-down*-Service. Elegante Tagungsräume mit moderner Technik, effizientes Businesscenter. Der „Skyline"-Wellnessclub mit Fitnessraum und Sauna ist Hausgästen vorbehalten. Muntere Bistroküche im quirligen „Oscar's" und auf der Terrasse, japanische Gerichte im „Iroha" sowie erstklassige Haute Cuisine bei Chefkoch Patrick Bittner (siehe Restaurant „Français"). Die neue „Smokers Lounge" im Clubstil mit einer guten Rumsammlung ist ein beliebter Treffpunkt für Raucher.

The Pure F F

OT Gallus-Viertel, Niddastr. 86
PLZ 60329   ■ A 3, S. 200
Tel. 069/710 45 70, Fax 710 45 71 77
www.the-pure.de
50 Zi., DZ ab € 140

AmEx DINERS EC MASTER VISA ♈︎🏠🏔☂︎

Das Weiß ist Konzept in der ehemaligen Textilfabrik, die auf ein multifunktionales Raumkonzept setzt: Die Rezeption ist auch Bar, die Lobby auch Lounge, Salon und Frühstücksraum. Die Zimmer sind zwar hoch, aber eher klein, dafür haben alle Flat-Screen-TV, Eichenparkett und Safes. Gutes Frühstück, kleiner Fitnessbereich.

The Westin Grand Hotel F F F F

Innenstadt, Konrad-Adenauer-Str. 7
PLZ 60313   ■ D 2, S. 201
Tel. 069/298 10, Fax 298 18 10
www.starwoodhotels.com
371 Zi., 18 Suiten, DZ ab € 179

AmEx DINERS EC MASTER VISA ♈︎🏠🏔☂︎

Aus dem „Arabella Grand Hotel" ist nach Komplettrenovierung das auf internationale Businessgäste ausgerichtete „The Westin" geworden. Die computergesteuerte Beleuchtung und Beduftung in Lobby, Businesscenter und Konferenzetage wechselt mit der Tageszeit. In den Zimmern sind alle kettenüblichen Standards vorhanden: „Heavenly Beds", anti-allergische Kissen, Bügelstation, Espressomaschine, Flachbildschirme und Marmorbäder mit Doppel-Duschkopf. Moderne Geräte im Spa mit Pool in der obersten Etage. Abends beschallt ein DJ die Lobby und das „Aquaterra" auf der Beletage, wo eine flotte Weltküche mit exotischen Noten Spaß macht. Japanisches gibt es im „Sushimoto" und chinesische Küche im „SanSan".

„The Pure": cooles Weiß und geradliniger Purismus im multifunktionalen Raumkonzept

„Villa Kennedy": elegante Salons in der denkmalgeschützten Villa

Villa Kennedy FFFF

OT Sachsenhausen, Rocco Forte
Kennedyallee 70
PLZ 60596   südlich ■ B 5, S. 200
Tel. 069/71 71 20
Fax 717 12 24 30
www.villakennedy.com
134 Zi., 29 Suiten, DZ ab € 495

AmEx DINERS EC MASTER VISA ♈︎≈♋︎

Klare Linien und dezente Eleganz bestimmen die Räume des Neubaus um den begrünten Innenhof, elegante Salons und Suiten prägen die denkmalgeschützte ehemalige Villa „Speyer". Alle Zimmer und Suiten überzeugen mit hochwertigen Materialien, geräumigen Bädern und moderner Technik. Ausführliche Wellness mit Fitness, Pool und Beauty gibt es auch. Gute Cocktails in der „JFK Bar".

Villa Orange FF

OT Nordend, Hebelstr. 1
PLZ 60318   ■ E 1, S. 201
Tel. 069/40 58 40, Fax 40 58 41 00
www.villa-orange.de
38 Zi., DZ ab € 99

AmEx DINERS EC MASTER VISA ⌂♋︎

Zentral und doch ruhig steht das hübsche Privathotel mit der sonnengelben Fassade im Nordend. Die drei Zimmerkategorien

unterscheiden sich in Lage und Größe, nicht aber in der Ausstattung mit Roset-Möbeln, Wasserkocher, Fön. Manche haben Himmelbetten und eine frei stehende Nostalgie-Badewanne. Heller Frühstücksraum mit hohen Altbaudecken und Terrasse, nette Lobby, Bibliothek, zwei Seminarräume, Parkplätze. Frühstück aus Biozutaten.

„Villa Orange": Businesshotel mit Charme

„Emma Metzler": Museumsrestaurant mit ausdrucksstarken Gerichten

Restaurants

Avocado FF
Innenstadt, Hochstr. 27
PLZ 60313 ■ C 2, S. 200
Tel. 069/29 46 42, Fax 13 37 94 55
www.restaurant-avocado.de
Mo mittag, So geschl.
Hauptgerichte € 24-33
AmEx EC MASTER VISA M ↑
Der gebürtige Elsässer Thierry Muller und
seine Frau Angela zelebrieren in ihrem
kleinen, gemütlichen Restaurant franzö-
sisch-mediterrane Küche und gepflegte
Gastfreundschaft. Was hier auf die Teller
kommt, ist nicht nur apart etwa mit ess-
baren Blüten angerichtet, sondern stets eine
harmonische Kombination meist saisonal
geprägter Aromen. Beispiel: Entenbrust mit
Orange und Schnittlauch-Sherry-Sauce.
Gute europäische Weinauswahl.

Biancalani FF
OT Sachsenhausen, Walther-von-Cronberg-
Platz 7-9, PLZ 60594 ■ E 4, S. 201
Tel. 069/68 97 76 15, Fax 68 97 76 11
www.biancalani.de
Sa mittag, So mittag geschl.
Hauptgerichte € 8-27
AmEx EC MASTER VISA M ↑

Mediterranes Flair am Deutschherrnufer:
Mit seinen Räumen in warmen Farben, der
gläsernen Front und dem umfassenden
Konzept von Restaurant, Bar, enoteca und
Café verbreitet das „Biancalani" unter
den Arkaden im Florentinischen Viertel
südländisches Lebensgefühl. Die Küche ist
ebenfalls mediterran mit toskanischen
Akzenten: Lammkarree mit Olivenrisotto
oder bistecca fiorentina. Gute Weinauswahl.

Emma Metzler FF
OT Sachsenhausen, im Museum für Ange-
wandte Kunst, Schaumainkai 17
PLZ 60594 ■ C 4, S. 200
Tel. 069/61 99 59 06
Fax 61 99 59 09
www.emma-metzler.com
So abend, Mo geschl.
Hauptgerichte € 27-30
AmEx DINERS EC MASTER VISA M ⌂ ↑ ♟
Küchenchef Uwe Weber kocht nach einem
Ausflug in die Selbständigkeit wieder im
coolen Museumsrestaurant mit der lauschi-
gen Parkterrasse und zeigt sich in gewohn-
ter Form: ausdrucksstark und aromensicher.
Wunderbar leicht war die Suppe von Char-
donnay-Trauben mit Haselnuss-Sabayon,
saftig der Wildschweinrücken unter einer
fruchtig-knusprigen Cranberrykruste mit

Krautschupfnudeln. Apart schmeckte die dezent herbe Crème brûlée von Earl Grey mit Dunkelbier-Eis und karamellisierter Kümmelstange. Die umfangreiche Weinkarte stellt handwerklich arbeitende Winzer in den Mittelpunkt. Netter Service.

Erno's Bistro F F F F
OT Westend, Liebigstr. 15
PLZ 60323 ■ B 1, S. 200
Tel. 069/72 19 97, Fax 17 38 38
www.ernosbistro.de
Sa, So geschl.
Hauptgerichte € 39-45
AmEx EC MASTER VISA M ⛱ ⌂ Υ

Das kongeniale Dream-Team Valéry Mathis und Patron und Sommelier Eric Huber setzen auf Bewährtes: Die karierten Tischdecken sind mittlerweile Kult, feines Christofle-Silber und weißes Leinen die optische Kür. Kulinarisch sind sie ohnehin über jeden Zweifel erhaben. Französische Klassik paart sich bestens mit mediterraner Beschwingtheit, etwa bei gebratenen Jakobsmuscheln mit Risotto, Kalbskopfvinaigrette und Trüffeljus oder beim Entrecote *double* mit Schalotten-*confit* und Rotweinsauce. Französisch ist auch die Weinkarte mit 600 Positionen.

„Français": stilvolle Eleganz in Weiß

Français F F F F
Innenstadt, im Hotel Steigenberger Frankfurter Hof, Am Kaiserplatz
PLZ 60311 ■ C 3, S. 200
Tel. 069/21 51 38, Fax 21 51 19
www.steigenberger.de
Sa, So geschl.
Hauptgerichte € 29-46
AmEx DINERS EC MASTER VISA M ⛱ ⌂ Υ

„Erno's Bistro": karierte Tischdecken und kulinarische Meisterschaft

im lichten Restaurant

Patrick Bittner ist im aufgefrischten, licht-eleganten Restaurant weiter auf dem Weg nach oben. Selbstbewusst verbindet er Tradititon und Moderne. Ein Vergnügen die Périgord-Trüffel im Glas mit Frühlingslauch, Perlhuhneigelb und Speckschaum. Der brasilianische Carabinero bekommt durch Gulaschsaft und Zwiebelmarmelade eine überraschend herzhafte Note, doch die Krönung sind amerikanische Porterhouse-Steaks und Milchkalbsrücken aus der Corrèze, die der Küchenchef vom geschickten Service am Tisch tranchieren lässt. Der französische Sommelier stellt zwischen Weinen und Speisen schöne Harmonien her.

Garibaldi ✳

Innenstadt, Kleine Hochstr. 4
PLZ 60313   ■ C 2, S. 200
Tel. 069/21 99 76 44
www.garibaldi-frankfurt.de
So geschl.
Hauptgerichte € 10-25
[MASTER] [VISA] M ⌂ ⊤

Tout Frankfurt trifft sich im noch immer beliebtesten City-Italiener, entsprechend gesellig geht es hier zu – nichts für empfindliche Ohren. Die Küche bietet solide Standards, etwa respektable Pasta,

aber hier frönen die Gäste vor allem dem Dolce Vita im Fressgass-Umfeld. Große Terrasse.

Goldman ■■■

OT Ostend, im Hotel Goldman 25hours
Hanauer Landstr. 127
PLZ 60314   östlich ■ F 3, S. 201
Tel. 069/40 58 68 98 06
Fax 40 58 68 98 91
www.goldman-restaurant.com
nur Abendessen, So geschl.
Hauptgerichte € 17-32
[AmEx] [EC] [MASTER] [VISA] ⊤ ⌂

Die Küche im bunten Designerhotel läuft vor allem bei neudeutschen Gerichten zu Hochform auf. Klare Aromen und gerad-linige Kombinationen ohne überflüssigen Schnickschnack gefallen bei den saisonal inspirierten Gerichten, etwa Medaillons vom Kalb mit Kalbsbäckchen, Portweinjus und Pastinakenpüree. Überschaubare Weinkarte, junger, entspannt-aufmerksamer Service, dessen Uniform Jeans sind.

Grand Cru ■■

OT Sachsenhausen, Textorstr. 56
PLZ 60594   ■ D 5, S. 201
Tel. 069/62 62 60
www.grand-cru-weinrestaurant.de
nur Abendessen, Hauptgerichte € 10-20
[EC] ⊤

Zwischen Weinregalen und großen Spiegeln trinkt man internationale Tropfen von der rund 300 Positionen umfassenden Karte. Ein durchschnittlicher Aufschlag von 15 Euro macht auch große Namen bezahlbar. Dazu werden unkomplizierte Bistrogerichte wie Gänseleberterrine oder Ochsenbäckchen in Spätburgunder serviert.

Grossmanns ■

OT Höchst, Bolongarostr. 173
PLZ 65929   westlich ■ A 3, S. 200
Tel. 069/37 40 82 38
www.grossmanns-restaurant.de
Sa mittag, So mittag, Mo geschl.
Hauptgerichte € 15-25
[AmEx] [EC] [MASTER] [VISA] M ⌂ ⊤

Im liebevoll restaurierten Fachwerkhaus versteht sich die Küche auf den Umgang mit Kräutern und Saucen. Die Qualität steht immer im Vordergrund, weshalb die Auswahl der oft mediterran inspirierten Gerichte überschaubar ist. Schöne Beispiele: saftiges Wolfsbarschfilet auf schwarzen Beluga-Linsen in Krebsbuttersauce oder Stubenküken mit Wacholderjus. Kleine Weinkarte, netter Service.

Heimat F

Innenstadt, Berliner Str. 70
PLZ 60311   ■ C 3, S. 200
Tel. 069/29 72 59 94, Fax 29 72 59 70
www.heimat-frankfurt.com
nur Abendessen
Hauptgerichte € 19-26
EC MASTER VISA

Im beliebten Lokal im 50er-Jahre-Retro-Schick schauen die Gäste an der Theke zu, wie ihre Speisen zubereitet werden. Die Auswahl ist mit knapp zehn Gerichten klein, aber was auf die Teller kommt, das

schmeckt: geschmorte Kaninchenkeule mit Quitten und Speckknödeln etwa oder ein in Kräutersud pochierter Skrei mit Kräuterrisotto. Europäische Weinkarte, Tapas, gute Weinberatung, schöne Terrasse.

Holbein's F

OT Sachsenhausen, Holbeinstr. 1
PLZ 60596   ■ C 4, S. 200
Tel. 069/66 05 66 66
Fax 66 05 66 67
www.meyer-frankfurt.de
Mo mittag geschl.
Hauptgerichte € 22-33
AmEx EC MASTER VISA

Im Glashaus zwischen den Museumsbauten herrscht den ganzen Tag Betrieb: vom Lunch über Kaffee und Kuchen bis zum Dinner, vor allem abends ist das Lokal ein beliebter Treffpunkt. Auf der Karte stehen weltläufige Gerichte mit regionalen Akzenten wie Pasta, Geschmortes vom Schwäbisch-Hällischen Rind oder auch angebratenes Thunfischsteak. Nette Terrasse.

„Holbein's": Hochbetrieb im modernen Glashaus zwischen den Museumsbauten

„Medici": mittags leichte Snacks, abends Diner bei Kerzenschein

Kameha Suite –
Next Level F▢▢▢▢
OT Westend-Süd, Taunusanlage 20
PLZ 60325 östlich ■ F 3, S. 201
Tel. 069/71 03 52 77
Fax 0069/71 03 59 80
www.kamehasuite.com
nur Abendessen, So, Mo geschl.
Hauptgerichte € 26-38
AmEx EC 🏠 🍷
Unter dem Dach der ehemaligen Allianz-
Villa vereinen sich Restaurant, Bar, Café und
Take-away zu einem munteren Treffpunkt.
Alan Ogden hat das Restaurant verlassen,
aber die Küche bleib bei einem zeitgemä-
ßem Mix. Kontraste gefielen beim gebrate-
nen *confit* vom Kalbskopf mit Topinambur-
Püree und Essiggurke, harmonisch gelang
der Schellfisch mit Stielmus, Spinatblättern
und Schinken-*nage*. Ausführliche Weinauswahl mit 400 Positionen.

Long Island City Lounge ✳
Innenstadt, Kaiserhofstr. 12
PLZ 60313 ■ C 2, S. 200
Tel. 069/91 39 61 46
www.longislandcitylounge.de
So geschl.
Hauptgerichte € 10-32
AmEx DINERS MASTER VISA M̃ 🌴 ⬆

Gastronomische Multikonzepte sind im
Trend, die „Long Island City Lounge" ist
ein weiteres erfolgreiches in der Main-
metropole. Café, Bar und Restaurant in
buntem Stilmix aus Chippendale und Plüsch
vereinen sich hier. Die Küche zeigt sich
gleichermaßen vielseitig, mittags werden
alle Gerichte als Miniportionen serviert,
ob Burger, *Caesar salad* oder Heilbutt.
Internationale Weinkarte, freundlicher
Service, Terrasse und Sommer-Lounge auf
dem Parkhausdach.

Medici F F▢▢▢
Innenstadt, Weißadlergasse 2
PLZ 60311 ■ C 3, S. 200
Tel. 069/21 99 07 94, Fax 21 99 07 95
www.restaurantmedici.de
So geschl.
Hauptgerichte € 19-27
AmEx EC MASTER VISA M̃ 🌴 ⬆
Den Brüdern Stamatios und Christos
Simiakos gelingt der Spagat zwischen
leichten Snacks wie Flammkuchen, Salat
und Pasta am Mittag und *fine dining* bei
Kerzenschein am Abend, zum Beispiel mit
gebratenen Jakobsmuscheln auf eingeleg-
tem Kürbis und Kartoffel-Ingwer-Püree.
Mehr als 30 Weine werden offen serviert.
Freundlicher Service.

Micro FF

OT Fechenheim, Carl-Benz-Str. 21
PLZ 60386 östlich ■ F 3, S. 201
Tel. 069/900 20 10 03,
Reservierung: 90 02 00, Fax 90 02 02 90
www.hoeren-sehen-schmecken.net
nur Abendessen, So, Mo geschl.
Hauptgerichte € 18-50
AmEx EC MASTER VISA ♈

Essen bei Mario Lohninger muss nicht nur
liegend im „Silk" stattfinden. Im benachbarten „Micro" sitzt man an großen Tischen
und begibt sich auf die *tour culinaire* durch
die Weltküche. Ost und West wird gleichermaßen ausdrucksstark und gekonnt mit
frischem japanischem Seegrassalat und
saftig-deftigen Mikro-Burgern gehuldigt.
Auch das Wiener Schnitzel überzeugt,
ebenso die Schlutzkrapfen, Lohningers
Leibgericht. Feine Weine, viele von österreichischen Spitzenwinzern. Netter Service.
Je später der Abend, desto lauter und tanz-
barer die Musik.

Opéra FF

Innenstadt, in der Alten Oper, Opernplatz 1
PLZ 60313 ■ B 2, S. 200
Tel. 069/134 02 15, Fax 134 02 39
www.opera-restauration.de
kein Ruhetag
Hauptgerichte € 22-34
AmEx EC MASTER VISA ♈ ⛱

Das Restaurant in der Alten Oper besticht
mit seinem festlichen Ambiente im historischen Foyer. Die Küche hält da nicht immer
verlässlich mit und unterliegt Schwankungen. Beliebt sind die Klassiker wie Seezunge
Müllerin oder Wiener Schnitzel. Die Weinkarte ist international, der Service flink, und
vom Balkon hat man einen schönen Ausblick auf Mainhattan. Mittags trifft man sich
bei „Käfers Samstagsjause".

Paris' ☀

Innenstadt, im Literaturhaus
Schöne Aussicht 2
PLZ 60311 ■ E 3, S. 201
Tel. 069/21 08 59 85
Fax 21 08 59 86

www.paris-literaturhaus.de
außer So nur Abendessen, So abend geschl.
Hauptgerichte € 17-26
EC MASTER VISA ⛲ ☂

Das schmucke Lokal im weißen Literaturhaus ist ein beliebter und belebter Treffpunkt. Man sitzt nett bei Kaiserschinken aus
der Steiermark, Wildschweinsalami, Serra-
no-Schinken oder Trüffel-Pecorino. Der im
würzigen Ingwersud pochierte Heilbutt mit
gebratenen calamaretti und Zitronengras-
schaum war gut. Mürbe und saftig das
geschmorte Ochsenbäckchen und die
gebratene Lammleber auf Auberginenpüree
mit Balsamico-Äpfeln. Auch unter der Regie
der neuen Pächter kommt aus der Küche
ein munterer Mix. Freundlicher Service,
kleine Weinkarte. Biergarten.

„Silk": Entspannt probiert man sich durch

Silk `F` `F` `F` ☐

OT Fechenheim, im Cocoon Club
Carl-Benz-Str. 21
PLZ 60386 östlich ■ F 2, S. 201
Tel. 069/900 20 10 03, Fax 90 02 02 90
www.hoeren-sehen-schmecken.net
nur Abendessen, So, Mo geschl.
Menü € 109
[AmEx] [EC] [MASTER] [VISA] 🛋 🍸

Mario Lohningers umfangreiches Programm
verlangt präzises Timing: Pünktlich um
20.30 Uhr beginnt sein zwölfgängiges
Amuse-Bouche-Menü, das die Gäste im
Liegen auf weißen, ledernen Polstern
einnehmen. Trotz lässiger Pose dominiert
hier kulinarische Souveränität: Beim Maine-
Hummer auf Pomelo mit Zitronenpüree und
Hummersuppe überzeugt etwa die ausge-

ein zwölfgängiges Häppchen-Menü

wogene Balance. Die internationalen Weine
mit österreichischem Schwerpunkt passen
bestens dazu. Aufmerksamer Service.

The Ivory Club `F` `F` ☐☐☐

OT Westend, Taunusanlage 15
PLZ 60325 ■ B 2, S. 200
Tel. 069/77 06 77 67, Fax 77 06 79 69
www.ivory-club.de
Sa mittag, So mittag geschl.
Hauptgerichte € 25-50
[AmEx] [DINERS] [EC] [MASTER] [VISA] M̃ 🛋 ♟ 🍸

Selten werden Steaks in einer so schick
gestylten Kulisse serviert: Fackeln beleuch-
ten den Eingang zum Restaurant, in dem
man vorwiegend Englisch spricht. Die
Qualität des US-*prime-rib* ist sehr gut, dazu
gibt es auch indisch inspirierte Gerichte.
Der Service hält bei vollem Haus nicht
immer die Form. Hochpreisige Weine. *Valet
parking,* Bar, Raucherlounge, Innenhof.

Tiger-Restaurant `F` `F` `F` `F` ☐

Innenstadt, im Tigerpalast
Heiligkreuzgasse 16-20
PLZ 60313 ■ E 2, S. 201
Tel. 069/92 00 22 25, Fax 92 00 22 17
www.tigerpalast.de
nur Abendessen, So, Mo geschl.
Hauptgerichte € 38-38
[AmEx] [DINERS] [EC] [MASTER] [VISA] 🍸

Alfred Friedrich ist im renovierten Restaurant der Nachfolger von Martin Göschel. Er
jongliert hier wie noch nie mit Aromen und
inszeniert gekonnt eine französisch inspirierte „Grande Cuisine des Saisons". Sehr
schön das im Wirsingmantel gegarte Arktis-
Forellenfilet mit Aal und Apfel-Estragon-Jus,
gebratenes Kalbsfilet und Kalbsbries richtet
er auf geschmortem Romanasalat an und
paart aromatische Räuchertee-Jus dazu.
Herzlicher und kompetenter Service, die
Weinkarte ist die beste der Stadt.

Wagner

OT Sachsenhausen, Schweizer Str. 71
PLZ 60594 ■ D 5, S. 201
Tel. 069/61 25 65, Fax 61 14 45
www.apfelwein-wagner.com

F

kein Ruhetag
Hauptgerichte € 6-15

EC | MASTER | VISA

Hier treffen sich auswärtige und einheimische Apfelweinfreunde einträchtig in rustikalem Ambiente oder im helleren Wintergarten. Vor allem die kräftige klassische Ebbelwei-Cuisine mit Rippchen, Eisbein oder Schnitzel in verschiedenen Varianten, aber auch Tafelspitz mit Frankfurter Grüner Sauce oder Wild werden hier unkonventionell serviert.

Bars/Cafés

Bar Fifty Four

Innenstadt, Große Bockenheimer Str. 54
PLZ 60313   ■ C 2, S. 200
Tel. 069/92 88 68 48, Fax 13 37 50 19
www.bar-54.de
Mo-Mi 8-2 Uhr, Do-Sa 8-4 Uhr, So 10-1 Uhr

Die kleine, schicke Bar ist ein kosmopolitischer Treffpunkt in bester Lage. Die lange Theke und Spiegel setzen Akzente, die das magentafarbige Licht aufgreift. Die Bar ist bestens sortiert mit gut zwei Dutzend Sorten Whisky. Dazu gibt's Snacks. Was hier im Fashion-TV über den Bildschirm flimmert, tragen die weiblichen Gäste schon zur Schau. Große (Raucher-)Terrasse.

Pravda

Innenstadt, Rosenbergerstr. 4
PLZ 60313   ■ D 1, S. 201
Tel. 069/67 86 68 70
Fax 29 22 44
www.pravda-frankfurt.com
So-Mi 17-1 Uhr, Do 17-2 Uhr,
Fr, Sa 17-4 Uhr

DINERS | EC | MASTER | VISA

Unweit der Konstablerwache im Osten der City gibt Wodka das Programm vor. Mehr als 150 Sorten aus aller Welt passen zur deftigen russischen Kost wie *wareniki* (Maultaschen), Borschtsch, Kaviar und Blini. Eine lange Bar, schwarze Wände und Böden sowie rote Sterne auf den Tischplatten bilden die passende Kulisse.

Sansibar

Innenstadt, im Japan Tower, Taunustor 2-4
PLZ 60311   ■ B 3, S. 200
Tel. 069/26 95 79 84
Fax 26 95 79 85
www.my-places.de
Do, Fr 21-4 Uhr, Sa 22-4 Uhr

AmEx | DINERS | EC | MASTER | VISA

Angesagte Winterresidenz der beliebten Sommer-"Sansibar" auf dem Frankfurter Union-Gelände: psychedelische Wandmalereien, Retro-Stil, Plüschsofas und ein separater VIP-Bereich für besonders spendable Gäste. Hier fließen Wodka und Champagner flaschenweise, dazu gibt's Asia-Snacks. Man sollte sich vorab auf die Gästeliste setzen lassen.

22nd Lounge

Innenstadt, Neue Mainzer Str. 66-68
PLZ 60311   ■ B 2, S. 200
Tel. 069/21 08 80
Fax 21 08 82 22
www.innside.de
Mo-Sa 18-1 Uhr

AmEx | DINERS | MASTER | VISA

Kaum irgendwo ist Frankfurt internationaler als in dieser intimen Bar in der 22. Etage des Eurotheum-Hochhauses. Hinter dem Tresen stehen die Barkeeper vor dem Postkartenpanorama der Frankfurter Skyline. Klassisches Cocktail-Repertoire, schmale Weinauswahl, Live-Entertainment.

Walden

Innenstadt, Kleiner Hirschgraben 7
PLZ 60311   ■ C 3, S. 200
Tel. 069/92 88 27 00
Fax 92 88 27 66
www.walden-frankfurt.com
Mo-Sa 9-1 Uhr, So 9-18 Uhr

Modernes Kaffeehaus vom Frühstück (bis 16 Uhr) bis zum Abend. Die dreibeinigen Tische werden als "Walden Table" auch verkauft. Ordentliche internationale Küche mit mediterranen Akzenten, etwa Risottos je nach Saison oder auch Roastbeef. Schöne sonnige Terrasse.

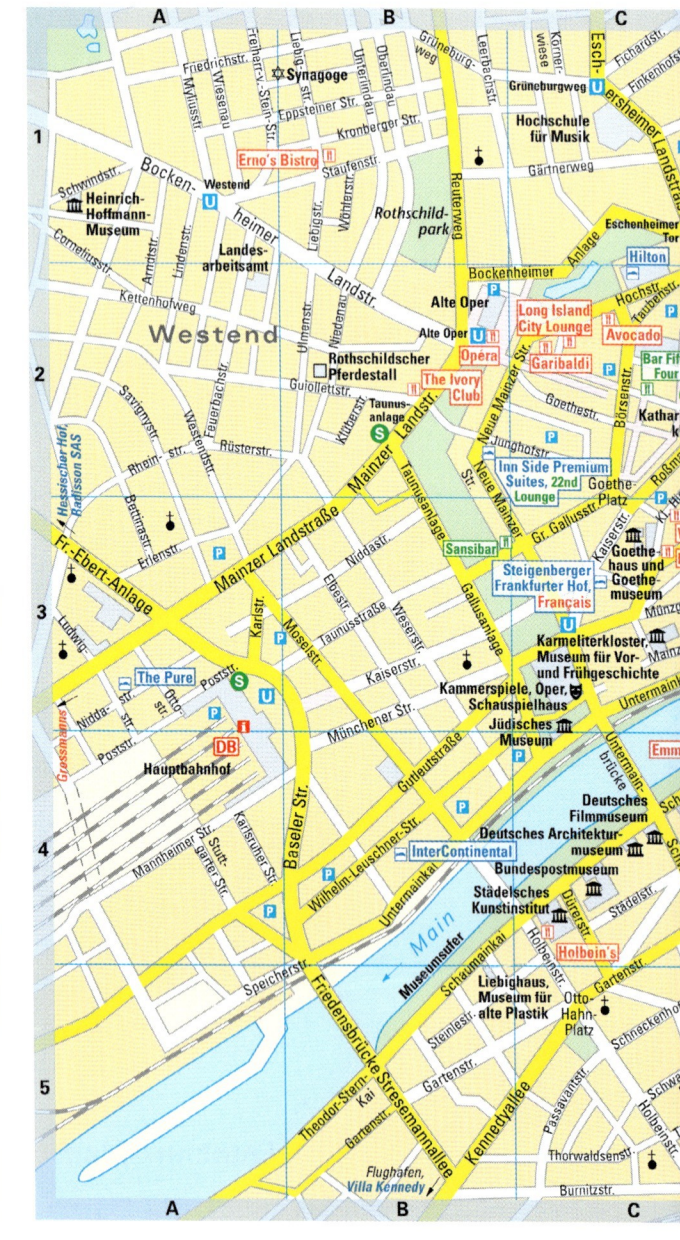

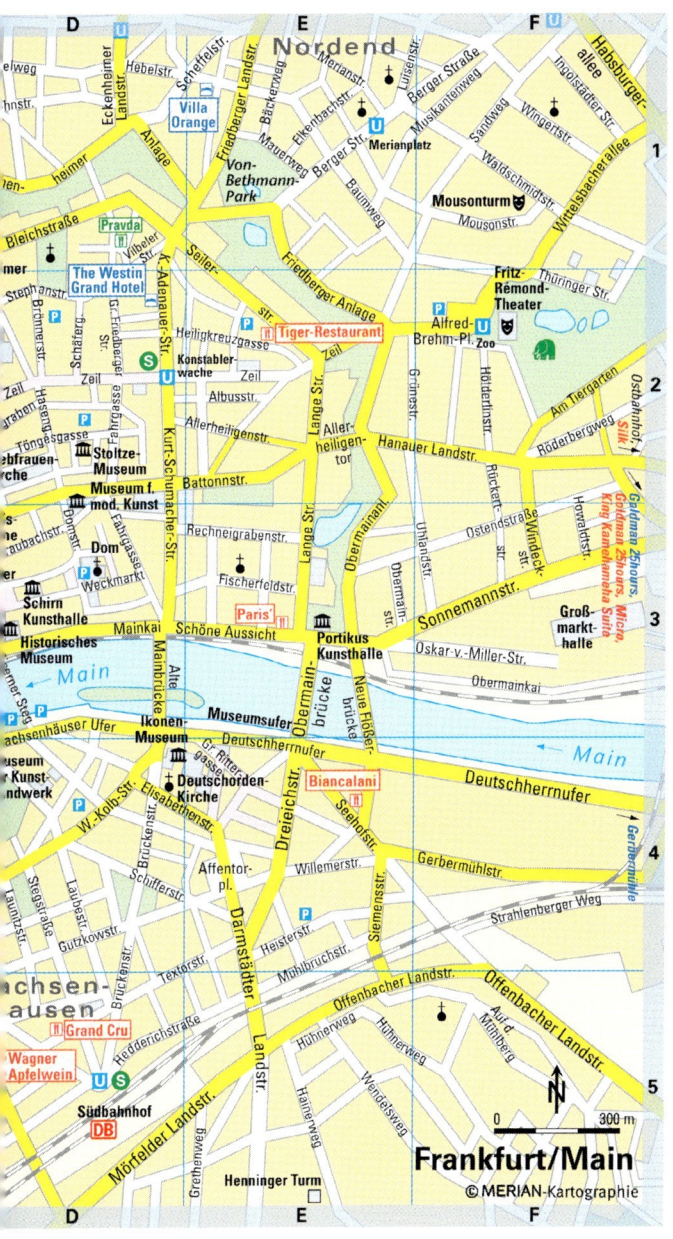

Frankfurt/Main

© MERIAN-Kartographie

0   300 m

GENF

Alles kreist um den See, in Genf ist er stets Dreh- und Angelpunkt. Die restaurierten Grandhotels werben mit den besten Ausblicken, Restaurants und Bistros bieten Panorama zum Menü. Für Abwechslung ist gesorgt

Hotels

Beau-Rivage F F F F

Innenstadt, Quai du Mont-Blanc 13
PLZ 1201 ■ D 3, S. 213
Tel. 0041/227 16 66 66, Fax 227 16 60 60
www.beau-rivage.ch
12 Suiten, 5 App., DZ ab € 593
AmEx DINERS EC MASTER VISA ♈ 🏠 🍽

Seit 1865 wird dieses berühmte Grandhotel in bester Uferlage von derselben Familie geleitet. Die großzügigen Zimmer im klassisch-eleganten Stil sind teilweise mit aufwendig restaurierten Antiquitäten ausgestattet. Die zeitlos schöne Empfangshalle mit Säulen und einem Springbrunnen besitzt das Flair der Belle Époque. Natürlich hat das 2008 renovierte Hotel auch dem modernen Reisenden viel zu bieten: Klimaanlage, (auf den Zimmern kostenloser) Internetzugang, Plasmafernseher, 50 TV-Programme. Ein Businesscenter, hoher Tagungskomfort in sechs Konferenzsälen. Keine Wellness, aber ein kleiner Fitnessbereich. Zum Frühstück hausgemachte Konfitüren (siehe Restaurant „Le Chat Botté").

Bel'Espérance F

Innenstadt, Rue de la Vallee 1
PLZ 1204 ■ D 4, S. 213
Tel. 0041/228 18 37 37, Fax 228 18 37 73
www.hotel-bel-esperance.ch
40 Zi., DZ ab € 103
MASTER VISA

Ganz, ganz *basic*: die Zimmer klein, aber nicht beengt, dafür ideal gelegen in der Altstadt, sehr ruhig dazu und für die Weltstadt Genf zu einem unschlagbaren Preis-Leistungs-Verhältnis: So ist das von der Schweizer Heilsarmee betriebene Hotel. Günstige Familienzimmer und ein recht ordentliches Frühstück.

Eden F F

Innenstadt, Rue de Lausanne 135
PLZ 1202 ■ D 1, S. 213
Tel. 0041/227 16 37 00, Fax 227 31 52 60
www.eden.ch
52 Zi., 2 Suiten, DZ ab € 148
AmEx DINERS EC MASTER VISA ♈ 🏠 🍽

Das für Genfer Verhältnisse noch bezahlbare Mittelklassehotel, fortlaufend renoviert und gut gepflegt, liegt gegenüber dem

„Beau-Rivage": etwas behäbiger Charme alter französischer Landsitze, aber moderne Technik

„Four Seasons Hôtel des Bergues": Marmorne Pracht spiegelt sich in der großen Lobby

Palais des Nations. Die Zimmer, eingerichtet mit Möbeln klassischen Zuschnitts, sind hell und komfortabel, die Bäder angenehm. Im hoteleigenen Traditionsrestaurant mit regionaler Küche kehrt auch die Nachbarschaft gern ein.

Four Seasons Hôtel des Bergues **FFF**

Innenstadt, Quai des Bergues 33
PLZ 1201 ■ D 3, S. 213
Tel. 0041/229 08 70 00, Fax 229 08 74 00
www.fourseasons.com/geneva
61 Zi., 39 Suiten, DZ ab € 409
AmEx DINERS VISA ☍ ☺

Die Four-Seasons-Gruppe hat das Management des Traditionshotels im Herzen der Stadt direkt an der Rhône übernommen, das wunderschöne Haus von 1834 komplett renoviert, und bietet heute den besten Service der Stadt. Schönes Café für Nachmittagstee und kleine Süßigkeiten (siehe Restaurant „Il Lago").

Grand Hôtel Kempinski **FFF**

Innenstadt, Quai du Mont-Blanc 19
PLZ 1201 ■ D 3, S. 213
Tel. 0041/229 08 90 81, Fax 229 08 90 90

www.kempinski-geneva.com
379 Zi., 41 Suiten, DZ ab € 390
`AmEx` `DINERS` `MASTER` `VISA` ⛄🏠♨

Das 30 Jahre alte, große Businesshotel mit mehr als 400 Zimmern wurde unlängst komplett restauriert. Ins Auditorium seines Kongresszentrums passen bis zu 1300 Teilnehmer, auch die Zimmer sind großzügig und in klaren Linien designt. Pool, Sauna und Massagen werden Wellness-Bedürftigen geboten. Der Fitnessbereich wurde Anfang 2009 ausgebaut. In „Le Grill's" kann man T-Bone-Steaks vom Simmentaler Rind essen, im „Floortwo" bereitet David Pluquet zum Beispiel Risotto mit Jakobsmuscheln oder gebratene See-Barsche „Müllerin Art" zu. *Afternoon tea* mit Tees aus fünf Ländern.

„Grand Hôtel Kempinski": Skyline mit See

La Cour des Augustins `F``F``F`⬜⬜

Innenstadt, Rue Jean-Violette 15
PLZ 1205 ■ C 5, S. 212
Tel. 0041/223 22 21 00
Fax 223 22 21 01
www.lacourdesaugustins.com
16 Zi., 24 Suiten, DZ ab € 235
`AmEx` `DINERS` `MASTER` `VISA`

Hinter einer 150 Jahre alten Fassade verbirgt sich das schicke Designerhotel im Genfer „Quartier Latin" beim Plainpalais-Park. Moderne Kunst ist allgegenwärtig, über die blank polierten Holzböden ohne Teppiche freuen sich Allergiker, über die Espressomaschine in jedem Zimmer die Kaffeegourmets unter den Gästen.

Le Richemond `F``F``F``F``F`

Innenstadt, Jardin Brunswick
PLZ 1201 ■ D 3, S. 213

Tel. 0041/227 15 70 00
Fax 22 71 57 10 01
www.lerichemond.com
109 Zi., 21 Suiten, DZ ab € 485
AmEx DINERS EC MASTER VISA 🍸🚗♿

Seit die Luxuskette Rocco Forte Collection das Haus übernommen und 2007 komplett saniert hat, steht es heute an der Spitze der Top-Hotels der Stadt. Die in warmem italienischem Design mit harmonischer Farbgebung gestaltete Innenausstattung umschmeichelt die Sinne, der neu gestaltete Spa ist derzeit der schönste der Stadt. Sehr sorgfältig zusammengestelltes Frühstücksbuffet (siehe Restaurant „Sapori").

Les Armures FFF

Innenstadt, Rue du Puits-Saint-Pierre 1
PLZ 1204   ■ D 4, S. 213
Tel. 0041/223 10 91 72
Fax 223 10 98 46
www.hotel-les-armures.ch
27 Zi., 5 Suiten, DZ ab € 419
AmEx DINERS MASTER VISA 🍸🚗♿

Das Genfer Traditionshaus, ein charmantes Privathotel in einem Gebäude aus dem 17. Jahrhundert, liegt im Herzen der Altstadt. Es überzeugt mit modernem Komfort einerseits und dem authentischen Charme

alter Balkendecken und sorgfältig freigelegter Steinwände. Sehr guter Schweizer Rohschinken zum Frühstück (siehe Restaurant „Les Amures").

Tiffany FFF

Innenstadt, Rue de l'Arquebuse 20
PLZ 1204   ■ C 4, S. 212
Tel. 0041/227 08 16 16, Fax 227 08 16 17
www.tiffanyhotel.ch
43 Zi., 3 Suiten, DZ ab € 317
AmEx DINERS MASTER VISA 🍸

Das beliebte Businesshotel in einem Haus aus dem späten 19. Jahrhundert schwelgt in vielen Originaldekors aus der Belle Époque. Ganz auf der Höhe der Zeit ist die Ausstattung der Zimmer mit W-Lan und Flachbildschirmen, in den Suiten gibt es Jacuzzi, ferner steht ein Fitnessraum für das morgendliche Training zur Verfügung.

Restaurants

Bistrot du Bœuf Rouge FF

Innenstadt, Rue Alfred-Vincent 17
PLZ 1201   ■ D 2, S. 213
Tel. 0041/227 32 75 37, Fax 227 31 46 84
www.boeufrouge.ch
Sa, So geschl.

„Les Armures": Im Herzen der Stadt findet der Gast Entspannung in diesem Schmuckstück

„Bistrot du Bœuf Rouge": Das Ambiente und die Küche erinnern stark an Lokale in Lyon

Hauptgerichte € 21-34
AmEx EC MASTER VISA 🍴 ⚓ 🍷
Die Traditionsadresse für eine authentische französische Bistroküche mit deutlich schmeckbarem Lyonaiser Einschlag. Ausgezeichnete Kutteln, die mit Schalotten gebraten und mit einem Klacks Senf herzhaft abgeschmeckt sind; gut gewürzt die warmen Linsen mit Lyonaiser Brühwurst; luftig-zart die Hechtklößchen in einer kräftigen, aus Krustentierschalen gekochten Sauce. Für Wein-Enthusiasten holt der Sohn des Patrons sogar seine persönlichen Favoriten, die nicht auf der Karte stehen, aus dem Keller. Urgemütliches Ambiente und lebhafte Atmosphäre.

Buffet de la Gare des Eaux-Vives ■■■□□
Innenstadt, Avenue de la Gare des Eaux-Vives 7
PLZ 1207 ■ F 4, S. 213
Tel. 0041/228 40 44 30, Fax 228 40 44 31
www.lebuffetdelagare.ch
Sa, So geschl.
Hauptgerichte € 20-46
AmEx EC MASTER VISA
Der Bahnhof ist schon lange stillgelegt, das Buffet wirkt eher bescheiden, die Küche von Serge Labrosse aber fasziniert jeden: Eine immer wieder furiose Kreativität zeichnet seine Gerichte aus. Der wilde Steinbutt ist mit fein geschnittenen Algen belegt, dazu gibt es Cannelloni aus Lauch, eine Fenchel-Sabayon hält alles gut zusammen. Die Canard colvert, eine Wildentenart, wurde in aromatische Gewürze eingelegt; kleine Kohlrabi, mit Orangen aromatisiert, passen perfekt. Große Weinkarte mit Betonung auf Westschweiz und Frankreich.

Café de Paris ■□□□□
Innenstadt, Rue du Mont-Blanc 26
PLZ 1201 ■ C 3, S. 212
Tel. 0041/227 32 84 50, Fax 227 31 46 39
www.cafe-de-paris.ch
kein Ruhetag
Menü € 26
AmEx DINERS MASTER VISA ⚓
Die berühmte Steak-Kräuterbutter „Café de Paris" stammt weder aus Paris noch aus einem Café, sondern aus dem gleichnamigen Restaurant in Genf, wo sie 1930 erfunden wurde und seitdem unverändert angerührt wird – nach streng gehütetem Rezept. Und so gibt es hier seit Jahr und Tag auch nur ein Gericht: ein erstklassiges Entrecote, eine üppige Portion der legendären Kräuterbutter, superbe Pommes frites und einen grünen Salat.

Chez Jacky FF

Innenstadt, Rue Necker 9-11
PLZ 1201 ■ C 3, S. 212
Tel. 0041/227 32 86 80, Fax 227 31 12 97
www.chezjacky.ch
Sa, So geschl.
Hauptgerichte € 28-30

AmEx DINERS EC MASTER VISA M T

Der gemütliche Klassiker, 2007 komplett
renoviert. Die Marktküche, die hier geboten
wird, ist streng französisch ausgerichtet.
Die frischen, sautierten Jakobsmuscheln mit
Sabayon von exotischen Aromen oder die
gegrillten Babylangusten mit Gemüse-
vinaigrette oder das Kalbsbries mit altem
Porto bedienen nicht nur konservative
Geschmäcke. Preiswerte Mittagsangebote,
150 Weine.

Domaine de Châteauvieux FFFF

Satigny, Chemin de Châteauvieux 16
PLZ 1242 westlich ■ A 1, S. 212
Tel. 0041/227 53 15 11, Fax 227 53 19 24
www.chateauvieux.ch
So, Mo geschl.
Menüs € 58-129

AmEx DINERS MASTER VISA M ☆ T ⌂

Mitten in den Weinbergen hoch bei Genf,
mit herrlichem Blick nach Südwesten über
dem See thront das kleine Gastroimperium
von Philippe Chevrier. Neben seiner eigenen
„Domaine de Châteauvieux", wo der
Meister jeden Abend selbst am Herd steht,
ist er an drei weiteren Restaurants beteiligt,
führt ein kleines Hotel und eine wunderbare *épicerie* mit selbst gemachten Produkten,
zudem keltert er eigenen Wein. Das historische Weingut ist eine Einladung an verwöhn-
te Genießer. Lauschiger Innenhof, prunkvolle
Säle, intime Stuben, dazu Weinkeller, Bar
und Tabaklounge. Der leidenschaftliche
Chefkoch ist einer der zehn besten Köche
der Schweiz. Er kocht souverän im franzö-
sisch-mediterranen Stil und stets sehr kreativ. Typische Gerichte sind die *tarte* von
Schweinebäckchen mit mariniertem weißem
Rettich und Artischocken, Felsen-Rotbarben
mit Muschelreis, Bouillabaisse mit pikantem

„Il Lago": italienische Tafelkultur

Öl oder das Filet vom Simmentaler Rind mit
Ochsenschwanzravioli. Exzellenter, lockerer
Service, sehr große Weine. 12 sehr schöne
Zimmer im Landhausstil.

Il Lago FFF

Innenstadt, im Four Seasons Hôtel des
Bergues, Quai des Bergues 33
PLZ 1201 ■ D 3, S. 213
Tel. 0041/229 08 71 10
Fax 229 08 74 00 11
www.hoteldesbergues.com
kein Ruhetag
Hauptgerichte € 25-43

AmEx DINERS MASTER VISA ☆ T ⌂ ♀

Mehr als ein Hotelrestaurant. Dieser Italiener der alten Schule bietet im eleganten
Rahmen seiner zwei hellen Speisesäle eine
raffinierte Küche aus Norditalien. Risotto
vom Hummer, *tortelli* mit Käse, Zitrone und
Minze, Zackenbarsch mit Artischocken-
barigoule und Zitronenemulsion. Die Terrasse mit 60 Plätzen bietet einen schönen
Seeblick. Rund 600 Weine im Keller.

Die Top-Adresse unter den luxuriösen Hotelrestaurants der Stadt. Chefkoch Dominique Gauthier ist Trüffelspezialist. Fulminant das gebackene Eigelb mit Trüffelmilchreis oder der wilde Fasan mit Foie-gras-Ravioli und einem luftig-leichten Schaum aus Kastanie und Alba-Trüffeln. Aber auch ohne die teuren Knollen kommt man nicht zu kurz: Der in Meerwasser pochierte Seeteufel überzeugt mit glasklarer Frische und präziser Garzeit. Und die *plaisirs sucrés* (gezuckerte Vergnügungen) sind jede Sünde wert, allen voran die Komposition aus schwarzer Santo-Domingo-Schokolade.

Les Armures ▒

Innenstadt, im Hotel Les Armures
Rue du Puits-Saint-Pierre 1
PLZ 1204 ■ D 4, S. 213
Tel. 0041/223 10 91 72, Fax 223 10 98 46

der besonders erlesenen Art direkt am See

La Perle du Lac ▒▒

Innenstadt, Rue de Lausanne 126
PLZ 1202 ■ D 1, S. 213
Tel. 0041/229 09 10 20, Fax 229 09 10 30
www.laperledulac.ch
Mo geschl.
Hauptgerichte € 23-62
`AmEx` `DINERS` `MASTER` `VISA`

Schon mehr als hundert Jahre liegt dieses Chalet, das im Sommer mit einer einladenden großen Terrasse aufwartet, mitten in einem Park. Der Service ist freundlich, die Speisenkarte traditionell und an der Saison orientiert. Zwei unterschiedliche Speisesäle.

Le Chat Botté ▒▒▒

Innenstadt, im Hotel Beau-Rivage
Quai du Mont-Blanc 13
PLZ 1201 ■ D 3, S. 213
Tel. 0041/227 16 66 66, Fax 227 16 60 60
www.beau-rivage.ch
Sa mittag, , So geschl.
Hauptgerichte € 40-59
`AmEx` `DINERS` `EC` `MASTER` `VISA`

„Le Chat Botté": zu Gast
beim „Gestiefelten Kater"

„Les Armures": Westschweizer Küchenklassiker in währschafter Atmosphäre zu genießen

www.hotel-les-armures.ch
kein Ruhetag
Hauptgerichte € 12-31

`AmEx` `DINERS` `EC` `MASTER` `VISA` 🚗 ☂

Wer Lust verspürt auf Raclette und Käsefondue in bester Qualität, der ist in diesem
Traditionshaus auf dem Altstadthügel
genau richtig. Beste Trockenfleisch- und
Wurstqualitäten auf den Vorspeisentellern
assiette valaisanne und *viande séchée*. Dazu
passt das rustikale Ambiente mit viel Holz
und Stein. Im Sommer wird auch in der
romantischen Gasse serviert.

Les 5 Portes `F` `F`

Innenstadt, Rue de Zurich 8
PLZ 1201 ■ D 2, S. 213
Tel. 0041/227 31 84 38
Fax 227 31 84 69
www.lescandale.ch
Sa mittag, Mo geschl.
Hauptgerichte € 20-37

`AmEx` `DINERS` `MASTER` `VISA` ☂

Ein hübsches, lebendiges Szenelokal, Tag
und Nacht gern besucht. Allen im unge-
zwungenen Brasserieambiente schmeckt die
unkomplizierte Küche aus frischen Zutaten.
Auch Spezialitäten aus dem Waadtland
finden den Weg auf die Karte.

Parc des Eaux-Vives `F` `F` `F` `F`

Innenstadt, Quai Gustave-Ador 82
PLZ 1211 ■ F 3, S. 213
Tel. 0041/228 49 75 75, Fax 228 49 75 70
www.parcdeseauxvives.ch
So, Mo geschl., Hauptgerichte € 53-77

`AmEx` `DINERS` `MASTER` `VISA` 🅼 🏠 ☂ 🏠 🍷

Der Salon im pompösen Art-déco-Stil, die
schönste Restaurantterrasse der Stadt mit
Blick über einen riesigen Park zum Genfer
See – das ist der würdige Rahmen für eine
leichte, aromenstarke Küche mit klassischem Fundament. *Cotriade* ist eine eher
derbe bretonische Fischsuppe – hier wird
sie auf der Basis von taufrischen Felsen-
rougets (Meerbarben) zu einer subtil
abgeschmeckten Delikatesse. Wunderbar
das feine Wildaroma des Hasen aus heimischer Jagd, sehr stimmig ergänzt vom kräftigen Geschmack des Topinamburpürees.
In der Brasserie des Hauses geht es etwas
einfacher und rustikaler zu. Haute Cuisine
zu Schnupperpreisen gibt es über Mittag.

Sapori `F` `F`

Innenstadt, im Hotel Le Richemond
Jardin Brunswick
PLZ 1201 ■ D 3, S. 213
Tel. 0041/227 15 70 00, Fax 227 15 71 14

www.lerichemond.com
kein Ruhetag
Hauptgerichte € 32-52
AmEx DINERS MASTER VISA

Seit Oktober 2008 berät der italienische Spitzenkoch Fulvio Pierangelini die Küche des Restaurants. Und seitdem ist das „Sapori" auf dem Sprung zur Nummer eins unter den italienischen Restaurants der Stadt. Pierangelinis Handschrift wird von Pietro Amato gekonnt umgesetzt: exzellente Produkte so leicht und natürlich wie möglich und vom Eigengeschmack geprägt auf den Teller zu bringen. Ein Gedicht die gebratenen Tintenfische mit Artischocken und *salsa agrodolce* oder die Variation vom Kalb mit weißer Polenta. Attraktiver, leichter Lunch. Sehr angenehmer Service, große Weinauswahl und eine herrliche Terrasse mit Blick auf den Jardin Brunswick.

Thai F F

Innenstadt, Rue Neuve-du-Molard 3
PLZ 1204   ■ D 4, S. 213
Tel. 0041/223 10 12 54
Fax 223 10 17 24
www.thai-geneve.com
So geschl.
Hauptgerichte € 13-30
AmEx DINERS MASTER VISA

Ein idealer Ort für den schnellen und leichten Lunch mit würziger Hühnerbrühe, *dim sum* mit Krebsfleisch, scharfen Rindfleischstreifen in Kokosmilch nebst blanchiertem Gemüse. Auch die gebratene Wachtel mit Thai-Basilikum und die in Curry gegarten Biocrevetten überzeugten. Sehr bekömmlich wirkt vorab der starke Ingwertee. Flotter und freundlicher Service. Tipp: Tisch im 1. Stock reservieren, im Erdgeschoss herrscht Durchgangsatmosphäre.

Bars/Cafés

Enoteca Winebar

Innenstadt, Rue du Rhône 19
PLZ 1204   ■ D 3, S. 213
Tel. 0041/227 89 01 89
www.enoteca-winebar.ch

Mo-Fr 12-23 Uhr, Sa 17-22 Uhr
AmEx DINERS EC MASTER VISA

Im Sommer genießt man am Ufer die Frische des Sees zwischen der Pont de la Machine und der Île Rousseau, im Winter das gemütlich-coole Interieur. Mittags kommen Angestellte der umliegenden Büros auf einen Imbiss und ein Glas Wein. Abends werden Tapas und andere mediterrane Leckerbissen gereicht. Weinfreunde bekommen bei soften Jazzklängen die neuesten Entdeckungen aus Italien und der Region Genf zu kosten. Die Preise sind zivil. Raucher haben einen eigenen Raum.

Soleil Rouge

Innenstadt, Bd. Helvétique 32
PLZ 1207   ■ E 4, S. 213
Tel. 0041/227 00 00 24
Fax 227 00 00 91
www.soleilrouge.ch
Mo 17-22 Uhr, Di, Mi 12-14 und 17-23 Uhr, Do, Fr 12-14 und 17-24 Uhr, Sa 10-14 Uhr
AmEx MASTER VISA

Genfs sympathischste und schrägste Weinbar ist ganz den Tropfen Spaniens gewidmet. Man sitzt drinnen oder steht draußen auf dem Trottoir, ein Glas *tinto* in der rechten, während die linke Hand zu den köstlichen Tapas greift. Viele offene Weinangebote. Und das alles zu sehr kundenfreundlich kalkulierten Preisen.

„Thai": ein bisschen Fernost zum Lunch

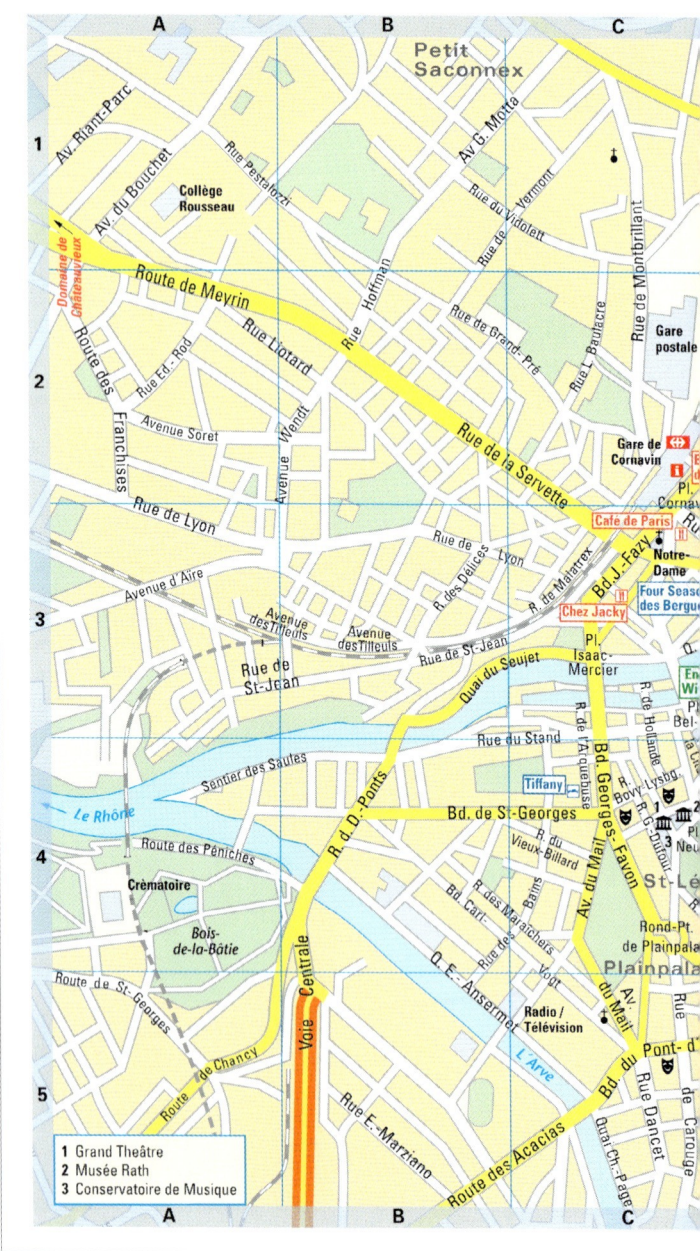

1 Grand Théâtre
2 Musée Rath
3 Conservatoire de Musique

Genf

Le Léman
(Genfer See)

Genève-Plage

Rade de Genève

Jet d'eau

Eaux-Vives

Parc des Eaux-Vives

Parc La Gronge

Les Tranchées

Hôpital cantonal

Parc Alfred Bertrand

0   450 m

© MERIAN-Kartographie

HAMBURG

Die Hansestadt ist mit ihrem Hafen, der wachsenden HafenCity und ihren bildhübschen Vierteln zur Attraktion avanciert. Mit netten, neuen Hotels, schicken Szenerestaurants und Bars poliert die Stadt ihr Image weiter auf

Hotels

Abtei ▯F▯F▯F▯ ▯ ▯
OT Harvestehude, Abteistr. 14
PLZ 20149 ■ D 1, S. 229
Tel. 040/44 29 05, Fax 44 98 20
www.abtei-hotel.de
8 Zi., 3 Suiten, DZ ab € 190
[AmEx] [EC] [MASTER] [VISA] ⌘
Hotel-Schatzkästchen nahe der Außenalster.
Hausherr Fritz Lay beweist viel Geschmack:
bildhübsche Zimmer und Suiten in der Villa,
aufwendig die antiken Marmorbäder.
Individuelles Frühstück. Kleiner Salon mit
Kamin und was noch wichtiger ist: ein
charmanter Service (siehe Restaurant
„Prinz Frederik").

Schmucke Villa nahe der Alster: „Abtei"

Boston ▯F▯F▯ ▯ ▯
OT Altona, Missundestr. 2
PLZ 22769 ■ C 2, S. 229
Tel. 040/589 66 67 00, Fax 589 66 67 77
www.boston-hamburg.de
46 Zi., 13 Suiten, DZ ab € 150
[AmEx] [EC] [MASTER] [VISA] 🍴 🏠 ⌘
Designhotel in Altona nahe dem Musical-
theater. Großzügige Zimmer: 38 Quadrat-
meter misst die Kategorie „Medium",
„XX-Large" 66 Quadratmeter. Standard im
Haus: Kingsize-Betten und ein komfortabler
Arbeitsplatz. Kleiner Relax-Bereich. Lounge
mit Rezeption, Bar und einem Restaurant
mit einer Küche von Cross-over bis Rinderfilet.

East ▯F▯F▯ ▯ ▯
OT St. Pauli, Simon-von-Utrecht-Str. 31
PLZ 20359 ■ C 3, S. 229
Tel. 040/30 99 30, Fax 30 99 32 00
www.east-hamburg.de
122 Zi., 6 Suiten, 2 App., DZ ab € 175
[AmEx] [EC] [MASTER] [VISA] 🍴 🏠 ⌘
Designhotel an der Reeperbahn. Im histori-
schen Gemäuer gibt's peppige Zimmer und
Suiten in den Größenkategorien „small" bis
„xx-large" mit Dusche oder Badewanne.
900-Quadratmeter-Wellness mit Beauty und
Massage, aber ohne Pool. Von der Sauna im
obersten Stock kann man auf die begrünte
Dachterrasse treten. Sechs Tagungsräume,
auch Croissant-Frühstück möglich. Quirliges,
euro-asiatisches Restaurant „East" mit
Sushi-Theke. Küche mit gelegentlichen
Schwächen (siehe „Yakshis Bar").

Empire Riverside ▯F▯F▯F▯ ▯
OT St. Pauli, Bernhard-Nocht-Str. 97
PLZ 20359 ■ D 3, S. 229
Tel. 040/31 11 90, Fax 31 11 97 06 01
www.empire-riverside.de
315 Zi., 12 Suiten, DZ ab € 159
[AmEx] [EC] [MASTER] [VISA] 🍴 🏠 ⌘
Bronzeverkleideter Hotelturm von Stararchitekt David Chipperfield, zwischen Reeperbahn und Hafen. Modernes Design mit
klaren Linien in den Zimmern und Suiten,
die bodentiefe Panoramaverglasung in den
oberen Stockwerken bietet spektakuläre
Aussichten über Stadt und Strom. Fünf
Räume für Konferenzen oder Feiern. Restaurant „Waterkant" mit internationaler
Küche, die Bar im obersten Stock bietet
herrliche Aussichten (siehe Bar „20 up").

Lichtes Design: „Empire Riverside"

Gediegen: „Fairmont Vier Jahreszeiten"

Fairmont
Vier Jahreszeiten **F F F F**
OT Neustadt, Neuer Jungfernstieg 9-14
PLZ 20354 ■ D 3, S. 231
Tel. 040/349 40, Fax 34 94 26 00
www.fairmont-hvj.de
156 Zi., 50 Suiten, DZ ab € 240
AmEx MASTER VISA ⵌ ⌂ ♨
Grandhotel an der Binnenalster, in dem seit
über 100 Jahren Persönlichkeiten aus aller
Welt wohnen. Alle Zimmer und Suiten
sind inzwischen renoviert, viele bieten
Antiquitäten. Eleganter kleiner Spa, prächtige Salons für Empfänge und Konferenzen.
Drei Restaurants: Auf der „Jahreszeiten
Terrasse", einem Ponton auf der Binnenalster, isst man mediterrane Kleinigkeiten,
im „Jahreszeiten Grill" Hanseatisches und
im „Haerlin" Gourmetküche (siehe Restaurant „Haerlin"). Aufmerksamster Service.
Immer ein Tipp: die „Jahreszeiten-Bar"
und die gemütliche „Bar Indochine", die
nahe beim Restaurant „Doc Cheng's"
integriert ist.

Gastwerk **F F F**
OT Bahrenfeld, Beim Alten Gaswerk 3
PLZ 22761 ■ B 2, S. 229
Tel. 040/89 06 20, Fax 890 62 20

www.gastwerk-hotel.de
127 Zi., 14 Suiten, DZ ab € 136
AmEx DINERS EC MASTER VISA ⵌ ⌂ ♨
Originelles Haus mit Loftambiente in einem
ehemaligen Gaswerk mit wohnlichen
Designzimmern und -suiten in warmen
Erdtönen, teils auch im asiatischen Stil. Elf
Tagungsräume mit moderner Technik bis
180 Personen. Kleiner Wellnessbereich mit
Sauna, Dampfbad und Massage. Nach
Namens- („Mangold") und Konzeptwechsel
im Restaurant wird jetzt mit der *world
cuisine* besser gekocht. Preiswerter Mittags-
tisch.

Grand Elysée **F F F F**
OT Rotherbaum, Rothenbaumchaussee 10
PLZ 20148 ■ D 1, S. 231
Tel. 040/41 41 20, Fax 41 41 27 33
www.grand-elysee.com
494 Zi., 17 Suiten, DZ ab € 164
AmEx DINERS EC MASTER VISA ⵌ ⌂ ♨ ♨
Beliebtes Haus nahe dem Dammtorbahnhof.
Eugen Blocks Hotel bietet komfortabelste
Zimmer und elegante Suiten mit Marmor-
bädern in warmen Farben. 24 Tagungs-
räume und ein Festsaal für 1000 Personen.
1000 Quadratmeter Wellness mit Pool,
Saunen, Massage- und Beautybereich.
Bestens frequentierte Lobby mit Boutiquen,
Café, Bar und Restaurants.

Le Royal Méridien **F F F F**
OT St. Georg, An der Alster 52-56
PLZ 20099 ■ F 2, S. 231
Tel. 040/210 00, Fax 21 00 11 11

Mit Alsterblick: „Le Royal Méridien"

www.hamburg.lemeridien.com
253 Zi., 19 Suiten, DZ ab € 189

`AmEx` `DINERS` `EC` `MASTER` `VISA` 🍸🚗〰🛏

Schickes Hotel an der Außenalster. „Art +
Tech-Komfort" in Zimmern und Suiten mit
Designermöbeln, moderner Kunst und
modernstem Komfort. „Spa Futuresse" und
elf Konferenzräume. Restaurant „Le Ciel"
mit mediterraner Küche. Schöne Aussichten
im 9. Stock auch aus der Bar.

Lindner Hotel am Michel `F` `F` ☐ ☐

OT Altona, Neanderstr. 20
PLZ 20459 ■ B 4, S. 230
Tel. 040/307 06 70, Fax 307 06 77 77
www.lindner.de/hotel-hamburg
251 Zi., 8 Suiten, DZ ab € 149

`AmEx` `DINERS` `EC` `MASTER` `VISA` 🍸🚗🛏

Das Hotel steht einige Gehminuten vom
Hamburger Wahrzeichen „Michel" entfernt.
Wohnlich-komfortable Zimmer, sieben
Tagungsräume mit moderner Konferenz-
technik und „WellFit-Center". Das große
Restaurant „Sonnin" bietet internationale
Küche, Kreativeres in der „Hamburger
Stube". Lindner hat im April 2009 auch ein
Hotel beim Tierpark Hagenbeck eröffnet.

Marriott `F` `F` `F` ☐

OT Neustadt, ABC-Str. 52
PLZ 20354 ■ C 3, S. 230
Tel. 040/350 50, Fax 35 05 17 77
www.hamburgmarriott.de
278 Zi., 8 Suiten, DZ ab € 159

`AmEx` `DINERS` `EC` `MASTER` `VISA` 🍸🚗〰🛏

Hamburgs Shoppingmeilen wie Jungfernstieg oder Neuer Wall liegen ganz nah. Die
Gäste wohnen in eleganten Zimmern und
Suiten mit höchstem Komfort. 650 Quadratmeter Spa mit Pool, Saunen und Beauty.
Der „Speicher 52" wirbt mit regionalen
Gerichten aus der „Spieskamer", es gibt
aber auch Thailändisches und Italienisches
zu fairen Preisen.

Mercure An der Messe `F` ☐ ☐ ☐

OT Rotherbaum, Schröderstiftstr. 3
PLZ 20146 ■ B 1, S. 230
Tel. 040/45 06 90, Fax 450 69 10 00

Komfortabel: „Lindner Hotel am Michel"

www.mercure.com
180 Zi., DZ ab € 95

`AmEx` `DINERS` `EC` `MASTER` `VISA` €🍸🚗🛏

Der Name ist Programm: modernes Mittel-
klassehotel in Gehweite vom Hamburger
Messegelände und dem Park „Planten un
Blomen". Die Zimmer sind auf die Bedürf-
nisse von Geschäftsleuten, aber auch von
Besuchern der Hansestadt zugeschnitten.
Kostenloses Internetterminal in der Lobby.

Mövenpick `F` `F` ☐ ☐

OT Sternschanze, Sternschanze 6
PLZ 20357 ■ D 2, S. 229
Tel. 040/334 41 10, Fax 33 44 11 33 33
www.moevenpick-hamburg.com
216 Zi., 10 Suiten, DZ ab € 140

`AmEx` `DINERS` `EC` `MASTER` `VISA` 🍸🚗🛏

Originell: Ex-Wasserturm im Schanzenpark
mit komfortablen Standard- und Superior-
zimmern, Juniorsuiten und zwei Turmsuiten.
13 Tagungsräume, 350 Quadratmeter
Wellness ohne Pool und ein Restaurant mit
mäßiger internationaler Küche wie Zürcher
Geschnetzeltem.

Park Hyatt `F` `F` `F` `F` ☐

Altstadt, Bugenhagenstr. 8
PLZ 20095 ■ F 4, S. 231

Luxushotel in der Einkaufsmeile mit prachtvollen Zimmern und Suiten: „Park Hyatt"

Tel. 040/33 32 12 34, Fax 33 32 12 35
www.hamburg.park.hyatt.de
252 Zi., 21 Suiten, 30 App., DZ ab € 220
AmEx DINERS EC MASTER VISA ☕ 🏠 🌊 🍴
Das Hotel in der Einkaufsmeile Möncke-
bergstraße erfreut sich großer Beliebtheit
bei Stars des internationalen *showbiz*.
Große, moderne, sehr wohnliche Zimmer
und luxuriöse Suiten. Sehr schöne Wellness
(1000 Quadratmeter) mit großem Pool,
Fitnessraum sowie Beauty und Massage.
Showküche im Restaurant „Apples". Gleich
neben dem Hotel kocht der Österreicher
„Tschebull" in seinem neuen Restaurant.

Radisson Blu `FFF`
OT St. Pauli, Marseiller Str. 2
PLZ 20355   ■ C 1/2, S. 230
Tel. 040/350 20, Fax 35 02 35 30
www.hamburg.radissonblu.com
556 Zi., 9 Suiten, DZ ab € 175
AmEx DINERS EC MASTER VISA ☕ 🏠 🍴
Komplett wird das Hotel bis September
2009 renoviert. Das Hochhaus mit direktem
Zugang zum Hamburger Congress Center
verfügt dann über modernste Standardzimmer. Die Businessclass-Zimmer in den
oberen Stockwerken bieten dazu noch
schöne Ausblicke. Neuer Wellnessbereich

ohne Pool und neues Restaurant „Filini".
Die Bar „Top of Town" mit Top-Aussicht ist
leider zur anmietbaren Event-Location
umfunktioniert. Neu: Noch 2009 wird ein
„Radisson Blu" am Flughafen eröffnet.

Side `FFF`
OT Neustadt, Drehbahn 49
PLZ 20354   ■ C 2/3, S. 230
Tel. 040/30 99 90, Fax 30 99 93 99
www.side-hamburg.de
168 Zi., 12 Suiten, DZ ab € 170
AmEx DINERS EC MASTER VISA ☕ 🏠 🌊 🍴
Designhotel von Matteo Thun mitten in der
Stadt und nahe der Oper: wohnliche
Zimmer in unterschiedlichen Größen, von
denen einige eine Auffrischung vertragen
könnten. Neun Tagungsräume und ein
schicker Spa mit Pool, Saunen und Beauty.
Im neuen Restaurant „Meatery" mit neuem
Küchenchef werden nun hauptsächlich
Steaks gegrillt. Immer empfehlenswert: ein
Drink in der schönen, peppigen Bar.

Steigenberger `FFF`
OT Neustadt, Heiligengeistbrücke 4
PLZ 20459   ■ C 4/5, S. 230
Tel. 040/36 80 60, Fax 36 80 67 77
www.hamburg.steigenberger.de

221 Zi., 12 Suiten, DZ ab € 199
AmEx DINERS EC MASTER VISA ♈︎🚗≋♧

Klare Linien, warme Farben und modernes
Design prägen das Haus am Alsterfleet. Alle
Zimmer und Suiten sind in warmen, kräftigen Farben gehalten und up to date. Bis zu
265 Personen können in zehn Räumen
tagen. Attraktion bleibt die 650 Quadratmeter große „Spa World" auf dem Dach. Bistro
„BAF". Neu gestaltet wurde der Gourmetbereich (siehe Restaurant „Calla").

The George ▮▮▯▯▯
OT St. Georg, Barcastr. 3
PLZ 22087   ■ E 2, S. 229
Tel. 040/280 03 00, Fax 28 00 30 30
www.thegeorge-hotel.de
125 Zi., 7 Suiten, DZ ab € 146
AmEx EC MASTER VISA ♈︎🏠

Neues Hotel in St. Georg mit Designermöbeln und kleiner Rezeption. Ansprechende
Zimmer, 120-Quadratmeter-Spa. Restaurant
„Da Caio" mit italienischer Küche und
wechselndem Erfolg. Schöne Dachterrasse
mit Lounge und Alsterblick.

25 Hours ▮▮▯▯▯
OT Bahrenfeld, Paul-Dessau-Str. 2
PLZ 22761   ■ B 2, S. 229
Tel. 040/85 50 70, Fax 85 50 71 00
www.25hours-hotel.com
121 Zi., 7 Suiten, DZ ab € 105
AmEx DINERS EC MASTER VISA €♈︎🏠

Unbekümmerter Retro-Design-Mix mit
Anleihen an die Sixties und Seventies in den
Zimmern des Designhotels. Im 3. Stock ist
das „Wohnzimmer", eine große Lounge mit
einem sechs Meter langen *community table*,
einer Bibliothek und gemütlichen Sofas.
Restaurant „Esszimmer" mit deutsch-
italienischer Küche.

Wedina ▮▮▯▯▯
OT St. Georg, Gurlittstr. 23
PLZ 20099   ■ F 2, S. 231
Tel. 040/280 89 00, Fax 280 38 94
www.wedina.de
46 Zi., 13 App., DZ ab € 118
DINERS EC MASTER ♈︎🏠

Nur fünf Minuten sind's bis zum Hauptbahnhof und drei Minuten bis zur Außenalster: Das Hotel garni im trendigen Viertel
St. Georg steht bestens im Zentrum der
Stadt. Zimmer in vier Häusern und verschiedenen Stilrichtungen, von klassisch bis
modern-puristisch. Hinter dem „Roten
Haus" liegt ein Garten, wo man bei Sonnenschein das gute Frühstück einnimmt.

Yoho – The Young Hotel ▮▯▯▯▯
OT Eimsbüttel, Moorkamp 5
PLZ 20357   ■ D 2, S. 229
Tel. 040/284 19 10, Fax 284 19 10
www.yoho-hamburg.de
30 Zi., DZ ab € 75
AmEx DINERS EC MASTER VISA €🏠

Die Alternative: Kleine, helle Zimmer mit
puristischem Ambiente birgt die gründer-
zeitliche Stadtvilla. Junge Gäste übernachten besonders günstig zur „Young Rate".
Im Haus befindet sich noch das syrische
Spezialitätenrestaurant „Mazza" unter
separater Leitung.

Idyll mitten in der Stadt: „Wedina"

HAMBURG

Restaurants

Bullerei ✳

OT St. Pauli, Lagerstr. 34 b
PLZ 20357   ■ A 1, S. 230
Tel. 040/33 44 21 10, Fax 334 42 11 99,
www.bullerei.com
Hauptgerichte € 11-26, nur Abendessen
Chefköche: Tim Mälzer, Tom Rossner
`EC` `MASTER` Ⓨ🏠⊤

Tim Mälzers neues Restaurant zeigt allein
mit seinem Namen, einer Hommage an die
kräftigen Tiere, dass es wild und unkonventionell zugeht. Pfiffig und herrlich undesignt
wirkt die große Location im Schanzenvier-
tel, vorne ist ein deli, das schon vormittags
geöffnet hat. Man sitzt an Holztischen in
der kommunikativen Halle, bestellt Steaks
vom Grill, Seeteufel mit Avocado in einer
Maracuja-Tomaten-Salsa. Ein Klassiker
könnte die geschmorte Lammschulter in
Karotten-Majoran-Stampf werden.

Calla 🅵🅵□□□

OT Neustadt, im Hotel Steigenberger
Heiligengeistbrücke 4
PLZ 20459   ■ C 4/5, S. 230
Tel. 040/36 80 60, Fax 36 80 67 77
www.hamburg.steigenberger.de
nur Abendessen, So, Mo geschl.
Hauptgerichte € 21-49
`AmEx` `DINERS` `EC` `MASTER` `VISA` @ 🚗🏠

Im neuen, elegant und in warmem Creme-
weiß gestalteten Restaurant macht auch die
Küche Freude. Chefkoch Michael Winkle
setzt andere Akzente und serviert Perlhuhn-
brust, mit einer Gamba gefüllt, und Mandel-
risotto in einem Kokos-Limetten-Schaum
oder saftigen Loup de Mer unter der
Olivenkruste mit Jakobsmuscheln in einem
Tomaten-Koriander-sugo. Geblieben ist die
Bento-Box mit diversen Köstlichkeiten.

Carls 🅵🅵□□□

OT Hafencity, Am Kaiserkai 69
PLZ 20457   ■ D 3, S. 229
Tel. 040/300 32 24 00, Fax 300 32 24 44
www.carls-brasserie.de
kein Ruhetag

Hauptgerichte € 12-28
`AmEx` `EC` `MASTER` `VISA` @ M🍸

Eine Eröffnung von Format in der HafenCity,
hinter der das renommierte Hotel „Louis C.
Jacob" steht. Die Brasserie liegt direkt am
Strom neben der Baustelle der Elbphilhar-
monie. Schöne Aussicht, stimmige Mischung
aus moderner Architektur mit Panoramafenstern und französischer Brasserie-
Nostalgie mit hohen Lederbänken und einer
Kachelwand. Klassische deutsch-französi-
sche Brasserieküche mit Austern, Meeresfrüchteplatte mit gelegentlichen Schwankungen. Nierenragout in Madeira-Sauce
gibt's in der Showküche, Linsensalat mit
Hamburger Kochwurst und saftigen Kabeljau in Pommerysenfsauce.

Die Bank 🅵🅵□□□

OT Neustadt, Hohe Bleichen 17
PLZ 20354   ■ C 3, S. 230
Tel. 040/238 00 30, Fax 23 80 03 33
www.diebank-brasserie.de
So geschl.
Hauptgerichte € 12-40
`AmEx` `EC` `MASTER` `VISA` @ M🍸Ⓨ

Wer in Krisenzeiten auch bei dieser Bank
auf Nummer sicher gehen will, bestellt sich
steak frites vom Weideochsen mit Sauce

Schicke Bar, gute Drinks: „Die Bank"

béarnaise. Es muss ja nicht immer der
Goldburger mit gebratener Gänseleber
sein. Schickes, dennoch lässiges Ambiente
und eine schöne Bar.

Fischereihafen
Restaurant **FF**
OT Altona, Große Elbstr. 143
PLZ 22767 ■ C 3, S. 229
Tel. 040/38 18 16, Fax 389 30 21
www.fischereihafenrestaurant.de
kein Ruhetag
Hauptgerichte € 18-42
AmEx DINERS EC MASTER VISA

Unkomplizierte Küche in gediegenem
Ambiente: Die Restaurant-Institution der
Familie Kowalke mit der Koch-Familie
Klunker bleibt weiter auf Kurs. Räucheraal-
filet mit Kräuterrührei, Zander auf Blattspi-
nat, Steinbutt mit Gambaragout schmecken
an der Elbe, aber auch Sushi und Sashimi.
Immer vor der Tür: der *doorman.*

Haerlin **FFFF**
OT Neustadt, im Hotel Fairmont Vier Jahres-
zeiten, Neuer Jungfernstieg 9-14
PLZ 20354 ■ D 3, S. 231
Tel. 040/34 94 33 10, Fax 34 94 26 00
www.fairmont-hvj.com

Kreative Küche im klassischen „Haerlin"

Institution: „Fischereihafen Restaurant"

nur Abendessen, So, Mo geschl.
Hauptgerichte € 36-48
AmEx DINERS EC MASTER VISA @

Inzwischen ist das Restaurant im Traditionshotel schon eine kulinarische Institution in
Hamburg. Chefkoch Christoph Rüffer bietet
eine französisch-mediterrane Küche mit
angenehmsten Überraschungen: Taschen-
krebstatar mit Kaviarcreme und geräuchertem Bonito und Schwertfisch in Limetten-
marinade, Steinbutt mit Ochsenmark und
Fleur de Sel, gebraten in einer weißen
Tomaten-Oliven-Schaumsauce, oder saftiges
Wachtelkotelett mit gebackenem Kalbsbries in Trüffeljus. Feines Finale: die weiße
Schokoladen-Orangen-Mousse mit Brom-
beer-Sanddorn-Eis. Ausgezeichneter Service,
und Chefsommelier Hagen Hoppenstedt
berät hervorragend bei der ausladenden
Weinkarte.

Henssler Henssler **FFF**
OT Altona, Große Elbstr. 160
PLZ 22767 ■ C 3, S. 229
Tel. 040/38 69 90 00, Fax 38 69 90 55
www.hensslerhenssler.de
So geschl.
Hauptgerichte € 18-27
AmEx EC

Beeindruckend, was Vater und Sohn Henssler in der großen Halle an der Elbe seit
Jahren leisten: Ein hervorragender, freundlicher Service präsentiert eine raffinierte,
unbekümmerte Küche. Handgerollte Sushi

An einem Sommertag auf der Lindenterrasse: „Jacobs Restaurant" an der Elbchaussee

und Sashimi aus der Showküche wie die *california roll,* Schwertfisch- und Thunfischfilet mit *teriyaki*-Sauce oder *wasabi*-Creme und Rinderrücken vom Husumer Bullen. Lecker: das hausgemachte Eis. Inzwischen hat Sohn und Chefkoch Steffen Henssler ein zweites Restaurant „ONO" erfolgreich eröffnet (Lehmweg 17, Tel. 88 17 18 42).

Jacobs Restaurant 🟥🟥🟥🟥⬜
OT Nienstedten, im Hotel Louis C. Jacob
Elbchaussee 401-403
PLZ 22609 ◼ A 3, S. 229
Tel. 040/82 25 50, Fax 82 25 54 44
www.hotel-jacob.de
kein Ruhetag
Hauptgerichte € 39-49

AmEx DINERS EC MASTER VISA
@ M 🚗 ⛱ 🏠 🍸

Sommers auf den Lindenterrassen sitzen und Thomas Martins klassisch-französische Küche genießen: gebratene Jakobsmuscheln mit Verjus und Chicorée, Samtsuppe von bretonischen Langusten mit Estragon, am besten gelingen ihm die geschmorten Gerichte wie Ochsenschulter in Rotwein-Jus mit Möhren und Kartoffelschaum. Sehr gute

Weinauswahl, sehr aufmerksamer Service im gediegenen Restaurant. Die preisgünstige Alternative liegt gleich auf der anderen Straßenseite der Elbchaussee: die romantische Weinwirtschaft „Kleines Jacob". Wunderbar übernachten kann man auch: hübsche Zimmer und Suiten im Hotel „Louis C. Jacob", vor allem auf der Elbseite.

Kleine Brunnenstr. 1 🟥⬜⬜⬜⬜
OT Ottensen, Kleine Brunnenstr. 1
PLZ 22765 ◼ C 3, S. 229
Tel. 040/39 90 77 72
Fax 39 90 77 74
www.kleine-brunnenstrasse.de
kein Ruhetag
Hauptgerichte € 12-23

EC M 🍸

Man sitzt eng und gemütlich beieinander im unkomplizierten Restaurant in Ottensen. Mediterrane Küche mit deutschem Akzent wird geboten, wie Freilandhuhn aus dem Ofen mit Artischocken, frischem Lorbeer und Oliven. Aber auch das saftige Seeteufelkotelett in Mumbai-Curry mit Ananaschutney-Limetten-Risotto schmeckt gut. Sehr netter Service.

Küchenwerkstatt F F F

OT Uhlenhorst, Hans-Henny-Jahnn-Weg 1

PLZ 22085　　　　　　■ E 2, S. 229

Tel. 040/22 92 75 88, Fax 22 92 75 99

www.kuechenwerkstatt-hamburg.de

So, Mo geschl.

Hauptgerichte € 9-25

AmEx EC

Gerald Zogbaum findet immer mehr zum
eigenen Stil, französisch-mediterran inspiriert mit vielen regionalen Produkten.
Geschmorte Kalbshaxe aus dem Ofen in
Schalottenjus mit glasiertem Gemüse und
gremolata, zart der gegarte Tintenfisch
mit Olivenöl, *salsa verde* und Salat von
confierten Kartoffeln und schließlich der
Riegel von Kaffee und Pernod mit Erd-
nussreis. Schöne und preiswerte Mittags-
karte in entspannter Atmosphäre und
einem sehr engagierten Team. Gelegentliche
Wartezeiten sind trotzdem möglich.

La Scala F F F

OT Eppendorf, Falkenried 54

PLZ 20251　　　　　　■ D 1, S. 229

Tel. 040/420 62 95, Fax 42 91 31 04

www.ristorante-la-scala.com/home.htm

nur Abendessen, Mo geschl.

Hauptgerichte € 19-30

Sehr netter Italiener an der Ecke. Mario Zini
begeistert seine Stammgäste weit mehr
als zwei Jahrzehnte mit seiner einfallsreichen Küche. Hausgemachte Pasta ist hier
so selbstverständlich wie die perfekten
Risottos. Saftig der Loup de Mer, zart und
von bester Qualität das Kalb mit mediterranem Gemüse. Leckere Desserts. Ungewöhnlich für einen Italiener: Weinkenner
Zini empfiehlt zu vielen Speisen nur allzu
gern exzellente deutsche Weine. Sehr
netter Service in familiärem Ambiente.

Le Plat du Jour F

Altstadt, Dornbusch 4

PLZ 20095　　　　　　■ D 4/5, S. 231

Tel. 040/32 14 14, Fax 410 58 57

www.leplatdujour.de

kein Ruhetag

Hauptgerichte € 13-21

AmEx EC MASTER VISA

Seit 15 Jahren der Bistrotipp der Stadt.
Patron Jacques Lemercier bietet im gemütlichen Lokal nahe dem Rathaus Austern,

Ambitionierte Küche in gepflegtem Ambiente: die „Küchenwerkstatt" in Uhlenhorst

Fischsuppe mit *rouille* und Knoblauchbrot, saftige Kaninchenkeule in Dijonsenfsauce und Mousse au Chocolat, wie 's sich für eine traditionsreiche Brasserie gehört. Gute Weine, flinker Service.

Poletto `F F F F`

OT Eppendorf, Eppendorfer Landstr. 145
PLZ 20251 ■ D 1, S. 229
Tel. 040/480 21 59, Fax 41 40 69 93
www.poletto.de
Sa mittag, So, Mo geschl.
Hauptgerichte € 30-49

`AmEx` `EC` `MASTER` `VISA` M 🏠 ♟ ♟

Cornelia Poletto führt nun in alleiniger Regie das Ristorante.Die Köchin hat einen Feinsinn für Geschmack, kocht dabei unkompliziert und doch immer filigran wie bei der Apfel-*pizzetta* mit gebratener Gänseleber und dem mediterranen Gemüsesalat mit gebratenen *carabineros* (Garnelen). Hauchfein die Pasta, handgemachte Ziegenmousse-*agnolotti* mit Rucola in Salbeibutter oder Kartoffelravioli mit Périgordtrüffeln. Zart der modische Skrei in

Bistroflair in St. Pauli: „Schauermann"

der Endivie, gegart mit rosa Grapefruit, herrlich die Étouffé-Taube mit Räucheraalbohnen und Rotwein-Tortellini. Der getrüffelte Guanaja-Fondant mit Bananen*granité* beschließt den Abend. Schade: Mittags gibt's gelegentliche Schwankungen in der Leistung. Nebenan befindet sich das „Polettino" für kleine Events, Weinproben und Kochkurse. Gute Weinberatung und ein netter Service.

Prinz Frederik `F F F`

OT Harvestehude, im Hotel Abtei
Abteistr. 14
PLZ 20149 ■ D 1, S. 229
Tel. 040/44 29 05, Fax 44 98 20
www.abtei-hotel.de
nur Abendessen, So, Mo geschl.
Hauptgerichte € 28-38

`AmEx` `EC` `MASTER` 🏠 ♟

In der intimen Harvestehuder Stadtvilla wird man umsorgt wie beim Privatdinner. Chefkoch Jochen Kempf kocht französich-mediterran-deutsch: Seeteufelmedaillon in Estragonsauce mit Fenchelravioli, gratinierter Lammrücken auf Paprikapesto mit *chorizo*-Schaum und Valrhona-*tarte* mit Kaffeearoma, Brombeer-*granité* und Tonka-

Cornelia Poletto kocht mit viel Gefühl

bohnen-Eis. Ein leichtes „New Balance"-Menü in acht kleinen Gängen wird auch geboten. Schöne Weine.

Schauermann F

OT St. Pauli, St. Pauli Hafenstr. 136-138
PLZ 20359 ■ D 3, S. 229
Tel. 040/31 79 46 60, Fax 31 79 25 39
www.restaurant-schauermann.de
nur Abendessen, So geschl.
Hauptgerichte € 22-24
AmEx DINERS EC VISA

Mediterran mit regionalen Einflüssen: Die Küche im pfiffigen Restaurant über der Elbe bietet auf ihrer kleinen, gut durchdachten Karte toskanischen Fischeintopf mit Grissini, Thunfischtatar auf asiatischem Salat mit *wasabi*-Creme oder zartes Rinderfilet. Sehr netter Service.

Seven Seas F F F F

OT Blankenese, im Hotel Süllberg
Süllbergsterrasse 12
PLZ 22587 westlich ■ A 2/3, S. 229
Tel. 040/866 25 20, Fax 86 62 52 12
www.suellberg-hamburg.de
außer So nur Abendessen, Mo, Di geschl.
Hauptgerichte € 36-42
AmEx EC MASTER VISA

Exponiert über der Elbe thront Karlheinz Hauser mit seinem geschmackvollen Restaurant. Die französische-mediterrane Küche bietet Trilogie vom Hummer und Bachsaibling mit Kaviar und Curry-Ananas-Gelee, Geschmortes vom Limousin-Lamm mit sphärischen Oliven, Auberginen und orientalischem Couscous und schließlich pochierten Pfirsich mit Mandelparfait und Himbeeren. Internationale Weinkarte, souveräner Service. „Süllbergterrassen" heißt die Alternative mit ihrer Bistroküche.

Sgroi F F F

OT St. Georg, Lange Reihe 40
PLZ 20099 ■ F 3, S. 231
Tel. 040/28 00 39 30, Fax 28 00 39 31
www.sgroi.de
Sa mittag, So, Mo geschl.
Hauptgerichte € 32-34
EC MASTER VISA M

Elegantes Gourmetrestaurant mit Elbblick: das „Seven Seas" auf dem Süllberg

Anna Sgrois authentische italienische Küche in ihrem puristisch-eleganten Restaurant in St. Georg kann begeistern. Wunderbar schmecken Langustencarpaccio in Orangendressing mit Zucchinisalat und Spargel, Safranrisotto mit gebackenem Kalbsmark und Loup de Mer mit jungen Artischocken und schließlich das zarte Zicklein aus dem Ofen mit Gemüseratatouille. Sehr zuvorkommender Service.

Tarantella ✳
OT Neustadt, Stephansplatz 10
PLZ 20354 ■ C/D 2, S. 230/231
Tel. 040/65 06 77 90, Fax 65 06 77 87
www.tarantella.cc
kein Ruhetag
Hauptgerichte € 20-50
AmEx EC MASTER VISA M̃ 🏠
Restaurant im Casino am Stephansplatz. Gehobene Bistroküche wird in gefälligem Ambiente äußerst freundlich serviert, vom Flammkuchen bis zum gefüllten Ochsenschwanz. Gut: das Cordon bleu, mit Schinken und Comté gefüllt, und die üppige Bouillabaisse mit Edelfischen sowie *sauce rouille* und Röstbrot. Wer gewonnen hat, kann sich auch das Châteaubriand oder den Steinbutt leisten. Wer verloren hat, dem bleibt die große Gin-Auswahl.

Yu Yuan F ☐☐☐☐
OT Rotherbaum, Feldbrunnenstr. 67
PLZ 20148 ■ D 2, S. 229
Tel. 040/416 22 69 88, Fax 416 22 69 66
www.yuyuan.de
kein Ruhetag
Hauptgerichte € 15-28
AmEx DINERS EC MASTER VISA M̃ 🏠 🌴
Ensemble chinesischer Architektur, gleich hinter dem Völkerkundemuseum. Der Nachbau des originalen Yu-Yuan-Teehauses in Schanghai ist ein Geschenk der chinesischen Stadt an seinen Städtepartner, mit Kultur- und Tourismuszentrum sowie einem Teehaus mit Gerichten aus der offenen Küche. An Details wurde nicht gespart, nicht nur beim Pavillon mit Zickzackbrücken und Teichen: Die Essstäbchen sind aus Teakholz.

Frischer Quallensalat mit Frühlingszwiebeln steht auf der Karte. Beeindruckend schmecken die Streifen mit ihrer leicht knorpeligen Konsistenz nicht, dafür gelingt der Eisbeinaufschnitt in Geleeklötzchen von Pu-Erh-Tee. Die Teekarte imponiert, der nette Service bringt Reis im hübschen Korb, Fischfilet in Reiswein-Trester mit viel Bambus und pikante „Acht Schätze" mit Schweinefleisch und Hühnchen. Es müssen ja nicht gleich Abalonen sein, die kostbaren Seeohrenschnecken.

Cafés/Bars

Angie's Nightclub
OT St. Pauli, Spielbudenplatz 27
PLZ 20359 ■ D 3, S. 229
Tel. 040/31 77 88 99, Fax 31 77 88 74
www.tivoli.de
Do-Sa ab 22.30 Uhr
MASTER VISA
Soul, Funk, Pop oder Rock: Für seine Livemusik ist der Nachtklub des Tivoli-Theaters auf der Reeperbahn bekannt. Dazu werden die Drinks flink und freundlich serviert.

Sich wohlfühlen in schriller Beleuchtung und

Der beste Barkeeper: Uwe Christiansen

Schöne Atmosphäre in klassischem Bar-
design und hervorragende Drinks. Hamburgs bester Barkeeper, Uwe Christiansen,
serviert 200 Cocktails, wie Bahama Mama,
Golden Dream oder Orgasmus, aber auch
200 Rums und 200 Whiskys. Guter Gin,
guter Absinth in der „Klasse-Bar", aber
auch alkoholfreie Drinks wie Carpe Diem.

Ciu' Die Bar
Altstadt, Ballindamm 14-15
PLZ 20095 ■ E 3, S. 331
Tel. 040/32 52 60 60, Fax 32 50 88 56
www.ciudiebar.de
tgl. ab 16 Uhr
AmEx EC MASTER VISA
Liebling arrivierter Pistengänger. Binnen-
alsterblick durch die große Fensterfront.
Beeindruckende Theke, am späten Abend
heftig umkämpfte Plätze an den Wänden.
Sehr gute Cocktails und Longdrinks.

Christiansen's
OT St. Pauli, Pinnasberg 60
PLZ 20359 ■ C 3, S. 229
Tel. 040/317 28 63, Fax 31 79 24 50
www.christiansens.de
Mo-Do 20-3 Uhr, Fr 20-4 Uhr,
Sa 20-5.30 Uhr
EC MASTER VISA

La Nuit
OT Altona, Große Elbstr. 145 b-d
PLZ 22767 ■ C 3, S. 229
Tel. 040/38 03 77 30, Fax 38 03 77 32
www.au-quai.com
Sa ab 22.30 Uhr
AmEx EC MASTER
Trinken im Sitzen und im Liegen: Der Service
bringt Szenegängern wie Touristen Cocktails
und alkoholfreie Mixturen, damit sie sich
beim Blick auf den Hafen zuprosten können.
Manche Gäste gehen vor oder nach dem
Drink ins benachbarte Restaurant „Au Quai".

Mandalay
OT St. Pauli, Neuer Pferdemarkt 13
PLZ 20359 ■ D 2, S. 229
Tel. 040/43 21 49 22, Fax 439 38 22
www.mandalay-hamburg.de
Mi-Sa ab 20 Uhr
MASTER VISA
Elegantes, zeitgeistiges Interieur im Schan-
zenviertel. Gute Cocktails in der Bar, eine
gelungene Mischung aus Lounge und Club
mit Dancefloor und Separées. Im hinteren
Bereich die „Tabaklounge" mit zwei Tresen
und viel Gin, Whisky und Wodka.

dazu gute Cocktails trinken: „La Nuit"

20 up

OT St. Pauli, im Hotel Empire Riverside
Bernhard-Nocht-Str. 97
PLZ 20359 ■ D 3, S. 229
Tel. 040/31 11 97 04 70
Fax 31 11 97 04 71
www.empire-riverside.de
tgl. 18-2 Uhr
AmEx | EC | MASTER | VISA 🚗 🏠

Bar im 20. Stock des Hotels „Empire
Riverside". Spektakuläre Aussicht über Elbe
und Containerhafen, ideal für Hamburg-
Besucher. Hinter den sieben Meter hohen
Panoramascheiben probiert man dazu einen
der 40 Cocktails oder 21 Whiskys.

Yakshis Bar

OT St. Pauli, im Hotel East
Simon-von-Utrecht-Str. 31
PLZ 20359 ■ C 3, S. 229
Tel. 040/30 99 34 08, Fax 30 99 32 00
www.east-hamburg.de
So-Mi 9-2 Uhr, Do-Sa ab 9 Uhr
AmEx | EC | MASTER | VISA 🚗 🏠

Weltstädtisches Flair in der trubeligen
Bar. In futuristischem Design und Mobiliar
tobt sich an Tresen, Tischen und auf Cou-
chen das nimmermüde Feiervolk aus und
trinkt ansprechende Cocktails, alkoholfreie

Beliebter Treffpunkt: „Yakshis Bar"

Mischungen und rauchzarte Whiskys.
Raucher und Nichtraucher sind längst
voneinander getrennt.

Gute Drinks und noch bessere Aussicht: die Bar „20 up" im Hotel „Empire Riverside"

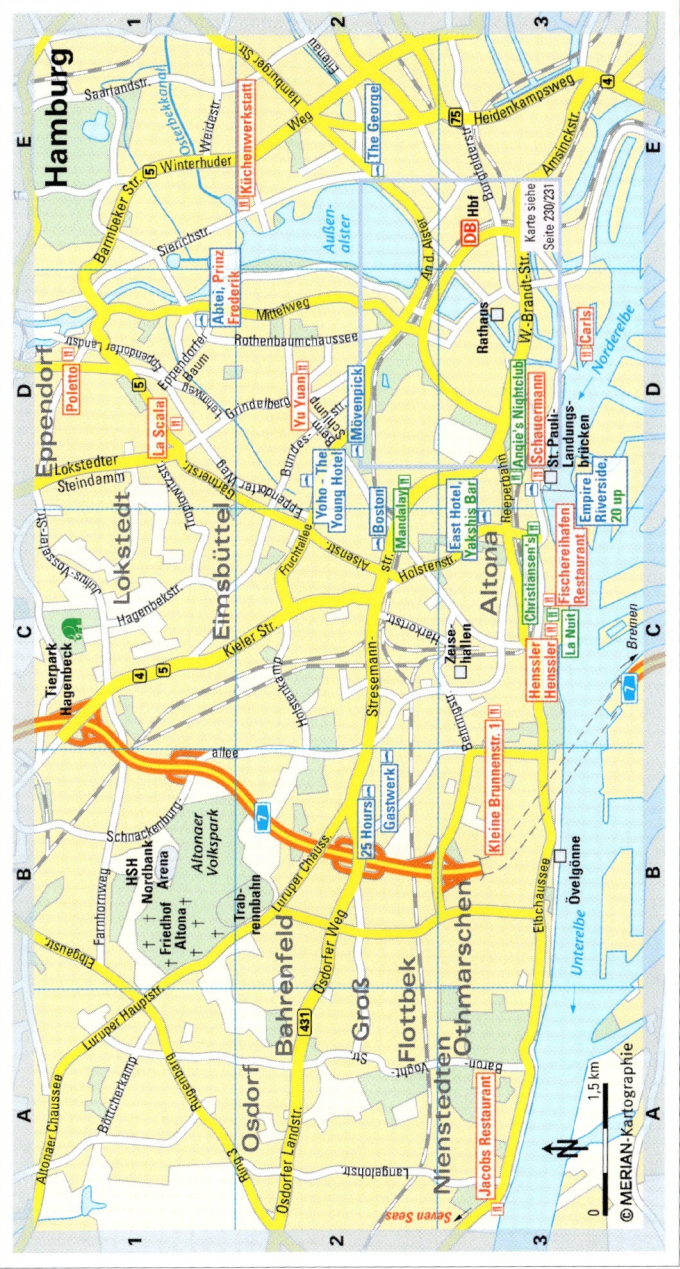

Hamburg

Tierpark Hagenbeck

Altonaer Volkspark

HSH Nordbank Arena

Trabrennbahn Friedhof Altona

Eppendorf
Lokstedt
Eimsbüttel
Lokstedter Steindamm

Osdorf
Bahrenfeld
Groß Flottbek
Nienstedten
Othmarschen

Altona

Außen alster

Rathaus

Landungs- brücken St. Pauli

Norderelbe

Unterelbe
Övelgönne

Poletto
La Scala
Yu Yuan
Mövenpick
Abtei, Prinz Frederik
Küchenwerkstatt
The George
75
DB Hbf
Carls
Yoho - The Young Hotel
Boston
Mandalay
East Hotel, Yakshis Bar
Angie's Nightclub
Schauermann
Fischereihafen Restaurant
Empire Riverside, 20 up
La Nuit
Henssler Henssler
Christiansen's
Zeise hallen
25 Hours
Gastwerk
Kleine Brunnenstr. 1
Jacobs Restaurant
Seven Seas

Karte siehe Seite 230/231

© MERIAN-Kartographie

1,5 km

229

HAMBURG

H

230

Hamburg Innenstadt

Außenalster

Binnenalster

Kennedybrücke

Lombardsbrücke

Glockengießerwall

Ferdinandstor

Hamburger Kunsthalle

Alsterpavillon

Ciu' Die Bar

Thalia-Theater

Jungfernstieg

Kl. Alster

Gerhart Hauptmann-Platz

Mönckebergstr.

Park Hyatt

Rathaus

St. Petri

St. Jacobi

Steinstraße

Speersort

Café Paris

Le Plat du Jour

Chilehaus

Nikolaibr.

Willy-Brandt-Str.

Meßberg

Dovenfleet

Deutsches Zollmuseum

St. Katharinen

Speicher-stadt

Wändrahms-steg

Deichtor-platz

Deichtor-hallen

Ericusspitze

Hauptbahnhof

Hauptbahnhof

Deutsches Schauspielhaus

Hachmann-platz

Steintor-damm

Steintor-platz

Museum für Kunst und Gewerbe

Hauptpost

Markt-halle

Amsinckstr.

Le Royal Méridien

Wedina

Sgroi

Lange Reihe

HELSINKI

Der Trend in der guten Gastronomie ist stabil: Die Köche nutzen die naturreinen Gaben der Heimat und lassen sich von Techniken aus aller Welt inspirieren. Und die alte Markthalle am Hafen ist immer einen Besuch wert!

Hotels

Glo FFF

Innenstadt, Kluuvikatu 4
PLZ 00100 ■ D 3, S. 243
Tel. 00358/10/344 44 00, Fax 344 44 01
www.palacekamp.fi
144 Zi., 12 Suiten, DZ ab € 175
AmEx DINERS MASTER VISA Y 🍴 ⌂ ⌯
Designhotel im Zentrum mit großzügigem
Platzangebot in hochwertig möblierten
Zimmern. 32-Zoll-Flat-Screens mit integrier-
tem Internetanschluss, MP3-Station.
Direkter Zugang zur eleganten Shopping-
passage „Kämp Galleria". 600 Quadrat-
meter großer „Palace Kämp Day Spa" mit
Saunaabteilung und diversen Anwen-
dungen. Das Restaurant „Carlito's" profi-
liert sich mit „Gourmetpizzas", belegt mit
Hühnchen-*teriyaki,* Chorizo oder Lachs.

Bekennt Farbe: Designhotel „Glo"

Haven FFF

Innenstadt, Unioninkatu 17
PLZ 00130 ■ D 4, S. 243
Tel. 00358/9/61 28 58 50
www.hotelhaven.fi
76 Zi., 1 Suite, DZ ab € 160
AmEx DINERS MASTER VISA Y ⌂ ⌯
Die jüngste Hoteleröffnung in Helsinki und
das erste finnische Mitglied der renommierten Vereinigung Small Luxury Hotels.

Großzügiges Raumangebot in den Zimmern,
die hochwertig eingerichtet und mit Antiquitäten bestückt sind. Teilweise bieten sie
Hafenblick. Hi-Fi von Bang & Olufsen.
Wellness im intimen „Escape Day Spa".

Helka

OT Kamppi, Pohjoinen Rautatiekatu 23
PLZ 00100 ■ A 3, S. 242
Tel. 00358/9/61 35 80, Fax 44 10 87
www.helka.fi
146 Zi., 4 Suiten, DZ ab € 117
AmEx DINERS MASTER VISA € Y ⌂ ⌯
Das Hotel der gehobenen Mittelklasse mit
80-jähriger Geschichte im Zentrum wurde
vor drei Jahren einem kompletten Facelifting
unterzogen. Natürliche Materialien im
nordischen Stil kennzeichnen die Einrichtung. Die Nutzung des schönen Sauna-
bereichs im obersten Stockwerk wird
allerdings mit 25 Euro berechnet. Moderne
finnische Küche im Restaurant, Bar.

Kämp FFF

Innenstadt, Pohjoisesplanadi 29
PLZ 00100 ■ D 3, S. 243
Tel. 00358/9/57 61 11, Fax 576 11 22
www.hotelkamp.fi
163 Zi., 14 Suiten, DZ ab € 199
AmEx DINERS MASTER VISA Y ⌂ ⌯

Helsinkis klassisches Grandhotel: „Kämp"

Gemütlichkeit mit Elch und Kranz: „Linna" in einem Jugendstilgebäude

Viele Staatsoberhäupter und andere wichtige Menschen logierten im ersten Haus am Platz mit mehr als 120-jähriger Geschichte. Die Zimmer sind opulent im Stil des 19. Jahrhunderts eingerichtet, die Mamorbäder sind großzügig. Kostenpflichtiger Internetzugang auf den Zimmern. Repräsentatives Restaurant. (Siehe Bar „Kämp Club".)

Katajanokka ◼◼□□□
OT Katajanokka, Vyökatu 1
PLZ 00160   östlich ◼ F 4, S. 243
Tel. 00358/9/68 64 50, Fax 67 02 90
www.bwkatajanokka.fi
103 Zi., 3 Suiten, DZ ab € 228
AmEx DINERS MASTER VISA 〒 🏨 ♿
Wo bis 2002 schwere Jungs verwahrt wurden, logieren nun Gäste, ganz ohne schwedische Gardinen. Das ehemalige Gefängnis bietet Zimmer zwischen 17 und 30 Quadratmetern mit Internetzugang, Flat-Screens, Tee-/Kaffeebereiter. Die Juniorsuiten haben eine eigene Sauna. Im Restaurant „Jailbird" (zu Deutsch „Knacki") gibt's Rentiertatar und gegrillten Thunfisch statt Wasser und Brot. Schöne Terrasse am großen Garten.

Klaus K
Innenstadt, Bulevardi 2-4
PLZ 00120   ◼ C 4, S. 242
Tel. 00358/20/770 47 00, Fax 770 47 30
www.klauskhotel.com
135 Zi., 2 Suiten, DZ ab € 150
AmEx DINERS EC MASTER VISA 〒 ♿
Hotel aus der vorletzten Jahrhundertwende mit modernem Designanspruch. An der Rezeption herrscht die Farbe Weiß, die drei Zimmerklassen heißen „Passion", „Desire" und „Envy", den meisten Platz bietet, wen wundert's, die „Neid"-Kategorie. Zwei Restaurants, angesagter Nightclub „Ajho" mit DJs.

Linna ◼◼□□□
Innenstadt, Lönnrotinkatu 29
PLZ 00180   ◼ A 5, S. 242
Tel. 00358/10/344 41 00, Fax 344 41 01
www.palacekamp.fi
47 Zi., 1 Suite, DZ ab € 260
AmEx DINERS MASTER VISA 〒 🏨
Stimmungsvolles, fast intimes Ambiente im schönen Jugendstilgebäude. Die Zimmer sind nicht gerade groß, aber geschmackvoll und gemütlich eingerichtet. Sie verfügen

über Flat-Screens, W-Lan und Safe. Saunen im Keller und im obersten Stockwerk. Die Bibliothek bietet auch Internetzugang. Restaurant und Bar, eigene Tiefgarage.

Palace ⓕⓕ☐☐☐

Innenstadt, Eteläranta 10
PLZ 00130   ■ D 4, S. 243
Tel. 00358/9/13 45 66 60, Fax 65 47 86
www.palacekamp.fi
37 Zi., 2 Suiten, DZ ab € 175
AmEx DINERS MASTER VISA ⏣ 🏠 ⏥

Zu den Olympischen Spielen 1952 eröffnet, spiegelt das Hotel im 9. Stockwerk noch immer die Hoch-Zeit des finnischen Designs in den 50er-Jahren. Kleine und große Zimmer, die im reduzierten skandinavischen Stil möbliert sind. Einige haben einen Balkon, von wo aus man teilweise über den Fährhafen blicken kann. In der „Sea Lounge" werden tagsüber Snacks und Softdrinks kostenlos angeboten, abends (bis 20.30 Uhr) auch Wein. Sommerterrasse im 11. Stock. (Siehe Bar „Palace Katto".)

Reminiszenzen an die 50er-Jahre: „Palace"

Radisson Blu ⓕⓕ☐☐☐

OT Kamppi, Runeberginkatu 2
PLZ 00100   ■ A 3/4, S. 242
Tel. 00358/20/123 47 01, Fax 123 47 02
www.radissonblu.com
253 Zi., 9 Suiten, DZ ab € 170 ⏣ 🏠 ⏥

Beliebtes Tagungshotel am Westrand der Innenstadt. Die Zimmer des 1991 eröffneten, großen Gebäudes wurden kürzlich im skandinavischen Stil renoviert, die meisten haben eine Badewanne. *One-touch*-Service und kostenloser Internetzugang sind „Radisson"-übliche Standards. Saunabetrieb morgens und abends, „VIP Sauna" auf Vorbestellung im obersten Stock.

Sokos Hotel Aleksanteri ⓕ☐☐☐☐

OT Kallio, Albertinkatu 34
PLZ 00180   ■ B 5, S. 242
Tel. 00358/20/123 46 43
Fax 123 46 44
www.sokoshotels.fi
147 Zi., 4 Suiten, DZ ab € 139
AmEx DINERS MASTER VISA ⏣ ⏥

Neben dem „Alexander-Theater": Hotel der gehobenen Mittelklasse hinter einer Neorenaissance-Fassade. Die zeitlos-eleganten Zimmer haben Internetzugang, die Sauna wird abends geheizt (Privatsauna mit Terrasse auf dem Dach). Restaurant und Bar.

Restaurants

Bank ⓕ☐☐☐☐

Innenstadt, Unioninkatu 20
PLZ 00130   ■ D 4, S. 243
Tel. 00358/9/13 45 62 60, Fax 13 46 62 69
www.palacekamp.fi
nur Mittagessen, Sa, So geschl.
Hauptgerichte € 39-66
AmEx DINERS MASTER VISA M

Der „Lunch Club" im Event- und Tagungskomplex „Bank" bietet von 11 bis 14 Uhr Bistrogerichte für Büromenschen und Stadtflaneure. Für 9,20 Euro gibt's Hauptgericht, Dessert und Softdrink. In transparentem Ambiente werden *tandoori*-Hühnchen oder Leber vom Grill mit Wurzelgemüse serviert.

Klein, aber weltgewandt: „Carma"

Carma **F F**

Innenstadt, Ludviginkatu 3-5
PLZ 00130 ◾ C 4, S. 242
Tel. 00358/9/67 32 36
www.carma.fi
Sa mittag, So geschl.
Hauptgerichte € 29-32
AmEx DINERS EC VISA ♏ ♈

Kleines (24 Plätze), elegantes Lokal mit
ambitionierter internationaler Küche,
vorzugsweise aus heimischen Produkten:
Flusskrebse mit Trüffelrisotto und Rucola-
püree, Rentiermedaillons mit Steinpilzravioli
und Rosmarinsauce. Gute Weine aus aller
Welt, mit französischem Schwerpunkt,
liebenswürdiger Service.

Chez Dominique **F F F F**

Innenstadt, Rikhardinkatu 4
PLZ 00130 ◾ D 4, S. 243
Tel. 00358/9/612 73 93, Fax 61 24 42 20
www.chezdominique.fi
Di mittag, Sa mittag, So und Mo geschl.
Menüs € 85-99
AmEx DINERS MASTER VISA ♈

Unbestritten das beste Restaurant Finn-
lands. Chef Hans Välimäki möchte seine
Gäste überraschen, aber Experimente als
Selbstzweck lehnt er ab: „Im Mittelpunkt
steht immer der Geschmack." Entenstopf-
leber kombiniert er mit grünem Apfel,
Jakobsmuscheln mit Pistazien, der sichere
Umgang mit Kräutern und Gewürzen sorgt
für tatsächlich unerwartete, intensive
Geschmackserlebnisse. Das alles hat seinen
Preis, mittags gibt es günstige Zwei- und
Drei-Gänge-Menüs. Die mehr als ausrei-
chende Weinauswahl beginnt bei einem
2005er Chablis von Louis Michel für 59
Euro und endet bei einem 1982er Château
Cos d'Estournel, Deuxième Cru classé, für
578 Euro. Der informierte Service sorgt für
eine entspannte Atmosphäre, das schicke
Ambiente beherrscht die Farbe Weiß.

Demo **F F F**

Innenstadt, Uudenmaankatu 9-11
PLZ 00120 ◾ C 4, S. 242
Tel. 00358/9/22 89 08 40, Fax 22 89 08 41
www.restaurantdemo.fi
nur Abendessen, So, Mo geschl.
Hauptgerichte € 29-39
AmEx DINERS MASTER VISA

Die umtriebigen jungen Chefs mixen sicher
Stile und Techniken. Dabei verwenden sie,
soweit wie möglich, die guten Produkte des
eigenen Landes. Heraus kommen originelle

Hans Välimäki, Chef im „Chez Dominique"

Meeresfrüchte im Souterrain: „FishMarket"

Aromenkombinationen: sautierte Scampi mit Ziegenkäse-Mousse und Tomatenschaum, geschmorte Kalbsbäckchen mit Blumenkohl-Couscous. Der aufmerksame Service sorgt für eine lockere Atmosphäre im modern möblierten Lokal.

FishMarket F F

Innenstadt, Pohjoisesplanadi 17
PLZ 00170   ■ D 3, S. 243
Tel. 00358/9/13 45 62 20, Fax 13 45 62 22
www.palacekamp.fi
nur Abendessen, So geschl.
Hauptgerichte € 22-33
AmEx DINERS EC MASTER VISA
Im Souterrain am Kauppatori-Platz werden jährlich 30 000 Austern geknackt. Im unprätentiösen skandinavischen Ambiente schmecken auch gebratener Lachs mit Rote-Bete-Balsamico-Sauce oder marinierte Garnelen mit Garnelenmousse und gebratenen Zucchini. Internationale Weine, relativ kundenfreundlich kalkuliert.

G. W. Sundmans F F

Innenstadt, Eteläranta 16
PLZ 00130   ■ D 4, S. 243
Tel. 00358/9/61 28 54 00, Fax 68 69 56 56
www.royalravintolat.com
Sa mittag, So geschl.
Hauptgerichte € 30-40
AmEx DINERS MASTER VISA
Großbürgerliches Ambiente mit Parkettböden und hohen Stuckdecken in den fünf Salons des Restaurants. Die Tische stehen in gebührendem Abstand voneinander, der Service ist distinguiert. Klassische Küche mit Pfiff: Wildschweinterrine mit Roter Bete, Topinambursuppe mit Lachstatar, gebratener Zander mit Pastinakenpüree und Safransauce. Riesige Weinauswahl, stimmungsvolles Weingewölbe, in dem auch Proben stattfinden, informellere Atmosphäre in „Sundmans Krog".

Havis F F F

Innenstadt, Eteläranta 16
PLZ 00130   ■ D 4, S. 243
Tel. 00358/9/61 28 58 00, Fax 68 69 56 56
www.royalravintolat.com/havis
Sa mittag und im Winter So geschl.
Hauptgerichte € 16-34
AmEx DINERS MASTER VISA
Der Ozeandampfer auf dem Wandgemälde im Gewölbe gibt die Richtung vor: Dieser Restaurant-Evergreen ist auf Meeresfrüchte spezialisiert. Der zuvorkommende Service serviert Ostsee-Hering, der in Zitrone mariniert wurde, mit Senfmarinade oder sautierte Mies- und Jakobsmuscheln mit Oktopus und Muschel-*espuma*. Großer Weinkeller, Terrasse mit Glasdach.

Juuri F F

Innenstadt, Korkeavuorenkatu 27
PLZ 00130   ■ D 5, S. 243
Tel. 00358/9/63 57 32
www.juuri.fi
So mittag geschl.
Hauptgerichte € 24-32
Ungezwungene Atmosphäre im Bistro mit großen Fenstern, dunklem Holzboden und -möbeln nahe dem Designmuseum. Als Vorspeisen werden *sapas*, finnische Versionen der spanischen Tapas, serviert: Rentierleberterrine mit Beerengelee, Hechtklößchen in Wildkräuterbrühe, Räucheringspastete

Moderne nordische Küche, puristisch angerichtet: „Olo"

mit Joghurtkarotten. Danach Wildschwein-rippchen mit Apfelbutter. Kleine gute Weinauswahl, fröhlicher Service.

Loft ■■□□□
Innenstadt, Yrjönkatu 18
PLZ 00120   ■ C 4, S. 242
Tel. 00358/9/42 81 25 00, Fax 42 81 25 50
www.ravintolaloft.fi
nur Abendessen, So, Mo geschl.
Hauptgerichte € 18-28

AmEx DINERS MASTER VISA @ 𝖸

Im großen Skulpturensaal einer ehemaligen Kunstakademie kommen Biozutaten aus finnischen Landen in Töpfe und Pfannen: Blini mit Maränenkaviar, Gurken, Zwiebeln und Sour Cream, Gänseleber mit roter Zwiebelkonfitüre und Portwein-Sauce. Gute internationale Weinauswahl mit entsprechender Beratung.

Olo ■■■□□
Innenstadt, Kasarmikatu 44
PLZ 00130   ■ D 4, S. 243
Tel. 00358/9/66 55 65, Fax 66 55 75
www.olo-restaurant.com
Sa mittag, Mo abend, So geschl.
Menüs € 48-86

AmEx DINERS MASTER VISA M 𝍌 𝖸

Auch dieses Spitzenrestaurant profiliert sich mit moderner nordischer Küche. Der Eigengeschmack der Produkte steht im Mittelpunkt, angerichtet werden sie in puristischer Schnörkellosigkeit: Seeteufel mit Basilikum und Hummerconsommé, Lamm in Limetten-Thymian-Sauce. Große Weinauswahl mit großen Namen, Entdeckungen und Raritäten. Klare, helle Linien bestimmen die Einrichtung mit Parkettboden. Im Sommer Open-Air-Lounge.

Postres ■■■■□
Innenstadt, Eteläesplanadi 8
PLZ 00130   ■ D 4, S. 243
Tel. 00358/9/66 33 00
Fax 66 33 01
www.postres.fi
So, Mo geschl.
Hauptgerichte € 29-34

AmEx DINERS MASTER VISA M

Finnlands gastronomische Gesellschaft hat das „Postres" zum „Restaurant des Jahres 2008" gekürt. Recht so, die guten Produkte des Landes, ob Hering oder Lamm, werden aromenschonend zubereitet und kreativ in Szene gesetzt. Wie der Name nahelegt, kümmert man sich besonders um Desserts, berühmt ist die *tarte Tatin*. Im lässigen

Ambiente fühlen sich Geschäftsleute wohl, die ihren ausländischen Gästen demonstrieren möchten, wie *sophisticated* die zeitgenössische finnische Küche sein kann.

Särkänlinna F

OT Särkänsaari
PLZ 00130 südlich ■ E 5, S. 243
Tel. 00358/9/13 45 67 56
Fax 01 03 44 40 01
www.palacekamp.fi
nur Abendessen, So und Okt.-Apr. geschl.
Hauptgerichte € 19-31
AmEx DINERS MASTER VISA

Auf der Schäreninsel Särkkä steht ein Fort aus dem 18. Jahrhundert, das einst die Stadt vor Angreifern schützen sollte. Hinter den dicken Mauern befindet sich heute ein Sommerrestaurant, das man vom Kaivopuisto-Park mit der Fähre in einer Viertelstunde erreicht. Aus der einstigen Kanonenhalle blickt man auf die Stadt oder die offene See und genießt klassische Gerichte der finnischen Küche. Berühmt sind die Flusskrebsmenüs im August.

Saslik F

OT Ullanlinna, Neitsytpolku 12
PLZ 00140 südlich ■ D 5, S. 243
Tel. 00358/9/74 25 55 00, Fax 74 25 55 25
www.asrestaurants.com
So geschl.
Hauptgerichte € 25-28
AmEx DINERS MASTER VISA

Russlands langjährige kulinarische Botschaft in Helsinki. Vorrevolutionäre Küche in entsprechendem Rahmen mit Samowaren, bleigefassten Fenstern und Malereien. Was dem Zaren schmeckte, schmeckt uns auch: Blini, Borschtsch, Kaviar, Elch-*pelmeni* und ein saftiges Bärensteak. Auch russische und georgische Weine, aber die meisten kommen aus Frankreich, Italien und Spanien.

Savoy F F

Innenstadt, Eteläesplanadi 14
PLZ 00130 ■ D 4, S. 243
Tel. 00358/9/61 28 53 00, Fax 62 87 15
www.royalravintolat.com/savoy

Sa, So geschl.
Hauptgerichte € 34-45
AmEx DINERS MASTER VISA

Das vom berühmten Architekten Alvar Aalto gestaltete Traditionsrestaurant blickt auf eine 72-jährige Geschichte zurück, zeigt aber keine Ermüdungserscheinungen. Hummer mit Morcheln und Entenbrust in Trüffelsauce sind vorzügliche Klassiker. Umfassendes Weinangebot, aufmerksamer, informierter Service.

Serata F F

OT Punavuori, Bulevardi 32
PLZ 00180 ■ B 5, S. 242
Tel. 00358/9/680 13 65
www.serata.fi
Sa mittag, Mo abend, So, geschl.
Hauptgerichte € 22-22
AmEx DINERS MASTER VISA

Im freundlichen Ecklokal serviert der jugendliche Service schmackhafte italienische Küche: Avocadolasagne mit Jakobsmuscheln, Schwertfisch mit Oliven-*tapenade* und Tomatensalsa, Pfirsichterrine mit weißer

Genießen mit Ausblick: „Savoy"

Amadei-Schokolade und Mascarpone. Die kleine feine Weinauswahl ist so günstig kalkuliert wie die Menüs.

Strindberg █ █ ☐ ☐ ☐
Innenstadt, Pohjoisesplanadi 33
PLZ 00100 ■ D 3, S. 243
Tel. 00358/9/61 28 69 00, Fax 68 12 03 17
www.royalravintolat.com
So geschl.
Hauptgerichte € 16–31
AmEx DINERS MASTER VISA M

Schickes Gastronomiezentrum in der Kämp-Passage. Kaffeehaus und Kaffeeverkauf im Erdgeschoss, darüber das Restaurant mit guter finnisch-internationaler Küche (pochierter Arktis-Saibling mit Kapern in Weißweinsauce) und große Barlounge mit gutem Zigarrensortiment.

Bars/Cafés

A 21
OT Kamppi, Annankatu 21
PLZ 00100 ■ B 4, S. 242
Tel. 00358/400 21 19 21
www.a21.fi
Di-Do 20-2 Uhr, Fr 16-3 Uhr, Sa 20-3 Uhr
So, Mo geschl.
AmEx MASTER VISA ☂

Schick gestylte, raffiniert beleuchtete Bar-Lounge. Als Raumteiler dienen lange Stoffbahnen. Nach dem Klingeln wird die Tür freundlich aufgetan, und der Gast kann aus einer großen Zahl bestens gemixter klassischer und modischer Cocktails wählen. Auch die Auswahl an Champagnersorten ist mehr als abendfüllend. Samstags legen DJs auf.

Palace Katto
Innenstadt, im Hotel Palace
Eteläranta 10
PLZ 00130 ■ D 4, S. 242
Tel. 00358/9/13 45 67 15
Fax 13 45 67 69
www.palace.fi
Jan.-Aug. Mo-Fr 17-24 Uhr
AmEx DINERS MASTER VISA ☂

Auf der Turmspitze: „Torni Bar Ateljee"

Sommerbar mit Aussichtsterrasse auf dem Dach des Hotels. Bei sanfter Brise vom Meer und trockenem Martini im Glas kommen romantische Gefühle auf.

Torni Bar Ateljee
OT Kamppi, im Sokos Hotel Torni
Yrjönkatu 26
PLZ 00100 ■ B 4, S. 242
Tel. 00358/20/123 46 04
Fax 9/43 36 71 00
www.ateljeebar.fi
Mo-Do 14-2, Fr, Sa, 12-2 Uhr, So 14-1 Uhr
AmEx DINERS MASTER VISA

Im 13. Stock des „Sokos"-Hotels: Die höchstens 30 Gäste sitzen auf Acrylstühlen, genießen gute Cocktails und durch Panoramafenster den unschlagbaren Blick über die Stadt und die Schärenküste. Wie der Name ahnen lässt, gibt es auch monatlich wechselnde Kunstausstellungen. Auch gutes Frühstück (ab 29 Euro): werktags (außer montags) von 7.30 bis 10.30 Uhr, am Wochenende von 8 bis 11 Uhr.

ABENTEUER AUS ERSTER HAND.

Einmal im Leben

100
UNVERGESSLICHE
REISEABENTEUER

MERIAN

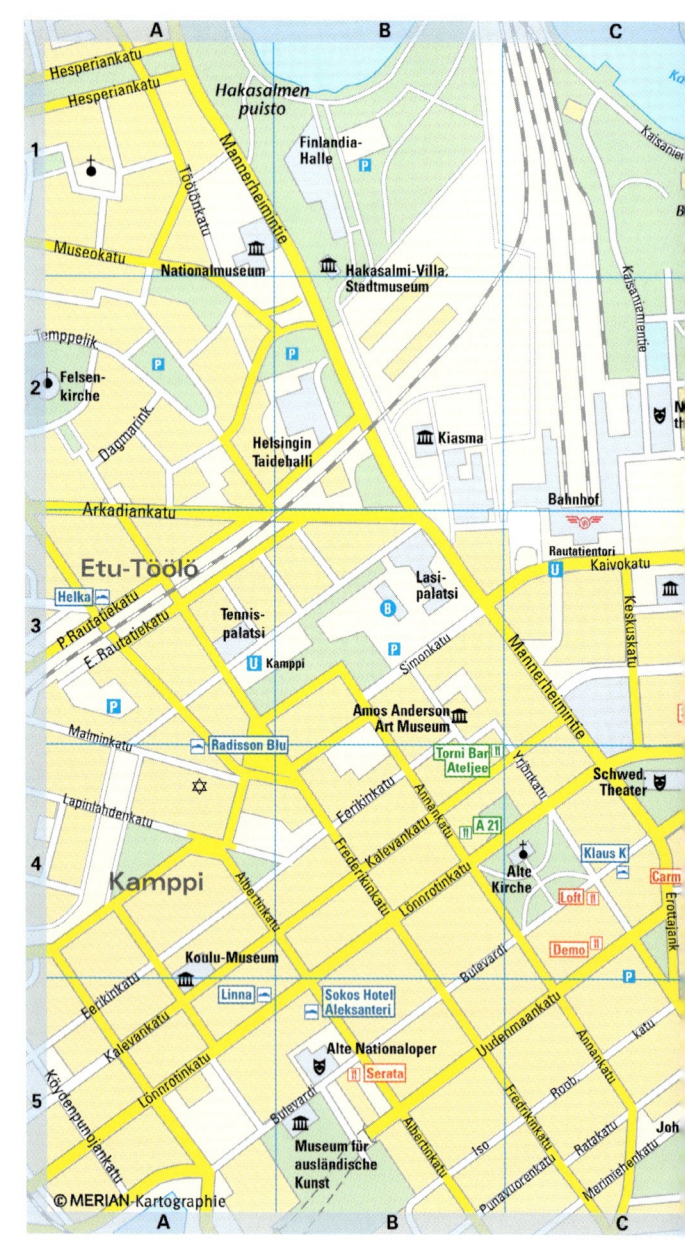

Helsinki

0   300 m

Siltavuoren-salmi

Siltavuorenranta

Kristianinkatu

Kriegsmuseum

Tervasaarenkannas

Liisankatu

Liisankatu

Kruununhaka

Manesinkatu

Mariankatu

Unioninkatu

Vironkatu

Snellmaninkatu

Meritullink.

Pohjoisranta

Pohjoissatama

Rauhankatu

Fabianinkatu

Kirkkokatu

Dom

Ritter-haus

Alexander II

Senaatin-tori

Kanava-ranta

Katajanokka

Stadtmuseum

Rathaus

Präsidenten-palais

Uspenski-Kathedrale

Glo

Kämp

Fabianin.

FishMarket

Pohjoisesplanadi

Kauppatori

Kruunuvuorenkatu

läesplanadi

Postres

Kanavakatu

Ölo

Haven

Katajanokanlaituri

Bank

G.W. Sundmans, Havis

Kauppahalli

Eteläranta

Kasarminkatu

Matkustaja-Terminal

Palace
Palace Katto

Etel. Makasiinikatu

Eteläsatama

Juuri

Makasiini-Terminal

Design-Museum

Deutsche Kirche

Laivasillankatu

Observatorium

Valkosaaren-kari

Kasarminkatu

Saslik

Tähtitorninkatu

Särkänlinna

Olympia-Terminal

ISTANBUL

Die Metropole sucht mit Enthusiasmus
die Harmonie zwischen Orient und
Okzident. Trubelig ist die 15-Millionen-
Stadt am Bosporus, aufgeschlossen
und voller Kulturdenkmäler. Die Hotels
bieten höchstes Niveau, die Küchen
verführen mit anregenden Gewürzen

Hotels

A'jia FF ☐☐☐

OT Beykoz, Ahmet Rasim PasaYalisi
Cubuklu Cad. 27
PLZ 34805 östlich ■ F 1, S. 259
Tel. 0090/216/413 93 00, Fax 413 93 55
www.ajiahotel.com
12 Zi., 4 Suiten, DZ ab € 300
AmEx DINERS MASTER VISA 🍸 🏠

Hideaway auf der asiatischen Seite in einem
prachtvollen osmanischen Landsitz aus
Holz, der mit modernem, distinguiertem
Design ausgestattet wurde. Holzterrasse
über dem Wasser; das schönste Zimmer ist
die Ecksuite im ersten Stock mit großem
Balkon. Modische Bäder. Outside-Bar auf
einem Holzplateau. Restaurant mit mediterraner Küche. Kein Pool, keine Wellness. Zu
erreichen per Taxi oder mit einem putzigen
Hotelboot vom Kai in Emirgan.

Bentley FF ☐☐☐

OT Sisli, Halaskargazi Cad. 23
PLZ 34367 nördlich ■ D 1, S. 259
Tel. 0090/212/291 77 30, Fax 291 77 40
www.bentley-hotel.com
50 Zi., 10 Suiten, DZ ab € 200
AmEx DINERS MASTER VISA 🍸

Im Shopping-Viertel Nisantasi steht das
Designhotel, das von dem Mailänder
Architekten Piero Lissonio entworfen wurde.

Gästezimmer mit großen Fenstern, viel
Komfort und modernen Designermöbeln.
Sauna und Fitnessraum. Minimalistischer
Stil, freundlicher Service. Ideal für Istanbul-
Besucher, die es zeitgemäß mögen.

Bosphorus Palace FFFF ☐

OT Üsküdar, Yalyboyu Cad. 64
PLZ 34676 nordöstlich ■ F 2, S. 259
Tel. 0090/216/422 00 03, Fax 422 00 12
www.bosphoruspalace.com
13 Zi., 1 Suite, DZ ab € 250
AmEx DINERS MASTER VISA 🍸 🏠 🍹

Wohnen wie ein Pascha Ende des 19.
Jahrhunderts in einer typisch ottomanischen
Holzvilla, direkt am Bosporus mit einem
herrlichen Blick auf die berühmte Brücke.
Klassische Eleganz im ganzen Haus, mit viel
Plüsch und Damast und einem aufmerk-
samen Service. Geräumige Zimmer, die mit
ihrer reich dekorierten Einrichtung nichts für
Stilpuristen sind. Sehr ruhige Atmosphäre.
Autoservice ins historische Zentrum.

Çiragan Palace
Kempinski FFFF ☐

OT Besiktas, Çiragan Cad. 32
PLZ 34349 östlich ■ F 1, S. 259
Tel. 0090/212/326 46 46, Fax 259 66 87
www.kempinski-istanbul.com
282 Zi., 31 Suiten, DZ ab € 221
AmEx DINERS MASTER VISA 🍸 🏠 🌊 🍹

Bosporus-Blick und wunderbar schlafen in den Suiten des Hotels „Çiragan Palace Kempinski"

I

Am schönsten sind die geräumigen Suiten im ehemaligen Palast von Sultan Abdülaziz, mit Blick auf den Bosporus. Die prachtvolle Residenz wurde im 19. Jahrhundert errichtet und diente später auch als türkisches Parlament. Nicht weniger komfortabel, aber ohne den Charme vergangener Zeiten sind die Zimmer im Hotelneubau direkt beim Palast. Das Restaurant „Tugra" bietet Klassiker der ottomanischen Küche, die man probieren sollte. Vom Pool kann man dem Treiben in der Meerenge zuschauen.

Four Seasons `F` `F` `F` `F`
OT Sultanahmet, Tevkifhane Sokak 1
PLZ 34110 ■ C 5, S. 258
Tel. 0090/212/402 30 00, Fax 402 30 10
www.fourseasons.com/de/istanbul
54 Zi., 11 Suiten, DZ ab € 250
`AmEx` `DINERS` `MASTER` `VISA` 🍸 ⚲

Luxus in einem ehemaligen Sultangefängnis: Das Hotel ist eine Ruheoase mitten im quirligen Touristenviertel Sultanahmet, direkt bei der Blauen Moschee und der Hagia Sophia. Schöner Garten und hoteleigenes Restaurant, in dem neben türkischen Klassikern auch Gerichte der internationalen

Mittelmeerküche serviert werden. Aufmerksamer Service. Gleich um die Ecke befinden sich Istanbuls beste Teppichgeschäfte.

Four Seasons Istanbul at the Bosphorus `F` `F` `F` `F`
OT Besiktas, Çiragan Cad. 28
PLZ 34349 östlich ■ F 1, S. 259
Tel. 0090/212/381 40 00, Fax 381 40 10
www.fourseasons.com/bosphorus
156 Zi., 14 Suiten, DZ ab € 310
`AmEx` `DINERS` `MASTER` `VISA` 🍸 🏛 〰 ⚲

Osmanischer Palast aus dem 19. Jahrhundert, von zwei stilistisch angepassten Neubauten flankiert. Die weiße Marmorterrasse erstreckt sich 190 Meter lang am

Eine Oase der Ruhe: „Four Seasons"

Sommerliches Flair: „Hyatt Regency"

www.istanbul.regency.hyatt.com
360 Zi., 26 Suiten, DZ ab € 300
[AmEx] [DINERS] [MASTER] [VISA] ♈ 🚗 ⚘
Nicht weit vom Taksim-Platz entfernt, dem
modernen Herz Istanbuls, bietet dieses
Hotel modernsten Komfort, vielleicht etwas
zu kühl, aber eine der besten Adressen für
Geschäftsreisende. Wer es etwas charmanter mag, kann im hauseigenen „Apart-
Hotel" absteigen, Luxus und Stil, mit
eigenem Eingang. Sehr ruhig gelegen, dazu
ein aufmerksamer Service. Das ideale Hotel,
um im modernen Teil Istanbuls zu wohnen,
weil es ideal für Shoppingtouren ist.

Ibrahim Pasha **F F F**

OT Binbirdirek, Adliye Yani, Terzihane Sokak 5
PLZ 34122   ■ C 5, S. 258
Tel. 0090/212/518 03 94, Fax 518 44 57
www.ibrahimpasha.com
12 Zi., 12 Suiten, DZ ab € 125
[MASTER] [VISA] ⚘

Mitten im schick restaurierten Viertel
Sultanahmet, nahe den wichtigsten Mo-
scheen. Das Haus bietet stilvoll-türkische
Atmosphäre mit gutem Preis-Leistungs-
Verhältnis. Einige Gästezimmer sind ein
wenig zu klein, aber geschmackvoll einge-
richtet. Tolles Frühstück mit türkischen
Süßspeisen. Umwerfender Blick bei einem
Drink von der Terrasse auf Kuppeln und
Minarette. Hilfsbereiter Service.

Bosporus. Edles, zeitgemäßes Ambiente in
dezenten Farben: Silbergrau, gedämpftes
Blau, Ziegelrot. Die Zimmer wohnlich in
warmen Farben, Bäder mit Holzelementen.
„Palace Roof Suite" mit Dachterrasse.
Attraktiver Spa. Highlight: der große Pool
direkt am Bosporus. Service auf höchstem
Niveau: Zettel im Buch werden durch
Lesezeichen ausgetauscht, der junge Mann
am Pool poliert auf Wunsch die Sonnenbrille
(siehe Restaurant „Aqua").

Hyatt Regency **F F F F**

OT Sisli, Taskisla Cad.
PLZ 34437   ■ D 1, S. 259
Tel. 0090/212/368 12 34, Fax 368 10 00

Geschmackvoll gestaltet: „Ibrahim Pasha"

Hier steigen gern die Prominenten ab: das intime Suiten-Hotel „Les Ottomans"

Les Ottomans F F F F

OT Besiktas, Muallim Naci Cad. 68
PLZ 34345   östlich ■ F 1, S. 259
Tel. 0090/212/359 15 00, Fax 359 15 40
www.lesottomans.com.tr
10 Suiten, Suite ab € 800
AmEx MASTER VISA ⛾ 🏨 🏨 🍸

Eine der besten Adressen Istanbuls, in einer
kürzlich luxuriös renovierten Residenz aus
dem 19. Jahrhundert direkt am Bosporus-
ufer. Suiten mit Traumblick auf das Wasser,
auf Wunsch Butler und Yacht. Die Promi-
Absteige der Metropole, mit großem Out-
doorpool und allen Facilitys, minimalistisch-
klassisch eingerichtet mit hervorragendem
Service. Einziger Nachteil: die Lage etwas
außerhalb der Altstadt (siehe Restaurant
„Les Ottomans 29").

Park Hyatt Istanbul – Maçka Palas F F F F

OT Sisli, Tesvikiye Cad., Bronz Sokak 4
PLZ 34367   östlich ■ F 1, S. 259
Tel. 0090/212/315 12 34, Fax 315 12 35
www.istanbul.park.hyatt.com
80 Zi., 10 Suiten, DZ ab € 290
AmEx DINERS MASTER VISA ⛾ 🏨 🍸

Neues Luxushotel in Nisantasi. Die Zimmer
im historischen Gebäude sind höchst
komfortabel, schick und geräumig. Schöne
Lobby, sehr freundliches Personal.

Sultanahmet Sarayi F F

OT Sultanahmet, Torun Sokak 19
PLZ 34122   ■ C 5, S. 258
Tel. 0090/212/458 04 60, Fax 518 62 24
www.sultanahmetpalace.com
36 Zi., 9 Suiten, DZ ab € 295
AmEx DINERS MASTER VISA ⛾ 🍸

Im historischen Sultanahmet-Viertel bei der
Hagia Sophia gelegenes Mittelklassehotel,
eingerichtet im ein wenig zu klassischen Stil
mit vielen Gardinen und Verzierungen.
Geräumige Suiten und ein Restaurant auf
dem Dach samt Blick auf die Moscheen und
den Bosporus. Für diese Lage ist das Preis-
Leistungs-Verhältnis gut. Ideal: die Nähe zu
den besten Teppichläden.

Sumahan F F F

OT Üsküdar, Kuleli Cad. 51
PLZ 34684   nordöstlich ■ F 2, S. 259
Tel. 0090/216/422 80 00, Fax 422 80 08
www.sumahan.com

7 Zi., 13 Suiten, DZ ab € 195

[AmEx] [DINERS] [MASTER] [VISA] 🚗 ♿

Wohnen im asiatischen Teil der Stadt, das bedeutet Leben im ursprünglichen und relativ untouristischen Istanbul. In einer renovierten ehemaligen Destillerie steht dieses Haus direkt am Bosporus. Der Eigentümer, ein Architekt, hat ein modern-minimalistisches Ambiente geschaffen, mit wandgroßen Fenstern, die den Blick auf die Altstadt freigeben. Einige Zimmer verfügen über Mini-Hamams, das Restaurant ist für seine Fischgerichte stadtbekannt.

Swissôtel The Bosphorus F F F F

OT Macka Besiktas, Bayildim Cad. 2
PLZ 34357 ■ E 1, S. 259
Tel. 0090/212/326 11 00, Fax 326 11 22
www.swissotel.com/istanbul
495 Zi., 23 Suiten, 82 App., DZ ab € 208

[AmEx] [DINERS] [EC] [MASTER] [VISA] 🍴 🚗 ♒ ♿

Ost- und Westflügel liegen um einen großen Pool im Park, zu dem auch die Gärten des benachbarten Dolmabahçe-Palasts gehören. Dazwischen befindet sich die riesige Lobby, die sich über mehrere Ebenen erstreckt. Die Zimmer sind klassisch elegant oder modisch durchgestylt wie die Jacuzzi-Suiten in dunklem Holz mit Whirlpool in einem Erkerfenster. Neuer attraktiver Wellness- und Beautybereich mit Hamam, großem Schwimmbad und moderner Fitness (siehe Bar „Gaja Sky Bar").

The Marmara F F F

OT Beyoglu, Taksim Meydani
PLZ 34437 ■ D 1, S. 259
Tel. 0090/212/251 46 96
Fax 252 77 01
www.themarmarahotels.com
351 Zi., 25 Suiten, DZ ab € 175

[AmEx] [DINERS] [MASTER] [VISA] 🍴 🚗 ♿

Direkt am quirligen modernen Taksim-Platz erhebt sich dieser Hotelturm, In-Treffpunkt für Istanbuls Business- und Kulturszene. Zu empfehlen: die hoch gelegenen Zimmer mit Blick auf die Stadt. Die Aussicht ist großartig! Vor allem in den Zimmern in Richtung Bosporus. Heißer Tipp: ein Drink in der „Tepe Lounge" im Top-Floor mit Istanbul zu Füßen. Komfortable Einrichtung, allerdings ohne türkischen Charme.

Gutes Preis-Leistungs-Verhältnis: das Hotel „Sultanahmet Sarayi"

The Marmara Pera $\boxed{F}\boxed{F}\boxed{F}\boxed{F}$

OT Beyoglu, Mesrutiyet Cad. 174/6-7
PLZ 34430 ■ C 2, S. 258
Tel. 0090/212/251 46 46
Fax 249 80 33
www.themarmarahotels.com
200 Zi., 3 Suiten, DZ ab € 240
AmEx MASTER VISA 🍸🛏🍷
Hotelturm im Beyoglu-Viertel zwischen
Taksim-Platz und der Altstadt. Toll sind die
Suiten in den letzten Stockwerken, vor
allem jene mit einem zu jeder Tageszeit
sagenhaften Blick auf das Goldene Horn,
die Moscheen und in Richtung Topkapi-
Palast. Modern-komfortable Einrichtung mit
Panoramafenstern. Auf dem Dach, ganz
selten in Istanbul, eine Ruheoase mit
Sonnenterrasse und Pool. Sehr aufmerk-
samer Service (siehe Restaurant „Mikla").

The Ritz-Carlton $\boxed{F}\boxed{F}\boxed{F}\boxed{F}$

OT Sisli, Askerocagi Cad. (Suzer Plaza) 15
PLZ 34367 ■ D 1, S. 259
Tel. 0090/212/334 44 44
Fax 334 44 55
www.ritzcarlton.com/istanbul
222 Zi., 22 Suiten, DZ ab € 250
AmEx DINERS MASTER VISA 🍸🛏♨🍷
Ein Glas-Monolith, der sich unterhalb vom
Taksim-Platz erhebt und seinen Gästen volle
Sicht auf den Bosporus gewährt. Sehr
klassisches Haus mit eleganten zeitlosen
Zimmern in dezenten Farben. Großer
Indoor-Pool, kleines Becken und Whirlpool
auf einer Dachterrasse, lauschiger Wellness-
und ein Beautycenter, guter Fitnessbereich.
Sehr engagiertes, superfreundliches Perso-
nal (siehe Restaurant „Cintemani").

The Sofa $\boxed{F}\boxed{F}\boxed{F}$

OT Sisli, Tesvikye Cad. 41 a
PLZ 34367 ■ D 1, S. 259
Tel. 0090/212/368 18 18, Fax 291 91 17
www.thesofahotelsandresidences.com
70 Zi., 12 Suiten, DZ ab € 180
AmEx DINERS MASTER VISA 🍸🛏🍷
Im Nisantani-Viertel mit den wichtigsten
Shopping-Straßen Istanbuls bietet dieses
moderne Hotel minimalistisches Ambiente,

Top-Hotel in der Stadt: „The Ritz-Carlton"

mit rund 40 Quadratmeter großen Zimmern
und einem überaus freundlichen Service.
Ideal für Businessreisende und für Touristen,
die eine internationale Atmosphäre bevorzugen. Empfehlenswertes Gourmetrestaurant mit türkischen Spezialitäten.

W Istanbul $\boxed{F}\boxed{F}\boxed{F}$

OT Besiktas, Suleyman Seba Cad. 22
PLZ 34357 nördlich ■ E 1, S. 259
Tel. 0090/212/381 21 21, Fax 381 21 99
www.whotels.com/istanbul
105 Zi., 29 Suiten, DZ ab € 230
AmEx DINERS MASTER VISA 🍸🛏🍷

Schickes Designhotel in einem aufwendig renovierten Altbau. Dunkles, bewusst leicht verruchtes Interieur, das osmanische Elemente sehr hip interpretiert. So werden hinter einem riesigen silbernen Sofa im Eingangsbereich arabeske Muster in Neonfarben auf die Wand projiziert. Lounge mit flachen Sofas, im ersten Stock eine moderne Bar in dunklem Holz und Leder, im Kontrast dazu ein langer Tisch mit aufreizend weißen Designerstühlen. Stilistische Provokationen auch in den Zimmern, teils mit runden Betten, die von der Kategorie „Wonderful" bis „Extreme wow" reichen (siehe Restaurant „Spice Market").

Witt Istanbul Suites **F F F**
OT Beyoglu, Defterdar Yokusu 26
PLZ 34433 ■ C 2, S. 258
Tel. 0090/212/393 79 00, Fax 393 79 50
www.wittistanbul.com
15 Suiten, Suite ab € 189
AmEx MASTER VISA

Eines der schönsten Designhotels. Weiche und helle Farben, Holz und Stahl und recht cool. Die Einrichtung erinnert in ihrem Stil an Hotels in Nordeuropa. Die Suiten sind 60 Quadratmeter groß, mit Wohnzimmer und kleiner Küche im offenen Raum – alles mit modernstem Komfort.

Restaurants

Aqua **F F F**
OT Besiktas, im Hotel Four Seasons Istanbul at the Bosphorus, Çiragan Cad. 28
PLZ 34349 östlich ■ F 1, S. 259
Tel. 0090/212/381 40 00
Fax 381 40 10
www.fourseasons.com/bosphorus
kein Ruhetag
Hauptgerichte € 20-30
AmEx DINERS MASTER VISA

Extravagantes maritimes Interieur in Blau und Grün – oder blaugrüner Bosporus in fast greifbarer Nähe, wenn man auf der marmornen Terrasse Platz nimmt. Küchenchef Fabio Brambilla nimmt aromatische Anleihen rund ums Mittelmeer und kombi-

niert sie mit Feinsinn: Zucchiniblüten, gefüllt mit türkischem Tulum-Käse, rote Linsensuppe, auf leichte Art interpretiert, Pasta mit intensiver Lammjus oder gutem Thunfisch mit Auberginen, Oliven und Kapern.

Balikçi Sabahattin **F F**
OT Eminönü, Cankurtaran, Seyit Hasan Koyu Sokak 1
PLZ 34400 ■ C 5, S. 258
Tel. 0090/212/458 18 24
www.balikcisabahattin.com
kein Ruhetag
Hauptgerichte € 10-14
AmEx DINERS MASTER VISA

Ein Restaurant mit viel Atmosphäre. In einem der typischen verzierten Holzhäuser aus ottomanischer Zeit. Mitten im reizvollen Sultanahmet-Viertel bietet das Lokal täglich fangfrische Meerestiere in pikanten Saucen. Man sollte reservieren, denn das Restaurant ist bei Istanbulern sehr beliebt.

„Balikçi Sabahattin": beliebte Adresse

Cezayir **F F**
OT Beyoglu, Hayriye Cad. 12
PLZ 34425 ■ C 2, S. 258
Tel. 0090/212/245 99 80, Fax 245 48 92
www.cezayir-istanbul.com
kein Ruhetag

Fusion-Gerichte im schicken Restaurant mit Blick in die Küche: das angesagte „Changa"

Hauptgerichte € 10-15

AmEx DINERS MASTER VISA

Moderne, türkische Restaurant-Bistro-Café-Bar in einer ehemaligen Schule. Im Sommer spielt sich das Leben unter einem Glaspavillon ab, mit dem der Hinterhof überdacht wurde. Die Bar dahinter ist flott durchgestylt, mit einem einzigen langen Tisch und einem Sofa. Auf der Terrasse Designerstühle in hellem Leder, die Tischplatten mit Schwarz-Weiß-Fotos illustriert. Aus der Küche kommt eine kreative türkische Küche in Light-Version mit Pesto aus getrockneten Tomaten zu gegrilltem Hallumi-Käse in Weinblättern und Kartoffelchips auf Rucola-Risotto oder Spaghetti in einer Muschel-Fenchel-Sauce.

Changa ▪ F F

OT Beyoglu, Siraselviler Cad. 47
PLZ 34433 ▪ D 1, S. 259
Tel. 0090/212/251 70 64, Fax 249 11 57
www.changa-istanbul.com
nur Abendessen, So geschl.
Hauptgerichte € 13-21

AmEx MASTER VISA

Eines der wenigen Lokale, die eine interessante Fusionküche bieten. Gut sind die *wasabi-tortellini* mit Lachsfilet und Steinpilzen oder die fantastische Erdbeer-Meringue mit frischem würzigem Käse und einer Sauce aus Erd- und Waldbeeren. Durch den transparenten Fußboden geht der Blick direkt in die Küche. Gute Weinkarte.

Cintemani ▪ F F

OT Sisli, im Hotel The Ritz-Carlton,
Askerocagi Cad. (Suzer Plaza) 15
PLZ 34367 ▪ D 1, S. 259
Tel. 0090/212/334 44 44, Fax 334 44 55
www.ritzcarlton.com/istanbul
kein Ruhetag
Hauptgerichte € 11-20

AmEx DINERS MASTER VISA

Feudales Ambiente mit großen Glasleuchtern, rotbraunem Edelholz und Goldelementen. Die Karte teilt die Speisen in West und Ost, zu Letzterem gehören Klassiker wie *meze*, ein gemischter Vorspeisenteller, oder *manti*, Rote-Bete-Ravioli in Joghurt-Tomaten-Sauce und Minze-Chili-Öl. Der Westen ist vertreten mit Champagner-Risotto oder

Hähnchenbrust in Rosmarin-Jus – alles ist etwas zurückhaltend gewürzt, dafür aber schnörkellos zubereitet.

360 Istanbul **F**

OT Beyoglu/Taksim, Istiklal Cad.
Misir Apt. K: 8 N: 311
PLZ 34330 ■ D 1, S. 259
Tel. 0090/212-251 10 42, Fax 251 70 48
www.360istanbul.com
kein Ruhetag
Hauptgerichte € 10-14
MASTER VISA M Y T

Eine der schicksten Adressen, um beim Essen von einer Dachterrasse auf die Stadt zu schauen. Coole Atmosphäre, freundliches Ambiente, Istanbuler Promis und türkische Gerichte. Reichhaltiges *meze*-Angebot: kleine Häppchen mit fleischgefüllten Peperoni, frittierte Tintenfische und geräuchertes Fleisch. Gute Auswahl an Drinks. Reservieren!

Treffpunkt der Einheimischen: „360 Istanbul"

5. Kat Cafe-Bar-Restaurant **FF**

OT Beyoglu, Soganci Sokak 7
PLZ 34433 ■ D 2, S. 259
Tel. 0090/212/293 37 74, Fax 249 66 08
www.5kat.com
kein Ruhetag
Hauptgerichte € 10-18
AmEx MASTER VISA M T

Eines der schönsten Terrassen-Restaurants der Stadt. Man sollte entweder einen Tisch am Fenster oder auf der Terrasse reservieren, um beim Essen den herrlichen Blick auf des Bosporus zu genießen. Der Speisesaal mutet mit seiner aufwendigen Ausstattung recht barock an. Lecker schmecken Hühnerfleisch mit Pflaumen, Oliven und Reis und die hausgemachten Nudelgerichte. Empfehlung: die guten Cocktails.

Hakkasan **FFF**

OT Levent,
Büyükdere Cad. (Kanyon Center) 185
PLZ 34394 nördlich ■ D 1, S. 259

Tel. 0090/212/319 88 88
Fax 319 88 89
www.hakkasan.com
So geschl.
Hauptgerichte € 14-18
AmEx MASTER VISA ⛱ 🌴

Ein chinesischer Kosmos auf dem Dach der Kanyon Shopping Mall. Das Interieur ist sehr dunkel gehalten in Schwarz und Dunkelbraun mit Holzparavents. Die Küche liegt hinter einer blauen Glaswand. Lange, attraktive Bar und große Terrasse auf einem Holzplateau. Ganz in Schwarz gekleideter, rein männlicher Service. Die Küche schickt moderne chinesische Interpretationen auf Dibbern-Porzellan an den Tisch: knusprige Entenbrust auf süß-säuerlicher Mango, würzige Garnelen, die dem Gemüse mit Ingwer aber noch aromatischen Spielraum lassen. Die Nudeln mit Cashewnüssen sind hausgemacht. Internationale Weinkarte, allerdings hoch dotiert.

Hamdi et Lokantasi F F
OT Eminönü, Tahmis Cad., Kalcin Sokak 17
PLZ 34010   ■ B/C 3, S. 258
Tel. 0090/212/528 03 90
Fax 528 49 91
www.hamdirestorant.com.tr
kein Ruhetag
Hauptgerichte € 13-19
AmEx DINERS MASTER VISA M 🚗 🌴

Traditionelle Küche: „Les Ottomans 29"

Für Freunde deftiger Fleischgerichte: Das vor allem bei Einheimischen beliebte Lokal bietet südwesttürkische Spezialitäten, also viel Fleisch mit kräftigen Gewürzen. Man sollte einen Tisch im 4. und letzten Stockwerk reservieren, mit Blick auf das Goldene Horn und Beyoglu, oder aber im kuriosen „Oriental Saloon" im 1. Stock, ganz im leicht kitschigen Stil der Ottomanen eingerichtet.

Hünkar F F
OT Nisantasi, Mim Kemal Öke Cad. 7
PLZ 34360   nordwestlich ■ E 1, S. 259
Tel. 0090/212/225 46 65
Fax 291 72 92
www.hunkar1950.com
kein Ruhetag
Hauptgerichte € 8-18
AmEx DINERS MASTER VISA M

Türkisches Traditionslokal in der Nachbarschaft edler Boutiquen in Nisantasi. Hübsche Terrasse, angenehmer Gastraum, in dem der nette Service aufträgt – von saftigen Lammgerichten bis zum gut gewürzten Fisch.

Les Ottomans 29 F F
OT Besiktas, im Hotel Les Ottomans, Muallim Naci Cad. 68
PLZ 34345   östlich ■ F 1, S. 259
Tel. 0090/212/359 15 00
Fax 359 15 40
www.lesottomans.com
kein Ruhetag
Hauptgerichte € 22-39
AmEx MASTER VISA 🚗 🌴 ⛱

Elegantes Restaurant im Luxushotel „Les Ottomans" etwas außerhalb des Zentrums mit gutem Essen und Blick auf den Bosporus. Der italienische Küchenchef Giovanni Terracciano serviert eine mediterran beeinflusste Menüfolge, die aber gekonnt türkische Rezepte und Gewürze integriert. Ideale Location für einen romantischen Abend zu zweit. Glücklich ist, wer nach dem Essen in einer der Suiten in dem ottomanischen Palasthotel auch übernachten darf!

Stilvoll eingedeckt und Panoramablick über die Stadt: das Hotel-Restaurant „Mikla"

Mikla ![F] ![F]

OT Beyoglu, im Hotel The Marmara Pera, Mesrutiyet Cad. 174/6-7
PLZ 34430 ■ C 2, S. 258
Tel. 0090/212/293 56 56, Fax 243 84 63
www.miklarestaurant.com
nur Abendessen, So geschl.
Hauptgerichte € 13-21
[AmEx] [MASTER] [VISA]

Restaurant im letzten Stock des 18 Stockwerke hohen Hotels „The Marmara Pera", mit traumhaftem Panoramablick auf die Stadt. Hier kocht der türkisch-finnische Chef Mehmet Gürs. Seine Gerichte, ein faszinierender Mix aus traditionell türkischer und westeuropäischer Küche, gehören zu den leckersten Istanbuls: Das zarte Lammfilet mit türkischen Gewürzen etwa ist ein kleines Gedicht.

Pandeli ![F]

OT Eminönü, Misir Carsisi 1
PLZ 34400 ■ C 4, S. 258
Tel. 0090/212/527 39 09, Fax 522 55 34
www.pandeli.com.tr
nur Mittagessen, So geschl.
Hauptgerichte € 11-17
[AmEx] [MASTER] [VISA]

Ideal für eine gastronomische Pause nach einem anstrengenden Bummel durch den Bazar. Das Lokal befindet sich, sehr suggestiv, direkt bei einem der Eingänge in die antike Shoppingmall mit ihren Hunderten von Geschäften. Beliebt bei Istanbulern, vor allem wegen der leckeren Kebabs. Reichhaltige Portionen. Nur mittags geöffnet. Toll sind die Tische mit Blick durch die Fenster auf das Bazar-Treiben.

Poseidon ![F] ![F]

OT Bebek, Cevdetpasa Cad. 58
PLZ 34349 westlich ■ A 5, S. 258
Tel. 0090/212/263 38 23
kein Ruhetag
Hauptgerichte € 19-39
[AmEx] [MASTER] [VISA]

Schönes Terrassenrestaurant, ideal für ein Mittagessen direkt am Ufer des Bosporus mit traumhaftem Blick auf das Wasser und das gegenüberliegende Ufer. Zudem ist das Lokal eine der besten Fischadressen Istanbuls, allerdings ist es nicht ganz preiswert. Doch die würzig marinierte Seebrasse mit knackigem Gemüse und die frisch zubereiteten, knusprigen Fischkroketten schmecken richtig gut.

I

Rami F ☐ ☐ ☐ ☐

OT Eminönü, Utangac Sokak 6
PLZ 34400　　　　　■ C 5, S. 258
Tel. 0090/212/517 65 93
Fax 517 65 93
www.ramirestaurant.com
kein Ruhetag
Hauptgerichte € 14-23
⬜M✺⊤

Essen in einem fast vollständig erhaltenen ottomanischen Wohnhaus, das einst dem Maler Rami Uluer (1913–1988) gehörte und viele seiner Bilder zeigt. Gegessen wird in allen Stockwerken dieses historischen Gebäudes. Die Tische im letzten Stock bieten einen tollen Blick auf Sultanahmed und die Blaue Moschee. Besonders lecker: die Lammgerichte mit würzigem Gemüse und Kartoffeln.

Spice Market F F F ☐

OT Besiktas, im Hotel W Istanbul, Suleyman Seba Cad. 22
PLZ 34357　　　nördlich ■ E 1, S. 259
Tel. 0090/212/381 21 21, Fax 381 21 81
www.whotels.com/istanbul
kein Ruhetag
Hauptgerichte € 15-34
[AmEx] [DINERS] [MASTER] [VISA] M✺⊕⊤⌂

Manhattan-Look und modernes arabeskes Design in geschmackvoller Kombination. Helle Lederbänke, schnittige Designerstühle, Mauerwerk im Wechsel mit orientalisch gemusterter Tapete und Waschbeton mit Glitzerstaub. Der Koch Jean-Georges Vongerichten lieferte die Vorlage für eine gewagte, aber auch überaus gelungene kulinarische Mischung: vietnamesische Frühlingsrollen, begleitet von einer pikanten Minze-Koriander-Vinaigrette und mit Basilikum geschichteten Salat, oder knusprig frittierte Zwiebelringe auf einem Avocado-Rettich-Bett, dazu würzige Zitronen-Senf-Sauce. Der Service ist freundlich und bemüht, aber bisweilen auch überfordert.

Topaz F F ☐ ☐

OT Beyoglu, Inönü Cad. Devres Han 50
PLZ 34437　　　　　■ D 1, S. 259
Tel. 0090/212/249 10 01
Fax 249 43 10
www.topazistanbul.com
kein Ruhetag
Hauptgerichte € 18-45
[AmEx] [DINERS] [MASTER] [VISA] M✺Y

Panorama-Lage in einem Bürohaus am Hang. Die Fensterfront kann geöffnet werden für die Sicht auf den Bosporus über die Dächer von Beyoglu hinweg. Geschmackvolles Interieur in Beige- und Brauntönen, große Bar im Hintergrund. Mix aus moderner mediterraner und traditioneller osmanischer Küche wie Foie-gras-Tortellini mit Ziegenkäse und Steinpilzsauce oder Scorpion-Fisch in Weinblätter gewickelt mit gedünstetem Lauch und Fenchelsauce. Sehr kompetente Weinberatung.

Vogue F ☐ ☐ ☐

OT Besiktas, Spor Cad. 48/BJK Plaza, A Blok Kat 13
PLZ 34335　　nordöstlich ■ E 1, S. 259
Tel. 0090/212/227 44 04, Fax 258 88 72
www.istanbuldoors.com
kein Ruhetag
Hauptgerichte € 28-37
[AmEx] [DINERS] [MASTER] [VISA] M✺⊤

Penthouse-Atmosphäre im 13. Stock. Barbereich mit Flat-Screens, die den ganzen Abend Clips von Modeschauen zeigen. Lounge-Terrasse mit vielen weißen Kissen auf großen, dunklen Sofas. Der Restaurantbereich mit Glasbalustrade für die ungehinderte Sicht auf den Bosporus. Die Beleuchtung ist allerdings so spärlich, dass man kaum die Karte lesen kann. Großes Sushi-Angebot, die Hauptgerichte ein türkisch-mediterraner Mix, solide die Rinderfiletstreifen auf Auberginensalat.

Zuma F F F ☐

OT Zeytinburnu, Salhane Sokak 7
PLZ 34447　　　　östlich ■ F 1, S. 259
Tel. 0090/212/236 22 96, Fax 236 04 60
www.zumarestaurant.com
kein Ruhetag
Hauptgerichte € 14-28
[AmEx] [DINERS] [MASTER] [VISA] M✺⊕⊤

Türkische Vorspeisen-Variationen

Ein Londoner Erfolgsrezept in Istanbul neben dem „Radisson Blu" mit Logen-Lage direkt am Bosporus: Das Motto „Izakaya" steht für ungezwungene japanische Küche, die sich in kreativen Variationen von Sushi oder *rolls* widerspiegelt, pikant präsentiertem Thunfisch mit weißem Rettich, Muscheln, eingelegt in Ingwer, Knoblauch, Chili und Sake, Kabeljau, in *miso* mariniert, Langusten-*tempura* mit *ponzu*-Sauce und saftigen Scheibchen vom Wagyu Beef, zum süßen Finale Bananenkuchen und Schokovariation.

Bars/Cafés

Büyük Londra Oteli Bar
OT Beyoglu, im Hotel Büyük Londra
Mesrutiyet Cad. 117
PLZ 34430 ■ C 2, S. 258
Tel. 0090/212/245 06 70, Fax 245 06 71
www.londrahotel.net
tgl. 10-2 Uhr
MASTER VISA
Die Gegend um das Galatasaray Lycée ist der traditionellen Treffpunkt für Intellektuelle und Künstler. Eines ihrer bevorzugten Lokale ist das „Büyük", das den ganzen Charme einer Belle-Époque-Bar aus dem späten 19. Jahrhundert ausstrahlt. Mit Grammofon und Vogelkäfig und vielen Drinks. Ein Geheimtipp!

Gaja Sky Bar
OT Macka Besiktas, im Swissôtel The Bosphorus, Bayildim Cad. 2
PLZ 34357 ■ E 1, S. 259
Tel. 0090/212/326 11 00, Fax 326 11 22
www.swissotel.com
Mo-So 15.30-5 Uhr
AmEx DINERS EC MASTER VISA
Rooftop-Bar im Westflügel des Hotels, die einen imposanten Rundumblick bietet. Über mehrere Ebenen geht es bis ganz hinauf, wo die blau ausgeleuchtete Bar im Mittelpunkt steht. Rundherum gemütliche Loungesessel und Chill-out-Musik.

Leb-i Derya
OT Beyoglu, Kumbaracy yokubu 57/6 Tünel
PLZ 34433 ■ C 2, S. 258
Tel. 0090/212/293 49 89
www.lebiderya.com
Mo-Fr 17-2 Uhr, Sa 10-3 Uhr, So 10-2 Uhr
AmEx MASTER VISA
Ein Muss: der „Derya dudagi", der Haus-Cocktail, nach einem geheimen Rezept in einer der schönsten Bars Istanbuls. Herrlicher Blick von der Terrasse im siebten Stock des quirligen Beyoglu-Viertels. Eine der begehrtesten Adressen der städtischen Jeunesse dorée. Bis tief in die Nacht geöffnet. Serviert werden warme und kalte türkische Gerichte.

Sefahathane Bar
OT Beyoglu, Istiklal Cad. Atlas Pasaji Girisi
PLZ 34430 ■ D 1, S. 259
Tel. 0090/212/251 22 45
Di-Do 11-2 Uhr, Fr, Sa 11-4 Uhr
So 11-2 Uhr
AmEx MASTER VISA
Tagsüber trinkt man einen Kaffee, um sich vom Shoppen zu erholen, abends ist das traditionelle Lokal Anziehungspunkt für junges und künstlerisches Publikum. Es gibt Livemusik, und Kultfilme werden dazu an eine Wand projiziert.

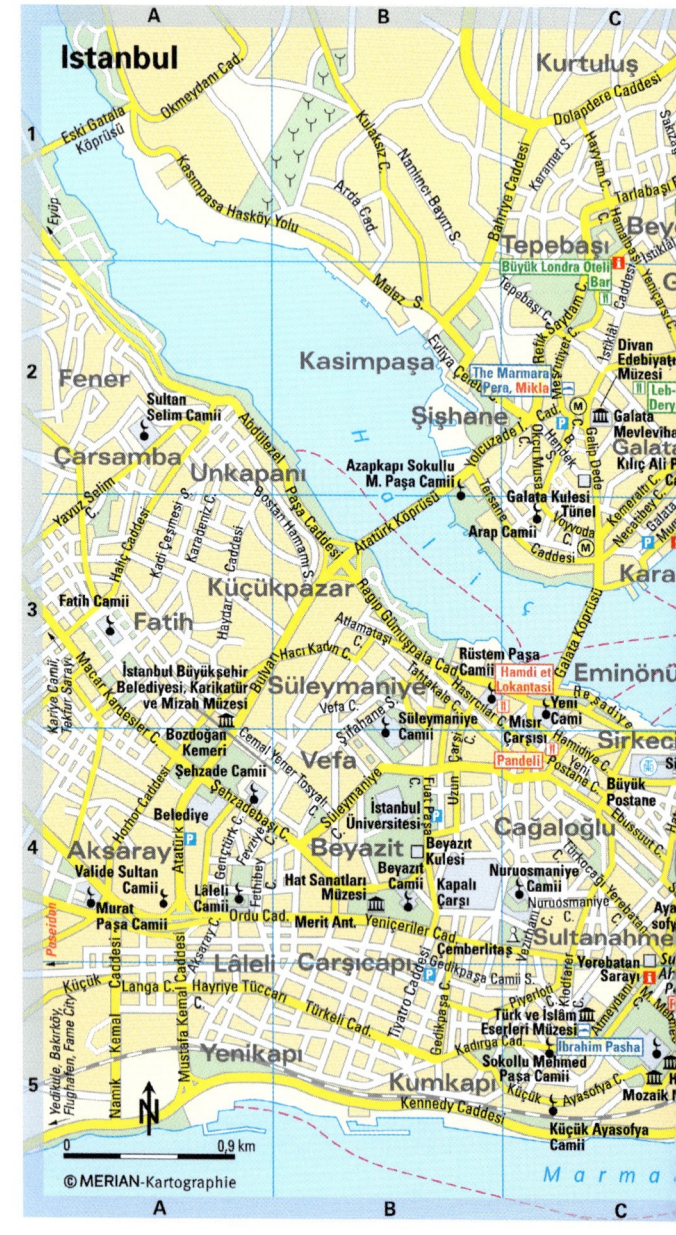

Istanbul

entley,
kasan

The Sofa | Hünkar
Hyatt | The | Swissôtel The
Regency | Ritz-Carlton, | Bosphorus,
Cintemani | Gaja Sky Bar

W Istanbul, | A'jia, Çırağan Palace Kempinski, Four
Spice | Seasons Istanbul at the Bosphorus,
Market, | Park Hyatt Istanbul - Maçka Palas,
Vogue | Les Ottomans, Les Ottomans 29,
Deniz | Aqua, Zuma
Müzesi

Taksim | İnönü
Parkı | Stadyumu
Taksim | Beşiktaş
Atatürk Kültür
Merkezi | Dolmabahçe
Taksim | Sarayı
Meydanı
Topaz

The Marmara
Changa

Dt. Krankenhaus
ay
5. Kat
hangir

Dolmabahçe

Kabataş

Sabancı Üniversitesi
Sakıp Sabancı Müzesi
Sarıyer, Deniz Parkı

1

Bosphorus Palace, Sumahan,
Anadolu Hisarı,
Hıdiv Kasrı

İnönü Caddesi

Meclis-i Mebusan Caddesi

anbul Suites

2

Tophane

B o ğ a z i ç i

Boğaziçi

Mihrimah Camii
Üsküdar

Yeni Valide
Camii
Şemsipaşa
Uncular

Şemsipaşa

Hakimiyet Milliye

Atik Valide Camii

Ayazma Camii
S.

Tulumbacılar Caddesi

Doğancılar Caddesi

Kız Kulesi
Salacak
İskelesi

Salacak

Halk Caddesi

3

Tunus Bağı Cad.

y Caddesi

Caddesi

Üsküdar Harem Sahil Yolu

Topkapı Sarayı

Harem

4

Selimiye
Camii

III.
i
in
ns
Sarayı
si

Selimiye Kışlası

Selimiye

B

Büyükada Bostancı

5

Reşat Paşa Konağı

D e n i z i

D | E | F

KOPENHAGEN

Der Nyhavn ist eine der zahlreichen Attraktionen für Besucher der dänischen Hauptstadt. Inzwischen ist auch die Gastronomie eine Reise in den Norden wert. Fantasievolle Köche mixen die verschiedensten Stile zu überraschenden Genüssen

Hotels

Admiral F F F ☐

Innenstadt, Toldbodgade 24-28
PLZ 1253　　　　　　　 ■ F 3, S. 271
Tel. 0045/33 74 14 14, Fax 33 74 14 16
www.admiralhotel.dk
316 Zi., 50 Suiten, DZ ab € 175
AmEx DINERS EC MASTER VISA 🍷🚗🛏

Hinter der imposanten Fassade des sechs-
stöckigen früheren Speichers direkt am
Hafenstrom und vis-à-vis der neuen Oper
schlafen die Gäste in kompakten Zimmern.
Schon in der Lobby beeindrucken mächtige,
über 200 Jahre alte Eichenbalken. Maritimes Dekor erinnert an die Zeiten, als
am Pier die großen Fähren nach Oslo und
Göteborg ablegten. Das Hotelrestaurant
„Salt" ist bekannt für seine moderne
nordische Küche.

D'Angleterre F F F F ☐

Innenstadt, Kongens Nytorv 34
PLZ 1022　　　　　　　 ■ F 3, S. 271
Tel. 0045/33 12 00 95, Fax 33 12 11 18
www.dangleterre.dk
104 Zi., 19 Suiten, DZ ab € 367
AmEx DINERS MASTER VISA 🍷🚗🛏🛁

Hinter der prächtigen weißen Gründerzeit-
fassade logieren auch heute bevorzugt
Staatsbesucher, Wirtschaftsmagnaten und
Showgrößen. Das Haus blickt auf eine
250-jährige Tradition zurück, genügend Zeit
also, um den Service zu perfektionieren.
Die großzügigen Zimmer mit geräumigen
Bädern sind zeitlos-elegant möbliert und
mit Antiquitäten geschmückt, frische
Blumen nicht zu vergessen. Internetzugang
gibt es inzwischen auch, und der Wellnessbereich mit großem Pool, Fitness und
Beauty ist beispielhaft für ein Stadthotel
und in einem Land, dessen Hoteliers in der
Regel immer noch eine Sauna für völlig
ausreichend halten.

Fox F F ☐ ☐

Innenstadt, Jarmers Plads 3
PLZ 1551　　　　　　　 ■ C 4, S. 270
Tel. 0045/33 13 30 00, Fax 33 14 30 33
www.hotelfox.dk
61 Zi., DZ ab € 130
AmEx DINERS MASTER VISA 🍷

Zimmer in den Kategorien „small", „medium", „large", „x-large". Die kleinen sind
wirklich klein, aber jedes ist eine Kunstwelt
für sich, als Unikat gestaltet von internatio-

200 Jahre alte Eichenbalken tragen die Decke in der Lobby des Hotels „Admiral"

„Marriott": geräumige Zimmer, wahlweise mit Aussicht aufs Wasser oder die Stadt

nalen Kreativen. Gemeinsam ist allen der Flat-Screen und der freie Internetzugang. Das Restaurant trägt den programmatischen Namen „SushiTreat".

Front **FF**

Innenstadt, Sankt Annae Plads 21
PLZ 1250   ■ F 3, S. 271
Tel. 0045/33 13 34 00, Fax 33 11 77 07
www.front.dk
132 Zi., 2 Suiten, DZ ab € 211
AmEx DINERS MASTER VISA ⛾ ⚘

Klare Linien, viel Schwarz, schreiendes Pink und Violett in der Lobby stehen in starkem Kontrast zur bekannten dänischen Gemütlichkeit. In den Zimmern Flat-Screens und W-Lan. Das Fitnessstudio und die Minibar sind im Preis inbegriffen. Tipp: Zimmer mit Blick auf den Amalienhafen buchen.

Marriott **FFFF**

Innenstadt, Kalvebod Brygge 5
PLZ 1560   ■ D 5, S. 271
Tel. 0045/88 33 99 00, Fax 88 33 99 99
www.marriott.dk
377 Zi., 24 Suiten, DZ ab € 228
AmEx DINERS MASTER VISA ⛾ ⛪ ⚘

Aus den modernen, großzügig geschnittenen Zimmern bietet sich ein Blick nach Süden zum Wasser oder über die Stadt bis zum Tivoli. Die Fassade, die in der Sonne glitzert, steht an der Promenade des umgestalteten Hafenstroms zwischen der königlichen Bibliothek und dem stylishen Einkaufszentrum „Fisketorvet". Zur Entspannung bieten sich ein Fitnesscenter und die Sauna an. Das „Terraneo Restaurant" serviert mediterrane und internationale Küche mit Hafenblick.

Nimb **FFF**

Innenstadt, Bernstorffgade 5
PLZ 1577   ■ C 5, S. 270
Tel. 0045/88 70 00 00, Fax 88 70 00 99
www.nimb.dk
13 Suiten, Suite ab € 389
AmEx DINERS MASTER VISA ⛾ ⚘

Neues im Tivoli: Der orientalische Tanzpalast „Nimb" beherbergt nun eine gläserne Meierei und *chocolaterie,* zwei Restaurants (siehe Restaurant „Herman"), eine Weinbar und das Boutiquehotel. Jede der komfortablen 13 Suiten hat einen Kamin und einen Logenplatz zum Vergnügungspark. Weitere Pluspunkte: moderne Technik und ein sehr persönlicher Service.

Phoenix Copenhagen **FF**

Innenstadt, Bredgade 37
PLZ 1260   ■ E 3, S. 271
Tel. 0045/33 95 95 00, Fax 33 33 98 33
www.phoenixcopenhagen.dk
206 Zi., 7 Suiten, DZ ab € 160
AmEx DINERS MASTER VISA ⛾ ⛪ ⚘

Dieses Stadtpalais aus dem 17. Jahrhundert hatte viele unterschiedliche Bewohner. Erst Adelsfamilien, zwischendurch den Vorstand der Dänischen Kommunistischen Partei, jetzt Gäste aus aller Welt. Mobiliar im Stil Ludwig XVI., die Executive-Zimmer bieten High-Speed-Internetzugang, alle Suiten eine Whirlwanne. Der Service arbeitet so professionell wie herzlich. Zwei Restaurants.

Radisson Blu Royal [F][F][F][ ][ ]
Innenstadt, Hammerichsgade 1
PLZ 1611   ■ B/C 4, S. 270
Tel. 0045/33 42 60 00, Fax 33 42 61 00
www.radissonblu.com
238 Zi., 22 Suiten, DZ ab € 254
[AmEx][DINERS][EC][MASTER][VISA] 🍸🏨💈
Für die Fans skandinavischen Designs das Ziel in Kopenhagen! Arne Jacobsen hat das Hochhaus entworfen, das bei seiner Eröffnung 1960 durchaus umstritten war. Heute strahlt es in frischen, hellen Farben. Im 2000 Quadratmeter großen Fitnesscenter helfen Trainer bei der Wahl der schweißtreibenden Geräte, hinterher entspannt man in der Trocken- oder Dampfsauna. Vielfältige Tagungsmöglichkeiten. Gute Küche und tolle Ausblicke im Restaurant „Alberto K" in der 20. Etage.

Sankt Petri [F][F][ ][ ][ ]
Innenstadt, Krystalgade 22
PLZ 1172   ■ D 3, S. 271
Tel. 0045/33 45 91 00, Fax 33 45 91 10
www.hotelsanktpetri.com
255 Zi., 13 Suiten, DZ ab € 228
[AmEx][DINERS][EC][MASTER][VISA] 🍸🏨💈
Das umgebaute frühere Kaufhaus am Rande der Fußgängerzone und unweit der deutsch-dänischen Sankt-Petri-Kirche bietet modernen Komfort in zeitgenössischem dänischem Design. Beeindruckend die luftige Lobby mit integriertem Frühstücksrestaurant. Von den oberen Stockwerken kann man das abendliche Feuerwerk im Tivoli bewundern. Die Bar „Rouge" gehört zu den angesagten *nightspots* der Stadt, mit besten Cocktails und coolem Jazz.

71 Nyhavn [F][F][ ][ ][ ]
Innenstadt, Nyhavn 71
PLZ 1051   ■ F 3, S. 271
Tel. 0045/33 43 62 00, Fax 33 43 62 01
www.71nyhavnhotel.com
133 Zi., 17 Suiten, DZ ab € 165
[AmEx][DINERS][MASTER][VISA] 🍸🏨💈
Der im Jahre 1804 aus rotem Klinker erbaute und mehrfach modernisierte

Viel Komfort im ehemaligen Kaufhaus: „Sankt Petri"

Gewürzspeicher liegt direkt an der Einmündung des Nyhavn-Kanals in den Hafenstrom, aber einige Schritte vom turbulenten Treiben der Straßencafés entfernt. Wuchtige Fichtenbalken stützen die niedrigen Decken in den gemütlich eingerichteten Zimmern und im modernen Restaurant „Pakhuskælderen", das französisch inspirierte Küche bietet.

The Square F F

Innenstadt, Rådhuspladsen 14
PLZ 1550 ■ C 4, S. 270
Tel. 0045/33 38 12 00, Fax 33 38 12 01
www.thesquare.dk
240 Zi., 27 Suiten, DZ ab € 160
AmEx DINERS MASTER VISA

Puristisches skandinavisches Design, das das Quadrat zitiert und variiert. Die Executive-Zimmer blicken auf den Rathausplatz. Die meisten Räume bieten Internetzugang. Beschwingter Service, Frühstück auf dem Zimmer oder im 6. Stock mit Ausblick.

Restaurants

Bo Bech at Restaurant
Paustian F F F F

OT Østerbro, Kalkbraenderiløbskaj 2
PLZ 2100 nördlich ■ E 1, S. 271
Tel. 0045/39 18 55 01
www.bobech.net
So geschl., Hauptgerichte € 38-53
AmEx DINERS MASTER VISA M ↑ ♀

Der fröhliche Kreativbolzen Bo Bech im Norden der Stadt polarisiert. Konservative Esser sprechen ihm den nötigen Ernst ab, aufgeschlossene lassen sich immer wieder überraschen und amüsieren von seinen Kombinationen der Aromen und Verfremdungen herkömmlicher Kochtechniken. Bei aller Effekthascherei: Bech versteht sein Handwerk und ist ein nachdenklicher Koch.

1.th. F F

Innenstadt, Herluf Trolles Gade 9
PLZ 1052 ■ E 3, S. 271
Tel. 0045/33 93 57 70, Fax 33 93 67 69
1th@1th.dk
nur Abendessen, So-Di geschl., Menü € 168
▱

Reservierung und Vorauszahlung per Bankeinzug! Hat man sich diesem Prozedere unterworfen, ist alles inklusive, und zwar vom Aperitif bis zum Espresso. Dazwischen gibt's ein Zehn-Gänge-Überraschungsmenü, etwa knusprig gebratenes Kalbsbries mit Holunderbeeren oder Jakobsmuscheln mit Karotten und Lakritz. Der Name erklärt dem Dänischkundigen

Seine Gerichte sind amüsant und polarisierend zugleich: „Bo Bech"

den Weg: „Förste til höjre", zu Deutsch „auf der Ersten rechts", also eine Wohnung im 1. Stock. Trotz der gewöhnungsbedürftigen Usancen sind die 25 Plätze meist wochenlang im Voraus ausgebucht.

Formel B FF

OT Frederiksberg, Vesterbrogade 182
PLZ 1800   westlich ■ A 5, S. 270
Tel. 0045/33 25 10 66
www.formelb.com
nur Abendessen, So, Mo geschl.
Menü ab € 120
AmEx DINERS MASTER VISA Ⓨ

Im schicken Lokal mit 32 Plätzen am Westrand der Innenstadt wird mit guten dänischen Zutaten französisch gekocht. Es gibt zwei Menüs (vier oder sechs Gänge), in denen mal Dorsch mit Meerrettich, Kapern und Rote Beten, mal Hühnchen mit Foie gras, Graupen, Karotten und Morchelsauce enthalten sein können. Große Weinauswahl mit dem Schwerpunkt Frankreich, aber auch das übrige Europa ist gut vertreten.

Herman FFF

Innenstadt, im Hotel Nimb
Bernstorffgade 5
PLZ 1577   ■ C 5, S. 270
Tel. 0045/88 70 00 00, Fax 88 70 00 99
www.nimb.dk
Sa mittag, So geschl., Menüs € 93-114
AmEx DINERS MASTER VISA M* ⛱ Ⓨ

Durch hohe Fenster im „Nimb"-Komplex schaut man auf den Tivoli. Serviert wird feine dänische Küche auf französischem Fundament: Foie gras mit kondensiertem Püree aus Seeländer Pflaumen. Desserttipp: die „südjütländische Kuchentafel" – sechs wunderbare Minitortenstücke.

Ida Davidsen FF

Innenstadt, Store Kongensgade 70
PLZ 1264   ■ E 2, S. 271
Tel. 0045/33 91 36 55
Fax 33 11 36 55
www.idadavidsen.dk
nur Mittagessen, Sa, So geschl.
Hauptgerichte € 9-27
AmEx DINERS MASTER VISA M*

Unauffällig steht das Lokal an der Straße nahe dem Königsplatz, aber es ist eine Institution für das dänische Smörrebröd, die üppig belegten Weißbrotscheiben mit Ei, Lachs, *steak tartare,* Elchschinken, Krabben, Flusskrebsen und dazu Kräuter, Saucen und Mayonnaisen. Man bestellt an der Theke und wartet am Tisch auf die frisch zubereiteten Brote. Dazu ein kleines Weinangebot oder ein Aquavit. Flotter, freundlicher Service.

Franko-dänische Küche mit modernen Elementen: „Herman"

Koefoed FF

Innenstadt, Landgreven 3
PLZ 1301 ■ E 3, S. 271
Tel. 0045/56 48 22 24
www.restaurant-koefoed.dk
So geschl., Hauptgerichte € 15-33
MASTER VISA @

Michael und Marie Rønnebaek-Rørth führen dieses hübsche Souterrain-Lokal unweit Kongens Nytorv. In eleganten Räumen wird eine frische, schmackhafte Bornholmer Küche geboten. Der Patron stammt von der Ostseeinsel und importiert fast alle Zutaten von dort. Unbedingt probieren: die gemischte Fischplatte am Mittag, die Heringsspezialitäten und die fruchtigen Desserts. Beliebte Adresse für Business- wie Privatleute. Angenehmer Service.

Kodbyens Fiskebar FF

Vesterbro, Flaesketorvet 100
PLZ 1711 ■ B 5, S. 270
Tel. 0045/32 15 56 56
www.fiskebaren.dk
nur Abendessen, Mo geschl.
Hauptgerichte € 20-42
AmEx MASTER VISA

Das Seafoodlokal, im Juni 2009 eröffnet im stillgelegten früheren Schlachthof, ist der neueste Hotspot von Kopenhagen. Der junge Küchenchef Martin Bentzen (27) hat im "Noma" gelernt. Hervorragend: Ceviche vom Kabeljau mit hauchdünnen Radieschen, Brunnenkresse und Olivenöl, Tatar von Nordjüdländer Bio-Forelle, norwegische Jakobsmuscheln mit gerösteten Mandeln und türkischen Aprikosen. Rotbarbe mit Steinpilzragout und kleinen Kartoffeln. Die 60 Plätze rund um die große Cocktailbar sind jeden Abend voll. Ein Riesenspaß!

Kokkeriet FF

OT Ny Boder, Kronprinsessegade 64
PLZ 1306 ■ E 2, S. 271
Tel. 0045/33 15 27 77, Fax 33 15 27 75
www.kokkeriet.dk
nur Abendessen, Mo, So geschl.
Menü ab € 55
AmEx DINERS MASTER VISA @ ⛱

Das Aushängeschild der Kopenhagener

Im lichten Eckrestaurant mit den weiß gedeckten Tischen wird moderne Küche mit harmonischen Kombinationen der Aromen serviert: Forelle mit Topinambur und Walnuss, Kalbsbries mit Kürbis und Pilzen. Gute Weinauswahl und ein freundlicher Service.

Kong Hans Kælder FFFF

Innenstadt, Vingaardsstraede 6
PLZ 1070 ■ E 3, S. 271
Tel. 0045/33 11 68 68, Fax 33 32 67 68
www.konghans.dk
nur Abendessen, So geschl.
Hauptgerichte € 60
AmEx DINERS EC MASTER VISA ♀

Wie das „Grand Hotel d'Angleterre" seit Langem das Flaggschiff der dänischen Hotellerie ist, so ist es der „König Hans Keller" für die Gastronomie. Nicht nur der helle, mittelalterliche Gewölbekeller in Kopenhagens ältestem Haus beeindruckt, sondern auch die Küche, die auf der Höhe der Zeit bleibt. Diesmal mit einem Hummer-*cassoulet,* dem eingelegte Maronen, Kakaobohnen und Steinpilze einen köstlichen Geschmack verliehen. Die Weinauswahl steht der Güte der Küche nicht nach. Der Service arbeitet vorbildlich.

Mielcke & Hurtigkarl FFFF

OT Frederiksberg, Frederiksberg Runddel 1
PLZ 2000 westlich ■ A 5, S. 270

Top-Gastronomie: „Kong Hans Kælder"

Tel. 0045/38 34 84 36
www.mielcke-hurtigkarl.dk
Jan.-März geschl., Mo, Di geschl.,
Okt.-Dez. nur Abendessen
Menü € 100

AmEx DINERS MASTER VISA 🏠

Früher in Nordseeland, seit vergangenem
Jahr in Kopenhagen: dänische Erlebnisküche
im Gartenhaus des königlichen Gartens von
Frederiksberg, westlich der Innenstadt. Die
Küche, Weine, Einrichtung, Dekoration und
Lichtinstallation bilden ein Gesamtkunstwerk. Jedes Jahr reisen die beiden Patrons
in ein anderes Land, studieren die dortige
Esskultur und integrieren die Anregungen
mit Kreativität in ihre monatlich wechselnden Menüs.

MR FFF

Innenstadt, Kultorvet 5
PLZ 1175   ■ D 3, S. 271
Tel. 0045/33 91 09 49
www.mr-restaurant.dk
nur Abendessen, So geschl.
Hauptgerichte € 34-59

AmEx DINERS MASTER VISA 🍸

Die schlicht-elegante Einrichtung peppen
ein paar modische Schnörkel auf, die Küche
wagt mehr. Mads Rufslund hat sich als
kühner Geschmackskompositeur einen
Namen gemacht, zu den Klassikern gehört
die Langustine „in der Milchhaut" mit

Waldmeister und Holunderbeeren. Da er
Produktqualität und Handwerkskunst in
den Mittelpunkt stellt, sind die Überraschungen, die man hier erlebt, nie abge-
dreht, sondern sehr kulinarisch.

noma FFFF

OT Christianshavn, Strandgade 93
PLZ 1401   ■ F 4, S. 271
Tel. 0045/32 96 32 97, Fax 32 83 38 04
www.noma.dk
Mo mittag, So geschl.
Menü € 50-161

AmEx DINERS MASTER VISA M̊ 🍸

Die Küche verarbeitet fast ausschließlich
nordische Produkte zu ungewöhnlichen
Geschmackserlebnissen. Das kann als
Vorspeise Rettich vom Lammefjord auf
Seeland mit Seetang aus der Nordsee und
einem Eigelb sein oder zum Hauptgang
Ochsenschwanz mit Apfel, dazu Topinambur
mit Eisenkraut. Gletscherwasser aus Grönland konkurriert mit einer guten Auswahl
von Weinen, vorwiegend aus den Mittel-
meerländern, aber auch mit zwei Dutzend
Rieslingen aus Deutschland.

Prémisse FF

Innenstadt, Dronningens Tværgade 2
PLZ 1302   ■ E 2, S. 271
Tel. 0045/33 11 11 45, Fax 33 11 11 68
www.premisse.dk
Sa mittag, Mo mittag, So geschl.
Menüs € 70-98

AmEx MASTER VISA M̊ 🏠

Stimmungsvoller, weiß getünchter Gewölbe-
keller im Moltke-Palais nahe dem Schloss
Amalienborg. Chef Ebbe Vollmer hat lange
in London gearbeitet (auch bei Gordon
Ramsay) und pflegt eine weltläufige Küche:
Langusten mit grünem Apfel und Basilikum,
Seeländer Ochsenschwanz mit Mark,
Meerrettich-Kartoffel-Püree und Petersilien-
essenz. Gute Weinauswahl.

Rasmus Oubaek FFF

Innenstadt, Store Kongensgade 52
PLZ 1264   ■ E 2/3, S. 271
Tel. 0045/33 32 32 09

www.rasmusoubaek.dk
nur Abendessen, So, Mo geschl.
Hauptgerichte € 13-19

`AmEx` `DINERS` `MASTER` `VISA`

Die bezahlbare Bistroküche des Meister-
kochs Rasmus Oubæk gehört längst zu den
bekannten „Geheimtipps" der Stadt. Kleine
Portionen von Pilzravioli, Miesmuschel mit
Soja und Ingwer, Hummer mit Gemüse *à la
nage* oder gebratene Foie gras mit Äpfeln
und Rotwein-Sauce ergänzen sich, je nach
Geschmack und Appetit der Gäste, zu einem
individuellen Menü. Die einsehbare Küche
liegt im Souterrain, die meisten Gäste
haben vom Mezzanin durch das große Fenster beste Aussicht zur Straße. Der entspannte Service ist kompetent und zugewandt.

Slotskælderen `F`

Innenstadt, Fortunstraede 4
PLZ 1065 ■ D 4, S. 271
Tel. 0045/33 11 15 37
nur Mittagessen So, Mo geschl.
Hauptgerichte € 7-12

`AmEx` `DINERS` `MASTER` `VISA` M

In der großbürgerlichen Wohnstube schwö-
ren nicht nur die Abgeordneten aus dem
nahen Parlament auf das Smörrebröd. Das
Lokal ist seit Jahrzehnten eine Institution.
Neben den üppigen topfrischen Broten mit
Fisch und Fleisch gibt es auch warme Snacks.

The Paul `F F F F`

Innenstadt, Vesterbrogade 3
PLZ 1630 ■ C 4, S. 270
Tel. 0045/33 75 07 75, Fax 33 75 07 76
www.thepaul.dk
So geschl., Menüs € 94-107

`AmEx` `DINERS` `MASTER` `VISA` M

Abends ist der glitzernde Glassaal des
Tivoli-Vergnügungsparks hell erleuchtet.
Dann läuft die Crew um Küchenchef Paul
Cunningham zur Hochform auf. Gäste
können aus sechs verschiedenen Menüs
wählen und dabei englische Gressingham-
Ente aus Suffolk mit Mandarinen und
Rosenkohlblättern sowie geröstetem indo-
nesischen Pfeffer oder Langusten von Læsø
mit Kaviar von gezüchteten Stören und

Paul Cunningham, Chef im „The Paul"

einem Salat von Walnüssen, englischem
Sellerie, Äpfeln und Minze kosten. Bis auf
die kurze Vorweihnachtssaison im Tivoli ist
das Küchenteam im Winter ausgeschwärmt,
um sich weltweit zu neuen kulinarischen
Kreationen inspirieren zu lassen. Der Service
ist professionell und aufmerksam.

Bars/Cafés

Bacchus Vinbar

OT Vesterbro, Victoriagade 8 b/c
PLZ 1655 ■ B 5, S. 270
Tel. 0045/33 22 67 97
stephaneviano@msn.com
Mi-Sa 17-2 Uhr

`MASTER` `VISA`

Französisches dominiert die lange Weinkarte des Kellerlokals. Immerhin 43, viele
aus der Provence und dem Rhônetal,
werden auch glasweise ausgeschenkt.
Dazu gibt es leckere Kleinigkeiten, Wurst
und Schinken etwa oder eine feine Bouillabaisse. Kein Wunder, dass die Stimmung
sehr heiter ist.

Honey Ryder Cocktail Lounge
Innenstadt, im Hotel 27
Longangstraede 27
PLZ 1468 ■ C/D 4, S. 270
Tel. 0045/70 27 56 27, Fax 70 27 96 27
www.hotel27.dk
So-Do 16-1 Uhr, Fr, Sa 16-2 Uhr
AmEx DINERS MASTER VISA
Die Cocktailbar im trendigen „Hotel 27"
mixt zu cooler Musik alle Klassiker vom
Mint Julep und Singapore Sling bis zum
Mai Tai und Jackie Brown. Diverse Cham-
pagner und Cava-Sekte werden glasweise
serviert. Und die Fans der Molekularküche
von Heston Blumenthal werden den „Lip-
gloss Martini" und andere Kreationen der
„Molecular Mixology" lieben.

Nørrebro Bryghus
OT Nørrebro, Ryesgade 3
PLZ 2200 ■ B 1, S. 270
Tel. 0045/35 30 05 30, Fax 35 30 05 31
www.norrebrobryghus.dk
Mo-Mi 11.30-24 Uhr, Do-Sa 11-2 Uhr,
So 10-17 Uhr
DINERS MASTER VISA M

Zeitgemäße Bierbar: „Nørrebro Bryghus"

Lieblingsort der Bierfreunde, aber ohne
Dimpfelei: Im minimalistischen Dekor der
Metallfabrik aus dem 19. Jahrhundert
werden sechs Sorten vom Fass ausgeschenkt und dazu diverse Flaschen aus
aller Welt. Viele der Bistrogerichte werden
mit Bier abgeschmeckt. Sonntags Brunch.

K-Bar
Innenstadt, ved stranden 20,
PLZ: 1061 nördlich ■ D 4, S. 271
Tel. 0045/33 91 92 22,
www.k-bar.dk
So geschl., Mo-Do 15–1 Uhr,
Fr 15-2 Uhr, Sa 17-2 Uhr
AmEx DINERS MASTER VISA
Es wäre schade, an dieser Bar am Rand der
Shoppingmeile Stroget vorbeizulaufen.
Denn die charmante Gastgeberin ist Kirsten
Holm, die beste Barmixerin Dänemarks,
früher viele Jahre im „SAS Royal". Sie weiß
alles über Cocktails. In völlig entspannter,
fast privater Atmosphäre bekommt jeder
den Drink genau nach seinen Wünschen.
Der Martini-Drink des Hauses ist köstlich,
das Bier frisch vom Fass. Schwarze Barhok-
ker, weiße Wände. Wunderbarer Ort, den
Tag ausklingen zu lassen, vor oder nach
dem Dinner.

VinBaren
Innenstadt, Dronningens Tværgade 6
PLZ 1302 ■ E 2, S. 271
Tel. 0045/33 32 09 82
www.vinbaren.dk
Do-Fr ab 16 Uhr, Sa ab 18 Uhr
AmEx DINERS MASTER VISA
Die gemütliche, fast private Atmosphäre
mit schweren Chesterfield-Ledersesseln und
Sofas, vor allem aber die eindrucksvolle
Wein- und Champagnerkarte sind in der
klassischen Weinbar die Attraktionen. Drei
Dutzend Sorten werden auch offen aus-
geschenkt. Am Wochenende drehen DJs die
Plattenteller, und die Gäste nutzen den
freien Platz zum Tanzen. Raucher müssen
nicht vor die Tür, sondern finden einen
Raum mit Gleichgesinnten, in dem auch
schwere Havannas glimmen.

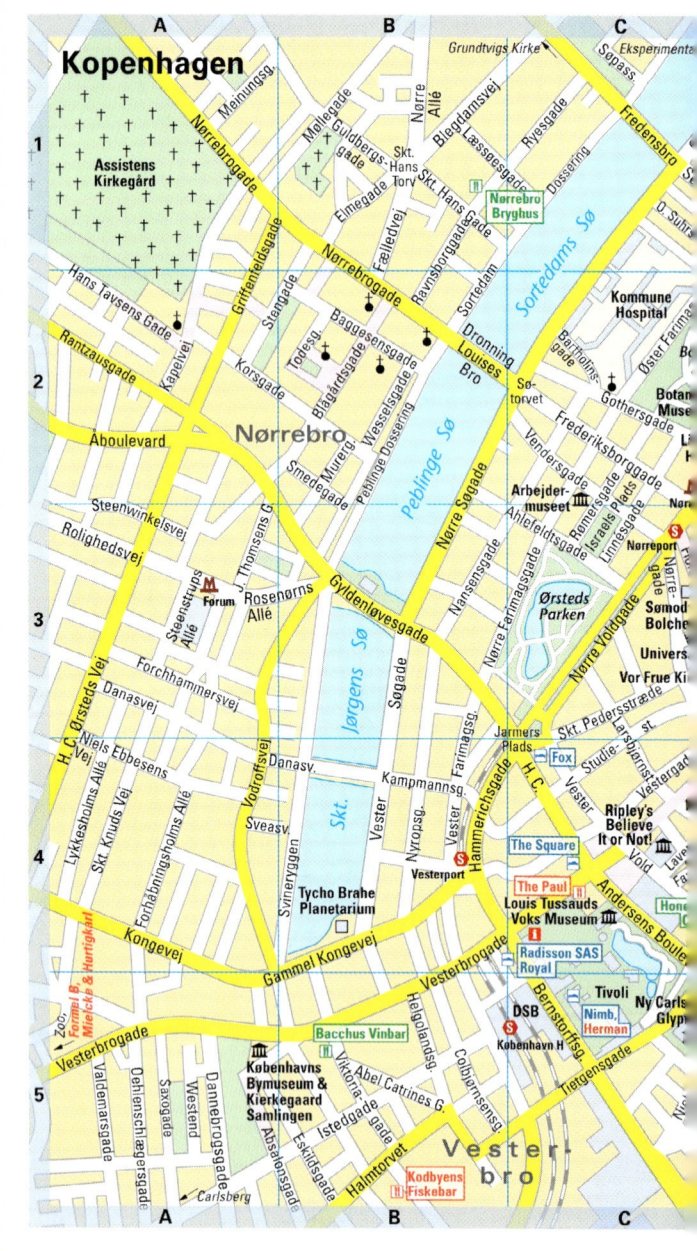

Kopenhagen

Bo Bech
Østport
S DSB
Oslo Pl.
St. Bernadottes Allé
Grønningen
St. Kongensgade
Den Lille Havfrue
(Kleine Meerjungfrau)
Kastellet
Gefion Springvand

D
E
F

Uppsalag.
Malmøg.
D
Østre Anlæg
Stockholmsgade
Den Hirsch-sprungske Samling
Statens Museum for Kunst
Øster Voldgade
N y b o d e r
Delfingade
Gernersgade
Skt. Pauls Gade
Kokkeriet
Klerkegade
Fredericiagade
A
Esplanaden
Kunstindustri-museet
Churchill Parken
Frihedsmuseet

1

Rigensgade
Sølvgade
isk Museum
Rosenborg Slot
F r e d e r i k s - s t a d e n
Ida Davidsen
Dronningens Tværgade
Alexander Newskij Kirke
Frederiks Kirke
Bredgade
Amaliegade
Toldbodgade

2

Rosenborg Have (Kongens Have)
Musikhistorisk Museum
Davids Sammling
Kronprinsessegade
Borgergade
Adelgade
Amalienborg Plads
VinBaren
Amalienborg
Prémisse
Rasmus Oubæk
Koefoed
Phoenix Copenhagen
CH
Den Kongelige Afstøbningssamling
Admiral
Operahus

nra
auser
Pl.
Gothersgade
Trinitatis Kirke
Gl. Mønt
Ny Østergade
Skt. Annæ Plads
St. Strandstr.
Kvæsthusbroen

3

Landemark
Mus. Erotica
Købmagerg.
Guinness World of Records
Nyhavn
Front
Ny Adelgade
Kongens Nytorv
Bredgade

ibrødre-Torv
lkendørs-gade
K.
(Strøget)
Post-og Telegraf-mus.
Illums Bolighus
Østergade
Pistol.
D'Angleterre
Kong Hans Kælder
Vingårdstr.
Kongens Nytorv
Charlottenborg
Det Kgl. Teater
Nyhavn
Peter Skrams G.
71 Nyhavn
1.th.

ene
ene
Gl. Strand
Ved Stranden
Slotskælderen
K-Bar
Holmens Kanal
Niels Juels G.
Havnegade
Inderhavnen
noma
Trangraven
Kroyers Plads
Christians-havn

4

Vindebrog
Thorvaldsens Museum
Christiansborg Slot
National-museet
Holmens Kirke
Erichsens Gård
Børsen
Borgsgade
Dansk Arkitektur Center
Dansk Jødisk Museum
Kgl. Bibliotek
Knippels-bro
Torvegaden
Wildersgade
Strandgade
Overgaden neden Vandet
Overgaden oven Vandet
Wilders Plads
Orlogsmuseet
Prinsessegade

Fholms Kanal
Vester Vold.
Christians Brygge
Brygge
Langebro
Christians
Christians Kirke
B&W Museum
Applebys Plads
Langebrogade
Christians-havn
Dronningensgade
Vor Frelsers Kirke
Voldgade

5

Syd-havnen
Flughafen, Malmö
Stadsgraven
Chr. Havns
0   300 m
N
© MERIAN-Kartographie

D
E
F

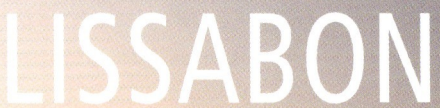

LISSABON

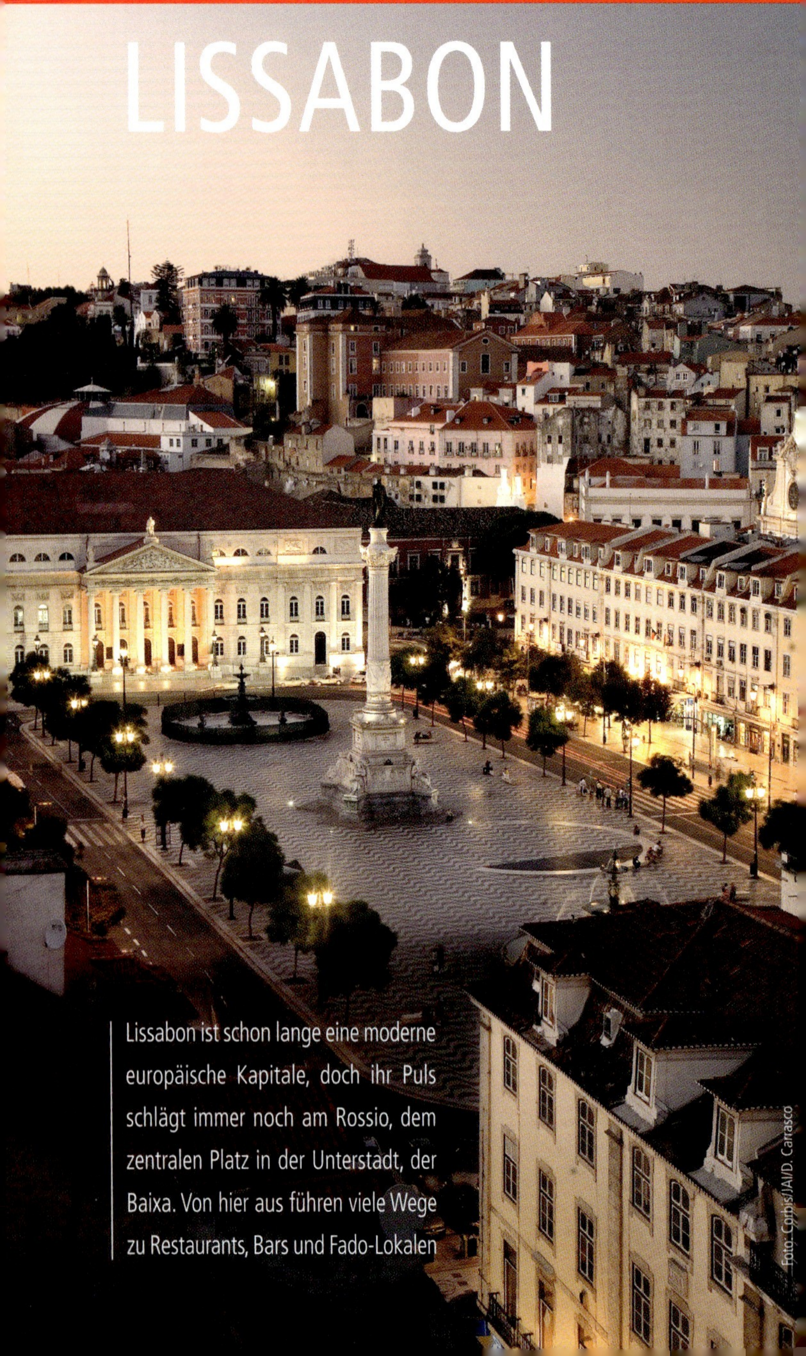

Lissabon ist schon lange eine moderne europäische Kapitale, doch ihr Puls schlägt immer noch am Rossio, dem zentralen Platz in der Unterstadt, der Baixa. Von hier aus führen viele Wege zu Restaurants, Bars und Fado-Lokalen

Foto: Corbis/JAI/D. Carrasco

Hotels

Albergaria Senhora do Monte ⓕⓕ ☐☐☐

OT Graça, Calçada do Monte 39
PLZ 1170-250   ■ F 3, S. 285
Tel. 00351/218 86 60 02
Fax 218 87 77 83
senhoradomonte@hotmail.com
35 Zi., 4 Suiten, DZ ab € 130
AmEx DINERS MASTER VISA ⎚ ⎚

In diesem beliebten Touristenhotel auf einem Hügel im bürgerlichen Stadtteil Graça sollte man unbedingt ein Zimmer mit Balkon oder Terrasse buchen: Dann hat man einen herrlichen Blick auf die Unterstadt, den Tejo oder das Castelo São Jorge. Die Zimmer sind eher einfach, aber doch mit allem modernen Komfort eingerichtet, der Empfang ist ausgesprochen freundlich. Das Frühstück wird in einem hellen Raum in der obersten Etage serviert. Dort befindet sich auch eine Bar, in der gern die Nachbarschaft einkehrt. Die bei Touristen sehr beliebte alte Tramlinie 28 verkehrt ganz in der Nähe und fährt durch die Alfama.

As Janelas Verdes ⓕⓕ ☐☐☐

OT Santos, Rua das Janelas Verdes 47
PLZ 1200-690   westlich ■ A 4/5, S. 284
Tel. 00351/213 96 81 43
Fax 213 96 81 44
www.heritage.pt
31 Zi., 3 Suiten, DZ ab € 185
AmEx DINERS EC MASTER VISA ⎚ ⎚ ⎚

„As Janelas Verdes": schicke Villa für Gäste

Das im stillen Villenviertel Santis gelegene Hotel ist eigentlich ein kleiner Palast aus dem 18. Jahrhundert. Die mit prächtigen, echten Antiquitäten möblierten Räume atmen eine ausgeruhte Eleganz. Bei gutem Wetter frühstücken die Gäste im Garten. Der Service ist charmant. Ganz nah: das sehenswerte Nationalmuseum für Alte Kunst mit der „Versuchung des heiligen Antonius" (Hieronymus Bosch).

Bairro Alto ⓕⓕⓕ ☐☐

OT Bairro Alto, Praça Luis de Camões 2
PLZ 1200-243   ■ C 4, S. 284
Tel. 00351/213 40 82 88
Fax 213 40 82 99
www.bairroaltohotel.com
56 Zi., 4 Suiten, DZ ab € 365
AmEx DINERS EC MASTER VISA ⎚ ⎚ ⎚

„Bairro Alto": Retro-Look im Szeneviertel

Schon die Lage ist perfekt: Mit wenigen Schritten erreicht man das Amüsier- und Künstlerviertel, das dem diskreten Luxushotel seinen Namen gab, und auch die Unterstadt ist bequem zu Fuß zu erlaufen. Die Zimmer in dem 1845 erbauten Haus sind in Gelb, Beige, Blaugrau oder Rot gehalten und mit moderner Technik (Flachbildschirm-TV, DVD-Spieler, W-Lan) sowie vielen durchdachten Details ausgestattet. In den Suiten findet man frei stehende Badewannen im

Retro-Look. Schöne Dachterrasse mit Blick über den Tejo, Szenebar „Garrett", Massage- und Fitnessraum. Im modernen Restaurant „Flores" kocht Luís Rodriguez hervorragende portugiesische und mediterrane Gerichte. Sehr angenehmer Service.

Borges ▰

OT Chiado, Rua Garrett 108
PLZ 1200-205   ■ D 4, S. 285
Tel. 00351/213 46 19 51
Fax 213 42 66 17
www.hotelborges.com
96 Zi., DZ ab € 85

AmEx DINERS EC MASTER VISA

Das sehr zentral im Einkaufsviertel Chiado an der Rua Garrett gelegene Touristenhotel gilt immer noch als gute Adresse. Die Zimmer sind relativ preiswert und von solidem Standardkomfort, der Empfang könnte allerdings freundlicher sein. Wer etwas Wert auf Ruhe legt, sollte in den obersten Etagen buchen. Das Frühstück nimmt der Kenner im Freien ein, in einem der vielen Cafés in der Nähe.

Heritage Av Liberdade ▰▰▰

OT São José, Avenida da Liberdade 28
PLZ 1250-145   ■ D 3, S. 285
Tel. 00351/213 40 40 40
Fax 213 40 40 44
www.heritage.pt
42 Zi., DZ ab € 162

AmEx DINERS EC MASTER VISA ♈ 🏠 ≋ ♧

Der Palazzo an der prächtigen Avenida da Liberdade entstand bereits vor mehr als 200 Jahren und wurde 2006 als Luxushotel eröffnet. Bei der liebevollen Restaurierung durch den portugiesischen Stararchitekten Miguel Câncio Martins wurden traditionelle Stilelemente aufgegriffen, aber mit modernem Design und zeitgemäßer Technik verbunden. LCD-Fernseher, DVD-Spieler sowie kosten- und kabelloser Internetzugang in den Zimmern. Für gesundheitsbewusste Gäste gibt es einen kleinen Pool und einen Fitnessraum.

Olissippo Palace ▰▰▰▰

OT Lapa, Rua do Pau de Bandeira 4
PLZ 1249-021   ■ A 4, S. 284
Tel. 00351/213 94 94 94
Fax 213 95 06 65
www.lapapalace.com
109 Zi., 8 Suiten, DZ ab € 370

AmEx DINERS EC MASTER VISA ♈ 🏠 ≋ ♧

Der geschmackvoll eingerichtete Hotelpalast liegt auf einem grünen Hügel im Botschaftsviertel Lapa und gehört zur Orient-Express-Gruppe. Aus vielen der

„Heritage Av Liberdade": prachtvolle Suiten

„Olissippo Palace": Oase mit Überblick

elegant im klassischen Stil gehaltenen Zimmer und Suiten blickt man auf den Strom oder die Stadt. Großes Schwimmbecken im schattigen Park, Hallenbad und Kinderpool. Das Wellnesscenter verfügt über ein großes Repertoire an Massagebehandlungen. Das mit Stilmöbeln und Kronleuchtern eingerichtete Restaurant „Cipriani" gehört nach wie vor zu den besten Adressen der Stadt. Die Küche ist leicht und mediterran. Sechs große Bankett- und Konferenzräume für Geschäftstreffen und Familienfeiern.

Palácio Belmonte ⓕⓕⓕⓕ▢

OT Castelo de São Jorge
Páteo Dom Fradique 14
PLZ 1100-624   ■ E/F 4, S. 285
Tel. 00351/218 81 66 00
Fax 218 86 04 31
www.palaciobelmonte.com
11 Suiten, Suite ab € 350
AmEx VISA Ⓨ🚗🏨🏊

Das luxuriöseste Boutiquehotel der Stadt teilt sich sogar eine Wand mit dem Castelo São Jorge und wurde als Kulisse in Wim Wenders' Film „A Lisbon Story" berühmt. Nach den Dreharbeiten wurde der Palast aus dem 15. Jahrhundert liebevoll und mit enormem Aufwand renoviert. Die mit wertvollen Antiquitäten und moderner

Kunst eingerichteten elf Suiten sind zwischen 30 und 160 (!) Quadratmeter groß, einige verfügen über mehrere Schlafzimmer und Kitchenette. Prächtige Salons mit hohen Decken, eine riesige Bibliothek, eine offene Bar. Im verwunschenen Garten gibt es einen kleinen Pool. Das Frühstück wird auf Wunsch im Zimmer, auf einer der prächtigen Terrassen mit Tejo-Blick oder im Garten serviert. Sehr freundliches, hilfsbereites Personal, es gibt gute Restauranttipps.

Pestana Carlton
Palace Hotel ⓕⓕⓕ▢▢

OT Alto de Santo Amaro, Rua Jau 54
PLZ 1300-314   westlich ■ A 5, S. 284
Tel. 00351/213 61 56 00
Fax 213 61 56 01
www.pestana.com
177 Zi., 13 Suiten, DZ ab € 220
AmEx DINERS EC MASTER VISA Ⓨ🚗🏨🏊

Der im 19. Jahrhundert entstandene Palast liegt etwas westlich des Zentrums. Das Haus gehört zu den Leading Hotels of the World und zu Portugals Nationaldenkmälern. Der entsprechend gepflegte Altbau mit Suiten im nobel-traditionellen Stil wurde um einen schlichten Neubauflügel mit modern eingerichteten Zimmern und Suiten erweitert. Hübscher alter Park mit großem Pool,

„Palácio Belmonte": renovierte Filmkulisse

„Pestana Carlton": denkmalgeschützter Luxus

„York House": früheres Kloster mit charmantem Mix aus altem und neuem Portugal

Wellnessbereich mit Hallenbad, Sauna, Dampfbad und Fitnessraum. Hilfsbereiter Service. Am gut sortierten Frühstückbuffet geht es mitunter ziemlich hektisch zu. Und manchmal stört Fluglärm das grüne Idyll.

Solar do Castelo **F** **F**

OT Castelo de São Jorge, Rua das Cozinhas 2
PLZ 1100-181   ■ E 4, S. 285
Tel. 00351/218 80 60 50
Fax 218 87 09 07
www.heritage.pt
14 Zi., DZ ab € 270
AmEx DINERS EC MASTER VISA ⅄ ⌘

Hübsches kleines Designhotel in einem der kleinen Herrenhäuser des 18. Jahrhunderts, in den steilen Gassen der Alfama. Die klimatisierten Zimmer sind schick und farbenfroh gestaltet, die meisten blicken über die Stadt und den Tejo. Kein Restaurant.

York House **F** **F** **F**

OT Santos, Rua das Janelas Verdes 32
PLZ 1200-691   ■ A 4, S. 284
Tel. 00351/213 96 24 35
Fax 213 97 27 93
www.yorkhouselisboa.com
26 Zi., DZ ab € 140
AmEx DINERS EC MASTER VISA ⅄ ⌘

Ein üppig begrünter Hof, viele schöne alte Azulejos (kunstvoll bemalte, landestypische Wandkacheln) und moderner Komfort in den teilweise mit Antiquitäten, teilweise im modernen Design eingerichteten Zimmern machen den Charme des beliebten, in einem ehemaligen Kloster gelegenen Boutiquehotels aus. Für Geschäftsleute stehen drei Konferenzräume bereit. Im Restaurant wird die klassische portugiesische Küche gekonnt und modern interpretiert. Im Sommer sitzt man schön im Dattelpalmenschatten des kleinen Innenhofs. Angenehmer Service. Wer sich ohne höhere kulinarische Ambitionen nur amüsieren will, hat es nicht weit zu den lebhaften *docas* am Tejo mit seinen Bars und Szenelokalen.

Restaurants

A Commenda **F** **F**

OT Belém, Praça do Império
PLZ 1449-003   westlich ■ A 5, S. 284
Tel. 00351/213 64 85 61
Fax 213 61 26 10
www.cerger.com
nur Mittagessen, Sa geschl.
Hauptgerichte € 15-30
AmEx DINERS EC MASTER VISA M ⌂ ⛨

„A Commenda": coole Adresse in Belém

Das Designrestaurant im modernen Centro Cultural de Belém hat sich auf mediterrane Küche, für die beste portugiesische Produkte Verwendung finden, spezialisiert. Im modernen, lichten Ambiente mit Blick auf den Tejo schmecken behutsam in die Moderne transportierte Gerichte wie das Seeteufelcarpaccio in einer Sauerampfer-Senf-Sauce, der geräucherte Schwertfisch oder der Eintopf mit Ente und Wachteln. Sonntagmittags gibt es ein üppig bestücktes Brunchbuffet mit traditionellem *cozido à portuguesa* aus Kohl, Rindfleisch und Würsten, mittags preiswerte Tagesgerichte. Manchmal ist Live-Gitarrenmusik zu hören.

A Travessa FF

OT Bairro da Madragoa, Travessa do Convento das Bernardas 12
PLZ 1200-638   ■ A 4, S. 284
Tel. 00351/213 90 20 34
Fax 213 94 08 39
www.atravessa.com
Sa mittag, Mo, So geschl.
Hauptgerichte € 16-30
AmEx MASTER VISA 🏠 🍴 🍸
In einem Konvent aus dem 17. Jahrhundert liegt dieses originelle und populäre Lokal. Es bietet eine abwechslungsreiche ibero-portugiesische Küche mit manchen Klassikern, etwa das in gutem Rotwein geschmorte Kaninchen. Man kann bei schönem Wetter auch im früheren Kreuzgang tafeln, auf einfachen Korbstühlen.

Antigo 1.° de Maio FF

OT Bairro Alto, Rua da Atalaia 8
PLZ 1200-041   ■ C 4, S. 284
Tel. 00351/213 42 68 40
Sa mittag, So geschl.
Hauptgerichte € 9-13
MASTER VISA M
Sehr eng stehen die Tische im kleinen Restaurant am unteren Ende des Bairro Alto. Aus der Küche kommt echt portugiesische Hausmannskost, wobei großer Wert auf die Qualität der Zutaten gelegt wird. Da schmeckt die Blutwurst aus der Region Beiras so gut wie der gegrillte Schwertfisch oder der Bohneneintopf *feijoada* mit Fleisch vom schwarzen Iberischen Schwein. Dank der moderaten Preise essen hier auch viele Lisboetas aus der Nachbarschaft und Dozenten von der nahen Uni. Es empfiehlt sich, früh zum Mittag- oder Abendessen zu erscheinen: Das kleine Restaurant ist schnell voll, und Reservierungen werden nicht entgegengenommen.

„A Travessa": Powerlunch im Kreuzgang

Bica do Sapato FF

OT Apolónia, Avenida Infante D. Henrique,
Cais da Pedra
PLZ 1900-000   östlich ■ F 5, S. 285
Tel. 00351/218 81 03 20
Fax 218 81 03 29
www.bicadosapato.com
Mo mittag, So geschl.
Hauptgerichte € 15-29

`AmEx` `DINERS` `MASTER` `VISA`

Catherine Deneuve und John Malkovich
sind die prominenten Teilhaber des schicken
Szenerestaurants, das gegenüber dem
Apolónia-Bahnhof direkt am Tejo liegt. Zum
großzügig geschnittenen Komplex gehören
eine Sushi-Bar im 1. Stock und ein Café;
im Restaurant wird eine moderne internationale Küche serviert. Da gibt es Sorbet
von Olivenöl mit überbackenem Ziegenkäse
und Honig, Stockfischcarpaccio mit Azoren-
käse oder Zackenbarschfilet mit Süßkartoffeln und *chourico*-Wurst. Service wie
Publikum sind vorwiegend jung.

Casa do Leão F

OT Castelo de São Jorge, Castelo de São
Jorge
PLZ 1100-129   ■ E 4, S. 285
Tel. 00351/218 87 59 62
Fax 218 87 63 29
www.pousadas.pt
kein Ruhetag
Hauptgerichte € 18-28

`AmEx` `DINERS` `EC` `MASTER` `VISA`

Das innerhalb der alten Festungsmauern
des Castelo São Jorge gelegene, pittoreske
Lokal hat nicht nur einen urgemütlichen
Speisesaal mit blauen Kacheln und Kreuz-
gewölbe. Es besticht im Sommer mit seiner
luftigen, schön beschatteten Terrasse –
mit Blick über die Stadt. Die Küche ist
traditionell-portugiesischn von Brotsuppe
bis Stockfisch, doch meist mit kreativen
Spitzen. Angenehme Bedienung.

Cervejaria Ribadouro F

OT São José, Avenida da Liberdade 155
PLZ 1250-141   ■ C 2, S. 284
Tel. 00351/213 54 94 11

„Bica do Sapato": filmreifes Designlokal

Fax 213 16 20 96
www.cervejariaribadouro.pt
kein Ruhetag
Hauptgerichte € 8-17

`AmEx` `DINERS` `EC` `MASTER` `VISA`

Schon vom Gehsteig an der Avenida da
Liberdade aus sieht man durchs Fenster die
Trümpfe des unkomplizierten, mit sauber
blitzenden Azulejo-Kacheln dekorierten
Bierlokals: frische Meeresfrüchte in allen
erdenklichen Variationen, gekocht, gebraten
oder sonstwie aufwendig zubereitet, Gambas unterschiedlicher Größe und munter
durchs Aquarium hopsende Langusten.
Natürlich gibt es auch frischen Fisch und
diverse *bacalhau*-Varianten. Flinker, gut
gelaunter Service. Natürlich kann man zum
Fisch auch Vinho verde bestellen.

eleven FFF

OT Campolide, Rua Marquês de Fronteira
PLZ 1070   nördlich ■ A 1, S. 284
Tel. 00351/213 86 22 11
Fax 213 86 22 14
www.restauranteleven.com
So geschl.
Hauptgerichte € 30-50

`AmEx` `DINERS` `EC` `MASTER` `VISA`

„eleven": Im besten Restaurant von Lissabon ist ein Deutscher der Küchenchef

Am Herd des derzeit wohl besten Restaurants der Stadt steht ein Deutscher. Joachim Koerper kombiniert portugiesische Aromen mit einer international orientierten Küche und einigen asiatischen Akzenten – es gibt z. B. gedämpfte Jakobsmuscheln mit Kürbis und Mandarinensalat, Hummer mit Schweizer Mangold und cremiger Polenta oder französische Entenbrust mit Rosenkohl, *wasabi* und chinesischen Nudeln. Das minimalistisch-modern eingerichtete Lokal liegt oberhalb einer Parkanlage, aus den großen Fenstern eröffnet sich ein fantastischer Blick über die Stadt.

Pap'Açorda F F

OT Bairro Alto, Rua da Atalaia 57-59
PLZ 1200-037　　　　■ C 4, S. 284
Tel. 00351/213 46 48 11
Fax 213 44 37 65
ffpapacorda@gmail.com
So, Mo geschl.
Hauptgerichte € 17-31
AmEx DINERS EC MASTER VISA ℉

Seit mehr als 25 Jahren gehört das elegant mit Kristalllüstern und violetten Samtvorhängen eingerichtete Restaurant zu den besten der Stadt. Auch Prominente und Politiker sitzen hier gern bei Rucola mit warmem Ziegenkäse, geschmortem Zicklein oder in Rotwein geschmortem Kaninchen. Namensgeber ist der mit viel Knoblauch und Koriander gewürzte Brotbrei *açorda* – eigentlich ein Arme-Leute-Essen aus dem Süden des Landes, das hier jedoch in einer Luxusvariante mit Languste und Gambas zubereitet wird. Sehr gute Weinauswahl, stattliche Preise, ein etwas zu routinierter Service.

Solar dos Presuntos F

OT São José
Rua Portas de Santo Antão 150
PLZ 1150-269　　　　■ D 3, S. 285
Tel. 00351/213 42 42 53
Fax 213 46 84 68
www.solardospresuntos.com
So und feiertags geschl.
Hauptgerichte € 15-30
AmEx MASTER VISA ℉

Am Ende der Fressgasse Portas de Santo Antão liegt dieses Lokal für Kenner. Denn hier werden in rustikalem Ambiente die herzhaft zubereiteten Gerichte des portugiesischen Nordens präsentiert. *Bacalhau* mit Reis und Bohnen oder das Zicklein im

Ofen mit Bratkartoffeln und Reis. Letzere werden in Portugal als Beilage oft und gern zusammen serviert. Wir haben dort sogar schon die seltenen Neunaugen aus dem Minho gegessen. Tipp: die *sopa da santola* (Seespinnensuppe). Große Weinauswahl mit 450 Positionen. Die Stimmung ist lebhaft, es gibt 60 Tische.

Tavares Rico F|F| | | |

OT Bairro Alto, Rua da Misericórdia 35
PLZ 1200-270   ■ D 4, S. 285
Tel. 00351/213 42 15 17
Fax 213 47 81 25
www.tavaresrico.pt
So, Mo geschl.
Hauptgerichte € 22-65
AmEx DINERS EC MASTER VISA 🏠 🍸

Dieser Dinosaurier unter den Restaurants von Lissabon ist fünf Jahre älter als die Französische Revolution! Man betritt den Speisesalon wie ein Museum, ähnlich ehrfürchtig bis steif versehen die Kellner ihren Dienst. Ausgezeichnete Suppen und Fischgänge, etwas zu fettreich die anderen Traditionsgerichte. Die Weinkarte macht mit den besten Lagen des Landes bekannt.

Bars/Cafés

Blues Café

OT Alcantara, Rua Cintura Porto Armazen H Nave 3
PLZ 1200-109   westlich ■ A 4/5, S. 284
Tel. 00351/213 95 70 85
www.bluescafe.pt
Di-Do 20-2 Uhr, Fr, Sa 20-5 Uhr
AmEx DINERS EC MASTER VISA 🏠 🌴

Der Inneneinrichter der beliebten Bar an den Docas von Alcântara hatte wohl ein klassisches Rotlicht-Etablissement aus New Orleans vor Augen, als er das etwas zu schwülstige Dekor entwarf. Aber keine Sorge: Hier gibt es nur prima Drinks, gute Musik von Jazz bis House und eine angenehme Mischung aus vorwiegend portugiesischen Gästen. Hin und wieder finden auch Livekonzerte statt, im Sommer kann man auf der Terrasse sitzen.

Café A Brasileira

OT Chiado, Rua Garrett 120
PLZ 1200-205   ■ D 4, S. 285
Tel. 00351/213 11 30 93
Fax 213 15 57 51
www.abrasileira.pt

„Tavares Rico": Eleganz der Geschichte im traditionsreichsten Restaurant der Stadt

„Café A Brasileira": der Klassiker

„Chafariz do Vinho": Wein im Wasserbrunnen

tgl. 8-2 Uhr

AmEx DINERS EC MASTER VISA

Der Klassiker unter den alten Cafés am oberen Ende des Chiado-Einkaufsviertels begeistert mit einer wunderschönen Jugendstilvertäfelung und prächtigen alten Spiegeln. Ideal für eine schnelle *bica* (der portugiesische Espresso) und ein süßes Stückchen während des Einkaufsbummels. Draußen auf der Terrasse zahlt man mehr. Dafür sitzt man bei einer Bronzestatue des großen portugiesischen Dichters Fernando Pessoa. Wo sich zu Zeiten der Salazar-Diktatur die Linksintellektuellen trafen, verabredet man sich heute zum Shoppen.

Chafariz do Vinho

OT São José, Rua da Mãe
d'Água à Praça da Alegria
PLZ 1250-154 ■ C 3, S. 284
Tel. 00351/213 42 20 79
Fax 213 97 68 11
www.chafarizdovinho.com
Di-So 18-2 Uhr

AmEx DINERS EC MASTER VISA ☂ ♟

Lissabons beste Adresse für Weinfreunde ist in einem ehemaligen Wasserbrunnen an der Schnittstelle zwischen Unterstadt und Bairro Alto versteckt. Das Interieur ist modern und minimalistisch: Tische und Stühle stehen auf Stahlplateaus, die in den weitgehend offenen Raum eingebaut wurden. Für das Weinsortiment ist der renommierte portugiesische Weinjournalist João Paulo Martins verantwortlich. Neben einer großen Auswahl an portugiesischen Port- und Tafelweinen können die Gäste auch Gewächse aus Frankreich, Spanien, Italien, Deutschland, Argentinien, Chile und Australien verkosten. Dazu bietet die Küche leichte Pastagerichte, geräucherte Schinken- und Fleischspezialitäten, frische Austern, Gänseleber und Käse an. Regelmäßig finden auch themenorientierte Degustationen statt.

Fragil

OT Bairro Alto, Rua da Atalaia 126
PLZ 1200-043 ■ C 4, S. 284
Tel. 00351/213 46 95 78
Fax 213 46 95 78

„Lux": Körperkult am St. Apolonia-Bahnhof

www.fragil.com.pt
tgl. 23-4 Uhr

AmEx DINERS MASTER VISA

Keine Leuchtreklame verweist auf die legendäre Keimzelle des jungen Lissabonner Nachtlebens – dafür ist am späteren Abend die Menschentraube vor der unscheinbaren Pforte kaum zu übersehen. Drinnen gibt es anständige Drinks, Musik von wechselnden DJs, ab und zu Livekonzerte, Kunstausstellungen und literarische Lesungen. Ursprünglich ein Treffpunkt der Schwulen- und Lesbenszene, haben sich inzwischen auch die Heteros den kleinen Club erobert. Am Wochenende strenge Gesichtskontrolle.

Lux

OT Cais da Pedra a Sta. Apolónia
Avenida Infante Don Henrique, Armazém
PLZ 1950-376   ■ F 5, S. 285
Tel. 00351/218 82 08 90
Fax 218 82 08 99
www.luxfragil.com
Do-Sa 22-6 Uhr

MASTER VISA

Die Szenedisko der Stadt liegt gegenüber dem Santa-Apolónia-Bahnhof direkt am Tejo. In einem alten Lagerhaus legen bekannte Gast-Discjockeys aus aller Welt Musik aus den 80ern, Hip-Hop und Techno auf. Häufig wird auch moderne Videokunst gezeigt, ab und zu Livekonzerte. Je später der Abend, desto wählerischer werden die Türsteher. Einer der Miteigentümer des Clubs ist übrigens der Hollywoodstar John Malkovich.

Pavilhão Chinês

OT Principe Real, Rua Dom Pedro V 89
PLZ 1250-093   ■ C 3, S. 284
Tel. 00351/213 42 47 29
Fax 213 46 34 85
Mo-Sa 18-2 Uhr, So 21-2 Uhr

EC MASTER VISA

Die wohl skurrilste Bar der Stadt erstreckt sich über ein Labyrinth kleiner und mittelgroßer Räume. Alle sind bis unter die Decke mit Vitrinen und Regalen bestückt, in denen Hunderte Stücke von liebevoll gesammeltem Nippes ausgestellt sind, fein säuberlich nach Themen sortiert. Das – und die recht solide gemixten Cocktails – machen den „chinesischen Pavillon" am Anfang oder am Ende einer Tour durchs Bairro Alto zum beliebten Treffpunkt für junge und nicht mehr ganz so junge Lisboetas und Touristen. Nur die Sofas sind arg durchgesessen.

„Pavilhão Chinês": skurriler Nippes

Senhor Vinho

OT Lapa, Rua do Meio 18
PLZ 1200-723   ■ A 4, S. 284
Tel. 00351/213 97 26 81
Fax 213 95 20 72
www.srvinho.com
So geschl.
Hauptgerichte € 19-26

AmEx DINERS EC MASTER VISA

Das klassische Fado-Lokal schlechthin, seit
Jahrzehnten bekannt für das hohe Niveau
der dort auftretenden Sängerinnen und
Sänger. Auch die Drinks und Weine sind
erstklassig, sogar das Essen ist sorgfältig
zubereitet. Aber man kommt ja weniger
zum Essen her als zum Weinen. Wenn die
Lieder zum Heulen schön sind, dann erst ist
der Portugiese glücklich. Und noch ein Tipp:
Man redet nicht während des Fado, das ist
grob unhöflich in Lisboa.

Solar do Vinho do Porto

OT Bairro Alto, Rua de São Pedro
de Alcântara 45
PLZ 1250-237   ■ C 3, S. 284
Tel. 00351/213 47 57 07
Fax 213 47 83 92

„Solar do Vinho do Porto": für Port-Kenner

und solide gemixte Cocktails

www.ivp.pt
Mo-Fr 11-24 Uhr, Sa 14-24 Uhr

AmEx DINERS EC MASTER VISA

Paradies für Freunde der legendären
Douro-Süßweine, immer mal aus der
Mode, erleben sie stets ihr Comeback: In
großen, traditionell eingerichteten Räumen
des staatlichen Portwein-Institutes kann
man Ports aller Art glas- wie flaschenweise
verkosten. Fürs Gläschen zahlt man von
1,15 bis zu 15 Euro (für die ganz alten
Jahrgänge), dazu werden nur Kleinigkeiten
wie Oliven, Käse, Brot und Schinken
gereicht. Kommentierte Verkostungen gibt
es nach Voranmeldung. Mancher staunt,
wie groß die Unterschiede zwischen den
Jahrgängen sein können und in wie vielen
Varianten die vornehme Kostbarkeit zu
genießen ist.

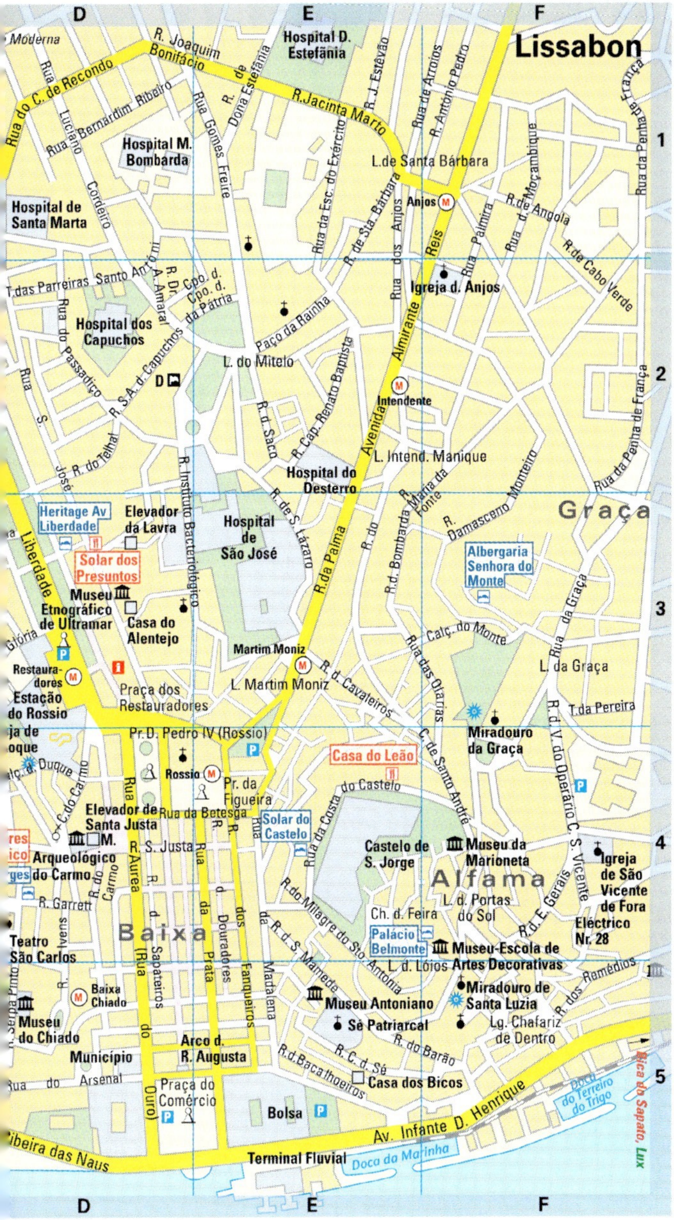

Moderna

R. Joaquim
Bonifácio

Hospital D.
Estefânia

Lissabon

Rua do C. de Recondo

Rua Luciano Bernardim Ribaldo

Rua Gomes Freire

R. de Dona Estefânia

R. J. Estevão

R. de Arroios

R. de Antônio Pedro

R. da Palma da França

Hospital M.
Bombarda

R. Jacinta Marto

Rua Cordeiro

L. de Santa Bárbara

R. de Moçambique

1

Hospital de
Santa Marta

Rua de Sta. Bárbara

Anjos Ⓜ

R. de Angola

R. de Cabo Verde

T. das Parreiras Santo Antº.

R. da Esc. do Exército

R. dos Anjos

Rua Palma

R. da Penha de França

R. Dr. Cpo. d.
Cpo. d.
da Pátria

R. Amaral

Igreja d. Anjos

Rua de

Hospital dos
Capuchos

Paço da Rainha

Rua Almirante Reis

R. da Palma

2

Rua do Passadiço

R. S.A. d. Capuchos

L. do Mitelo

D 🖾

R. do Instituto Bacteriológico

R. Cap. Renato Baptista

Intendente Ⓜ

L. Intend. Manique

Rua da Penha de França

Rua S. José

R. do Saco

Hospital do
Destero

R. de S. Lázaro

R. Bombarda Maria da Ponte

R. Damasceno Monteiro

Graça

**Heritage Av
Liberdade** 🅿

Elevador
da Lavra

Hospital
de
São José

R. da Palma

R. do

**Albergaria
Senhora do
Monte**

R. da Graça

3

**Solar dos
Presuntos**

Museu 🏛
**Etnográfico
de Ultramar**

Casa do
Alentejo

Martim Moniz

R. d. Cavaleiros

Calc. do Monte

L. da Graça

Glória

🅿 **Restaura-
dores** Ⓜ

**Estação
do Rossio**

Praça dos
Restauradores

L. Martim Moniz

C. de Santo André

Rua das Olarias

Rua da Graça

Miradouro
da Graça

🅿

R. d. V. Pereira
T. da Pereira

ja de
oque

Pr. D. Pedro IV (Rossio) 🅿

Casa do Leão 🍴

tco. Duque

Rossio Ⓜ

Pr. da
Figueira

do Castelo

R. Arsenal

**Elevador de
Santa Justa**

Rua da Betesga

🅿 **Solar do
Castelo**

4

res
ico
ges

🏛 M.
**Arqueológico
do Carmo**

R. S. Justa Rua

R. da Costa

Castelo de
S. Jorge

🏛 **Museu da
Marioneta**

🍴 **Igreja
de São
Vicente
de Fora**

R. Garrett

R. Aurea

R. do Milagre do Stº. Antônio

Ch. d. Feira

L. d. Portas
do Sol

C. de Santa Vicente

C. dos Remédios

Baixa

d.

Rua da Prata

dos Douradores

R. de S. Mamede

**Palácio
Belmonte** 🏠

**Teatro
São Carlos**

R. d. Sapateiros

Rua Madalena

Tanqueiros

L. d. Lôios

**Museu-Escola de
Artes Decorativas** 🏛

**Eléctrico
Nr. 28**

Ⓜ **Baixa
Chiado**

Museu Antoniano 🏛

Miradouro de
Santa Luzia ☀

R. dos

**Museu
do Chiado**

Município

Arco d.
R. Augusta

Sé Patriarcal ✝

R. do Barão

Lg. Chafariz
de Dentro

5

Rua do Arsenal

Praça do
Comércio 🅿

R. d. Sé

R. d. Bacalhoeiros

Casa dos Bicos 🗆

Rua de Sapato, Lux

Ibeira das Naus

Bolsa 🅿

Av. Infante D. Henrique

Doca do Terreiro
do Trigo

Terminal Fluvial

Doca da Marinha

LJUBLJANA

Wer durch Sloweniens Hauptstadt bummelt, spürt noch immer etwas vom Charme der k.u.k.-Zeit. Das Zentrum wird von Barock und Jugendstil geprägt, auch die meisten Restaurants besinnen sich auf die Tradition mit einer schmackhaften mediterran-alpinen Küche

Hotels

Antiq ⧫⧫☐☐
Innenstadt, Gornji trg 3
PLZ 1000 ∎ B 5, S. 293
Tel. 00386/1/421 35 60, Fax 421 35 65
www.antiqhotel.si
15 Zi., 1 App., DZ ab € 144
AmEx DINERS MASTER VISA

Im Salon neben der Lobby lodert ein offenes
Feuer, die Einrichtung der Zimmer könnte
aus den Beständen der angrenzenden
Antiquitätenläden zusammengetragen sein
oder vom Flohmarkt stammen, der jeden
Samstag ein paar Schritte weiter entlang
des Flüsschens Ljubljanica stattfindet. Das
Haus schmiegt sich an den Burghügel,
manche Zimmer haben Zutritt zu einem
kleinen Patio, andere zu einer Dachterrasse.
Kleinere, weniger attraktive Räume werden
zu Budgetpreisen ab 61 Euro vergeben.

City Hotel ⧫⧫☐☐
Innenstadt, Dalmatinova 15
PLZ 1000 ∎ B/C 2, S. 293
Tel. 00386/1/239 00 00, Fax 239 00 01
www.cityhotel.si

200 Zi., DZ ab € 99
AmEx DINERS MASTER VISA ⌬

Lebendige Gelb-Rot-Töne dominieren im
ganzen Haus, die Ausstattung der Zimmer
mit Kabel-Flat-Screen und Internetanschluss
entspricht den Erwartungen der Geschäftsreisenden genauso wie denen der Wochen-
endgäste. Junger, engagierter Service.

Grand Hotel Union ⧫⧫⧫☐
Innenstadt, Miklosiceva 1
PLZ 1000 ∎ B 2, S. 293
Tel. 00386/1/308 11 70, Fax 308 10 15
www.gh-union.si
194 Zi., 5 Suiten, DZ ab € 224
AmEx DINERS MASTER VISA ⌣ ⌂ ⌬

Als das Grandhotel 1905 eröffnet wurde, gab
es weder in Graz noch in Triest etwas Gleich-
wertiges. Entworfen im Stil der Wiener
Sezession, sind bis heute viele Jugendstil-
elemente (Treppengeländer, Spiegel und
Glasfenster) erhalten. Das „Café Union" war
über Jahrzehnte Mittelpunkt des gesellschaftlichen und kulturellen Lebens der Stadt.
Gutes Angebot an Mehlspeisen. Benachbart
ist das Schwesterhaus „Grand Hotel Business" in einem Bau von 1960: Die Zimmer im

Macht seinem Namen alle Ehre: das Hotel „Antiq"

8. Stock verfügen alle über Balkon oder Terrasse mit Altstadtblick. Einen Stock höher liegt der Pool. Auch hier: Panoramaaussicht.

Slon **F F**

Innenstadt, Slovenska cesta 34
PLZ 1000 ■ A 2, S. 293
Tel. 00386/1/470 11 00, Fax 251 71 64
www.hotelslon.com
163 Zi., 5 Suiten, DZ ab € 110
AmEx DINERS MASTER VISA € 🍸 🍹

Am Rand der Altstadt wurde 1937 das damals modernste Hotel eröffnet. Die letzte Renovierung im Frühjahr 2008 lässt das Haus erneut im Art-déco-Stil erstrahlen und brachte den Zimmern eine zeitgemäße Ausstattung mit Kabel-LCD-TV und Internetanschluss. Besonders geglückt ist der Konferenzsaal und das angrenzende „Restaurant & Lounge Slon", ein Ecklokal mit Galerie, wo man sich gern auf einen Tee oder Cocktail trifft.

Restaurants

AS **F F**

Innenstadt, Copova ulica 5 a
PLZ 1000 ■ A 3, S. 293
Tel. 00386/1/425 88 22, Fax 252 72 38
www.gostilnaas.si
kein Ruhetag
Hauptgerichte € 11-37
AmEx DINERS MASTER VISA 🌂 🌴 🍸

Das ländlich-elegante Lokal mit großer Terrasse bietet eine handwerklich auf hohem Niveau angesiedelte Adria-Küche sowie Weine der renommierten Winzer des Landes. Zum Aperitif ein Glas Château Intanto, ein aus der dunkelroten Teran-Rebe nach klassischer Methode erzeugter Champagner der Familie Jazbeč aus Tupelče im Karst. Sehr gut: Scampi in *buzara*-Sauce (mit Tomaten, Zwiebeln, Petersilie, Knoblauch und Brösel) und Pasta à *la bottarga* (getrockneter Meeräschenrogen) mit rotem Kaviar. In der „AS"-Lounge: Pasta, Salate und hausgemachtes Eis.

Stilbildend: Hotel und Café „Union"

Feine Adria-Küche: „AS"

Sloweniens bestes Restaurant: „JB"

Cubo FF

OT Nove Jarse, Šmartinska 55
PLZ 1000   nördlich ■ B 1, S. 293
Tel. 00386/1/521 15 15, Fax 521 15 25
www.cubo-ljubljana.com
So geschl.
Hauptgerichte € 17-24
AmEx DINERS MASTER VISA M

Es liegt nicht gerade zentral, aber es ist sehr
populär. Das ganz in Schwarz gehaltene
Interieur wirkt, als hätte man sich in Asien
inspirieren lassen, die Küche allerdings
braucht keine exotischen Anleihen. Das
Team um Patron Baštjan Trstenjak hat ein
Faible für süß-salzige Kombinationen: Die
Garnelen-Oktopus-Spießchen kommen mit
Ananaspüree, zu den exzellenten zartrosa
Hirschmedaillons gibt es eine Waldbeeren-
sauce. Referenz an die Heimat: die gefüllten
Teigtaschen *struklji* mit Zwiebel-*confit* und
die sämige Steinpilzsuppe.

JB FFF

Innenstadt, Miklosiceva 17
PLZ 1000   ■ B 1, S. 293
Tel. 00386/1/433 13 58, Fax 430 15 89
www.jb-slo.com
Sa mittag, So geschl.

Hauptgerichte € 18-35
AmEx DINERS MASTER VISA M 🚗 🌴

Die wohl anspruchsvollste Gourmetadresse
des Landes, eingerichtet wie ein privater
Salon. Meisterschaft besitzt Janez Bratov im
Umgang mit Fleisch und Fisch, die er bei
niedriger Temperatur vakuumverpackt im
Wasserbad stundenlang köcheln lässt, um
ihnen so ein Höchstmaß an Aromen zu
entlocken. Köstlich die ausgelösten lauwar-
men Shrimps, begleitet von mehreren
Essenzen (Basilikum, gelbe Rübe, Safran,
Olivenöl) und garniert mit einer eingelegten, leicht bitteren Orangenspalte. Das
originellste Gericht: getrüffeltes, zartes
Schweinefleisch mit Steinpilzen (kommen
bis Ende November frisch aus Serbien) und
klein gewürfelten Artischockenherzen.

Kovac F

OT Tomacevo, Pot k Savi 9
PLZ 1000   nördlich ■ B 1, S. 293
Tel. 00386/1/537 12 44
Fax 59 16 46 33
www.kovac-co.si
Sa, So geschl.
Hauptgerichte € 15-30
AmEx DINERS MASTER VISA M 🚗 🌴

Familienbetrieb am Stadtrand von Ljubljana. Man sitzt im Grünen oder im Wintergarten und genießt schmackhafte *rezani s tartufi* (Bandnudeln mit brauner Trüffelsauce), Forelle mit knuspriger Haut und einen wunderbaren Kirschstrudel.

Krpan FF

OT Moste, Ob Ljubljanici 24
PLZ 1000 ■ C 2/3, S. 293
Tel. 00386/1/521 12 20, Fax 524 28 17
www.gostilna-krpan.si
So geschl.
Hauptgerichte € 13-35
AmEx DINERS MASTER VISA M 🏠 ⚲

Das nette Vorstadtlokal am Ljubljanica-Fluss ist etwas in die Jahre gekommen, aber wegen seiner regionalen Fischküche immer noch einen Besuch wert. Zum Beispiel für *scampi à la buzara,* gedünstet in einem sehr milden Sud aus Tomaten, Knoblauch, fein gehackten Zwiebeln, Bröseln, Petersilie und mit *peperoncini* angesetztem Olivenöl. Beeindruckende Weinkarte.

Pri Vitezu F

OT Breg, Breg 18-20
PLZ 1000 ■ A 5, S. 293
Tel. 00386/1/426 60 58, Fax 426 39 39
www.privitezu.si
So geschl.
Hauptgerichte € 18-28
AmEx DINERS MASTER VISA M ⚲

Unter niedriger Gewölbedecke heimeliges Interieur mit abgebeizten Möbeln und rohen Schieferböden. Chef Luka Lesar sorgt für liebenswürdigen Service und kompetente Weinberatung. Die Gerichte bleiben der Tradition des Alpen-Adria-Raumes verpflichtet: Pilzsuppe, in Teran-Wein geschmortes Pferdefleischsteak, köstlich cremiger *baccalà*-Aufstrich, pikant marinierter Oktopussalat.

Valvas'or FF

Innenstadt, Stari trg 7
PLZ 1000 ■ B 4, S. 293
Tel. 00386/1/425 04 55
www.valvasor.net
So geschl.
Hauptgerichte € 17-30
AmEx DINERS MASTER VISA M

Das schicke Lokal ist nach dem berühmten Geografen Johann Weichard von Valvasor (1641–1693) benannt, der in Ljubljana – angeblich in derselben Gasse – zur Welt kam. Die Küche gibt sich entschieden modern. Was in dem eleganten Dekor aus

Gemütlichkeit mit Steingewölbe und Pferdesteak: „Pri Vitezu"

Puritische Gerichte in schickem Ambiente: „Valvas'or"

Gelb und Schwarz auf den Tisch kommt, sind puristisch reduzierte Kreationen, die fast ohne Salz und mit wenig Gewürzen auskommen und allein durch ihr Eigenaroma überzeugen. Das Filet vom Seeteufel wurde in Pergament gebraten und entfaltete einen intensiven Duft nach Fisch und Fenchelgemüse. Als Beilage gab es gekochte Kartoffeln und zur Abrundung eine Olivenöl-Rarität: das aus der Azienda Agricola von Vitjan Sancin nahe Triest stammende „Blanchero".

Bars/Cafés

Fetiche

Innenstadt, Cankarjevo nab. 25
PLZ 1000   ■ B 4, S. 293
Tel. 00386/40/70 03 70
tgl. 10-1 Uhr
AmEx DINERS MASTER VISA ☂

Mobiliar aus mehreren Dekaden, pechschwarze Wände, ein bombastischer Lüster über der Bar und ein Treppenaufgang, der auch als Catwalk dient. Die ganze Wand im 1. Stock bedeckt das Originalgemälde eines slowenischen Künstlers. Bequeme Nierenfauteuils schaffen Wohnzimmer-

atmosphäre. Die Raucher treffen sich auf der im Winter beheizten Terrasse am Ljubljanica-Ufer.

Macek

Innenstadt, Krojaska 5
PLZ 1000   ■ B 4, S. 293
Tel. 00386/1/425 37 91
macek@lj-kabel.net
tgl. 9-0.30 Uhr
AmEx DINERS MASTER VISA ☂

Am Ljubljanica-Fluss: „Macek"

Der beste Platz, um die guten slowenischen Weine zu probieren: „Vinothek Movia"

Ideale Location, um die Jungen und Schönen der Stadt zu beobachten und kennenzulernen. Immer voll und laut, aber animierende Atmosphäre. Keine Cocktails, stattdessen lokale Weine und 40 Whiskys. Große Terrasse am Flussufer.

Salon

Innenstadt, Trubarjeva cesta 23
PLZ 1000　　　　　　　　■ C 2, S. 293
Tel. 00386/1/439 87 60, Fax 439 87 60
Mo-Mi 9-1 Uhr, So-Sa 9-3 Uhr, So 15-1 Uhr
AmEx DINERS MASTER VISA

Barhocker im Tiger-Outfit, samtüberzogene Fauteuils, pastellfarbene Ledersofas und ein Publikum, das tagsüber alle Altersgruppen umfasst und gegen Abend immer jünger wird. Rund 80 Cocktails stehen zur Auswahl.

Vinothek Movia

Innenstadt, Mestni trg 2
PLZ 1000　　　　　　　　■ B 4, S. 293
Tel. 00386/1/425 54 48, Fax 426 22 30
www.movia.si
Mo-Sa 12-23 Uhr
AmEx DINERS MASTER VISA

Wer in diesem kellerartigen Gewölbe nicht an der Bar lehnte, darf nicht behaupten, in Ljubljana gewesen zu sein. Die „Vinothek Movia" ist sowohl Aushängeschild des gleichnamigen Weingutes, mit dem Shootingstar Aleš Kristančč, der von New York bis Shanghai von sich reden macht, als auch kostbares Archiv der vinologischen Vielfalt des Landes. Außer „Movia" sind andere Spitzenweingüter wie Simčč, Klineč und Šurek aus dem „Goriška Brda" (zu Deutsch „Hügelland") vertreten. Die Karstregion ist mit Renčel und Čotar präsent, die Drauregion (Podravje) mit Kupljen. Die Auswahl beschränkt sich aber nicht auf Slowenien, sondern reicht von der Neuen Welt bis zu Rothschild und Yquem. Zur Stärkung zwischendurch gibt's Schinken und Käse aus dem Karst.

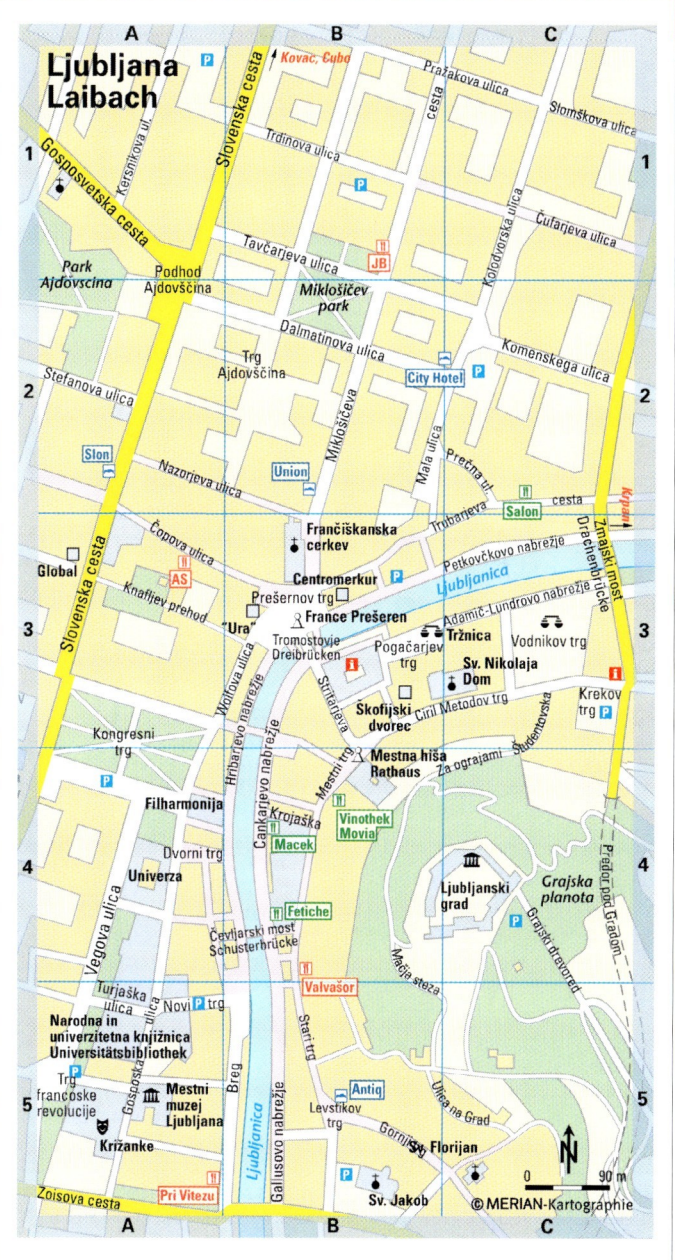

Ljubljana
Laibach

Kovač, Čubo

© MERIAN-Kartographie

293

LONDON

Die Stadt an der Themse ist für Besucher so attraktiv wie lange nicht mehr. Der Wechselkurs ist günstig, die Preise sind auf ein normales Niveau gesunken, und viele neue gute *gastropubs* locken mit bezahlbaren Menüs. Worauf also warten?

Hotels

Andaz Liverpool Street `F F F`
OT Moorgate/Fenchurch, 40 Liverpool St.
PLZ EC2M 7QN   ■ F 2, S. 319
Tel. 0044/20 79 61 12 34
Fax 20 79 61 12 35
www.london.liverpoolstreet.andaz.com
267 Zi., 22 Suiten, DZ ab € 180
`AmEx` `DINERS` `MASTER` `VISA` 🍸🏠🛎
Die Hyatt-Luxusmarke „Andaz" setzt in
Sachen Individualität neue Maßstäbe. Eine
Rezeption gibt es nicht, die Gäste werden
in der Lobby empfangen und aufs Zimmer
begleitet, ihre Daten auf dem Weg in einen
tragbaren Mini-Computer eingetragen.
Viktorianische Opulenz bestimmt das
Ambiente, im lichten Atrium gibt es Kunst-
Installationen. Die Zimmer wurden im
zeitlos-eleganten Stil aufgefrischt, Frühstück, Wäscheservice, Internet, Ortsgesprä-
che und Getränke aus der Minibar sind
inklusive. Bar, Pub und vier Restaurants.

Aster House `F`
OT South Kensington, 3 Sumner Place
PLZ SW7 3EE   südwestlich ■ A 5, S. 318
Tel. 0044/20 75 81 58 88
Fax 20 75 84 49 25
www.asterhouse.com

13 Zi., DZ ab € 135
`MASTER` `VISA` €
Spätviktorianisches Stadthaus in South
Kensington, bestens gelegen für Museums-
besuche und Shopping in Knightsbridge.
Komfortable Zimmer, reichhaltiges Frühstück
im Wintergarten, sehr freundliche Atmosphäre. Mehrmals vom Tourist Board als
bestes Londoner Bed-and-Breakfast-
Angebot ausgezeichnet.

Brown's Hotel `F F F F`
OT Mayfair, Albemarle St.
PLZ W1S 4BP   ■ B 2, S. 320
Tel. 0044/20 74 93 60 20
Fax 20 74 93 93 81
www.roccofortecollection.com
88 Zi., 29 Suiten, DZ ab € 250
`AmEx` `DINERS` `EC` `MASTER` `VISA` 🍸🏠🛎
Britische Eleganz im besten Sinne. Histori-
scher Charme paart sich aufs Schönste mit
zeitgemäßem Design und moderner Technik. Die in hellen Farben elegant eingerichteten Zimmer und Suiten sind ausgesprochen geräumig, schöne Details und moderne Kunst im ganzen Haus. Fitness und
kleiner Spa, Konferenzräume. Klassische
britische Gerichte im „The Albermarle",
stilechter *afternoon tea*. Dezenter und
erstklassiger Service.

„Brown's Hotel": britische Eleganz und Gastlichkeit auf hohem Niveau

„InterContinental Park Lane": erstklassiges Businesshotel mit wohnlichen Zimmern

Claridge's F F F F

OT Mayfair, Brook St.
PLZ W1K 4HR ■ B 1, S. 320
Tel. 0044/20 76 29 88 60
Fax 20 74 99 22 10
www.claridges.co.uk
203 Zi., 65 Suiten, DZ ab € 332
AmEx DINERS MASTER VISA ♉ ⚶
Gastlichkeit und Grandezza: Wer das
imposante Foyer im Art-déco-Stil betritt,
steigt in einer von Londons Luxusherbergen
ab. Das 1812 eröffnete Grandhotel in
Mayfair besticht mit exklusiver britischer
Eleganz und vorbildlichem Service. Die
geräumigen Zimmer und Suiten sind mit
Antiquitäten und modernem Komfort
ausgestattet; Penthouses mit Butlerservice.
Fitness und Beauty, stilvoller *afternoon
tea* und Gourmetküche im Restaurant
„Gordon Ramsay at Claridge's".

Durrants Hotel F F

OT Marylebone, 26-32 George St.
PLZ W1H 5BJ südwestlich ■ A 5, S. 318
Tel. 0044/20 79 35 81 31
Fax 20 74 87 35 10
www.durrantshotel.co.uk
92 Zi., 3 Suiten, DZ ab € 287
AmEx DINERS MASTER VISA ♉ ⚶

Urbritisches, charmantes Privathotel in guter
Lage in Marylebone. Die Zimmer sind
hübsch im Laura-Ashley-Stil eingerichtet,
alle haben Flat-Screen-TV, viele Klimaanlage,
manche sind mit Antiquitäten ausgestattet.
Schöner Mix aus Tradition und Moderne.
Fitness, persönlicher Service.

Haymarket Hotel F F F

OT Westminster, 1 Suffolk Place
PLZ SW1Y 4BP ■ D 2, S. 320
Tel. 0044/20 74 70 40 00
Fax 20 74 70 40 04
www.firmdale.com
51 Zi., DZ ab € 281
AmEx DINERS MASTER VISA ♉ ⚶
Mitten im Theatre District, ideale Ausgangs-
lage zum Shoppen. In dem Haus aus dem
18. Jahrhundert wurde ein neuenglischer
Designstil mit sehr viel Geschmack umgesetzt, mal in fröhlich-bunten Farben, mal
gestreift oder auch geblümt. Großer Pool,
gym. Internationale Küche im Restaurant.

InterContinental
Park Lane F F F

OT Mayfair, 1 Hamilton Place
PLZ W1J 7QY ■ A 3, S. 320
Tel. 0044/20 74 09 31 31

Fax 20 74 93 34 76
www.intercontinental.com
387 Zi., 60 Suiten, DZ ab € 220
AmEx DINERS MASTER VISA ☯🚗☷♨

Top-Adresse für Geschäftsreisende am Hyde
Park Corner. Zwölf Konferenzräume sind
mit modernster Technik ausgestattet. Die
dezent-modernen Zimmer überzeugen mit
vielen Details, von der Dachterrasse der
exklusiven Suiten blickt man über Londons
historisches Regierungsviertel. Bar und
zwei Restaurants (siehe Restaurant „Theo
Randall").

Mandarin Oriental
Hyde Park **F F F F**

OT Knightsbridge, 66 Knightsbridge
PLZ SW1X 7LA   ■ A 3, S. 318
Tel. 0044/20 72 01 37 73
Fax 20 72 35 20 01
www.mandarinoriental.com
183 Zi., 15 Suiten, DZ ab € 290
AmEx DINERS MASTER VISA ☯🚗♨

Das Grandhotel am Hyde Park bietet seinen
Gästen eine luxuriöse Unterkunft mit
opulenten, eleganten Zimmern, alle haben
komfortabelste Betten mit irischem Linnen
und schöne Details wie frische Orchideen
und Schokolade. Sehr guter Spa, erstklassiger Service und eines der besten Concierge-
Teams der Stadt. Zwei Restaurants und
eine beliebte Bar – alles mit Blick über den
Park.

One Aldwych Hotel **F F F**

OT Covent Garden, 1 Aldwych
PLZ WC2B 4RH   ■ E 1, S. 320
Tel. 0044/20 73 00 10 00
Fax 20 73 00 10 01
www.onealdwych.com
93 Zi., 12 Suiten, DZ ab € 170
AmEx DINERS MASTER VISA ☯🚗☷♨

Hinter der prächtigen Louis-Seize-Fassade
in Covent Garden verbirgt sich klassisch-
modernes Design, welches die Funktion
nicht der Form geopfert hat. Dezente Farben, wertvolle Stoffe, täglich frische Blumen
und Früchte sowie Arbeiten zeitgenössischer
Künstler bestimmen das Ambiente in den

Zimmern, alle haben *power shower* und
Mini-TV im Bad. Kostenloser W-Lan ist
Standard. Wellness mit 18-Meter-Pool mit
Unterwassermusik, Gym. Zwei Restaurants
und eine populäre Bar in der Lobby.

Sanderson **F F F**

OT Soho, 50 Berners St.
PLZ W1T 3NG   ■ B 2, S. 318
Tel. 0044/20 73 00 14 00
Fax 20 73 00 14 01
www.sandersonlondon.com
150 Zi., DZ ab € 307
AmEx DINERS MASTER VISA ☯🚗♨

Schon das Entree im von Philippe Starck
gestylten Hotel in Soho ist beeindruckend.
Hinter der Fassade aus den 50er-Jahren
öffnet sich die Designerlobby mit Sesseln
im Rokokostil und einem roten Salvador-
Dalí-Sofa. Die hellen, komfortablen Zimmer
haben keine Innenwände, manche eigene
Terrassen, und die Bäder sind von Glas
umgeben. Die beiden Bars sind coole
Treffpunkte. Zwei Restaurants, sommers
sitzt man auch hübsch im Innenhof.

Soho Hotel **F F F**

OT Soho, 4 Richmond Mews
PLZ W1D 3DH   ■ C 1, S. 320
Tel. 0044/20 75 59 30 00
Fax 20 75 59 30 03
www.firmdale.com
49 Zi., 42 Suiten, 6 App., DZ ab € 260
AmEx DINERS MASTER VISA ☯♨

Zeitgenössischer englischer Stil bestimmt
das Ambiente in den Zimmern, alle haben
bodentiefe Fenster, W-Lan, Flat-Screen-
LCD-TV und DVD-Player, die Suiten verfügen über private Terrassen mit Blick auf
die Skyline der Stadt. Kino im Souterrain.
Restaurantbar mit leichter britischer Küche.
Gut ausgestatteter Fitnessbereich, Beauty.

St. James's Hotel
and Club **F F F**

OT St. James, 7-8 Park Place
PLZ SW1A 1LS   ■ B 3, S. 320
Tel. 0044/20 73 16 16 00
Fax 20 73 16 16 03

www.stjameshotelandclub.com
50 Zi., 10 Suiten, DZ ab € 227
AmEx EC MASTER VISA

Neubritischer Schick hinter neogotischer
Fassade des ehemaligen Gentlemen-Clubs:
schwarz lackiertes Holz, Goldintarsien, Samt
und Echsenleder. Extravaganter edler Look
auch in den Zimmern, die von Anne-Marie
Jagdfeld gestaltet wurden. Manche haben
Balkon, das Penthouse verfügt über eine
Dachterrasse, überall gibt es einen kosten-
losen High-Speed-Internetzugang und
W-Lan sowie einen Laptop-Safe und zwei
ISDN-Telefone. Die Bar ist ein beliebter
Treffpunkt.

The Berkeley FFFF
OT Knightsbridge, Wilton Place
PLZ SW1X 7RL   A 3, S. 318
Tel. 0044/20 72 35 60 00
www.the-berkeley.co.uk
149 Zi., 65 Suiten, DZ ab € 387
AmEx DINERS MASTER VISA

Eins der schönsten Hotels der Stadt. Das
zeitlose, neu-britische Design hat Understatement. Die Zimmer sind luxuriös und
angenehm klar, die Materialien hochwertig,

überall schmückt Kunst die Wände, die
Bäder sind aus italienischem Marmor.
Highlight im Wortsinn: Pool und *health club*
auf dem Dach mit Rundblick über die Stadt.
Schicke Bar und Londons bestes Restaurant
(siehe Restaurant „Marcus Wareing at The
Berkeley" und „Blue Bar").

The Connaught FFFF
OT Mayfair, 16 Carlos Place
PLZ W1K 2AL   A 2, S. 320
Tel. 0044/20 74 99 70 70
Fax 20 74 95 32 62
www.the-connaught.co.uk
60 Zi., 37 Suiten, DZ ab € 389
AmEx DINERS MASTER VISA

1897 gebaut, Herzstück von Londons
feinstem Quartier und traditionell die
Lieblingsadresse des Landadels. Nach
gründlicher, aber umsichtiger Renovierung
hat das Grandhotel den Charme der ed-
wardianischen Epoche nicht verloren.
Die luxuriösen Zimmer wurden mit Bedacht
modernisiert, alle sind hell und entweder
in Creme- oder Grautönen gestaltet, haben
Flat-Screen-TV und Kaschmirdecken.
Concierge- und Butlerservice sind weiterhin

„The Dorchester": Ikone der Londoner Hotellerie, in der Bescheidenheit noch keine Tugend ist

erstklassig. Die beiden Bars des Hauses sind auch bei Londons Trendsettern populär. Im Restaurant kocht seit 2008 die französische Starköchin Hélène Darroze (siehe Restaurant „Hélène Darroze at The Connaught").

The Dorchester ████

OT Mayfair, 53 Park Lane
PLZ W1K 1QA ■ A 2, S. 320
Tel. 0044/20 76 29 88 88
Fax 20 76 29 80 80
www.dorchesterhotel.com
201 Zi., 49 Suiten, DZ ab € 631
AmEx DINERS MASTER VISA ♉☂♕♉
Die Hotellegende am Hyde Park wurde einer umfangreichen Renovierung unterzogen. Auch der Spa-Bereich wurde erweitert und verbindet jetzt Art-déco-Elemente mit modernem Design. In den Zimmern regieren opulenter Luxus und elegante Klassik, die Bäder in italienischem Marmor sind im Art-déco-Stil gestalt et. E-Butler. Auch kulinarisch ist das Haus spitze: Mehrere Restaurants (siehe „Alain Ducasse at The Dorchester"). Dazu: der sehr britische „Savoy Grill" und „China-Tang" mit kantonesischen Spezialitäten.

The Hoxton Hotel ██

OT Great Eastern, 81 Great Eastern St.
PLZ EC2A 3HU ■ F 1, S. 320
Tel. 0044/20 75 50 10 00
Fax 20 75 50 10 90
www.hoxtonhotels.com
205 Zi., DZ ab € 65
AmEx DINERS MASTER VISA ♉ ♉
Gut geführtes Budget-Hotel im Industrie-Look in günstiger Lage, unweit der City und des Barbican-Kulturtempels. Die Zimmer sind zweckmäßig, modern und komfortabel. Frühbucher können hier wahre Schnäppchen machen: Jeden Tag können fünf Zimmer für ein britisches Pfund und fünf Zimmer für fünf Pfund gebucht werden. Ein kleines Frühstück ist im Preis inbegriffen und hängt morgens im Körbchen an der Tür. Sieben Konferenzräume, Bar und Restaurant. Tipp: Mindestens drei Monate im Voraus buchen.

The Metropolitan ███

OT Mayfair, 19 Old Park Lane
PLZ W1K 1LB ■ A 3, S. 320
Tel. 0044/20 74 47 10 00
Fax 20 74 47 11 00
www.metropolitan.London.com
150 Zi., 30 Suiten, 19 App., DZ ab € 440
AmEx DINERS MASTER VISA ♉♕
Sanfte Weißtöne, Birnenholzvertäfelungen, antike fernöstliche Möbel – die neu renovierten Zimmer und öffentlichen Räume des trendigen Hotels direkt am Hyde Park Corner sind stilvoll und wirken entspannend. Sehr gut ausgestattetes Fitnessstudio. Asiatische Inspiration auch im Wellnessbereich mit entsprechenden Therapien. Im Restaurant „Nobu" gibt es japanische Küche mit peruanischen Akzenten. Die „Met Bar" ist ein Klassiker, nicht zuletzt wegen der guten Martinis.

The Ritz Hotel ████

OT Westminster, 150 Piccadilly
PLZ W1J 9BR ■ B 2/3, S. 320
Tel. 0044/20 74 93 81 81
Fax 20 74 93 26 87
www.theritzlondon.com
98 Zi., 39 Suiten, DZ ab € 310
AmEx DINERS MASTER VISA ♉☂♕
Königliche Herberge und Londons Kulthotel, 1906 von César Ritz gegründet. Die luxuriösen Zimmer sind im Stil von Louis XVI. mit Antiquitäten und in Blau, Pink und Gelb eingerichtet, die Bäder in italienischem Marmor. Der Service ist exzellent: Auf jeden Gast kommen zwei Angestellte. So viel Stil verlangt auch nach einem entsprechenden Dresscode: Jackett und Krawatte, auch beim beliebten *afternoon tea* im „Palm Court" (unbedingt rechtzeitig reservieren). Britische Küche im opulenten Restaurant.

The Rockwell ███

OT Kensington, 181 Cromwell Rd.
PLZ SW5 0SF südwestlich ■ A 5, S. 318
Tel. 0044/20 72 44 20 00
Fax 20 72 44 20 01
www.therockwell.com

„The Rockwell": modernes mediterranes Flair im schicken Boutiquehotel in Kensington

36 Zi., 4 Suiten, DZ ab € 202
AmEx MASTER VISA 🍸 ⚘
2006 eröffnetes modernes und persönlich
geführtes Boutiquehotel mit mediterranem
Flair. Die Zimmer sind komfortabel, der
Empfang ausgesprochen freundlich. Restaurant mit Innenhof und Olivenbäumen, Bar.
Charmanter Service, gutes Frühstück mit
eigenem Brot und Müsli.

The Zetter F F
OT Clerkenwell, 86-88 St John's
Square/Clerkenwell Road
PLZ EC1M 5RJ   ■ D 1, S. 319
Tel. 0044/20 73 24 44 44
Fax 20 73 24 44 45
www.thezetter.com
52 Zi., 7 Suiten, DZ ab € 167
AmEx MASTER VISA 🍸 ⚘
Modernes Design-Boutiquehotel in einem
historischen Haus aus dem 19. Jahrhundert
mit Atrium über fünf Stockwerke und vielen
Originaldetails. Die komfortablen Zimmer
und Dachstudios haben gute Betten und
moderne Technik wie Flat-TV und DVD-
Player. Trendiges Restaurant mit mediterran-
italienischer Küche, das sich zum In-Treff
entwickelt hat.

Restaurants

Alain Ducasse at
The Dorchester F F F
OT Mayfair, im Hotel The Dorchester
53 Park Lane
PLZ W1K 1QA   ■ A 2, S. 320
Tel. 0044/20 76 29 88 88

„The Zetter": Designhotel mit In-Restaurant

Fax 20 74 09 80 80
www.alainducasse-dorchester.com
Sa mittag, So, Mo geschl.
Menüs € 63-131

[AmEx] [DINERS] [MASTER] [VISA] M Y ⌂ Y

Sanftes Beige, moderne Eleganz, große
runde Tische mit hellen Ledersesseln und
viel Platz. Und doch hatte Alain Ducasse mit
seinem neuesten Londoner Luxusrestaurant
zu Beginn kein glückliches Händchen. Die
Leistung der Küche schwankte, hatte sich
aber zuletzt stabilisiert. Die Vorspeisen
schwächelten bisweilen, gut gelang eine
Foie-gras-Trüffel-Terrine. Handwerklich
perfekt und aromatisch gut ausbalanciert,
aber eben gar nicht überraschend war der
Heilbutt mit Zitronen-Kapern-Sauce, Spinat,
Pinienkernen und Artischocken. Wir sind
gespannt auf die weitere Entwicklung!
Stattliches Preisniveau, selbst für Londoner
Verhältnisse.

Amaya [F] [F] [ ] [ ]

OT Knightsbridge, 15 Motocomb St. Halkin
Arcade
PLZ SW1X 8JT   ■ A 4, S. 318
Tel. 0044/20 78 23 11 66
Fax 20 72 59 64 64
www.realindianfood.com
kein Ruhetag
Hauptgerichte € 13-34

[AmEx] [DINERS] [MASTER] [VISA] @ M

Im modernen Glas-Atrium mit integrierter
Showküche beobachtet man die Köche
bei ihrer Arbeit am *tandoori*-Ofen oder an
der *tawa*-Pfanne. Das macht Lust auf die
aromareichen, zumeist leichten Gerichte
wie *spicy-tandoori*-Garnelen oder zartes
Hühnchenkebab. Exotische Cocktails.

Ambassade de L'Ile [F] [F] [F] [ ]

OT Kensington, 117-119 Old Brompton Rd.
PLZ SW7 3RN   südwestlich ■ A 4, S. 318
Tel. 0044/20 73 73 77 74
Fax 20 73 73 44 72
www.ambassadedelile.com
So und Mo geschl.
Hauptgerichte € 34-41

[AmEx] [DINERS] [MASTER] [VISA] M ⌂ Y

Die Eröffnung des Ablegers der legendären
„Auberge de l'Ile" hat 2008 für Aufsehen
gesorgt. In einer ehemaligen Bibliothek hat
Jean-Christophe Ansanay-Alex mit Hilfe
zweier Finanziers einen Gourmettempel mit
umstrittenem Ambiente (Polsterwände
und Flauschteppiche in Weiß, Purpur und
Aubergine) geschaffen. Die Speisenkarte
vereint die französische Klassik mit Foie
gras, Kalbsbries und Froschschenkeln und
zeitgemäße Kreationen wie Wassermelonen-
Gazpacho mit *langostino* und Avocadopüree
oder Kabeljau mit Konfitüren-Ravioli und
Mandelmilch. Die Weinkarte mit Frankreich-
Schwerpunkt umfasst mehr als 500 Positionen, der Service ist überaufmerksam.

Arbutus [F] [F] [F] [ ]

OT Soho, 63-64 Frith St.
PLZ W1D 3JW   ■ C 1, S. 320
Tel. 0044/20 77 34 45 45
Fax 20 72 87 86 24
www.arbutusrestaurant.co.uk
kein Ruhetag
Hauptgerichte € 17-23

[AmEx] [MASTER] [VISA] M

Das Konzept von Anthony Demetre und Will
Smith, Qualität in entspanntem Ambiente
zu fairen Preisen zu servieren, hat mittler-

„Arbutus": Londons Restaurant-Darling

„Bellamy's": Brasserie im Pariser Stil mit vertrauten Klassikern und präsentem Patron

weile viele Nachahmer gefunden. Das Angebot im angenehm modernen Bistro ist
französisch geprägt: köstlich der geschmorte Kalbskopf mit karamellisierten Zwiebeln.
Alle Weine werden zu anteiligen Preisen
auch offen ausgeschenkt. Netter Service.

Assaggi F F ☐☐☐
OT Notting Hill, 39 Chepstow Place
PLZ W2 4TS   südwestlich ■ A 1, S. 318
Tel. 0044/20 77 92 55 01
Fax 20 87 00 51 29 23
So geschl.
Hauptgerichte € 20-30
DINERS EC MASTER VISA M

Für sardische Spezialitäten wie *carta da
musica* (hauchdünnes knuspriges Fladenbrot) und Pastetchen mit Hummer kommen
die Gäste aus der ganzen Stadt. Es ist eng
und laut, das kleine Restaurant im oberen
Stock eines alten viktorianischen Pubs
hat nur elf Tische. Ausgesuchte italienische
Weine. Gute Lunchadresse, vor allem
samstags, wenn man den Besuch mit einem
Bummel auf dem nahen Portobello-Markt
verbinden kann.

Bellamy's F F ☐☐☐
OT Mayfair, 18/18 a Bruton Place
PLZ W1J 6LY   ■ B 2, S. 320
Tel. 0044/20 74 91 27 27
Fax 20 74 91 99 90
www.bellamysrestaurant.co.uk
Sa mittag, So geschl.
Hauptgerichte € 31-36
AmEx MASTER VISA M

Brasserie nach Pariser Vorbild mit klassisch
französischer Küche und entspannter
Atmosphäre. Die Stammgäste (darunter
viele Kunsthändler aus der nahen Bond
Street) lieben vertraute Gerichte wie *œuf
en gelée* und Lammkoteletts mit *pommes
boulangère* (gebackenen Kartoffeln) und
den gastfreundlichen und stets präsenten
Patron Gavin Rankin. Ein Bestseller ist der
Schokoladenkuchen von Rankins Mutter.
Gute Weinkarte. Neu: eine Austernbar, an
der auch Krabbencocktail, *croque-Monsieur*
und Sandwiches serviert werden.

Bentley's Oyster Bar
and Grill F ☐☐☐☐
OT Westminster, 11-15 Swallow St.
PLZ W1B 4DG   ■ C 2, S. 320
Tel. 0044/20 77 34 47 56
Fax 20 72 87 29 72
www.bentleys.org
„Grill" Sa mittag geschl.
Hauptgerichte € 15-49
AmEx DINERS MASTER VISA @ M

L

Schicke Austernbar mit Plätzen am Marmortresen oder an Tischen. Elegante Atmosphäre mit guten *seafood*-Gerichten wie Lachsblini, Muschelsuppe, *fish pie* oder natürlich frische Austern und Champagner.

Galvin at the Windows ▯▯▯

OT Mayfair, im Hotel Park Lane Hilton
22 Park Lane
PLZ W1K 1BE   ■ A 3, S. 320
Tel. 0044/20 72 08 40 21
Fax 20 72 08 41 44
www.galvinatwindows.com
Sa mittag, So abend geschl.
nur Menüs ab € 67

AmEx DINERS MASTER VISA @ M ◠ Ŷ

In seinem Restaurant im 28. Stock des „Park Lane Hilton" veredelt Chris Galvin Bistrogerichte zu feinen Kreationen. „Haute bourgeois cuisine" nennt er das und lässt etwa warm geräucherten Lincolnshire-Aal mit gebratener Foie gras, Haselnuss und Ananas oder schottisches Rinderfilet mit Kartoffelfondant, Konfitüre von roten Zwiebeln und Madeira-Jus servieren. Elegantes Ambiente im Stil der 30er-Jahre, aufmerksamer Service.

„Galvin at the Windows": gute Weinauswahl

Gordon Ramsay ▯▯▯▯

OT Chelsea, 68 Royal Hospital Rd.
PLZ SW3 4HP   ■ A 5, S. 318
Tel. 0044/20 73 52 44 41
Fax 20 75 92 12 13
www.gordonramsay.com
Sa, So geschl.
nur Menüs € 103-138

AmEx DINERS MASTER VISA M Ŷ

„Gordon Ramsey": fest in weiblicher Hand

Eine Frau führt seit einiger Zeit das Flaggschiff-Restaurant des Gordon-Ramsay-Imperiums: Clare Smith hat sich mit 30 Jahren an die Spitze gekocht. Sie setzt die Spitzenprodukte der Haute Cuisine perfekt und oft mit Raffinesse in Szene, etwa bei der sautierten Foie gras mit Kalbsbries, Cabernet-Sauvignon-Essig und Mandel-*velouté* oder bei der Bresse-Taube aus dem Ofen mit gerillter Polenta, knusprigem *lardo*, Schalotten und Dattelsauce. Erstklassiger Service, umfangreiche Weinkarte.

Great Queen Street ▯

OT Covent Garden, 32 Great Queen St.
PLZ WC2B 5AA   ■ E 1, S. 320
Tel. 0044/20 72 42 06 22
Fax 20 75 04 95 82
So abends geschl.

Hauptgerichte € 11-29

`AmEx` `EC` `MASTER` `VISA` M T

Britisches Bistro und Ableger des beliebten *gastropubs* „The Anchor & Hope". Herzlicher, unkonventioneller Service, klare und schnörkellose Gerichte wie zünftige Cornwall-Krabben auf Toast, weiße Bohnen mit Knoblauch-*pistou* oder üppiges Hereford-Rind an der Rippe. Gute Stimmung, kein Ort für ein lauschiges Dinner.

Green's FF

OT St. James's, 36 Duke St.
PLZ SW1Y 6DF ■ C 2, S. 320
Tel. 0044/20 79 30 45 66
Fax 20 74 91 74 63
www.greens.org.uk
So geschl.
Hauptgerichte € 17-52

`AmEx` `DINERS` `MASTER` `VISA` M

Mit grünen Lederbänken und der Wandvertäfelung aus Mahagoni passt das „Green's" perfekt zum Viertel St. James's mit seinen Traditionsgeschäften und Herrenklubs. Die Küche ist mindestens genauso traditionell und *very British*: Klassiker wie *steak tartare* und gegrilltes Beef aus Aberdeenshire. Ein Schwerpunkt liegt außerdem auf Fisch. Empfehlenswert: die saisonalen Wildgerichte und die Meeresfrüchteplatte mit Krabben, Räucherlachs, Austern und Hummer.

Hakkasan FFF

OT Marylebone, 8 Hanway Place
PLZ W1T 1HD ■ B 2, S. 318
Tel. 0044/20 79 27 70 00
Fax 20 79 07 18 99
www.hakkasan.com
kein Ruhetag
Hauptgerichte € 16-67

`AmEx` `MASTER` `VISA` M

Erfolgsgastronom Alan Yau hat das Restaurant zwar verkauft, geändert hat sich in der exklusiven Unterwelt aber nichts: Das gestylte Ambiente mit nachtblau-schwarzen Räumen und gläsernem Weinklimaraum ist

„Green's": traditionell und sehr britisch

geblieben, auch die Küche setzt weiter auf hochpreisige Gerichte mit Luxusprodukten, köstliche *dim sum* oder Shanghai-Ravioli. Yau hat sich indes mit seinem neuen japanischen Restaurant „Sake No Hana" (23 St Jame's Street, Tel. 020 79 25 89 88) selbst übertroffen – zumindest, was die Preise angeht.

Hélène Darroze
at The Connaught F F F F
OT Mayfair, im Hotel The Connaught
16 Carlos Place
PLZ W1K 2AL   ■ A 2, S. 320
Tel. 0044/20 31 47 72 00
www.the-connaught.co.uk
Mo, So geschl.
nur Menüs € 86-98
AmEx DINERS MASTER VISA M Y ⌂ Y

Das traditionsreiche Hotel „The Connaught" hat die edwardianische Eleganz auch nach der umfangreichen Renovierung nicht eingebüßt. Die Holzvertäfelung des historischen Restaurants ist unverändert auf Hochglanz poliert; der große Raum mit warmen Brauntönen und indirekter Beleuchtung, kleinen Nischen und bequemen Sesseln hat immer noch Clubcharakter. Am Herd präsentiert sich Hélène Darroze mit ihrer klassisch-französischen, vom Baskenland beeinflussten Küche in Bestform. Der mit Muscovado-Zucker gewürzter Graved Lachs mit Lauch und La-Ratte-Kartoffeln von der Isle du Ré war delikat, das gut gewürzte und in Arbois-Wein geschmorte Hühnchen wurde von Makkaronigratin und wilden Pilzen stimmig begleitet. Kreativ das Dessert: Früchte in Limettengelee mit Kokoseis, Marshmallow und Passionsfruchtesspapier. Große, internationale Weinkarte, höchst aufmerksamer Service.

Hibiscus F F F
OT Mayfair, 29 Maddox St.
PLZ W1S 2PA   ■ B 1, S. 320
Tel. 0044/20 76 29 29 99
Fax 20 75 14 95 52
www.hibiscusrestaurant.co.uk

Sa mittag, So, Mo geschl.
nur Menüs € 29-98
AmEx MASTER VISA M

Claude und Claire Bosi führten ihr „Hibiscus" vorher bereits sehr erfolgreich in Ludlow und zogen 2007 in die Hauptstadt um. Hier sind weder Ambiente – mit Holz- und Naturfarben – noch Küche, die kreativ und geradlinig ist, auf Showeffekte aus. Die Jakobsmuscheln finden in einer zarten Matcha-Grüntee-Emulsion eine wunderbare Balance mit bemerkenswerter Subtilität. Aufmerksamer, freundlicher Service.

Hix Oyster & Chop House F F
OT Islington, 36-37 Greenhill Rents, Cowcross St.
PLZ EC1M 6BN   ■ D 1, S. 319
Tel. 0044/20 70 17 19 30
Fax 20 70 17 19 31
www.hixoysterandchophouse.co.uk
Sa mittag geschl.
Hauptgerichte € 14-72
AmEx MASTER VISA M Y

Mark Hix, rund 20 Jahre lang Küchenchef von so renommierten Restaurants wie „Le Caprice" und „The Ivy", kultiviert nun in seinem eigenen Restaurant am Smithfield-Fleischmarkt die Küche des 18. Jahrhunderts. Das war eine Zeit, in der Austern zur Grundnahrung gehörten und Fleisch grundsätzlich am Knochen gegart wurde. Folglich gibt es hier britische Spezialitäten wie Steak- und Austernpastete, gegrillte Nierchen, Rebhuhn mit Brotsauce, Kalbsherz mit Schalottensalat sowie einige Fischgerichte.

L'Atelier
de Joël Robuchon F F F F
OT Covent Garden, 13-15 West St.
PLZ WC2H 9NE   ■ D 1, S. 319
Tel. 0044/20 70 10 86 00
Fax 20 70 10 86 01
www.joel-robuchon.com
kein Ruhetag
nur Menüs € 45-136
AmEx MASTER VISA @ M Y

Der Multi-Chef hat jetzt auch in London ein „L'Atelier" eröffnet und damit Akzente gesetzt. Schickes Schwarz und modernes Design bestimmen das Ambiente über zwei Ebenen mit elegantem Restaurant in der oberen und legererem Bar-Bereich in der unteren Etage. Der Service ist perfekt wie gewohnt, die Küche französisch basiert mit international-mediterranen Einflüssen. Nicht alles gelang zu Beginn in gleicher Qualität. Nach zum Teil schwächeren Vorspeisen gefielen die Hauptgerichte besser: Kalbsbries mit Spargelragout, Foie gras und confierten Kartoffeln oder gegrillter Wolfsbarsch mit Lauch, Ingwer und Gewürzhonig. Umfangreiche Weinauswahl.

L'Autre Pied F F F

OT Marylebone, 5-7 Blandford St.
PLZ W1U 3DB ■ A 2, S. 318
Tel. 0044/20 74 86 96 96
Fax 20 30 04 09 90
www.lautrepied.co.uk
kein Ruhetag
Hauptgerichte € 24-33
AmEx MASTER VISA @ M ⌢ ⍾

Aparte Blumenmalereien hinter der Wandverglasung, rotes und schwarzes Leder sowie dunkles Holz bestimmen das Ambiente. Die Küche präsentiert sich kreativ: Zum pochierten Ei werden Würstchenpüree und geräucherte Butteremulsion gereicht, der Krebs von der Salcombe Bay in Devon hat eine hauchzarte aufgeschäumte Zazikimousse-Haube. Aparte Weinkarte mit Fundstücken aus aller Welt wie einem Garagen-Riesling von Mac Forbes.

Le Café Anglais F F

OT Bayswater, 8 Porchester Gardens
PLZ W2 4DB südwestlich ■ A 2, S. 318
Tel. 0044/20 72 21 14 15
Fax 20 77 27 96 04
www.lecafeanglais.co.uk
kein Ruhetag
Hauptgerichte € 17-33
AmEx DINERS MASTER VISA M

Der riesige Raum mit großen Fenstern, grauen Lederbänken und Art-déco-Atmo-

„Le Café Anglais": Art-déco-Atmosphäre

sphäre erinnert ein wenig an den Ballraum eines Luxusdampfers. Es gibt ein großes Angebot von günstigen Tapas, etwa Bückling-*pâté* mit Ei, Salami mit eingelegtem Fenchel, Mortadella mit Sellerieremoulade, Parma-Schinken mit Feigen, und die Hauptgerichte wie gebratenes Hühnchen von dem großen Rotisserie-Grill, Thai-Curry mit Krabben oder Lamm-*tajine* mit Couscous kommen sehr weltläufig daher. Sehr beliebt zum Sonntagsbrunch.

Le Coq d'Argent F F

OT Bank, 1 Poultry
PLZ EC2R 8EJ ■ E 2, S. 319
Tel. 0044/20 73 95 50 00
Fax 20 73 95 50 50
www.coqdargent.co.uk
Sa mittag, So abend geschl.
Hauptgerichte € 19-32
AmEx DINERS EC MASTER VISA M ⌢ ⍾ ⍿

Powerlunch in der City: Vornehmlich Banker und Börsianer genießen im obersten Stock des postmodernen Bürohauses Hummer, Austern, Steaks und klassische französische

und weltläufige Gerichte auf der Karte

Gerichte wie Coq au Vin oder Täubchen
mit Foie gras. Gute Weinauswahl für jeden
Geldbeutel. Schöne Dachterrasse mit Blick
über die Bankenpaläste der Square Mile.

Le Gavroche F F F F

OT Mayfair, 43 Upper Brook St.
PLZ W1K 7QR ■ A 2, S. 320
Tel. 0044/20 74 08 08 81
Fax 20 74 91 43 87
www.le-gavroche.co.uk
Sa mittag, So geschl.
Hauptgerichte € 30-78

[AmEx] [DINERS] [MASTER] [VISA] M ☆ ⌂ ♉

Gourmetlegende mit Tradition. Höchste
Aufmerksamkeit alter Schule wird den
Gästen im Restaurant von Michel Roux Jr.
zuteil. Seine Küche pflegt die klassische
französische Basis, überrascht aber immer
wieder auch mit frischen Ideen, etwa
bei der Foie gras an knusprigem Crêpe mit
Ente und Zimt oder beim gebratenen
Petersfischfilet mit leichter Brühe, Fenchel,
Muscheln und Knoblauchcroûtons. Ausführliche Weinkarte.

Marco F F F

OT Chelsea, Fulham Rd./Stamford Bridge
PLZ SW6 1HS südwestlich ■ A 5, S. 318
Tel. 0044/20 79 15 29 29
www.marcorestaurant.co.uk
nur Abendessen, So, Mo geschl.
Hauptgerichte € 17-26

[AmEx] [DINERS] [MASTER] [VISA] @ ♉

Marco Pierre White hat sein neues Restaurant im Stadion des FC Chelsea eröffnet.
Das Dekor ist glamourös: schwarzer Marmor, samtbezogene Polster und Säulen mit
Swarovski-Kristallen. Die Küche ist klas-
sisch-französisch: Austern in Champagner-
gelee, gegrillte Seezunge mit Safrankartof-
feln und frischen Kräutern und geschmorte,
mit Pilzen gefüllte Schweinsfüße knüpfen
an alte Glanzzeiten an. An Spieltagen
kommen auch mal *fish & chips* auf den
Tisch. Umfangreiche Weinkarte, professioneller Service. 2009 neu: „Marco Pierre
White Steakhouse & Grill" (Bishopsgate).

Marcus Wareing
at The Berkeley F F F F

OT Knightsbridge, im Hotel The Berkeley
Wilton Place
PLZ SW1X 7RL ■ A 3, S. 318
Tel. 0044/20 72 35 12 00
Fax 20 72 01 16 11
www.marcus-wareing.com
Sa mittag, So geschl.
nur Menüs € 86-103

[AmEx] [MASTER] [VISA] M ♉ ⌂ 🍷

Einer öffentlichkeitswirksamen Scheidungs-
schlacht glich die Trennung von Marcus
Wareing und Gordon Ramsay im Sommer
2008. Wareing macht seinem Ex-Protegé
nun im nach ihm umbenannten Restaurant
die Führungsposition streitig. Mit seiner
modern-französischen Küche setzt er befreit
zu neuen Höhenflügen an: perfekte Harmonie der Aromen bei der gebratenen Foie
gras mit glasierten Feigen, Lapsang-Tee und
Haselnuss. Der Steinbutt wird mit Froschschenkel, Zitronen-*confit*, Kapern, Rosinen
und Jus zum absoluten Hochgenuss. Der
Service ist wie gewohnt in Hochform und
die Weinkarte Weltklasse.

L

Murano F F F

OT Mayfair, 20 Queen St.
PLZ W1J 5PR ■ B 3, S. 320
Tel. 0044/20 75 92 12 22
Fax 20 75 92 12 13
www.gordonramsay.com
So geschl.
nur Menüs ab € 63-86
AmEx DINERS MASTER VISA M 🏠

Angela Hartnett bleibt unter den Fittichen des Gordon-Ramsay-Imperiums und kehrt im „Murano" mit italienischer Küche zu ihren Wurzeln zurück. Ob Lammbraten mit Artischocken und Bohnenpüree oder gebratener Steinbutt mit Perlgraupen und herbstlichen Gemüsen – alles ist von raffinierter Einfachheit. Mit leichten, aromatischen Saucen beweist sie Gespür für feinste Aromen. Der Service arbeitet auf hohem Niveau, die Weinkarte ist international ausgerichtet. Allein das eisgraue Ambiente und die kühle Beleuchtung sind zu düster für diese mediterrane Heiterkeit.

Nahm F F F

OT Belgravia, im Hotel The Halkin
5 Halkin St.
PLZ SW1X 7DJ ■ A 4, S. 318
Tel. 0044/20 73 33 12 34
Fax 20 73 33 11 00
www.nahm.como.bz
Sa mittag, So mittag geschl.
Hauptgerichte € 17-22
AmEx DINERS MASTER VISA @ M 🏖 🏠 🍸

Das elegante Hotelrestaurant mit thailändischer Küche ist eine Klasse für sich. Der australische Küchenchef David Thompson ist ein Experte für überwältigende Aromen, sein Curry ist hervorragend. Selbst die Desserts sind eine Sünde wert. Gute korrespondierende Weine.

Pied à Terre F F F

OT Camden, 34 Charlotte St.
PLZ W1T 2NH ■ B 2, S. 318
Tel. 0044/20 76 36 11 78
Fax 20 79 16 11 71
www.pied-a-terre.co.uk
Sa mittag, So geschl.
Menüs € 62-98
AmEx DINERS MASTER VISA @ M 🍸

Klein, intim und elegant ist das Restaurant im modernen Erdfarben-Look. Die Tische stehen auf Tuchfühlung, und zwei Belegungsrunden am Abend zwingen mitunter etwas zur Eile. Kaisergranat mit leicht süßlichem Knoblauchpüree, Garnelen-

„Nahm": moderne Kulisse für die schönsten Aromen der thailändischen Küche

„Roast": Zentraler als mitten im populären Borough Market geht es kaum

soubise, Leinsamen und Kapern harmonierten, ebenso der gebratene Steinbutt mit Ochsenschwanztortellini, Linsen- und Wurzelgemüse-Ragout, Estragonöl und Rotwein-Sauce. Eher banal dagegen *tarte Tatin* mit Vanilleeis zum Dessert. Der Service ist unterschiedlich in Form.

River Café ▪▪

OT Hammersmith, Thames Wharf/
Rainville Rd.
PLZ W6 9HA   südwestlich ▪ A 5, S. 318
Tel. 0044/20 73 86 42 00
Fax 20 73 86 42 01
www.rivercafe.co.uk
So abend geschl.
Hauptgerichte € 30-37

AmEx DINERS MASTER VISA M 🚗 🍸

Das „River Café" gehört seit Jahren zu den renommiertesten Restaurants der Stadt. Die italienische Küche steht für Frische und Qualität, aber auch für gepfefferte Preise. Die Besitzerinnen Ruth Rogers und Rose Gray sind nicht nur als eifrige Kochbuch-Autorinnen bekannt, sondern auch die Lehrmeisterinnen von Jamie Oliver. Nun haben sie ihr Restaurant in hellen mediterranen Farben frisch renoviert. Schön bepflanzte Terrasse mit Blick auf die Themse.

Roast ▪

OT Southwark, Stoney St. (The Floral Hall)
PLZ SE1 1TL   ▪ E 3, S. 319
Tel. 0044/20 79 40 13 00
Fax 20 76 55 20 79
www.roast-restaurant.com
So abend geschl.
Hauptgerichte € 20-35

AmEx DINERS MASTER VISA @ M

Die Lage mitten im Borough Market ist definitiv ein Plus. Die Speisekarte ist klassisch-britisch mit Spezialitäten wie Pastinakensuppe mit Pinienkernen und langsam geschmorter Lammschulter mit Minzsauce und Johannisbeergelee. Sehr gutes Frühstück für hungrige Marktbesucher: Mangomüsli mit Joghurt oder gegrillter Bückling von der Insel Orkney, dazu der Blick auf das bunte Treiben – unschlagbar. Auch beliebt zum Nachmittagstee.

„Scott's": Londoner Institution, in der Stars und Sternchen mit der Limousine vorfahren

Scott's FF

OT Westminster, 20 Mount St.
PLZ W1K 2HE ■ A 2, S. 320
Tel. 0044/20 74 95 73 09
Fax 20 76 47 63 26
www.scotts-restaurant.com
kein Ruhetag
Hauptgerichte € 18-44
AmEx DINERS MASTER VISA @ M ⛱ ♔

Das historische Fischrestaurant wurde 1851 gegründet und ist eine Londoner Institution. Derzeit gibt es kaum einen Popstar, der sich nicht regelmäßig vom Chauffeur hierher fahren lässt. In der Mitte des Raumes steht eine riesige Austernbar, um die sich weiß gedeckte Tische gruppieren. Fisch-Risotto und gebratene Seezunge mit brauner Krabbensauce sind zu empfehlen, aber auch saisonale Fleischgerichte wie Wildente mit gerösteten Kastanien. Umfangreiche Weinkarte. Der professionelle Service achtet auf Details: Wo findet man schon einen Portier, der einer Dame, die zum Rauchen vor die Tür geht, einen Paschminaschal reicht?

St. Alban FF

OT Mayfair, im Rex House
4-12 Lower Regent St.
PLZ SW1Y 4PE ■ C 2, S. 320
Tel. 0044/20 74 99 85 58
Fax 20 74 99 68 88
www.stalban.net

So geschl.
Hauptgerichte € 18-23
AmEx DINERS MASTER VISA @ M

Stammlokal der kosmopolitischen Szene mit moderner mediterraner Küche und Einflüssen aus Italien, Spanien und Portugal. Keine kulinarischen Kunststücke, aber schmackhafte Gerichte wie pochiertes Enten-Ei mit spanischer Blutwurst und neuen Kartoffeln oder auf Holzkohle gegrillter Thunfisch. Auch die Pizza ist empfehlenswert. Die Tische Nummer 81 bis 84 stehen an der Rückwand, bieten einen guten Blick auf den Raum und erlauben intime Gespräche.

„St. Alban": Stammlokal der Szene

„The Anchor & Hope": beliebter Gastropub mit aromastarken Fleischgerichten

St. John ☐☐☐☐☐
OT Clerkenwell, 26 St. John St.
PLZ EC1M 4AY ■ D 1, S. 319
Tel. 0044/20 72 51 08 48
Fax 20 72 51 40 90
www.stjohnrestaurant.com
Sa mittag, So abend geschl.
Hauptgerichte € 14-26
AmEx DINERS MASTER VISA M

Fergus Hendersons Restaurant am Smith-field Market ist eine Kultadresse nicht nur für Fleischliebhaber und gilt als Pionier der neuen britischen Küche. Im minimalisti-schen Ambiente wird vom Kopf bis zum Schwanz von Schwein, Rind und Co alles verarbeitet: Der Petersiliensalat mit Mark-knochen ist ein Klassiker, Ochsenzunge mit Roter Bete und Meerrettich oder gegrilltes Kalbsherz sind köstlich. Die Steaks sind erstklassig und auch bei Kochkollegen beliebt.

The Anchor & Hope ☐☐☐☐☐
OT Waterloo, 36 The Cut
PLZ SE1 8LP ■ D 3, S. 319
Tel. 0044/20 79 28 98 98
Fax 20 79 28 45 95
anchorandhope@btconnect.com
kein Ruhetag
Hauptgerichte € 14-18
MASTER VISA M

Der beliebte *gastropub* mit aromastarken Fleischgerichten wie der zehn Stunden in Rotwein geschmorten Rinderhaxe ist ein Dauerbrenner an der Themse. Und weil's so schön ist, gibt es jetzt den Bistroableger „Great Queen Street" (32 Great Queen Street, Tel. 020 72 42 06 22) mit einfachen und zünftigen Gerichten wie *steak tartar* oder Entenherzsalat.

The Capital ☐☐☐☐☐
OT Knightsbridge, im Hotel The Capital
22-24 Basil St.
PLZ SW3 1AT ■ A 4, S. 318
Tel. 0044/20 75 89 51 71
Fax 20 72 25 00 11

www.capitalhotel.co.uk
kein Ruhetag, Menüs € 31-81
[AmEx] [DINERS] [MASTER] [VISA] M ⁂ 🏠 ⌂ ♈
Hotel-Gourmetrestaurant mit klassischem Ambiente, erstklassiger Küche, Stühlen mit pinkfarbenen Polstern und klassisch basierten französischen Gerichten wie Krebslasagne. Formidabler Service, sehr gute Weinauswahl und ein hervorragendes Käseangebot. Kurz vor Redaktionsschluss verließ allerdings Küchenchef Eric Chavot das Haus, ein Nachfolger stand noch nicht fest. Wir sind gespannt, wie es weitergeht und setzen die Bewertung einstweilen aus.

The Narrow [F] [ ] [ ] [ ] [ ]
OT Tower Hamlets, 44 Narrow St.
PLZ E14 8DP   östlich ■ F 3, S. 319
Tel. 0044/20 75 92 79 50
Fax 20 75 92 16 03
www.gordonramsay.com/thenarrow
kein Ruhetag
Hauptgerichte € 13-20
[AmEx] [DINERS] [MASTER] [VISA] M
Der erste *gastropub* des Gordon-Ramsay-Imperiums. Die Speisenkarte offeriert klassische britische Gerichte wie *cock-a-leekie soup* (schottisches Hühnersüppchen mit Lauch und Backpflaumen), würzigen Heringsrogen auf Toast, herzhafte Wildpastete mit scharfem *piccalilli* (Chutney aus Senfgemüse) oder zarte geschmorte Schweinebacken mit Steckrübenpüree. Freundlicher Service. Weitere Ramsay-Pubs: „The Devonshire" (126 Devonshire Road, Chiswick) und „The Warrington" (93 Warrington Crescent, Maida Vale).

The Square [F] [F] [F] [F] [ ]
OT Mayfair, 6-10 Bruton St.
PLZ W1J 6PU   ■ B 2, S. 320
Tel. 0044/20 74 95 71 00
Fax 20 74 95 71 50
www.squarerestaurant.com
Sa mittag, So mittag geschl.
Menüs € 86-109
[AmEx] [DINERS] [MASTER] [VISA] @ M ♈
Das Interieur ist klassisch-elegant, ebenso die französische Küche, die weiß eingedeck-

ten Tische sind allerdings ein wenig eng gestellt. Macht nichts, die meisterlichen Gerichte von Philip Howard verlangen ohnehin die volle Aufmerksamkeit: etwa Terrine von Seezunge und geräuchertem Aal mit Austernbeignet, Kaviar und eingelegter Gurke oder Heilbuttfilet mit Beaufort-Käsekruste, Wurzelgemüse-Minestrone und Artischocken-*velouté*. Aufmerksamer Service, sehr gute Weinkarte.

The Wolseley [F] [F] [ ] [ ] [ ]
OT Westminster, 160 Piccadilly
PLZ W1J 9EB   ■ B 2, S. 320
Tel. 0044/20 74 99 69 96
Fax 20 74 99 68 88
www.thewolseley.com
kein Ruhetag
Hauptgerichte € 24-33
[AmEx] [DINERS] [MASTER] [VISA] M
Die ehemalige Bankhalle gleich neben dem „The Ritz" ist von den berühmten Kaffeehäusern in Wien und Budapest inspiriert. Hier werden mitteleuropäische Spezialitäten wie Wiener Schnitzel, Gulasch mit Spätzle und Matjesheringe mit Pumpernickel serviert. Die High Society rückt nicht nur abends an, sondern trifft sich auch

„Theo Randall": geradlinige Gerichte gibt's

gern zum Frühstück. Vor allem samstags ist es schwer, einen Tisch zu ergattern. In der Patisserie wird Nachmittagstee serviert. Leider zeigt sich der Service nicht immer in gleicher Hochform.

Theo Randall **F F**

OT Mayfair, im Hotel Intercontinental
Park Lane, 1 Hamilton Place
PLZ W1J 7QY ■ A 3, S. 320
Tel. 0044/20 73 18 87 47
Fax 207 38 85 82
www.theorandall.com
Sa mittag, So geschl.
Hauptgerichte € 27-37
AmEx DINERS MASTER VISA @ M Y 🏠 🏡

Theo Randall ist ein leidenschaftlicher Verfechter der Klarheit. Einfach und geradlinig sind seine italienisch inspirierten Gerichte, ohne Schnörkel und gänzlich unprätentiös. Carpaccio gibt es bei ihm ebenso wie gute Pasta, vor allem aber Schmackhaftes wie Nierchen vom Limousin-Kalb mit *pancetta,* Linsen und Marsala oder gebratenes Wolfsbarschfilet mit Spinat, Taggiasca-Oliven, Tomaten und Thymian. Dazu passt die klare Einrichtung in Creme- und Brauntönen.

beim Verfechter der Einfachheit

Tom Aikens **F F F**

OT Southkensington, 43 Elystan St.
PLZ SW3 3NT südwestlich ■ A 5, S. 318
Tel. 0044/20 75 84 20 03
Fax 20 75 89 21 07
www.tomaikens.co.uk
Sa mittag, So und Mo geschl.
nur Menüs € 58-92
AmEx MASTER VISA M

Tom Aikens ist leidenschaftlicher Perfektionist. Keine Kompromisse, weder bei der Qualität der Produkte noch bei der Komposition der Gerichte und schon gar nicht beim Anrichten. Auch mit neuem Inhaber (Aikens hatte wegen drohender finanzieller Schieflage einen neuen Investor gesucht), hält er das Niveau. Die Gäste im schicken Restaurant mit Zen-Ästhetik freut's, sie genießen in Rotwein pochierten Angel-Kabeljau mit Morteaux-Würstchen, Entenzunge und Brokkolipüree oder Salzwiesenlamm mit Feigenpüree, Schafskäseemulsion, Oliven und confierte Feigen. Sein Edel-Fish & Chips-Lokal musste er schließen – Ärger mit den Nachbarn.

Umu **F F F**

OT Mayfair, 14-16 Bruton Place
PLZ W1J 6LX ■ B 2, S. 320
Tel. 0044/20 74 99 88 81
Fax 20 70 16 51 20
www.umurestaurant.com
Sa mittag, So geschl.
Hauptgerichte € 13-66
AmEx DINERS MASTER VISA @ M

Exklusiv ist hier nicht nur das Interieur, sondern auch die authentische Kyoto-Küche, die sich mit aromatischen wie optischen Kunstwerken auf Tellern und Platten präsentiert. Die Sushi-Meister sind wahre Könner und bereiten Köstlichkeiten wie Sashimi von Jakobsmuschel und Seeigel mit Parmesan-*tuile* zu. Wer nicht ohnehin das „Kaiseki-Degustationsmenü" bestellt, sollte Gerichte wie das populäre Aal-*kabayaki* (filetierter, marinierter und gegriller Fisch) oder das Wagyu Beef von höchster Qualität (Grade 9) nicht versäumen. Umfangreiche Sake-Auswahl.

„Wild Honey": neubritisch und einfallsreich

Wild Honey F F
OT Mayfair, 12 St. George St.
PLZ W1S 2FB   ■ B 1, S. 320
Tel. 0044/20 77 58 91 60
Fax 20 74 93 45 49
www.wildhoneyrestaurant.co.uk
kein Ruhetag
Hauptgerichte € 21-27
AmEx MASTER VISA M

Attraktive Edelvariante eines *gastropubs*
mit Eichenholzvertäfelungen, Polsterbänken
und warmen Herbstfarben. Die neubritische
Küche ist einfallsreich: geräucherter Aal auf
Aprikosenpüree oder Kabeljau mit Chorizo.
Die meisten Weine von der ansprechenden
Karte werden auch offen ausgeschenkt.
Sehr engagierter Service.

Yauatcha F F
OT Soho, 15 Broadwick St.
PLZ W1F 0DL   ■ C 1, S. 320
Tel. 0044/20 74 94 88 88
Fax 20 74 94 88 89
www.yauatcha.com
kein Ruhetag
Hauptgerichte € 11-45
AmEx MASTER VISA M

Oben sucht man sich im Teesalon quietschbunte, kunstvolle Küchlein aus dem gläsernen Tresen aus, eine Treppe weiter unten
probiert sich die muntere Gästeschar bei
stimmungsvoller Cocktailbar-Beleuchtung
durch die Karawane der unzähligen und
guten *dim sum*. Klassisch mit Krabben oder
exklusiver mit Steinbutt im Lotusblatt. Die
Tische werden im Zwei-Stunden-Rhythmus
vergeben – so findet auch der undiszipli-
nierte Genießer rechtzeitig ein Ende.

Zuma F F F
OT Knightsbridge, 5 Raphael St.
PLZ SW7 1DL   ■ A 3, S. 318
Tel. 0044/20 75 84 10 10
Fax 20 75 84 50 05
www.zumarestaurant.com
kein Ruhetag
Hauptgerichte € 11-35
AmEx DINERS MASTER VISA M ⛱

Rainer Becker hat sein „Zuma"-Konzept
bereits erfolgreich nach Hongkong, Dubai
und Istanbul exportiert. Das schicke Londoner In-Restaurant ist die Keimzelle seiner
authentischen japanischen Küche, ob Sushi,
Gerichte vom *robata*-Grill oder die Klassiker.
Kostproben: in Miso marinierte Foie gras mit
umebashi-Kompott (säuerliche eingelegte
Pflaumen), Wagyu Beef mit *tahoon*-Aioli und
ponzu dashi oder marinierter Kabeljau im
Hoba-Blatt. Der Sake-Sommelier empfiehlt
aus 40 Positionen, es darf aber auch ein
Cocktail sein, etwa Rubabu mit Rhabarber,
Sake, Wodka und Passionsfrucht.

„Zuma": Exportschlager und In-Lokal

Bars/Cafés/Pubs

Blue Bar

OT Knightsbridge, im Hotel The Berkeley
Wilton Place
PLZ SW1X 7RL ■ A 3, S. 318
Tel. 0044/20 72 35 60 00
Fax 20 72 35 43 30
www.the-berkeley.co.uk
Mo-Fr 16-1 Uhr, Sa 15-1 Uhr, So 16-24 Uhr
AmEx DINERS EC MASTER VISA ⦿
Eisblaues Interieur mit Onyx-Tresen, schickes Publikum, sehr gute Cocktails, etwa der „Sex in the City"-Martini. Dazu gibt es kleine Häppchen wie Frühlingsrollen und Thunfisch- und Lachs-Sashimi.

Carluccio's

OT Westminster, 8 Market Place
PLZ W1W 8AG ■ B 2, S. 318
Tel. 0044/20 76 36 22 28
Fax 20 76 36 96 50
www.carluccios.com
Mo-Fr 7.30-23 Uhr, Sa 9-23.30 Uhr,
So 10-22.30 Uhr
AmEx MASTER VISA ⅲ ⛱
Die beliebte italienische Café-Kette ist mittlerweile zu einem Imperium im Königreich gewachsen, 21 Dependancen gab es bei Redaktionsschluss allein in London. Am Market Place eröffnete einst das erste Café und wir finden nach wie vor das schönste: mit Feinkostladen, gutem Cappuccino und leckerem *focaccia.* Günstiger Lunch.

Cellar Gascon

OT Smithfield, 59 West Smithfield
PLZ EC1A 9DS ■ E 2, S. 319
Tel. 0044/20 76 00 75 61
Fax 20 77 96 06 01
www.clubgascon.com
Mo-Fr 12-24 Uhr
AmEx MASTER VISA
Die Weinbar gehört zum Restaurant „Club Gascon" nebenan und ist auf Weine aus Südwestfrankreich spezialisiert. Dazu gibt's coolen Jazz und Kleinigkeiten wie Wurst, Gänseleberpastete oder Schinken mit Landbrot. Bequeme Lederbänke, von denen aus man das Treiben auf dem Smithfield-Fleischmarkt beobachten kann.

Maria's Market Café

OT Southwark, auf dem Borough Market
Stoney St.
PLZ SE1 9AA ■ E 3, S. 319
Tel. 0044/786 77 555 02
www.boroughmarket.org.uk
Mi 5-15 Uhr, Do 5-16 Uhr, Fr 5-16.30 Uhr,
Sa 5-16 Uhr ▱
Kultadresse auf dem Borough Market und für viele ein zweites Zuhause. Kein Wunder, Besitzerin Maria Moruzzi kennt ihre Gäste und nennt sie *darling*. Die deftige Hausmannskost wird schon ganz früh morgens aufgetischt, Eier mit krossem Speck und *black pudding* (Blutwurst), später darf's dann ein üppiges Steaksandwich sein.

Patisserie Valerie

OT Soho, 44 Old Compton St.
PLZ W1D 5JX ■ C 1, S. 320
Tel. 0044/20 74 37 34 66
Fax 20 77 34 61 33
www.patisserie-valerie.co.uk
Mo-Di 7.30-21 Uhr, Mi-Fr 7.30-23 Uhr,
Sa 8-23 Uhr, So 9-21 Uhr
AmEx MASTER VISA

„Patisserie Valerie": köstliche Kuchen

Klein-Paris in Soho. Köstliche und kunstvolle *tartes* und Torten, das Frühstück ist nicht nur wegen der herrlichen Croissants große Klasse. Gutes Brot. Gemütliche Atmosphäre und nettes Personal. Mehrere Filialen.

1707 Wine Bar

OT Westminster, im Kaufhaus Fortnum & Mason, 181 Piccadilly
PLZ W1A 1ER   ■ C 2, S. 320
Tel. 0044/20 77 34 80 40
Fax 20 74 37 32 78
www.fortnumandmason.co.uk
Mo–Sa 12–20 Uhr
AmEx DINERS MASTER VISA ♀

Skandinavisches Flair bestimmt die Weinbar im Souterrain von „Fortnum & Mason". Hier kann man zuzüglich 14 Euro Korkgeld alles trinken, was der renommierte Keller auch zum Verkauf anbietet. „Wine Flights"-Menü mit verschiedenen Gewächsen.

St. Pancras Champagne Bar

OT Islington, im Bahnhof St. Pancras International, Pancras Rd.
PLZ NW1 2QP   nordöstlich ■ C 1, S. 318
Tel. 0044/20 78 70 99 00
Fax 20 79 23 54 69
www.stpancrasgrand.com
tgl. 7–23 Uhr
AmEx MASTER VISA ♀

Der renovierte Bahnhof ist eine Meisterleistung viktorianischer Ingenieurskunst mit 90 Meter langer Champagnerbar an Gleis 4 – Europas längste! Die Lederbänke sind beheizt, zum Champagner gibt es Wildpastete oder Sandwiches mit Lachs. Gegenüber werden im zugehörigen Restaurant „St Pancras Grand" moderne britische Gerichte wie *beef Wellington* mit Madeira-Sauce oder Lammkeule mit Minzgelee serviert.

The George Inn

OT Southwark, 77 Borough High St.
PLZ SE1 1NH   ■ E 3, S. 319
Tel. 0044/20 74 07 20 56
www.traditionalpubslondon.co.uk
Mo–Sa 11–23 Uhr, So 12–22.30 Uhr
AmEx DINERS MASTER VISA

In der einzigen erhaltenen, ehemaligen Londoner Postkutschenstation saß schon Charles Dickens. Wo einst Kutscher und

„Vertigo 42": beste Aussicht im 42. Stock

Passagiere warteten oder sich mit Kaffee wärmten, trinken die Gäste unter alten Eichenholzdecken in uriger Atmosphäre heute ihr Green King Beer.

The Grenadier
OT Belgravia, 18 Wilton Row
PLZ SW1X 7NR   ■ A 3, S. 318
Tel. 0044/20 72 35 30 74
Mo-Sa 12-23 Uhr, So 12-22.30 Uhr
AmEx DINERS MASTER VISA ☂

Das *beef Wellington* ist nicht die einzige Reminiszenz an den früheren Stammgast. Im gemütlichen Pub mit knarrenden Holzdielen soll der Geist des einstigen Herzogs von Wellington noch umgehen. Kein Wunder, wenn bei Ale und guten Bloody Marys so viele bunte Geschichten erzählt werden.

Vertigo 42
OT Piccadilly, 25 Tower 42, Old Broad St.
PLZ EC2N 1HQ   ■ F 2, S. 319
Tel. 0044/20 78 77 78 42
Fax 20 78 77 77 88
www.vertigo42.co.uk

Mo-Fr 12-15 und 17-23 Uhr
AmEx DINERS EC MASTER VISA

Vom 42. Stock des City-Wolkenkratzers aus schaut man bei einem Glas Champagner auf die umliegenden Glaspaläste, am besten nach Sonnenuntergang, wenn die City in nächtlichem Glanz erstrahlt. Die Stimmung steigt mit fortschreitender Stunde. Reservierung ist Pflicht, die Sicherheitskontrollen im Foyer sind streng – Ausweis nicht vergessen.

Wine Wharf
OT Southwark, Stoney St. (Borough Market)
PLZ SE1 9BU   ■ E 3, S. 319
Tel. 0044/20 79 40 83 35
Fax 20 79 40 83 36
www.winewharf.com
Mo-Sa 12-23 Uhr
AmEx DINERS MASTER VISA @ ♟

Weinbar in einem ehemaligen viktorianischen Warenlager neben dem Borough Market. Im Industriechick-Ambiente gibt es klassische Weine und Gewächse aus der Neuen Welt sowie Ungewöhnliches. 100 offene Weine, Snacks.

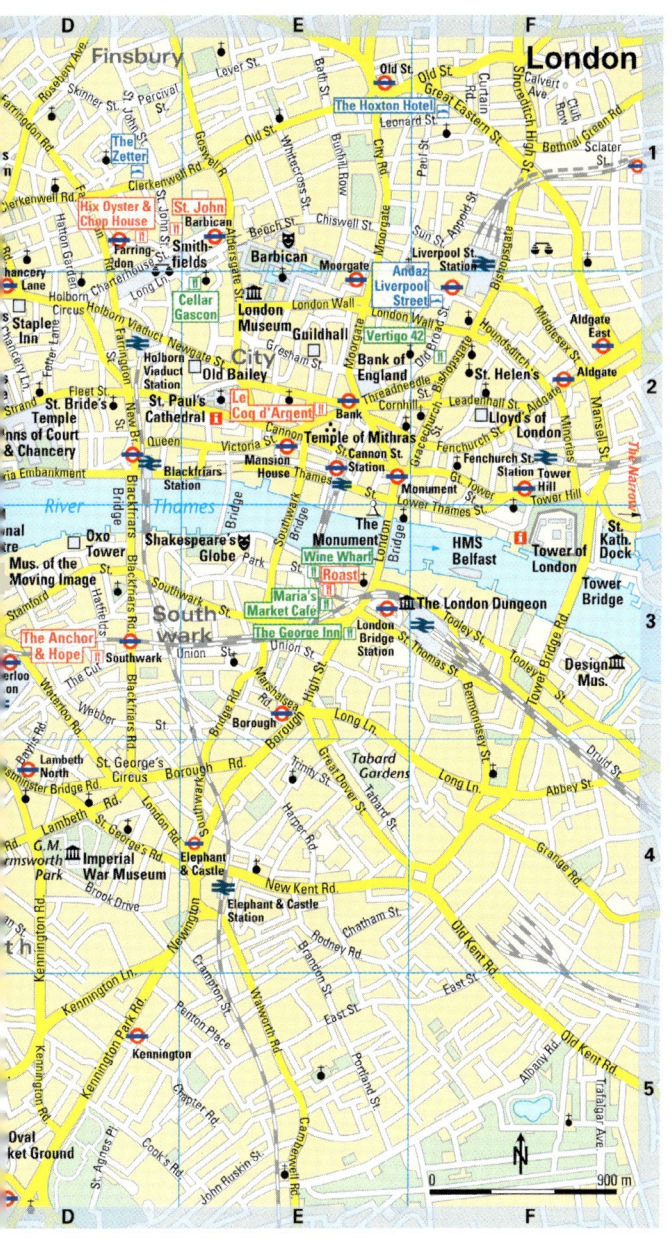

London

Finsbury

City

South wark

River Thames

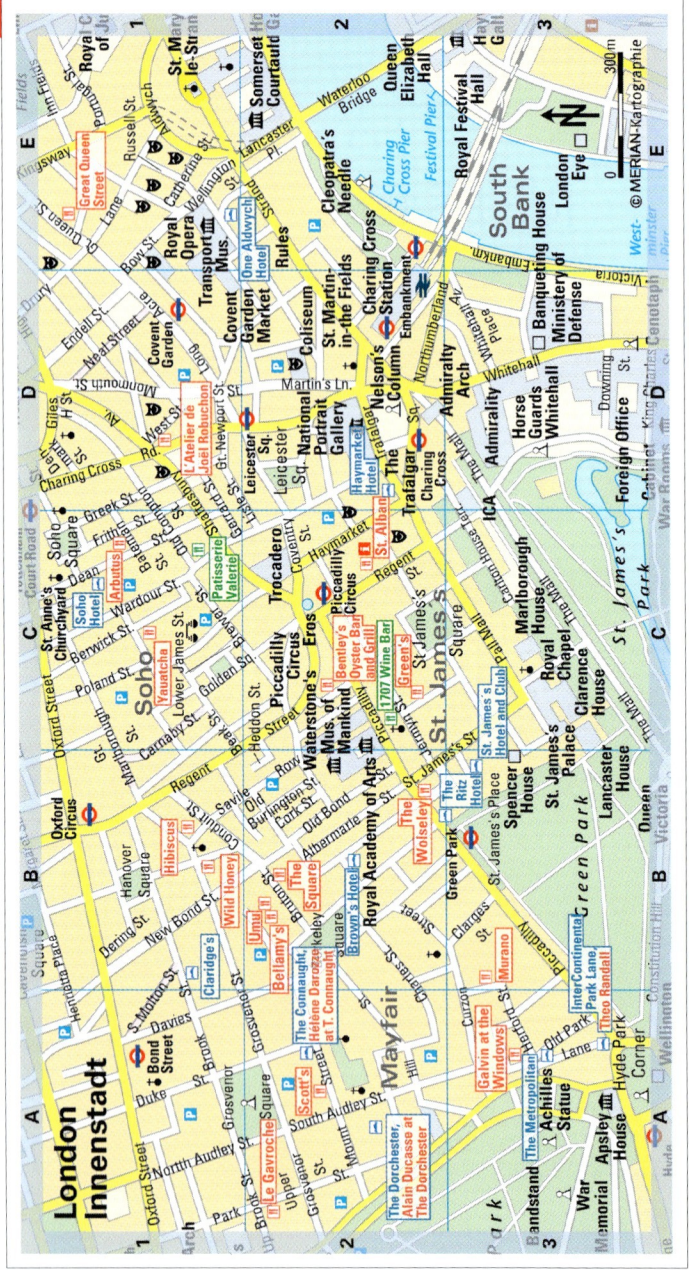

London
Innenstadt

© MERIAN-Kartographie

300 m

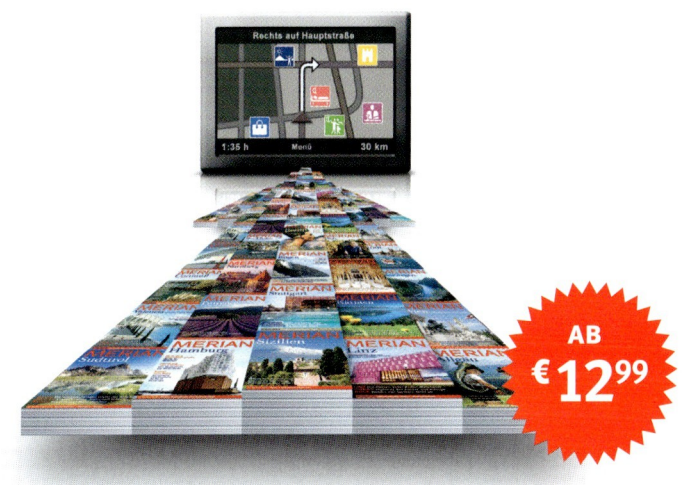

LUXEMBURG

Die Hauptstadt des kleinsten der drei Beneluxstaaten hatte schon immer viel Publikumsverkehr. Hotels für jeden Geschmack und gemütliche Gourmetlokale verleiten zum Bleiben nach Bankenschluss

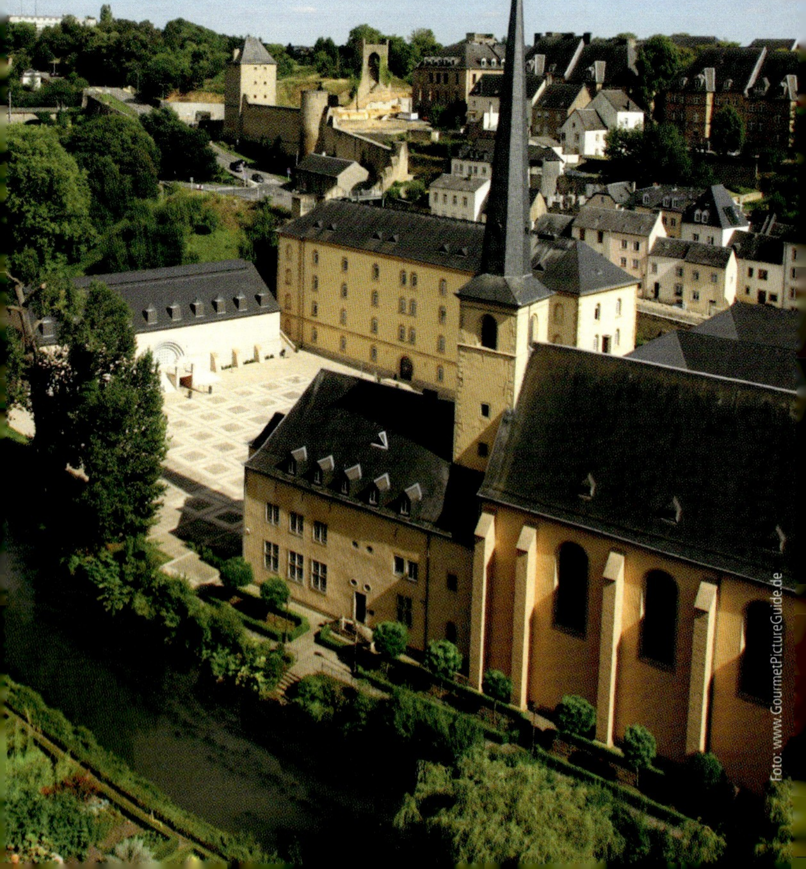

Foto: www.GourmetPictureGuide.de

Hotels

Albert Premier **F F F** ☐
OT Bel Air, 2 a, Rue Albert Premier
PLZ 1117 ■ B 1, S. 330
Tel. 00352/442 44 21, Fax 44 74 41
www.albertpremier.lu
38 Zi., 2 Suiten, DZ ab € 150
AmEx DINERS MASTER VISA ⅄☖♙♕

Nach Umbau und Erweiterung strahlt das
beliebte Hotel in neuem Glanz, schon das
in dunkelbraunen Farben gehaltene Entree
zeigt Schick und Modernität und bringt
Atmosphäre in den Raum. Die harmonisch
aufeinander abgestimmte Einrichtung der
26 neuen Zimmer ist ebenfalls in dunklen,
warmen Farben gehalten, das Mobiliar
entspricht modernem Design, ein geschick-
tes Lichtdesign setzt Akzente im neuen
Hoteltrakt. Wer es lieber traditionell mag,
für den stehen zehn geschmackvoll im
englischen Stil eingerichtete Zimmer zur
Verfügung. Kleiner Fitnessbereich und
schickes Restaurant mit ambitionierter
italienischer Küche.

Le Royal **F F** ☐☐
OT Bel Air, 12, Bd. Royal
PLZ 2449 ■ B 1, S. 330
Tel. 00352/241 61 61, Fax 22 59 48
www.leroyalluxembourg.com
185 Zi., 20 Suiten, DZ ab € 225
AmEx DINERS MASTER VISA ⅄☖♙♕

Hinter der markanten Fassade des zentral
gelegenen Hotels, die in ihrer Modernität
etwas überholt wirkt, verbirgt sich ein großes
Angebot an unterschiedlichen Zimmern,
alle mit Klimaanlage ausgestattet. In den
geräumigen, gediegen möblierten Standard-
zimmern findet man den traditionellen
Charme eines Grandhotels aus den 1980er-
Jahren. Luxuriöser und komfortabler wohnt
es sich im Hotelflügel „Royal Club", hier
überzeugt neben der besonderen Raumauf-
teilung auch die moderne Ausstattung der
Zimmer und Suiten in der oberen Kategorie.
Zum Hotel gehört das Restaurant „La
Pomme Cannelle", das, eingerichtet im Stil
einer ehemaligen Gewürzbörse der Kolonialzeit, eine traditionelle Küche mit Gewürzen
aus aller Welt bietet.

„Albert Premier": Glasnost für Badende im renovierten Hotel

„Parc Beaux Arts": mit dem Charme perfekter Restaurierung

Parc Beaux Arts FFF
OT Grund, 1, Rue Sigefroi
PLZ 2536 ■ B 1, S. 331
Tel. 00352/268 67 61, Fax 26 86 76 36
www.parcbeauxarts.lu
10 Suiten, Suite ab € 382
AmEx DINERS MASTER VISA ⧖ 🏠 ⧖

Vom etwas zurückhaltenden Empfang sollte man sich nicht abschrecken lassen, das exklusive Boutiquehotel im Herzen der Altstadt ist eine lohnende Adresse für alle, die den individuellen Charme eines perfekt restaurierten historischen Hauses schätzen. Die zehn Suiten und Appartements sind unterschiedlich, aber stets geschmackvoll und sehr wohnlich eingerichtet, alle verfügen über modernen Komfort und sind teilweise mit originellen Kunstwerken geschmückt. Trotz der zentralen Lage im Herzen der Altstadt sind die Zimmer relativ ruhig und garantieren eine ungestörte Nachtruhe.

Sofitel Luxembourg
Europe FFF
OT Européen Nord, 4, Rue du Fort Niedergrünewald
PLZ 2226 ■ C 1, S. 330
Tel. 00352/43 77 61, Fax 43 91 95

www.sofitel.com
100 Zi., 9 Suiten, DZ ab € 245
AmEx DINERS MASTER VISA ⧖ 🏠 ⧖

Etwas abseits der City, inmitten der seelenlosen Verwaltungskästen der Europäischen Union und unzähligen Baustellen, wirkt das „Sofitel" wie eine Oase. Das vor allem bei Geschäftsreisenden beliebte Hotel bietet seinen Gästen dezent modern eingerichtete Zimmer in verschiedenen Varianten, ausgestattet mit allen technischen Annehmlichkeiten eines heutigen Businesshotels. Zwei Restaurants sorgen für kulinarische Abwechslung: Während im „Le Stubli" herzhafte Gerichte serviert werden, orientiert sich die Küche des „Oro e Argento" an französischer und italienischer Gourmetklassik. Wer trotz erfreulich langer Öffnungszeiten zu spät kommt, der kann rund um die Uhr auf den *room service* zurückgreifen. Außerdem: eine Bar mit Havanna-Lounge. Ein Wellnessbereich ist leider Fehlanzeige.

Sofitel Luxembourg
Le Grand Ducal FFF
OT Grund, 40, Bd. d'Avranches
PLZ 1160 ■ C 3, S. 331
Tel. 00352/24 87 72 09, Fax 26 48 02 23

www.sofitel.com
113 Zi., 15 Suiten, DZ ab € 245
AmEx DINERS MASTER VISA ⅄ ⚲

Beste Lage in der City, neueste Ausstattung und modernster Komfort: Das im Februar 2008 eröffnete Hotel bietet alle Annehmlichkeiten eines Luxushotels des 21. Jahrhunderts. Die geräumigen Zimmer sind zeitgemäß eingerichtet, das geschmackvolle Ambiente kommt wohltuend ohne übertrieben wirkendes Design aus. Die schicken Badezimmer, ausgestattet mit sinnvollen Accessoires, bieten Platz für eine erholsame Auszeit zwischen Geschäftsterminen und Sightseeing. Im Restaurant „Top Floor" mit Blick auf die City, wird eine französische Küche zwischen Klassik und Moderne zelebriert. Einziger Minuspunkt: keine Wellness im Hotel.

Restaurants

Apoteca F ▯▯▯▯
Innenstadt, 12, Rue de la Boucherie
PLZ 1247   ▦ B 1, S. 331
Tel. 00352/267 37 71, Fax 26 73 77 77

„Clairefontaine": staatstragende Institution

www.apoteca.lu
So, Mo geschl.
Hauptgerichte € 23-29
AmEx MASTER VISA M ⚲ ⛱

Etwas unscheinbar in der Altstadt liegt die Adresse versteckt, die im alten Gemäuer auf mehreren Etagen Restaurant und Bistro beherbergt. Nightlife wird hier großgeschrieben, beim After-Work-Aperitif trifft sich die Jeunesse dorée bei guter Musik und kleinen Snacks. Im Restaurantbereich bietet die Küche gewagt aufgepeppte Gerichte wie gebratene Gänsestopfleber mit Mon-Chérie-Sauce und süßen Kartoffelchips, Ziegenkäse-Haselnuss-Ravioli in brauner Butter, Loup de Mer mit Kartoffeltatar, Kalbsburger mit frittierten Thai-Nudeln oder Filet vom Fasan mit Vanille-Apfel-Ragout. Guter Mittagstisch mit täglich wechselnder *plat du jour*.

Clairefontaine F F F ▯
OT La Ville Haute, 9, Pl. de Clairefontaine
PLZ 1341   ▦ B 2, S. 331
Tel. 00352/46 22 11, Fax 47 08 21
www.restaurantclairefontaine.lu
Sa, So geschl.
Hauptgerichte € 26-48
AmEx DINERS MASTER VISA M ⌂ ⛱ ⅄

Arnaud und Edwige Magnier haben mit ihrem Restaurant mitten im Regierungsviertel Luxemburgs eine kulinarische Institution geschaffen. Im schick dekorierten Ambiente agiert ein kompetenter, freundlicher Service, der einen gut berät. Gebratene Entenstopfleber mit Selleriecreme, Hummerravioli, Carpaccio und Tatar von der normannischen Jakobsmuschel gehören ebenfalls zu den Hausklassikern wie das Hasenfilet in *sauce royale,* die gegrillte Ringeltaube, die getrüffelte Bresse-Poularde und eine schmackhafte Auswahl des Besten vom Rind, begleitet von einer konzentrierten dunklen Sauce und feinem Gemüse. Verführerische Auswahl an Desserts, besonders empfiehlt sich das Soufflé von drei Zitrusfrüchten und der Teller rund um die Schokolade, natürlich in Grand-Cru-Qualität.

L

Hostellerie du Grunewald FF ☐☐☐
OT Dommeldange,
10-16 Route d'Echternach
PLZ 1453 ◼ B/C 1, S. 330
Tel. 00352/43 18 82, Fax 42 06 46
www.hotel-romantik.lu
Sa mittag, Mo mittag, So geschl.
Hauptgerichte € 33-38

AmEx DINERS EC MASTER VISA 🏨 ⛱ ⌂

Wenige Kilometer vom Stadtzentrum entfernt bietet die Hostellerie eine ordentlich gemachte klassisch französische Küche, die es nur ein wenig an Raffinesse fehlen lässt. Im leicht angestaubten Ambiente eines gediegenen Landhotels bringt der um Etikette bemühte Service als Vorspeise eine Auswahl *fruits de mer,* gegrillte Fische mit Gemüse, die obligatorische Scheibe Gänsestopfleber, Hummerravioli oder Weinbergschnecken. Würziger Hasenrücken in Pfeffersauce, Fasan nach Art des Hauses, saftiges Kalbsbries in Cognac-Sauce oder zartes Tournedos vom Reh in einer intensiven Chablis-Sauce, hier kommen Freunde der Tradition voll auf ihre Kosten. Weinkarte mit Gewächsen aus Luxemburg und Frankreich. Gemütliche Gastzimmer zu normalen Preisen.

La Lorraine FF ☐☐☐
OT Innenstadt, 7, Pl. d'Armes
PLZ 1136 ◼ A 1, S. 331
Tel. 00352/47 14 36, Fax 47 09 64
www.lalorraine-restaurant.lu
kein Ruhetag
Hauptgerichte € 26-35

AmEx DINERS EC MASTER VISA

Das Restaurant mit dem lothringischen Namen ist eine der besten Adressen Luxemburgs, wenn es um Fisch und Meerestiere geht. In den beiden gemütlich-schicken Gasträumen geht es vor allem maritim zu, aus dem frischen Angebot kann sich der Gast verschiedene *plateau* zusammenstellen lassen. Eine Spezialität sind, neben französischen Austern, Taschenkrebse, Muscheln und *langoustines,* die bretonischen und kanadischen Hummer, die in verschiedenen Varianten zubereitet werden. Die fangfrischen Doraden, Rotbarben, Seezungen, Petersfische, Steinbutte und Wolfsbarsche werden nach Gewicht taxiert.

L'Annexe F ☐☐☐☐
OT Plateau du Saint Esprit, 7
Rue du Saint-Esprit
PLZ 1475 ◼ B 2, S. 331

„Hostellerie du Grunewald": gediegenes Ambiente im gepflegten Landhotel

Tel. 00352/26 26 25 07, Fax 26 26 25 37
www.lannexe.lu
Sa, So geschl.
Hauptgerichte € 13-25

`EC` `MASTER` `VISA`

Nur wenige Schritte von seinem Gourmet-restaurant „Clairefontaine" entfernt hat Arnaud Magnier eine Brasserie im Pariser Stil eröffnet. Rund um die günstige *plat du jour,* die natürlich täglich wechselt, bietet die gemütliche Brasserie jede Menge Klassiker wie *bouchée à la reine,* Rinder-carpaccio und Tatar, Cordon bleu, Entrecote mit Pfeffersauce und Muscheln *à la crème.* Als Nachtisch empfehlen sich neben Crêpes und Crème brûlée die hausgemachte *tarte de jour.*

Léa Linster `F` `F` `F` ⬚

Frisange, 17, Route de Luxembourg
PLZ 5752   ■ C 3, S. 330
Tel. 00352/23 66 84 11, Fax 23 67 64 47
www.lealinster.lu
nur Abendessen, Mo, Di geschl.
Hauptgerichte € 45-82

`AmEx` `DINERS` `EC` `MASTER` `VISA` 🏠 🍷

Auf den obligatorischen Gruß aus der Küche verzichtet Léa Linster in ihrem schicken Restaurant im Süden Luxemburgs und startet lieber mit einem warmen Süppchen, das auf der Speisenkarte nicht genauer bezeichnet ist. Was sich als Ingwer-suppe entpuppte, konnte nicht besser zubereitet sein und setzte feinen Ingwerge-schmack in einer bemerkenswerten Klasse in Szene, perfekt à point der gebratene Kabeljau mit knackigem Gemüse und einer feinwürzigen Fischsuppe. Wer anstelle des Linster-Klassikers „Lammrücken in Kartoffel-kruste" das karamellisierte Entenfilet wählt,

Léa Linster, Luxemburgs beste Köchin

„Léa Linster": Beim Blick ins Grüne schmeckt die Küche der Chefin noch besser

„Le Bouquet garni": eine sichere Bank mit klassischer Küche und Weinen aus Luxemburg

bekommt ein zartes, sehr geschmackvolles Fleisch von perfekter Konsistenz serviert. Lobenswert ist stets die Patisserie, die nach einer erstklassigen Crème brûlée auch mit dem geschmacksintensiven Sorbet von Basilikum und Ananas ihr Können beweist. Freundlicher und aufmerksamer Service. Großer Weinkeller.

Le Bouquet Garni F F F

Innenstadt, 32, Rue de l'Eau
PLZ 1449 ■ B 2, S. 331
Tel. 00352/26 20 06 20, Fax 26 20 09 11
www.lebouquetgarni.lu
So, Mo geschl.
Hauptgerichte € 32-45
AmEx DINERS EC MASTER VISA M ⚱ 🌴 🍸
Das historische Gemäuer mit blanken Steinwänden, alten Deckenbalken und dem offenen Kamin hat viel Flair. Dazu passt am besten eine bodenständig-klassische Küche. Chefkoch Thierry Duhr beherrscht diesen Stil und setzt auf geschmackliche Klarheit in seinen Gerichten. Der Petersfisch aus dem Baskenland war ebenso gekonnt auf seinen primären Geschmack konzentriert wie die frischen, in Butter geschwenkten Pfifferlinge und das gegrillte Täubchen, das von einer feinwürzigen Sauce und zartem Gemüse begleitet wurde. Klassisch auch die Patisserie, im Dessert trumpft die Schokolade auf, verfeinert mit geschmacksintensiven Vanillekreationen. Aufmerksamer Service, gute Auswahl an Weinen aus Luxemburg und Frankreich.

Mi & Ti F

Innenstadt, 8, Av. de la Porte-Neuve
PLZ 2227 ■ A 1, S. 331
Tel. 00352/26 26 22 50, Fax 26 26 22 51
Mo abend, Di abend, So geschl.
Hauptgerichte € 25-30
EC MASTER VISA
Schick in Braun und Schwarz gestylt, präsentiert sich die kleine italienische Genusswelt mitten in der Fußgängerzone – eine gute Empfehlung für den Mittagssnack. Während im Erdgeschoss Schinken- und Käsespezialitäten, Pasta, Olivenöl und Saucen gekauft werden können, wird in der

1. Etage nach Gusto getafelt. Natürlich hausgemachte Pasta in allen Variationen, dazu Klassiker wie Parma-Schinken mit Melone, *risotto milanaise* und *vitello tonnato*, aber auch zarte Entenbrust und saftiges Lammkarree und Rinderfilet. Netter und entspannter Service.

Mosconi F F F

OT Grund, 13, Rue Munster
PLZ 2160   ■ C 2, S. 331
Tel. 00352/54 69 94, Fax 54 00 43
www.mosconi.lu
Sa mittag, So, Mo geschl.
Hauptgerichte € 40-47
AmEx DINERS MASTER VISA M ♕ ♟

Im 1. Stock des mit stilsicherer Hand eingerichteten Hauses wird in den Salons mit Grandezza italienische Hochküche aufgetragen, Simonetta Mosconi und ihr Team sorgen mit viel Charme für das Wohl der Gäste. Die schätzen nicht nur die verschiedenen Pasta-Varianten wie Ravioli de Ricotta oder *trenette* mit frischem Thunfisch, sondern auch das würzige Kalbsbries mit sizilianischem Kartoffelpüree, das saftige Entrecote in weißer Trüffelcreme, die *côte de porc* mit roten Zwiebeln oder den schmackhaften Steinbutt in Salzkruste. Gut sortierte Weinkarte, natürlich mit Schwerpunkt Italien.

Speltz Brasserie F F

Innenstadt, 8, Rue Chimay
PLZ 1333   ■ A 2, S. 331
Tel. 00352/47 49 50
Fax 47 46 77
www.speltzluxembourg.com
So, Mo und feiertags geschl.
Hauptgerichte € 18-29
AmEx DINERS EC MASTER VISA

In einer kleinen Seitenstraße der Fußgängerzone betreiben Isabelle und Carlo Speltz ihr populäres Restaurant, das vor allem Bioprodukte auf die Teller und in die Gläser bringt. Im gemütlichen Ambiente schmecken die hausgemachte Schweinefleischterrine ebenso wie die klassische Cassolette vom Fisch, die Seeteufel-*blanquette* im Schmortopf oder das sautierte Rinderfilet mit Macaire-Kartoffeln. Dazu werden nicht nur Weine aus biologischen Anbau, Biochampagner oder Biotraubensaft serviert, im Speltz kommt exklusiv das erste luxemburgische Biobier aus der Brauerei Simon ins Glas.

The Last Supper F F

OT Kirchberg, 33, Av. J.-F. Kennedy
PLZ 1855   ■ C 1, S. 330
Tel. 00352/27 04 54
Fax 27 04 54 54
www.thelastsupper.lu

„Mosconi": Spitzen-Italiener mit Klasse, Charme und besten Weinen

Sa mittag, So geschl.
Hauptgerichte € 25-32

`AmEx` `EC` `MASTER` `VISA` ☂

Die luxuriöse Dekoration zwischen Klassik und Moderne animiert nicht nur Nachtschwärmer zum Verweilen, die Bar Lounge hat immerhin bis 7 Uhr früh geöffnet. Auch als Restaurant gilt das „Last Supper" als angesagte Location, die Küche ist eine gelungene Mischung zwischen asiatischem Geschmack und europäischen Klassikern. Rindercarpaccio mit Trüffelcreme und gegrillte Jakobsmuscheln mit Pfifferlingen und Trüffelvinaigrette gehören ebenso zum kulinarischen Repertoire wie roh marinierter Thunfisch und *wasabi,* Soja-Gemüse im Wok und glasierte Makronen mit Früchten der Saison. Gute sortierte Weinkarte, dazu alle gängigen Barklassiker.

Bar

V. I. P. Room
OT Bel Air, 19, Rue des Bains
PLZ 1027 ▪ A 1, S. 331
Tel. 00352/24 83 83 21
Fax 24 83 83 23
www.viproom.lu
tgl. 17.30-2 Uhr

`AmEx` `DINERS` `EC` `MASTER` `VISA`

Die angesagte Club-Lounge ist ein Laufsteg fürs Sehen und Gesehenwerden. Dazu bietet der schicke Treffpunkt im Luxemburger Nachtleben jede Menge guter Musik, Drinks aus aller Welt und eine ambitionierte Küche mit Risotto auf schwarzen Trüffeln, asiatisch angehauchtem Thunfisch und natürlich einem klassischen Rinderfilet mit Pommes frites.

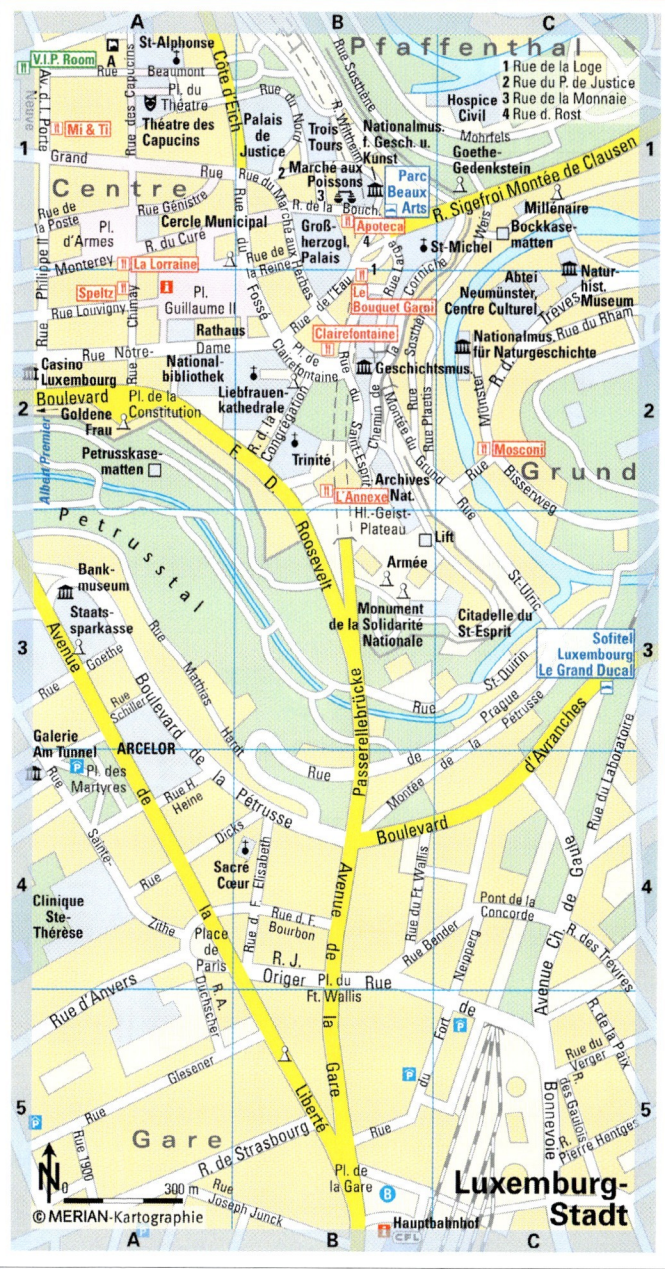

LYON

Am Ufer des Rhône-Flusses verbindet sich nüchternes Kaufmannsdenken mit Sinn für Genuss. Von kleinen Weinkneipen reicht das Angebot über gediegene Brasserien bis zu coolen Gourmetlokalen. Und Legende Paul Bocuse ist immer noch einen Abstecher wert. Deshalb heißt Lyon „der Bauch von Frankreich"

Hotels

Beaux Arts F F ☐ ☐ ☐
2. Arrondissement
75 Rue Président Edouard Herriot
PLZ 69002 ■ C 3, S. 340
Tel. 0033/478 38 09 50, Fax 478 42 19 19
www.accorhotels.com/de/hotel-2949-
mercure-lyon-beaux-arts/index.shtml
75 Zi., DZ ab € 114
AmEx DINERS MASTER VISA ♈

Ein Traditionshotel im Herzen der Stadt.
Einige seiner Zimmer wurden von Designern
eingerichtet, sie sind die schönsten des
Hauses. In den übrigen Räumen merkt man
schnell, dass die „Schönen Künste" (Beaux
Arts) zu einer recht unpersönlichen Hotel-
kette gehören. Doch die zentrale Lage ist für
Touristen wie Geschäftsleute ein entschei-
dender Vorteil, sowohl die Altstadt als auch
wichtige Sehenswürdigkeiten sind zu Fuß
erreichbar. Leider haben die Preise in den
letzten Jahren stark angezogen.

Carlton F F ☐ ☐ ☐
2. Arrondissement, 4 Rue Jussieu
PLZ 69002 ■ C 4, S. 341
Tel. 0033/478 42 56 51, Fax 478 42 10 71
www.accorhotels.com/de/hotel-2950-hotel-
carlton-lyon/index.shtml
83 Zi., 4 Suiten, DZ ab € 179
AmEx DINERS MASTER VISA ♈

Zwischen Rhône und Sâone im Zentrum
liegt dieses Haus mit dem Charme der
guten, alten Zeit. Deckengemälde, ein
antiker Aufzug, Lüster und historisch
inspiriertes Mobiliar verbreiten Atmosphäre.
Viele Zimmer sind in freundlichen, hellen
Farben gehalten. Seit Anfang 2008 ist das
Carlton ein Nichtraucherhotel. In dem
aufwendig renovierten Saal macht sogar
das (karge) Frühstück Spaß. Eines der
besseren Mittelklasse-Hotels von Lyon.

Cour des Loges F F F F ☐
5. Arrondissement, 6 Rue du Boeuf
PLZ 69005 ■ B 3, S. 340
Tel. 0033/472 77 44 44, Fax 472 40 93 61
www.courdesloges.com
62 Zi., 6, Suiten, 4 App., DZ ab € 242
AmEx DINERS MASTER VISA ≋

Ein Schmuckstück inmitten der Fußgängerzone der Altstadt. Renaissance und modernes Design gingen hier eine aufregende
Verbindung ein. Vier Häuser aus dem 14.,
16. und 17. Jahrhundert bilden den *cour*,
den spektakulären Innenhof. Gemäßigt
modernes Mobiliar lockert die Strenge der
historischen Mauern auf. Leider wohnt man
in den unteren Etagen etwas (zu) düster.
Schwimmbad und Sauna sowie ein gutes
Restaurant. Freundlicher Service.

„Cour des Loges": spektakuläres Hotel

LYON

„Villa Florentine": ein Hauch von Toskana

Villa Florentine FFFF
5. Arrondissement
25 Montée Saint-Barthélémy
PLZ 69005   ■ B 3, S. 340
Tel. 0033/472 56 56 56, Fax 472 40 90 56
www.villaflorentine.com
24 Zi., 4 Suiten, DZ ab € 255
AmEx DINERS EC MASTER VISA ♈ 🚗

Im 18. Jahrhundert war dies ein Heim für
verarmte Mädchen, heute ist es ein Luxushotel über der Altstadt, zwischen *traboules*,
Treppen und schmalen Gassen. Die Abend-
aussicht über die Lichterflut von „Vieux
Lyon" ist unvergesslich, egal ob man sie
vom Schwimmbad oder vom Restaurant
„Les Terrasses" mit Wintergarten und
Mobiliar im Stil der Dreißigerjahre genießt.
Die Zimmer können recht unterschiedlich
ausfallen: Es gibt kleine Räume ebenso wie
spektakuläre Duplex mit Fachwerkbalken
und der erwähnten Aussicht. Fast schon
einschüchternd wirkt die historische Ein-
gangshalle. Freundlicher Service.

Restaurants

Auberge de l'Île FFFF
9. Arrondissement, 1 Pl. Notre Dame
Île Barbe
PLZ 69009   nördlich ■ D 1, S. 340
Tel. 0033/478 83 99 49, Fax 478 47 80 46
www.aubergedelile.com
So, Mo geschl.
Menüs € 45 (mittags), € 95-125 (abends)
AmEx DINERS MASTER VISA 🅼 🚗 ♈ ♈

Eines der bestgehüteten Geheimnisse von
Lyon: Die „Auberge de l'Ile" liegt auf einer
malerischen Insel im Fluss. Ein Kinderspiel-
platz, ein paar Häuser aus dem 16. Jahrhundert, dazwischen Platz für wenige Gäste.
Jean-Christophe Ansanay-Alex ist ein
Könner. Er serviert Jakobsmuschel-Curry mit
einem Hauch von Blutwurst oder Schweinefilet in Salz-Heu-Kruste. Häufig erklärt er
den Gästen höchstpersönlich das Menü des
Tages. Ansanay-Alex ist das so gewohnt: Er
war früher der Privatkoch von Christina

Onassis. 2008 ist ihm seine 18-Quadrat-meter-Küche zu klein geworden. Ansanay-Alex hat einen Ableger in London eröffnet und kocht jetzt nicht mehr täglich selbst. Freundliche Atmosphäre.

Christian Têtedoie **F F F**

5. Arrondissement, 54 Quai Pierre-Scize
PLZ 69005 ■ A 2, S. 340
Tel. 0033/478 29 40 10, Fax 472 07 05 65
www.tetedoie.com
Sa mittag, Mo mittag, So geschl.
Hauptgerichte € 28-32
AmEx MASTER VISA

Ein Koch alter Schule, der nicht nur auf Garzeiten, sondern auch auf ein gutes Preis-Leistungsverhältnis achtet. Selbst sein feines Hummermenü macht nicht arm: Karotten-kuchen mit Hummer oder Hummerrose mit Hai und Räucherspeck schmecken ebenso wie das kleine Lyoner Menü mit Hecht-klößchen und Seezunge nebst Pilzen. Der Service ist freundlich und die nahen Ufer der Saône laden zu einem Spaziergang ein. Dort findet man auch das ebenso günstige Zweitlokal „Contretête".

En Mets, fais ce qu'il te plaît **F F**

7. Arrondissement, 43 Rue Chevreul
PLZ 69007 ■ D 6, S. 341
Tel. 0033/478 72 46 58, Fax 478 71 06 08
enenmets@free.fr
Sa mittag, So geschl.
Hauptgerichte € 15-36
AmEx DINERS MASTER VISA

Ein Spiel mit dem französischen Sprichwort „Mach im Mai, was Dir gefällt" – der japanische Koch Katsumi Ishida hat es einfach zu „Mach beim Kochen, was Dir gefällt" variiert. Eine Devise, die er täglich umsetzt, ob bei Makrelenfilets mit Blutoran-gen, Lamm mit Knoblauchkartoffeln oder gegrillten Schweinskoteletts. Ishida ist ein sorgfältiger Koch, weshalb es mitunter zu Wartezeiten kommen kann. Das Ambiente ist schlicht, der Service eher familiär.

L'Auberge du Pont de Collonges – Paul Bocuse **F F F**

Collonges-au-Mont-d'Or, 40 Quai de la Plage
PLZ 69660 nördlich ■ D 1, S. 340
Tel. 0033/472 42 90 90, Fax 472 27 85 87

„Christian Têtedoie": gepflegte Tafelkultur und Kochkunst alter Schule nahe der Saône

„L'Auberge du Pont de Collonge": legendär

www.bocuse.fr
kein Ruhetag
Hauptgerichte € 38-80

`AmEx` `DINERS` `MASTER` `VISA`

Unbestritten hat Paul Bocuse Großes geleistet. Fest steht leider auch, dass man heute in und um Lyon anderswo besser speist als in seiner rot-grünen Auberge im Vorort Collonges. Monsieur Paul ist ein lebendes Denkmal – und genau so sollte man sein Restaurant betrachten. Man kann es besuchen, um der Legende einmal die Hand zu schütteln, um seine Klassiker wie die überbackene Trüffelsuppe „Giscard d'Estaing", den Seewolf in der Teigkruste mit *sauce choron* oder das Bresse-Geflügel in der Schweinsblase zu kosten. Die Desserts bleiben opulent. Ein wenig mehr Präzision bei der Zubereitung und das Ganze wäre eine sehr sympathische kulinarische Zeitreise. Anerkennen muss man, dass Paul Bocuse für seine Menüs weniger fakturiert als vergleichbare Institutionen.

l'Est F ▯▯▯▯

6. Arrondissement, 14 Pl. Jules Ferry/
Gare des Brotteaux
PLZ 69006   östlich ■ E 1, S. 340
Tel. 0033/437 24 25 26, Fax 437 24 25 25

www.bocuse.fr
kein Ruhetag
Hauptgerichte € 12-33

`AmEx` `DINERS` `MASTER` `VISA`

Paul Bocuse hat Lyon um eine ganze Reihe von Brasserien bereichert. Fünf Ableger gibt es. Vier davon sind nach den Himmelsrichtungen benannt, die fünfte heißt „Argenson". Die „Brasserie de l'Est" im stillgelegten Bahnhof Gare des Brotteaux mögen wir schon aufgrund der Lage besonders gern. Hier lockt simple Kost zu reellen Preisen: Burgunder-Schnecken, Risotto mit Waldpilzen, Seezunge Müllerin Art, stilvoll bei Tisch filetiert, auch Lammkoteletts mit Thymian oder das klassische Tatar. Die Karte ist groß, für jeden Geschmack ist etwas dabei. Ganz wie es sich für eine zünftige Brasserie alter Schule gehört.

La Mère Brazier F F F ▯

1. Arrondissement, 12 Rue Royale
PLZ 69001   ■ C 1, S. 340
Tel. 0033/478 23 17 20, Fax 478 23 37 18
www.lamerebrazier.fr
Sa, So geschl.
Hauptgerichte € 38-120

`AmEx` `MASTER` `VISA`

Hier tut sich was. Mutter Brazier war in ganz Frankreich eine Kochlegende. Nach ihrem Ableben im Jahre 1977 versank das berühmte Lyonaiser Lokal in Bedeutungslosigkeit. Jetzt hat der 41 Jahre alte Mathieu Viannay das Haus übernommen. Beeindruckend, wie der junge Koch die alten Klassiker wie Foie gras auf Artischocken oder Bresse-Geflügel mit Trüffeln behutsam modernisiert: Der Grundgedanke des Rezepts bleibt, doch hier und da ändert sich die Optik. Viannay hat jedenfalls verstanden, was die lyonesische Klassik ausmacht: Die Saucen sind es. Seine sind jedenfalls immer erstklassig.

Le Pavillon
de la Rotonde F F F F

Charbonnières-les-Bains, 23 Av. du Casino
PLZ 69260   nordwestlich ■ A 1, S. 340
Tel. 0033/478 87 00 97, Fax 478 87 79 78

„l'Est": gut gehende Bocuse-Brasserie in einem früheren Bahnhof im Osten von Lyon

www.pavillon-rotonde.com
So, Mo geschl.
Hauptgerichte € 43-59

AmEx DINERS MASTER VISA M ⌂ ⚲

Im Casino nahe Lyon liegt dieses erstaunlich
aufwendige Lokal. Wer unten gewinnt,
kann oben feiern – so könnte das Motto
des Hauses heißen. Philippe Gauvreau, ein
Schüler der Provence-Kochlegende Jacques
Maximin, ist einer der Aufsteiger von Lyon.
Im festlichen Interieur lässt er Jakobsmu-
schelsalat, Rochen mit Kaviar und *mimosa*-
Garnitur oder Variationen vom Schwein aus
der Auvergne servieren. Nette Idee: Gäste
unter 30 Jahren können an manchen Tagen
die Küche leicht vergünstigt genießen.
Großer Weinkeller, vorbildlicher Service.

Le Potager des Halles F F

1. Arrondissement, 3 Rue de la Martinière
PLZ 69001   ■ B 2, S. 340
Tel. 0033/472 00 24 84
Fax 472 00 24 84
www.lepotagerdeshalles.com
So, Mo geschl.
Hauptgerichte € 22-24

AmEx MASTER VISA M ⌂

Paul Bocuse scheint dem Lokal zuzublinzeln
– von einem Wandgemälde aus dem

Nachbarhaus. Erstaunlich wäre das nicht:
Zwölf Jahre hat Küchenchef Franck
Delhoum beim Köche-Papst gearbeitet. Sein
Bistro ist mit urigen Holzmöbeln bestückt.
Die Preise sind human, die Küche reicht
von moderat-modern bis klassisch: Artischo-
ckenböden mit Gänsestopfleber, gebratene
Scholle in Weißwein, Bäckchen vom schwar-
zen Iberischen Schwein mit Kartoffelpüree.
„Monsieur Paul" war hier selbst schon zu
Gast, Delhoum und seine Küchenkollegen
empfanden die lobenden Worte des
Meisters als Ritterschlag. „Le Potager" ist
jetzt etabliert. Freundlicher Service.

M Restaurant – Mathieu Viannay F F F

6. Arrondissement, 47 Av. Foch
PLZ 69006   ■ E 1, S. 340
Tel. 0033/478 89 55 19
Fax 478 89 08 39
www.mrestaurant.fr
Sa, So geschl.
Menüs € 19-35

AmEx DINERS MASTER VISA

M steht für Mathieu. Der bewährte Mathieu
Viannay erkochte sich hier erste Erfolge,
bevor er die Regionallegende „La Mère
Brazier" aufkaufte. Sein erstes Lokal

Am Ufer der Rhône: Auf dem Weg nach Süden fließt der Strom an klassischen Fassaden vorbei

wandelte er zum schmucken, modernen Bistro um. Nach einer Experimentierphase hat Viannay sich der Klassik zugewandt, es gibt geschmorte Ochsenwange oder gebratenen Merlan mit Sauce béarnaise. Humane Preise!

Nicolas Le Bec ███

2. Arrondissement, 14 Rue Grôlée
PLZ 69002 ■ C 3/4, S. 340/341
Tel. 0033/478 42 15 00
Fax 472 40 98 97
www.nicolaslebec.com
So, Mo geschl.
Hauptgerichte € 32-45
[AmEx] [DINERS] [VISA]

Modernes Restaurant in Zentrumslage. Hier kocht das einstige Wunderkind Nicolas Le Bec, serviert kreative Gerichte wie Krevettentee mit Salbei und Schinken, Gänsestopfleber mit Apfel-Mango-Chutney und Hibiskus oder gegrilltes Lamm mit Salaten im Reisblatt. Le Bec ist ideenreich, er greift Einflüsse aus aller Welt auf. Und er ist ein multiaktiver Geschäftsmann, kocht für 200 Gäste am Flughafen von Lyon und plant – zumindest gerüchteweise – das neue Restaurant in der Pariser Opéra Garnier. Doch noch braucht ihn sein Lokal in Lyon. Ob der geplante Ausflug in die Hauptstadt seiner Küche gut tun wird, bleibt abzuwarten. Gut sortierte Weinkarte.

Bars/Cafés

Au Petit Bouchon – Chez Georges

1. Arrondissement, 8 Rue du Garet
PLZ 69001 ■ C 2, S. 340
Tel. 0033/478 28 30 46
aupetitbouchon-chezgeorges@orange.fr
Mo-Fr 12-14 und 19.30-22 Uhr,
Sa 19.30-22 Uhr
[AmEx] [VISA]

Typisch Lyoner Weinkneipe, in der täglich Beaujolais in Strömen fließt. Keine Angst, der Beaujolais ist nicht *nouveau* und wird zu Eiern in Rotweinsauce, Kuttelwurst oder üppigen Hechtklößen serviert. Das Essen holt zwar keine Sterne vom Himmel, doch die Stimmung stimmt. Rustikales Interieur.

Café des Fédérations

1. Arrondissement, 8-10 Rue Major Martin
PLZ 69001 ■ C 2, S. 340
Tel. 0033/478 28 26 00, Fax 472 07 74 52
www.lesfedeslyon.com
Mo-Sa 12-14 und 20-21.30 Uhr
[AmEx] [MASTER] [VISA]

Der Besuch einer *bouchon* (frz. Korken) ist stets auch die Entdeckung der Langsamkeit. Die kleinen Weinstuben in der verwinkelten Altstadt sind typisch für Lyon. „Dieses Haus wurde vor langer Zeit gegründet", verkündet ein gezeichnetes rosa Schweinchen schon am Eingang. Das Interieur ist recht

LYON

authentisch mit seinen karierten Tischdecken, unten lockt ein uriger Weinkeller
für Gruppen. Würste hängen von der Decke,
für 25 Euro gibt es ein rustikales Menü
mit Hechtklößen in Krebssauce, Kalbskopf
mit *sauce ravigote* oder Hühnchen in Essig.
Freundlich, urig, flott.

Grand Café des Négociants
2. Arrondissement, 2 Pl. Francisque Régaud
PLZ 69002 ■ C 3, S. 340
Tel. 0033/478 42 50 05, Fax 472 40 08 24
www.lesnegociants.com
tgl. 7-3 Uhr
[AmEx] [MASTER] [VISA] ⛱
Der Name war Programm: *négociants,* so
hießen die reichen Weinhändler. Und diese
stimmungsvolle Café-Bar bedient deren
Geschmack: mit voluminösen Lüstern,
allerlei Stuck, liebevoll geformten Details
und einem imposanten Tresen. Das Haus ist
auch heute noch der Treffpunkt von ganz
Lyon, zentral gelegen, sieben Tage in der
Woche geöffnet – und das von sieben Uhr
morgens bis drei Uhr nachts! Das Essen ist
nicht sonderlich erwähnenswert, aber je
nach Tageszeit ändert sich die Stimmung:
Damen auf Shoppingtour am Nachmittag,
Paare und Grüppchen von Freunden am
Abend, alle Nimmermüden zu nächtlichen
Zeiten. Ein Muss in Lyon.

Le Garet
1. Arrondissement, 7 Rue Garet
PLZ 69001 ■ C 2, S. 340
Tel. 0033/478 28 16 94
Fax 472 00 06 84
legaret@wanadoo.fr
Mo-Fr 12-13.30 und 19.30-21.30 Uhr
[AmEx] [VISA] M
Urige Weinkneipe. Hier drehte der Cineast
Bertrand Tavernier einst etliche Szenen
mit dem unvergessenen Philippe Noiret, um
typisch lyonesische Atmosphäre einzufan-
gen. Der schmale Saal ist leicht düster und
überladen. Auf hölzernen Stühlen mit viel
Patina probiert man zünftige *andouillette*
(Kuttelwurst) oder einen *salade lyonnaise* mit
Speck, Crôutons und weich gekochtem Ei.

Und der Wein? Das Glas nach freier Auswahl unter den Weinen der Umgebung gibt
es recht günstig, zwei oder drei gute
Flaschen hat der Patron immer unter dem
Tresen versteckt. Eine Institution.

Le Jura
2. Arrondissement, 25 Rue Tupin
PLZ 69002 ■ C 3, S. 340
Tel. 0033/478 42 20 57
www.cartesurtables.com
Di-Sa 12-13.30 und 19.45-21.30 Uhr
[MASTER] [VISA] M
Lyoner Weinbistro mit Holzstühlen, weißen
Tischdecken und roter Markise. Für ihre
Ententerrine, das Kalbsbries mit Morcheln,
Hechtklöße „Nantua" oder die Kalbsleber
mit Senfcreme hat Köchin Brigitte Josserand
den Prix Gnafron gewonnen: Einen lokalen
Bistro-Oscar in Form eines Kasperle. „Gute
Küche verträgt keine Ungeduld", sagt
Madame immer. Freundlicher Service.

Le Mercière
2. Arrondissement, 56 Rue Mercière
PLZ 69002 ■ C 3, S. 340
Tel. 0033/478 37 67 35
www.le-merciere.com
tgl. 12-14.30 und 19.30-23.30 Uhr
[AmEx] [DINERS] [MASTER] [VISA] M
Linsen und Würste gibt es hier schon als
Amuse-Gueules, die Gänsestopfleber auf
Artischockenböden und der Hechtkloß
mit Spinat verbreiten einen Hauch von
guter, alter *grande cuisine.* Das schlichte
„Mercière" wird von einer *traboule,* einer
der alten schmalen Passagen, durchquert
und verfügt über eine nette Terrasse in einer
„Fressgass" der Altstadt. Hausherr Jean-
Louis Manoa, ein stämmiger Blonder, den
Freunde und Gäste nur „Wikinger" rufen,
stammt aus Villié-Morgon im Beaujolais und
kennt die Weinberge der Region besser als
die meisten seiner Kollegen: Die Gewächse
auf der Weinkarte wechseln regelmäßig, die
Auswahl bleibt nach *bouchon*-Maßstäben
großzügig. Im „Le Mercière" ist die Welt
noch in Ordnung. Ehrliche Weine, ehrliches
Essen, flotter Service.

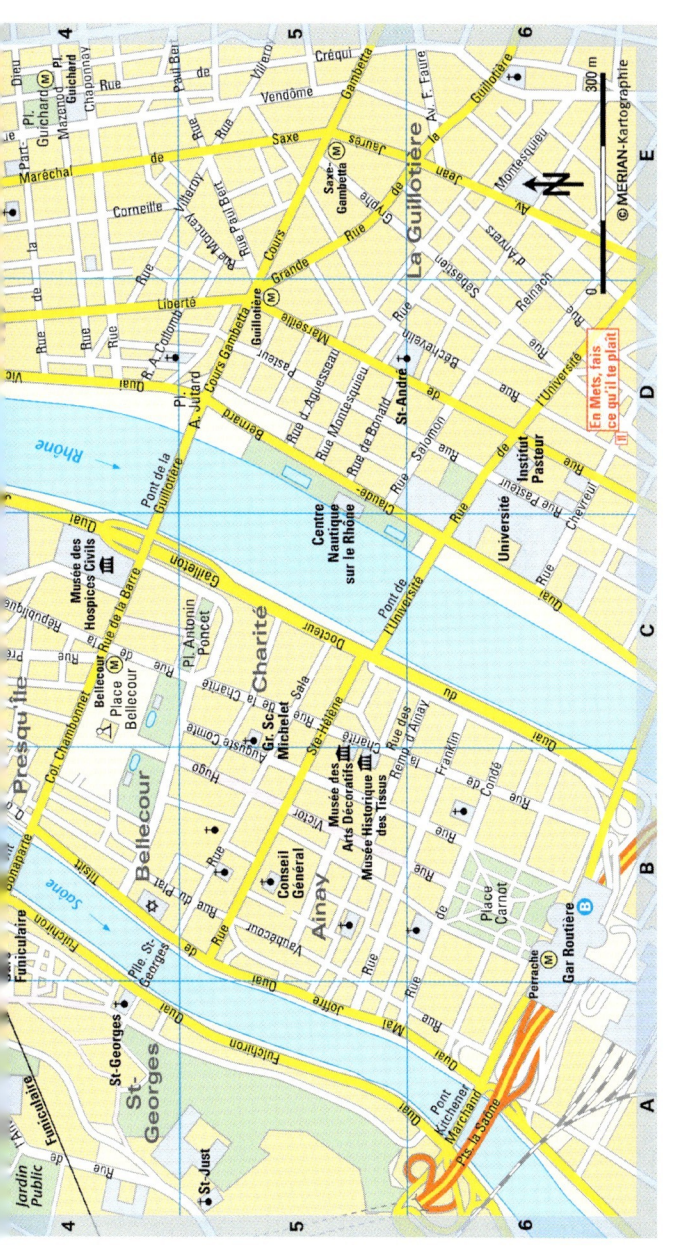

MADRID

Die meisten Straßen und U-Bahnen
sind gebaut, die Stadtviertel renoviert.
Zur Ruhe kommt Spaniens Hauptstadt
jedoch nie. Hotels in Museumsnähe
sind gut gebucht, neue Restaurants
sorgen für Furore, und quirlige Bars
machen die Nacht zum Tag

METROPOLIS

Hotels

Abalu F F
Innenstadt, c/ Pez, 19
PLZ 28004 ■ C 1, S. 360
Tel. 0034/915 31 47 44, Fax 915 21 44 92
www.hotelabalu.com
16 Zi., DZ ab € 105
[AmEx] [DINERS] [EC] [MASTER] [VISA]

Ein feines kleines Hotel im Szeneviertel Malasaña. Jedes Zimmer ist individuell und originell eingerichtet, als hätte der Designer und Innenausstatter Luis Delgado das Haus als großen Showroom seiner Möglichkeiten nutzen wollen. Mitunter sehr elegant, aber immer etwas verspielt, sodass man Lust bekommt aufs Zimmerhopping. Wer möchte, kann bei der Reservierung auch gleich ein passendes Aroma buchen, etwa Schokolade oder Jasmin. Ein Restaurant gibt es nicht, dafür einen sehr hübschen Frühstücksraum.

AC Palacio del Retiro F F
OT Retiro, Alfonso XII, 14
PLZ 28014 ■ F 2, S. 361
Tel. 0034/915 23 74 60, Fax 915 23 74 61
www.ac-hotels.com
50 Zi., 1 Suite, DZ ab € 240
[AmEx] [DINERS] [EC] [MASTER] [VISA]

Hier werden die Zimmer noch mit Schlüsseln aufgeschlossen! Geht nicht anders, denn der ehemalige Stadtpalast steht unter Denkmalschutz, was die Hotelleitung zu hohem Respekt gegenüber dem baulichen Erbe verpflichtet. So sind auch die prächtige Treppe hinauf in den ersten Stock und ein paar riesige Mosaikfenster erhalten geblieben. Die Zimmer allerdings sind entschieden modern eingerichtet, mit viel Geschmack und ohne jede schrille Note. Ein besonders gelungenes Update eines altehrwürdigen Gebäudes. Der Service agiert ebenso tadellos.

Casa de Madrid F F F
OT Teatro Real, c/ Arrieta, 2
PLZ 28013 ■ B 2/3, S. 360
Tel. 0034/915 59 57 91, Fax 915 40 11 00
www.casademadrid.com
7 Zi., 1 Suite, DZ ab € 230
[AmEx] [MASTER] [VISA]

Dem Namen zum Trotz füllt dieses winzige Hotel kein ganzes Haus, sondern lediglich eine Etage. Seine Exklusivität erweist sich schon, bevor man es betritt, denn weder auf der Straße noch an der Eingangstür findet sich ein Hinweisschild. Alle Zimmer tragen Namen – das griechische, indische, spanische Zimmer – und sind entsprechend

Zimmer für Individualisten, die das Besondere lieben: das Hotel „Casa de Madrid"

Modern und schick designt: das: „ME Madrid Reina Victoria" auf der Plaza Santa Ana

dekoriert. Die Besitzerin Marta Medina, eine weit gereiste Kunsthistorikerin, hat nicht nur die Wände dekorativ bemalt, sondern auch Möbel und Objekte aus aller Welt zusammengetragen. Zudem verteilt sich ein guter Teil ihrer privaten Bibliothek über Zimmer und Salons. Und wenn sie nicht gerade wieder auf Reisen ist oder auf ihrem Landsitz weilt, dann wohnt die Hausherrin gern selbst in ihrem Hotel.

Hospes F F F
OT Salamanca, Pl. de la Independencia, 3
PLZ 28001   ■ F 2, S. 361
Tel. 0034/914 32 29 11
Fax 914 32 29 12
www.hospes.es
41 Zi., DZ ab € 206
DINERS MASTER VISA ⛾ ⌂

Ein kleines Juwel, strategisch günstig gelegen zwischen dem Einkaufsviertel Salamanca und der Museumsmeile Paseo de Prado. Das Haus ist überaus licht eingerichtet, mit Möbeln voller barocker Schnörkel, die dennoch zeitgenössisch in Szene gesetzt werden, mit silbern und golden schimmernden Lehnen, Bezügen oder Waschbecken. In der Bar ist die Holztäfelung aus dem ehemaligen Bürger-

palais übrig geblieben, anderswo der Stuck. Im feinen Innenhof plätschert ein kleiner künstlicher Kanal, als wäre man in Andalusien. Der Spa verfügt über einen Hamam. Auf hoteleigenen Fahrrädern kann man den benachbarten Retiro-Park erkunden. Darüber hinaus befindet sich im Souterrain des „Hospes" eines von Madrids besten Restaurants (siehe Restaurant „Senzone").

ME Madrid
Reina Victoria F F F
OT Las Letras, Pl. de Santa Ana, 14
PLZ 28012   ■ D 3, S. 361
Tel. 0034/917 01 60 00, Fax 915 22 03 07
www.memadrid.com
192 Zi., 18 Suiten, DZ ab € 181
AmEx DINERS MASTER VISA ⛾ ⌂ ⌣

Das schneeweiße und klassisch herausgeputzte Gebäude nimmt eine ganze Seite der hübschen Plaza Santa Ana in Anspruch. Innen geht es betont modern zu: Das „ME" gehört zur neuen, auf junges Design ausgerichteten Linie der spanischen Großkette Meliá. Die 60er-Jahre Drehsessel im angenehm weitläufigen Foyer, gepaart mit einem superlangen Sofariegel und Regalen mit XXL-Vasen wirken mondän, auch der ausladende Restaurant-Lounge-Bereich macht einen guten Eindruck. Die Zimmer sind licht und spielen mit dem Kontrast zwischen hellem Holzfurnier und satt violettem Stoff. Obwohl die niederste Zimmerkategorie „De Luxe" heißt, sind die Räume nicht eben groß. Dafür gibt es in der jeweiligen „Maxibar" mehr Getränke als üblich, darunter die modischen Smoothies und Fidji-Mineralwasser. Barbetrieb und Weitblick auf der Dachterrasse.

Orfila [F][F][F][ ][ ]

OT Salamanca, c/ Orfila, 6
PLZ 28010   nordwestlich ■ E 1, S. 361
Tel. 0034/917 02 77 70, Fax 917 02 77 72
www.hotelorfila.com
32 Zi., 12 Suiten, DZ ab € 280
AmEx DINERS MASTER VISA Y 🏠 ⚲

Ein Boutiquehotel im Zeichen nostalgischer Eleganz. Gut gepolsterte Stilmöbel, Stofftapeten, Drucke und Gemälde mit Szenen aus dem Leben der einstigen Aristokratie. Großzügige Zimmer, in denen einzig der moderne Flachbildschirm an die heutige Zeit erinnert. Durch das Restaurant und den daneben gelegenen Teesalon gelangt man in einen Innenhof mit wasserspeiendem Löwenmaul. Auch hier lässt sich hervorra-

gend die Zeit verträumen. Kein Wunder, dass spanische Hochzeitspaare hier gern ein paar Tage ihrer Flitterwochen verbringen.

Petit Palace
Puerta del Sol [F][ ][ ][ ][ ]

OT Sol, c/ del Arenal, 4
PLZ 28013   ■ C 3, S. 360
Tel. 0034/915 21 05 42, Fax 915 21 05 61
www.hthoteles.com
64 Zi., DZ ab € 100
AmEx DINERS MASTER VISA € Y

Die Hightech-Kette gehörte zu den ersten, die ihre kleinen, meist in restaurierten Altbauten untergebrachten Hotels serienmäßig mit Wifi ausstattete. In diesem Haus verfügt ein Viertel der Zimmer über einen eigenen, kostenlos nutzbaren Computer. Aber nicht nur an Kunden mit Hang zum regelmäßigen Internet-Checken ist gedacht, auch an Familien. In verschiedenen Zimmern befinden sich zusätzliche Doppelstockbetten zum Ausklappen. Ansonsten ist das Haus schlicht-geschmackvoll eingerichtet und sehr preiswert. Von den recht zahlreichen Balkon- und Terrassenzimmern hat man einen Blick auf den zentralen Platz Puerta del Sol.

Boutiquehotel mit nostalgischem Flair im Modeviertel Salamanca: „Orfila"

Jede Etage anders designt: „Puerta América"

Puerta América `F F F`

OT La Prosperidad, Av. de América, 41
PLZ 28002   nördlich ■ F 1, S. 361
Tel. 0034/917 44 54 00, Fax 917 44 54 00
www.hotelpuertamerica.com
315 Zi., 12 Suiten, DZ ab € 129
`AmEx` `DINERS` `MASTER` `VISA` 🍽 🏠 🚗

Die Traum- oder Albtraumversion eines
Designhotels: Jede der zwölf Etagen wurde
von einem anderen Meister seines Fachs
gestaltet, und die Silken-Kette konnte für
dieses Haus wirklich eine Riege großer
Namen verpflichten, von Jean Nouvel bis
Zaha Hadid, von David Chipperfield bis
Norman Foster, von Ron Arad bis Mark
Newson. Es empfiehlt sich also, zielgerichtet
zu buchen, denn nicht alle Lösungen sind
gelungen. Besonders opulent: die Suiten
von Nouvel. Besonders elegant: die schick
illuminierten Zimmer von Richard Gluck-
man. Besonders besonders: die komplett
weißen, typisch kurvenreichen Zimmer von
Zaha Hadid, die an nie gebaute Raumschiff-
modelle aus den 70er-Jahren erinnern. Aber
Achtung, Hadid hat auf ihrer Etage auch je

ein Zimmer komplett rot bzw. komplett
schwarz auskleiden lassen. Für mehrtägige
„Degustationsmenüs" mit Nächten in
verschiedenen Stilen gibt es leider bisher
keine befriedigenden Kombi-Angebote.

Ritz `F F F F`

OT Salamanca, Pl. de la Lealtad, 5
PLZ 28014   ■ E 3, S. 361
Tel. 0034/917 01 67 67, Fax 917 01 67 76
www.ritzmadrid.com
167 Zi., 30 Suiten, DZ ab € 300
`AmEx` `DINERS` `MASTER` `VISA` 🍽 🏠 🚗

Ein Luxushotel alter Schule. 2010 feiert es
seinen 100. Geburtstag, und bisher befindet
es sich in Bestform. Klassisch möblierte
Zimmer und Suiten, dazu die entsprechenden Stoffe und Farben, bis hin zu den
goldenen Armaturen im Bad. Eine weiträu-
mige Halle, über der gleich vier Kronleuch-
ter schweben, auch der Mann am Klavier
fehlt nicht. Noch immer ein Lieblingshotel
gastierender Hollywood-Stars, womöglich
auch wegen der unmittelbaren Nähe zum
Prado. Überaus stilvoll isst man im Restaurant „Goya", dessen Service sich bei
warmem Wetter auch auf die schöne
Gartenterrasse erstreckt.

Klassisches Mobiliar im eleganten Haus

Room Mate Mario **F F**
OT Opera, c/ Campomanes, 4
PLZ 28012 ■ B 2, S. 360
Tel. 0034/915 48 85 48, Fax 915 59 12 88
www.room-matehotels.com
54 Zi., 3 Suiten, DZ ab € 107
`AmEx` `DINERS` `MASTER` `VISA` €

Die junge spanische Room-Mate-Kette
wächst. Kein Wunder, verbinden die Häuser
günstige Tarife und modisches Design.
„Mario" liegt nur einen Katzensprung von
Oper und Plaza de Oriente entfernt. Der
schmale Empfangsbereich ist nicht unge-
schickt in Warte-, Lese- und Eincheckzone
unterteilt. Auch auf den Zimmern wird mit
dem begrenzten Platz kreativ umgegangen.
Viel Farbenspiel und Lichteffekt unterstüt-
zen den angenehmen Eindruck, der Service
ist sehr freundlich, das Frühstück gibt es –
eine Seltenheit in Spanien – ohne Aufpreis.

Room Mate Oscar **F F**
OT Chueca, Pl. Vázques de Mella, 12
PLZ 28004 ■ D 2, S. 361
Tel. 0034/917 01 11 73, Fax 915 21 61 96
www.room-matehotels.com
72 Zi., 8 Suiten, DZ ab € 118
`AmEx` `DINERS` `MASTER` `VISA` € Y

ganz nah bei den besten Museen: „Ritz"

Top-Adresse: „Santo Mauro"

Ein weiteres der vier Madrider Room-Mate-
Hotels. Der bekannte spanische Innenarchi-
tekt Tomas Alía hat für Schick gesorgt: mit
glitzernden Wandverkleidungen in der hoch
aufragenden Lobby, mit wild geschwungenen Stühlen oder violett-grün changieren-
dem Hintergrundlicht im expressionistischen
Dekor des Frühstückssaals. Die Zimmer sind
etwas zurückhaltender und doch originell
gestaltet, wenngleich dabei manches
unpraktische Detail in Kauf genommen
wird. Die weiße Bar „Gift" im Erdgeschoss
verwandelt sich abends in einen Club und
ist so beliebt, dass sie gern für Events
genutzt wird. Auch in diesem Haus agiert
der Service sehr freundlich.

Santo Mauro **F F F F**
OT Chamberi, c/ Zurbano, 36
PLZ 28010 nördlich ■ F 1, S. 361
Tel. 0034/913 19 69 00
Fax 913 08 54 77
www.ac-hotels.com
51 Zi., 10 Suiten, DZ ab € 260
`AmEx` `DINERS` `MASTER` `VISA` Y

Hier lebte vor weniger als 100 Jahren in standesgemäßer Opulenz der Herzog von Santo Mauro, ein Freund des vorletzten spanischen Königs, später zogen die Botschaften Kanadas und der Philippinen ein. Das heutige Luxushotel umfasst neben dem eigentlichen herzöglichen Palast auch dessen Stallungen, die Räume der ehemaligen Bediensteten sowie das Palais seiner Tochter. Zwischen den einzelnen Gebäuden liegt ein schöner Garten, darunter ein Spa mit Pool. Der längliche Lichthof im Hauptgebäude ist beeindruckend, die Zimmer sind zeitlos-modern eingerichtet. Das kleine Restaurant hat sich in bemerkenswerter Kulisse eingerichtet: in der ehemaligen, noch immer gut gefüllten Bibliothek.

The Westin Palace FFFF

OT Retiro, Pl. de las Cortes, 7
PLZ 28014 ◼ E 3, S. 361
Tel. 0034/913 60 80 00, Fax 913 60 81 00
www.westinpalacemadrid.com
468 Zi., 49 Suiten, DZ ab € 300
AmEx DINERS EC MASTER VISA 🍸🏠🛎

Gemeinsam mit dem „Ritz" könnte das Hotel als Zwillingspaar der alten Pracht auftreten. Schon die Rezeption ist von Fresken mit mediterranen Motiven und einem gewaltigen Lüster in Palmenform üppig geschmückt. Besonders imposant die riesige Lichtkuppel im Erdgeschoss, rundum gestützt von mächtigen Säulen mit ionischen Kapitellen, unter der viel Platz ist zum gemütlichen Trinken und Träumen. Auch in der seitlich gelegenen Bar mit viel dunklem Holz, tiefgrünen Ledersesseln und Kamin möchte man gleich stundenlang verweilen. Die Zimmer sind traditionell geschmackvoll eingerichtet. Der Prado und das Thyssen-Bornemisza-Museum befinden sich gleich um die Ecke.

Urbán FFF

Innenstadt, Carrera de San Jerónimo, 34
PLZ 28014 ◼ D 3, S. 361
Tel. 0034/917 87 77 70, Fax 917 87 77 99
www.derbyhotels.com
102 Zi., 9 Suiten, DZ ab € 175
AmEx DINERS MASTER VISA 🍸🏠🛎

Hier treffen zeitgenössischer Schick und klassische Kunstgeschichte aufeinander. Das Hotel geizt nicht mit Designeffekten, vom illuminierten Alabaster rund um die Rezeption über den gläsernen Glamour in der Bar bis hin zur mondänen, stadtweit beliebten

Prachtvolle Eleganz nicht nur in der Lobby: das „The Westin Palace" im Zentrum

Schöne Aussicht über die Stadt: „Urbán"

Dachterrasse. Doch Besitzer Jordi Clos ist nicht nur ein erfolgreicher Hotelier, sondern auch ein leidenschaftlicher Archäologe, weshalb man übers „Urbán" verstreut eine Reihe von Werken aus seiner Sammlung alter Fund- und Beutestücke bestaunen kann: Masken aus Westafrika, hölzernes Handwerk aus Papua-Neuguinea, Statuetten aus Ägypten. Jedes elegante Zimmer hat ein eigenes, gewissermaßen privates Stück. Riesige Felsplatten von Ausgrabungsstätten pflastern zudem die Wände der Versammlungsräume im Tiefgeschoss. Man sieht dem Hotel an, dass es mit viel Liebe zum Detail geplant und ausgestattet wurde.

Villa Magna **F F F F**
OT Salamanca, Paseo de la Castellana, 22
PLZ 28046   nördlich ■ A 00, S. 0000
Tel. 0034/915 87 12 34, Fax 914 31 22 86
www.hotelvillamagna.com
150 Zi., 50 Suiten, DZ ab € 450
AmEx DINERS MASTER VISA ⅄ 🚗
Businesshotel auf Madrids Prachtboulevard, das nach einem Besitzerwechsel viele Monate lang aufwendig renoviert wurde. Attraktive Zimmer und Suiten, schöne Lounge, angenehme Champagnerbar.

Mediterrane Küche in einem der Restaurants. Die Modemeile Calle de Serrano liegt gleich um die Ecke.

Vincci Capitol **F F**
OT Gran Via, c/ Gran Via, 41
PLZ 28013   ■ C 2, S. 360
Tel. 0034/915 21 83 91, Fax 915 21 83 92
www.vinccihoteles.com
136 Zi., 4 Suiten, DZ ab € 93
AmEx MASTER VISA € ⅄
Das Hotel befindet sich in einem von Madrids emblematischsten Gebäuden, dem Carrión-Hochhaus, dessen Art-déco-artige-Fassade von 1930 kühn auf die Gran Via hinausragt. Die besten Zimmer des erst vor Kurzem umgebauten Hauses bieten einen fantastischen Blick hinunter ins Fußgänger- und Verkehrsgetümmel. Auch von zwei Terrassen aus reicht der Blick weit über Madrids Dächer. Leider fehlt dem Hotel für diese Open-Air-Zonen die Ausschank-Lizenz. Die Zimmer sind angenehm modern, mitunter sogar edel ausgestattet. Kleiner Spa-Bereich. Keines der städtischen Top-Hotels, aber ein Haus mit sehr gutem Preis-Leistungs-Verhältnis.

Vincci SoMa **F F**
OT Salamanca, c/ Goya, 79
PLZ 28001   östlich ■ F 1, S. 361
Tel. 0034/914 35 75 45, Fax 914 31 09 43
www.vinccihoteles.com
177 Zi., 3 Suiten, 7 App., DZ ab € 175
MASTER VISA ⅄ 🚗
Auf der quirlig-geschäftigen Straße Goya steht das designte Business- und Touristenhotel. Gute Betten und gute Ausstattung in den Zimmern, ordentliches Frühstück mit Blick auf die Straße. Gleich um die Ecke in Salamanca liegen die guten Modegeschäfte.

Restaurants

Alboroque **F F**
Innenstadt, c/ Atocha, 34
PLZ 28012   ■ D 4, S. 361
Tel. 0034/913 89 65 70, Fax 913 69 16 91
www.alboroque.es

Peruanische und traditionelle Küche im schicken Restaurant: „Astrid & Gastón"

Sa mittag, So geschl.,
Hauptgerichte € 29-35
AmEx EC MASTER VISA M
Die Casa Palacio Atocha ist ein restauriertes
Großbürgerhaus aus dem 19. Jahrhundert,
dessen Besitzer Kunst und Küche, Kultur
und Restauration zusammenbringen wollen.
Herzstück ist das kleine Restaurant im
Hinterhaus. Zwischen abstrakten Gemälden
und Skulpturen aus Metall lässt man sich
in einem, laut Karte, *espacio exclusivo*
nieder. Die Präsentation wirkt leicht auf-
dringlich, aber das Essen entschädigt dafür.
Hervorragend der „Gemüseeintopf" aus
Artischocke, Distel und Borretsch mit
Streuseln von Ibérico-Schinken oder das
leicht panierte Wildschweinrippchen,
begleitet von Wildschweinlende in einer
Sauce aus Wacholdertee und Calvados.

Astrid & Gastón F F

OT Salamanca, Paseo de la Castellana, 13
PLZ 28046   nördlich ■ F 1, S. 361
Tel. 0034/917 02 62 62, Fax 917 02 59 75
www.astridygastonmadrid.com
So geschl.
Hauptgerichte € 23-29
AmEx DINERS MASTER VISA M

Der bisher einzige europäische Außenpos-
ten des bekannten peruanischen Chefs
Gaston Acurio befindet sich an der Paseo de
la Castellana. Elegantes Setting auf zwei
Etagen mit einem abgeteilten gemütlichen
Barbereich. Die umfangreiche Karte unter-
scheidet zwischen „Die Tradition" und „Die
peruanische Küche in der Version von Astrid
& Gastón". Empfehlenswert: die *cebiches,*
fein filetierte Fische und Meeresfrüchte,
mariniert in Limettensaft. Acurios deutschstämmige Frau Astrid Gutsche verantwortet
die Desserts.

Dassa Bassa F

OT Salamanca, c/ Villalar, 7
PLZ 28001   ■ F 2, S. 361
Tel. 0034/915 76 73 97
www.dassabassa.com
So, Mo geschl.
Hauptgerichte € 21-26
AmEx MASTER VISA M
Zu ebener Erde sieht man vom Restaurant
nur eine Art Empfangstresen. Dann geht es
hinab ins Untergeschoss. Das kleine weiß
getünchte Restaurant des Chefs Darío
Barrio befindet sich nämlich in einem
ehemaligen Kohlenkeller. Barrios Bruder, ein

MADRID

M

Architekt, hat die vier kleinen Gewölbesäle neu ausgekleidet, seine Schwester, eine Innenausstatterin, kümmerte sich um die Einrichtung, und Barrios Frau leitet den Service im Saal. Barrio nennt seine eigene Arbeit *freestyle cooking*. Das klingt entfesselter, als es seine solide Küche wirklich ist, in der etwa Krake mit Tintenpesto, La-Ratte-Kartoffeln und Rosenpaprika-Öl oder Ochsenschwanz in Rotwein und Schokolade mit Kichererbsen auf den Tisch kommen.

DiverXo F F

OT Tetuán, c/ Francisco Medrano, 5
PLZ 28020   nördlich ■ F 1, S. 361
Tel. 0034/915 70 07 66
www.diverxo.com
So, Mo geschl.
Menüs € 45–90
MASTER VISA

Um in David Muñoz' kleinem Restaurant zu essen, muss man sich ins Arbeiter- und Immigrantenviertel Tetuán begeben, denn der junge Chef und seine Frau konnten sich nirgendwo anders den Kauf eines Lokals leisten. Auch für die Dekoration war nur noch wenig Geld übrig. Die kleinen Unannehmlichkeiten gleicht Muñoz aber durch viel Fantasie und Können aus. Nach Lehrjahren im Madrider „Viridiana" und im Londoner „Hakkasan" bringt er eine eigene Mischung aus spanischer und asiatischer Küche auf den Teller, etwa mit der *spanish tortilla*, für die er den Klassiker zu einem köstlichen *dim sum* umbaut. Antarktis-Dorsch wird mit chinesischem Honig und Cidreschaum verfeinert, galicisches Rind mit pikanter *mojo*-Sauce von den Kanaren und *wasabi*. Mindestens einen Monat im Voraus reservieren!

El Ámparo F F

OT Salamanca, c/ Puigcerdá, 8
PLZ 28001   ■ F 1, S. 361
Tel. 0034/914 31 64 56, Fax 915 75 54 91
www.arturocantoblanco.com
Sa mittag, So geschl.
Hauptgerichte € 24–38
AmEx DINERS MASTER VISA M ⌘ ☂

Hier wird die baskische Küche gepflegt und gleichzeitig behutsam aufgefrischt. An edel gedeckten Tischen kann man zwischen dem alten Gebälk ehemaliger Stallungen auf drei Ebenen etwa Foie-gras-Carpaccio mit Lachsrogen und Jakobsmuscheln, confierten Stockfisch mit Mango und Cava oder Reis mit Artischocken, Wachteln und Shiitakepilzen genießen. Tagsüber fällt viel Licht durch die teilverglaste Decke, an den Mauern rankt sich Weinlaub entlang. Schön gelegen in einer lauschigen Gasse des Stadtteils Salamanca.

El Schotis F

Innenstadt, c/ Cava Baja, 11
PLZ 28005   ■ B 4, S. 360
Tel. 0034/913 65 32 30, Fax 913 65 72 44
So abends geschl.
Hauptgerichte € 19–25
AmEx EC MASTER VISA ⌘

Traditionslokal für klassische spanische Küche im trubeligen Viertel La Latina. Die Speisesäle sind schlicht und schmucklos mit Neon beleuchtet, dafür hängen an den Wänden große, über die Jahre nachgedunkelte Straßen- und Sittenbilder des Madrider Volkes in Öl. Sehr schön auch ein Gemälde

Lichtes Ambiente: „El Ámparo"

von grasenden Stieren, das quer zum langen, dem *tapeo* vorbehaltenen Tresen angebracht ist. Besonders empfehlenswert für alle, die nicht nur auf ein paar Häppchen vorbeischauen, sind die Steaks vom Grill, aber auch die einfache *tortilla* hat hier einen guten Ruf.

Fast Good ✳

OT Zonas Comerciales, im NH Eurobuilding
c/ Padre Damián, 23
PLZ 28036   nördlich ■ F 1, S. 361
Tel. 0034/914 51 97 27
www.fast-good.com
kein Ruhetag
Hauptgerichte € 8-15
AmEx DINERS MASTER VISA M

Das Konzept für die alternative Fastfood-Kette, die in Madrid gleich vier Zweigstellen unterhält (darunter dieses lichtdurchflutete Lokal nahe des Real-Madrid-Stadions) entwickelten die NH-Hotelkette und ihr De-luxe-Berater Ferran Adrià. Adrià wollte beweisen, dass schnelles Selbstbedienungs-essen mit Pommes frites, Hamburgern und Salatboxen auch hochwertig sein kann. Der Sieg über McDonald's ist bisher nicht errungen, aber der „Fast Good"-Burger und die Kartoffelschnitze aus der Olivenöl-Fritteuse schlagen die bekannten Konkur-renzprodukte tatsächlich um Längen. Auch Salate und Säfte können sich sehen lassen.

Iroco F ▢▢▢▢

OT Salamanca, c/ Velázquez, 18
PLZ 28001   östlich ■ F 1, S. 361
Tel. 0034/914 31 73 81, Fax 915 76 16 33
www.grupovips.com
kein Ruhetag
Hauptgerichte € 20-30
AmEx EC MASTER VISA M 🌴

Stimmungsvolles Restaurant im Salamanca-Viertel. Rote Samtstühle und karamellfarbe-ne Sofas auf altem Holz. Hinter dem Speise-saal liegt ein zauberhafter Garten, der im Sommer regelmäßig ausgebucht ist. Eine ordentliche Weinkarte mit unorthodoxem und wechselndem Ordnungssystem: Zum Beispiel wird sortiert nach „Avantgarde-

Weinbauern", „Weine von Künstlern" oder „Weine von Frauen". Küchenchef Pedro Molina serviert moderne mediterrane Küche, etwa Wolfsbarsch mit confierten Auberginen und Rucola-Öl, lässt sich aber auch von Fernost beeinflussen wie bei den Babytintenfischen mit Spinat im Thai-Stil.

La Bola F ▢▢▢▢

Innenstadt, c/ de la Bola, 5
PLZ 28013   ■ B 2, S. 360
Tel. 0034/915 47 69 30, Fax 915 41 71 64
www.labola.es
So abend geschl.
Hauptgerichte € 10-18
◹ M

Hier wird die lokale Tradition in Ehren gehalten. Seit 1870 serviert man in „La Bola" das mächtige Madrider Eintopfgericht *cocido* in mehreren Gängen, gekocht über Steineichen-Kohle. Aber auch Kutteln mit Blutwurst und Lämmchen gehören zu den Spezialitäten. Die getäfelten Wände und die rot gepolsterten Stühle scheinen fast zu elegant für die volkstümliche Küche des

Adriàs schneller Imbiss: Hamburger mit frisch

Hauses. Auf zahlreichen gerahmten Fotos sind illustre Gäste zu sehen, darunter die Flamenco-Legende Camarón de la Isla oder der Tennis-Star Rafael Nadal.

La Taberna de Liria ▯F▯▯F▯▯ ▯ ▯

OT Universidad, c/ Duque de Liria, 9
PLZ 28015 ■ B 1, S. 360
Tel. 0034/915 41 45 19
www.latabernadeliria.com
Sa mitag, So geschl.
Hauptgerichte € 17-24
`AmEx` `DINERS` `EC` `MASTER` `VISA` M ☀ ⚲

Ein kleines, fast familiäres Restaurant, in dem man sich von Chef und Besitzer Miguel López Castanier wunderbar umsorgt fühlt. López hat eine Schwäche für cremige Risottos und Schokolade. Der Schokolade widmet er sogar ein eigenes kleines Probiermenü. Zudem gibt es alle Hauptgerichte auch in halben Portionen, damit noch genug Platz für die Nachspeise bleibt. López' Hang zu Süßem und Süffigem bricht sich auch beim Stockfisch in Orangenmarinade, dem

Gemütliches Flair: „La Taberna de Liria"

Entenrisotto mit Oloroso-Wein oder dem Fasan mit Couscous Bahn. Zum Couscous wiederum passt das leicht maurische Ambiente der „Taberna", die reich mit andalusischen Kacheln bestückt ist.

La Tasquita de Enfrente ▯F▯▯F▯▯ ▯

OT Gran Via, c/ Ballesta, 6
PLZ 28004 ■ C 2, S. 360
Tel. 0034/915 32 54 49, Fax 915 22 97 62
latasquitadeenfrente@hotmail.com
So, Mo geschl.
Hauptgerichte € 23-30
`AmEx` `MASTER` `VISA` M ☀ ⌂

Hier dient die Karte nur zur Orientierung, denn Koch und Besitzer Juan José López ändert das Angebot jeden Tag. Exzellente Zutaten und den unbedingten Willen, aus ihnen das Beste herauszuholen, zeichnen López aus: Essenz statt Experiment, ob es sich dabei um Muscheln, Pilze, Tauben oder Wolfsbarsch handelt. Zwischen den rohen Ziegelwänden seines kleinen Kellerlokals herrscht in der Regel Hochbetrieb – und vor der Tür gelegentlich auch, denn die „Tasquita" liegt direkt am kleinen Straßenstrich im Schatten der Gran Vía.

gebrutzelten Pommes essen im „Fast Good"

Kühle Eleganz und strenge Etikette: „La Terraza del Casino" im Obergeschoss

La Terraza del Casino `FFF`

OT Puerta del Sol, Alcalá, 15
PLZ 28014   ■ D 3, S. 361
Tel. 0034/915 32 12 75, Fax 915 23 44 36
www.casinodemadrid.es
Sa mittag, So geschl.
Hauptgerichte € 32-35
`AmEx` `DINERS` `MASTER` `VISA` M ⛱ ⚱

Im Restaurant des Madrider Casinos gilt
strenge Etikette. Ohne Krawatte wird man
noch nicht einmal bis zum altehrwürdigen
Aufzug vorgelassen, der einen ins Obergeschoss trägt. Auch das Restaurant selbst
ist formvollendet gekleidet, allerdings
mit hochmoderner Ironie. Der spanische
Star-designer Jaime Hayon bietet hier
eine fantastisch-verspielte und zugleich
veredelte Version seines *digital baroque.*
In diesem Ambiente serviert Paco Roncero
mehr „Snacks" und *tapiplatos* als echte
Hauptgerichte. Das Konzept ist – ohne
kopieren zu wollen – an das des „El Bulli"
angelehnt. Nicht ohne Grund: Ferran Adrià
berät die „Terraza" seit mehr als zehn
Jahren, und stets finden sich aktuelle
Kreationen im Madrider Snacksortiment.
Die *tapiplatos* des Degustationsmenüs –
pochiertes Ei mit Pilzragout in Portweinsauce, Steinbutt mit Herzmuscheln und
Kartoffelemulsion, Schweinsfüße mit Babytintenfischen und Porree – waren ausgezeichnet, ebenso der große Bogen mit allen
Kleinigkeiten, angefangen bei einem Nitro-
mojito.

La Trainera `F`

OT Salamanca, c/ Lagasca, 60
PLZ 28001   nördlich ■ F 1, S. 361
Tel. 0034/915 76 80 35, Fax 915 75 06 31
www.latrainera.es
So geschl.
Hauptgerichte € 23-50
`AmEx` `DINERS` `EC` `MASTER` `VISA` M ⌂ ⚱

Das halbe Dutzend Speisesäle ist traditionell
dekoriert mit Fischernetzen, Steuerrädern,
Taucherhelmen und anderen maritimen
Sammlerstücken, und die Karte ist entsprechend ausgelegt: Fisch und Meeresfrüchte
satt, mit einer beeindruckenden Auswahl
von Seespinne über Entenmuscheln bis zu
Austern und Hummer und dabei ohne jede
dekonstruktivistische Ambition; als einziges
Zugeständnis ans Landgetier hält sich *jamón
ibérico* unter den Appetizern. Besitzer

MADRID

M

Miguel García Gómez führt das Restaurant seit 1966 und hat sich eine große Stammkundschaft erarbeitet.

Malacatín

OT La Latina, c/ de la Ruda, 5
PLZ 28005 ■ C 5, S. 360
Tel. 0034/913 65 52 41
www.malacatin.com
So geschl., Menüs € 30-30
MASTER VISA M 🏠

Seit 1895 wird dieses Lokal im Viertel La Latina von derselben Familie betrieben. Mittlerweile teilt es die Straße vor allem mit chinesischen Textilgroßhändlern, doch von der urwüchsigen eigenen Küche hat man sich kein Stück entfernt. Im „Malacatín" reservieren die meisten Gäste, um in drei Gängen den *cocido marileño* zu sich zu nehmen, das deftige einheimische Eintopfgericht. Aber auch andere volkstümliche Gerichte werden hier erfahren zubereitet. Und die Dekoration verstärkt das traditionelle Flair mit bunt gekachelten Wänden, von der Decke hängenden Krügen und zahlreichen Bildern rund um den Stierkampf.

Nodo

OT Salamanca, c/ Velázquez, 150
PLZ 28002 nördlich ■ F 1, S. 361
Tel. 0034/915 64 40 44, Fax 915 64 29 66
www.restaurantenodo.es
kein Ruhetag
Hauptgerichte € 20-25
AmEx DINERS MASTER VISA M 🌴 ⛱

Minimalismus in warmen Farben für eine Fusion von fernöstlicher und mediterraner Küche. Alberto Chicote serviert *yakitori* vom marinierten Thunfisch in frischem Rosmarin-Rauch, halbgetrocknete Tomaten auf geräucherten Makrelen mit Soja- und *sisho*-Sauce oder gebratene Wachtel mit Ingwer und Mandarinen. Auch Sushi gibt es, etwa *futomaki* von Thunfisch in Öl mit gebratener grüner Paprika und kalte *salmorejo*-Suppe. In die Küche kann man durch eine Fensterfront hineinsehen. Im großen Innenhof befindet sich eine schöne Terrasse.

Pan de Lujo

OT Salamanca, c/ de Jorge Juan, 20
PLZ 28001 ■ F 1, S. 361
Tel. 0034/914 36 11 00
www.pandelujo.es
kein Ruhetag
Hauptgerichte € 20-28
AmEx MASTER VISA ⛱

In den Räumen einer ehemaligen Bäckerei hat Alberto Chicote als Executive Chef sein neues Restaurant aufgemacht. Hier, im Herzen des Shoppingviertels Salamanca, trifft sich das schicke und trendbewusste Madrid und genießt neben dem Essen auch das hübsche Spiel mit Lichtreflexen, Glasfronten und Ziegelwänden. Die Küche will nicht hoch hinaus, macht aber dem eigenen Anspruch gegenüber gute Figur. Die beeindruckende Brotauswahl zum Essen ist dem *genius loci* geschuldet. Gut waren aber auch die *coca* mit Tomatenkompott, Salat und parfümiertem Kaisergranat oder die Lasagne von der Rinderwange mit Kartoffeln und Geflügel-Sherry-Jus.

Einsehbarer Weinschrank: „Nodo"

355

M

Santceloni FFF

OT Chamberí, im Hotel Hesperia
Paseo de la Castellana, 57
PLZ 28046   nördlich ■ F 1, S. 361
Tel. 0034/912 10 88 40, Fax 912 10 88 92
www.restaurantesantceloni.com
Sa mittag, So geschl.
Hauptgerichte € 35-65

AmEx DINERS MASTER VISA M ⌂ ⌂ ♈

Der katalanische Meisterkoch Santi Santa-
maria hat im Hotel „Hesperia" am Paseo de
la Castellana seine Dependance. Hier bringt
der Chef Oscar Velasco Turteltauben am
Spieß mit Polenta und schwarzen Oliven
oder Thunfisch mit Totentrompeten und
milder Knoblauchcreme auf den Tisch. Ein
Platz am Eingang des großzügig und
elegant bespielten Souterrain-Restaurants
ist ausgewählten Produkten aus Santa-
marias Merchandising-Linie vorbehalten.

Sergi Arola Gastro FFFF

OT Chamberí, c/ Zurbano, 31
PLZ 28010   nördlich ■ F 1, S. 361
Tel. 0034/913 10 21 69, Fax 913 10 04 51
www.sergiarola.es
Sa mittag, So geschl.
Menüs € 85-140

AmEx DINERS MASTER VISA M ⌂ ♈

Sergi Arolas „Gastro" kann als neues
Flaggschiff des umtriebigen Chefs gelten. Es
ist sein erstes eigenes Spitzenrestaurant.

Hier bestimmt er auch über den Dresscode,
und deshalb müssen Männer zum Essen mit
Jackett erscheinen. Im schmalen Speisesaal
überwiegen schattige Töne zwischen
Violett, Anthrazit und Dunkelgrün. Der
Hausherr empfiehlt in der Karte das „Menü
Gastro". Fantastisch dessen Vorspeisenfolge
etwa aus Spargelspitzen mit Perrechico-
Pilzen, Kresse und *tortilla-aire,* gefolgt von
einer *royale* aus Morcheln mit sautierten
Morcheln und marinierter Foie gras. Hervorragend auch die beiden Hauptgänge, die
sautierte Bastardmakrele mit Olivengnocchi
im gerösteten Makrelenjus sowie das
Täubchen mit Basmatireis und kandierten
Früchten. Die Portionen sind mitunter winzig,
was angesichts der Vielzahl von Häppchen
allerdings gerechtfertigt ist. Üppig ist die
Weinkarte: Sie hat mehr als 500 Einträge.

Taberna del Alabardero FF

OT Plaza Oriente, c/ Felipe V, 6
PLZ 28013   ■ B 3, S. 360
Tel. 0034/915 47 25 77, Fax 915 42 81 02
www.grupolezama.es
kein Ruhetag
Hauptgerichte € 11-30

AmEx DINERS MASTER VISA @ M ⛵

Rustikale Eleganz zwischen der Oper und
der Plaza de Oriente. Von der „Taberna del
Alabardero" gibt es mittlerweile Ableger in
Sevilla, Marbella und Washington. Trotzdem

Rustico-Chic: „Taberna del Alabardero"

Design von Philippe Starck: „Teatriz"

ist das Restaurant weit entfernt davon wie eine Franchising-Zweigstelle zu wirken – zumal dessen Gründer, ein Priester, vor allem an den sozial integrativen Aspekten der Restauration interessiert war. Die Küche genügt allerdings in erster Linie kulinarischen Ansprüchen. Im Sommer kann man auch gemütlich vor dem Lokal sitzen und etwa Rinderfilet mit Portweinsauce oder Dorade im Salzmantel mit Basilikumöl und Babytintenfisch bestellen.

Teatriz FF

OT Salamanca, c/ Hermosilla, 15
PLZ 28001 ■ F 1, S. 361
Tel. 0034/915 77 53 79, Fax 914 31 69 10
www.grupovips.com
kein Ruhetag
Hauptgerichte € 15-25
AmEx DINERS MASTER VISA M Y 🏠

Philippe Starck, Spezialist für theatralisches Design, war in seinem Element, als er das alte Theater Beatriz zu einem neuen Restaurant umgestalten durfte. Trotzdem hat er sich im ehemaligen Parkett, dem heutigen Speisesaal, eher zurückgehalten. Einen starken Effekt hat dagegen die von innen leuchtende marmorne Bar auf der Bühne, von deren Theke aus man in die alte Theatertakelage hochschauen wie auf die Essenden hinabschauen kann. Nicht nur im Parkett, sondern auch im ersten Rang werden etwa Babytintenfische mit Zwiebelkompott, Speck und Balsamico-Reduktion oder Rinderfilet in Trüffeljus zu krossen Kartoffeln serviert.

Viridiana FF

OT Retiro, c/ Juan de Mena, 14
PLZ 28014 ■ F 3, S. 361
Tel. 0034/915 23 44 78, Fax 915 32 42 74
www.restauranteviridiana.com
So geschl.
Hauptgerichte € 25-39
AmEx VISA M Y

Abraham Garcías Restaurant ist nicht nur nach Luis Buñuels Filmklassiker benannt, sondern auch mit zahlreichen Fotos aus Buñuels Filmografie dekoriert. Und zum Klassiker ist mittlerweile selbst das Restaurant geworden, eine verlässliche Heimstatt der kreativen Küche seit mehr als 25 Jahren. García garniert die Karte mit witzigen Anmerkungen („Weitere Fische nach Tagesangebot, jedoch genauso teuer"), nimmt die Küche aber unvermindert ernst, etwa wenn er sich ans Bresse-Huhn in Senfsauce mit Trockenpfirsichen, Trockentomaten und gebratener Gerste macht oder an das Wolfsbarsch-*tajine* mit Couscous nach marokkanischer Art.

Bars/Cafés/Tapas-Bars

Casa Lucas

OT La Latina, c/ Cava Baja, 30
PLZ 28005   ■ B 4, S. 360
Tel. 0034/913 65 08 04
www.casalucas.es
So, Mo, Di, Do 13-15.30 und 20-24 Uhr,
Mi 20-24 Uhr, Fr, Sa 13-16 und 20-1 Uhr
DINERS MASTER VISA

Nicht leicht, sich auf der Straße Cava Baja für ein Lokal zu entscheiden, so dicht gesät sind die *tabernas* in der schmalen Ausgehstraße des Viertels La Latina. Die „Casa Lucas" gehört zu den kleinen feinen Adressen. Etwa 100 Weine zählt die informelle Karte im Klarsichthüllenordner. Wer einen der sechs kleinen Tische ergattern will, muss früh kommen oder geduldig sein, denn die Gäste schauen nicht nur auf einen Tropfen, sondern auch wegen der *pinchos* und *raciones* vorbei, die stets frisch zubereitet werden. Köstlich der gratinierte Stockfisch mit Auberginen in Biskayasauce.

Club Lounge Senzone

OT Salamanca, im Hotel Hospes Madrid
Pl. de la Independencia, 3
PLZ 28001   ■ F 2, S. 361
Tel. 0034/914 32 29 11, Fax 914 32 29 12
www.fuenso.com
tgl. 17-1 Uhr
AmEx DINERS EC MASTER VISA 🛏

Netter Treffpunkt, nicht nur für Aufsteiger: Schickes, stilvolles Design; elegant und modern präsentiert sich das Ambiente. Gute Drinks und Weine.

El Bocaito

OT Salamanca, c/ de la Libertad, 4-6
PLZ 28004   ■ E 2, S. 361
Tel. 0034/915 32 12 19, Fax 915 22 56 29
www.bocaito.com
Mo-Fr 13-16.30 und 20.30-24 Uhr,
Sa 20.30-24 Uhr
AmEx DINERS MASTER VISA

Wer bis in die Tiefen des „Bocaito" vorstößt, der entdeckt vier Speisesäle, traditionell dekoriert und eingerichtet. Aber eigentlich ist man besser an den zwei einander gegenüberliegenden Theken gleich hinter der Eingangstür aufgehoben. Hier hat man einige der herzhaften Tapas-Spezialitäten des Hauses direkt vor sich. Von der Decke hängen Ibérico-Schinken, hinter Glas stehen Salate und eingelegte Meeresfrüchte. Auch viele Stammgäste aus der Nachbarschaft schauen nur auf einen Happen *(bocaito)* vorbei. Die Fotowand an einer Seite der Bar weist namhaftere Besucher aus, darunter auch Hugh Grant, Mark Knopfler oder Penélope Cruz.

Entrevinos

OT Moncloa, c/ Ferraz, 36
PLZ 28008   ■ A 1, S. 360
Tel. 0034/915 48 31 14
www.entrevinos.net
tgl. 12.30-17 Uhr, 20-24 Uhr
MASTER VISA

Beliebte und belebte kleine Weinbar unweit der Plaza España. Halb rustikales und gänzlich informelles Ambiente. Muntere Gruppen von Einheimischen teilen Tapas und wählen aus rund 300 Flaschen und 15 offenen Weinen aus. Die Karte bietet eine breit gestreute Auswahl an spanischen D.O., daneben Dutzende Weine aus aller Welt. Auch das übersichtliche Angebot zum Essen kann sich sehen lassen: Sehr gelungen waren der Bohnensalat mit Stockfisch, Kartoffeln und Speck sowie das Rinderfilet im eigenen Saft mit Vanille.

Estado Puro

OT Salamanca, im NH Hotel Paseo del Prado, Pl. de Cánovas del Castillo, 4

Beliebter Treffpunkt: „Entrevinos"

PLZ 28014　　　■ E 3, S. 361
Tel. 0034/913 30 24 00
nhpaseodelprado@nh-hotels.com
Mo-Sa 11-24 Uhr, So 11-16 Uhr

AmEx DINERS MASTER VISA

Hochmoderne Tapas-Bar, die mit einem Augenzwinkern halb auf Retro dekoriert ist (die Decke hängt voller typisch spanischer Einsteckkämme) und genau zwischen Prado und Thyssen-Museum liegt. Sie empfiehlt sich als Zwischenstopp beim Museumshopping. Paco Roncero von der „Terraza del Casino" (siehe Restaurants) hält die Fäden in der Hand und kombiniert Tapas-Klassiker wie *ensaladilla rusa* mit etwas fortgeschritteneren Kleinigkeiten wie Toast mit Steinpilzen, Mozzarella und Ibérico-Schinken. Die „Tortilla des 21. Jahrhunderts" kommt im Glas an den Tisch, als Creme zum Auslöffeln.

Ramses

OT Salamanca, Pl. de la Independencia, 4
PLZ 28001　　　■ F 2, S. 361
Tel. 0034/914 35 16 66
www.ramseslife.com
Mo-So 12.30-3 Uhr

AmEx MASTER VISA

Philippe Starcks jüngste Design-Mission in Madrid galt diesem Multifunktionslokal an der Plaza de la Independencia. Das „Ramses" ist Restaurant, Bar und Club in einem, beziehungsweise auf drei verschiedenen Ebenen, und ein Hotspot der hauptstädtischen *beautiful people.* Reizvoll die Kombination von Starcks schillerndem Neobarock mit den irritierend-spröden Wandzeichnungen und -kritzeleien von Luis Úrkulo. Am besten lässt man sich zu später Stunde an der glamourös illuminierten Cocktailbar im Hochparterre nieder und bestellt etwa, passend zum Ambiente, den Cosmopolitan Revolucionado mit Wodka, Cointreau, Limette, Blaubeersaft und einem Hauch von Peperoni.

Sula

OT Salamanca, c/ de Jorge Juan, 33
PLZ 28001　　　■ F 1, S. 361
Tel. 0034/917 81 61 97
www.sula.es
Mo-Sa 12-24 Uhr, So geschl.

MASTER VISA

Der valenzianische Avantgarde-Chef Quique Dacosta („El Poblet") hat sich mit Spaniens angesehenster Schinkenmarke „Josélito" zusammengetan für diese Tapas-Bar, die viel mehr als nur das ist. Vor dem Raum mit der langen Theke und der hohen Decke befindet sich ein Gourmet-Shop, darüber ein Restaurant. Herzstück des „Sula" bleibt trotzdem die Tapas-Zone, von der aus man einen Teil der umfangreichen Weinbestände hinter Glas liegen sieht. Auch viele der feinen Happen kann man hier durch einen bloßen Fingerzeig ordern. Das Hauptaugenmerk des Chefs Iñigo Garzia gilt den leicht modernisierten Versionen der klassischen Repertoires. Wunderbar frisch schmeckte die kalte Gemüsesuppe *salmorejo,* angenehm herzhaft der Oktopus-Salat mit Artischocken und Stampfkartoffeln.

MAILAND

Mode, Design, Medien – nicht nur zu Messezeiten ist die lombardische Hauptstadt das Herz der italienischen Geschäftswelt . Üppig ist deshalb das Angebot an Top-Hotels, feinen Restaurants und trendigen Bars

Hotels

Antica Locanda
dei Mercanti `F` `F`
Innenstadt, Via San Tomaso, 6
PLZ 20121 ■ D 2, S. 375
Tel. 0039/028 05 40 80, Fax 028 05 40 90
www.locanda.it
6 Zi., 9 Suiten, DZ ab € 195
`EC` `MASTER` `VISA`

Im historischen Zentrum steht das hübsche
Hotel, das von vielen Mailand-Reisenden
als gemütliche Unterkunft geschätzt wird.
Ein kleines Haus mit wenigen Gästezimmern
voller antiquarischer Möbel und mit viel
Komfort. Einige der geräumigen Zimmer
verfügen sogar über eine kleine Terrasse.
Für Mailand bemerkenswert: das gute Preis-
Leistungs-Verhältnis.

Antica Locanda Solferino `F` `F`
OT Brera, Via Castelfidardo, 2
PLZ 20121 nördlich ■ D 1, S. 375
Tel. 0039/026 57 01 29, Fax 026 57 13 61
www.anticalocandasolferino.it
11 Zi., DZ ab € 180
`AmEx` `MASTER` `VISA`

Wohnen wie im Haus eines Mailänder
Großbürgers zu Anfang des letzten Jahrhun-
derts. Kleines und feines Hotel mit Möbeln
aus dem späten 19. Jahrhundert. Die zum
Teil geräumigen Zimmer bieten modernen
Komfort. Zudem ist das Haus eine schöne
Alternative zu den vielen anonymen Mailän-
der Businesshotels. Aufmerksamer Service.
Ideal ist auch die Lage im neuen Szene-
viertel Brera.

Atahotel Fieramilano `F` `F` `F`
Messe, Viale Boezio, 20
PLZ 20145 nordwestlich ■ A 1, S. 374
Tel. 0039/02 33 62 21, Fax 02 31 41 19
www.atahotels.it
238 Zi., 2 Suiten, DZ ab € 144
`AmEx` `DINERS` `MASTER` `VISA`

Perfekt für Besucher des Mailänder
Messegeländes. Das komfortable und
moderne Haus befindet sich direkt beim
Haupteingang der Messe und ist von
der Innenstadt bequem mit der U-Bahn
zu erreichen. Bei gutem Wetter wird im
hoteleigenen Garten gefrühstückt. Ein
ruhiges Hotel zum Ausruhen nach einem
Messebesuch.

Idealer Fluchtpunkt für Mailänder Messebesucher: das „Atahotel Fieramilano"

Entspannung mitten in der Stadt: „Bulgari"

Bulgari FFFF
Innenstadt, Via Privata Fratelli Gabba, 7 b
PLZ 20121 ■ E 1, S. 375
Tel. 0039/028 05 80 51, Fax 02 80 52 22
www.bulgarihotels.com
47 Zi., 11 Suiten, DZ ab € 550
AmEx DINERS MASTER VISA
Schicke Adresse, cooles Design und jede Art modernen Komforts. Der römische Juwelier hat Mailand mit einem eindrucksvollen Hotel beschenkt. Schon die Lobby lohnt einen Besuch und einen Drink. Geräumige Zimmer und Suiten mit einem sehr ansprechenden Design. Eleganz und Diskretion sind in diesem Luxushotel direkt in der Innenstadt beim Dom an der Tagesordnung. Eleganter Spa mit Pool und Hamam.

Four Seasons FFFF
Innenstadt, Via Gesù, 6-8
PLZ 20121 ■ F 1/2, S. 375
Tel. 0039/027 70 88, Fax 02 77 08 50 00
www.fourseasons.com/milan
77 Zi., 41 Suiten, DZ ab € 660
AmEx DINERS MASTER VISA
Vielleicht das schönste Haus in der Stadt. Mitten im eleganten Modeviertel wohnt der Gast in der fantastischen Ruhe eines ehemaligen Renaissanceklosters. Große Zimmer und Suiten, geschmackvoll eingerichtet. Eleganz mit modernstem Komfort. Fitnesscenter und aufmerksamer Service. Auch Shopping-Berater stehen zur Verfügung. Schöner Hotelgarten mit Restaurant, wo auch bei gutem Wetter gefrühstückt wird. Kleines Fitnesscenter im Haus.

Grand Hotel et de Milan FFFF
Innenstadt, Via Alessandro Manzoni, 29
PLZ 20121 ■ E 1, S. 375
Tel. 0039/02 72 31 41, Fax 02 86 46 08 61
www.grandhoteletdemilan.it
95 Zi., 23 Suiten, DZ ab € 350
AmEx DINERS MASTER VISA
Eines der faszinierendsten Hotels der Stadt. Klassische Eleganz des späten 19. Jahrhun-

derts mit modernem Komfort. Mitten im Zentrum gelegen mit umwerfend prächtigen Suiten und toller Lobby zum Ausruhen. Hier lebten einige der berühmtesten italienischen Musiker, darunter Giuseppe Verdi. Das Restaurant „Caruso" (der Tenor spielte im Hotel seine erste Schallplatte ein) bietet italienische Klassiker wie gute Pastagerichte.

Grand Visconti Palace ▮F▮F▮F▮ ▯

OT Porta Vigentina, Viale Isonzo, 14
PLZ 20135   südöstlich ■ F 5, S. 375
Tel. 0039/02 54 03 41, Fax 02 54 06 95 23
www.grandviscontipalace.com
162 Zi., 10 Suiten, DZ ab € 146
[AmEx] [DINERS] [MASTER] [VISA] € ⵛ ⌂ ⳙ

Etwas außerhalb des Zentrums gelegene ehemalige Mühle, die in ein modernes und elegantes Komforthotel umgebaut wurde. Moderne Zimmer, sehr aufmerksamer Service. Zu den historischen Monumenten und Museen sind es mit dem Taxi fünf Minuten. Der hauseigene Spa bietet einen Pool, der Garten Erholung. Im Restaurant „Al Quinto Piano" („Im 5. Stock") wird kreative italienische Küche serviert.

Le Meridien Gallia ▮F▮F▮F▮ ▯

Innenstadt, Piazza Duca d'Aosta, 9
PLZ 20124   nördlich ■ F 1, S. 375
Tel. 0039/026 78 51
Fax 02 66 72 32 39
www.lemeridien.com/milan
224 Zi., 13 Suiten, DZ ab € 200
[AmEx] [DINERS] [MASTER] [VISA] ⵛ ⌂ ⳙ

Klassisches Hotel im Norden des Zentrums, das aber schnell zu erreichen ist. Historisches Quartier für Polit- und Kulturprominenz mit komfortablen Zimmern, vor allem die Suiten sind geräumig. Empfehlenswert auch wegen des Wellnesscenters und des Sportclubs im Haus. Das Restaurant serviert lombardische Nudel-, Reis- und Fleischspezialitäten. Trotz der Größe des Hotels kommt der persönliche Service nicht zu kurz.

Liberty ⧆⧆⬜⬜⬜
OT Porta Romana, Viale Bligny, 56
PLZ 20136   südlich ■ D 5, S. 375
Tel. 0039/02 58 31 85 62
Fax 02 58 31 90 61
www.hotelliberty-milano.com
55 Zi., 3 Suiten, DZ ab € 140
AmEx DINERS MASTER VISA 🄴 🍸 🏠 ⌖

Im Szeneviertel Navigli lockt dieses elegante
Hotel, das in der Lobby seinem Namen
Rechnung trägt: Das Design ist das des
italienischen Jugendstils, Liberty genannt.
Besonders zu empfehlen sind die geräumi-
gen Gästezimmer, die über eine eigene
Jacuzzi-Wanne verfügen. Gut gelegen, um
das Viertel zu erkunden.

Milan Marriott ⧆⧆⬜⬜⬜
Messe, Via Giorgio Washington, 66
PLZ 20146   westlich ■ A 3, S. 374
Tel. 0039/024 85 21
Fax 024 81 89 25
www.marriott.com
320 Zi., 28 Suiten, DZ ab € 178
AmEx DINERS EC MASTER VISA 🍸 ⌖

Funktionaler Komfort direkt beim Messegelände. Von draußen sieht das Haus sehr
modern aus, drinnen präsentiert es sich
ganz klassisch. Nichts für Stilpuristen, die
modernes Mailänder Design bevorzugen.

Ein großes Haus mit Fitnesscenter und Spa.
Ideal für Kongresse und andere Veranstal-
tungen. Im Hotelrestaurant „La Brasserie de
Milan" wird klassisch italienisch gekocht.

Nhow Milano ⧆⧆⧆⬜⬜
OT Tortona, Via Tortona, 35
PLZ 20144   südwestlich ■ B 5, S. 374
Tel. 0039/024 89 88 61
Fax 024 89 88 64 89
www.nhow-hotels.com
225 Zi., 20 Suiten, DZ ab € 148
AmEx DINERS EC MASTER VISA 🄴 🍸 🏠 ⌖

Cooles Designhotel und in diesem Segment
eines der gelungensten Häuser Mailands.
Moderne und komfortable Zimmer. Besonders schön sind die großzügigen Juniorsuiten und das Penthouse über gleich zwei
Stockwerke. Sehr beliebt ist das Haus bei
den Akteuren des Mailänder Modezirkus.
Freundlicher Service. Toller Spa mit einer
Größe von 1500 Quadratmetern. Rechtzeitig reservieren!

Park Hyatt ⧆⧆⧆⧆⬜
Innenstadt, Via Tommaso Grossi, 1
PLZ 20121   ■ E 3, S. 375
Tel. 0039/02 88 21 12 34
Fax 02 88 21 12 35
www.milan.park.hyatt.com

Designhotel in der Designstadt, beliebt bei Gästen aus der Modeszene: das „Nhow Milano"

Ultimativ und teuer: „Principe di Savoia"

83 Zi., 29 Suiten, DZ ab € 450
AmEx DINERS EC MASTER VISA ⟨icons⟩
Modern eingerichteter Palazzo aus dem
späten 19. Jahrhundert. Direkt beim Dom
steht das Luxushotel mit schönem Spa und
türkischem Bad. Die Lobby mit ihrer Bar
ist einer der beliebtesten Treffpunkte für
die Mailänder. Relativ große Zimmer mit
modernstem Komfort. Im Restaurant
„The Park" kommen kreativ angehauchte
Italo-Klassiker auf den Teller.

Principe di Savoia F F F F
Innenstadt, Piazza della Repubblica, 17
PLZ 20124   nördlich ■ F 1, S. 375
Tel. 0039/026 23 01, Fax 026 59 58 38
www.hotelprincipedisavoia.com
269 Zi., 132 Suiten, DZ ab € 415
AmEx DINERS EC MASTER VISA ⟨icons⟩
Das ultimative Luxushotel mit großer
Geschichte in Mailand. Seit Ende des
19. Jahrhunderts steigen hier Könige,
Politiker und Stars ab. Üppig neobarocke
Lobby, perfekt zum Empfangen und Ausru-
hen. Zimmer und Suiten mit viel Platz und
antiquarischen Möbeln und einem Service,

der keinen Wunsch offen lässt. Mit Pool
und Spa, und wer zu den Glücklichen
gehört, die die erste Suite des Hauses
buchen können, darf auch über einen
eigenen Pool verfügen. Höfliches Personal.

Spadari al Duomo F F F
Innenstadt, Via Spadari, 11
PLZ 20123   ■ D 3, S. 375
Tel. 0039/02 72 00 23 71, Fax 02 86 11 84
www.spadarihotel.com
39 Zi., 1 Suite, DZ ab € 228
AmEx DINERS EC MASTER VISA ⟨icons⟩
Kleines, gemütliches Hotel in Domnähe. Die
verschiedenen Bereiche und die Gästezim-
mer sind komfortabel und relativ geräumig.
Dazu zeigen die Eigentümer im ganzen
Haus wie in einer Privatgalerie auch moder-
ne und zeitgenössische Kunstwerke. Sehr
persönlicher Service.

Straf F F F
Innenstadt, Via San Raffaele, 3
PLZ 20121   ■ E 3, S. 375
Tel. 0039/02 80 50 81
Fax 02 89 09 52 94
www.straf.it
64 Zi., 3 Suiten, DZ ab € 299
AmEx DINERS MASTER VISA ⟨icons⟩

Bildschönes Kunstwerk: „Straf"

Eines der schönsten Designhotels der Stadt. Coole und elegante Zimmer, zum Teil sehr groß. Viele Räume wirken mit ihrem groß-flächigen Wandschmuck wie Kunstwerke. Kleines hauseigenes Wellnesscenter und schöne Lobby mit Hotelbar. Direkt beim Dom, bleibt es eine der ersten Adressen für die Modewelt.

The Gray F F F

Innenstadt, Via San Raffaele, 6
PLZ 20121　　　　　　　■ E 3, S. 375
Tel. 0039/027 20 89 51
Fax 02 86 65 26
www.sinahotels.it
13 Zi., 7 Suiten, DZ ab € 400
AmEx DINERS MASTER VISA 🍸🚗♨

Beim Dom lockt dieses helle Hotel, das in seiner Lobby wie eine gut ausgeleuchtete Bühnendekoration wirkt. Sehr komfortable Mini-Appartements, ideal, um auch etwas länger in Mailand zu verweilen. Kleiner Spa, und im Hotelrestaurant „Le Noir" wird kreative italienische Kost geboten. Beliebt bei Modeleuten während der Messe. Rechtzeitig reservieren.

Pfiffiges, kleines Hotel nahe dem Dom

3 Rooms F F F

OT Garibaldi, Corso Como, 10
PLZ 20154　　　　nördlich ■ D 1, S. 375
Tel. 0039/02 65 48 31
Fax 02 29 00 07 60
www.3rooms-10corsocomo.com
3 Suiten, Suite ab € 340
AmEx DINERS MASTER VISA 🍸♨

Modemacherin Carla Sozzani richtete dieses kleine, sehr moderne und elegante Appartement-Hotel persönlich ein. Die geräumigen Zimmer bieten allen Komfort – ideal für längere Aufenthalte. Die Zimmer sind mit vielen Mailänder Designklassikern eingerichtet. Sehr freundlicher Service. Das Haus ist bei Leuten aus der Modebranche beliebt. An der gleichen Adresse Bar „10 Corso Como" (siehe Bars).

Town House 31 F F

OT Porta Venezia, Via Goldoni, 31
PLZ 20129　　　　　　　■ F 2, S. 375
Tel. 0039/027 01 56, Fax 02 71 31 67
www.townhouse.it

Intimes Haus für Langzeitgäste: „3 Rooms"

mit eigenwilliger Lobby: „The Gray"

18 Zi., DZ ab € 155
AmEx DINERS EC MASTER VISA € Y ♉
Komfortables Boutiquehotel etwas außer-
halb des Zentrums, aber mit U-Bahn und
Taxi in nur wenigen Minuten zu erreichen.
Einrichtung in wohltuenden Cremefarben,
freundlicher Service, gemütliche und
geräumige Gästezimmer. Ein Haus für
Mailand-Besucher, die vor allem ihre Ruhe
haben wollen.

Restaurants

Alla Cucina delle Langhe F F
OT Garibaldi, Corso Como, 6
PLZ 20154   nördlich ■ D 1, S. 375
Tel. 0039/026 55 42 79
Fax 02 29 00 68 59
www.trattoriaallelanghe.com
So geschl.
Hauptgerichte € 15-22
AmEx DINERS EC MASTER VISA M͏ ☂
Klassische Trattoria mit gemütlichem
Ambiente. Sehr beliebt bei Mailändern für

ein Familienessen. Zu empfehlen: die
Risottos und das legendäre *cotoletta
milanese* (paniertes Kalbsschnitzel). Aber
auch piemontesische Spezialitäten werden
zubereitet. Ausgezeichnet sind die Fleischgerichte und die deftigen Nudelspeisen.

Armani Nobu F F
Innenstadt, Via Pisoni, 1
PLZ 20121   ■ F 1, S. 375
Tel. 0039/02 62 31 26 45
Fax 02 72 31 86 74
www.armaninobu.it
kein Ruhetag
Hauptgerichte € 80-90
AmEx DINERS EC MASTER VISA M͏ ☂
Modeschöpfer Giorgio Armani höchstper-
sönlich stylte sein extravagantes Restaurant.
Das Design ist ausgesprochen elegant,
das Publikum schick und VIP, und gegessen
wird exotisch. Die Küche präsentiert einen
überzeugenden Mix aus asiatisch mit einem
kräftigen Touch südamerikanischer Küche.
Das wirkt manchmal vielleicht ein wenig
übertrieben, schmeckt aber gut. Kleine
Weinkarte.

Boeucc F F F
Innenstadt, Piazza Belgioioso, 2
PLZ 20121   ■ E 2, S. 375
Tel. 0039/02 76 02 02 24
Fax 02 79 61 73
www.boeucc.com
So mittag, Sa geschl.
Hauptgerichte € 20-65
AmEx M͏ ☂ Y
Eine der ältesten und elegantesten Adres-
sen Mailands, um lombardische und auch
andere italienische Klassiker zu verkosten.
Ausgezeichnete Weinkarte. Täglich frischer
Fisch und ausgezeichnete Nudel- sowie
Fleischspeisen. Tolle lokale Spezialitäten,
etwa Risottos. Aufmerksamer Service. Man
sollte reservieren, weil das Lokal bei den
Mailändern sehr beliebt ist.

Casa Fontana F F
Innenstadt, Piazza Carbonari, 5
PLZ 20125   nördlich ■ F 1, S. 375

Tel. 0039/026 70 47 10, Fax 02 66 80 04 65
www.23risotti.it
Sa mittag, Mo geschl.
Hauptgerichte € 15-24

`AmEx` `EC` `MASTER` `VISA`

Der Weg zum Stadtrand sollte niemanden abschrecken: Hier wird echte Mailänder Küche serviert. Wartezeiten sind aber an der Tagesordnung. Zu empfehlen: eins der 23 unterschiedlichen Risottos. Kleine Weinkarte und leckere Nachspeisen.

Cracco-Peck `F F F`

Innenstadt, Via Victor Hugo, 4
PLZ 20123   ■ D 3, S. 375
Tel. 0039/02 87 67 74
Fax 02 86 10 40
www.peck.it
Sa mittag, So, Mo geschl.
Hauptgerichte € 40-90

`AmEx` `EC` `MASTER` `VISA`

Mariniertes Ei mit Spinat, Pinienkernen und Weintrauben. Ravioli mit dem zarten Fleisch der Meeresspinne und ein Kalbsfilet mit fangfrischen Seeigeln und weißen Pflaumen: In dem modernen und stylishen Restaurant, einem der besten der Stadt, wird eine kreative italienische Küche serviert. Tolle Weinkarte und ein sehr aufmerksamer Service.

Gold `F F`

OT Porta Monforte, Piazza Risorgimento/ Via Carlo Poerio, 2 a
PLZ 20129   östlich ■ F 2, S. 375
Tel. 0039/027 57 77 71
Fax 02 75 77 77 20
www.dolcegabbanagold.it
nur Abendessen, So geschl.
Hauptgerichte € 20-35

`AmEx` `DINERS` `MASTER` `VISA`

Das Restaurant des Modeduos Dolce & Gabbana. Die Räume sind in Gold, Weiß und Kristall gehalten, das Ambiente ist cool-stylish, das Publikum besteht aus Mailand-VIPs und Modeleuten. Gekocht wird eine kreativ angehauchte mediterrane Küche, die sich vor allem an süditalienischen Rezepten ausrichtet. Akzeptable Weinkarte.

Gastro-Highlight: „Il Luogo di Aimo e Nadia"

Il Luogo di Aimo e Nadia `F F F F`

OT Primaticcio, Via Raimondo Montecuccoli, 6
PLZ 20147   westlich ■ A 2, S. 374
Tel. 0039/02 41 68 86
Fax 02 48 30 20 05
www.aimoenadia.com
Sa mittag, So geschl.
Hauptgerichte € 35-50

`AmEx` `DINERS` `MASTER` `VISA`

Am östlichen Stadtrand in einer anonymen Straße: Das Restaurant ist nicht leicht zu finden. Wer dann am Tisch sitzt, fühlt sich gastronomisch wie im siebten Himmel. Zartes Putenbrustfilet mit Sternanis, frischer Fisch mit Fruchtsaucen und Trüffeln, die vielleicht besten Filets in Mailand und eine Weinkarte, die keine Wünsche offenlässt. Toll schmeckt auch das Ananas-Sorbet mit einer Gelatine aus Kakaobohnen und frischer Minze. Sehr netter Service.

Il Marchesino `F F F`

Innenstadt, Via Filodrammatici, 2
PLZ 20129   ■ E 2, S. 375
Tel. 0039/02 72 09 43 38
Fax 02 72 02 32 86
www.ilmarchesino.it

So geschl.
Hauptgerichte € 25-45
AmEx DINERS EC MASTER VISA M Y
Der kleine Mailänder Ableger des nord-
italienischen Starkochs Gualtiero Marchesi.
Elegant diskretes Ambiente direkt bei der
Mailänder Scala, weshalb Künstler und
Publikum hier gern essen gehen. Gekocht
werden Klassiker wie *ossobuco, cotoletta
milanese* und einige Risottos. Gute Wein-
karte und ein aufmerksamer Service.

Il Sambuco F F

OT Garibaldi, im Hotel Hermitage
Via Messina, 10
PLZ 20154   nordöstlich ■ C 1, S. 374
Tel. 0039/02 33 61 03 33
Fax 02 33 61 18 50
www.ilsambuco.it
Sa mittag, So geschl.
Hauptgerichte € 25-45
AmEx DINERS EC MASTER VISA M ⚓ Y
Eines der besten Fischrestaurants in Mai-
land mit elegantem Ambiente. Garantiert
fangfrisch sind die Meerestiere, die nach
klassischen italienischen Rezepten zuberei-
tet werden. Jeden Montag wird Kochfisch
serviert und dazu einige fantastische
Fischsuppen. Gut sortiert ist die Weinkarte
vor allem bei den weißen Tropfen.

Joia F F F

OT Porta Venezia, Via Panfilo Castaldi, 18
PLZ 20124   nordöstlich ■ F 1, S. 375

Tel. 0039/02 29 52 21 24
Fax 022 04 92 44
www.joia.it
Sa mittag, So geschl.
Hauptgerichte € 30-35
AmEx DINERS EC MASTER VISA M ⚓ Y
Das wohl kreativste Restaurant der Stadt.
Die einzelnen Gerichte werden in kleinen
Portionen serviert, die Teller für Teller im
Geschmack immer intensiver werden. Mit
zum Teil fantasievollen Namen versehen, ist
jedes Häppchen eine gastronomische
Überraschung. Ausgezeichnete Weinkarte
und sehr aufmerksame Bedienung, die jede
Portion ausführlich erläutert. Reservierung
empfohlen.

Masuelli San Marco F

OT Porta Vittoria, Viale Umbria, 80
PLZ 20135   östlich ■ F 5, S. 375
Tel. 0039/02 55 18 41 38
Fax 02 54 12 45 12
www.masuellitrattoria.it
So, Mo mittag geschl.
Hauptgerichte € 16-20
AmEx DINERS EC MASTER VISA M
Eine der letzten gemütlichen und rustikalen
Trattorien Mailands, die seit 1921 nur
lombardische und piemontesische Klassiker
serviert. Das Lokal wird vor allem von jenen
Mailändern frequentiert, die in puncto
Ambiente und Speisen das Ursprüngliche
suchen. Leckere Fleischgerichte und Risot-
tos. Recht gutes Weinangebot.

Das fröhliche Küchenteam serviert kreative Gerichte getrennt in kleinen Portionen: „Joia"

Gute Küche im Delikatessenladen: „Peck"

Eine Institution in der Stadt: „Sadler"

Peck `F F`

Innenstadt, Via Spadari, 9
PLZ 20123   ■ D 4, S. 375
Tel. 0039/028 02 31 61, Fax 02 86 04 08
www.peck.it
So, Mo geschl.
Hauptgerichte € 22-23
`AmEx` `DINERS` `EC` `MASTER` `VISA` M Y

Mailands Delikatessentempel Nummer eins
bietet das vielleicht umfangreichste Weinangebot der lombardischen Metropole. Kein
Wunsch bleibt offen. Persönliche Weinberatung ist auf Voranmeldung möglich. Das
Weinangebot ist mit über 1500 Etiketten
umwerfend und wird auch den anspruchs-
vollsten Weinreisenden zufriedenstellen. In
dem großen Geschäft kann auch gegessen
werden. Täglich gibt es an die 25 offene
Weine. Das Weinangebot deckt alle italienischen Anbauregionen ab. Im Keller lagern
die wichtigen Jahrgänge der interessantesten Weingüter.

Sadler `F F F F`

Innenstadt, Via Ascanio Sforza, 77
PLZ 20141   südlich ■ C 4, S. 374
Tel. 0039/02 58 10 44 51
Fax 02 58 11 23 43
www.sadler.it
nur Abendessen, So geschl.
Hauptgerichte € 37-54
`AmEx` `DINERS` `MASTER` `VISA` 🏠 ⛱ Y

Claudio Sadler bietet eine der interessantesten Küchen Mailands. Italienische
Traditionsgerichte in ungewöhnlich leichter

Version überraschen, wie zum Beispiel
Ravioli mit Kaninchenfleisch, Spargelspitzen
und schwarzer Trüffel oder eine Pfanne mit
Meerestieren und Brokkoli und geröstetem
Bittersalat. Perfekte Weinkarte. Elegantes
Restaurant und ein sehr freundlicher,
kompetenter Service.

Trussardi alla Scala `F F`

Innenstadt, Piazza della Scala, 5
PLZ 20121   ■ E 2, S. 375
Tel. 0039/02 80 68 82 01
Fax 02 80 68 82 87
www.trussardiallascala.com
So geschl.
Hauptgerichte € 15-52
`AmEx` `DINERS` `EC` `MASTER` `VISA` M Y

Beliebt bei Scala-Besuchern. Design-
Restaurant des Modehauses Trussardi, stark
frequentiert von VIPs und Politikern. Serviert
werden leicht kreativ angehauchte italienische Spezialitäten. Ausgezeichnete Nudelgerichte, reiche Dessertauswahl. Gute
Weinkarte und freundlicher Service. An
Opernabenden muss man reservieren.

Bars

Cantine Isola

Innenstadt, Via Paolo Sarpi, 30
PLZ 20154   ■ A 00, S. 0000
Tel. 0039/023 31 52 49, Fax 023 31 52 49
cantineisola@libero.it
Di-Sa 10-22 Uhr, So 10-14 und 16-22 Uhr
`DINERS` `EC` `MASTER` `VISA` Y

Mitten im chinesischen Viertel gelegene urgemütliche Weinoase, mit Hunderten von Etiketten und einem *banco,* einem Tresen, an dem jeden Tag rund 15 offene Weine verkostet werden können. Ein uriges Lokal, in dem man Mailänder aus dem Viertel, aber auch VIPs wie Dario Fo antreffen kann. Sehr freundliche Bedienung, die auf Wunsch seltene Flaschen zum Verkosten entkorkt.

10 Corso Como

OT Garibaldi, Corso Como, 10
PLZ 20154   nördlich ■ D 1, S. 375
Tel. 0039/02 65 48 31
www.10corsocomo.com
Mo 18-1 Uhr, Di-Fr 12-1 Uhr,
Sa 11-2 Uhr, So 11-1 Uhr

AmEx DINERS EC MASTER VISA 🍸

Die Trendbar Mailands. Hier kann man sie treffen, die Stars und Sternchen der Modewelt. Die minimalistisch gestylte Bar wurde von der Modefrau Carla Sozzani eingerichtet. Madonna und Giorgio Armani gehören zu den Stammkunden dieses Lokals mit Kaufhaus in einem ehemaligen Arbeiterwohnhaus. Gute Cocktailauswahl.

Living

OT Fiera, Piazza Sempione, 2
PLZ 20154   nordwestlich ■ A 1, S. 374
Tel. 0039/02 33 10 08 24
Fax 02 34 53 51 65
www.livingmilano.com
tgl. 8-2 Uhr

AmEx DINERS MASTER VISA 🍸 🍷

Der Treffpunkt: „10 Corso Como"

Coole Bar, coole Drinks: „Pravda Vodka Bar"

Eines der bei Medienleuten und Künstlern angesagtesten Lokale der Stadt. Kein cooles Ambiente, sondern viel warme Farben, diskrete Beleuchtung, bunte Kissen und hölzerne Skulpturen. Es gibt eine Weinbar und einen Restaurantbereich mit Mailänder Spezialitäten. Besonders beliebt zum Aperitif und nach einem Abendessen. Große Sekt- und Champagnerauswahl und ein gut sortierter Weinkeller.

Pravda Vodka Bar

OT Porta Vigentina, Via Carlo Vittadini, 6
PLZ 20154   südlich ■ D 5, S. 375
Handy 0039/34 76 84 11 76
frog.bc@livero.it
tgl. 18.30-1 Uhr

 🏠

Im wahrsten Sinne des Wortes coole Bar, in der alle nur denkbaren Cocktails mit Wodka *on the rocks* gemixt werden. Heterogenes Publikum aus Business und Fashion, auch junges Publikum. Sehr beliebt zur Happy Hour, aber durchaus auch geeignet, um nach einem gelungenen Abend hochprozentige Absacker zu probieren.

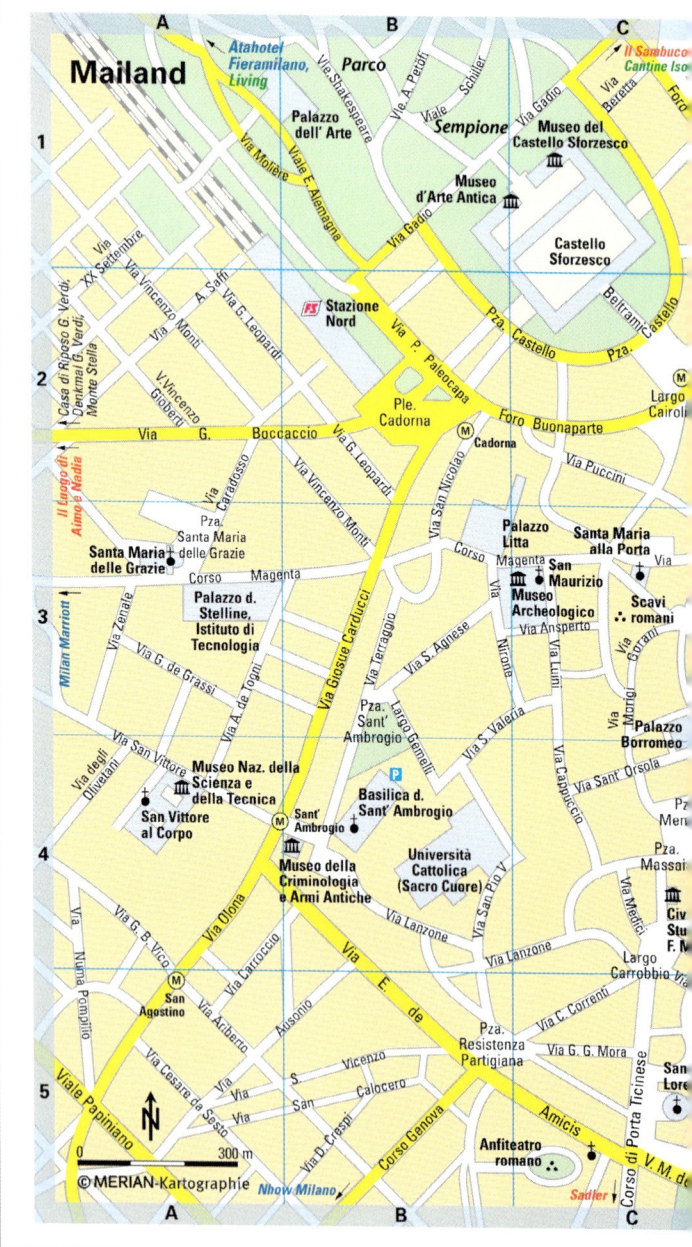

Mailand

Atahotel Fieramilano, Living

Parco

Sempione

Il Sambuco, Cantine Iso

Palazzo dell' Arte

Museo del Castello Sforzesco

Museo d'Arte Antica

Castello Sforzesco

Casa di Riposo G. Verdi; Denkmal G. Verdi; Monte Stella

FS Stazione Nord

Largo Cairoli

Ple. Cadorna

Foro Buonaparte

Pza. Castello

Via G. Boccaccio

Cadorna

Via Puccini

Il Luogo di Aimo e Nadia

Pza. Santa Maria delle Grazie

Palazzo Litta

Santa Maria alla Porta

Santa Maria delle Grazie

Corso Magenta

San Maurizio

Museo Archeologico

Scavi romani

Milan Marriott

Palazzo d. Stelline, Istituto di Tecnologia

Palazzo Borromeo

Pza. Sant' Ambrogio

Museo Naz. della Scienza e della Tecnica

Basilica d. Sant' Ambrogio

San Vittore al Corpo

Sant' Ambrogio

Università Cattolica (Sacro Cuore)

Museo della Criminologia e Armi Antiche

Pza. Messasi

Civ Stu F. M

Largo Carrobbio

San Agostino

Pza. Resistenza Partigiana

San Lore

N

0   300 m

© MERIAN-Kartographie   Nhow Milano

Anfiteatro romano

Corso di Porta Ticinese

Sadler

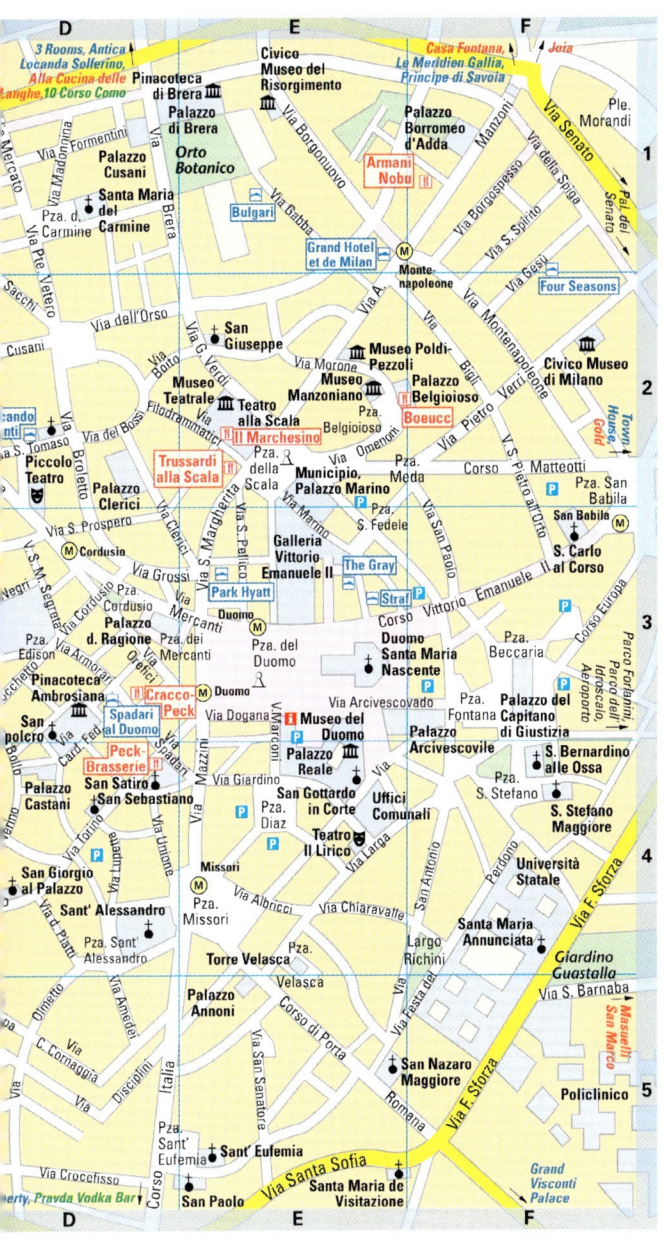

MOSKAU

In der Mega-Metropole reicht die kulinarische Bandbreite von Inszenierungen mit Hummer und Kaviar über Kreationen aus der Molekularabteilung bis zum Dinner in trauter Sowjet-Nostalgie. Die Partyszene trifft sich in immer neuen schicken Clubs – Moskaus Nächte sind lang. Und wen es zu später Stunde dann doch in die Federn zieht, der freut sich über niedrigere Übernachtungspreise

Hotels

Ararat Park Hyatt `F F F F`

OT Metschtschanskij Rajon, Ul. Neglinnaja 4
PLZ 109012　　　　■ D 2, S. 388
Tel. 007/495/783 12 34, Fax 783 12 35
www.moscow.park.hyatt.com
195 Zi., 21 Suiten, DZ ab € 456
`AmEx` `DINERS` `MASTER` `VISA` ⛄⛄⛄

Erstklassige Lage am Bolschoi-Theater, auch
der Kreml ist in der Nähe. Öffentliche
Bereiche, Zimmer und Suiten sind klassisch-
modern eingerichtet und großzügig, die
geräumigen Bäder sind aus Marmor, W-Lan
ist überall vorhanden und kostenlos.
Schönes „Quantum Spa" mit Pool und
Sauna. Mehrere Restaurants, von der Bar
„Conservatory" (siehe Cafés/Bars) in der
10. Etage blickt man auf den Kreml.

Baltschug Kempinski `F F F F`

OT Zentralnij Rajon, Ul. Baltschug 1
PLZ 115035　　　　■ D 4, S. 389
Tel. 007/495/287 20 00, Fax 287 20 02
www.kempinski-moscow.com
197 Zi., 33 Suiten, DZ ab € 410
`AmEx` `DINERS` `MASTER` `VISA` ⛄⛄⛄⛄

Auch dieses Luxushotel an der Moskwa
überzeugt mit erstklassiger Lage: Von vielen
Zimmern blickt man auf Kreml, Roten Platz

„Ararat Park Hyatt": imposantes Atrium

oder Basilius-Kathedrale. Schöner Spa mit
Sauna, Fitness und großem Pool sowie
Beautycenter. Sehr guter Service im ganzen
Haus. Gutes Frühstück, zwei Restaurants,
zwei Bars und das „Café Kranzler" (siehe
Restaurants).

„Baltschug Kempinski": beste Lage mit Blick auf Kreml, Roten Platz und Basilius-Kathedrale

„Golden Apple": schöne Illusion mit Schattenspiel und Designerschick im Restaurant

Golden Apple ▮F▮▮F▮▮F▮▯▯

OT Zentralnij Rajon, Malaya Dmitrovka 11
PLZ 127006 ■ C 1, S. 388
Tel. 007/495/980 70 00, Fax 980 70 01
www.goldenapple.ru
90 Zi., 2 Suiten, DZ ab € 120
[AmEx] [DINERS] [MASTER] [VISA] 🏧 ♈ 🏨 ♈
Moskaus erstes Designhotel. In dem
schönen Haus aus dem 19. Jahrhundert
sind die Zimmer minimalistisch in Grau-
und Anthrazittönen mit bunten Lampen als
Farbakzente eingerichtet. Schicke Bar und
gestyltes Restaurant. Überschaubares Spa.
Kleines, aber feines Frühstücksbuffet.

Savoy ▮F▮▮F▮▯▯▯

OT Zentralnij Rajon
Ul. Roschdestwenka 3/6
PLZ 109012 ■ D 2, S. 389
Tel. 007/495/620 85 00, Fax 620 86 65
www.savoy.ru
67 Zi., 6 Suiten, DZ ab € 260
[AmEx] [DINERS] [EC] [MASTER] [VISA] ♈ 🏨 🏠 ♈
Das 1913 eröffnete Hotel ist eine der
ältesten Luxusherbergen der Stadt und
gehört heute zur Vereinigung der Small

Luxury Hotels. Die eleganten Zimmer sind
mit italienischen Möbeln ausgestattet und
in jeder Etage in anderen Farben dekoriert.
Wellnessbereich mit kleinem Gegenstrom-
pool. Im opulenten Restaurant im Rokokostil wird traditionelle russische sowie
französische Küche serviert.

Swissôtel Krasnye Holmy ▮F▮▮F▮▮F▮▯▯

OT Rajon Samoskworetschje
Kosmodamjanskaja nab. 52
PLZ 115054 ■ F 5, S. 389
Tel. 007/495/787 98 00
Fax 787 98 98
www.swissotel.com
233 Zi., 27 Suiten, DZ ab € 305
[AmEx] [DINERS] [EC] [MASTER] [VISA] ♈ 🏨 🏠 ♈
Das ultramoderne, turmförmige Business-
hotel ist mit seinen 34 Stockwerken das
Symbol für das aufstrebende Moskau.
Die Zimmer sind geräumig und modern
sowie geschmackvoll eingerichtet. „Amrita
Spa & Wellness"-Bereich mit Pool, Sauna
und Fitnessgeräten. Gut ausgestattetes
Businesscenter, fünf Restaurants, Bar (siehe
„City Space Bar").

The Ritz-Carlton ▯▯▯

OT Zentralnij Rajon, Twerskaja 3
PLZ 125009   ■ C 2, S. 388
Tel. 007/495/225 88 88, Fax 225 84 00
www.ritzcarlton.com
304 Zi., 30 Suiten, DZ ab € 475
[AmEx] [DINERS] [EC] [MASTER] [VISA] ⛾🏠🏔⛳

Moskaus jüngstes Spitzenhotel. Die Zimmer (ab 42 Quadratmeter) sind geräumig, opulent und vom russischen Empirestil inspiriert. Großer, exklusiver Spabereich mit Pool. Schicke Bar im 11. Stock. Heinz Winkler entwickelte das Konzept für das Gourmetrestaurant (siehe Restaurant „Jeroboam" und Bar „O2 Lounge").

Restaurants

Baltschug Kempinski ▯▯▯

OT Zentralnij Rajon, im Hotel Baltschug Kempinski, Ul. Baltschug 1
PLZ 115035   ■ D 4, S. 389
Tel. 007/495/287 20 00, Fax 287 20 09
www.kempinski-moscow.com
Sa, So nur Abendessen
Hauptgerichte € 34-80
[MASTER] [VISA] M̃🏠⛾

Im ersten Stock des „Kempinski Baltschug" gelingt dem Team auch unter dem deutschen Chef Nico Giovanoli die pfiffige Renaissance der russischen Küche. Den Vorlieben der internationalen Gäste werden sie dazu mit japanischen und weltläufigen Gerichten gerecht. So wählt man mit Blick auf den Kreml zwischen einem russischen Menü mit rotem Kaviar, Pelmeni und Bœuf Stroganoff, einer Variation vom Thunfisch oder Hummer-Ravioli mit Krustentierschaum. Danach dürfen's in Zitronen-Thymian-Öl pochiertes Kalbsfilet mit Barolo-Sauce oder *pot-au-feu* vom Steinbutt mit Hummer auf Kartoffel-Trüffel-Ravioli sein.

Café Puschkin ▯▯

OT Zentralnij Rajon, Tverskoi Bulvar 26 a
PLZ 127051   ■ B 1, S. 388
Tel. 007/495/739 00 33, Fax 781 78 92
www.cafe-pushkin.ru
kein Ruhetag
Hauptgerichte € 13-39
[AmEx] [DINERS] [MASTER] [VISA] M̃🏠

Der Palast im Empirestil wurde vor acht Jahren ein paar Schritte von Puschkins Denkmal entfernt errichtet und versetzt die

„The Ritz-Carlton": Heinz Winkler entwickelte das Konzept für das Restaurant „Jeroboam"

„Café Puschkin": Palast im Empirestil mit opulentem Café und üpigen Torten im Erdgeschoss

Gäste in die Vergangenheit: Alles wirkt, als stehe es schon seit 200 Jahren hier. Ausgezeichnete russische Küche nach alten Rezepten, die besten Piroggen und Pelmeni (russische Ravioli) der Stadt im Oberge- schoss. Café im Parterre.

Cantinetta Antinori ▮F▮▮F▮▮F▮▯▯

OT Rajon Chamowniki, Denezhny per. 20
PLZ 119002 ■ A 4, S. 388
Tel. 007/499/241 37 71, Fax 241 64 79
www.novikovgroup.ru, antinori@mail.ru
kein Ruhetag
Hauptgerichte € 28-69

AmEx DINERS EC MASTER VISA M ⛱ ⬆

In schöner Atmosphäre wird hier im Saal mit toskanischem Flair, im Wintergarten oder im Patio authentische toskanische Küche serviert. Guter gegrillter Fisch, umfangreiche italienische Weinauswahl. Weinkeller für Proben.

Gallery Café ▮F▮▮F▮▯▯▯

OT Zentralnij Rajon, Petrovka 27
PLZ 107031 ■ D 1, S. 389
Tel. 007/495/937 45 44, Fax 937 56 68
www.cafegallery.ru
kein Ruhetag
Hauptgerichte € 15-70

AmEx DINERS EC MASTER VISA M ☖ ⬆

Schicker Treffpunkt mit modern gestyltem Ambiente, großformatigen Fotos, großen

Fenstern und Loungemusik. Aus der Küche kommt der derzeit angesagte italienisch- russisch-japanische Mix: Sushi (auch hier sehr teuer) oder opulente Fleischgerichte. Schöner Innenhof mit Sofas.

Gastronom No.1 ▮F▮▯▯▯▯

OT Zentralnij Rajon, im Kaufhaus GUM
Krasnaja Ploschadj 3
PLZ 119002 ■ D 3, S. 389
Tel. 007/495/620 33 05, Fax 620 32 03
www.gum.ru
kein Ruhetag
Hauptgerichte € 2-26

AmEx DINERS MASTER VISA M

Neuer Edelimbiss im großartigen Kaufhaus GUM, der nach historischen Archivfotos mit Marmorböden, Art-déco-Lampen und langem Tresen originalgetreu rekonstruiert worden ist. Neben einem internationalen Angebot mit Sushi, Austern und französi- schem Käse umfasst die Auswahl auch kulinarische Sowjet-Nostalgie in Form von Sprotten, Geräuchertem von Schwein und Rind und eingelegten Pilzen. Alle Speisen gibt es auch zum Mitnehmen.

GQ ▮F▮▮F▮▮F▮▯▯

OT Zentralnij Rajon, Ul. Baltschug 5
PLZ 115035 ■ D/E 4, S. 389
Tel. 007/495/956 77 75, Fax 956 77 34
www.gq-bar.ru

kein Ruhetag, Hauptgerichte € 17-124

AmEx DINERS EC MASTER VISA M 🚗 ⛱

Dieser Moskauer Hotspot eröffnete im März 2007. In drei schick gestylten Räumen finden 378 Gäste Platz, hier treffen sich die Schönen der Stadt. Aus der offenen Küche kommen mediterrane, panasiatische und russische Gerichte. Die Preise sind wie fast überall hoch. Dennoch: Ab 23 Uhr gibt es in der Bar nicht mal mehr einen Stehplatz.

Jeroboam FFF

OT Zentralnij Rajon, im Hotel The Ritz-Carlton, Twerskaja 3
PLZ 125009　　　　■ C 2, S. 388
Tel. 007/495/225 88 88, Fax 225 84 00
www.ritzcarlton.com
nur Abendessen, So geschl.
Hauptgerichte € 44-70

AmEx DINERS EC MASTER VISA 🚗 🏠 ⏽

Heinz Winklers *cuisine vitale* in Moskau: Im „The Ritz-Carlton" bereitet der österreichische Küchenchef Leonard Cernko mit vielen russischen Produkten die Gerichte des Meisters zu – kreative Kombinationen mit pfiffigen Aromen und raffinierter Technik. Mit besonderer Aromenfülle begeisterte der kaukasische Flusskrebs in Safransauce. Die Ausstattung löst bei manchem deutschen Gast ein Déjà-vu-Erlebnis aus: Unter einer Glaskuppel speist man mit Blick auf Gemälde mit Ansichten von Baden-Baden. Opulente Weinkarte!

Jolki-Palki F

OT Zentralnij Rajon, Ul. Neglinnaja 8/10
PLZ 125009　　　　■ D 1, S. 389
Tel. 007/495/628 55 25, Fax 628 55 25
www.elki-palki.ru
kein Ruhetag
Hauptgerichte € 4-16

AmEx DINERS EC MASTER VISA M 🚗 ⛱

Moskaus Antwort auf Burger & Co. Kette mit günstigen russischen Snacks, in deren Restaurants die beliebten Vorspeisen *sakuski* auf einem Pferdewagen angerichtet sind. Gute Suppen, Pelmeni (russische Ravioli) und andere Hausmannskost.

„Jeroboam": Schlemmen unter der Kuppel

Anatoly Komm: Moskaus Küchenstar

Kupol FFF

OT Zentralnij Rajon, Nowy Arbat 36
PLZ 117485 ■ A 3, S. 388
Tel. 007/495/690 73 73
www.anatolykomm.ru
kein Ruhetag
Hauptgerichte € 19-143
AmEx DINERS EC MASTER VISA M 🚗 ☂

Anatoly Komm ist mittlerweile Herr über ein ganzes Imperium, aber sein „Kupol" hat nichts von seiner Beliebtheit eingebüßt. Unter der gläsernen Kuppel mit Blick auf die Moskwa haben die Gäste ebenso wie die Gerichte ihren Auftritt. Die Spargelsuppe mit Trüffel-Eis ist fast ein Klassiker, Trüffelschaum hält auch die Chips von Kartoffel und Roter Bete zusammen. Man kann aber auch ein Steak bestellen.

La Marée FFF

OT Zentralnij Rajon, Petrovka 28/2
PLZ 127006 ■ D 1, S. 389
Tel. 007/495/694 09 30
Fax 694 65 97
kein Ruhetag
Hauptgerichte € 16-100
AmEx DINERS EC MASTER VISA M 🚗 ☂

Die Auswahl in Moskaus bestem *seafood*-Restaurant ist riesig: Allein mehr als zehn verschiedene Austernsorten hat das Lokal im Angebot, dazu diverse Frischfische und Krustentiere vom Wildfang-Steinbutt bis zum bretonischen Hummer. Kein Wunder, das Lokal gehört dem größten Fischhändler der Hauptstadt, Mehdi Douss. Maritimes Ambiente im Bistrostil mit Aquarien, Fischgeschäft nebenan.

Majak F

OT Zentralnij Rajon
Bolschaja Nikitskaja 19/13
PLZ 119435 ■ B/C 2, S. 388
Tel. 007/495/691 74 49
Fax 691 97 46
www.clubmayak.ru
kein Ruhetag
Hauptgerichte € 7-15
EC MASTER VISA M

Runde Holztische mit großen Papiersets, Bücherregale und Sofas: Im gemütlichen Bistro im ersten Stock über dem Majakowskij-Theater treffen sich Künstler,

„La Marée": Die Gäste schwelgen in einem

Journalisten und Intellektuelle. Aus der Küche kommen russisch-internationale Gerichte, etwa frischer Salat mit solide gebratener Entenleber zu moderaten Preisen. Kleine Weinauswahl.

Manon ▪▪▪▪▪ *

OT Zentralnij Rajon, Ul. 1905 Goda 2
PLZ 123022   westlich ▪ A 3, S. 388
Tel. 007/495/651 81 00, Fax 730 63 45
www.manon-club.ru
kein Ruhetag
Hauptgerichte € 10-35
[AmEx] [DINERS] [MASTER] [VISA] M

Der Moskauer Gastronom Andrei Dellos eröffnete im Sommer 2008 ein weiteres In-Lokal mit einer schrillen Kombination von Farben und Formen: rohe Steinwände, Holzfußböden, verspiegelte goldgerahmte Decken, knallgrüne Lüster und Schachbrett-Tische, umrahmt von Samtsesseln. Für das leibliche Wohl sorgt Michel del Burgo. Er bietet klassisch-französische Küche mit mediterranem Einschlag, etwa provenzalisches Kaninchen mit Ravioli und Aprikosensauce.

riesigen Angebot an Meeresfrüchten

Mu-Mu *

OT Zentralnij Rajon, Arbat 45
PLZ 119002   ▪ A 3, S. 388
Tel. 007/499/241 13 64, Fax 241 13 64
www.cafemumu.ru
kein Ruhetag
Hauptgerichte € 1-15
M

Vor allem Studenten und Familien frequentieren dieses rustikale Lokal mit Knoblauchzöpfen aus Plastik und Backsteinattrappen an den Wänden, in dem die russischen Spezialitäten ordentlich und günstig sind. Borschtsch, Pelmeni, Schaschlik, Steak oder Salate werden auf schwarz-weiß geflecktem Geschirr angerichtet.

Nedal'nij Vostok ▪▪▪▪▪

OT Zentralnij Rajon, Tverskoi Bulvar 15
PLZ 123104   ▪ B 2, S. 389
Tel. 007/495/694 06 41, Fax 691 78 25
www.novikovgroup.ru
kein Ruhetag
Hauptgerichte € 22-62
[AmEx] [DINERS] [EC] [MASTER] [VISA] M

Das Restaurant gehört zum Gastro-Imperium von Arkadij Nowikow. In höchst ungewöhnlichem Design präsentiert Küchenchef Glen Andrew Ballis kreative und filigrane internationale Gerichte mit russischen Akzenten: *vareneki* (Teigtaschen) mit Krebs und *shiso*-Sabayon oder kurz gebratene Jakobsmuscheln mit grünem Apfel, Meerrettich-Rote-Bete-Salat und Hummer-Öl.

Shinok ▪▪▪▪▪

OT Zentralnij Rajon, Ul. 1905 Goda 2
PLZ 123100   westlich ▪ A 3, S. 388
Tel. 007/495/651 81 01, Fax 730 63 45
www.shinok.ru
kein Ruhetag
Hauptgerichte € 25-45
[AmEx] [DINERS] [MASTER] [VISA] M

Russisches Erlebnisessen: Lebende Hühner, Kuh und Ziege sind die Kulisse, die wie ein ukrainischer Dorfplatz anmutet. Aus der Küche kommt passend dazu deftige ukrainische Hausmannskost wie Pelmeni,

„Turandot": ein Restaurant wie ein Opernhaus, und die Kellner singen „Nessun Dorma"

Aal mit Speck oder gefüllter Zander. Wem das nicht reicht: Zum Nachtisch werden schwere Cremetorten gereicht.

Turandot 🇫🇫

OT Zentralnij Rajon, Tverskoi Bulvar 26
PLZ 127051 ■ B 1, S. 388
Tel. 007/495/739 00 11
www.turandot-palace.ru
kein Ruhetag
Hauptgerichte € 23-60
AmEx DINERS MASTER VISA 🅜 🛖 🌴
Millionenschwere Restaurant-Inszenierung mit der Opulenz einer Puccini-Oper: hand-bemalte Stühle und Tische, riesiger Lüster und kostümierter Service. Ein Kammerorches-ter eröffnet den Abend mit der Arie „Nessun Dorma". Der Londoner Alan Yau hat das

Küchenkonzept entwickelt, das chinesisch und japanisch geprägt ist: in Jasmintee geräucherte Rippchen, Frühlingsrollen mit Ente und Erdnuss, Wolfsbarsch in chinesi-schem Honig. Hervorragende *dim sum!*

U Pirosmani 🇫

OT Zentralnij Rajon
Novodevichy Proezd 4
PLZ 119034 südwestlich ■ A 5, S. 388
Tel. 007/499/255 79 26
Fax 246 16 38
www.upirosmani.ru
kein Ruhetag
Hauptgerichte € 9-31
MASTER VISA 🅜 🛖 🌴
Hier speisten schon Berühmtheiten wie Bill Clinton, Richard Gere und Yoko Ono, Fotos

an den Wänden belegen die prominenten Besuche. In der Atmosphäre eines Künstlerateliers (das Lokal wurde nach dem georgischen Maler Niko Pirosmani benannt) werden georgische Gerichte wie Kebab mit Pilzen, Schweinefilet mit Granatapfel oder die Fleischknödel *khinkali* in bisweilen wechselnder Qualität serviert.

Warwary FFFF

OT Zentralnij Rajon, Strastnoj Bulvar 8 a
PLZ 127006   ■ C 1, S. 388
Tel. 007/495/229 28 00, Fax 694 02 10
www.anatolykomm.ru
nur Abendessen, So geschl.
Hauptgerichte € 10-30
AmEx DINERS EC MASTER VISA 🏠🌂🍸

Nur ein paar Schritte vom Puschkin-Platz im Herzen Moskaus schweift der Blick im siebten Stock aus Panoramafenstern über die Dächer der Stadt. Auch das Ambiente ist imposant: roter Samt, schwarzer Lack, auf den Tischen weißes Leinen, schweres Kristall und Silber. Das „Gastronomische Theater in 11 Akten" wird von weiß behandschuhten Kellnern serviert, und Anatoly Komm wird auch hier wieder seinem Ruf als der russische Ferran Adrià gerecht. Aus typischen Produkten der russischen Küche werden avantgardistische Kreationen, Rote Bete etwa kommt als Baiser, luftiger Schaum, in Form von Chips oder Sorbet auf den Tisch. Imponierende Weinkarte.

ZDL-Club FF

OT Krasnopresnenskij Rajon
Ul. Povarskaya 50
PLZ 121069   ■ A 2, S. 388
Tel. 007/495/691 15 15, Fax 602 34 19
www.cdl-restaurant.ru
kein Ruhetag
Hauptgerichte € 15-45
AmEx DINERS MASTER VISA M̌ 🏠

Früher durften nur Schriftsteller in dem prachtvollen historischen Gebäude essen, in dem Leo Tolstoi Episoden seines Romans „Krieg und Frieden" spielen ließ. Heute schmecken im holzgetäfelten Saal Gerichte nach alten russischen Rezepten wie saftiger Stör auf Moskauer Art mit Pilzen oder Borschtsch mit Piroggen. Förmlicher, aber netter Service.

„ZDL-Club": historische Pracht, die früher ausschließlich Schriftstellern vorbehalten war

Bars/Cafés

Bosco

OT Zentralnij Rajon, im Kaufhaus GUM
Krasnaja Ploschadj 3
PLZ 119002　　　　■ D 3, S. 388
Tel. 007/495/620 31 82
www.bosco.ru
tgl. 9.30-23 Uhr
⌸AmEx⌹ ⌸DINERS⌹ ⌸EC⌹ ⌸MASTER⌹ ⌸VISA⌹ M ♠ ⛱ ♟

Hohe Decken, sanfte Cremefarben und
bequeme Polster: Im schönen Café am
Roten Platz trinkt man während der
Shoppingpause seinen Cappuccino mit
Blick auf den Kreml. Die kleinen Törtchen
sind verführerisch gut.

City Space Bar

OT Rajon Samoskworetschje, im Swissôtel
Krasnye Holmy, Kosmodamjanskaja nab. 52
PLZ 115054　　　　■ F 5, S. 389
Tel. 007/495/787 98 00, Fax 787 98 98
www.moscow.swissotel.com
tgl. 18-3 Uhr
⌸AmEx⌹ ⌸DINERS⌹ ⌸MASTER⌹ ⌸VISA⌹ ♠ ♟

Eine der höchsten Bars der Stadt im
34. Stock des „Swissôtels". Komplettver-
glasung gewährleistet atemberaubende

„City Space Bar": gute Cocktails

Ausblicke – Schwindelfreiheit voraus-
gesetzt. Beste Sicht: Sessel und Sitzecken
verteilen sich auf zwei Ebenen. Spacige
Musik und kreative Cocktails.

Conservatory

OT Zentralnij Rajon, im Hotel Ararat Park
Hyatt, Ul. Neglinnaja 4
PLZ 109012　　　　■ D 2, S. 388
Tel. 007/495/783 12 34, Fax 783 12 35
www.moscow.park.hyatt.com
Mo-Fr 10-2 Uhr, Sa, So 12-2 Uhr
⌸AmEx⌹ ⌸DINERS⌹ ⌸EC⌹ ⌸MASTER⌹ ⌸VISA⌹ ♠

Spektakuläre Lage unter der imposant
geschwungenen Glasdecke des Atriums in
der neunten Etage des „Ararat Park Hyatt"
mit Blick auf Kreml, Parlamentsgebäude
und Bolschoi-Theater. Diverse Cocktails,
armenisches Bier sowie offene Weine,
überwiegend aus Frankreich.

O2 Lounge

OT Zentralnij Rajon, im Hotel The Ritz-
Carlton, Twerskaja 3
PLZ 125009　　　　■ C 2, S. 388
Tel. 007/495/225 88 88, Fax 225 84 00

„Bosco": Kaffee und Törtchen mit Stil

und eine atemberaubende Aussicht

www.ritzcarlton.com
Mo-Mi 12-2 Uhr, Do-Sa 12-3 Uhr,
So 12-24 Uhr
AmEx DINERS EC MASTER VISA
Im 12. Stock residiert die „O2 Lounge"
unter einer imposanten Glas- und Stahlkup-
pel mit großer Außenterrasse und riesigen
Sofas. Von hier oben scheinen die Kreml-
Kirchen mit ihren vergoldeten Türmen und
roten Sternen zum Greifen nah. Moskaus
Szenekoch Seiji Kusano versorgt hier die
Schönen und Reichen mit Sushi. Gute
Cocktails, schön zum Sehen und Gesehen-
werden, dazu werden später am Abend
heiße Rhythmen von einem DJ aufgelegt.

Vinosyr

OT Zentralnij Rajon
Malyi Palashewsky pereulok 6
PLZ 103006 ■ B 1, S. 388
Tel. 007/495/739 10 45
www.vinosyr.ru
tgl. 18-6 Uhr EC MASTER VISA
Weinbar in einer kleinen Seitenstraße des
Tverskoi Boulevard mit langem Tisch und
roten Wänden. Rund 80 internationale

Weine können probiert und gekauft werden, viele auch glasweise. Dazu gibt es
Kleinigkeiten wie eine Käseplatte für zehn
Euro. Doch die Fremdsprachenkenntnisse
des Personals können mit dem Weinangebot noch nicht immer Schritt halten.

Vogue Café

OT Zentralnij Rajon, Kusnezkij Most 7/9
PLZ 107031 ■ D 1, S. 389
Tel. 007/495/623 17 01, Fax 628 57 36
Mo-Do 8.30-1 Uhr, Fr 8.30-2 Uhr,
Sa 12-2 Uhr, So 12-1 Uhr
AmEx DINERS EC MASTER VISA M 🏠
In üppigen Sofas sitzt die Moskauer Szene
schon zum Frühstück zwischen coolen
Fotografien an den Wänden und weckt
nach durchfeierter Nacht mit Kefir und
frisch gepresstem Saft die noch müden
Lebensgeister. Kleine Snacks.

„Vogue Café": Erfrischung zum Frühstück

Volkonsky Café

OT Zentralnij Rajon, Ul. Maroseika 4/2
PLZ 123001 ■ E 2, S. 389
Tel. 007/495/721 14 42, Fax 721 14 42
www.wolkonsky.ru
tgl. 8-23 Uhr EC MASTER VISA M
Hübsche Café-Bäckerei mit Originalinterieur,
pinkfarbener und weißer Holzdecke.
Schönes Brot, leckere Kuchen und Torten,
gute Tee- und Kaffeeauswahl.

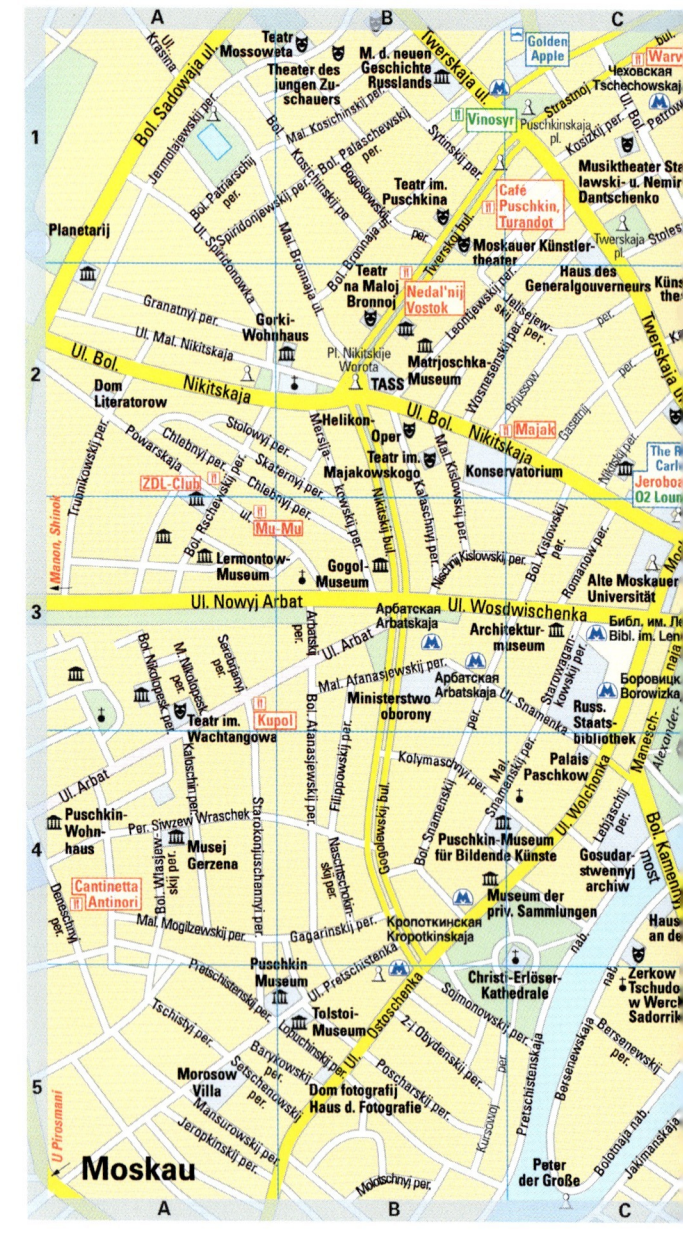

Moskau

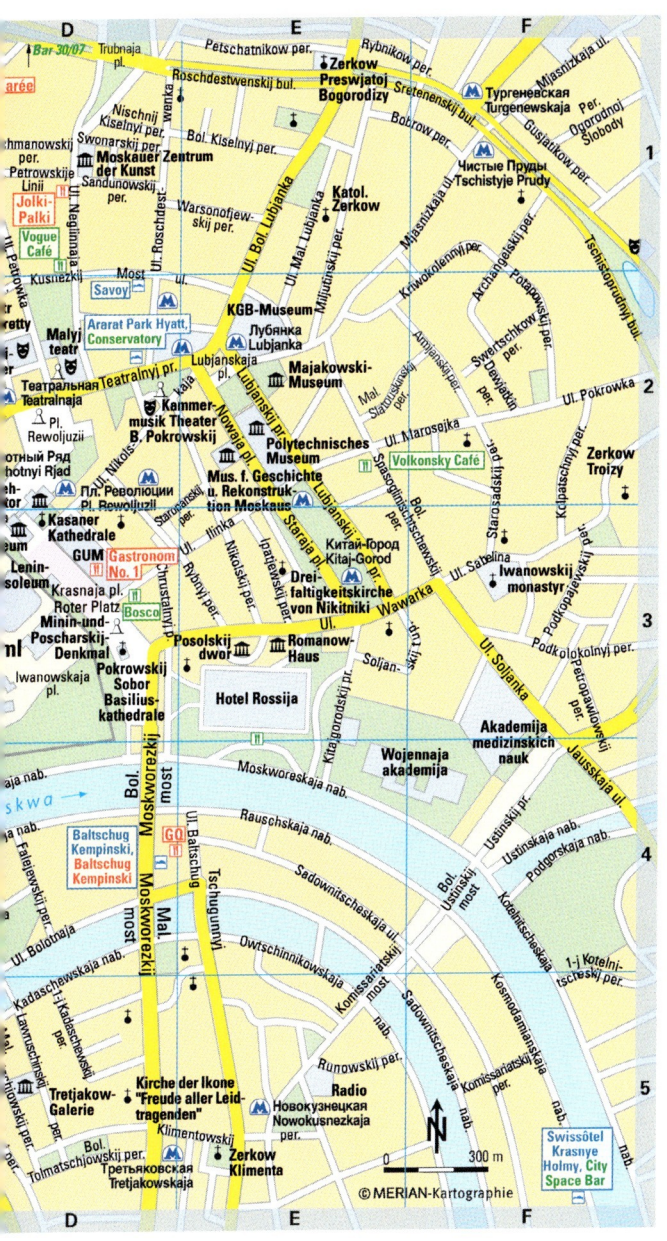

MÜNCHEN

Als Gastgeber sind die Münchner unschlagbar: Jeder Gast findet, was er sucht – ob Wirtshaus oder Szenebar, Grandhotel oder Designadresse. Und im Sommer wird die Leopoldstraße zu einer leuchtenden Luxusmeile

Hotels

Advokat FF
Innenstadt, Baaderstr. 1
PLZ 80469   ■ E 5, S. 409
Tel. 089/21 63 10, Fax 216 31 90
www.hotel-advokat.de
50 Zi., DZ ab € 105
AmEx DINERS MASTER VISA
Auch aus einem ehemaligen Arbeiterwohn-
heim am Isartor lässt sich ein schönes Hotel
machen, wenn man weiß, wie. Die recht
kleinen Doppelzimmer sind im Retroschick
der Wirtschaftswunderjahre möbliert, alle
haben Badewanne, einige Balkon. Kostenloses W-Lan im gesamten Haus, Gourmetfrühstück mit Bioprodukten und frischem
Obst.

anna hotel FF
Innenstadt, Schützenstr. 1
PLZ 80335   ■ A 3, S. 408
Tel. 089/59 99 40, Fax 59 99 43 33
www.geisel-privathotels.de
73 Zi., 10 Suiten, DZ ab € 205
AmEx DINERS EC MASTER VISA ⍋ 🏠
Das gemütliche Designhotel zwischen
Hauptbahnhof und Stachus hat einige
Überraschungen zu bieten: goldener Tresen
statt große Lobby, farbenfroh gestaltete
Zimmer mit Tivoli-Radios, eine schöne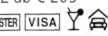

Turmsuite mit Dachterrasse und einer
Badewanne frei im Raum. Minibar kostet
nichts, das Szenecafé „anna" hat gute
Kaffeespezialitäten. Große Auswahl zum
Frühstück. W-Lan kostenlos.

Bayerischer Hof FFFFF
Innenstadt, Promenadeplatz 2-6
PLZ 80333   ■ C 3, S. 408
Tel. 089/212 00, Fax 212 09 06
www.bayerischerhof.de
273 Zi., 60 Suiten, DZ ab € 395
AmEx DINERS EC MASTER VISA ⍋ 🚗 🏊 ⍦
Münchens erste Adresse hat alles, was man
von einem Luxushotel mit Geschichte heute
erwartet: freundlicher Service und höchst
angenehme Designzimmer, modernste
Technik und ein 1200 Quadratmeter großer
„Blue Spa" für totale Entspannung. Sogar
im Spa genießt man die Aussicht über die
Stadt. Einige der schönsten Bars, Restaurants
und Suiten der Stadt sind hier zu finden.
Das Frühstücksbuffet ist königlich. Und
dann wohnt man auch noch sehr zentral.
(Siehe „falk's Bar".)

Cortiina FF
Innenstadt, Ledererstr. 8
PLZ 80331   ■ D 4, S. 409
Tel. 089/242 24 90, Fax 242 24 91 00
www.cortiina.com

„Bayerischer Hof": je später der Abend, desto zahlreicher die Gäste in „falk's Bar"

30 Zi., 6 Suiten, 39 App., DZ ab € 225

AmEx DINERS EC MASTER VISA ☕🚗

Das nicht nur bei Künstlern sehr beliebte Designhotel (zwischen Maximilianstraße und Marienplatz) bietet kleine, aber schicke Zimmer in zentraler Lage. Sie sind zeitgeistig ausgestattet mit wertvollen Naturmaterialien und Bädern aus Jurastein. Gutes Biofrühstück in der Lobby. Zwei 60 Quadratmeter große Businesssuiten als besondere Attraktion. (Siehe „Cortiina Bar".)

Excelsior FF

Innenstadt, Schützenstr. 11
PLZ 80335 ■ A 3, S. 408
Tel. 089/55 13 70, Fax 55 13 71 21
www.geisel-privathotels.de
105 Zi., 8 Suiten, DZ ab € 210

AmEx DINERS EC MASTER VISA ☕🚗🍸

Unweit des Hauptbahnhofs liegt dieses wohnliche First-Class-Hotel im eleganten bayerischen Landhausstil. Die Zimmer sind groß, helle Hölzer und alte Stiche sorgen für ein angenehmes Ambiente. Zur Wellness geht der Gast in das nahe Schwesterhotel „Königshof". Minibar und W-Lan sind gratis. Schöne Banketträume mit Showküche. Prosecco-Frühstück; beliebte „Geisel's Vinothek" im Haus (siehe Restaurants); Wagenservice.

Hilton Munich Park FFF

OT Schwabing-Freimann, Am Tucherpark 7
PLZ 80538 südöstlich ■ F 2, S. 409
Tel. 089/384 50, Fax 38 45 25 88
www.hilton.com
478 Zi., 16 Suiten, DZ ab € 230

AmEx DINERS EC MASTER VISA ☕🚗🏊🍸

Das beliebte Kongresshotel – in grüner Umgebung, aber trotzdem citynah – bietet auch Privatreisenden Komfort und Ruhe. Die Lobby wurde jüngst erneuert. Flachbildschirme stehen in allen Zimmern, die zum Teil farbenfroh gestaltet wurden. Die Fitnessangebote und der Wellnessbereich wurden 2008 erweitert. Neun-Meter-Pool mit Gegenstromanlage. Nette Terrasse direkt am Eisbach, zum Englischen Garten ist es nicht weit.

„Königshof": bequemer wohnen am Stachus

H'Otello F

OT Schwabing, Hohenzollernstr. 9
PLZ 80801 nordöstlich ■ D 1, S. 409
Tel. 089/309 07 70, Fax 309 07 79 00
www.hotello.de
66 Zi., 5 Suiten, DZ ab € 102

AmEx DINERS EC MASTER VISA 🚗

Schicker Newcomer in Schwabing. In den kleinen, klug und funktionell designten Zimmern bestimmen klare Linien, Holz und Weiß das Ambiente. Kinder bis 12 Jahre können kostenlos mit ihren Eltern wohnen. Für diese angesagte Adresse ist frühes Reservieren angezeigt.

Kempinski München Airport FFFF

Terminalstr./Mitte 20
PLZ 85356 nordöstlich ■ D 1, S. 409
Tel. 089/978 20, Fax 97 82 26 10
www.kempinski-airport.de
389 Zi., 46 Suiten, DZ ab € 191

AmEx EC MASTER VISA ☕🏊🍸

Oft ist man froh, noch ein Bett zu finden, wenn man abends in München landet. Dieses Hotel bietet dem Gast ungewöhnliches Design und angenehmen Komfort. Hier betritt man die Postmoderne: Wie ein hohes Segel wölbt sich das Glasdach der lichtdurchfluteten Halle. Die ökozertifizierten

www.lemeridien.com/muenchen
352 Zi., 29 Suiten, DZ ab € 139
`AmEx` `DINERS` `EC` `MASTER` `VISA` 🍽🏨〰🛎

Zwar ist die Lobby dieses großen Businesshotels am Hauptbahnhof perfekt miss-
lungen, dafür gibt sich aber der Service
freundlich und hilfsbereit. Die geräumigen,
ruhigen Zimmer sind ausgestattet in der
bekannt soliden Designqualität der Starwood-Gruppe. Warme Brauntöne dominieren, der Blick zur Badewanne lässt sich je
nach Wunsch mit einer schwarzen Jalousie
verschatten. Hoher Businesskomfort. Großer
Frühstückssaal, schöner Innenhof zum
Draußensitzen. Eigene große Tiefgarage.

Mandarin Oriental `F` `F` `F` `F`

Innenstadt, Neuturmstr. 1
PLZ 80331 ■ D 4, S. 409
Tel. 089/29 09 80, Fax 22 25 39
www.mandarinoriental.com/munich
48 Zi., 25 Suiten, DZ ab € 450
`AmEx` `DINERS` `EC` `MASTER` `VISA` 🍽🏨🛎

Zimmer sind modern, schallisoliert und gut
zugänglich für Behinderte. Internationale
Restaurants, sogar ein 17-Meter-Pool im
Wellnessbereich. Das gesunde Frühstück
macht müde Manager munter.

Königshof `F` `F` `F`

Innenstadt, Karlsplatz 25
PLZ 80335 ■ A 3, S. 408
Tel. 089/55 13 60, Fax 55 13 61 13
www.geisel-privathotels.de
71 Zi., 16 Suiten, DZ ab € 330
`AmEx` `DINERS` `EC` `MASTER` `VISA` 🍽🏨🛎

Die 1869 erbaute Hotellegende am zentralen Karlsplatz (Stachus) muss zwar ihre
denkmalgeschützte Fassade aus den
Siebzigern ertragen, entfaltet aber innen
den gediegenen Charme eines Grandhotels.
Großzügige Zimmer und Suiten, eingerichtet
von klassisch-antik bis zeitgeistig. Kostenloses W-Lan, auch in der diskreten Lobby.
Im 3. Stock lockt ein kleiner Wellnessbereich
mit finnischer Sauna, Whirlpool und Fitnessgeräten. Auf Wunsch: Butler- und Wagenservice. (Siehe Restaurant „Königshof".)

Le Meridien `F` `F` `F`

Innenstadt, Bayerstr. 41
PLZ 80335 westlich ■ A 3, S. 408
Tel. 089/242 20, Fax 24 22 11 11

„Mandarin Oriental": Rundblick vom Dach

Das renovierte kleine Grandhotel in bester Lage zwischen Maximilianstraße und „Hofbräuhaus" hat viel Exklusives zu bieten: Designermöbel, Antiquitäten, Marmorbäder, Eichenparkett und Unterhaltungselektronik von Bang & Olufsen in allen Zimmern. Traumhafter Rundblick über München eröffnet der Dachterrassenpool. Großartiges Frühstück für Fitnessfans und Feinschmecker. Höchster Businesskomfort, 10 Raucherzimmer. (Siehe Restaurant „Mark's".)

Olympic F

OT Glockenbach, Hans-Sachs-Str. 4
PLZ 80469   ■ B 5, S. 408
Tel. 089/23 18 90, Fax 23 18 91 99
www.hotel-olympic.de
38 Zi., 2 Suiten, 2 App., DZ ab € 145
AmEx DINERS EC MASTER VISA 🚗

Das schmucke Boutiquehotel im lebhaften Gärtnerplatzviertel erfreut sich unter Stammgästen großer Beliebtheit – vor allem wegen der unterschiedlich großen, aber immer individuell und zum Teil mit Antiquitäten eingerichteten Zimmer. Wer gerne ruhig schläft, bucht sich an der Rückseite des Hauses ein. Der Empfangsbereich wurde einem Facelifting unterzogen und ist jetzt auch Schauplatz wechselnder Kunstausstellungen. Herzlicher Empfang.

Opéra F F

OT Lehel, St.-Anna-Str. 10
PLZ 80538   ■ F 3, S. 409
Tel. 089/210 49 40, Fax 21 04 94 77
www.hotel-opera.de
22 Zi., 3 Suiten, DZ ab € 180
AmEx EC MASTER VISA 🍽 🍸

Italienisches Flair umgibt dieses kleine Hotel von anno 1888. Alle Zimmer sind individuell gestaltet, mit ausgesuchten Antiquitäten geschmückt. Das Gourmetfrühstück wird persönlich serviert. Der umfassende Technikkomfort, der Limousinenservice und ein nah gelegener Luxus-Spa machen auch Kurzaufenthalte entspannend. Auch hilft der Masseur auf Bestellung. Das eigene Gourmetbistro „Grandl" liegt ums Eck.

Platzl F F

Innenstadt, Sparkassenstr. 10
PLZ 80331   ■ D 3, S. 409
Tel. 089/23 70 30, Fax 23 70 38 00
www.platzl.de
167 Zi., 2 Suiten, DZ ab € 192
AmEx DINERS EC MASTER VISA 🍽 🏠 🍸

Familie Inselkammers Klassiker im Herzen von München, aufwendig renoviert und erweitert. Sehr schön bunt gekachelter Wellnessbereich im maurischen Stil, die Lobby wurde mit neuen Möbeln aufge-

„Sofitel München Bayernpost": Glasnost-Badezimmer im Designhotel am Hauptbahnhof

„The Charles": Dieser türkisblaue Pool sucht seinesgleichen in den Hotels an der Isar

frischt. Die eher kleinen Zimmer sind alpenländisch-gemütlich, aber elegant, die Suite ist mit altem Holz getäfelt. Klimaanlage und IT-Anschluss. Feines Frühstücksbuffet. Der Service ist ganz alte Schule. Gepflegte bayerische Küche in der „Pfistermühle" und im „Ayinger" direkt am Platzl.

Sofitel Munich
Bayerpost F F F

Innenstadt, Bayerstr. 12
PLZ 80335   westlich ■ A 3, S. 408
Tel. 089/59 94 80, Fax 599 48 10 00
www.sofitel.com
339 Zi., 57 Suiten, DZ ab € 149
AmEx DINERS EC MASTER VISA ♈☆≋♧
Im völlig entkernten einstigen Postgebäude am Hauptbahnhof kann man ein wohnliches Quartier beziehen, mit flexiblen Preisen – je nachdem, ob gerade Messe oder Wochenende ist . Schöne Ausblicke auf die Stadt und den Bahnhof. Die coole Lobby mit Lounge zur Innenhofseite und der grottenartige 15-Meter-Pool im nüchtern designten Wellnesskeller sind Orte der puren Entspannung. Abends internationale Küche im „Schwarz & Weiz"-Restaurant, Euro-asiatisches auch mittags im „Suzie W"-Bistro. Räume für jeden Tagungszweck mit neuester Technik. Nur der Empfang ist mitunter zu schnell gestresst.

The Charles F F F F

OT Maxvorstadt, Sophienstr. 28
PLZ 80333   ■ A 2, S. 408
Tel. 089/544 55 50, Fax 54 45 55 20 00
www.charleshotel.de
160 Zi., 28 Suiten, DZ ab € 495
AmEx DINERS EC MASTER VISA ♈☆≋♧
Diese noch recht neue Münchner Luxusherberge am Alten Botanischen Garten verbindet kostbare Materialien mit zeitloser Eleganz. Die meist großen Zimmer sind geschmückt mit Natursandstein, Nymphenburger Porzellan und ausgesuchter Kunst. Die Wellness ist umfassend, schön und fast konkurrenzlos. „The Charles Spa" verfügt über den größten Pool der Stadt. Mit Restaurant.

The Westin Grand
Arabellapark F F F F

OT Bogenhausen, Arabellastr. 6
PLZ 81925   nordöstlich ■ F 5, S. 409
Tel. 089/926 40, Fax 92 64 86 99
www.arabellastarwood.com
627 Zi., 29 Suiten, DZ ab € 114
AmEx DINERS EC MASTER VISA ♈☆≋♧
Das frühere „Arabella Sheraton Grand Hotel" ist eine sehr komfortable Adresse für Businessreisende und andere Besucher. Die Lobby ist prächtig, das Personal agiert routiniert. Die Zimmer sind im Stil von

„Vier Jahreszeiten Kempinski": zeitlos gut

Landhaus bis modern gestaltet, die Bäder mit TV und Doppelkopfduschen. Der Spabereich ist 1000 Quadratmeter groß. Mehrere Restaurants und Bars, 21 Tagungsräume mit allem technischen Komfort.

Vier Jahreszeiten Kempinski **FFFF**
Innenstadt, Maximilianstr. 17
PLZ 80539 ■ E 3, S. 409
Tel. 089/212 50, Fax 21 25 20 00
www.kempinski-vierjahreszeiten.de
303 Zi., 65 Suiten, DZ ab € 216
AmEx DINERS EC MASTER VISA

150 Jahre alt ist dieses berühmte Hotel, das mit den Schaufenstern der Luxusboutiquen an der Maximilianstraße um die Wette glänzt. Die Zimmer sind zeitlos elegant. Schick und komfortabel geht es in allen Räumen zu. Es fehlen weder Lounge noch Bar noch Restaurant. Der „Well Seasons Club" lockt in den 6. Stock, in der großzügigen Lobby verabredet sich die Prominenz.

Restaurants

Acquarello **FFF**
OT Bogenhausen, Mühlbaurstr. 36
PLZ 81677 nordöstlich ■ F 5, S. 409
Tel. 089/470 48 48, Fax 47 64 64
www.acquarello.com

Sa mittag, So mittag geschl.
Hauptgerichte € 19-38
AmEx EC MASTER M

Mit großem Aufwand hat Mario Gamba im Sommer 2008 sein luftiges Ristorante runderneuert. Seitdem bestimmen beige geschwungene Lederbänke, türkis-graue Stühle auf einem dunklen Holzboden und Grünpflanzen das Ambiente. Unverändert gut ist die Qualität der Küche, die sich zuletzt mit einer gelungenen „Deklination vom Thunfisch" (neun kleine, ganz kurz angebratene Fischwürfel, die mit verschiedenen Saucen wie Paprika, Pesto oder Feigensenf angerichtet waren) bestätigte. Schön cremig waren die Kürbisgnocchi mit schwarzer Trüffel und Parmesankruste, originell die in großen Champignonköpfen zartrosa gebratenen Rehmedaillons, zu denen es hauchfeine Maronenravioli gab. Die Weinauswahl ist sehr gut, wer offenen bestellt, wird allerdings kräftig zur Kasse gebeten. Und der Service betreut Stammgäste und Prominente mit deutlich mehr Umsicht als weniger bekannte Kundschaft.

Andechser am Dom **F**
Innenstadt, Weinstr. 7 a
PLZ 80333 ■ C 3, S. 408
Tel. 089/29 84 81
Fax 29 54 42
www.andechser-am-dom.de
kein Ruhetag
Hauptgerichte € 7-17
AmEx DINERS MASTER VISA

„Andechser am Dom": laut und fröhlich

Es herrscht schon fast Wies'n-Stimmung in diesem sehr beliebten Lokal von Kultwirt Sepp Krätz. Die bayerischen Schmankerln (Fleischpflanzerl und Klosterseufzerwürstel etc.) sind solide und schmecken, auch die Biere sind tadellos. Der Service lässt aber neue Gäste gern etwas länger warten als höflich. Angenehme Sommerterrasse im Schatten der Frauenkirche. Fassfrisches Andechser Hell, winters mehr Doppelbock.

Beim Sedlmayr ▯ ▯▯▯▯

Innenstadt, Westenriederstr. 14
PLZ 80331 ■ D 4, S. 409
Tel. 089/22 62 19, Fax 260 89 17
Sa abend, So geschl.
Hauptgerichte € 8-18
EC ⌂ ⊤

Unverwüstlich vitale Wirtschaft neben dem Viktualienmarkt. Es gibt hier alte Münchner Spezialitäten wie gebackene Kälberfüße, saures Lüngerl, Lamm-Rahm-Haxerl und Bauernhendl. Das Fleisch kommt von handverlesenen Bauern, und die Weißwürschtl vom Wallner gelten als die besten der Stadt. Geheimtipp: der Apfelschmarren! Publikum: Einheimische und Touristen gut gemischt.

Bibulus ▯▯ ▯▯▯

OT Schwabing, Siegfriedstr. 11
PLZ 80803 nordöstlich ■ D 1, S. 409
Tel. 089/39 64 47, Fax 34 66 53
www.bibulus-ristorante.de
Sa mittag, So geschl.

„Bibulus": netter Italiener in Schwabing

Hauptgerichte € 19-22
AmEx EC MASTER VISA M ⊤

Schwabings nettester Italiener. Kostproben: Delikater *baccalà* auf Kichererbsenpüree mit Paprikaessenz, fein gemachte *tortelli* auf Kürbisfondue. Die gebratene Goldbrasse mit Kräutern, Zuckerschoten und Schalotten war al dente und sehr aromatisch, die Entenbrust mit Cranberrys, Kartoffelpüree und Honigsauce wunderbar zart. Reizende Kellner, romantische Sommerterrasse.

Blauer Bock ▯▯ ▯▯▯

Innenstadt, im Hotel Blauer Bock
Sebastiansplatz 9
PLZ 80331 ■ C 4, S. 408
Tel. 089/45 22 23 33, Fax 45 22 23 30
www.restaurant-blauerbock.de
So geschl.
Hauptgerichte € 29
AmEx EC M ⊤ ⌂

Eine aufstrebende Gourmetadresse im Designerlook, die auch bei den Preisen sehr ambitioniert ist. Hans-Jörg Bachmeier verwendet nur ausgesuchte Produkte, und seine mediterran inspirierten Kreationen zeichnen sich durch Harmonie und Präzision aus. Die Teller sind sehr übersichtlich bestückt. Die Bedienung ist ausgesprochen freundlich, das Publikum genießt das schicke Ambiente. Jahrhundertkoch Eckart Witzigmann schaut gern hier vorbei.

Boettner's ▯▯ ▯▯▯

Innenstadt, Pfisterstr. 9
PLZ 80331 ■ D 3, S. 409
Tel. 089/22 12 10, Fax 29 16 20 24
www.boettners.de
So geschl.
Hauptgerichte € 28-36
AmEx DINERS EC MASTER VISA M ⊤

Zuverlässige Gourmetqualität im gepflegten Gründerzeit-Evergreen am Platzl. Der Service ist zuvorkommend, die Karte klassisch ohne große Überraschungen. Auf den Tisch kommen aromatische Erbsenschaumsuppe mit Hummer, knackiger Wolfsbarsch in der Sesamkruste, zarter Rehrücken mit Morcheln und Spinatspätzle.

„Dallmayr": erstklassiges Essen im eleganten Lokal der Beletage überm Delikatessentempel

Dallmayr F F F F

Innenstadt, Dienerstr. 14-15
PLZ 80331   ■ D 3, S. 409
Tel. 089/213 51 00, Fax 213 54 43
www.restaurant-dallmayr.de
So, Mo geschl.
Hauptgerichte € 30-42
AmEx EC MASTER VISA   🍷

Eine enge Treppe führt hinauf in das Gourmetrestaurant des Feinkosttempels, auf dessen reichhaltigem Angebot Küchenchef Diethard Urbansky zurückgreifen kann. Bei der Komposition seiner fest in der klassischen französischen Küche verwurzelten Gerichte spart er nicht an Edelprodukten. Dabei beweist er nicht nur Talent für ansprechende Optik, sondern auch für die präzise Einhaltung von Garzeiten und den Umgang mit Aromen. Der streng geometrisch auf feinem Pilztatar angerichteten Rotbarbe legte er beste Steinpilze und eine (für den zarten Fisch fast allzu) aromastarke Parmesanmousse zur Seite. Rundum gelungen war der mit Muskatkürbis und Maronen in einer ausgezeichneten Sauternes-Sauce servierte Hummer. Mut zur Deftigkeit zeigte Urbansky beim zartrosa gebratenen Hasenrücken mit geschmolzener Entenleber und feinem Topinamburragout, zu dem er köstliche Blutwurst-Apfel-Ravioli reichte. Schönes Finale: das Quittensüppchen mit Giandujaparfait und Holundersorbet. Der Service agiert präzise, aber etwas unterkühlt. Das internationale Weinsortiment gehört zu den besten der Stadt.

Ederer **F** **F**

Innenstadt, Kardinal-Faulhaber-Str. 10
PLZ 80333 ■ C 3, S. 408
Tel. 089/24 23 13 10, Fax 24 23 13 12
www.restaurant-ederer.de
So geschl.
Hauptgerichte € 21-30
AmEx EC MASTER VISA M ⛱ ☂ ♀

Statt auf klangvolle Bezeichnungen und
modischen Schnickschnack setzt Karl Ederer
unverdrossen auf die Qualität seiner
Produkte, deren Eigenaroma er zum Funkeln
bringt: Das Geflügel kommt von der
Hobmaierin in Niederbayern, das Reh aus
dem Bayerischen Wald, der Fisch stammt
entweder aus Wildfang oder von Züchtern,
die der Koch persönlich kennt. So auch der
erstklassig marinierte Saibling, den Ederer
mit einer fluffigen Rote-Bete-Mousse und
Saiblingskaviar servieren ließ. Zum rosig
gebratenen Rücken, der saftig geschmorten
Schulter und dem kräftig mit Wacholder
gewürzten Ragout von der Gams aus den
bayerischen Alpen gab es einen knusprigen,
nicht zu süßen Blaukrautstrudel. Fein-
herbes Finale: Der Schlehentopfen mit
gedämpften Quittenspalten. Viele moderne
Kunstwerke verleihen den hohen Räumen
eine eigene Atmosphäre. Netter Service,
sehr gutes Wein- und Digestifangebot,
hübsche Terrasse.

Freisinger Hof **F**

OT Bogenhausen, im Hotel Freisinger Hof
Oberföhringer Str. 189
PLZ 81925 nordöstlich ■ D 1, S. 409
Tel. 089/95 23 02, Fax 957 85 16
www.freisinger-hof.de
kein Ruhetag
Hauptgerichte € 12-27
AmEx EC MASTER VISA ⛱ ☂ ⌂

Im edel-rustikal eingerichteten Hotelrestaurant oberhalb der Isar wird vorwiegend
österreichisch gekocht. Mit milder Säure
und zartem Fleisch überzeugte das Tafelspitzsülzchen mit Kürbiskernöl, solides
Handwerk ließ das Steak vom Maibock mit
Balsamicokirschen und seidigem Selleriepüree erkennen. Schöne Mehlspeisen –

etwa fruchtige Erdbeerknödel auf Schokoladensauce. Die Weinkarte listet Gutes von
Österreichs besten Winzern.

Galleria **F** **F** **F**

Innenstadt, Sparkassenstr. 11
PLZ 80331 ■ D 4, S. 409
Tel. 089/29 79 95, Fax 291 36 53
ristorantegalleria@yahoo.de
kein Ruhetag
Hauptgerichte € 21-25
AmEx DINERS EC MASTER VISA M ⛱ ♀

Im hellen, freundlich eingerichteten Innen-
stadtlokal schmeckt die authentische *cucina
italiana* – etwa das herzhafte *millefeuille* von
Castelfranco-Radicchio mit Portweinsauce,
die farbenfrohen Karottengnocchi mit
zarten Spinatsprossen und Speck oder das
klassisch zubereitete Lamm-*ossobuco* auf
Risotto. Nur bei den Desserts würden wir
uns mehr Kreativität wünschen. Netter
Service durch die charmante Patronin, gutes
Weinsortiment.

„Galleria": authentisch und farbenfroh

Geisel's Vinothek

Innenstadt, im Hotel Excelsior
Schützenstr. 11
PLZ 80335　　　　　　■ A 3, S. 408
Tel. 089/55 13 71 40, Fax 55 13 71 21
www.geisel-privathotels.de
So mittag geschl.
Hauptgerichte € 14-25

AmEx DINERS EC MASTER VISA

Der in einem riesigen Keller unter dem Hotel „Excelsior" liegende Weinkeller der Hoteliersfamilie Geisel ist einer der besten der Stadt. Ein repräsentativer Auszug aus dem mehr als 1100 Etiketten umfassenden Repertoire wird in entspannter Bistro-Atmosphäre angeboten. Zehn Rote und zehn Weiße gibt es immer glasweise, weitere 500 Posten listet die Karte. Dazu kann man sich im immer gut besuchten Gewölbe auch respektabel verköstigen: Ausgezeichneten Speck und Schinken aus San Daniele sowie leckere Crostini gibt es immer, im Wechsel stehen außerdem bayerische und italienische Gerichte zur Auswahl. Küchenchef Frank Tautenhahn versteht sich auf Deftiges wie die Blutwurst-*tarte* mit eingelegten Pflaumen und Brunnenkresse oder Kotelett vom Schwarzen Schwein mit Graupengemüse und Chorizo-*fumet* so gut wie auf Feineres wie den saftigen Seesaibling auf Roter Bete. Kompetenter Service.

Halali

OT Maxvorstadt, Schönfeldstr. 22
PLZ 80539　　　　　　■ E 2, S. 409
Tel. 089/28 59 09, Fax 28 27 86
www.restaurant-halali.de
Sa mittag, So geschl.
Hauptgerichte € 19-30

AmEx EC MASTER VISA

Auch wenn das gepflegte, gutbürgerlich eingerichtete Restaurant mit den zahlreichen Jagdtrophäen an den Wänden anderes vermuten lässt: Hier wird von einem jungen Team eine gelungene kreative deutsche Küche gepflegt. Reizvoll schmeckte die Kombination von Kalbskopf mit Räucheraal

auf Rote-Bete-Carpaccio, bestes Handwerk verriet die kraftvolle Fasanenconsommé mit getrüffelten Grießklößchen. Das saftige Rebhuhn, das mit Trüffelsauce auf feinem Spitzkraut angerichtet war, hätte auf die Zugabe von gebratener Gänseleber durchaus verzichten können. Auch wer wenig mit Wild anfangen kann, kommt auf seine Kosten – etwa mit dem Saiblingsfilet unter einer Steinpilzkruste. Netter Service, sehr gute Weinkarte mit rund 300 Positionen.

Hofbräuhaus ✳

Innenstadt, Am Platzl 9
PLZ 80331　　　　　　■ D 4, S. 409
Tel. 089/29 01 36 10, Fax 22 75 86
www.hofbraeuhaus.de
kein Ruhetag
Hauptgerichte € 6-14

AmEx MASTER VISA

Mächtige Haxen und Weißwürste, Spanferkel und Schweinsbraten liefern im berühmtesten Bierhaus der Welt die Unterlage für das „flüssige Brot". Wer die von Touristen gern überlaufene, im Herbst 2008 schön renovierte Schwemme mit den Maßkrugtresoren der Stammgäste und der lauten Blaskapelle meiden will, sitzt in den rustikalen Stuben einen Stock höher deutlich ruhiger. Der lauschige Biergarten im Innenhof ist im Sommer sogar für gestandene Münchner ein Geheimtipp.

„Halali": zünftig tafeln unter Jagdtrophäen

Käfer Schänke FF

OT Bogenhausen, Prinzregentenstr. 73
PLZ 81675   nordöstlich ■ F 5, S. 409
Tel. 089/416 82 47, Fax 416 86 23
www.feinkost-kaefer.de
So geschl.
Hauptgerichte € 28-42
AmEx DINERS EC MASTER VISA M 🏠 ⛵ 𝓨

Das Flaggschiff der Catering-Dynastie Käfer
besteht aus Restaurant, Feinkostladen,
Küchenboutique, Weinkeller und besitzt
vor allem in der Beletage passende Stuben
für fast jeden Anlass – von Hochzeit bis
Firmenjubiläum. Aus der offenen Küche
kommen (durchgehend!) Klassiker wie
Hummereintopf, Barberie-Ente und leichte
Tagesmenüs. Feines Lachstatar mit Gurken-
spaghetti und *wasabi*-Schaum, perfekt
gegrilltes *filet mignon* mit Perlzwiebeln und
Pellkartoffeln, eine etwas brave Lebkuchen-
mousse mit Rotweintrauben. Minuspunkte
beim jüngsten Besuch: fettige Teller mit
Fingerabdrücken, belanglose Pralinen.
500 Weine.

Königshof FFFF

Innenstadt, im Hotel Königshof
Karlsplatz 25
PLZ 80335   ■ A 3, S. 408
Tel. 089/55 13 61 42
Fax 55 13 61 73
www.geisel-privathotels.de
So, Mo geschl.
Hauptgerichte € 32-44
AmEx DINERS EC MASTER VISA M 🏠 △ 𝓨

Haute Cuisine der Meisterklasse mit Blick
auf den Stachus oder illustre Gäste aus
Film, Politik und Fernsehen. Die Essenz vom
Ochsenschwanz war sehr fein, aber auch
nicht mehr, die ausgelösten Flusskrebse in
dezenter Currysauce und der exzellente
Steinbutt mit Bouchot-Muscheln im Bouilla-
baisse-Sud mit Artischocken verrieten
bestmögliche Produktqualität, alles in
sorgsamer Zubereitung. Butterzart waren
Brust und Keule von der Bresse-Taube. Nur
der letzte Kick hat uns mittags gefehlt,
der Mut zum präzisen Würzen. Souveräner
Service, große Weinauswahl.

landersdorfer & innerhofer FF

Innenstadt, Hackenstr. 6-8
PLZ 80331   ■ B 4, S. 408
Tel. 089/26 01 86 37, Fax 26 01 86 50
www.landersdorferundinnerhofer.de
Sa, So geschl.
Hauptgerichte € 14-33,
abends Menüs € 62-98
AmEx DINERS EC MASTER VISA M 𝓨

„landersdorfer & innerhofer": sehr beliebt

So sparsam das angenehm klarlinige
Ambiente des vor allem bei Geschäftsleuten
beliebten Innenstadtrestaurants ist, so
reduziert gibt sich auch die Karte: Am
Abend gibt es stets ein Überraschungs-
menü, mittags werden alternativ zum
Businesslunch gerade mal drei À-la-carte-
Gerichte angeboten. Der gemischte Salat
mit Parmesan war sorgfältig zusammenge-
stellt, aber wenig aufregend, die Variation
vom Schwein (zart geschmortes Backerl,
rosa gebratenes Filet) mit Gemüse in
Ordnung, der hausgemachte Apfelstrudel
ein Gedicht. Vorwiegend österreichische
und italienische Weine, flinker Service.

Mark's FF

Altstadt-Lehel, im Hotel Mandarin Oriental
Neuturmstr. 1
PLZ 80331   ■ D 4, S. 409
Tel. 089/29 09 80, Fax 22 25 39

www.mandarinoriental.com
nur Abendessen
Hauptgerichte € 33-42

`AmEx` `DINERS` `EC` `MASTER` `VISA`

Im Hotelrestaurant mit dem aufmerksamen Service sucht Tobias Jochim noch immer nach einer eigenen Linie. Bei der Variation vom Kaisergranat freuten wir uns über eine Terrine, die tadelloses Handwerk verriet, roh marinierten Kaisergranat im Teigröllchen und einen solide gebratenen Krustentierschwanz. Unverständlich, dass dazu ein mit viel zu schwerem Fenchel-Safran-Frischkäse gefüllter Seeigel serviert wurde. Beim (schlampig parierten) Sauerbraten vom Simmentaler Rinderfilet erlebten wir vor allem Speisenkartenlyrik: der schlicht halbierte und mit Pilzwürfelchen dekorierte Brezenknödel wurde als „gefüllt" verkauft, der Klecks Meerrettichsahne auf dem Fleisch als „schmelzende Mousse" annonciert, die Süße der Balsamico-Rosinen-Jus harmonierte nicht mit der zarten Säure des Fleischs. Solide, aber nicht aufregend: die Variation von der ecuadorianischen Babybanane und Thai-Mango (als Crème brûlée, Mangoparfait und -schaum auf Bananenragout).

Retters `F` `F`

OT Isarvorstadt, Frauenstr. 10
PLZ 80469 ■ D 5, S. 409
Tel. 089/23 23 79 23, Fax 23 23 79 21
www.retters.de
So, Mo geschl.
Hauptgerichte € 15-32

`EC` `MASTER` `VISA`

Direkt am Viktualienmarkt liegt dieses Duo aus Weinhandlung und Restaurant. Im Mittelpunkt stehen der deutsche und der österreichische Wein – sowohl in der hellen, großzügigen Vinothek als auch im Lokal, wo heiter-mediterrane Farben die denkmalgeschützte Holztäfelung aufmuntern. Mittags preiswert und bürgerlich, abends noch ambitionierter. Der neue Küchenchef Christoph Ludicke bleibt diesem Erfolgsrezept treu. Zum gebratenen Kalbsherz mit Roter Bete, Kartoffelpüree und Balsamico-

„Tantris": Kultlokal seit Jahrzehnten

sauce empfiehlt Nicole Retter eine 2004er Cuvée J.R. vom Weingut Johann Ruck aus Franken.

Schuhbeck's
Südtiroler Stuben `F` `F` `F`

Innenstadt, Platzl 6-8
PLZ 80331 ■ D 3, S. 409
Tel. 089/216 69 00, Fax 21 66 90 25
www.schuhbeck.de
Mo mittag, So geschl.
Menüs € 78-118

`AmEx` `EC` `MASTER` `VISA`

„Hummer ist nicht mein Ding," sagt Chefkoch Patrick Raaß über seine Küche in „Schuhbeck's Südtiroler Stuben" am Platzl: „Wenn schon Jakobsmuscheln, dann mit Kärntner Nudeln. Oder Wildfangrenke aus dem Starnberger See." Raaß orientiert sich gern an Hans Haas vom „Tantris", bei dem er als Saucier gearbeitet hat, und das heißt: Regionales pflegen. Dazu gehört zum Beispiel Wildschweinkopf mit Preiselbeeren, Schweinsbraten natürlich oder Stubenhendl in Buttermilch. Nicht einfach bei der gemischten Gästeschar – Geschäftsleute, Szenebummler, Touris, die auch Milchkalbszunge goutieren, aber doch wohl eher bei der Bauernente schwach werden. Aufmerksamer Service in unaufdringlich-elegantem Ambiente.

Tantris **FFFFF**

OT Schwabing, Johann-Fichte-Str. 7
PLZ 80805   nordöstlich ■ D 1, S. 409
Tel. 089/361 95 90, Fax 36 19 59 22
www.tantris.de
So, Mo geschl.
Hauptgerichte € 35-48

AmEx DINERS EC MASTER VISA

@ M ⌂ ⛱ Y

Hans Haas hat die lokale Köche-Konkurrenz
längst hinter sich gelassen, an wenigen
Orten in Deutschland isst man besser als in
diesem einzigartigen Kultlokal mit dem
leidenschaftlich roten Kultdekor. Französisch-klassisch zubereitete Genüsse von
raffinierter Schlichtheit werden geboten,
selbst die Gänseleber bekommt einen ganz
neuen Kick, etwa pochiert in Kombination
mit Räucheraal und Roter Bete. Harmonisch
verschmelzen die Aromen beim mit Eigelb
gefüllten Steinbuttfilet auf Spinat, mit *sauce
mignonette*. Fabelhafte Weinauswahl,
perfekt betreut von Sommelière Paula
Bosch, auch sonst ein souveräner Service.
Im Sommer 60 Terrassenplätze.

Terrine **FFF**

OT Maxvorstadt, Amalienstr. 89
PLZ 80799   nordöstlich ■ D 1, S. 409
Tel. 089/28 17 80, Fax 280 93 16
www.terrine.de

Sa mittag, So, Mo geschl.
Hauptgerichte € 28-42

AmEx DINERS EC MASTER VISA @ M ⛱ Y

Das Jugendstildekor hebt sich angenehm
von der hässlichen Außenfront ab. Der
Service ist exzellent – und das Essen gehört
auch mittags zum Besten, was man in
München bekommt. Französisch die Basis,
mediterran-verspielt die Kompositionen,
präzise die Ausführung. Gelungene Beispiele: Roter Thunfisch mit Avocadopüree,
marinierten Kartoffeln, delikat gewürzt;
wunderbar gegarter Steinbutt unter einer
Kokoskruste mit geraspeltem Blumenkohl,
Limettensauce und Koriander; aufregend
komponiertes Dessert aus Safranbirne,
Granatapfel, weißer Schokomousse und
Ricotta-Eis.

Unico **FF**

Innenstadt, Maistr. 63
PLZ 80337   südwestlich ■ B 5, S. 408
Tel. 089/53 90 63 63
www.restaurant-unico.de
nur Abendessen, Di geschl.
Hauptgerichte € 27-33

EC ⌂

Das aufstrebende Lokal von Familie Eineicher
hat eine einladende, lockere Atmosphäre.
Die von spanischen Einflüssen geprägte

„Terrine": aufregende Kreativmenüs

Küche ist so temperament- wie fantasievoll. Ob würzige Paellamousse mit Thunfischtatar, delikates Tauben-*confit* im *brik*-teig auf roter Zwiebelmarmelade mit Senfkörner-Estragon-Sauce oder gefüllter Ochsenschwanz auf Steckrüben-Zitronengras-Püree: Dieser Koch scheut keine Mühe, und die Menüs sind ihre Preise wert.

Zum Franziskaner **F** **F**

Innenstadt, Perusastr. 5
PLZ 80333   ■ D 3, S. 409
Tel. 089/231 81 20, Fax 23 18 12 38
www.zum-franziskaner.de
kein Ruhetag
Hauptgerichte € 13-20
AmEx DINERS EC MASTER VISA M ⌕

Münchens älteste Traditionsadresse lädt zu fast jeder Tageszeit zur zünftigen Einkehr: Einen besseren Leberkäse als hier gibt es kaum, auch die „Franziskaner"-Weißwürste werden formvollendet serviert, das Spanferkel ist schön knusprig gebraten. Gemütliche Stuben, süffige Biere und ein netter Service. Dazu ein schöner Hofgarten.

Bars/Cafés

Baby

Innenstadt, Maximiliansplatz 5
PLZ 80333   ■ B 2, S. 408
Tel. 089/20 20 95 35, Fax 20 20 76 48
www.babymunich.com
Do-Sa 22-5 Uhr
AmEx EC MASTER VISA

In den einstigen Räumen von Eckart Witzigmanns „Aubergine" warten heute die jungen, hippen und schönen Nachtschwärmer Münchens darauf, vor der härtesten Türstehern der Stadt Gnade zu finden. Das liegt daran, dass der Club in der Innenstadt nicht nur fein, sondern tatsächlich auch sehr klein ist. Die Discokugeln über dem Dancefloor dürfen zwar nicht fehlen. Ansonsten aber stand beim Ambiente eher Barock Pate. Wo Witzigmann einst seine Kochlöffel schwang, befindet sich jetzt der Lounge- und Barbereich: weiße Theke mit goldenen Profilleisten, Spiegeln, weißen Polsterbänken, einem separaten Alkoven an der Stirn-

„Zum Franziskaner": bewährte Bürgerlichkeit mit Leberkäse und König Ludwig an der Wand

„Bar Centrale": Der Mix macht's

wand, Stuck und Kristalllüstern an den Decken. Auch die Cocktailauswahl ist klein, aber fein. Man will's ja schließlich elitär. Der Caipirinha musste auf Wunsch der Gäste auf der Karte bleiben (auch wenn's Mainstream ist). Prosecco wird man hier nicht finden. Dafür acht Sorten Champagner. Und der fließt reichlich ...

Bar Centrale

Innenstadt, Ledererstr. 23
PLZ 80331   ■ D 4, S. 409
Tel. 089/22 37 62
Fax 45 22 26 45
www.bar-centrale.com
Mo-Sa 7.30-1 Uhr, So 9-1 Uhr
AmEx | EC | MASTER | VISA |

Die ehemalige Konditorei erinnert an ein Mailänder Café aus den 40er-Jahren – mit einer fauchenden Espressomaschine, die den schwarzen Muntermacher in bester Qualität produziert, alten Ledersofas und einer bunten Mischung aus jüngeren und älteren Szenegängern, die hier morgens mit Cappuccino und Zeitung sitzen, sich mittags mit einem unkomplizierten Nudelgericht aus der winzigen Küche stärken und am Abend an italienischen *aperitivi* und internationalen Cocktails nippen. Im Keller gibt es einen Raum für geschlossene Veranstaltungen.

Barysphär Foodclub

OT Ludwigsvorstadt-Isarvorstadt
Tumblingerstr. 36

PLZ 80337   südwestlich ■ B 5, S. 408
Tel. 089/76 77 50 21
Fax 76 77 50 24
www.barysphaer.de
Di 19-2 Uhr, Mi 20-2 Uhr, Do 20-5 Uhr,
Fr, Sa 21-5 Uhr
AmEx | DINERS | EC | MASTER | VISA | @

Der lange, indirekt beleuchtete Bartresen, gedämpftes Licht hinter einer Flaschenwand und von innen zu glühen scheinende Säulen sorgen im „Barysphär" für eine schummrig-schöne Atmosphäre. Das Publikum besteht aus arrivierten Kennern, nicht-oberflächlichen Trendsettern und kommunikativen Genießern. Das Know-how der Barkeeper kann sich sehen lassen, ebenso wie die Barkarte. Die Klassiker werden ebenso souverän gemixt wie neue Kreationen, z.B. der Barysphär Sour, der Bombay Crushed (mit Gin Kumquats und Lime Juice) oder Cocktails für die *new generation.* Zu dieser Kategorie gehören Ginger Love, Absolute Chenilla oder Jay'n Bee. Und weil's im Schlachthofviertel keine Parkplätze gibt, ist das *valet parking* ein willkommener (und in München seltener) Service.

Café am Tonstudio

OT Schwabing-Freimann, Ungererstr. 80
PLZ 80805   nordöstlich ■ D 1, S. 409
Tel. 089/32 66 75 13
www.cafe-am-tonstudio.de
Di-Sa ab 20.15 Uhr

Eine Bar, die ein bisschen so ist wie ein Café, nur lauter und mit Barhockern statt Kaffeehausstühlen möbliert. Und auf dem Tresen thront der ganze Stolz von Bar-inhaber Ole Wierk: eine schicke, schwarze Caipirinha-Maschine, die auf Knopfdruck Limetten achtelt und presst. So ein Caipi ist denn auch neben dem Mojito der Bestseller der Bar, die erfrischend unprätentiös daher-kommt wie ihre roh belassenen Naturstein-wände. Hier treffen sich Intellektuelle und Nachbarn aus dem Schwabinger Umfeld, Studenten, Musikfans, und nur manchmal verirren sich ein paar Schickimickis hierher. „So unsnezig wie möglich" lautet Wierks

Motto, der auch Musikproduzent ist und als solcher ein komplett funktionstüchtiges Tonstudio in die Bar integriert hat.

Cortiina Bar

Innenstadt, im Hotel Cortiina
Ledererstr. 8
PLZ 80331 ■ D 4, S. 409
Tel. 089/242 24 90, Fax 242 24 91 00
www.cortiina.com
So-Do 18-1 Uhr, Fr, Sa 18-3 Uhr
AmEx EC MASTER VISA ☂

Wie ein edles Wohnzimmer inmitten der Stadt lädt die Bar mit ihren Ledersesseln, der grauen Natursteinmauer, minimalistischem Blumenschmuck und einem flackernden Feuer im Kamin zum After-Work-Cocktail oder einer Happy Hour nach dem Shoppingbummel ein. Das Besondere: Barchef Dietmar Petri hat neben den klassischen Cocktails eine Reihe eigener Kreationen und aus frischen, biologischen Zutaten selbst hergestellte so genannte *infusions* auf der umfangreichen Karte stehen. So gibt es einen eigenen *limoncello* (Zitronenlikör), Vanillewodka, Thymianrum und Birnengin. Bei den Cocktailkreationen des Hauses gehört vor allem der Martinez (Slow Gin, süßer Vermouth, Orange Bitters, Maraschino) zu den Bestsellern. Aber auch der Lilly, ein auf Eis servierter Kräuter-Daiquiri, und der Lavendel-Gimlet sind

Favoriten der Gäste. Übrigens: In den Wintermonaten kehrt man hier an Samstag nachmittags (14–17.30 Uhr) zur *teatime* ein. Zum Tee werden selbst gebackene *scones,* Gurkensandwiches & Co serviert.

falk's Bar

Innenstadt, im Hotel Bayerischer Hof
Promenadeplatz 2-6
PLZ 80333 ■ C 3, S. 408
Tel. 089/212 09 56, Fax 212 09 06
www.bayerischerhof.de
tgl. 11-2 Uhr
AmEx DINERS EC MASTER VISA 🚗

Eine Mischung aus neobarock und supermodern. Die Bar im historischen Spiegelsaal des „Bayerischen Hofs" (vom Haupteingang geradeaus durch) könnte auch in Paris liegen. Am illuminierten Tresen gibt es jede Menge Cocktails, eine gigantische Auswahl an Whiskys, Gins, Champagner und Zigarren. Leckere Snacks wie *club sandwich, Caesar salad, beef tartare.*

Schumann's Bar am Hofgarten

OT Maxvorstadt, Odeonsplatz 6-7
PLZ 80539 ■ D 2, S. 409
Tel. 089/22 90 60
Fax 228 56 88
www.schumanns.de
Mo-Fr 17-3 Uhr, Sa, So 18-3 Uhr
EC ☂

„Schumann's Bar am Hofgarten": unerreicht

„Tabacco": Der Weg zur besten Whisky-Bar ist gut ausgeleuchtet

Sie ist seit Jahrzehnten *die* Bar schlechthin, ein moderner Klassiker mit ziegelroten Lederbänken und Purismus in Holz. Trotz der diskreten Holzjalousien an den Fenstern: Hier geht's ums Sehen und Gesehenwerden. Promis, Kulturprominenz, Medienstars und Normalos drängeln sich gern im Getümmel. Und weil Barchef, Buchautor, Gastronom und Model Charles Schumann längst selbst schon eine Legende ist, werden hier alle gleich behandelt – nur manche etwas gleicher. Das Team hat die Vorlieben vieler Gäste im Kopf: Der eine bekommt seinen Pisco Sour nach Spezialrezept, sie ihre Piña Colada mit Sahne und braunem Rum, er seinen Martini gerührt und nicht geschüttelt. Die Drinks sind erstklassig, der Service hervorragend und die Barkeeper eine Augenweide. Übrigens: Hier gibt's die größte Calvados-Auswahl und das beste Tatar der Stadt. Eines muss man als Neuling wissen: Niemals sich selbst einen Platz an der Bar suchen oder mit dem Handy am Tresen telefonieren! Neue Gesichter haben's ohnehin schwer genug. Denn im „Schumann's" sind Stammgäste einfach die besseren Menschen.

Tabacco

Innenstadt, Hartmannstr. 8
PLZ 80333 ■ C 3, S. 408
Tel. 089/22 72 16, Fax 24 24 58 48
www.bartabacco.de
Mo-Sa 17-3 Uhr
EC ☂

In einer kleinen Seitenstraße, gegenüber dem Hotel „Bayerischer Hof" gelegen, versteckt sich eine Bar, die so wohltuend pur und unprätentiös ist wie ein doppelter Whisky: Eine lange Theke mit Barhockern, ein paar kleine Tische entlang der Wand, Holzvertäfelung, schummriges Licht, nette Barkeeper: Nicht mehr, aber eben auch nicht weniger. Apropos: Whisky ist die Spezialität des Hauses. Mehr als 80 Single Malts stehen auf der Karte und dazu zig Bourbons und Scotchs. Ansonsten die Cocktailklassiker amerikanischer Barkultur. Und damit man sich die richtige Grundlage verschafft, sollte man unbedingt das hervorragende Steak probieren, das in Begleitung von Bratkartoffeln und Salat aus der Küche kommt, oder die Filetspitzen auf Rucola. Auch das gesunde Frühstück macht Spaß.

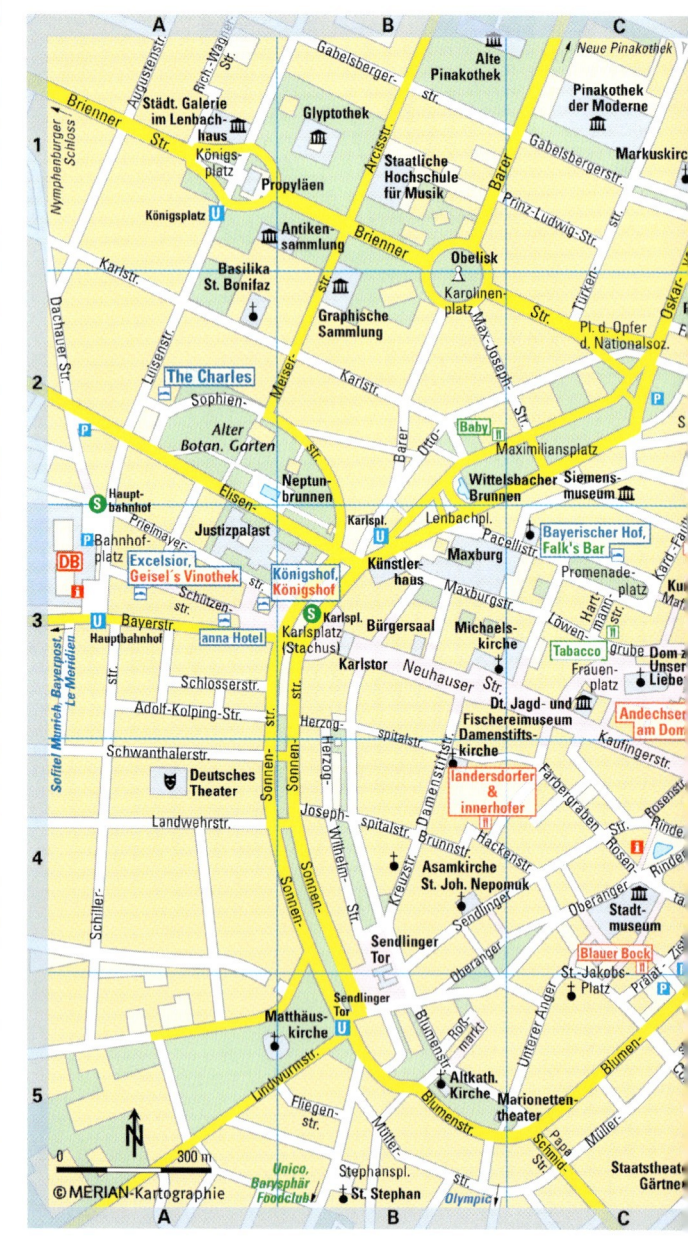

München

Kempinski München Airport,
H'Otello, Tantris, Terrine,
Do & Co, Bibulus, Freisinger Hof,
Café am Tonstudio

Bayer. Haupt-
staatsarchiv

FKK-
Gelände

Englischer

Garten

Hirsch-
anger

Schönfeld-str.

Halali

Japanisches
Teehaus

Von-
der-Tann-str.

Finanzgarten

Leuchtenberg-
Palais

Odeonspl.

Schumann's Bar
am Hofgarten

Prinz-
Carl-Palais

Haus der Kunst,
Staatsgalerie mod. Kunst

Rumford-
Denkmal

Prähist.
Staats-
sammlung

Deutsches
Theatermuseum

Galeriestr.

Krieger-
denkmal

Neue Sammlung Bayerisches
Nat.-mus.

Diana-Tempel

Hofgarten

Bayer.
Staats-
kanzlei

Prinzregentenstr.

Odeonspl.

Hof.

Sammlung
Ägyptischer
Kunst gartenstr.

Ehem.
Armeemus.

Unsöld-str.

Feldherrn-
halle

Liebig-str.

Residenz

Münzsammlung

Residenz-
museum

St.-Anna-str.

St.-Anna-Platz

Max-
Joseph-
Pl.

Kloster
St. Anna

St. Anna

Lehel

Robert-

Nationaltheater,
Staatsoper

Maximilian-graben

Kempinski Vier
Jahreszeiten

Bürkleinstr.
Reg. von
Ober-
bayern

Opéra

skaner

Dallmayr

Boettner's

Schuhbeck's
Südtiroler
Stuben

Alter
Hof

Platzl

Max-II-
Denkmal

Maximilianstr.

Sternstr.

Galleria

Cortiina
Cortiina Bar

Hofbräuhaus

Bar
Centrale

Hildegardstr.

Mandarin
Oriental,
Mark's

Völkerkunde-
museum

Knöbel-str.

Maximilianstr.

Prater-

insel

Pratenyehr-
brücke

Heiliggeist-
kirche

ZAM

Isartor

Valentin-
Musäum

Marianen-
platz

St. Lukas

Köbel-steg

Westenriederstr.

Isartor-
platz

Isartor

Thierschstr.

ialien-
markt

Beim Sedlmayr

Frauen-
etters

Rumford-

Advokat

Müllersches
Volksbad

Loretokap.

Herz-Jesu-
Kirche

Baader-
platz

Deutsches
Patentamt

Ludwigsbrücke

Gasteig

Europäisches
Patentamt

Isar

Deutsches
Museum

NIZZA

Die Hafenstadt in Südfrankreich lockt das ganze Jahr nicht nur wegen ihres milden Klimas: Spaziergänge auf der langen Strandpromenade und durch die schöne Altstadt, Café auf der Place Garibaldi trinken oder frische Meeresfrüchte im Restaurant probieren

SPECIALITES NICOISES

RENE SOCCA

Côte de Provence
Côte du Rhône
Alsa
Beaujol
Muscadel

S.V.P. Demandez
Votre addition
Merci
Please ask for
your bill
thank you

Foto: laif/C. Morienc

Hotels

La Pérouse ▮F▮F▮F▮F▮▯
11 Quai Rauba-Capeu
PLZ 06300   ■ D 3, S. 418
Tel. 0033/493 62 34 63, Fax 493 62 59 41
www.hotel-la-perouse.com
58 Zi., 4 Suiten, 4 App., DZ ab € 250
AmEx DINERS EC VISA 🏨

Ockerfarbene Villa direkt in Meeresnähe.
Das Haus liegt ein wenig abgelegen zwischen Hafen und Altstadt an einem Hügel,
der Blick aufs Meer ist wirklich königlich.
Hübsche Terrasse mit Blick über die Dächer
von Nizza, halbrunder Pool mit Sonnenschirmen, behutsam modern gestaltete Zimmer.
Die Räume mit Terrasse bieten einen fantastischen Blick über die Engelsbucht, auch
der Service versteht sein Handwerk. Natürlich schlagen Lage und Blick kostenstei-
gernd auf das Budget. Dennoch: eine der
guten Adressen der Stadt.

Le Grimaldi ▮F▮F▮▯▯▯

15 Rue Grimaldi
PLZ 06000   ■ B 2, S. 418
Tel. 0033/493 16 00 24, Fax 493 87 00 24
www.le-grimaldi.com
44 Zi., 2 Suiten, DZ ab € 160
AmEx DINERS MASTER VISA 🍸🏨🍴

Zwei Belle-Époque-Häuser bilden dieses
Hotel. Die Zimmer fallen sehr unterschiedlich aus: von modernem Design über
Räume in den Farben von Südens, von antik
Angehauchtem bis Provenzalischem. Hier
gibt es keine Sicht aufs Meer, aber die
Zentrumslage ist höchst praktisch. Wichtig:
Das Haus ist nicht identisch mit einem
gleichnamigen Kettenhotel in derselben
Straße. Parkmöglichkeiten gibt es in der
nahen Umgebung. Kleines Businesscenter
mit zwei Rechnern und Gratis-Internet.
Das Personal kennt sich bestens in Nizza
aus und empfiehlt schöne Restaurants
und Museen.

Negresco ▮F▮F▮F▮▯▯
37 Promenade des Anglais
PLZ 06000   ■ A/B 2, S. 418
Tel. 0033/493 16 64 00, Fax 493 88 35 68
www.hotel-negresco-nice.fr
121 Zi., 24 Suiten, DZ ab € 290
AmEx DINERS MASTER VISA 🍸🏨🍴

Ja, das „Negresco". Stets präsentiert sich
die Postkartenansicht so kolossal wie 1912
vom rumänischen Ex-Kellner Henri Negresco
geplant. Der Wagenmeister trägt seine
grau-rote Fantasieuniform mit der Würde
eines napoleonischen Offiziers, und die
schneeweiße Fassade im Zuckerbäckerstil

Lebt von altem Glanz aus glorreicher Vergangenheit: „Negresco"

ist ein kreativer Lichtblick zwischen Miets-
kasernen der nobleren Art. Gewöhnungsbedürftig bleibt jedoch die Mischung
aus Pop-Art, Antikem und Wachsfiguren-
kabinett. Im Restaurant werden inzwischen
auch Biomenüs serviert.

Petit Palais ☐☐☐☐☐

17 Av. Emile Bieckert
PLZ 06000   ■ D 1, S. 418
Tel. 0033/493 62 19 11, Fax 493 62 53 60
www.petitpalaisnice.fr
25 Zi., DZ ab € 100
[AmEx] [EC] [MASTER] [VISA] ⊖ ⍦ ⌂ ⍦

Ein Zimmer für 100 Euro in Nizza? Aber
sicher: Das „Petit Palais" verfügt über ein
solides Preis-Leistungs-Verhältnis. Die Villa
in zurückhaltendem Zuckerbäckerstil, früher
im Besitz von Schauspieler und Regisseur
Sacha Guitry, liegt hoch über Nizza. Die
Zimmer sind schlicht und ein wenig altmodisch, viele von ihnen bieten Blick auf die
gesamte Stadt. Wie überall kosten Meer-
blick, Balkon oder Terrasse freilich Aufpreis.
Etwas plüschiger Frühstücksraum. In der
Nähe liegen das Musée Chagall und das
Musée Matisse.

Vendôme ☐☐☐☐☐

26 Rue Pastorelli
PLZ 06000   ■ C 2, S. 418
Tel. 0033/493 62 00 77, Fax 493 13 40 78
www.hotel-vendome-nice.com
56 Zi., DZ ab € 144
[AmEx] [DINERS] [MASTER] [VISA] ⍦ ⌂ ⍦

Solides Mittelklassehotel etwa 500 Meter
vom Zentrum. Die Zimmer sind in traditionellem französischem Stil gehalten, oft mit
auf alt getrimmten Stoffen. Auch Bar und
Salon sind nach Vorbildern des 19. Jahrhunderts gestaltet, die bemalten Decken und
Stuckapplikationen verbreiten ein wenig
Schloss-Atmosphäre. Die ehemalige Privatvilla nahe am Garten Albert I verfügt auch
über komfortable Duplex-Räume. Privat-
parkplatz für Hotelgäste. Für Familien gibt
es Drei- oder Vierbettzimmer.

Windsor ☐☐☐☐☐

11 Rue Dalpazzo
PLZ 06000   ■ B 2, S. 418
Tel. 0033/493 88 59 35, Fax 493 88 94 57
www.hotelwindsornice.com
57 Zi., DZ ab € 90
[AmEx] [MASTER] [VISA] ⊖ ⍦ ⌂ ≈ ⍦

Kühle Eleganz und eine gute Lage mitten in der Stadt: „Windsor"

Modernes Hotel in Nizzas Neustadt fünf Gehminuten vom Meer. Die lichten Zimmer sind künstlerisch geschmackvoll gestaltet. Anregend ist das Zimmer von Raymond Hains, pfiffig die Nr. 65. Pool im schönen Garten. Gutes Frühstück, und die Preise sind recht zivil für Nizza.

Restaurants

Aphrodite – David Faure F F

10 Bd. Dubouchage
PLZ 06000   ■ D 1/2, S. 418
Tel. 0033/493 85 63 53, Fax 493 80 10 41
www.restaurant-aphrodite.com

Guter Fisch: „Aphrodite – David Faure"

So, Mo geschl.
Hauptgerichte € 25-35
AmEx MASTER VISA M † Y

Modernes, zeitgenössisches Flair im eleganten Restaurant, dazu eine Küche zwischen Tradition und molekularen Experimenten: Pata-Negra-Schinken mit Thymianaroma oder ganz schlicht zubereitete, köstliche Biotomaten. Gut gelangen der Felsentintenfisch oder das Lamm, in Aromaten und trockenen Früchten gegrillt. Feine Desserts und Käse, darunter der Brie de Meaux in Trüffelöl. 350 Weine stehen auf der Karte, netter Service.

Don Camillo Créations F F

5 Rue des Ponchettes
PLZ 06300   ■ D 3, S. 418
Tel. 0033/493 85 67 95

www.doncamillo-creations.fr
So, Mo geschl.
Menüs € 26-80
AmEx MASTER VISA M

Kreativität ist schön, kreieren um jeden Preis wirkt oft gezwungen. Marc Laville versucht in dieser Altstadtstraße sein Glück mit Gerichten, die mal anspruchsvoll, mal angestrengt wirken. Da gibt es gegrillte Langustinen mit Chutney von Orangen und korsischer Wurst nebst Zwiebelringen (auf der Karte zu *onion rings* aufgehübscht) oder Jakobsmuscheln mit Kalbsbries, Kartoffelsoufflé und Karottenjus. Wer nur mal hereinschmecken will, findet ein Mittagsmenü unter 30 Euro – selten für ein Lokal dieser Klasse und in dieser Stadt. Freundlicher Service.

Luc Salsedo F F

14 Rue Maccarani
PLZ 06000   ■ B 2, S. 418
Tel. 0033/493 82 24 12, Fax 493 82 93 68
www.restaurant-salsedo.com
Mi geschl., Sa und So mittag geschl.
Hauptgerichte € 20-26
MASTER VISA M †

Gute, traditionelle Küche aus Produkten der Saison: Da gibt es in diesem ansprechenden Restaurant provenzalische Bruschetta mit Salat, Tomaten-*millefeuille* mit Ziegenfrischkäse, gespickten Seeteufel oder Artischocken-Ravioli im Tomatenjus. Lecker! Die Karte von Luc Salsedo wechselt alle zehn Tage, gelernt hat der junge Mann bei Meistern wie Alain Ducasse oder Jean-Marc Delacourt. Der Saal in Ockertönen ist schlicht, aber komfortabel. Auf Tischdecken und Blumenschmuck verzichtet Salsedo allerdings nicht. Nicht nur für Einsteiger ideal: das günstige Mittagsmenü. Das Lokal liegt etwas abseits, nahe dem breiten Boulevard Victor Hugo, doch weit von der Strandpromenade entfernt.

Keisuke Matsushima F F F

22 ter Rue de France
PLZ 06000   ■ B 2, S. 418
Tel. 0033/493 82 26 06

Fax 492 00 08 49
www.keisukematsushima.com
Sa mittag, Mo mittag, So geschl.
Hauptgerichte € 27
AmEx MASTER VISA M ☂ ♖

Ein klein wenig kurios ist es schon: Von Paris bis Nizza werden japanische Herdmeister zu den Hütern französischer Kochkunst. Den besten Kalbskopf von Paris gibt es bei Tatero Yoshino, feine gebratene Rotbarben mit Artischocken bei Keisuke Matsushima in Nizza. Letzterer versucht in seinem modernen Lokal immer wieder Neues, Ungewöhnliches. Letztlich siegt jedoch immer Matsushimas Sinn für gute Produkte und fehlerlose Technik. Auf der Weinkarte warten einige verkannte Gewächse, die nicht immer günstig kalkuliert sind.

L'Âne Rouge **F** **F**
7 Quai des Deux-Emmanuel
PLZ 06300 ■ E 3, S. 418
Tel. 0033/493 89 49 63
Fax 493 26 51 42
www.anerougenice.com
Do mittag, Mi geschl.
Hauptgerichte € 28-75
AmEx DINERS MASTER VISA M ☂ ♖

Im Hafenrestaurant präsentiert Chefkoch Michel Devillers vor allem gut zubereitete Fischgerichte. Neben dem Fang des Tages schmecken Kabeljau in einer Kokossauce oder Wolfsbarsch im Schmortopf, auf Bestellung gibt's Bouillabaisse mit fangfrischem Fisch. 250 Weine und ein ordentlicher Service. Terrasse.

L'Aromate **F** **F** **F**
20 Av. du Maréchal Foch
PLZ 06000 ■ C 1, S. 418
Tel. 0033/493 62 98 24, Fax 493 62 98 24
www.laromate.fr
So, Mo geschl.
Hauptgerichte € 30-40
AmEx VISA M

„Louis XV", „Plaza Athénée", „Robuchon", „Oustau de Beaumanières", „La Pinède" in Saint-Tropez: Der junge Mickaël Gracieux hat in Top-Häusern gelernt, bevor er sich in

diesem modernen Lokal niederließ. Das schmeckt man bei Taschenkrebs in Ingwergelee, Jakobsmuscheln mit Trüffeln oder Lammschulter mit Karotten-*mousseline* ebenso wie bei Kartoffel-*tarte* mit Zwiebeln, Räucherspeck und Petersilie. Gerade die gelingt sagenhaft gut durch den hauchdünnen Teig. Weinkarte mit guten Gewächsen der Region. Hier arbeitet ein Aufsteiger der Region, von dem man noch hören wird. Freundlicher Service.

L'Escalinada **F**
22 Rue Pairolière
PLZ 06300 ■ D 2, S. 418
Tel. 0033/493 62 11 71
www.escalinada.fr
kein Ruhetag
Hauptgerichte € 14-23
▱ M ☂

Das stark folkloristische Ambiente sollte nicht abschrecken. Das „L'Escalinada" ist eines der wenigen Restaurants in der Altstadt, in dem sich auch Einheimische zu einem Teller unverfälschter und deftiger Hausmannskost einfinden. Ebenso wenig abschrecken sollte der Name der Spezialität *merda del can.* Hierbei handelt es sich um zarteste Gnocchi in dunkler Sauce. Tadellos auch der Stockfisch und die Kutteln. Zur Nachspeise gibt es süßen Mangoldkuchen (*blette*), eine typische Spezialität der Stadt.

L'Univers de Christian Plumail **F** **F** **F**
54 Bd. Jean Jaurès
PLZ 06300 ■ C 2, S. 418
Tel. 0033/493 62 32 22, Fax 493 62 55 69
www.christian-plumail.com
Sa mittag, Mo mittag, So geschl.
Hauptgerichte € 30-35
AmEx VISA M ☂ ♖

Dieses „Universum" ist durch die monatelangen Bauarbeiten für die Tram von Nizza arg gebeutelt worden. Die Gäste blieben weg, Christian Plumail ließ etwas nach. Jetzt, wo der Lärm weg ist, scheint es in dem hellen Saal wieder aufwärts zu gehen: Solide Klassiker wie Suppe von Felsfischen

Ein einfaches, doch gemütliches Restaurant mit Großmutters Küche: „La Cantine de Lulu"

gesellen sich zu netten Ideen wie Kalbsbries mit Radieschen und Morcheln im Hühnerjus. Plumail hatte festgestellt, dass viele Gäste am liebsten seine Entrees mögen. Jetzt bietet er ein ganzes Vorspeisen-Menü an, das einen schönen Querschnitt durch die Küche bietet. Günstiges Mittagsmenü.

La Cantine de Lulu F

26 Rue Alberti
PLZ 06000   ■ C 2, S. 418
Tel. 0033/493 62 15 33
Sa, So geschl.
Hauptgerichte € 15-26
DINERS MASTER VISA M

Einfache Küche, wie sie die Großmütter in Nizza gekocht haben. Im mediterranem Ambiente gibt's die Vorspeisen-Variation mit Wurst und Salaten, geschmortes Rindfleisch mit Steinpilzen und Gnocchi oder auf Bestellung Stockfisch. Lecker: der Schokoladenkuchen mit Senf. Kleine Weinkarte, netter Service.

La Merenda F F

4 Rue Raoul Bosio
PLZ 06100   ■ D 3, S. 418
kein Telefon
Sa, So geschl.
Hauptgerichte € 11-16
◻M

Man hat sie oft erzählt, die Geschichte vom großen Koch Dominique Le Stanc, der ein bekanntes Spitzenlokal in der Promenade des Anglais verließ, um hier im schmucklosen Bistro aufzukochen. Kutteln, frittierte Zucchiniblüten oder Ochsenschwanz mit Polenta gibt es für 24 Gäste. Reservierungen werden nicht angenommen, Kreditkarten nicht akzeptiert, Telefon gibt es auch nicht. Die Küche ist natürlich und tagesfrisch, wie es sich für ein Bistro gehört, der Service flott.

La Part des Anges F

17 Rue Gubernatis
PLZ 06000   ■ D 2, S. 418
Tel. 0033/493 62 69 80
Fax 493 62 69 80
part.des.anges@wanadoo.fr
Mo-Do nur Mittagessen, So geschl.
Hauptgerichte € 25-35
AmEx MASTER VISA M ☿

Der „Anteil der Engel" ist eine Weinbar mit gut 600 Referenzen. Olivier Labarde und Franck Russo räumen den guten Gewächsen hier ganz bewusst die Hauptrolle ein: Zu Morgon von Marcel Lapierre, Clos du Tue-Bœuf, Domaine de Bois Lucas aus der Touraine oder Les Foulards Rouges aus den Côtes du Roussillon passen Terrinen und *andouillette* oder Lammschulter mit Zitrone.

Auch Weine aus Italien und Spanien werden angeboten. Gute Auswahl an glasweise servierten Weinen. Flotter Service.

La Petite Maison FF

11 Rue Saint-François de Paule
PLZ 06300 ■ C 3, S. 418
Tel. 0033/493 92 59 59, Fax 493 92 28 51
www.lapetitemaison-nice.com
So geschl.
Hauptgerichte € 28-45
MASTER VISA M

In Nizza gab es früher eine Tradition kochender Mütter, die simple Gerichte mit der großen Kelle auftischten. Nicole Rubi knüpft direkt daran an in ihrem „Kleinen Haus" mit eng stehenden Tischen: Ob roher Seewolf, Zucchini-*beignets,* frittierte Rotbarben oder Dorade in der Salzkruste, die Gerichte sind einfach und gut. Patronin Nicole ist freilich in halb Nizza wegen ihres *charactère* – vornehm ausgedrückt: ihrer schwierigen Persönlichkeitsstruktur – bekannt. Wenn sie einen Gast nicht mag, gibt sie ihm das schon mal zu verstehen. Das ist nötig, denn das Haus wird gern von den VIPs des Südens besucht.

La Zucca Magica FF

4 bis Quai Papacino
PLZ 06000 ■ E 3, S. 418
Tel. 0033/493 56 25 27
Fax 493 56 25 27
www.lazuccamagica.com
So, Mo geschl., Menüs € 17-29

Das vegetarische Restaurant ist eine sympathische Stube mit vielen bunten Bildern und diversen Bastelarbeiten aus Kürbissen. Da lugt der vegetale Pinocchio über Safranreis mit Zitrone, Tomaten gefüllt mit Nudelsalat oder mit Pesto gefüllte Zucchiniblüten. Die Küche mixt Frankreichs Süden mit italienischen Einflüssen. Dann finden sich die Wahlheimat und die Ursprünge von Küchenchef Marco Folicaldi auf dem Teller. Der vollbärtige Riese ist Autodidakt und möchte in seinem Restaurant vor allen Dingen eines: immer ehrlich bleiben.

Le Café de Turin F

5 Pl. Garibaldi
PLZ 06300 ■ D/E 2, S. 418
Tel. 0033/493 62 29 52
Fax 493 13 03 49
kein Ruhetag
Hauptgerichte € 25-70
AmEx DINERS MASTER VISA M

Die schlichte Eckkneipe zwischen Altstadt und Place Garibaldi ist immer voll, weil nicht nur die Meeresfrüchte schmecken. *Plateau du pacha* mit Austern, Krevetten und vielen Verführungen mehr.

Le Safari ☀

1 Cours Saleya
PLZ 06300 ■ D 3, S. 418
Tel. 0033/493 80 18 44, Fax 493 62 62 14
sarl.safari@wanadoo.fr
kein Ruhetag
Hauptgerichte € 12-30
AmEx DINERS VISA M

Direkt am Blumenmarkt und somit in einem touristischen Zentrum der Stadt hält „Safari" die Fahne einer traditionellen

Schlichte Küche im schlichten Restaurant,

Nizza-Küche hoch. Die Kutteln *à la niçoise* sind zart und haben Geschmack. Die *grand aioli de mer* ist üppig bestückt mit frischem und gegartem Fisch.

Terres de Truffes ⬛⬛⬜⬜⬜
11 Rue Saint-François de Paule
PLZ 06300 ⬛ C 3, S. 418
Tel. 0033/493 62 07 68, Fax 493 62 44 83
www.terresdetruffes.com
So, Mo geschl.
Hauptgerichte € 29-49
AmEx MASTER VISA M

Man kennt ihn nur unter dem Namen Bruno, er kommt aus Lorgues und gilt als Trüffelpapst von Südfrankreich. Die Restaurants in Nizza und Paris hat er an einen Herrn namens Jean-Louis Patron verkauft, der Gast merkt das kaum. Schließlich blieben die Rezepte: Getrüffelte *foie gras,* getrüffelte Taube in der Teigkruste, getrüffelte Käse. Nur mit dem rechten Glauben an die tollen Knollen nimmt es Bruno nicht immer genau. Statt *tuber melanosporum* und *magnatum* kommen auch günstige Trüffelsorten

und es schmeckt: „Le Café de Turin"

auf die Teller, nachgeholfen wird dann mit chemischem Trüffelöl. Muss das sein? Hier gibt es auch Trüffeldosen zum Mitnehmen.

Bars

The Pingala Bar
im Hotel Le Palais de la Mediterranée
13 Promenade des Anglais
PLZ 06000 ⬛ B 2, S. 418
Tel. 0033/492 14 76 01
Fax 492 14 77 14
http://palais.concorde-hotels.com/en/dining/dining02.aspx
tgl. 10-24 Uhr
AmEx DINERS MASTER VISA

Im 3. Stock des „Palais de la Méditerranée" liegt diese Bar in poppigen Farben. Tagsüber lädt eine Terrasse über der Engelsbucht, der Baie des Anges, zum Ausspannen ein. Abends gibt es Lounge-Musik, ein Dutzend Martinis werden in Mini-Shakern serviert. Letztere darf der Gast auch selber schütteln. Donnerstag, Freitag und Samstag greift hier von 18 bis 21 Uhr ein Pianist in die Tasten. Danach geht beim Schoko-Martini die Sonne unter. Gelegentlich Livekonzerte.

Vinivore
32 Av. de la République
PLZ 06000 ⬛ E 1, S. 418
Tel. 0033/493 26 90 17
Di-Sa 10.30-23.30 Uhr
AmEx VISA

Von Paris über Nantes bis nach Nizza machen „naturnahe Weine" Furore. Die tragen nicht unbedingt Biosiegel, Trauben und Weinbereitung erfolgen jedoch nach Biokriterien. Der „Vinivore" bringt die *À-la-mode*-Gewächse an die Côte, darunter Weine von Jamet, Clusel-Roch, Thierry Allemand, Falfas und Le Domaine des Bois Lucas. Dazu gibt es Schinken, Käse oder Foie gras von der Tageskarte auf der Schiefertafel. Das Interieur ist ultraschlicht in Brauntönen, die Wände werden von Flaschen geziert. So gut wie alle Weine kann man vor Ort kaufen. Ein neuer Treffpunkt für Weininteressierte.

Das große Buch für Genießer.

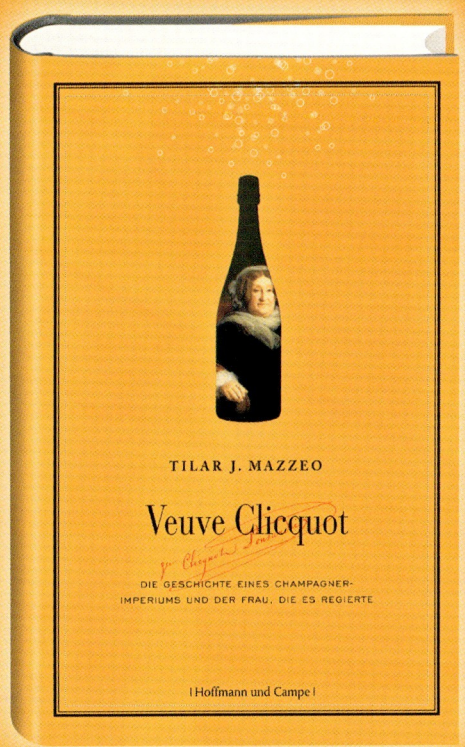

TILAR J. MAZZEO

Veuve Clicquot

DIE GESCHICHTE EINES CHAMPAGNER-
IMPERIUMS UND DER FRAU, DIE ES REGIERTE

I Hoffmann und Campe I

304 Seiten, gebunden

I Hoffmann und Campe I

OSLO

Foto: Ialf/Kreikels

Der Boom um das Nordseeöl hat viel Geld in Norwegens Hauptstadt gespült.
Die Osloer geben es in ihrer neuen Oper aus, am trubeligen Yachthafen oder in
vielen neuen Restaurants und Bars. Das Hoch im Norden ist schön – und teuer

Hotels

Comfort Hotel
Børsparken **F F**
OT Sentrum, Tollbugaten 4
PLZ 0152 ■ D/E 3/4, S. 429
Tel. 0047/22 47 17 17, Fax 22 47 17 18
www.choice.no/hotels/no020
198 Zi., DZ ab € 100
AmEx DINERS MASTER VISA ♈☖
Freundliches, junges Touristenhotel mit
angenehmen Zimmern und relativ günstigen Preisen. Helles Design, hübsche Bäder
und ein gesundes Frühstück neben der
lichten Lobby. Das Hotel liegt in einem
kleinen Park in der Nähe des Oslo-Fjords.
Auch das neue Opernhaus am Wasser ist
von hier gut zu Fuß erreichbar.

Continental **F F F**
OT Sentrum, Stortingsgaten 24-26
PLZ 0117 ■ C 3, S. 428
Tel. 0047/22 82 40 00, Fax 22 82 40 65
www.hotel-continental.no
134 Zi., 21 Suiten, DZ ab € 278
AmEx DINERS MASTER VISA ☖♈
Vis-à-vis dem Nationaltheater wurde 1900
das „Continental" eröffnet. Es wird in der
vierten Generation von der gleichen Familie
betrieben: ein 5-Sterne-Hotel mit viel Tra-
dition und persönlichem Service, das einzige
Norwegens, das den Leading Hotels of the
World angehört. Jedes Zimmer hat seinen
eigenen Stil, von klassisch bis modern.
Gourmetrestaurant „Annen Etage" und die
beliebte Brasserie „Theaterkafféen" (siehe
Restaurants). In der „Daligstuen", der
Lobbybar, kann man eine Sammlung echter
Edvard-Munch-Lithografien bewundern.

Grand Hotel Rica **F F**
OT Sentrum, Karl Johans Gate 31
PLZ 0159 ■ D 3, S. 429
Tel. 0047/23 21 20 00, Fax 23 21 21 00
www.grand.no
238 Zi., 52 Suiten, DZ ab € 179
AmEx DINERS EC MASTER VISA ♈☖≈♈
In diesem Bau aus der Belle Époque
übernachten Staatsmänner, Friedens-

nobelpreis-Träger und andere Prominente.
Das Hotel besitzt auch einen „Ladies
Floor", der bekannten Norwegerinnen
gewidmet und im jeweils dazu passenden
Stil eingerichtet ist. Die Zimmer sind meist
großzügig ausgestattet, und einige von
ihnen haben Ausblick auf Oslos Parade-
Flaniermeile Karl Johans Gate. Sehenswert
ist der neue Wellnessbereich „Artesia Spa".
Elegantes Gourmetrestaurant „Julius
Fitzner", zwei weitere Restaurants und drei
Bars (siehe „Etoile Bar"). Berühmt ist
ferner das „Grand Cafe" mit Jazz-Brunch
an Sonntagen.

Grims Grenka **F F**
OT Sentrum, Kongensgate 5
PLZ 0153 ■ D 4, S. 429
Tel. 0047/23 10 72 00, Fax 23 10 72 10
www.grimsgrenka.no
42 Zi., 24 Suiten, DZ ab € 200
AmEx DINERS MASTER VISA ♈☖♈
Seit Frühjahr 2008 besitzt Norwegen sein
erstes Designhotel. Das „Grims Grenka"
beeindruckt mit walddunklen, fantasievoll
eingerichteten Zimmern. Es liegt schön
zentral und kommt ohne arrogante Attitüde
aus. Es hat gute Betten und bietet ein
reichhaltiges Frühstück. Leise Klimaanlagen,
W-Lan und Duschen, die zum Wassersparen
zwingen. Auf dem Dach befindet sich eine
Art Berghütten-Lounge mit Citypanorama:
Hier werden Drinks gemixt. (Siehe Restaurant „Madu".)

Holmenkollen
Park Hotel Rica **F F**
OT Holmenkollen, Kongeveien 26
PLZ 0787 nördlich ■ B/C 1, S. 428
Tel. 0047/22 92 20 00
Fax 22 14 61 92
www.holmenkollenparkhotel.no
211 Zi., 11 Suiten, DZ ab € 197
AmEx DINERS MASTER VISA ♈☖≈♈
Der älteste Teil von Norwegens größtem
Konferenzhotel stammt von anno 1894 und
ist im Drachenstil (norwegischer Jugendstil)
gebaut. Die Zimmer im neuen Teil sind
modern eingerichtet. Die Zimmer auf der

O

Vorderseite haben einen herrlichen Ausblick über die Stadt. Hier oben beginnt Oslos waldreiche Umgebung „Nordmarka", in der man Wanderungen, Fahrrad- oder Skitouren unternehmen kann. Neben dem Haus entsteht die neue Holmenkollen-Skischanze, wo im Jahr 2011 die Ski-WM ausgetragen wird. Sehr gutes Restaurant „De fem Stuer" mit nordischen Spezialitäten, Café und Bar. Netter Spabereich.

Radisson Blu Plaza Hotel **F F F**

OT Sentrum, Sonja Henies Plass 3
PLZ 0134   ■ E 3, S. 429
Tel. 0047/22 05 80 00, Fax 22 05 80 30
www.radissonblu.com
673 Zi., DZ ab € 230
AmEx DINERS MASTER VISA ☂ 🚗 〰

Das größte Hotel Norwegens mit 37 Etagen und fantastischer Aussicht liegt in der City nicht weit vom Hauptbahnhof. Als erstes Hotel der Radisson-SAS-Kette hat es die Auszeichnung „Nordic Swan"(Ökolabel) bekommen. Alle Zimmer sind seit 2008 Nichtraucherzimmer. Einrichtung im typisch skandinavischen Design. In den Business-class-Zimmern befinden sich W-Lan, LCD-Fernseher und Espressomaschine. Das gesamte Hotel wurde 2004/2005 rund-erneuert. Fitnesscenter und Pool. Zwei Hotelrestaurants (À-la-carte-Restaurant in der 34. Etage) und zwei Bars.

Thon Hotel Opera **F F**

OT Sentrum, Christian Frederiksplass 5
PLZ 0154   ■ E 4, S. 429
Tel. 0047/24 10 30 00, Fax 24 10 30 10
www.thonhotels.com/opera
432 Zi., 2 Suiten, DZ ab € 235
AmEx MASTER VISA

Das „Thon Hotel Opera" liegt zentral am Hauptbahnhof mit schöner Aussicht auf den Oslo-Fjord und auf das 2008 eröffnete Opernhaus aus Glas und Marmor. Das Hotelhochhaus bietet gut ausgestattete Zimmer in allen Kategorien. Man kann wählen, ob man eine Dusche oder eine Badewanne, Parkett- oder Teppichboden oder ein Zimmer mit Balkon haben möchte.

In den Zimmern Accessoires, die an Opern erinnern. Restaurant „Scala" und Bar „Tosca". Fitnessraum mit Sauna und Solarium. Freundlicher Service. Frühstücksraum für 200 Gäste mit großer Auswahl am Buffet.

Restaurants

Argent **F F**

OT Gamle, im Opernhaus
Kirsten Flagstads plass 1
PLZ 0150   ■ E 4, S. 429
Tel. 0047/21 42 21 42, Fax 21 42 21 43
www.operaen.no
kein Ruhetag, Menüs € 61-81
▱

Ein cooler Newcomer in der grandiosen neuen Oper am Oslo-Fjord. Das Gourmetrestaurant ist in weißen und cremefarbenen Tönen gehalten. Die moderne Einrichtung ist minimalistisch, Kontrast bietet nur ein Raumteiler mit Glaskugeln, die ihre Farbe wechseln, sowie die Kamine. Das kulinarische Erlebnis spielt die Hauptrolle. Es gibt Menüs mit vier oder sieben Gängen, auf Wunsch auch mit den passenden Weinen aus der recht guten Karte. Die Gerichte sind oft komponiert aus kleinen eigenständigen Kreationen, etwa gebratener Dorsch mit einer Pilz-Topinambur-Lasagne, glasierter Roter Bete, Muschel-Frühlingsrolle und Petersilienschaum.

Bagatelle **F F F**

OT Sentrum, Bygdøy Allé 3
PLZ 0257   ■ B 3, S. 428
Tel. 0047/22 12 14 40, Fax 22 43 64 20
www.bagatelle.no
nur Abendessen, So geschl.
Menüs € 90-175
AmEx DINERS MASTER VISA

In Oslos bekanntestem Gourmetlokal veredelt Chefkoch Eyvind Hellström seit Jahren mit französischer Kochkunst die besten norwegischen Produkte zu gekonnten Menüs, je nach Gästegeschmack klassisch oder kreativ. So kommen norwegische Königskrabben als *tempura* ebenso vor wie ein Steinbutt in aromatisierter Butter. Die Räume sind sehr elegant, der opulent bestückte Weinkeller kann von den Gästen besichtigt werden.

D/S Louise FF

OT Frogner, Stranden 3
PLZ 0250 ■ C 4, S. 428
Tel. 0047/22 83 00 60, Fax 22 83 06 88
www.dslouise.no
kein Ruhetag
Hauptgerichte € 25-42
 M ✱ ↑

Das Restaurant am Yachthafen mit schöner Aussicht auf den Fjord und die Akershus-Festung bietet eine gute Auswahl an typisch norwegischen Gerichten, darunter viele Hummer- und Fischspezialitäten. Attraktion des Hauses ist ein riesiger Meeresfrüchteteller mit Hummer und Austern. Die Einrichtung erinnert mit mehr als tausend Objekten, Bildern und Modellen an die Seefahrt und die frühere Werft an Aker Brygge. Gemütliche „Seilbar" mit Originalstücken vom Segelschulschiff „Christian Radich". Von der großen beheizten Außenterrasse hat man den Trubel im Sommer bequem im Blick.

Ekebergrestauranten FFF

OT Gamle, Kongsveien 15
PLZ 0193 ■ F 5, S. 429
Tel. 0047/23 24 23 00, Fax 23 24 23 01
www.ekebergrestauranten.com
kein Ruhetag
Hauptgerichte € 27-33
AmEx DINERS MASTER VISA M ￥ ⌂ ↑

Das vor 75 Jahren im Bauhaus-Stil errichtete große Ausflugslokal auf der Ostseite des Fjords erlebt nach seiner Renovierung ein fulminantes Comeback. Die Aussicht auf Oslo ist grandios. Der Service könnte kaum besser sein, die Küche ist trotz der 300 Plätze in mehreren Sälen erstaunlich gut und vielseitig im Stil von skandinavisch bis Cross-over. Wir aßen saftigen Klippfisch von den Lofoten mit Kartoffel-Salbei-Püree und ein tadelloses Lachs-*pastrami* mit Guacamole. Zum weiß aus dem Wald heraus leuchtenden Ensemble gehören eine riesige Sonnenterrasse, verschiedene Bankett-räume, Lounge und Bar.

Finstua – Frognerseteren FF

OT Holmenkollen, Holmenkollenveien 200
PLZ 0791 nördlich ■ B/C 1, S. 428
Tel. 0047/22 92 40 40, Fax 22 92 40 41

„Ekebergrestauranten": Die Logenplätze überm Oslo-Fjord sind an Sommerabenden begehrt

www.frognerseteren.no
kein Ruhetag
Hauptgerichte € 38-45

AmEx DINERS MASTER VISA M 🏠 ☂

Auf Oslos Hausberg Holmenkollen steht
seit 1897 ein norwegisches Gasthaus ganz
aus Holz. Das sehr beliebte „Frognerseteren" wird seit über 30 Jahren vom Schweizer Walter Kieliger geführt. Die Ausflugs-
gäste in den großen Sälen holen sich das
Essen selbst von der Theke. In seinem À-la-
carte-Restaurant „Finstua" mit 40 Plätzen
serviert der 57-Jährige echte Leckerbissen
wie die mild gepökelte Forelle aus Hardan-
ger, gebeizt mit Piment und roten Zwiebeln, dazu Avocadosalat und Forellenkavi-
ar; Carpaccio vom Klippfisch oder ein
zart gebratenes, schön aromatisches Stück
vom norwegischen Elchfilet auf Rösti
mit Spitzmorcheln. Und zum Schluss eine
Portion *rømgrøt*, sahnige Sauerrahmgrütze
mit Zucker und Zimt. Nicht verpassen: den
Apfelkuchen nach altem Geheimrezept.

Haga F F F

OT Bekkestua, Griniveien 315
PLZ 1356   nordwestlich ■ A 3, S. 428
Tel. 0047/67 15 75 15, Fax 67 15 75 16
www.hagarestaurant.no
nur Abendessen, So, Mo geschl.
Menüs € 65-110

AmEx MASTER VISA 🏠 ☂ 🍷

Vor den Toren der Stadt, im modernen
Clubhaus des Haga Golfclubs, liegt das
besternte Restaurant von Terje Ness, dem
„Bocuse d'Or"-Gewinner von 1999. Die
Einrichtung mit rostfarbenen Stühlen,
runden weiß gedeckten Tischen und großen
Fenstern ist stilvoll und dezent. Man kann
sich ein Menü mit drei bis sieben Gängen
auswählen, das wöchentlich wechselt. Die
Küche ist französisch mit exklusiven norwe-
gischen Zutaten. So gibt es Steinbutt mit
Granatapfel oder Flusskrebs mit Kalbsfond
und Trompetenpilzen, in Vanille gekochte
Pflaume, fein abgeschmeckt mit Limette.
Eine enorme Weinauswahl. Apropos: 2009
will Terje Ness eine Weinbar im Zentrum
Oslos eröffnen.

„Lofoten Fish Restaurant" am Yachthafen:

Lofoten Fish Restaurant F F

OT Aker Brygge, Stranden 75
PLZ 0250   ■ B/C 4, S. 428
Tel. 0047/22 83 08 08, Fax 22 83 68 66
www.lofoten-fiskerestaurant.no
kein Ruhetag
Hauptgerichte € 31-67

AmEx DINERS MASTER VISA M ☂

Die Brasserie mit 150 Plätzen liegt am
Kaiende des Yachthafens Aker Brygge.
Unter den Lounges, Bars und Restaurants
ist es die derzeit beste Adresse für maritime
Genüsse. Die kräftige, mit knackigen
Fischstücken gefüllte, dillgrüne Fischsuppe
schmeckt nach Meer. Das große Filetstück
vom gebackenen Lachs ist saftig und hat
ein prachtvolles Aroma, dazu schmecken
frischer Meerrettich, schwedische neue
Kartoffeln mit Kräuter-Ei-Butter und Erbsen.
Das moderne Lokal mit großer Terrasse
und coolem Design hat abends norwegische
Hummer und *seafood*-Platten der Luxus-
klasse im Angebot. Es eignet sich aber auch
für Businesslunches.

Madu F F F

OT Sentrum, im Hotel Grims Grenka
Kongensgate 5
PLZ 0153   ■ D 4, S. 429
Tel. 0047/23 10 72 00, Fax 23 10 72 10

auch Platz für festliche Anlässe

www.grimsgrenka.no
nur Abendessen, So, Mo geschl.
Hauptgerichte € 30-75
AmEx DINERS MASTER VISA
Das glamourös designte Hotelrestaurant „Madu" hatte schnell großen Erfolg. Der junge amerikanische Chefkoch Robert Harewood überrascht mit seiner originellen skandinavisch-asiatischen Küche. Auf den Punkt gebratene Rentierfilets in Mandelkruste oder kleine Elch-*empanadas* auf Algensalat, außerdem witzige Desserts. Der lockere Service ist so international wie die Gäste. Hier muss man unbedingt vorbestellen, die Tische sind begehrt, und die Stimmung ist ausgelassen.

Olympen Mat & Vinhus FF
OT Sentrum, Grønlandsleiret 15
PLZ 0190 ■ F 3, S. 429
Tel. 0047/24 10 19 99, Fax 24 10 19 95
www.olympen.no
kein Ruhetag, Hauptgerichte € 19-33
AmEx DINERS MASTER VISA
Nach aufwendigem Umbau wurde das populäre Lokal im Viertel Grönland (hinterm Bahnhof) vor Kurzem wieder eröffnet. Es war früher eine Music Hall, wo bulgarische Tanzorchester für Stimmung sorgten. Das „Olympen" erinnert mit seinem Lederbänken, Riesenspiegeln und der endlosen Theke stark an hundertjährige Brüsseler Brasserien. Zu sanften Jazzklängen kann man ein allerfeinstes Tatar mit kleinen Kapern, roter Bete, Zwiebelringen, Eigelb und Fischrogen genießen. Auch das Kalbs-Entrecote nebst Ofenkartoffeln und Rotweinsauce kommt in bester Qualität, die man in Paris schon suchen müsste. Im Obergeschoss liegt ein plüschiges Dancing aus den 1960er-Jahren, auf der Dachterrasse ein Biergarten.

Oro Restaurant Terje Ness FFF
OT Sentrum, Tordenskjolds gate 6 a
PLZ 0160 ■ C/D 3, S. 428/429
Tel. 0047/23 01 02 40, Fax 23 01 02 48
post@ororestaurant.no
nur Abendessen, So geschl.
Menü € 62
AmEx DINERS MASTER VISA
Dieses beliebte Restaurant im Herzen der Stadt hat 2004 mit neuem Team durchgestartet und macht sich seitdem um die moderne skandinavische Küche verdient – mit kreativen Menüs in französischer Machart. Der moderne, elegante Saal mit Blick auf die offene Küche erhöht noch das Vergnügen. Mönchsfisch mit Alba-Trüffeln ist ein typischer Leckerbissen, aber auch aus Wild und Waldpilzen werden aufregende Gerichte. Tapas-Bar „Deli i Oro" nebenan.

Oscarsgate FFFF
OT Frogner, Pilestredet 63
PLZ 0350 ■ C 1, S. 428
Tel. 0047/22 46 59 06
www.restaurantoscarsgate.no
nur Abendessen, So, Mo geschl.
Hauptgerichte € 40-50
AmEx DINERS MASTER VISA
Keiner kocht in Oslo derzeit verrückter und kreativer als der aus Korea stammende 31 Jahre alte Björn Svenson in seinem Abendlokal. Einen Tisch in seinem kleinen Restaurant zu bekommen, ist sehr schwer. Seine Menüs gleichen einem Feuerwerk. Die Fantasie und detailversessene Zubereitung, vor allem die perfekte Harmonie der Ge-

schmackselemente, verblüffen bei jedem Gang. Zum Beispiel ein Gorgonzola-Fondue mit Käse-Eis, Sashimi von Heilbutt und Blue-fin-Thunfisch auf Soja-Portwein-Sauce mit Kokos-Limetten-Sorbet, Jakobsmuscheln in Krebssuppe mit getrüffelten Krebs-Ravioli, ein Premium-Lachs „Salma" auf Jakobsmu-schel-Mousse mit Kaviarsauce, Cross-over-Variationen vom Stubenküken und eine verwirrende Fülle von Desserts. Erfrischend netter Service, gute Weine.

Spisestedet

Feinschmecker FF

OT Frogner, Balchensgate 5
PLZ 0265 ■ A 2, S. 428
Tel. 0047/22 12 93 80, Fax 22 12 93 88
www.feinschmecker.no
nur Abendessen, So geschl.
Hauptgerichte € 33-44
AmEx DINERS MASTER VISA ♀

Das in einem Villenviertel gelegene Traditi-onslokal pflegt die klassische französische Küche und einen Service alter Schule. Die einfallsreiche Küche verbindet Einflüsse aus ganz Europa zu delikaten Menüs in fast intimer Atmosphäre.

Statholdergaarden FFF

OT Sentrum, Rådhusgate 11
PLZ 0151 ■ D 4, S. 429
Tel. 0047/22 41 88 00, Fax 22 41 22 24
www.statholdergaarden.no
nur Abendessen, So geschl.
Hauptgerichte € 42-44
AmEx DINERS MASTER VISA ♀

In einem denkmalgeschützten Palais aus dem 17. Jahrhundert verwöhnt Bent Stiansen seine eleganten Gäste in einem Salon mit wunderschöner Stuckdecke. Seine französische Küche lockt mit mediterranen Akzenten: sautierte Jakobsmuscheln auf Blumenkohlpüree, exakt gegarter, würziger Lammrücken und unwiderstehliche Des-serts. Im Kellerlokal „Statholderens Kro-stue" (mit eigenem Eingang) vergnügen sich die Osloer bei deftigeren Genüssen, die deutlich weniger kosten. Sehr nette, höfliche Bedienung.

Theatercaféen FF

OT Sentrum, im Hotel Continental
Stortingsgaten 24-26
PLZ 0117 ■ C 3, S. 428
Tel. 0047/22 82 40 50, Fax 22 42 96 89
www.theatercafeen.no
kein Ruhetag
Hauptgerichte € 26-39
AmEx DINERS MASTER VISA ⌂

Das „Theatercaféen" ist eine Institution in Oslo. Hier gilt es zu sehen und gesehen zu werden – in entspannter Kaffeehaus-Atmosphäre. Das Ambiente ist stilvoll und historisch mit Ledersitzbänken, einer Empore für die täglich spielenden Musiker und Gewölbedecken. Die Küche bietet saisonbetonte norwegische Gerichte mit Fisch, Fleisch, Schaltieren und Wild, etwa rosa gebratene Schneehuhnbrust mit Hirschmedaillons oder gebratenen Heilbutt mit Parma-Schinken. Große Weinauswahl, kompetente Bedienung.

Bars/Cafés

Aku-Aku Tiki Bar

OT Grünerløkka, Thorvald Meyers Gate 33 a
PLZ 0555 ■ E 1, S. 429
kein Telefon
Mo, Di, So 12-1 Uhr, Mi, Do 12-2 Uhr,
Fr, Sa 12-3 Uhr

Südsee-Stimmung in Oslos hippem Stadtteil „Grünerløkka". Ein neun Meter langes polynesisches Boot hängt unter der Decke, Kugelfische dienen als Beleuchtung, Bam-bus an den Wänden – und die Musik ist auch schön exotisch. Die entspannte Bar schmückt sich sogar mit Originalrelikten der „Kon Tiki"-Expedition von Thor Heyerdahl. Goße Auswahl an Rum-Cocktails, außerdem klassische Cocktails sowie exotische mit spannenden Namen wie Aku-Aku Chili Punch oder Thors Hammer. Aloha!

Åpenbar

OT Aker Brygge, Stranden 1
PLZ 0250 ■ C 3/4, S. 428
Tel. 0047/23 11 54 77

www.aapenbar.no
Mo-Sa 18-3 Uhr

„Åpenbar" ist ein kleines, gemütliches, stilvolles Lokal auf zwei Ebenen. Tagsüber mehr Cafébar und abends mehr Lounge. Auf der im Winter beheizten Außenterrasse kann man das ganze Jahr über das Treiben auf Aker Brygge, einer der beliebtesten Einkaufs- und Ausgehmeilen der Stadt, beobachten. Während im Erdgeschoss ausgehungerten Shoppern Kaffee, Sandwiches und Croissants angeboten werden, gibt es im abends geöffneten 1. Stock Cocktails, Weine und Biere. Eine gelungene Mischung zum Wohlfühlen und Entspannen für die ganze Familie.

Bar Boca

OT Grünerløkka, Thorvald Meyers Gate 30
PLZ 0555　　　　　　■ E/F 1, S. 429
Tel. 0047/41 16 41 16
So, Mo, Di 12-1 Uhr, Mi, Do 12-2 Uhr,
Fr, Sa 12-3 Uhr MASTER VISA
Eine wirklich witzige Bar in Grünerløkka, die man nicht verpassen sollte. Der Barkeeper Jan Vardøen mixt wahrscheinlich die besten Mojitos der Stadt. Junges, szeniges Publikum. Spätestens hier glaubt kein Oslo-Besucher mehr, dass die Norweger unterkühlte Nordlichter seien.

Etoile Bar

OT Sentrum, im Grand Hotel Rica
Karl Johans Gate 31
PLZ 0159　　　　　　■ D 3, S. 429
Tel. 0047/23 21 20 00, Fax 23 21 21 00
www.grand.no
Mo-Do 15-1 Uhr, Fr, Sa 15-2 Uhr,
So 20-2 Uhr
AmEx MASTER VISA M̈ 🏠 ⛱
Im Grandhotel erwartet Sie eine kleine, in Rottönen gehaltene Bar mit einem feinen Außenbereich. In einer lauen Sommernacht ist es traumhaft, draußen zu sitzen mit Blick über die Flaniermeile Karl Johan, über Stortinget (Parlament), Rathaus und Nationaltheater. Die kleine Barkarte hat eine außergewöhnlich große Auswahl an Sekt

und Champagner. Außerdem mixen die freundlichen Barkeeper gern nach den Wünschen der Gäste. Kleine Lunchkarte montags bis samstags von 11 bis 16 Uhr.

Posthallen

OT Sentrum, Dronningensgate 15
PLZ 0152　　　　　　■ D/E 3, S. 429
Tel. 0047/22 41 17 30
www.posthallenrestaurant.no
Mo-Do 7-1 Uhr, Fr 7-3 Uhr, Sa 11-3 Uhr

In der ehemaligen Schalterhalle der Hauptpost von 1924 eröffnete 2008 „Posthallen". Hier kann man einen ganzen Abend verbringen. Die Gäste starten vielleicht im ungezwungen gemütlichen Café, gehen dann weiter ins hübsche Restaurant und beschließen den Abend an der Bar oder in der Lounge. Die großzügigen Räume sind mit südafrikanischen Möbeln und Accessoires eingerichtet: Über der Theke hängen etwa beleuchtete Straußeneier. Neben klassischen Cocktails und guter Bierauswahl gibt es auch ungewöhnliche Drinks. Die große Weinauswahl ist sicher verwahrt im ehemaligen Tresorraum.

Summit Bar

OT Sentrum, im Hotel Radisson SAS
Scandinavia, Holbergsgate 30
PLZ 0166　　　　　　■ C 2, S. 428
Tel. 0047/23 29 30 00, Fax 23 29 30 01
www.radissonblu.com
Mo-Do 16-1 Uhr, Fr, Sa 16-2 Uhr,
So 17-1 Uhr
AmEx MASTER VISA 🏠
Von der „Summit Bar" in der 21. Etage des Hotels in der City bietet sich das wohl aufregendste Oslo-Panorama. Hier sieht man von Ekeberg über den Fjord und die Museumsinsel Bygdøy bis zum Schloss sowie über die gesamte Innenstadt. Alle Tische sind auf diese Aussicht hin ausgerichtet. Sonst lebt das „Summit" von einer schlichten, kühlen Lounge-Einrichtung und einer typischen Bar-Atmosphäre. Eine gute Auswahl an klassischen wie kreativen Cocktails und ein netter Service.

Oslo

PARIS

Notre-Dame im Herz von Paris über-
dauert alle Moden und Trends. In der
Hauptstadt der Haute Cuisine ist derzeit viel in Bewegung: Alte Hotels werden verjüngt, junge Köche machen
den eingesessenen kreativ Konkurrenz

Hotels

Crillon FFFF

8. Arrondissement, 10 Pl. de la Concorde
PLZ 75008 ■ D 2, S. 457
Tel. 0033/144 71 15 00, Fax 144 71 15 02
www.crillon.com
103 Zi., 44 Suiten, DZ ab € 770
AmEx DINERS MASTER VISA 🍸🚗♀

Der feinste Hotelpalast von Paris soll das
„Crillon" werden. So zumindest hat es die
amerikanische Starwood-Gruppe, die neue
Besitzerin, im Jahr 2008 verlauten lassen.
Angekündigt wurde die Renovierung von
Zimmern, Gängen und Suiten. Auch die
Empfangsräume und das Restaurant sollen
umgestaltet werden. Ein Spa ist geplant. An
der Fassade legt der französische Architekt
Thierry Despont noch einmal Hand an. Kurz:
Alles soll anders, schöner, besser werden.
Konkret heißt das freilich auch, dass hier
derzeit viel gebaut und gearbeitet werden
muss. Vorübergehende Komforteinbußen
sind da nicht auszuschließen. (Siehe Restau-
rant „Les Ambassadeurs".)

„Crillon": berühmtes Grandhotel im Umbau

Four Seasons
Hôtel George V FFFFF

8. Arrondissement, 31 Av. George V
PLZ 75008 ■ A/B 2, S. 456
Tel. 0033/149 52 70 00, Fax 149 52 70 10
www.fourseasons.com/paris
245 Zi., 50 Suiten, 9 App., DZ ab € 770
AmEx DINERS MASTER VISA 🍸🚗♒♀

Das alte, angejahrte „George V" ist bereits
vergessen. Anfangs tönten noch Kritiker,
nach der Totalrenovierung sei das Haus
nicht wiederzuerkennen, es könne so
ähnlich auch in New York oder Las Vegas
stehen. Inzwischen bestaunen die Pariser

„Four Seasons Hôtel George V": Luxus pur

regelmäßig den Blumenschmuck des
amerikanischen Floristen Jeff Leatham
(Monatsbudget: 40 000 Euro), treffen sich
an der Bar oder gehen ins Restaurant des
Hauses. Die Suiten lassen kaum Wünsche
offen: Hamam, Sauna, Jacuzzi und Königsblick über die Stadt. Schön, dass auch der
Service in der Regel freundlich ist. (Siehe
Restaurant „Le Cinq".)

Grands Hommes FF

5. Arrondissement, 17 Pl. du Panthéon
PLZ 75005 ■ D 4, S. 455
Tel. 0033/146 34 19 60, Fax 143 26 67 32
www.hoteldesgrandshommes.com
28 Zi., 3 Suiten, DZ ab € 270
AmEx DINERS MASTER VISA 🍸

Das restaurierte Haus aus dem 17. Jahrhundert liegt direkt am Panthéon, dem Mauso-
leum großer Männer Frankreichs. Auch
Saint-Germain und der Jardin du Luxem-

bourg sind problemlos zu Fuß erreichbar. Die Zimmer sind stilvoll und behutsam modern, die Bäder sauber. Ganz wichtig: Die Zimmerpreise sind stark unterschiedlich. Also sollte man entweder mehrere Räume in Augenschein nehmen oder früh übers Internet buchen. Doch nur auf der hauseigenen Website gibt es manchmal Rabatte von bis zu 50 Prozent.

Hôtel de Varenne F F

7. Arrondissement, 44 Rue de Bourgogne
PLZ 75007   ■ C 4, S. 456
Tel. 0033/145 51 45 55, Fax 145 51 86 63
www.hoteldevarenne.com
24 Zi., DZ ab € 157
AmEx MASTER VISA 🛏

Die Straße verheißt pures Paris: Antikläden und Buchbinder verbreiten Atmosphäre, die Nationalversammlung ist nicht weit, zur Place de la Concorde oder dem Invalidendom kommt man problemlos per pedes. Auch der freundliche Innenhof zum gemütlichen Frühstück ist ein Pluspunkt. Das Personal spricht (teilweise) Deutsch, und der Internetzugang via W-Lan ist kostenlos. Leider sind die Zimmer eher klein und sehr unpersönlich. Auch hier gibt es interessante Rabatte von bis zu 35 Prozent auf der hauseigenen Website.

Hôtel du Petit Moulin F F F

3. Arrondissement, 29-31 Rue de Poitou
PLZ 75003   ■ E 3, S. 455
Tel. 0033/142 74 10 10, Fax 142 74 10 97
www.hoteldupetitmoulin.com
17 Zi., DZ ab € 180
AmEx DINERS MASTER VISA 🍽 🛏 🍸

Das Haus im Marais wurde von Modeschöpfer Christian Lacroix gestaltet. Pop-Art, Ethno-Chic und typische Lacroix-Zeichnungen zieren die Räume einer ehemaligen Bäckerei. Jedes Zimmer ist anders, von modern bis romantisch. Auch wenn man sich schon mal die Frage stellen kann, wer bei dieser Farbenpracht ein Auge zu tun soll. Für ein Pariser Designhotel ist das Haus halbwegs preiswert, allerdings sind die Zimmer nicht gerade riesig.

Hôtel L'Amour F F

9. Arrondissement, 8 Rue de Navarin
PLZ 75009   ■ D 1, S. 455
Tel. 0033/148 78 31 80, Fax 148 74 14 09
www.hotelamour.fr
24 Zi., DZ ab € 105
AmEx DINERS EC MASTER VISA 🛏 🍸

Vereinzelte Gäste erklären, sie würden hier, in „Sopi" wohnen. Eine angestrengt moderne Abkürzung für „South Pigalle". Doch Paris ist nicht New York, so bleibt dem Haus der leicht lasterhafte Ruf eines Ex-Stundenhotels. Junge Designer wie Marc Newson oder Sophie Calle gestalteten die Zimmer rund um einen idyllischen Innenhof mit Brunnen und Terrasse. Die Preise sind für ein Pariser Designhotel recht gnädig. Vielleicht liegt es an der Vergangenheit des Hauses, dass besonders für Übernachtungen um den Valentinstag lange im Voraus gebucht werden muss.

Jeanne d'Arc F

4. Arrondissement, 3 Rue de Jarente
PLZ 75004   ■ E 3, S. 455
Tel. 0033/148 87 62 11, Fax 148 87 37 31
www.hoteljeannedarc.com
35 Zi., DZ ab € 90
MASTER VISA €

„Jeanne d'Arc": Schlafplatz für Familien

„Kube": die Zukunft in durchsichtigen Kugeln entspannt abwarten, einen Drink in der Hand

Wer in seinem Hotel wirklich nur schlafen will, ist hier an der richtigen Adresse. Bett und Bad zum Sparpreis in der Nachbarschaft der schönen Place des Vosges. Sogar Familienzimmer mit drei bis vier Betten gibt es. Der Komfort ist bescheiden, aber das Haus ist nach Pariser Maßstäben sauber. Und direkt hinter dem Hotel lockt die Place du Marché Sainte-Catherine mit kleinen Cafés. Ideal zum Eintauchen ins Pariser Leben. Recht ruhige Lage – sofern man nicht ein Zimmer in den unteren Etagen bekommt.

Kube F F F
18. Arrondissement, 1-5 Passage Ruelle
PLZ 75018   nördlich ■ E 1, S. 455
Tel. 0033/142 05 20 00, Fax 142 05 21 01
www.kubehotel.com
41 Zi., 12 Suiten, DZ ab € 240
AmEx DINERS MASTER VISA ⛲ 🏠 ⛲
Hinter seiner denkmalgeschützten Brauereifassade hat das „Kube" ein klares Credo: Gesucht wird der junge, hippe und vermögende Gast mit Vorliebe für klare Linien. Zimmer in minimalistischem Weiß, Türen öffnen sich durch den Fingerabdruck des Gastes, die Flat-Screens dienen als TV. Die Rezeption ist im Stil eines Eiswürfels

gehalten. Das Haus wirbt nämlich mit der ersten „Ice Bar" der französischen Hauptstadt: Bei 5 Grad minus wird dort, zwischen Eisblöcken und in Glaswürfeln, Wodka der französischen Marke Grey Goose serviert. Das Haus liegt etwas abseits im Pariser Nordosten, zwischen Sacré-Cœur und Ostbahnhof.

Le Bristol F F F F
8. Arrondissement, 112 Rue du Faubourg Saint-Honoré
PLZ 75008   ■ C 2, S. 456
Tel. 0033/153 43 43 00, Fax 153 43 43 01
www.lebristolparis.com
161 Zi., 35 Suiten, 38 App., DZ ab € 750
AmEx DINERS EC MASTER VISA ⛲ 🏠 ⛲
Ganz fertig ist es immer noch nicht, das neue Bristol. Beim letzten Besuch war der Westflügel nach wie vor von Verkleidungen verhängt. Doch immerhin: Es wird renoviert, und das ist in Paris beileibe nicht selbstverständlich. Das Schwimmbad stammt vom Architekten, der die Yachten von Onassis und Niarchos entwarf, die Zimmer bieten erstklassigen französischen Schlosskomfort. Einige Suiten verfügen über hübsche bis spektakuläre Aussichtsterrassen. Ein luxuriöser Klassiker neben dem Elysée-Palast.

„Le Dokhan's Trocadéro": prachtvolles Designhotel mit angenehmer Champagnerbar

Le Dokhan's Trocadéro **F F F F**

16. Arrondissement, 117 Rue Lauriston
PLZ 75116 ■ A 2, S. 454
Tel. 0033/153 65 66 99, Fax 153 65 66 88
www.radissonblu.com/dokhanhotel-paristrocadero
45 Zi., 4 Suiten, DZ ab € 290
AmEx DINERS EC MASTER VISA 🍸🏠🍽️

Mit dem Vuitton-Schrankkoffer als Fahrstuhl geht es durch die Etagen. Das Designhotel aus der Feder von Frédéric Méchiche war immer etwas diskreter als die Konkurrenz. Im Salon mit zwei Originalstichen von Picasso und einem echten Matisse flackert permanent ein fröhliches Kaminfeuer, die Champagnerbar hat Stil. Méchiches Erkennungszeichen sind schwere, gestreifte Stoffe in dezenten Farben. Alle Bäder sind mit Carrara-Marmor getäfelt, wer jedoch Wert auf ein besonders großes Badezimmer legt, sollte einen Raum reservieren, dessen Zimmernummer mit der Ziffer 5 endet. Ebenfalls empfehlenswert: Die Vierer-Endziffern, deren Schlafzimmer geräumiger als im Rest des Hauses ausfallen.

Le Meurice **F F F F**

1. Arrondissement, 228 Rue de Rivoli
PLZ 75001 ■ E 3, S. 457
Tel. 0033/144 58 10 10, Fax 144 58 10 15
www.lemeurice.com
160 Zi., 43 Suiten, 2 App., DZ ab € 760
AmEx DINERS MASTER VISA 🍸🍽️

Stardesigner Philippe Starck hat das Haus im Jahr 2009 renoviert. Der größte Teil des Interieurs wurde zur Hommage an einen prominenten Gast: Salvador Dalí (1904-1989), der mehr als 30 Jahre lang einmal jährlich mindestens für einen Monat hier

„Le Meurice": klassischer Komfort

abstieg. Empfang, Bar und Restaurant geben einen kleinen Ausblick in die Gedankenwelt des Surrealisten. Da der Glasschrank mit den alten Taschenspielgeln, die frei im Raum zu schweben scheinen. Dort die *muletas*-Lampe mit Schubladen in ihrem Fuß. Und dann gibt es noch einen Spiegel aus Eis. Die Zimmer bieten bewährten, klassischen Komfort. (Siehe Restaurants „Le Dalí" und „Le Meurice".)

Le Vert Galant ■■

13. Arrondissement, 41/43 Rue Croulebarbe
PLZ 75013   ■ E 5, S. 455
Tel. 0033/144 08 83 50, Fax 144 08 83 69
www.vertgalant.com
15 Zi., DZ ab € 95
AmEx DINERS MASTER VISA 🍸🏠🍴

Das gibt es noch in Paris: kleine, aber gemütliche Gästezimmer zum Sparpreis rund um einen grünen Innenhof. Das Haus erfreut durch die ruhige Lage. In der Nähe passable Restaurants, auch wenn die nicht für Feinschmecker-Hitlisten taugen. Die großen Sehenswürdigkeiten sind recht weit entfernt und eher per Metro oder Auto erreichbar. In der Nähe hat man die Wahl zwischen dem chinesischen Viertel und der Manufacture des Gobelins, einem königlichen Handwerksatelier.

Mama Shelter ■■

20. Arrondissement, 109 Rue de Bagnolet
PLZ 75020   östlich ■ F 3, S. 455
Tel. 0033/143 48 48 48, Fax 143 48 49 49
www.mamashelter.com
171 Zi., 1 Suite, DZ ab € 89
MASTER VISA 🄳 🍸🏠🍴

Profis schufen dieses neue Hotel: Die Besitzer sind die Gründer des „Club Med", dekoriert wurde das Ganze von Philippe Starck. Freundliche, moderne Zimmer, auch im Internet zu buchen. Das Haus liegt am Rande des melancholischen Friedhofs Père Lachaise, eigentlich eine touristisch etwas weniger erschlossene Gegend. Das hauseigene Designrestaurant wird von Starkoch Alain Senderens beraten.

Plaza Athénée ■■■■

8. Arrondissement, 25 Av. Montaigne
PLZ 75008   ■ B 2/3, S. 456
Tel. 0033/153 67 66 65, Fax 153 67 66 66
www.plaza-athenee-paris.com
145 Zi., 45 Suiten, DZ ab € 790
AmEx DINERS MASTER VISA 🍸🍴

Hier kann man nur staunen. Große Pluspunkte sind die Lage mitten auf der Modemeile Avenue Montaigne, die Zimmer und Suiten, die mal traditionell, mal von Art déco inspiriert ausfallen, und der charakteristische Look mit Pflanzen und roten Markisen. Die Hausbar ist sogar in der Pariser Szene ein beliebter Anlaufpunkt, auch wenn die Cocktails nur in homöopathischen Dosen gereicht werden. Außerhalb von Restaurant und Bar jedoch gibt der Service den Gästen gern zu verstehen, dass ein Aufenthalt in so einem Luxushotel eine sehr ernste Angelegenheit ist. Stolz ist man auch auf die hauseigene Patisserie. Der hiesige Zuckerbäcker jedoch orientiert sich mehr an der Optik als am Geschmack. (Siehe Restaurant „Alain Ducasse" und „Le Bar du Plaza Athénée".)

Radisson Blu Le Metropolitan, Paris Eiffel ■■■■

16. Arrondissement, Place de Mexico
PLZ 75116   ■ E 2, S. 457
Tel. 0033/156 90 40 04
Fax 156 90 40 03
www.radissonblu.com/hotel-pariseiffel
38 Zi., 10 Suiten, DZ ab € 655
AmEx DINERS MASTER VISA 🍸🏠🍴

Die Lage ist die Attraktion dieses neuen Hotels. Zum Trocadéro sind es nur ein paar Schritte, die Aussicht auf den Eiffelturm ist einfach wunderbar. Alle Zimmer und Suiten in dem dem für Paris so prägenden Stil der Haussmann-Ära sind hell und modern gestaltet, zwei Suiten von je 40 Quadratmeter bieten Königsblick auf das Wahrzeichen der Stadt. Die Lounge Bar bringt etwas Leben in das ansonsten sehr ruhige und konservative Viertel. Fitnessbereich mit Pool, Kamin und Hamam. Kleiner Konferenzraum für bis zu zwölf Personen.

„Ritz": wo Ernest Hemingway sein Paris befreite und Coco Chanel ihre Gäste empfing

Ritz F F F F

1. Arrondissement, 15 Pl. Vendôme
PLZ 75001 ■ E 2, S. 457
Tel. 0033/143 16 30 30, Fax 143 16 45 38
www.ritzparis.com
103 Zi., 56 Suiten, DZ ab € 770
AmEx DINERS MASTER VISA ⏚ 🚗 ≈ ⌂

Es ist halt doch eine Institution: Von César
Ritz gegründet, von Ernest Hemingway
persönlich nach dem Zweiten Weltkrieg
„befreit", von Coco Chanel bewohnt. Ein
Stück Stadtgeschichte. Und daran ändert
man nicht viel. Die Terrasse eignet sich
jederzeit für ein idyllisches Mittagsmenü,
die Bar bleibt ein beliebter Treff, und sogar
die Cocktails haben Klasse, nur die Zimmer
der unteren Preiskategorien sind recht klein.
Also: Wenn schon „Ritz", dann richtig: Die
„Coco Chanel"-Suite mieten und den Blick
auf die Place Vendôme genießen.

Saint-Germain-Des-Prés F F F

6. Arrondissement, 36 Rue Bonaparte
PLZ 75006 ■ E 4, S. 457
Tel. 0033/143 26 00 19, Fax 140 46 83 63
www.hotel-paris-saint-germain.com
30 Zi., DZ ab € 170
AmEx MASTER VISA ⏚

Liebenswert altmodisch wirkt dieses Hotel
unweit der Place Saint-Germain-des-Prés.

Unweit von „Café de Flore" und „Deux
Magots", den beiden legendären Literaten-
cafés, wohnt man hier urfranzösisch. Das
Interieur orientiert sich am 18. Jahrhundert,
viele der nicht riesigen, aber sauberen
Zimmer verfügen über groß gemusterte
Tapeten und Bettdecken nach historischen
Vorbildern. Die erstklassige Zentrumslage
ist der wichtigste Pluspunkt des Hauses.
Schön, dass es auf der hoteleigenen Web-
site von Zeit zu Zeit interessante Sonder-
angebote gibt. Freundlicher Service.

Villa D'Estrées F F F

6. Arrondissement, 17 Rue Git le Coeur
PLZ 75006 ■ F 5, S. 457
Tel. 0033/155 42 71 11, Fax 155 42 71 00
www.villadestrees.com
5 Zi., 5 Suiten, DZ ab € 235
AmEx DINERS MASTER VISA ⌂

Hinter einer dunklen, historischen Fassade
liegt dieses stimmungsvolle Haus mitten in
Saint-Germain. Der Stil der Zimmer soll an
die große Gründerzeit der Stadt unter Kaiser
Napoleon III. erinnern. Propere Zimmer mit
historischen Anklängen. Für die modernen,
sauberen Bäder gilt das ausdrücklich nicht.
Internetanschluss via W-Lan ist hier kostenfrei, viele Pariser Attraktionen sind ohne
Weiteres zu Fuß erreichbar.

Restaurants

Agapé **F F F**
17. Arrondissement, 51 Rue Jouffroy
d'Abbans
PLZ 75017   ■ B 1, S. 454
Tel. 0033/142 27 20 18, Fax 143 80 68 09
www.agape-paris.fr
Sa, So geschl., Hauptgerichte € 29-42
`AmEx` `MASTER` `VISA` @ 𝕄 ♀

Chefkoch Bertrand Grébaut ist noch nicht
einmal 30 Jahre alt, doch er hat viel Erfah-
rung. Grébauts Küche ist ruhig, leise, sucht
die Finesse im Detail. Die Suppe von der
Petersilienwurzel ist perfekt abgeschmeckt.
Der Spargel in italienischem Speck klassisch
und gut. Das Lamm mit Bohnenkraut und
gegrillten Haselnüssen gelingt ohne jeden
Fehler. „Agapé" ist ein elegantes neues
Kleinstlokal, dessen Patrons freilich schon
im ersten Jahr auftreten, als hätten sie
die Gourmandise erfunden. Achtung: Die
Preise für die offenen Weine können
sehr hoch ausfallen.

Alain Ducasse
au Plaza Athénée **F F F F F**
8. Arrondissement, im Hotel Plaza Athénée
25 Av. Montaigne
PLZ 75008   ■ B 2/3, S. 456
Tel. 0033/153 67 65 00
Fax 153 67 65 12
www.alain-ducasse.com
Mo-Fr nur Abendessen, Sa, So geschl.
Hauptgerichte € 90-175
`AmEx` `VISA` 🏨 ⌂ ♀

Perfektion, wohin man schaut: Mustergül-
tiger Service, funkelnde Kristallsterne rund
um die Lüster, ein schöner Blick auf den
begrünten Innenhof und Dutzende sorgfältig konzipierte Details, die inzwischen
selbstverständlich sind. Zum Beispiel fährt
aus den Stühlen ein Bänkchen für die
Handtasche der Dame heraus. Die Küche
liebt es derzeit sehr französisch-klassisch,
mit Pastete in der Teigkruste oder gegrilltem
Bresse-Geflügel mit Flusskrebsen. Das ist
ein wenig schade, denn Küchenchef
Christophe Moret ist ein kreativer Kopf, er

könnte noch ganz andere Sachen aufti-
schen. Am liebsten spielt er mit asiatischen
Einflüssen. Umfangreiche Weinkarte.

Apicius **F F F F**
8. Arrondissement, 20 Rue d'Artois
PLZ 75008   ■ B 1, S. 456
Tel. 0033/143 80 19 66, Fax 144 40 09 57
www.relaischateaux.com/apicius
Sa, So geschl.
Hauptgerichte € 40-85
`AmEx` `DINERS` `MASTER` `VISA` ♀

Hinter den Champs-Elysées liegt dieses
Schlösschen, fast als wäre es eine Dependance von Versailles. Die Säle sind modern
eingerichtet, die Blumengestecke prächtig,
die besseren Kreise von Paris treffen sich
hier gern. Leider nur hat sich die Küche des
durchaus bewährten Jean-Pierre Vigato
über Jahre und Jahrzehnte geschmacklich
kaum weiterentwickelt. Nur die Preisspalte
auf der Speisenkarte wird jedes Jahr neu
redigiert, nach oben. Klassiker bleiben
süß-sauer gebratene Gänsestopfleber mit
Radieschen, Kalbsbries vom Spieß oder
überbackenes Rinderhack mit Kartoffelpüree. Im Weinkeller ruhen 55 000 Flaschen.

„Alain Ducasse": Chef Moret kocht perfekt

„Au Bascou": behutsam modernisierte französische Klassiker

Au Bascou **F F**

3. Arrondissement, 38 Rue Réaumur
PLZ 75003   ■ E 2, S. 455
Tel. 0033/142 72 69 25, Fax 155 90 99 77
www.au-bascou.fr
Sa, So geschl.
Hauptgerichte € 17-35
AmEx EC MASTER VISA M

Ein kleines, schlichtes Bistro in Ockertönen
– mit großen Qualitäten. Denn Chefkoch
Bertrand Guéneron stand lange als Stellver-
treter des Pariser Küchenstars Alain Senderens am Herd des weltberühmten „Lucas-
Carton". Im eigenen Lokal ist seine Küche
schlichter und günstiger: Ob hausgemachte
Terrinen, kurz gebratene Jakobsmuscheln
oder der altmodische „Hase auf königliche
Art" – Guneron kennt sich aus mit der
behutsam modernisierten Tradition. Freundlicher Service. Witzig: Auch die (kleinen)
Toiletten sind im Bascou durchaus sehenswert.

Aux Lyonnais **F F**

2. Arrondissement, 32 Rue Saint-Marc
PLZ 75002   ■ F 2, S. 457
Tel. 0033/142 96 65 04, Fax 142 97 42 95
auxlyonnais@online.fr
Sa mittag, So, Mo geschl.
Hauptgerichte € 20-25
AmEx MASTER VISA M

Das Bistro aus dem 19. Jahrhundert mit
seinem liebevoll restaurierten Interieur ist
wirklich sehenswert. Das Messing blitzt, der
alte Kachelschmuck versprüht Charme. Die
beste Wahl ist hier das halbwegs günstige
Mittagsmenü zu 30 Euro mit Lyoner Wurst,
Blutwurst aus dem Ofen mit Kartoffelpüree
oder glaciertes Nougat mit Aprikosen.
Abends fallen solide Klassiker wie Hechtklöße oder gebratene Kalbsleber deutlich
kostspieliger aus, auch die gut sortierte
Karte bietet nicht gerade günstige Weine.

„Au Lyonnais": Hallenbistro der alten Zeit

P

Benoît FF▯▯▯

4. Arrondissement, 20 Rue Saint-Martin
PLZ 75004   ■ E 3, S. 455
Tel. 0033/142 72 25 76, Fax 142 72 45 68
www.benoit-paris.com
kein Ruhetag
Hauptgerichte € 24-43
AmEx MASTER VISA M ♉

Seit 1912 speisen die Pariser in diesem
authentischen Bistro des Halles mit viel
Messing und klassischen Holzstühlen. „Bei
dir, Benoît, isst und trinkt man wie die
Könige", lautet der Werbeslogan des
Hauses. Und noch immer gibt es verlässliche
Klassiker wie Kalbszunge mit Senfcreme,
Schnecken in Knoblauchbutter oder Kalbs-
bries mit Hahnenkämmen und Gänsestopf-
leber. Wie in praktisch allen Bistros der
Ducasse-Gruppe gibt es ein gepflegtes,
vergleichsweise günstiges Mittagsmenü.
Das „Benoît" ist ein echtes Stück Paris.

Bigarrade FFF▯

17. Arrondissement, 106 Rue Nollet
PLZ 75017   ■ B/C 1, S. 454
Tel. 0033/142 26 01 02
www.bigarrade.fr
Mo mittag, Sa, So geschl.
Menüs € 35-65
AmEx MASTER VISA

Christophe Pelé arbeitete früher im „Grand
Hôtel Royal Monceau". In seinem eigenen
hellen, kleinen Lokal kostet das Menü nur
noch halb so viel wie einst. Sein Restaurant
liegt ganz untouristisch neben einem sehr
schlichten Hallenmarkt. Platz für 20 Gäste,
eine offene Küche, ein paar gemalte Äste
an der Wand. Hübsch, aber nicht prächtig.
Doch das Essen! Pelé serviert wunderbare
Makrelen mit hauchdünn geschnittenen
Radieschen und Wodkagelee und ist auch
sonst ein Meister in Sachen Fisch. Ehrlich
und gut. Auch hier kommt ein Besuch zur
Mittagszeit deutlich günstiger.

Bofinger F▯▯▯▯

4. Arrondissement, 5 Rue de la Bastille
PLZ 75004   ■ F 3, S. 455
Tel. 0033/142 72 87 82, Fax 142 72 97 68

„Bofinger": Brasserie nach Elsässer Vorbild

www.bofingerparis.com
kein Ruhetag
Hauptgerichte € 16-30
AmEx MASTER VISA M

Wie alle Brasserien war das „Bofinger"
ursprünglich eine Elsässer Bierhalle, 1864
eröffnet von einem Herrn gleichen Namens.
Der „Salon Hansi", dekoriert vom Maler
Jean-Jacques Waltz aus Colmar, erinnert
heute noch an die Ursprünge. Typisch für
Brasserien: Die Küche spielt hier nicht die
Hauptrolle. Wichtig ist die Atmosphäre, der
Blick auf die prachtvolle Glaskuppel, noch
wichtiger die Nachbarschaft aus Theater-
gästen und Pariser Prominenz. Auf die Teller
kommen Sauerkraut mit Fisch, Bouillabaisse
oder Lammkarree. Flotter Service.

Carré des Feuillants FFFF▯

1. Arrondissement, 14 Rue Castiglione
PLZ 75001   ■ XX, S. XXX
Tel. 0033/142 86 82 82, Fax 142 86 07 71
www.carredesfeuillants.fr
Sa, So geschl.
Menü € 58-96
AmEx DINERS MASTER VISA M ♉

Er will es nochmal wissen: Alain Dutournier hat sein versteckt hinter der Place Vendôme gelegenes Lokal kräftig modernisiert. Früher war er vor allem für seine Gerichte aus dem französischen Südwesten berühmt. Jetzt gibt es auch Kaisergranat mit Mangochutney und Safran-Gazpacho sowie andere modernere Gerichte. Wer den Altmeister in Topform erleben will, bestellt das Menü „Das Beste der Saison". Das ist nicht billig, serviert werden jedoch Kaviar, Glasaale, Trüffel, Hummer. Also wirklich das Beste der Saison. Vergleichsweise günstiges Mittagsmenü.

153, Rue de Grenelle ∎∎∎

7. Arrondissement, 153 Rue de Grenelle
PLZ 75007　　　　∎ B 4, S. 456
Tel. 0033/145 51 54 12
jjjouteux@gmail.com
So, Mo geschl.
Menü € 59
AmEx MASTER VISA M

Jean-Jacques Jouteux hat an der Côte d'Azur als Koch durchaus einen Namen. In Paris fing er jetzt noch einmal neu an, in einem kleinen, aber durchaus eleganten Lokal. Die Karte gibt sich eher klassisch, mit Gerichten wie Langostinos mit Cornichons und Mixed Pickles, Petersfisch mit Nussbutter und Fenchelsauerkraut oder Lammkarree im Estragonjus. Das klingt zwar etwas konservativ, doch setzt Jouteux ganz auf die Überzeugungskraft guter Zutaten. Die gibt es auch mittags, beim Sparmenü für zuletzt 35 Euro. Uns hat er dafür zum Beispiel einen saftigen Steinbutt serviert. Freundlicher Service.

Chez L'Ami Jean ∎∎

7. Arrondissement, 27 Rue Malar
PLZ 75007　　　　∎ B 4, S. 456
Tel. 0033/147 05 86 89
www.amijean.eu
So und Mo geschl.
Menü € 34
MASTER VISA

„Freund Hans" heißt in Wahrheit Stéphane Jégo. Sein Lokal könnte kaum schlichter

„Gaya": Pierre Gagnaires teurer und flott

sein, der Putz rieselt, die Tapete ist fleckig, und von außen sieht alles ein wenig düster aus. Im Lokal ist es recht laut, besonders, wenn die Rugby-Freunde des Patrons zu Besuch kommen. Doch der Hans, der kann's. Die baskisch angehauchten Bistrogerichte wie Kalbshaxe mit *piment d'Espelette* oder eingelegte Heringe gehören zur besten Bistroklasse. Viele Gerichte werden besonders fotogen angerichtet. Und das Bistromenü ist nach Pariser Maßstäben günstig. Tipp: Lange im Voraus reservieren.

Chez Michel ∎∎∎

10. Arrondissement, 10/6 Rue de Belzunce
PLZ 75010　　　　∎ E 1, S. 455
Tel. 0033/144 53 06 20, Fax 148 78 28 80
Sa, So und Mo mittag geschl.
Menü € 32-50
VISA ♧ ♉

Schlechte Nachrichten für Feinschmecker: Thierry Breton, der bewährte Chefkoch, möchte sein Lokal verkaufen, um sich auf sein Zweitlokal „Casimir" nebenan zu konzentrieren. Das ist schade, denn hier wird seit langen Jahren gut, preiswert und ohne Firlefanz gekocht. Ob marinierter Lachs, Wildgerichte wie die gegrillten Reb-

designter Trendsetter ist schnell ausgebucht

hühner oder die gebratene *grouse* (Moorhuhn) aus Schottland – hier schmeckt's. Und welcher andere Pariser Bistrowirt serviert eine Fülle von täglich wechselnden Saisongerichten gegen einen humanen Aufpreis? Unser Tipp: Vorbeischauen, solange der Bretone mit Namen Breton noch selbst am Herd steht. Danach sollte man bei der Reservierung ruhig fragen.

Emporio Armani Caffè F F

6. Arrondissement, 149 Bd. Saint-Germain
PLZ 75006 ▪ E 5, S. 457
Tel. 0033/145 48 62 15
Fax 145 48 53 17
www.emporioarmanicaffe.fr
So geschl., Hauptgerichte € 20-39
AmEx DINERS MASTER VISA @ M

Es mag kurios klingen, aber dies Lokal in der Modeboutique ist einer der besten Italiener von Paris. Der Grund ist einfach: Hier wird extrem produktbewusst gekocht. Schinken und Risottoreis kommen direkt aus Italien, das Tatar vom Kalb wird mit einer ordentlichen Portion weiße Trüffeln überhobelt. Die hohen Preise sind der gebotenen Qualität angemessen, und der Service gibt fast jedem Gast das Gefühl,

eine Pariser Lokalberühmtheit zu sein. Schade nur, dass die meisten Kunden sich nicht um kulinarische Qualitäten scheren. Der Tisch *chez Armani* ist ihnen wichtiger.

Gaya
par Pierre Gagnaire F F F

7. Arrondissement, 44 Rue du Bac
PLZ 75007 ▪ D 4, S. 457
Tel. 0033/145 44 73 73, Fax 145 44 73 73
www.pierregagnaire.com
So geschl.
Hauptgerichte € 26-46
AmEx EC MASTER VISA M

Kein billiges Zweitlokal, sondern eine effektive Umsetzung von Gagnaires Küchenphilosophie. Artischocken-Eis mit Sake und Meeresfrüchten, Shiso-Blätter mit Fisch und Muscheln sowie Zwiebelbouillon und Domino von der Rotbarbe mit Schnepfentoast würden sich auch im Hauptrestaurant gut machen. Im flott-modern designten „Gaya" hingegen sind die Gerichte zwar deutlich günstiger, aber immer noch teuer. Man muss lange im Voraus reservieren.

Guy Savoy F F F F

17. Arrondissement, 18 Rue Troyon
PLZ 75017 ▪ A 1, S. 456
Tel. 0033/143 80 40 61, Fax 146 22 43 09
www.guysavoy.com
Sa mittag, So, Mo geschl.
Hauptgerichte € 68-150
AmEx DINERS MASTER VISA

„Guy Savoy": auch bei Sarkozy beliebt

P

Der Namenspatron ist ein höchst sympathischer Zeitgenosse und ein wirklich guter Koch, sein Designlokal auch beim ewig rastlosen Staatspräsidenten beliebt. Wir haben den Geschmack des in der Schweinsblase gegarten Bresse-Geflügels noch in bester Erinnerung. In gewisser Weise verkörpert Savoy die französische Gastronomie von heute, und das meinen wir nicht nur positiv. Die Zweit- und Drittlokale von Paris bis Las Vegas, die mit seinem Namen werben, sind nicht immer empfehlenswert. Und ist es wirklich eine große Geste des Kochs, im Internet mit „einem halben Entree, einem Hauptgericht und einem halben Dessert" zum „Sparpreis" von 100 Euro um junge Kundschaft zu buhlen? Für diesen Preis gibt es gottlob anderswo mehr als halbe Gerichte. Kompetenter Service, der Oberkellner spricht fließend Deutsch.

Itinéraires **F F**

5. Arrondissement, 5 Rue Pontoise
PLZ 75005　　　　■ E 4, S. 455
Tel. 0033/146 33 60 11
So, Mo geschl., Menü € 36

MASTER VISA 🍴 🌴 ⌐

Die geschmorte Ochsenwange mit einem sagenhaften Kartoffelbrei ist ein wirklich wunderbares Gericht. Jungkoch Sylvain Sendra feiert in diesem Lokal unweit der Kirche Notre-Dame verdiente Erfolge mit einem Mix aus Tradition und Moderne. Früher bekochte er eine winzige Stube jenseits der Bastille, sein neues Lokal ist jünger, moderner und dabei halbwegs günstig geblieben. Sympathischer Service. Man muss eine Woche im Voraus reservieren. Parkplätze sind in dieser Gegend Mangelware.

L'Ambroisie **F F F F F**

4. Arrondissement, 9 Pl. des Vosges
PLZ 75004　　　　■ E/F 3, S. 455
Tel. 0033/142 78 51 45
www.ambroisie-placedesvosges.com
So, Mo geschl.
Hauptgerichte € 92-142

AmEx MASTER VISA ♟

„L'Ambroisie": An der schönen

Auf ein Schild mit der Aufschrift „Restaurant" hat man verzichtet. Der Schriftzug „L'Ambroisie" reicht für dieses hochherrschaftliche Lokal an der Place des Vosges. Bernard Pacaud bietet Klassik in bestem Sinne, von der Karte bis zum Service. Das Hummerfrikassee mit Kastanien und Kürbis in Teufelssauce ist ein wunderbares Gericht, mit einer Spur Ingwer, einem Hauch Piment. Wenn Pacaud bester Laune ist, bereitet er eine *tourte* zu, eine große warme Pastete unter luftigem Blätterteig. Mal versteckt er darin Jakobsmuscheln, mal Wildgeflügel. Kunstvoll hat der Chefkoch die perfekt gebratene Entenbrust mit Entenleber zusammengestapelt. Diesen und viele andere vollendete Klassiker der Haute Cuisine gibt es heute in Paris nur noch im „L'Ambroisie".

L'Assiette **F F**

14. Arrondissement, 181 Rue du Château
PLZ 75014　　　　■ C 5, S. 454
Tel. 0033/143 22 64 86
contact@LAssiette.com
Mo, Di geschl.
Hauptgerichte € 20-27

AmEx EC MASTER VISA ♟

Place des Vosges werden Klassiker serviert

Präsident Mitterrands einstiges Stammlokal im 14. Arrondissement hat einen neuen Besitzer. Statt der resoluten Patronin Lulu grüßt jetzt der junge David Rathgeber die Bistrogäste. Er hat sich in Paris in den Bistros „Benoît" und „Aux Lyonnais" einen guten Ruf erkocht. Im „L'Assiette" setzt er auf die rustikalen Genüsse seiner Vorgängerin. Ein wunderbar deftiges *hachis parmentier* mit Blutwurst aus dem Südwesten zum Beispiel; eine gepökelte Ente mit Kohl, die im Winter mehr als einen Gast wärmen wird. Die schmucklose Fassade mit den geätzten Glasfenstern hat er neu streichen lassen, sonst blieb alles beim Alten. Günstiges Mittagsmenü.

L'Astrance F F F F F

16. Arrondissement, 4 Rue Beethoven
PLZ 75016　　　　　■ A 3, S. 454
Tel. 0033/140 50 84 40
Fax 140 50 63 17
Sa, So, Mo geschl., Menü € 120-290
AmEx DINERS MASTER VISA M ⚲ ☸

Einen Tisch im „Astrance" zu bekommen ist in etwa so schwer, wie vier Richtige im Lotto zu tippen. Der junge Shootingstar Pascal Barbot liebäugelt bereits mit einem Umzug – sein dezent modern eingerichtetes Lokal ist zu klein für sein Talent. Besonders mit Gemüse weiß Barbot sensibel umzugehen: Gerichte wie die „Torte" von Champignons und Gänsestopfleber oder die Avocado-Ravioli von der Meerspinne sind schon jetzt gern imitierte Klassiker. Warum dann nicht die Höchstnote? Barbot serviert für den ganzen Saal nur ein Menü, das macht es ihm leichter als der Konkurrenz. Die Weine sind zuweilen überteuert. Und seitdem er mit allerlei kulinarischen Auszeichnungen überhäuft wurde, experimentiert Barbot leider weniger. Aber auch das kann sich bald wieder ändern.

L'Huîtrier F F

17. Arrondissement, 16 Rue Saussier Leroy
PLZ 75017　　　　　■ B 1, S. 454
Tel. 0033/140 54 83 44
Fax 140 54 83 86
alainbunel17@free.fr
Mo geschl.
Hauptgerichte € 16-25
AmEx MASTER VISA

Fisch mal ganz naturbelassen. Das schmucklose Lokal ist eigentlich eine Fischhandlung mit ein paar Tischen im hinteren Raum. Die Meerestiere sind indes von exzellenter Frische. Und es gibt Seltenes: Ob Seeigel oder Pousse-en-Claire-Austern – kommt es aus dem Meer oder von der Küste, wird es beim „Austernzüchter" auf den Tisch gebracht: gebraten, pochiert, gekocht, meist ohne Sauce und mit simplen Beilagen wie Reis oder Kartoffeln. Simple, klare Weinkarte. Flotter Service. Doch Reservierung ist am Wochenende Pflicht.

La Grande Cascade F F F F

16. Arrondissement, Allée de Longchamps
PLZ 75016　　　westlich ■ A 3/4, S. 454
Tel. 0033/145 27 33 51
Fax 142 88 99 06
www.grandecascade.com
kein Ruhetag
Hauptgerichte € 62-94
AmEx DINERS MASTER VISA M ⚗ ⛨ ☸

Gloire und Grandeur mitten im Bois de Boulogne: In diesem Pavillon locken Decken im Empire-Stil, eine Bar mit blau schimmernden Spiegeln und viele liebevoll verschnörkelte, vergoldete, gedrechselte Details. Küchenchef Frédéric Robert ist ein Könner, sein Programm ist die behutsam modernisierte Tradition: Erstklassig die *pâté en croûte,* die Fleischpastete, oder das langsam geschmorte Kalbsbries. Zucchiniblüten füllt er mit Pfifferlingen, dazu gibt es ein paar *couteaux* genannte Muscheltiere, deren Fleisch er wiederum behutsam mit Ingwer und Zitrone anreichert. Erstaunlich ist das hohe Niveau nicht: Robert arbeitete vorher im weltberühmten Restaurant „Lucas-Carton".

La Régalade F F

14. Arrondissement, 49 Av. Jean Moulin
PLZ 75014   südlich ■ C 5, S. 454
Tel. 0033/145 45 68 58
Fax 145 40 96 74
la_regalade@yahoo.fr
Mo mittag, Sa, So geschl.
Menü € 32
MASTER VISA M

Ein kleines, aber berühmtes Lokal. „Régalade" steht für recht große Küche zu wirklich kleinen Preisen. Doch man kann es nicht oft genug sagen. Die wahre „Régalade" gibt es nicht mehr, seit Küchenchef Yves Camdeborde ins „Comptoir" gezogen ist. Der neue Koch Bruno Doucet bietet eine passable Kopie der Klassiker seines Vorgängers. Doch der Charme schwindet langsam. Ohne Yves' kulinarische Meisterschaft ist man ob der bescheidenen Platzverhältnisse, des Lärmpegels und des akuten Parkplatznotstands doch ein klein wenig enttäuscht. Recht große, gut sortierte Weinkarte für ein Lokal dieser Klasse.

La Table
de Joël Robuchon F F F F

16. Arrondissement, 16 Av. Bugeaud
PLZ 75116   ■ A 2, S. 454
Tel. 0033/156 28 16 16, Fax 156 28 16 78
www.joel-robuchon.com

„Laurent": immer noch eine der schönsten

kein Ruhetag
Hauptgerichte € 27-78
MASTER VISA M Y

Robuchon, die lebende Legende. Wer diesen Meister der Präzision noch im „Jamin" erleben durfte, wird in seinen heutigen „Tables" und „Ateliers" enttäuscht sein. Trotzdem gibt es gute Gründe für einen Besuch: Da wäre die Vielzahl von Gerichten in Probierportionen, von Kalbsbries mit

Pariser Terrassen – mit Service alter Schule

Schwarzwurzelgratin bis Seespinne auf Avocadocreme. Oder das halbwegs preiswerte Mittagsmenü, das sogar einen Robuchon-Klassiker wie den „Merlan Colbert" bietet. Und natürlich die Leistung der diversen Köche, die allesamt beim großen Meister ihr Handwerk gelernt haben. Fazit: Wir ziehen „La Table" dem Pariser „Atelier" vor, weil man hier sitzen darf und nicht am Bartresen hocken muss.

Lasserre `F F F`

8. Arrondissement
17 Av. Franklin Roosevelt
PLZ 75008   ■ B/C 3, S. 456
Tel. 0033/143 59 02 13
Fax 145 63 72 23
www.restaurant-lasserre.com
Mo mittag, So geschl.
Hauptgerichte € 56-104
`AmEx` `DINERS` `MASTER` `VISA` @ M ♈ ♆

Das weiße Haus war in den 50er- und 60er-Jahren bevorzugte Anlaufstelle der *beautiful people* dieser Welt: Gunter Sachs, Romy Schneider und Salvatore Dalí haben sich in der Gästeliste verewigt. Wenn sich die Tür des Fahrstuhllifts öffnet und den Blick auf den Speisesaal mit dem offenen Dach freigibt, wäre man jedenfalls kaum erstaunt, die junge Audrey Hepburn in Begleitung von Cary Grant am Nebentisch zu erblicken. „Lasserre" hatte man in Paris schon fast totgesagt, bevor Jean-Louis Nomicos die Küche übernahm. Heute schmecken Makkaroni mit schwarzen Trüffeln und Foie gras oder Kalbsbries mit Krebsen und Pilzen wieder. Formvollendeter Service.

Laurent `F F F F`

8. Arrondissement, 41 Av. Gabriel
PLZ 75008   ■ C 2, S. 456
Tel. 0033/142 25 00 39, Fax 145 62 45 21
www.le-laurent.com
Sa mittag, So geschl.
Hauptgerichte € 67-92
`AmEx` `DINERS` `VISA` M ♈ ♆

Eine hohe Hecke trennt die idyllische Gartenterrasse des „Laurent" von den Touristenströmen aus aller Welt. Alte Bäume verstecken den rosa Pavillon vor neugierigen Blicken. Diskretion wird groß geschrieben, Service ist hier weit mehr als Tellertragen: Die Herren in Schwarz verstehen sich noch darauf, einen Hummer minutenschnell mit gekonnten Handgriffen vor den Augen des Gastes zu zerlegen. Deshalb speist hier auch gern der Staatspräsident aus dem nahen Elysée-Palast. Die besten Gerichte von Alain Pégouret sind oft die einfachsten: Wir lieben den knusprig gebratenen Schweinsfuß mit Kartoffelpüree oder den erwähnten Salat vom Krustentier. Tipp: Das Menu „Pavillon" bietet ein gutes Preis-Leistungs-Verhältnis. À la carte wird es aber gleich deutlich teurer. Kompetente Weinberatung, souveräner Service.

Le Bélisaire FF

15. Arrondissement, 2 Rue Marmontel
PLZ 75015 ■ B 5, S. 454
Tel. 0033/148 28 62 24, Fax 148 28 62 24
Sa mittag, So geschl.
Menüs € 32-42
DINERS MASTER VISA

Ein uriges Bistro jenseits der großen Sehenswürdigkeiten. Patron Matthieu Garrel macht feine Risottos, versteht sich auf gefüllte Gemüse mit Lammhack ebenso wie auf ultrafrischen Steinbutt, den er manchmal in Milch gart. Damit die Menüs erschwinglich bleiben, kauft Garrel direkt an der Quelle. Mal bringt er *langoustines* aus seiner bretonischen Heimat nach Paris, mal kommen Bauern mit ein paar Kisten Pilzen bei ihm vorbei. Zur Wohlfühlatmosphäre trägt auch der schnauzbärtige Oberkellner Patrice bei. Kleine, ausgeklügelte Weinauswahl; günstiges Mittagsmenü.

Le Châteaubriand FF

11. Arrondissement, 129 Av. Parmentier
PLZ 75011 ■ F 2, S. 455
Tel. 0033/143 57 45 95, Fax 143 57 45 95
Sa mittag, So, Mo geschl.
Menü € 16-45
AmEx MASTER VISA

Das simple Bistro ist derzeit eine der angesagten Adressen von Paris. Sein Küchenchef mit dem schwer aussprechlichen Namen Inaki Aizpitarte kocht temperamentvoll, doch unbeständig, Je nach Tagesform kann man bei ihm erstklassig essen oder aber sehr enttäuschend. Mal sind die Gerichte genial à la Rotbarbe mit Pomelo und *yuzu*-Zitrone, mal fallen hier sensible Aromengebilde wie ein Soufflé zusammen. Für Reklamationen zeigt das Team des

Hauses dann nur begrenztes Verständnis. Aizpitarte schwört auf natürlich ausgebaute Weine. Lange im Voraus reservieren.

Le Cinq FFFF

8. Arrondissement, im Four Seasons Hôtel George V, 31 Av. George V
PLZ 75008 ■ A/B 2, S. 456
Tel. 0033/149 52 71 54, Fax 149 52 71 84
www.fourseasons.com/paris/dining.html
kein Ruhetag
Hauptgerichte € 78-160
AmEx DINERS MASTER VISA

Der extravagante Blumenschmuck und die flauschig-weichen Teppiche blieben. Der Koch wechselte: Eric Briffard heißt der neue. Er ging durch die harte Schule von Joël Robuchon, kochte das „Plaza-Athénée" vor Ducasse zu einer der besten Adressen hoch – und redet nicht viel. Briffard hat die Karte

„Le Cinq": vollendete Haute Cuisine

ausgedünnt, arbeitet produktbewusster als sein Vorgänger. Beim Seebarsch mit Abalone und Zwiebelchen aus den Cevennen oder dem leicht angeräucherten Hummer in Kräuter-*infusion* entdeckt man die Qualitäten seines Lehrmeisters. Dieser Mann hat's drauf. Punkt. Formvollendeter Service, große Weinkarte.

Le Comptoir du Relais ▮F▮▮F▮▯▯▯

6. Arrondissement, im Hotel Relais Saint-Germain, 9 Carrefour de l'Odéon
PLZ 75006 ■ F 5, S. 457
Tel. 0033/144 27 07 97, Fax 146 33 45 30
www.hotel-paris-relais-saint-germain.com
kein Ruhetag
Hauptgerichte € 10-35
AmEx DINERS MASTER VISA ☂ ⌂

Ein winziges Bistro mit zwei grundverschiedenen Küchen. Abends wird weiß eingedeckt und Yves Camdeborde (der sich im „Régalade" einen erstklassigen Ruf erkochte) serviert ein Fünf-Gänge-Menü. Wer es kosten möchte, sollte zwei Monate im Voraus reservieren. Mittags gibt es simple Terrinen, leckere Salate, saftige Steaks umd schmackhafte Schmortöpfe. Wer Paris kennt, weiß, dass von 14 bis 20 Uhr die Küchen kalt bleiben, doch bei Camdeborde gibt es auch noch am späten Nachmittag leckere Kleinigkeiten – ein Alleinstellungsmerkmal. Eines der Lieblingslokale der Pariser, im Sommer auch mit ein paar eng gestellten Tischen vor der Tür.

Le Dalí ▮F▮▮F▮▯▯▯

1. Arrondissement, im Hotel Le Meurice
228 Rue de Rivoli
PLZ 75001 ■ E 3, S. 457
Tel. 0033/144 58 10 44, Fax 144 58 10 15
www.lemeurice.com/restaurants_bars/index.html
kein Ruhetag
Hauptgerichte € 32-49
AmEx DINERS MASTER VISA ⌂

Der fade, konservative Wintergarten des Hotel „Le Meurice" wurde zum neuen Restaurant „Le Dalí". Das ist kein Bistro und kein einfaches „Zweitlokal" für Yannick

Alléno, es ist ein eigenständiges Restaurant. Mit eigenem Ambiente, darunter einem riesengroßen, von Starcks Tochter Ara gemalten Deckengemälde, und eigenem Konzept: die gute alte Quiche Lorraine gibt es ebenso wie den urfranzösischen Klassiker Blutwurst mit Äpfeln oder den aus der großen Küche entlehnten Balik-Lachs mit Aniscreme. Doch auch indisches Lammcurry, Hamburger mit Pommes frites oder Maine-Hummer mit getrüffelten Nudeln finden ihren Platz auf der Karte. Aber: Preise und Qualität schwanken stark. Dennoch beliebt zum Sehen und Gesehenwerden.

Le Grand Pan ▮F▮▮F▮▯▯▯

15. Arrondissement, 20 Rue Rosenwald
PLZ 75015 ■ B 5, S. 454
Tel. 0033/142 50 02 50, Fax 142 50 02 66
Sa mittag, So geschl.
Hauptgerichte (für 2 Pers) € 40-50
MASTER VISA

Die Speisenfolge ist schnell erzählt: Es gibt Rindskotelett, für zwei. Koteletts vom baskischen Ibaiona-Schwein, natürlich für zwei. Kalbskotelett für zwei oder bretonischen Hummer, 900 Gramm. Der ist für einen Gast gedacht. Gauthier kocht in schmucklosem Ambiente. Hier gibt es keine prachtvollen Boulevards, kaum Fassaden aus der Haussmann-Ära. Auch die Tische werden nicht großartig gedeckt. Die Gäste, und davon gibt es viele, nehmen die Anfahrt gern in Kauf, stören sich nicht an dem schmucklosen Interieur. Hier wird produktbewusst und ehrlich gekocht. Noch stimmt das Preis-Leistungs-Verhältnis.

Le Grand Véfour ▮F▮▮F▮▮F▮▮F▮▯

1. Arrondissement, 17 Rue de Beaujolais
PLZ 75001 ■ F 3, S. 457
Tel. 0033/142 96 56 27, Fax 142 86 80 71
www.grand-vefour.com
Fr abend, Sa, So geschl.
Hauptgerichte € 86-110
AmEx DINERS MASTER VISA ♔ ♈

Seit 1760 ist Le Grand Véfour das schönste Restaurant von Paris: Über und über mit sorgfältig auf Seide gepinselten Figuren,

„Le Grand Véfour": antikes Schmuckstück

Fresken und Blumengirlanden bedeckt, dazwischen Spiegel, prachtvolle Lüster, rote Bankette und natürlich der Königsblick auf die Gärten des Palais Royal. Trotz Kreationen wie Hummer mit Mango und Basilikum und Lamm mit Lakritz und Kürbis scheint der Elan von Chefkoch Guy Martin zu erlahmen. Vielleicht liegt es an seinen vielen Nebenaktivitäten im (mäßigen) Zweitlokal „Sensing", der Kochschule und der eigenen Sandwichstube? Erstklassiger Service.

Le Jules Verne **F F**
7. Arrondissement, im Eiffelturm, 2. Etage, Aufzug Südpfeiler, Av. Gustave Eiffel
PLZ 75007 ■ A 4, S. 456
Tel. 0033/145 55 61 44, Fax 147 05 29 41
www.lejulesverne-paris.com
kein Ruhetag
Menüs € 95-200
[AmEx] [DINERS] [MASTER] [VISA] M* ♈ Y
Von oben bis unten renoviert: Hier oben im Eiffelturm erhellen nur die Lichter der Stadt die Tische. Man sitzt in braunen Designerstühlen aus Karbonfasern, schaut auf die Pariser Monumentalbauten oder betrachtet den dreidimensional strukturierten Platz-

teller. Rare Weine müssen eigens mit dem Sommelier im privaten Aufzug die 150 Meter vom Keller überwinden. Seit Ende 2007 verwaltet Alain Ducasse das Schmuckstück, am Herd steht sein Schüler Pascal Féraud. Er lässt marinierte Dorade mit Zuchtkaviar und Zitrone, Hummer mit Salat und Pfifferlingen, *langustinos* mit Gemüsen und Speck servieren. Das Publikum besteht oft aus vermögenden Touristen in Hemdsärmeln, statt Wein gibt es dann Cola. Doch wer hier zufrieden hinausgehen möchte, sollte das Mittagsmenü meiden und lieber à la carte bestellen.

Le Meurice **F F F F**
1. Arrondissement, im Hotel Le Meurice
228 Rue de Rivoli
PLZ 75001 ■ E 3, S. 457
Tel. 0033/144 58 10 55, Fax 144 58 10 76
www.lemeurice.com/restaurants_bars/index.html
Sa, So geschl.
Hauptgerichte € 88-130
[AmEx] [DINERS] [MASTER] [VISA] M* △ Y
Der neu gestaltete Speisesaal ist schöner denn je, wirkt heller und luftiger. Sommelier Nicolas Rebut entwarf zusammen mit Stardesigner Philippe Starck sogar einen verspiegelten Weinraum, der sich harmonisch in den altehrwürdigen Raum einfügt. Und die Küche? Yannick Alléno ist ein hochbegabter Koch, der früher mit raffiniert interpretierten bodenständigen Gerichten auffiel. Sein *pot-au-feu* in vier Gängen bleibt ein Meisterwerk. Oft jedoch ist seine Kunst heute etwas „neutraler", vielleicht kompatibler mit dem Geschmack der internationalen Gästeschaft eines Grandhotels. Staunen herrscht dann bei den Preisen: Hasenfrikassee als Vorspeise zu 82 Euro, *langustinos* in Sellerie-*fumet,* ein Hauptgang, zu 115 Euro. Doch der Service ist freundlich.

Les Ambassadeurs **F F F F**
8. Arrondissement, im Hotel Crillon
10 Pl. de la Concorde
PLZ 75008 ■ D 2, S. 457
Tel. 0033/144 71 16 16, Fax 144 71 16 03

www.crillon.com
So abend, Mo geschl.
Hauptgerichte € 65-105
AmEx DINERS MASTER VISA M 🚗 ⌂

Ein Hauch von Versailles ist spürbar, sobald man im Spiegelsaal mit Blick auf den Obelisken der Place de la Concorde Platz nimmt. Das Lokal ist ein fast einschüchterndes Ensemble von Marmor, Spiegeln und Kerzenleuchtern. Ursprünglich war es ein Salon des Architekten Jacques-Ange Gabriel aus dem 18. Jahrhundert. Derselbe Gabriel, der auch die Place de la Concorde gestaltete. Küchenchef Jean-François Piège interpretiert Küchenklassiker vollkommen neu. Letztes Jahr war eines seiner Paradegerichte die Paella, dieses Jahr ist es das Huhn mit Reis. Natürlich kommt sein Federtier aus der Bresse, Geflügel und Beilage werden mit Alba-Trüffeln verfeinert. Üppig bestückte Weinkarte.

Les fines Gueules **F F**
1. Arrondissement, 2 Rue La Vrillière
PLZ 75001 ■ F 3, S. 457
Tel. 0033/142 61 35 41
www.lesfinesgueules.fr
kein Ruhetag, Hauptgerichte € 18-30
AmEx MASTER VISA

Nette Weinbar unweit des Palais Royal. Hierhin pilgern die Pariser wegen des Tatars, auch die anderen Gerichte beruhen durchweg auf guten Zutaten. Fleisch kommt vom Pariser Starmetzger Hugo Desnoyer, eine Berkel-Schneidemaschine zerteilt bestens gereifte Schinken aus Spanien und Italien. Kurz: Die Gerichte sind simpel, aber gelungen, beim Wein setzt man auf natürlich ausgebaute Gewächse. Freundliche, unkomplizierte Atmosphäre, fast schon spartanisches Interieur. Hinweis für Erstbesucher: Nicht in den hinteren Saal abschieben lassen.

Les Olivades **F F**
7. Arrondissement, 41 Av. de Ségur
PLZ 75007 ■ B 5, S. 456
Tel. 0033/147 83 70 09, Fax 142 73 04 75
Mo mittag, Sa mittag, So geschl.
Hauptgerichte € 23-32
AmEx VISA M ☂ 🍴

Bitte nicht vom Flachbildfernseher vor dem Haus abschrecken lassen. Der zeigt wechselnde Szenen live aus der Küche. Küchenchef Bruno Deligne ist der Sohn eines der größten Herdmeisters der Grande Nation. Vater Claude erkochte dem „Taillevent" seine gute Reputation. Brunos Reich ist

„Les Ambassadeurs": glanzvoll und gepflegt

449

kleiner, trotzdem schmecken die Gerichte aus der winzigen Küche. Ein Klassiker ist die Reispfanne mit Chorizo und Tintenfisch, Gäste mit Bärenhunger können sich am Tatar mit gebratenen Kartoffeln versuchen. Die Preise wirken gehoben für ein Lokal dieser Klasse, freilich sind die Portionen auch deutlich größer als vielerorts. Freundlicher Service.

Mavrommátis **F F F**

5. Arrondissement, 42 Rue Daubenton
PLZ 75005 ■ E 4/5, S. 455
Tel. 0033/143 31 17 17, Fax 143 36 13 08
www.mavrommatis.com
So, Mo geschl.
Hauptgerichte € 26-30
AmEx VISA @ T

Alle Achtung: Hier wird gut gekocht. Das „Mavrommatis" begann als griechisches Lokal mit viel Folklore. Inzwischen wurde es behutsam modernisiert, die Küche ist jetzt mediterran, die Gerichte würden auch bekanntere Lokale schmücken. Da gibt es gebratenen Hummer mit Eisenkraut und Erbsen-*mousseline* oder Gambas und Tintenfisch mit Tomaten-Basilikum-Konfitüre in Paprikajus. Ein gelegentlicher Schuss Ouzo (aber davon wirklich nur eine Spur) erinnert noch an die Ursprünge. Hier sind Profis am Werk! Freundlicher Service.

Pierre Gagnaire **F F F F F**

8. Arrondissement, 6 Rue Balzac
PLZ 75008 ■ A/B 1, S. 456
Tel. 0033/158 36 12 50, Fax 158 36 12 51
www.pierregagnaire.com
So mittag, Sa geschl.
Hauptgerichte € 105 (mittags) -300
AmEx DINERS VISA M T

„Taschenkrebs mit Lammfuß, Bier-Meerwasser-Schaum, Muscheln, Algen, Sellerie, Blumenkohl-*mousseline* mit getrocknetem Thunfisch, Krevettensuppe, Petersfisch, Schwertfisch, Bauchlappen vom Thunfisch, Rhabarberfondue, Venusmuscheln, Piment-

Moderner Meister: Pierre Gagnaire

„Pierre Gagnaire": Tapas-Teller de luxe mit hochkomplizierten Kreationen

spaghetti". Das ist kein Menü, das ist ein einziges Gericht! Und nicht mal das mit dem längsten Namen. Die Kreationen von Gagnaire sind ausgeklügelt und hochkompliziert, haben aber einen Nachteil: Weil ein aromatisches Bindeglied fehlt, wirken viele Gerichte fast wie Tapas-Teller de luxe. Mal verblüfft's, mal verwirrt's. Moderner Saal, gesalzene Preise, ernster Service.

Senderens F F F

8. Arrondissement, 9 Pl. de la Madeleine
PLZ 75008   ■ D 2, S. 457
Tel. 0033/142 65 22 90, Fax 142 65 06 23
www.senderens.fr
kein Ruhetag
Hauptgerichte € 36-45
AmEx DINERS MASTER VISA M♈ ♈

Alles nur ein Marketingtrick? Alain Senderens wollte die Brasserie des 21. Jahrhunderts schaffen, zwanglos, modern und günstig. Das Jugendstil-Interieur wurde mit viel grauem Plastik verunstaltet, die Preise blieben nicht lange unten. Derzeit kostet das Menü 110 Euro. Dafür gibt es Steinpilze, knusprige *langustinos* mit Koriander, Perlhuhn mit Kohl sowie zwei Desserts. Günstiger, aber nicht schlechter speist es

„Senderens" : gehobene Brasserie

sich in der Bar „Le Passage" im Seitengang links vom Hauptlokal. Die wird nämlich von genau demselben Küchenteam bekocht.

Taillevent F F F

8. Arrondissement, 15 Rue Lamennais
PLZ 75008   ■ B 1, S. 456
Tel. 0033/144 95 15 01, Fax 142 25 95 18
www.taillevent.com
Sa, So geschl.
Hauptgerichte € 64-110
AmEx DINERS MASTER VISA M♈ ♈

2007 verstarb Jean-Claude Vrinat, der Mann, der das „Taillevent" groß gemacht hatte. Er war der „unvergleichliche Gastgeber", der permanent weltweit von der Presse gelobt wurde. Ohne ihn wirkt der edle, holzgetäfelte Saal spürbar leerer. Die Küche war in den letzten Jahren nie die beste von Paris. Man wusste, was man am „Taillevent" hatte. Jetzt schleichen sich manchmal Sushi und *yuzu* auf die Karte. Das ist bestimmt gut gemeint. Aber die meisten Gäste kommen doch wegen Hummer mit Kastanien oder Seezunge in Château-Chalon. Legendäre Weinkarte, professioneller Service.

Ze Kitchen Galerie F F F

6. Arrondissement, 4 Rue des Grands Augustins
PLZ 75006   ■ F 4, S. 457
Tel. 0033/144 32 00 32, Fax 144 32 00 33
www.zekitchengalerie.fr
Sa mittag, So geschl.
Hauptgerichte € 28-34
AmEx DINERS MASTER VISA M♈

William Ledeuil gehört zu den raren Köchen Frankreichs, die es verstehen, Früchte und Gemüse Asiens wirklich zu nutzen, sein Lokal gleicht eher einer Kunstgalerie als einem Restaurant: Ob Thai-Bouillon von *langustinos* mit Süßkartoffel-Ingwer-Aioli oder Reisnudeln mit Kalbsbries; Geflügelbouillon und Galgan oder gegrillter Tintenfisch mit grünem Apfel und Kurkuma – Ledeuil versteht es, die Aromen harmonisch zu kombinieren. Nie wird ein Gericht von Ingwer, *wasabi* und Kurkuma zugekleistert.

Kreative Küche im besten Sinne also. Tipp: Das Mittagsmenü ist erstklassig und nach Pariser Maßstäben äußerst günstig.

Bars/Cafés

Bistrot à Vins Melac

11. Arrondissement, 42 Rue Léon Frot
PLZ 75011   östlich   ■ F 3, S. 455
Tel. 0033/143 70 59 27, Fax 143 70 73 10
www.bistrot-melac.com
Di-Sa 9-15.30 und 20-24 Uhr
MASTER VISA ❧ ☂

„Wasser gibt es hier nur zum Kartoffel-kochen" steht als Motto über dem Tresen. Denn dies ist der Prototyp der urigen Pariser Weinbar. Jacques Mélac, ein jovialer Schnauzbart, serviert Bauernbrote, Schmor-gerichte, *rillettes* und deftige Würste. Das Interieur mit Holzstühlen und -tischen könnte kaum simpler sein. Im Mittelpunkt steht jedoch der Wein, schließlich hat schon Papa Mélac sein Lokal als „Palais du bon vin" beworben. Keine großen Bouteillen, sondern eine clevere günstige Auswahl mit einer Kuriosität: Einmal jährlich bittet Mélac die Pariser Besitzer von Rebstöcken, ihre Trauben bei ihm abzuliefern. Die wachsen zwar oft auf Balkons, werden dann aber trotzdem zur Cuvée namens „Pariser Wein".

Chai 33

12. Arrondissement, 33 Cour Saint-Emilion
PLZ 75012   östlich   ■ F 5, S. 455
Tel. 0033/153 44 01 01, Fax 153 44 01 02
www.chai33.com
Mo-Fr 8.30-23 Uhr, Sa, So 10-23 Uhr
AmEx DINERS MASTER VISA

In den ehemaligen Weinlagern von Bercy, wo einst die Burgunder Winzer ihre Ge-wächse lagerten, liegt diese Bar. Ein weites Loft mit kleiner Terrasse und rauen Beton-wänden. Die Nachbarschaft mit Billig-restaurants und Kitschgeschäften ist nicht sehr attraktiv, aber der „Weinkeller 33" hat es buchstäblich in sich. Es gibt Raritätenkel-ler für Champagner, Rot- und Weißweine. Spirituosen der Spitzenklasse, insgesamt also allerlei Trinkbares zwischen 20 und

4000 Euro. Bestellt und dekantiert werden die dann tatsächlich im Keller, zu dem jeder Gast einen symbolischen Schlüssel erhält. Geordnet sind die Bouteillen nach Ge-schmacksrichtungen von „fruchtig und intensiv" bis „reichhaltig und sanft". Das Essen ist recht passabel, der Service flott.

Le Bar du Plaza Athénée

8. Arrondissement, im Hotel Plaza Athénée
25 Av. Montaigne
PLZ 75008   ■ B 2/3, S. 456
Tel. 0033/153 67 66 00, Fax 153 67 66 66
www.plaza-athenee-paris.com
tgl. 18-2 Uhr
AmEx DINERS MASTER VISA

Früher trafen sich hier höchstens reisende Geschäftsleute fernab der Familie, jetzt steht das schicke Paris vor der Hotelbar Schlange. Das liegt in erster Linie am Design von Patrick Jouin: pulsierender Lichtdom, eine Bar, die einem Eiswürfel gleicht, Boxen mit Sitzbank, auf die historische Kupfer-stiche gedruckt wurden. Bei Cocktails zwischen 25 und 29 Euro wird der Gästean-sturm schon mittels der Preise geregelt, trotzdem ist es hier immer voll. Und: Das „Plaza" ist bei allen Altersklassen gleicher-maßen beliebt.

„Le Bar du Plaza Athénée": eleganter Treff,

Le Baratin

20. Arrondissement, 3 Rue Jouye Rouve
PLZ 75020   nordöstlich ■ F 2, S. 455
Tel. 0033/143 49 39 70
Di-Fr 12-14.30 und 20-23.30 Uhr,
Sa 20-23.30 Uhr

MASTER VISA ☕ 🍸

Bacchus auf Belleville. Der rustikale Holztresen neben schmalsten Bistrotischen liegt
in einem der letzten populären Viertel von
Paris. Die Argentinierin Raquel Carena kocht
lecker und schmackhaft, dazu gibt es gute
Weine, die man nicht überall findet. Champagner stammt von Jacques Selosse, der ist
inzwischen ein bekannter Winzer. Aber wer
kennt Jean-François Nicq mit seinem Côte
du Roussillon? Das „Baratin" ist ein Trendsetter, Weine, die hier ausgewählt wurden,
landen bald auf den Karten guter Restaurants. Ein Wunder ist das nicht. Schließlich
nutzen viele bekannte Köche das Lokal zum
Ausspannen.

Murano

3. Arrondissement, im Hotel Murano Resort
13 Bd. du Temple
PLZ 75003   ■ F 2, S. 455
Tel. 0033/142 71 20 00, Fax 142 71 21 01
www.muranoresort.com

sehr begehrt bei den Reichen und Schönen

tgl. 7-2 Uhr

AmEx DINERS MASTER VISA ☕

Das weiße Sofa vor dem riesigen Kamin
würde sich auf dem Cover jeder Architektur-
zeitschrift bestens machen. An die Wände
der Bar wird derweil ein psychedelisches
Quallenballett projiziert. „Le Murano" ist
ein klar designtes Hotel mit mäßigem
Restaurant und angesagter Bar. Wer sonst
kommt auf die Idee, den Platz hinter der Bar
30 cm tiefer zu legen als die Sitze davor –
damit Kunden und Personal sich auf Augen-
höhe befinden? Die Wodkasammlung mit
150 Varianten ist in Paris berühmt, serviert
wird der kühle Klare von einer *barmaid*.
Die konzipiert auch die Wodkacocktails oder
maze riert Pfeffer und Gemüse im Brand.
Gehobene Preise, freundlicher Service.

Willi's Wine Bar

1. Arrondissement
13 Rue des Petits Champs
PLZ 75001   ■ F 3, S. 457
Tel. 0033/142 61 05 09
Fax 147 03 36 93
www.williswinebar.com
Mo-Sa 12-14.30 und 19-23 Uhr

MASTER DINERS VISA 🍴 🍸

Hinter dem Palais Royal wurde Mark
Williamsons gemütliches Weinlokal zu einer
kleinen Institution. Ob man nur ein Glas
trinken möchte, ein bisschen Käse dazu
verlangt oder ein Drei-Gänge-Menü verkosten will, Williamson freut sich über jeden
Gast. Die meisten Kunden kommen von
weither, Englisch ist hier „Amtssprache",
auch Deutsch und Japanisch hört man
zuweilen. Das Erfolgsgeheimnis? Hier wird
der Wein wirklich ernst genommen. Frei von
französischem Chauvinismus kommen auch
Gewächse aus Portugal, Australien, Italien,
Ungarn, Spanien sowie eine Selektion guter
Sherrys auf den Holztresen. Die Küche ist
mit gegrillter Dorade und Ingwer oder
Kalbsbrust mit Speck und Oliven sogar
verblüffend gut, der Service ausgesprochen
freundlich. Schlichtes Interieur, einige Tische
bieten einen Ausblick auf die Nordfassade
des Palais Royal.

PARIS

P

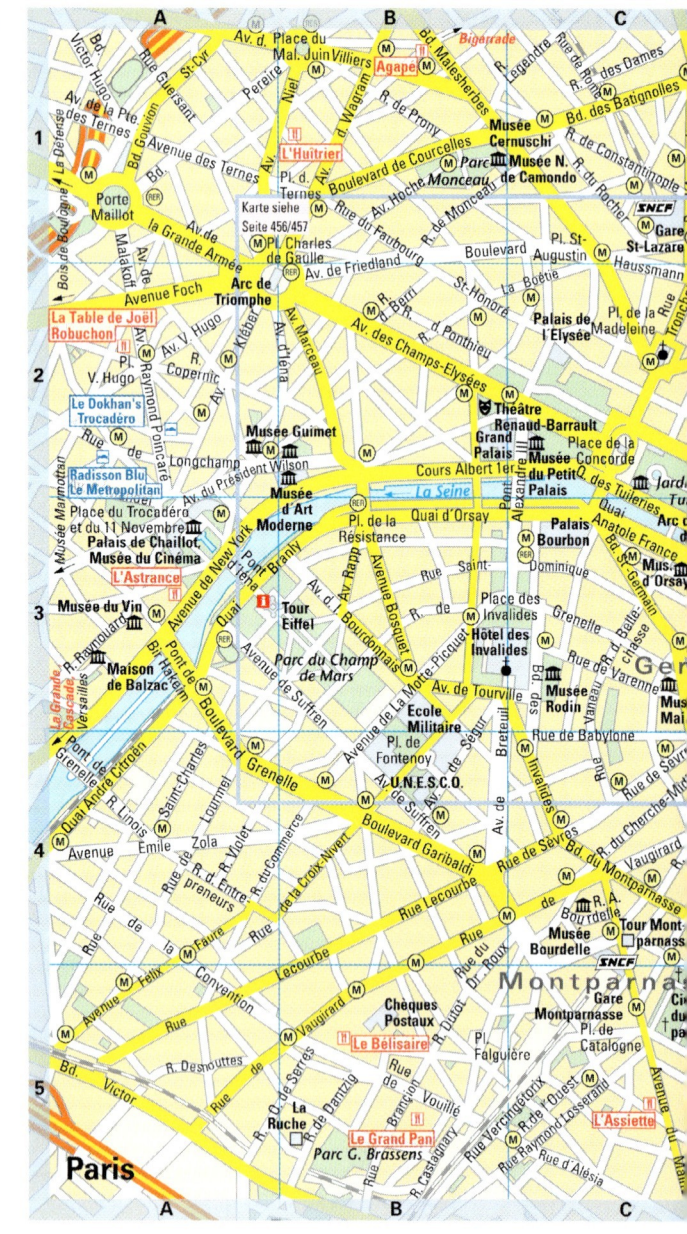

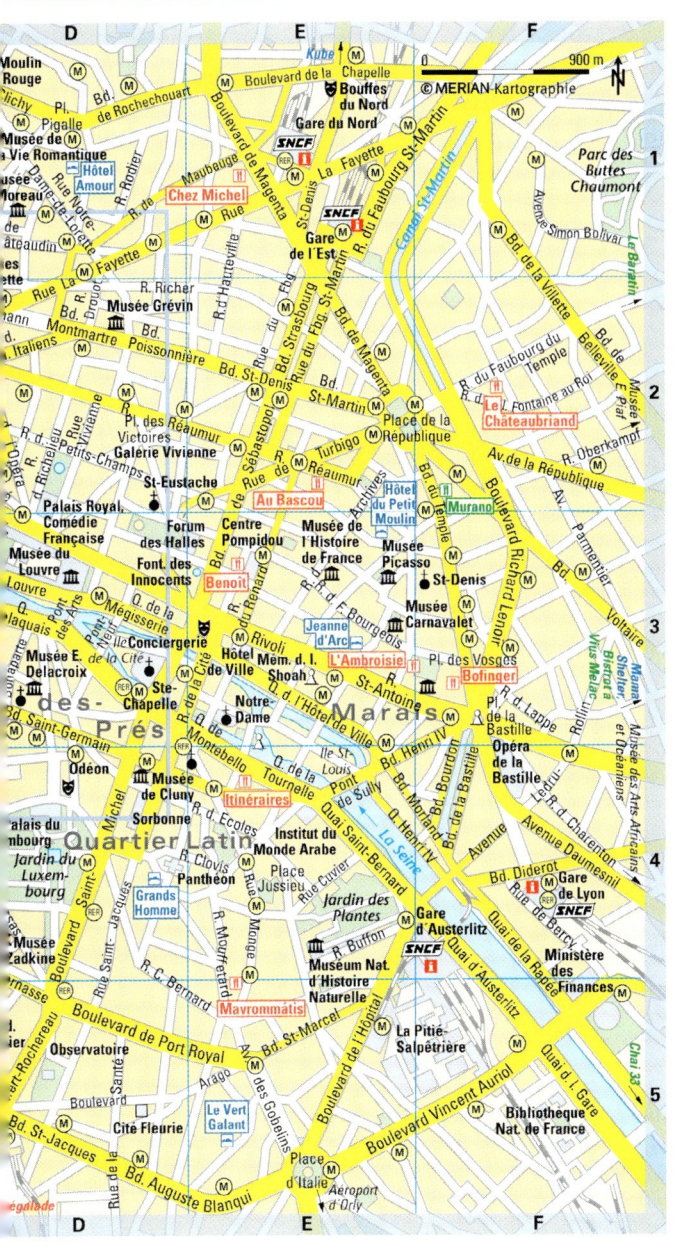

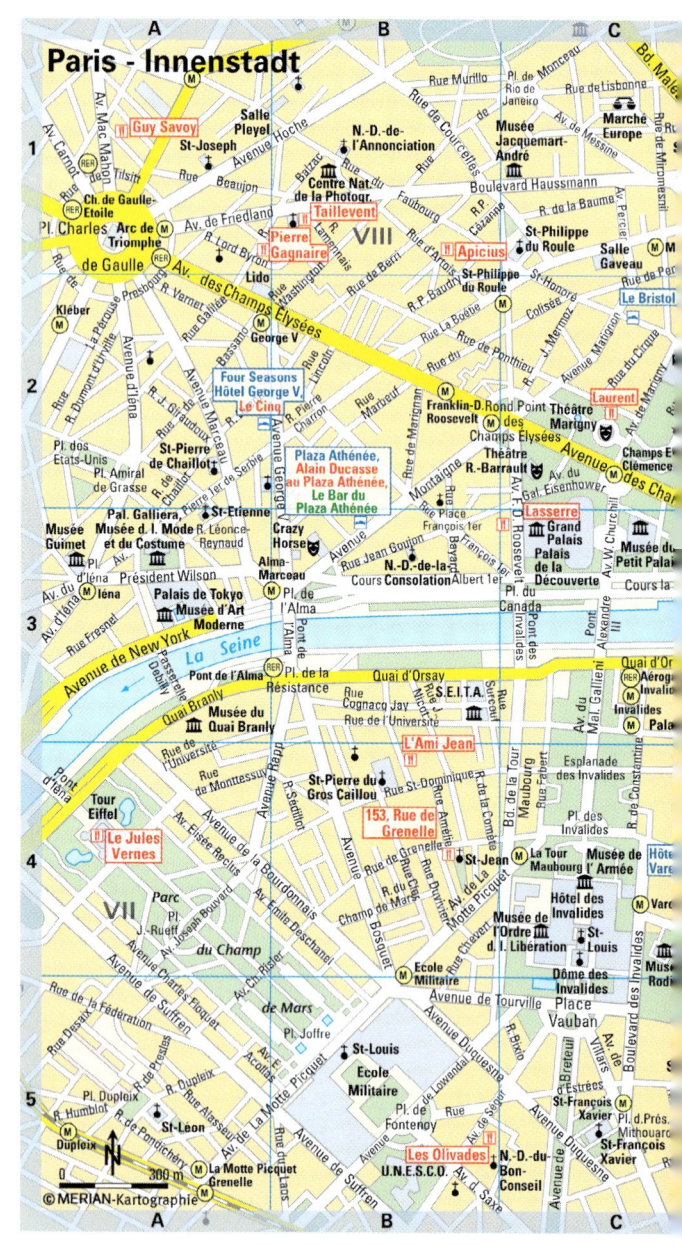

Paris - Innenstadt

© MERIAN-Kartographie

0   300 m

PRAG

An der Moldau hat eine ganze Reihe internationaler Spitzenhotels eröffnet. Kein Zweifel, Prag ist in Bewegung. Junge Köche interpretieren alte Traditionen neu, und schicke Weinbars locken überall mit einem weltläufigen Angebot

Hotels

Buddha Bar Hotel ₣ ₣ ₣ ☐ ☐
OT Prag 1, Jakubská 649/8
PLZ 11000   ■ F 4, S. 471
Tel. 00420/221 77 63 00
Fax 221 77 63 10
www.buddha-bar-hotel.cz
36 Zi., 3 Suiten, DZ ab € 444
[AmEx] [DINERS] [EC] [MASTER] [VISA] ⵟ☖⳩
Das erste Hotel der trendigen Lifestyle-
Kette in Osteuropa hat im Dezember 2008
eröffnet. Asiatische Atmosphäre mischt
sich mit Elementen aus der französischen
Kolonialzeit zu einzigartigen Raumerlebnis-
sen. Einen Spa mit Hamam gibt es auch,
und das große Restaurant schickt sich an,
zum neuen Prager In-Treff zu werden.

Carlo IV ₣ ₣ ₣ ☐ ☐
OT Prag 1, Senovazne Namesti 13
PLZ 11000   ■ F 3, S. 471
Tel. 00420/224 59 31 11
Fax 224 59 30 00
www.boscolohotels.com
137 Zi., 15 Suiten, DZ ab € 205
[AmEx] [DINERS] [MASTER] [VISA] ⵟ☖☖⳩
Imposant ist schon die Lobby des eleganten
Hotels im ehemaligen Bankgebäude mit
opulentem Stuck, Marmor, Säulen und

„Buddha Bar": ein Hauch Exotik

üppigen Sofas. Elegant sind auch die Zimmer, in denen sich Historie und Moderne
harmonisch mischen. Schöner Spa mit Pool.
Restaurant, Smokers' Lounge und eine
große Whisky-Auswahl, die in umgebauten
Wandtresoren präsentiert wird.

Four Seasons Hotel Prague ₣ ₣ ₣ ₣ ☐
OT Prag 1, Veleslavínova 2 a/1089
PLZ 11000   ■ D 2, S. 471
Tel. 00420/221 42 70 00
Fax 221 42 60 00
www.fourseasons.com
141 Zi., 20 Suiten, DZ ab € 390
[AmEx] [DINERS] [MASTER] [VISA] ⵟ☖⳩

„Carlo IV": Stilvolle Eleganz mit Privatsphäre gibt's auch im schönen Spa mit Pool

„Four Seasons Hotel Prague": gediegene Eleganz im First-Class-Hotel an der Moldau

Das erstklassige Hotel residiert in einem weitläufigen Gebäudekomplex, der sich bis fast an die Moldau erstreckt. Elegante, luxuriöse Zimmer in verschiedenen Kategorien, manche bieten einen schönen Blick auf Karlsbrücke und Burg, alle haben eine gute Businessausstattung. Sehr guter Service alter Schule, Bar, Wellness und Prags bestes Restaurant (siehe Restaurant „Allegro").

Josef 🅵🅵🅵⬜⬜
OT Prag 1, Rybná 20
PLZ 11000   ■ F 2, S. 471
Tel. 00420/221 70 09 01
Fax 221 70 09 99

www.hoteljosef.com
108 Zi., DZ ab € 159
AmEx DINERS MASTER VISA ⓨ 🏠
Das moderne österreichische Designhotel steht zentral nahe dem Altstädter Ring. Die Farbe Weiß und Glas dominieren Zimmer, Suiten und die Lobby und sorgen für Transparenz und Weitläufigkeit. Offenheit herrscht auch in manchen Zimmern, in denen die Bäder nur durch Glaswände abgetrennt sind. Moderne Technik mit W-Lan und High-Speed-Internetzugang, am Wochenende Frühstück bis mittags.

Kempinski Hybernská Prague 🅵🅵🅵⬜⬜
OT Prag 1, Hybernská 12
PLZ 11000   ■ F 3, S. 471
Tel. 00420/226 22 61 11
Fax 226 22 61 23
www.kempinski-prague.com
13 Zi., 62 Suiten, DZ ab € 380
AmEx DINERS MASTER VISA ⓨ ⚘
Im Oktober 2008 eröffnetes Haus im Herzen der Altstadt. Die parkartige Gartenanlage im Innenhof ist einzigartig unter den Prager Hotels. Großzügige und elegante Zimmer und Suiten, Restaurant und Fitnessraum.

„Josef": ganz in Weiß mit viel Glas

Le Palais FFFF

OT Prag 2, U Zvonařky 1
PLZ 12000   südlich ■ F 5, S. 471
Tel. 00420/234 63 41 11
Fax 234 63 46 35
www.palaishotel.cz
60 Zi., 12 Suiten, DZ ab € 180
AmEx DINERS MASTER VISA ♈ 🚗 ♿

Exklusives Hotel mit sehr gutem Service in
einem schönen Belle-Époque-Gebäude in
ruhiger Umgebung abseits der Touristenströme. Klassische Eleganz prägt die luxuriösen Zimmer sowie Lobby und Lounge
im englischen Clubstil. Schöne Teekultur.
(Siehe Restaurant „Le Papillon".)

Mandarin Oriental FFFF

OT Prag 1, Nebovidska 459/1
PLZ 11800   ■ C 3, S. 470
Tel. 00420/233 08 88 88
Fax 233 08 86 68
www.mandarinoriental.com
77 Zi., 22 Suiten, DZ ab € 398
AmEx DINERS MASTER VISA ♈ 🚗 ♿

Stilvolles Hotel in einem ehemaligen
Klosterkomplex. Die Zimmer im Neubau
sind komfortabel-modern, jene im alten Teil
individuell geschnitten, stilvoll-luxuriös und
mit moderner Technik wie Flat-Screen-TV
eingerichtet. Der Service ist erstklassig, der

Spa-Bereich mit historischen Fundamenten
ausgesprochen schön. Schicke Bar, Innenhof
mit Terrasse. Im Restaurant „Essensia"
will der neue Küchenchef Jiri Stift künftig
Asiatisches anbieten und tschechische
Tradition modernisieren. Zuletzt schwächelten Küche und Service leicht.

Radisson Blu Alcron FFF

OT Prag 1, Stepánská 40
PLZ 11000   ■ E 4, S. 471
Tel. 00420/222 82 00 00
Fax 222 82 01 00
www.radissonblu.com
174 Zi., 32 Suiten, DZ ab € 169
AmEx DINERS MASTER VISA ♈ 🚗 ♿

Das traditionsreiche Hotel nahe dem
Wenzelsplatz wurde 2008 apart renoviert.
In den komfortablen Zimmern mit Spiegel-
wänden und originellen Fransenlampen
herrscht der Art-déco-Stil vor. Aus manchen
Fenstern blickt man auf die Prager Burg.
Beliebte Bar mit Live-Jazz-Musik, zwei gute
Restaurants (siehe Restaurant „Alcron").

Savic Hotel FF

OT Prag 1, Jilska 7
PLZ 11000   ■ E 3, S. 471
Tel. 00420/224 24 85 55
Fax 224 24 85 58

„Radisson Blu Alcron": schönes Hotel im Art-déco-Stil für Businessgäste und Pragtouristen

461

www.savic.eu

26 Zi., 1 Suite, DZ ab € 109

`AmEx` `DINERS` `EC` `MASTER` `VISA` €

Zentraler geht's nicht. Stimmungsvolles, traditionelles Hotel im Gassengewirr am Altstädter Ring. Die Zimmer sind alle unterschiedlich eingerichtet, manche haben Gewölbedecken, manche Antiquitäten. Frühstück im Sommer auch im Innenhof.

The Augustine **F F F F**

OT Prag 1, Letenská 12/33

PLZ 11800 ■ C 2, S. 470

Tel. 00420/266 11 22 33

Fax 266 11 22 34

www.theaugustine.com

85 Zi., 16 Suiten, DZ ab € 370

`AmEx` `DINERS` `MASTER` `VISA`

Im Juni 2009 auf der Kleinseite eröffnet und Prags bestes Hotel! Sieben historische Gebäude wurden umgebaut, in einem Teil befindet sich das Kloster St. Thomas. Stilvolles Understatement und modernes Design wie von der Rocco Forte Collection gewohnt in allen Zimmern, der Kubismus ist

in Details präsent, von vielen blickt man auf die Burg. Highlight: die Turmsuite über drei Etagen mit Rundumsicht. Zauberhafte Innenhöfe mit fast kontemplativer Atmosphäre. Mini-Spa mit Hamam, zwei Bars (hauseigenes St. Thomas-Bier) und ein ausgesprochen aufmerksamer und warmherziger Service. Unser neuer Favorit! (Siehe auch Restaurant „The Monastery").

The Icon Hotel & Lounge **F F**

OT Prag 1, V Jámě 6

PLZ 11000 ■ E 4, S. 471

Tel. 00420/221 63 41 00

Fax 221 63 41 05

www.iconhotel.eu

29 Zi., 2 Suiten, DZ ab € 90

`AmEx` `DINERS` `EC` `MASTER` `VISA` €

Junges Designhotel in der Nähe des Wenzelsplatzes mit pfiffiger Lobby. Frühstück bis 23 Uhr. Alle Zimmer haben übergroße Hästens-Betten und tschechische Snacks in der Minibar sowie eine Fingerabdruck-Sicherung am Laptop-Safe.

Restaurants

Ada **F F**

OT Malá Strana, im Hotel Hoffmeister

Pod Bruskou 7

PLZ 11800 ■ D 1, S. 471

Tel. 00420/251 01 71 11

Fax 251 01 71 20

www.hotelhoffmeister.cz

kein Ruhetag

Hauptgerichte € 19-35

`AmEx` `DINERS` `EC` `MASTER` `VISA`

Im eleganten Restaurant mit rotem Teppich wird französisch basierte Klassik mit tschechischen und internationalen Einflüssen serviert. Service Foie-gras-Terrine mit Traminer-Gelee oder Kalbsbries mit karamellisiertem Chicorée, Maronen und Trüffel.

Alcron **F F F**

OT Prag 1, im Hotel Radisson Blu Alcron

Stepánská 40

PLZ 11000 ■ E 4, S. 471

Tel. 00420/222 82 00 38

„The Augustine": das Beste in Prag

„Allegro": Prags bestes Restaurant überzeugt mit erstklassiger italienisch inspirierter Küche

Fax 222 82 01 00
www.alcron.cz
nur Abendessen, So geschl.
Hauptgerichte € 10-20
AmEx DINERS MASTER VISA 🚗 🛏 🍸

Im halbrunden, stilvollen Hotelrestaurant mit Art-déco-Ambiente kreiert seit Mai 2008 Roman Paulus filigrane Degustationsmenüs. Fischgerichte spielen die Hauptrolle, und nicht selten werden tschechische kulinarische Traditionen neu interpretiert, etwa mit Räucheraal oder Foie gras. Gut auch die Spanferkelvariation mit Bauch, *confit* und Bäckchen, Apfelkonfitüre und Linsen. Und zum Dessert bekommen Knödel einen ganz neuen, köstlichen Charakter.

Allegro F F F F ▢

OT Prag 1, im Hotel Four Seasons Prague
Veleslavínova 2 a
PLZ 11000   ■ D 2, S. 471
Tel. 00420/221 42 70 00
Fax 221 42 60 00
www.fourseasons.com
kein Ruhetag
Hauptgerichte € 33-56
AmEx DINERS MASTER VISA M̃ 🏠 🍷 🍸 🛏

Der neue italienische Küchenchef Andrea Accordi hat das Niveau in Prags bestem Restaurant weiter gesteigert. Seine handgemachten *maccheroncini* mit butterzartem

Fleisch von der Kalbskeule, Zucchiniblüten, Pecorino und schwarzem Pfeffer sind ein Gedicht, die Variation vom böhmischen Spanferkel mit Meerrettich, karamellisierten Paprika-Schalotten und warmer Spanferkelkopf-Terrine mit Lakritzjus überzeugt mit schönen Aromen. Die Weinauswahl ist groß, der Service alter Schule ausgesprochen aufmerksam. I-Tüpfelchen: stilvolle Polsterbänke extra für die Handtaschen. Das hohe Preisniveau entspricht dem exklusiven Standard des Hauses.

Angel F ▢▢▢▢

OT Prag 1, V kolkovne 7
PLZ 11000   ■ E 2, S. 471
Tel. 00420/773 22 24 22
www.angelrestaurant.cz
So geschl.
Hauptgerichte € 15-21
AmEx DINERS MASTER VISA M̃

Im schicken urbanen Lounge-Restaurant mit großer Fensterfront und Blick ins Szeneviertel schmeckt die geradlinige panasiatische Küche unter futuristischen Designerlampen. Frisch und leicht war die Limetten-Frühlingszwiebel-Sauce zum Doradenfilet mit *pak-choi* und Ingwer, gut gelang auch das Stubenküken mit kambodschanischem rotem Curry, Kokosreis und Kräutern.

„Flambée": lauschige Atmosphäre und gute Weinauswahl im Kellergewölbe

Café Imperial ▊F▊▊F▊☐☐☐
OT Prag 1, im Hotel Imperial, Na Poříčí 15
PLZ 11000 ■ F 2, S. 471
Tel. 00420/246 01 14 40
Fax 246 01 16 99
www.cafeimperial.cz
kein Ruhetag
Hauptgerichte € 9-15
AmEx DINERS MASTER VISA M̶ ⌂

In dem wunderschön im Jugendstil restaurierten Gebäude mit historischen Fliesen
und Mosaiken werden aromastarke, modernisierte tschechische Gerichte serviert.
Sehr gut gelangen etwa hausgemachte
Kartoffelnudeln oder die zarte Lammkeule
mit intensiver Rosmarinjus. Aber auch
den Klassiker *svíčková,* eine Art Sauerbraten
mit einer Sauce aus passiertem Gemüse
und Sahne, sollte man probieren. Köstlich:
Kartoffelknödel mit Mohnparfait und
geschmolzener Butter. Netter Service, gutes
Preis-Leistungs-Verhältnis. Café mit tollen
Kuchen und Torten im Eingangsbereich.

Flambée ▊F▊▊F▊☐☐☐
OT Prag 1, Husova 5
PLZ 11000 ■ D 3, S. 471
Tel. 00420/224 24 85 12
Fax 224 24 85 13
www.flambee.cz
kein Ruhetag
Hauptgerichte € 22-37
AmEx DINERS MASTER VISA M̶ ⌂ 𝖸

Stimmungsvolle Atmosphäre im Kellergewölbe aus dem 12. Jahrhundert in der
Altstadt. Der Service ist zuvorkommend,
die Speisenkarte international: Oktopus-
carpaccio mit Knoblauchvinaigrette und
sehr süßem Zitronen-*confit* oder zarte
Entenbrust mit intensiver Granatapfelsauce.
Umfangreiche Weinauswahl (600 Positionen, viele Jahrgänge) mit Schwerpunkt Bordeaux, die allerdings auch ihren Preis hat.

Kampa Park ▊F▊☐☐☐☐
OT Prag 1, Na Kampě 8 b
PLZ 11800 ■ D 2, S. 471
Tel. 00420/296 82 61 02
Fax 257 53 32 23
www.kampagroup.com
kein Ruhetag, Hauptgerichte € 25-35
AmEx DINERS MASTER VISA M̶ ⌂ ⛵

Sehen und gesehen werden ist das Wichtigste in dem bei Prominenten beliebten
Restaurant an der Karlsbrücke mit herrlichem Blick auf die Altstadt. Im Sommer sitzt
man auf der Terrasse. Die Speisenkarte ist
international, die Gerichte sind bisweilen

von wechselnder Qualität: Thunfisch-Sashimi oder Kalbsbries mit Kürbis-Lasagne und Chorizo-Schaum, norwegischer Lachs (Aquakultur) mit Vanille-Kartoffel-Püree, Lammrücken mit Gnocchi.

La Cambusa F

OT Prag 5, Klicperova 2
PLZ 15000   ■ B 5, S. 470
Tel. 00420/257 31 79 49
Fax 257 31 79 21
www.lacambusa.cz
Sa, So geschl.
Hauptgerichte € 15-40
AmEx DINERS MASTER VISA M

Die üppige Dekoration ist Geschmackssache, die Qualität der Küche stimmt. Fisch und Meeresfrüchte bestimmen hier das Programm, das viele Variationen von Muscheln, Austern, Hummer und Fisch, wie etwa Drachenkopf, offeriert. Die Bouillabaisse sollte man sich nicht entgehen lassen.

La Degustation
Bohême Bourgeoise F F F

OT Prag 1, Haštalská 18
PLZ 11000   ■ E 2, S. 471
Tel. 00420/222 31 12 34
Fax 222 31 12 35
www.ladegustation.cz
Fr, Sa, Mo nur Abendessen, So geschl.

Menüs € 80-115
AmEx DINERS MASTER VISA 🍽 🍸

Die Menüs im kleinen Restaurant am Rand des Jüdischen Viertels mit offener Küche und Kastanienbaum im Innenhof sind abendfüllende Programme: sieben Gänge und sieben Amuse-Bouches. Die Basis bilden tschechische Rezepte aus dem 19. Jahrhundert, die zeitgemäß modifiziert worden sind. Köstlich der Steinpilz in hocharomatischem Steinpilzgelee, hervorragend auch die leicht geräucherte, herrlich zarte Rinderzunge mit Kichererbsenpüree und kräftiger Zwiebel-Majoran-Jus. Die elegante hellrot gebratene Anjou-Taubenbrust mit Foie gras, Püree vom Hokkaido-Kürbis und komplexer Portwein-Glace war ein Gedicht. Charmante Weinberatung, aufmerksamer Service.

Le Papillon F F

OT Prag 2, im Hotel Le Palais, U Zvonařky 1
PLZ 12000   südlich ■ F 5, S. 471
Tel. 00420/234 63 41 11
Fax 234 63 46 35
www.palaishotel.cz
kein Ruhetag
Hauptgerichte € 20-25
AmEx DINERS MASTER VISA M 🏠 🍽 🏠

Im eleganten Belle-Époque-Gebäude werden böhmische Küchentraditionen neu

„La Degustation Bohême Bourgeoise": alte tschechische Rezepte ganz neu interpretiert

interpretiert, bisweilen unternimmt das Team auch mal einen Abstecher in die Haute Cuisine. Gelungene Beispiele: mit Trüffeln gefüllte Wachtel mit Pilzsauce oder köstliche gefüllte Quarkknödel mit Pflaumensorbet und Ingwerbrot. Im Sommer diniert man auf der schönen Terrasse mit herrlichem Ausblick über das Umland. Kindermenüs, aufmerksamer Service.

Le terroir `F` `F` `F`
OT Prag 1, Vejvodova 1
PLZ 11000 ■ E 3, S. 471
Tel. 00420/602 88 91 18
Fax 222 22 02 60
www.leterroir.cz
So, Mo geschl., Hauptgerichte € 23-26
`AmEx` `DINERS` `MASTER` `VISA` M ⛱ ⵅ

Der Keller des stimmungsvollen Gewölbe-restaurants hat mit mehr als 1000 verschiedenen Weinen die beste Auswahl der Stadt auf Lager. Ausgezeichnet die Kreationen auf den Tellern: Jakobsmuscheln mit süß-saurem mährischem Biokohl und Taggiasca-Oliven überzeugen mit modernen und stimmigen tschechischen Elementen, der böhmische Schinken bekommt mit Meer-rettichmousse eine leichte Note, und der Steinbutt hat gerösteten Knoblauch und Bohnen als pikante Partner. Sehr zuvor-kommender Service.

Rybí trh `F` `F`
OT Prag 1, Týnský dvůr 5
PLZ 11000 ■ E 2, S. 471
Tel. 00420/224 89 54 47
Fax 224 89 54 49
www.rybitrh.cz
kein Ruhetag
Hauptgerichte € 24-47
`AmEx` `DINERS` `MASTER` `VISA` ⛱

In dem Fischrestaurant mit Aquarien und Gewölbedecke kocht Martin Slezak, der drei Jahre Souschef im „Bareiss" in Baiers-bronn war, mit Präzision und Kreativität. Kräftig-frische Aromen überraschten beim *pulpo*-Carpaccio mit Schalottenvinaigrette, weißem Balsamico, dezenter Safrannote

„Le terroir": Die beste Weinauswahl der Stadt

und mariniertem Goldbrassenfilet. Gelungen waren auch der Risotto mit *bottarga*, glasierten Frühlingszwiebeln und nur leicht gegrilltem Thunfisch sowie der tschechisch inspirierte saftige Kabeljau auf Thymian mit fein säuerlichen Linsen, cremigem Knob-lauch-*confit* und *pancetta*. Nur der Service schwankt bisweilen in seiner Aufmerksam-keit und Freundlichkeit. Terrasse im ruhigen Innenhof.

The Monastery `F` `F`
OT Prag 1, im Hotel The Augustine
Letenská 12/33
PLZ 11800 ■ C 2, S. 470
Tel. 00420/266 112 233
Fax 266 112 234
www.roccofortecollection.com
kein Ruhetag
Hauptgerichte € 15-25
`AmEx` `DINERS` `MASTER` `VISA` M ⵅ 🏠 ⛱ 🏡

Modernes, aber dezentes Design im Pavillon mit gläserner Front und romantischer Terrasse im Innenhof fügt sich harmonisch in das historische Ambiente ein. Dazu passt die frische, saisonale Küche, die moderni-sierte tschechische Elemente mit internatio-

lässt selbst Kennerherzen höherschlagen

nalen Einflüssen kombiniert. Die Erbsen-
cremesuppe mit Prager Schinken wird da
nur leicht mit Minze akzentuiert. Köstlich:
die butterzarten, in St.-Thomas-Bier geschmorten Ochsenbäckchen vom Rind aus
der Region mit wunderbar intensiv redu-
zierter Jus. Gutes Preis-Leistungs-Verhältnis
und ein sehr netter Service.

Bars/Cafés

Café Louvre
OT Prag 1, Národní 22
PLZ 11000   ■ D 3, S. 471
Tel. 00420/224 93 09 49
www.cafelouvre.cz
Mo-Fr 8-23.30 Uhr, Sa, So 9-23.30 Uhr
AmEx DINERS MASTER VISA
Schönes Kaffeehaus im 1. Stock eines Hau-
ses an der Nationalstraße, dessen Jugend-
stilatmosphäre von 1902 mit rosa Wänden
und weißem Stuck authentisch und detail-
genau wieder hergestellt worden ist. Hier
treffen sich die Prager zum Plausch oder
zur Zeitungslektüre. Gute Kuchen, kleine
Gerichte. Rauchern steht ein separater
Raum zur Verfügung.

Café Savoy
OT Prag 5, Vítězná 5
PLZ 15000   ■ C 3, S. 470
Tel. 00420/257 31 15 62
Fax 257 31 15 61
www.ambi.cz
Mo-Fr 8-22.30 Uhr, Sa, So 9-22.30 Uhr
AmEx DINERS MASTER VISA
Hübsches Café an der Moldau auf der
Kleinseite, dessen authentisches Ambiente
ebenfalls mit Verstand restauriert und
erhalten wurde. Gutes Frühstück, auch mit
traditioneller Kuttelflecksuppe. Tagsüber
gibt es kleine Gerichte sowie Kuchen und
Torten.

Cloud 9 sky bar & lounge
OT Prag 8, im Hotel Hilton Prague, Pobřežní 1
PLZ 18600   östlich ■ F 2, S. 471
Tel. 00420/224 84 29 99
www.cloud9.cz
Mo-Sa 18-2 Uhr
AmEx DINERS EC MASTER VISA
Die neue In-Bar auf dem Dach des „Hilton
Prague" wurde im August 2008 eröffnet
und bietet in 40 Metern Höhe dank einer
Rundumverglasung einen atemberaubenden
Blick über die Dächer der Stadt. Schickes
Design mit bequemen Sesseln und interes-
sante Cocktails, etwa Charisma mit Melo-
nenlikör, Cranberrys, Angostura-Bitter und
Chili, machen die Bar zum neuen Hotspot
von Prag.

Divinis
OT Prag 1, Týnská 21
PLZ 11000   ■ E 2, S. 471
Tel. 00420/222 32 54 40
www.divinis.cz
Mo-Sa 18-1 Uhr
AmEx DINERS EC MASTER VISA
Gemütlich und unkompliziert ist die kleine
Weinbar hinter der Teynkirche mit altem
Holzboden, hellen Wänden und Regalen als
Raumteiler. Neben einer guten Weinauswahl
zu zivilen Preisen gibt es eine kleine Spei-
senkarte mit täglich wechselnden italieni-
schen Spezialitäten. Guter Schinken! Sehr
netter Service.

Grand Café Orient

OT Prag 1, Ovocný trh 19
PLZ 11000 ■ E 2, S. 471
Tel. 00420/224 22 42 40
www.grandcafeorient.cz
tgl. 9-22 Uhr

Kubistisches Café im Haus „Zur schwarzen Muttergottes", das 2004 nach 80-jähriger Pause wieder eröffnet wurde. Von den Garderobenhaken über das Mobiliar bis hin zum Klavier ist alles authentisch und originalgetreu restauriert. Wunderschönes Treppenhaus und Kubismus-Museum mit Shop im Erdgeschoss.

Tretter's New York Bar

OT Prag 1, V kolkovně 3
PLZ 11000 ■ E 2, S. 471
Tel. 00420/224 81 11 65
Fax 257 77 13 66
www.tretters.cz
tgl. 19-3 Uhr

AmEx DINERS EC MASTER VISA

Kultbar nach amerikanischem Vorbild. Am langen Tresen mit roter Wand oder in den Sitznischen im Hintergrund trinkt man gute Cocktails und lässt die Blicke über die attraktive Gästeschar schweifen, die sich hier allabendlich zum Sehen und Gesehen-werden trifft. Gelegentlich Livemusik.

„Vinny Bar Monarch": internationale Weine

U Zlatého Tygra

OT Prag 1, Husova 17
PLZ 11000 ■ D 3, S. 471
Tel. 00420/222 22 11 11
www.uzlatehotygra.cz
tgl. 15-23 Uhr

Traditionsreiche Prager Bierstube in einem Haus aus dem 15. Jahrhundert, in dem man an blanken Holztischen sitzt. Früher trafen sich im „Goldenen Tiger" Literaten und Denker, und auch heute tagt hier ein Intellektuellenclub. In einer Ecke trinken manchmal die Spieler des Fußballclubs Sparta Prag ihr Bier.

Vinný Bar Monarch

OT Prag 1, Na Perštýně 15
PLZ 11000 ■ D 3, S. 471
Tel. 00420/224 23 96 02
Fax 224 23 96 03
www.monarch.cz
Mo-Sa 12-24 Uhr

AmEx DINERS MASTER VISA

Die Weinauswahl ist international und gastfreundlich kalkuliert, Übersee-Fans kommen allerdings eher auf ihre Kosten als Liebhaber heimischer Gewächse. An den rustikalen Holztischen sitzt junges Publikum, die Stimmung ist gut, allein das grünliche Licht ist eher unvorteilhaft. Raclette und Käsefondue bieten eine gute Basis für den Weingenuss.

Bars, Restaurants
und vieles mehr!

Mit einem Klick in die Metropolen der Welt
www.staedte-reisen.de

Kultur
Berlin
New York
Restaurants
Paris
Events
Venedig
Stadtpläne
Shopping
Barcelona
Sehenswürdigkeiten
Istanbul
Bars
Hamburg
Hotel-Empfehlungen
Amsterdam
Szene-Lokale
Bangkok
London
Insider-Tipps
Rom

Der Online-Reiseführer.

staedte-reisen.de

© MERIAN-Kartographie

Letenské sady

Metronom

Náb̌. Kpt. Jaroše

Veletržní palác, Zoo, Schloss Troja

Ada

Bruských kasáren

Waldstein-Palais-Reitschule

Náběží Edvarda

Čechův most

Beneše

Švermův most

(Moldau)

Vltava

Nábř. Ludvíka Svobody

Na Františku

Kašnatkovo nábř.

U Zelené lávky

Rudolfinum

Kunst-gewerbe-museum

Josefov

nám. Curieových

Na Agneskloster

U milosrdných

Bílková

Dvořákovo nábř.

Pařížská

Pařížská

Haštalská

Klimentská

Lodecká

Petrská

Altneusynagoge

Věznická

Angel

La Degustation Bohème Bourgeoise

Tretters New York Bar

Josef

Café Imperial

Mánesův most

Čech ́ Park

Four Seasons Hotel Prague, Allegro

Divinis

Masná

Na poříčí

Museum der Stadt Prag

Platnéřská

Klementinum

Neues Rathaus

Kinský Palais

Rybí trh

Ungelt

Karlův most

Křižov-nické nám.

Altstädter Rathaus

Teyn-kirche

Staroměstské nám.

Celetná

Grand Café Orient

Carolinum

V zelnici Nám. Republiky

Pulverturm

ČSD

Smetana-museum

Opera

Anenská

Karlova

U Zlatého Tygra

Savic

Stände-theater

Ovocný trh.

Staré Město

Kempinski Hybernská Prague

Hybernská

Náprstkova

Flambée

Le Terroir

Jilská

Na příkopě

Panská

nám. M. Gorkého

Carlo IV

Konviktská

Vinny Bar Monarch

Bartolomějská

Rytířská

Jung- Můstek

Per.

Václavské nám.

Nekázanka

Mucha-Museum

Hlavní nádraží

Krocínova

Café Louvre

Mikulandská

Martinská

Národní

Na Perštýně

mannovo nám.

Jindřišská

Politických vězňů

Olivo-

Opletalova

ČSD

Laterna Magica

Ostrovní

Národní třída

Panská

Můstek

Ritíř ́

Washingtonova

Wilsonova

National-theater

V jirchářích

Buddha Bar Hotel

Staatsoper, Smetana-Theater

Spanělská

Kremencova

Lazarská

Vodičkova

V jámě

náměstí

Radisson Blu Alcron, Alcron

Muzeum

The Icon Hotel & Lounge

Neustädter Rathaus

Štěpánská

National-museum

Vojtěšská

Masarykovo nábř.

Navrátilova

Myslíkova

Řeznická

Krakovská

Vinohradská

Záho-řanského

Žitná

Malá Štěpánská

Manesova

Škrétova

St. Kyrill und Method

Resslova

Ke Karlovu

St.-Longinus-Rotunde

Balbínova

Rimská

Dittrichova

Karlovo nám.

Ječná

St. Stephan

I. P. Pavlova

Vocelova

Vinohrady

Gorazdova

Trojanova

St.-Ignatius-Kirche

Salmovská

Lípová

nám. P. Pavlova

Jugoslávská

nám. Míru

Nám. Míru

Na Moráni

Karlovo nám. nám. Pod

St.-Katharinen-Kirche

U nemocnice

Dvořák-Museum

Rumunská

Bělehradská

Londýnská

Belgická

Fausthaus

Kateřinská

Viničná

Nové Město

Tyršova

Uruguayská

Ame-rická

Emmaus-kloster

Kirche des Hl. Johannes v. Nepomuk auf dem Felsen

Le Palais, Le Papillon

Trojická

RIGA

Historie in der Altstadt, am anderen
Flussufer Baukräne für den Fortschritt.
Mittendrin Designhotels und Restaurants, und der Operndirektor ist auch
als Gastronom erfolgreich. So lebendig
ist die größte Stadt des Baltikums

Hotels

Ainavas **F** ☐☐☐☐
Innenstadt, Peldu iela, 23
PLZ 1050 ◼ C 5, S. 480
Tel. 00371/6/781 43 16, Fax 781 43 17
www.ainavas.lv
22 Zi., 9 Suiten, DZ ab € 79
AmEx DINERS EC MASTER VISA 🔵 ☕ 🏨 ⛱
Kleines Boutiquehotel in der Altstadt und in
Flussnähe. Die Zimmer in dem Gebäude aus
dem 15. Jahrhundert sind unterschiedlich
eingerichtet, die Doppelzimmer eher einfach
und mit rustikaleren Holzmöbeln ausgestattet. Die „Ambiance Suite" wurde kürzlich
sehr schön renoviert. Salon mit Gewölbedecke und Kaminfeuer, hübscher Innenhof.

Bergs **F F F** ☐☐
Innenstadt, Elizabetes iela, 83-85
PLZ 1050 ◼ E 3, S. 481
Tel. 00371/6/777 09 00, Fax 777 09 40
www.hotelbergs.lv
38 Suiten, Suite ab € 180
AmEx DINERS EC MASTER VISA ☕ 🏨 ⛱
Umbau und Renovierung dieses Designho-
tels im Boutiquenkomplex „Bergs Bazar"
halten bis heute die Spitzenposition mit der

höchsten Investitionssumme Lettlands. Ein
alter Gebäudeteil ist geschickt mittels
Atrium und Glasdach mit einem Neubau
verbunden, Studios, Appartements und
Suiten sind mit mindestens 40 Quadratmetern sehr geräumig. Alle haben eine Kitchenette, sind vornehmlich in Weiß gehalten
und mit modernen Holzmöbeln eingerichtet.
Seit 2008 gibt es den Zimmerservice rund
um die Uhr und einen kostenlosen Shuttle-
service zu einem Fitnessclub mit Spa und
Pool. (Siehe Restaurant „Bergs".)

Europa Royale **F F** ☐☐☐
Innenstadt, Kriajana Barona iela, 12
PLZ 1050 ◼ E 4, S. 481
Tel. 00371/6/707 94 44, Fax 707 94 49
www.europaroyale.com
48 Zi., 7 Suiten, 6 App., DZ ab € 100
AmEx DINERS MASTER VISA ☕ ⛱
Das 1876 im Stil der italienischen Renaissance erbaute Palais mit bewegter Geschichte wurde sehr schön und aufwendig
restauriert und 2006 als Hotel eröffnet.
Kräftige Farben, kunstvoller Stuck und
üppige Vertäfelungen, Seidentapeten und
Antiquitäten schaffen historisches Flair und
herrschaftliche Atmosphäre. Im Restaurant

„Bergs": Rigas erstes Designhotel

„Europa Royale": Palais im Renaissancestil

„Grand Palace": historische Pracht

hängt der größte venezianische Leuchter des Landes, sieben Räume wurden zum Kulturdenkmal erklärt. Geräumige Zimmer mit hohen Decken, alten Holzfußböden, Flat-Screen-TV und Fußbodenheizung in den Bädern. Terrasse, freundlicher Empfang.

Grand Palace F F F

Innenstadt, Pils iela, 12
PLZ 1050   ■ B 4, S. 480
Tel. 00371/6/704 40 00, Fax 704 40 01
www.grandpalaceriga.com
56 Zi., 3 Suiten, DZ ab € 164
AmEx DINERS EC MASTER VISA Ⓨ 🚗 ⇄
Kleines Luxushotel mit vielen prominenten Gästen in der Altstadt nah am Rigaer Schloss. Die üppige Pracht im Inneren verbindet historische russische und europäische Elemente, die eleganten Zimmer sind in Weiß und Blau gehalten und mit Antiquitäten und Möbeln im klassischen französischen und englischen Stil eingerichtet. Fitness und Sauna, gemütliche Bar mit Jagddekorationen, zwei Restaurants.

Radisson Blu Daugava F F

Innenstadt, Kugu iela, 24
PLZ 1048   südwestlich ■ B 5, S. 480
Tel. 00371/6/706 11 11, Fax 706 11 00
www.riga.radissonblu.com/hotel-riga
361 Zi., 50 Suiten, DZ ab € 109
AmEx DINERS EC MASTER VISA Ⓨ 🚗 ⇄

Das Businesshotel steht auf der anderen Seite der Düna und bietet seinen Gästen einen unvergleichlichen Blick auf das Panorama der Altstadt. Die Zimmer sind funktional, der High-Speed-Internet-Zugang ist im ganzen Haus kostenlos. 13 Tagungsräume, Fitness, Wellness und Pool. Bar und Restaurant.

Reval Elizabete F F

Innenstadt, Elizabetes iela, 73
PLZ 1050   ■ E 3, S. 481
Tel. 00371/6/778 55 55, Fax 778 55 54
www.revalhotels.com
228 Zi., 1 Suite, DZ ab € 89
AmEx DINERS MASTER VISA € Ⓨ 🚗 ⇄
Das Hotel der baltischen Reval-Kette wurde nach umfassender Modernisierung im Frühjahr 2008 wiedereröffnet und gehört nun zu den modernsten Häusern der Stadt. Dunkles Holz, helle Naturtöne und kräftiges Rot prägen die Zimmer hinter der Glasfassade im Hightech-Look. W-Lan ist im ganzen Haus kostenlos, Fitness und Sauna gibt's auch. Pfiffige Grillgerichte im Restaurant „C.U.T.", beliebte Bar.

„Reval Elizabete": modernes Haus mit Bar

Royal Square
Hotel & Suites F F ☐ ☐ ☐
Innenstadt, Kalku iela, 3a
PLZ 1050 ■ C 4, S. 480
Tel. 00371/6/721 45 55, Fax 721 47 77
www.royalsquare.lv
31 Zi., 3 Suiten, 1 App., DZ ab € 130
AmEx EC MASTER VISA ♈☖♉
Das Designhotel mitten in der Altstadt
wurde im Frühjahr 2008 neu eröffnet.
Modernes Interieur verbindet sich harmonisch mit dem historischen Gebäudekomplex aus dem 16. und 17. Jahrhundert. Die
hellen, in Naturfarben geschmackvoll
gestalteten Zimmer haben große Fenster,
manche französische Balkone und die
Suiten Kamin und eine eigene Sauna.
Lobby-Lounge mit Bar und Wasserfall,
internationale Küche im Restaurant
„Desiderata" mit Glaswand.

Restaurants

Amphora ✳
Innenstadt, Elizabetes iela, 10 b
PLZ 1010 ■ C 1, S. 480
Tel. 00371/6/733 81 91, Fax 732 12 00
www.amphorarestaurant.lv
Sa mittag, So geschl.
Hauptgerichte € 9-30
AmEx EC MASTER VISA M
Nette Atmosphäre, ordentliche Küche.
Mediterrane Motive machen in den drei
Räumen des 2006 eröffneten, unkomplizier-
ten Kellerrestaurants in einem Jugendstilge-
bäude auf Anhieb klar, wohin die kulinari-
sche Reise geht: ans Mittelmeer. Die Karte
versammelt Gerichte aus Spanien, Griechen-
land, Italien und Frankreich wie etwa
gegrillte Dorade mit Chorizo-Sauce,
manche sind mit frischen Ideen modifiziert.
Große kulinarische Kunststücke darf man
hier allerdings nicht erwarten.

Bergs F ☐ ☐ ☐ ☐
Innenstadt, im Hotel Bergs
Elizabetes iela, 83-85
PLZ 1050 ■ E 3, S. 481
Tel. 00371/6/777 09 57, Fax 777 09 43

„Royal Square Hotel & Suites": üppiges Design

www.hotelbergs.lv
kein Ruhetag
Hauptgerichte € 10-27
AmEx DINERS EC MASTER VISA M☖♈☖
Vom Wintergarten mit tiefen Korbsesseln,
gedeckten Farben und Backsteinmauer
blickt man in den hübschen Innenhof,
Trennwände schaffen intimes Flair im
modernen Restaurant. Die saisonorientierte
Speisenkarte ist international: Kürbispüree
und mariniertes Steinpilzcarpaccio beglei-
teten geräucherten, etwas zu kalten Stör,
zum rosa gebratenen Lammrücken passten
Kürbisgnocchi und Rotweinsauce. Ordentliche Weinauswahl. Allein der Service schwä-
chelte bisweilen in seiner Aufmerksamkeit.

Fabrikas Restorans ✳
OT Kipsala Insel, SIA Melna ripa
Balasta dambis, 70
PLZ 1048 westlich ■ A 3, S. 480
Tel. 00371/6/787 38 04, Fax 787 38 06
www.fabrikasrestorans.lv
kein Ruhetag

„Fabrikas Restorans": direkt am Fluss

„La Boheme": schöne Tischkultur

Hauptgerichte € 9-35

AmEx EC MASTER VISA 🚗 ⛱

Inmitten restaurierter Fabrikgebäude und direkt am Wasser findet man dieses schicke und beliebte Szenerestaurant auf der Hafeninsel Kipsala. Die Aussicht auf die Rigaer Altstadt auf der anderen Seite des Flusses ist spektakulär, da werden die internationalen Gerichte eher zur Nebensache. Manche Gäste kommen auch schon mal mit der eigenen Yacht. Im Sommer sitzt man schön auf dem Ponton.

Kalku Värti ✳

Innenstadt, Kalku iela, 11 a
PLZ 1050   ■ C 4, S. 480
Tel. 00371/6/722 45 76, Fax 721 25 75
www.kalkuvarti.lv
kein Ruhetag
Hauptgerichte € 8-25

AmEx EC MASTER VISA M ⛱

Der Glaspavillon am Livu-Platz ist ein beliebtes Szenerestaurant in Rigas Altstadt, nicht nur wegen der getönten Scheiben, durch die man unbeobachtet dem Treiben auf dem Pflaster zusehen kann. Am Wochenende heizt ein DJ im Keller die Stimmung an, da kann es passieren, dass das Servicepersonal am Mittag des folgenden

Tages noch etwas unausgeschlafen wirkt. Im großen Restaurantraum mit Polsterecken oder gedeckten Tafeln isst man Garnelen (Tiefsee) mit hauchdünnen Scheiben von getrocknetem Obst und Erdnusssauce oder gute, zarte Ochsenzunge mit aromatischer Meerrettichsauce und La-Ratte-Kartoffeln.

La Boheme F F

Innenstadt, Jura Alunana iela, 2 a
PLZ 1010   ■ C 2, S. 480
Tel. 00371/6/732 19 38
Fax 782 02 94
www.laboheme.lv
Sa mittag, So geschl.
Hauptgerichte € 14-27

AmEx EC MASTER VISA M ⛺ ⛱ 🍷

Nach Tallinn hat jetzt auch Riga das nach Puccinis Oper benannte, erfolgreiche Restaurant. Zwei Souterrainräume im Botschaftsviertel beherbegen ein informelleres Bistro-Café und einen stilvollen Gourmetbereich mit weiß eingedeckten Tischen und opulenten Leuchtern. Zum leckeren Brot gibt's das gute Planeta-Olivenöl. Die Küche hält mühelos mit dem Niveau des Ambientes mit: Sehr gut gelangen der langsam gegarte Schweinebauch mit Granny-Smith-Sauce, Kartoffelpüree und gedünstetem Apfel und die perfekt rosa gebratene, zarte Entenbrust mit Gewürzmantel, einem Hauch von Ingwer und intensiver Jus. Sehr aufmerksamer Service, gute Weinauswahl.

Symposium F ▢▢▢▢

Innenstadt, Citadeles iela, 12
PLZ 1010   ■ B 2, S. 480
Tel. 00371/6/787 80 42, Fax 787 80 43
restorans@symposium.lv
kein Ruhetag
Hauptgerichte € 14-24
AmEx MASTER VISA M

Der Direktor der Rigaer Oper versteht sich auch auf Kulinarik. Sein neuestes Projekt ist dieses von Beginn an beliebte Restaurant etwas außerhalb der Altstadt und abseits der Touristenströme, aber dennoch nahe an der Düna. Das historische Gewölbe ist geschmackvoll modern in Beige, Braun, Schwarz und Grau gestaltet, an der Decke hängen überdimensionale Designerlampen. Viele Produkte kommen aus biologischem Anbau, manche Gerichte sind ideenreich: Fruchtig war die Suppe vom grünen Apfel mit Johannisbeerschaum, die gebratenen Jakobsmuscheln wurden von Gemüse im *brik*-Teig mit Kokosmilch und Zitronengras-

sauce stimmig ergänzt. Zum Seeteufel werden Bulgur und Gurken-Kiwi-Salsa serviert, zum Lamm gab es Dattel-Ingwer-Püree. Junger, engagierter Service.

Vincents F F ▢▢▢

Innenstadt, Elizabetes iela, 19
PLZ 1050   ■ B 1, S. 480
Tel. 00371/6/733 26 34, Fax 733 28 30
martins.ritins@restorans.vincents.lv
nur Abendessen, So geschl.
Hauptgerichte € 17-30
AmEx DINERS EC MASTER VISA ⌂ Y

Im Souterrain des Jugendstilhauses verrät schon die Galerie der Prominentenfotos die Sonderstellung von Rigas bestem Restaurant. Spiegel schaffen in den niedrigen Räumen ebenso raffinierte Effekte wie die Milchglaswände mit Ornamenten und dezentem farbigem Lichtspiel. Martins Ritins ist für seine zeitgemäßen internationalen Gerichte bekannt, zwischen die sich auch mal eine molekulare Spielerei wie ein mit Flüssigstickstoff am Tisch gerührtes Sanddornsorbet verirrt. Aromatisch waren die getrüffelten Ravioli mit Foie gras und guter Consommé, herrlich war auch der Balik-Lachs *sous-vide* mit Meersalz und Morchelsauce. Imposant sind die Steaks von

„Symposium": kreative Gerichte

„Vincents": erstklassige Steaks

Charolais bis Kobe Beef, die der behand-
schuhte Service noch im Rohzustand zur
Auswahl präsentiert und dabei die Wünsche
der Gäste zu Gewicht und Garzustand
aufnimmt. Dazu gibt's frische, knusprige
Kartoffelstäbchen, Rotweinsauce und
gegrilltes Gemüse je nach Saison.

Bars/Cafés

D' Vine Bar

Innenstadt, Elizabetes iela, 55
PLZ 1010   ■ E 2, S. 481
Tel. 00371/6/777 22 17
Fax 777 22 21
www.revalhotels.com
Mo-Do 12-23 Uhr, Fr 12-1 Uhr,
Sa 12-24 Uhr

AmEx DINERS EC MASTER VISA 🚗

Die neue, schicke Weinbar im Glaspavillon
beim „Reval Hotel Latvija" ist keine traditionelle Weinschenke mit Eichentischen und
Weinfässern. Eine rote Raumdecke, rote
Lampen, weiße und silbrige Metalloberflä-
chen, Glasfronten zur Straße sorgen für ein
futuristisches Ambiente, zugleich hat man
hier beste Aussicht auf Park und flanieren-
des Volk. Das umfangreiche Angebot an
Weinen und Champagner kann glasweise,
per halber oder ganzer Flasche genossen
werden. Mediterrane Snacks, Tapas und
Salate.

„Emihls Gustavs Shokolahde": süße Sünden

Emihls Gustavs Shokolahde

OT Bergs Bazaar, Marijas iela, 13
PLZ 1050   ■ F 4, S. 481
Tel. 00371/6/728 75 10, Fax 721 72 33
www.sokolade.lv
Mo-Sa 9-21 Uhr, So 11-20 Uhr

AmEx DINERS EC MASTER VISA

Mekka für Schokofans in Bergs Bazaar
nahe dem „Hotel Bergs". Den köstlichen
Trüffeln und Pralinen, die appetitlich in
großen Schalen auf dem hölzernen Tresen
präsentiert werden, kann und sollte man
nicht widerstehen. Leckere Kuchen und
Torten, und die heiße Schokolade ist auch
in Espressogröße eine eigenständige
Mahlzeit, so reichhaltig ist sie.

„D' Vine Bar": modernes Design mit Glas und Chrom und bestem Blick auf Park und Straße

Kalku Värti Bar

Innenstadt, Kalku iela, 11 a
PLZ 1050 ◼ C 4, S. 480
Tel. 00371/6/722 45 76, Fax 721 25 75
www.kalkuvarti.lv
Do-Sa 22-6 Uhr, im Sommer
Mi-Sa 22-6 Uhr

Im Untergeschoss des schicken Restaurants „Kalku Värti" trifft sich am Wochenende die wohlhabende Rigaer Szene zu Styling-Show und ausgelassener Party. Ein DJ sorgt für die Musik, während sich die gut aussehenden Gäste mit Longdrinks und Wodka und sich selbst vergnügen.

„Kalku Värti Bar": In-Treff mit DJ

Kanela Konditoreja

OT Bergs Bazaar, Dzirnavu iela, 84
PLZ 1050 ◼ E 3, S. 481
Tel. 00371/6/721 71 70, Fax 67 21 21 70
www.kanelakonditoreja.lv
Mo-Fr 9-20 Uhr, Sa 10-20 Uhr,
So 11-20 Uhr
DINERS EC MASTER VISA

Schöne, ruhige Konditorei in Bergs Bazar mit charmantem Retro-Ambiente, Holzstühlen, Tresen und Kaffeehausmusik. Köstliche Kuchen und Torten oder Gebäck, vieles davon mit Zimt, wie der Name schon ankündigt. Nette Bedienung.

Skyline Bar

Innenstadt, im Reval Hotel Latvija
Elizabetes iela, 55
PLZ 1010 ◼ E 2, S. 481
Tel. 00371/6/777 22 82, Fax 777 22 21
www.revalhotels.com
Mo-Do 16-1 Uhr, Fr, Sa 15-2 Uhr,
So 15-1 Uhr
AmEx DINERS EC MASTER VISA

Der unwirtliche Hotelkasten in sozialistischer Einheitsarchitektur wirkt zwar nicht gerade einladend, dennoch lohnt sich die Fahrt in den 26. Stock vor allem wegen der atemberaubenden Aussicht auf Stadt und Umland. Das lockt auch viele Einheimische – die Bar im „Reval Hotel Latvija" ist ein beliebter Treffpunkt, und die Drinks sind gut.

V. Kuze Café

Innenstadt, Jekaba iela, 20-22
PLZ 1050 ◼ C 3, S. 480
Tel. 00371/6/732 29 43
riola-saldumi@inbox.lv
tgl. 10-20 Uhr
AmEx EC MASTER VISA

Fast wie ein Museum der dreißiger Jahre wirkt dieses kleine, von außen unscheinbare Café am Rande der Altstadt – eine echte Entdeckung. Originalmöbel, Lampen und Wandverkleidungen geben dem Raum eine ganz besondere Atmosphäre und Intimität abseits der Touristenpfade. Die leckeren Trüffeln und Pralinen sind hausgemacht. Und allein schon die heiße Schokolade ist einen Besuch wert: Sie hat ein köstliches Aroma und ist so herrlich dickflüssig, dass der Löffel fast in ihr steht.

Vina Studija

Innenstadt, Antonijas iela, 10
PLZ 1010 ◼ C 1, S. 480
Tel. 00371/6/728 32 05
Fax 728 32 04
www.vinastudija.lv
Mo-Do 12-24 Uhr, Fr, Sa 13-1 Uhr,
So 12-22 Uhr
EC DINERS MASTER VISA

Recht neue, schicke und unkomplizierte Weinbar mit alter Holzdecke, weißen Mauern und Weinhandlung in der Neustadt. Der nette Service kennt sich aus und hilft gern bei der Auswahl. Tapas.

Rīga

ℹ️ Jūras pasažieru stacija

Andrejosta

Aušekļa
Vilandes
Rūpniecības iela
Pulkveža Brieža

J. Ro Mus

Alberta

Elizabetes

Vincents 🍴

ela   Vina S

Amphora 🍴

P. Stradiņa medicīnas vēstures mu

Kronvalda parks

Kronvalda iela

Kalpaka bulv.

J. Alun Kī m

La Boheme 🍴

Mikela iela

Symposium 🍴   Konzertsaal

Peter- und Paulskirche

LU Bioloģijas fakultate

Kongress- halle

Neues Rathaus

Municipalität

Kr. Valdem

Vingrotāju iela

Citadeles iela

Eksporta

Muitas iela

Noliktavas

National- theater

Muitas iela

Fabrikas Restorans

Vanšu tilts

Kr. Valdemāra iela

Jēkaba laukums

Jēkaba iela

Bank Lettland

Pils laukums

V. Kuze Café

WC

Bo

Torņa iela

Schloss

Kunstmuseum

Arsenal   Saeima

Schweden- tor

Stadtmauer

Pulvert

iela

Hist. Museum

St. Jakobi- kirche

Stadt-u. Schiff- fahrtsmuseum

Maria-Magda- lena-Kirche

Drei Brüder

M. Smilšu iela

Smilšu

Meistaru iela

Va

Grand Palace

Pils iela

Große Gilde

Līvu laukum

Anglikan. Kirche

Miesnieku iela

Kleine Gilde

Daugava

11. novembra

Herdera lauk.

Dom

Skārņu iela

Tirgoņu iela

Royal Square Hotel & Suite

Konventhof

Biskapa gāte

Kino- galerija

Jauņ iela

Altes Rathaus

St. Petrikir

Altstadt

Rātslauk.

Techn. Universität

Schwarz- häupterhs.

ℹ️

Kaļķu

iela

Okkupations- mus

Mentzendorff- haus

Grēcinieku

Ainavas

Peldu

Kuģu iela

Dannenštern- haus

Kungu iela

Mārstaļu

Krasmala

Mins terei iela

⬆️ N

0   150 m

© MERIAN-Kartographie

Radisson Blu Daugava

Akmens tilts

A   B   C

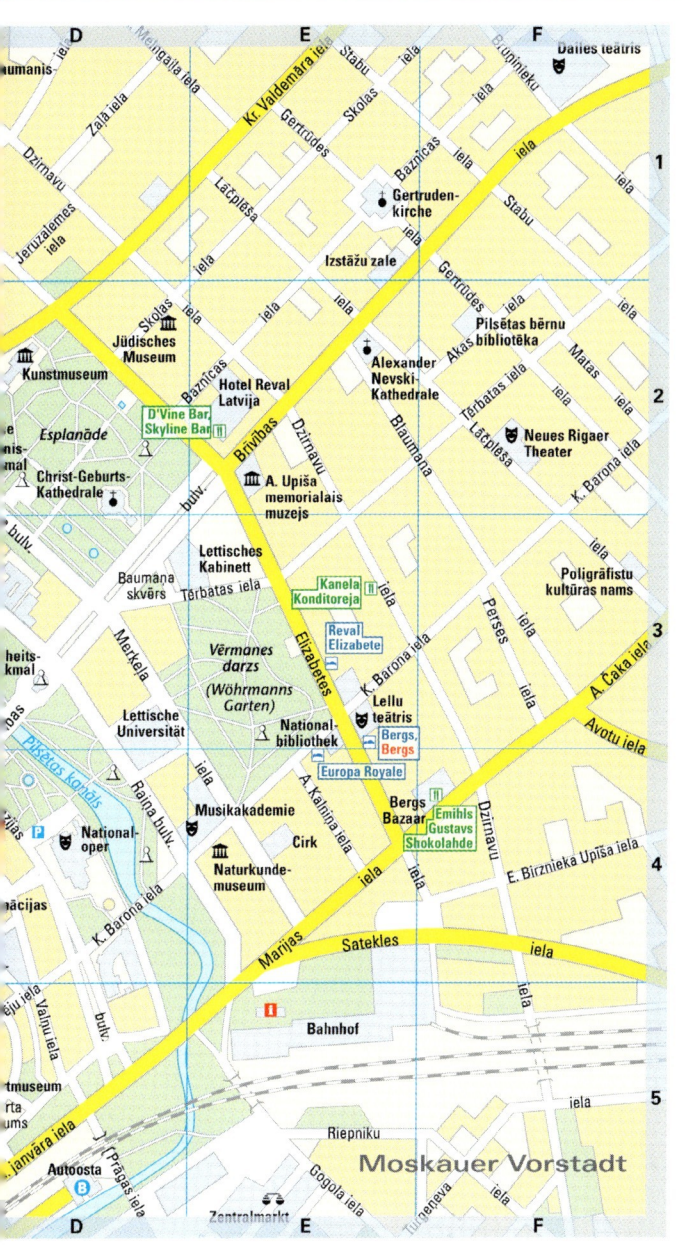

ROM

Dolce Vita in Italiens quirliger Hauptstadt. Viele Hotels haben ihren Standard verbessert, Trattorien setzen weiter auf Qualität, und Top-Restaurants kämpfen um erste Plätze. Angesagt sind stilvolle Weinbars, die mit tollen Tropfen locken

Hotels

Aldrovandi Palace ▯▯▯ ▢
Innenstadt, Via Ulisse Aldrovandi, 15
PLZ 00197   nördlich ■ F 1, S. 499
Tel. 0039/063 22 93 93, Fax 063 22 14 35
www.aldrovandi.com
92 Zi., 16 Suiten, DZ ab € 219
[AmEx] [DINERS] [MASTER] [VISA] ⛾ 🏨 ⛲
Wohnen wie in einer luxuriösen Privatvilla
im Grünen, mit gepflegtem Park und Pool,
keine fünf Minuten mit dem Taxi vom historischen Stadtzentrum entfernt. Direkt am
Park der Villa Borghese mit dem fantastischen Museum Galleria Borghese gelegen,
bietet dieses Haus ultimativen Komfort und
geräumige Zimmer. Empfehlenswert: die
Zimmer zum Park, die besonders ruhig sind.
(Siehe „Restaurant Il Baby".)

Aleph ▯▯▯ ▢
Innenstadt, Via di San Basilio, 15
PLZ 00187   ■ E/F 2, S. 499
Tel. 0039/06 42 29 01, Fax 06 42 29 00 00
www.boscolohotels.com
96 Zi., 2 Suiten, DZ ab € 234
[AmEx] [DINERS] [EC] [MASTER] [VISA] ⛾ 🏨 ♒ ⛲

Cooles Designhotel direkt bei der berühmten Via Veneto. Beeindruckend sind der
Eingangsbereich und die Lobby, in intensiven Rot- und Schwarztönen gehalten. Eine
der besten Weinbars der Stadt, beliebter
Treffpunkt der römischen Schickeria,
befindet sich im Erdgeschoss. Komfortable,
allerdings im unteren Preissegmet oftmals
zu kleine Zimmer, dafür geräumige Suiten
mit Dachterrasse. Eine ideale Adresse, um
die Stadt vom Hotel aus zu Fuß zu erkunden.

Capo d'Africa ▯▯ ▢▢
Innenstadt, Via Capo d'Africa, 54
PLZ 00184   ■ F 5, S. 499
Tel. 0039/06 77 28 01, Fax 06 77 28 08 01
www.hotelcapodafrica.com
64 Zi., 1 Suite, DZ ab € 380
[AmEx] [DINERS] [EC] [MASTER] [VISA] ⛾ ⛲
Ansprechendes Hotel in der Nähe des
Kolosseums in einer ruhigen Straße. Holz
und weiche Farben dominieren und sorgen
für eine sehr warme Atmosphäre. Auch die
Zimmer sind geräumig und hell. Empfeh-
lenswert: die Suite auf dem Dach mit einer
kleinen Terrasse (mit Dinner-Service) und

Wirkt wie eine private Villa im Grünen: das „Aldrovandi Palace" am Park Villa Borghese

Traditionsküche unter barocken Fresken: das Restaurant im Hotel „Columbus"

Blick auf das Kolosseum. Weiterer Vorteil: Die Kaiserforen sind zu Fuß zu erreichen.

Columbus F F

Innenstadt, Via della Conciliazione, 33
PLZ 00193 ■ A 3, S. 498
Tel. 0039/066 86 54 35, Fax 066 86 48 74
www.hotelcolumbus.net
92 Zi., 2 Suiten, DZ ab € 170

AmEx DINERS EC MASTER VISA €

Wohnen wie ein Kardinal zur Zeit der Renaissance: In diesem Haus ist's möglich. Das in einem Palazzo aus dem 15. Jahrhundert untergebrachte, charmante Hotel ist nur einen Steinwurf vom Petersplatz entfernt. Einst gehörte das Gebäude einem Kardinal. Besonders eindrucksvoll sind die Lobby und die Säle im ersten Stock. Im hoteleigenen Restaurant mit seinen barocken Fresken werden traditionelle italienische Gerichte gereicht.

D'Inghilterra F F F

Innenstadt, Via Bocca di Leone, 14
PLZ 00187 ■ D 2, S. 499
Tel. 0039/06 69 98 11, Fax 066 79 54 21
www.royaldemeure.com
69 Zi., 20 Suiten, DZ ab € 260

AmEx DINERS EC MASTER VISA

Die Dachsuite in diesem altehrwürdigen und britisch wirkenden Traditionshotel, in dem Politiker und Stars absteigen, bietet einen umwerfenden Blick auf die Villa Medici und die Kirche oberhalb der Spanischen Treppe. Eine der schönsten Unterkünfte im historischen Zentrum in einer ehemaligen Adelsresidenz. Das elegante Hotel liegt mitten im Modeviertel: Die Geschäfte von Valentino und Bulgari sind gleich um die Ecke. Aufmerksamer Service.

Donna Camilla Savelli F F F

OT Trastevere, Via Garibaldi, 27
PLZ 00153 ■ B 5, S. 498
Tel. 0039/06 58 88 61, Fax 065 88 21 01
www.hotelsavelli.com
78 Zi., 8 Suiten, DZ ab € 200

AmEx DINERS EC MASTER VISA

Neues Hotel in einem barocken Kloster mitten in Trastevere. Sehr ruhige Zimmer und Suiten. Traumhaft ist die kleine und sehr gemütliche Suite mit großer Terrasse und Blick in den ehemaligen Klostergarten. Zum Hotel gehört eine Kirche, im Gebäudekomplex leben noch fünf Nonnen. Freundlicher Service. Gefrühstückt wird bei gutem Wetter im Garten. Eines der schönsten Hotels in Trastevere.

Hier hält sich gern auch die Prominenz aus aller Welt auf: das Hotel „Exedra"

Eden F F F ☐

Innenstadt, Via Ludovisi, 49
PLZ 00187   ■ E 2, S. 499
Tel. 0039/06 47 81 21, Fax 064 82 15 84
www.lemeridien.com/eden
108 Zi., 13 Suiten, DZ ab € 330
[AmEx] [DINERS] [EC] [MASTER] [VISA] ☂ ⚲

Nicht weit von der Spanischen Treppe und beim Park Villa Borghese erhebt sich der Palazzo aus dem 19. Jahrhundert. Besonders die Rom-Besucher, die eher klassischen Komfort und Service bevorzugen, steigen in diesem Traditionshaus mitten in der Stadt ab. Ein Abendessen bei Sonnenuntergang

Gediegene Traditionsadresse: „Eden"

im hoteleigenen Restaurant auf der Dachterrasse (siehe Restaurant „La Terrazza dell' Eden") gehört für viele zu den schönsten Rom-Erlebnissen. In der Nähe: die schicke Via Veneto.

Exedra F F F F ☐

Innenstadt, Piazza della Repubblica, 47
PLZ 00185   ■ F 3, S. 499
Tel. 0039/06 48 93 81, Fax 06 48 93 80 00
www.exedra.boscolohotels.com
233 Zi., 5 Suiten, DZ ab € 241
[AmEx] [DINERS] [EC] [MASTER] [VISA] ☂ 🚗 🏠 ⛰ ⚲

Hier gibt es Luxus pur: Das „Exedra" ist das Vorzeigehotel der Boscolo-Gruppe. Bodyguards und große Limousinen am Eingang zeugen davon, dass Prominente und Superreiche zu den Gästen zählen. Man wohnt in geräumigen Suiten mit allem erdenklichen Komfort und lässt die Nacht an der Bar, einem der wichtigsten VIP-Treffpunkte der Stadt, ausklingen. Toll: Schwimmen im Pool auf dem Dach oder Entspannung im Wellnessbereich.

Hassler F F F F ☐

Innenstadt, Villa Medici, Piazza Trinità dei Monti, 6
PLZ 00187   ■ D 2, S. 499

Luxuriöse Suiten mit Blick auf die Stadt: Hotel „Hassler" nahe der Spanischen Treppe

Tel. 0039/06 69 93 40, Fax 066 78 99 91
www.hotelhasslerroma.com
82 Zi., 13 Suiten, DZ ab € 550
AmEx DINERS EC MASTER VISA 🍸 🍽

Klassisch-elegantes Traditionshaus oberhalb der Spanischen Treppe. Hier steigen häufig Spitzenpolitiker ab, wenn sie auf Rom-Besuch sind, aber auch Könige, Scheichs und die ganz Großen aus der internationalen Musik- und Kulturszene. Die entspannende Hotelbar befindet sich im grünen Innenhof. Unbedingt buchen: die Zimmer und Suiten mit Blick auf Rom oder einer eigenen Terrasse. Eine bessere Unterkunft mit Aussicht auf die Kuppeln und Paläste der Stadt gibt es kaum. Auch das Restaurant „Imàgo" hat eine schöne Aussicht.

Hotel de Russie F F F F

Innenstadt, Via del Babuino, 9
PLZ 00187   ■ D 1, S. 499
Tel. 0039/06 32 88 81, Fax 06 32 88 88 88
www.roccofortecollection.com
122 Zi., 33 Suiten, DZ ab € 680
AmEx DINERS EC MASTER VISA 🍸 🍽

Luxushotel mit schönem grünem Innenhof und Minigarten. Minimalistisch-cooler Luxus herrscht in den Suiten vor. Eine von ihnen hat eine Terrasse, die den Blick auf die verkehrsfreie Piazza del Popolo freigibt.

Empfehlenswert: die Zimmer, die auf den Innenhof gehen oder einen Blick zum grünen Hang bieten, über dem sich der Park der Villa Medici erhebt. Die hoteleigene Bar ist ein beliebter Treffpunkt der Reichen und Schönen Roms.

Mediterraneo F F

Innenstadt, Via Cavour, 15
PLZ 00184   nördlich ■ F 3, S. 499
Tel. 0039/064 88 40 51, Fax 064 74 41 05
www.bettojahotels.it
251 Zi., 7 Suiten, DZ ab € 360
AmEx DINERS EC MASTER VISA 🍸 🚗 🍽

Ganz coole Eleganz: „Hotel de Russie"

Imposantes Designhotel mit futuristischem Gestühl in der Bar: „Radisson Blu es."

Ein Hotel für Designliebhaber am Hauptbahnhof: In den 30er-Jahren errichtet, dominiert im gesamten Eingangsbereich, der Lobby und der Bar sowie in vielen der Gästezimmer purer Liberty-Stil – von den Lampen über die Möbel bis hin zu den Dekorationen. Sehr freundlicher Service. Einen abendlichen Drink auf der Terrasse im obersten Stock mit herrlichem Blick auf die Altstadt sollte man sich nicht entgehen lassen.

Radisson Blu es. **F F F F**

Innenstadt, Via Filippo Turati, 171
PLZ 00185   südöstlich ■ F 4, S. 499
Tel. 0039/06 44 48 41
Fax 06 44 34 13 96
www.rome.radissonblu.com
232 Zi., 26 Suiten, DZ ab € 190

AmEx DINERS EC MASTER VISA € ⏷ ⏞ ⏠

Roms sicherlich beeindruckendstes Designhotel. Zwischen Hauptbahnhof und dem multikulturellen Viertel Esquilino wurde dieses moderne, futuristisch anmutende Gebäude errichtet. Minimalistisch eingerichtete, geräumige Zimmer mit modernstem Komfort: ein Hotel für Stilpuristen. Trendbar und -restaurant auf dem Dach, wo auch der hauseigene Pool nebst Fitnesscenter zur Entspannung einlädt.

Relais Palazzo Taverna **F F**

Innenstadt, Via dei Gabrielli, 92
PLZ 00186   ■ B 3, S. 498
Tel. 0039/06 20 39 80 64
Fax 06 20 39 80 64
www.relaispalazzotaverna.com
11 Zi., DZ ab € 100

AmEx DINERS EC MASTER VISA € ⏷

Komfortables Hotel direkt bei der Via dei Coronari: Roms wichtigster Straße für Antiquitätenfreunde. Ein Hotel in einem kleinen Palazzo des 16. Jahrhunderts, in dem man auf absolute Diskretion Wert legt: Schon der Eingang in der kleinen Gasse ist nicht leicht zu finden. Klassisch-elegante Zimmer verschiedener Größe. Man wohnt mitten im barocken Rom, die Piazza Navona liegt quasi um die Ecke.

Residenza Il Bollo **F**

Innenstadt, Vicolo del Bollo, 4
PLZ 00186   ■ B 4, S. 498
Tel. 0039/066 89 31 03
Handy 0339-722 64 48 und 0338-282 29 46
www.bolloapartments.it
7 App., App. ab € 130

MASTER VISA €

Die Alternative, um den immer teurer werdenden Hotels ein Schnippchen zu schlagen: Zwei- bis Sechs-Personen-

Appartements mit kleiner, aber eingerichteter Küche. Geschmackvolles Design und keine drei Minuten Fußweg vom Campo de' Fiori in einer stillen Straße gelegen. Besonders schön: die Wohnung für vier Personen mit kleiner Terrasse im obersten Stock.

Residenza Napoleone III F F F

Innenstadt, Largo Carlo Goldoni, 56
PLZ 00187   ■ D 2, S. 499
Tel. 0039/034 77 33 70 98
Fax 06 68 80 80 83
www.residenzanapoleone.com
1 Zi., 2 Suiten, DZ ab € 480
AmEx DINERS MASTER VISA ⌖

Wohnen wie ein König? Hier ist es möglich. Die prächtig-barocken Gästezimmer, oder genauer: Salons, liegen im hochherrschaftlichen Palazzo Ruspoli, eine der besten Adressen Roms direkt im historischen Zentrum. Neben allem modernen Komfort bietet diese Unterkunft den Gästen die Möglichkeit, inmitten von Möbeln, Kunst und Einrichtungsgegenständen aus dem 17. und 18. Jahrhundert zu residieren. Ganz gewiss eine der extravagantesten Unterkünfte Roms!

Residenza Paolo VI F F F

Innenstadt, Via Paolo VI, 29
PLZ 00193   ■ A 3, S. 498

Tel. 0039/06 68 48 70, Fax 066 86 74 28
www.residenzapaolovi.com
27 Zi., 2 Suiten, DZ ab € 180
AmEx DINERS EC MASTER VISA ⌖ ⌖

Wohnen in Papstnähe. Aus den Fenstern geht der Blick auf Berninis Kolonnaden am Petersplatz oder auf den Palazzo der Glaubenskongregation, wo früher Kardinal Ratzinger den Ton angab. Klassisch-elegantes Hotel, ideal für diejenigen, die zu Fuß den Vatikan und die Vatikanischen Museen erreichen wollen. Besonders reizvoll: die Dachterrasse mit der Bar und einem umwerfenden Blick auf Michelangelos Kuppel.

Rome Cavalieri F F F F

Innenstadt, Via Alberto Cadlolo, 101
PLZ 00136   nördlich ■ B 2, S. 498
Tel. 0039/063 50 91
Fax 06 35 09 22 41
www.romecavalieri.it
345 Zi., 25 Suiten, DZ ab € 380
AmEx DINERS EC MASTER VISA ⌖ ⌖ ⌖ ⌖ ⌖

Vom Hügel Monte Mario bietet sich ein atemberaubender Blick auf die Altstadt. Das Hotel, eines der besten Roms, verfügt über einen riesigen Wellnessbereich mit Pool. Liegewiese und viel kostbarer Kunst aus mehreren Jahrhunderten. Schöne Zimmer, tolle Suiten mit museumsreifen Gemälden von Meistern des 20. Jahrhunderts als

Wer den Vatikan besuchen möchte, der wohnt hier richtig: „Residenza Paolo VI"

Ruhig und komfortabel: „Teatro di Pompeo"

Raumschmuck. Auch die große Lobby mit Bar und Shops ist ein kleines Museum barocker Kunst. Auf dem Dach kocht Roms bester Küchenchef, der Deutsche Heinz Beck, nicht nur für VIPs (siehe Restaurant „La Pergola").

St. George F F F

Innenstadt, Via Giulia, 62
PLZ 00186 ■ B3/4, S. 498
Tel. 0039/06 68 66 11, Fax 06 68 66 12 30
www.stgeorgehotel.it
58 Zi., 6 Suiten, DZ ab € 420
AmEx DINERS MASTER VISA

Elegantes Designhotel in einer der schönsten Straßen Roms: Ein Barockpalast reiht sich an den anderen. Minimalistische Dekorationen, moderne und komfortable Zimmer und ansprechende Aufenthaltsräume. Terrassen zum Frühstücken, und die schönsten Plätze Roms liegen nicht weit entfernt. Ein Hotel für Besucher, die eine ruhige Unterkunft bevorzugen.

Teatro di Pompeo F F

Innenstadt, Largo del Pallaro, 8
PLZ 00186 ■ C 4, S. 498
Tel. 0039/06 68 30 01 70,
Fax 06 68 80 55 31
www.hotelteatrodipompeo.it

13 Zi., DZ ab € 120
AmEx DINERS MASTER VISA €

Wo, bitte schön, kann man schon in und auf den Ruinen eines antiken Theaters wohnen? Das Gebäude dieses Hotels wurde in den Gemäuern des pompejanischen Theaters erbaut, in dem Julius Cäsar ermordet wurde. Nur einige Gehminuten vom Campo de' Fiori entfernt. Besonders schön sind die komfortablen und ruhigen Zimmer mit den barocken Balkendecken.

Villa Laetitia F F F

OT Prati, Lungotevere dell'Armi, 22-23
PLZ 00195 nördlich ■ C 1, S. 499
Tel. 0039/063 22 67 76
Fax 063 23 27 20
www.villalaetitia.com
5 Zi., 9 Suiten, DZ ab € 190
AmEx DINERS EC MASTER VISA €

Die Modemacherinnen Fendi richteten dieses überaus komfortable, ruhige und verschwiegene wie sehr stilbewusste Hotel mit eigenem Garten ein. Es gehört zu einer Villa aus dem frühen 20. Jahrhundert. Man hat das Gefühl, auf dem Land zu wohnen. Geräumige, geschmackvolle Zimmer und Suiten. Ins historische Zentrum muss man allerdings mit dem Taxi fahren. Doch angesichts der himmlischen Ruhe ist dies nur ein kleines Manko.

Die Fendis waren am Werk: „Villa Laetitia"

Restaurants

Agata e Romeo **F** **F** **F**

Innenstadt, Via Carlo Alberto, 45
PLZ 00185   östlich ■ F 4, S. 400
Tel. 0039/064 46 61 15, Fax 064 46 58 42
www.agataeromeo.it
Sa, So geschl.
Hauptgerichte € 35-40
`AmEx` `DINERS` `EC` `MASTER` `VISA` M 🍴 🍷

Familiäre Atmosphäre bietet dieses elegante Restaurant nicht weit von Santa Maria Maggiore. Das Essen hat allerdings nichts von einer Familientrattoria. Geboten wird italienische Hochküche, die sich an der traditionellen römischen Esskultur ausrichtet und sie auf ein Level hebt, das andere Lokale nur selten erreichen. Hauchdünne handgemachte Pasta, eine köstliche Terrine aus Ochsenschwanz und die zarten, mit Gänseragout gefüllten Cannelloni gehören zu den Klassikern.

Baba **F** **F**

OT Tor di Quinto, Via Caprilli/Via Casale di Tor di Quinto, 1
PLZ 00191   nördlich ■ B 1, S. 498
Tel. 0039/063 33 07 45, Fax 063 33 07 45
www.babaristorante.it
nur Abendessen, So, Mo geschl.
Menü € 30
 M 🏠 🍷

Eine der kuriosesten Adressen Roms etwas außerhalb des Zentrums. Man fühlt sich wie in einer Landresidenz. Um Punkt 21 Uhr haben sich alle Gäste in dem gemütlichen Speisesaal einzufinden. Allen wird dasselbe Menü serviert. *Mamma* kocht keine Extrawürste, sondern bietet italienische Klassiker vom Feinsten: tolle Nudelgerichte und deftige Fleischspeisen, dazu gute Weine vor allem aus dem Latium.

Casa del Jazz **F** **F**

OT Piramide, Viale di Porta Ardeatina, 55
PLZ 00154   südlich ■ E 5, S. 499
Tel. 0039/067 00 83 70, Fax 066 79 17 07
www.casajazz.it
außer So nur Abendessen, Mo geschl.

Rindfleischröllchen und Jazz gleich nebenan:

Hauptgerichte € 18-26
`AmEx` `MASTER` `VISA` ⛱

Modernes Lokal, untergebracht in einer 30er-Jahre-Villa, die einmal einem Mafiaboss gehörte, nicht weit von den antiken Caracalla-Thermen entfernt. Ruhige Atmosphäre und traditionell römische Gerichte. Große Auswahl an leckeren Nudelgerichten. Gute Fleischspeisen wie die mit Käse gefüllten Rindfleischröllchen. Ideal, wenn man vor oder nach dem Essen eines der Jazzkonzerte im benachbarten Gebäude besuchen will.

Checchino dal 1887 **F** **F**

OT Testaccio, Via Monte Testaccio, 30
PLZ 00153   südlich ■ D 5, S. 499
Tel. 0039/065 74 63 18, Fax 065 74 38 16
www.checchino-dal-1887.com
So, Mo geschl.
Hauptgerichte € 12-24
`AmEx` `DINERS` `MASTER` `VISA` M ⛱ 🍷

Eine der besten Traditionsadressen in Rom! Nahe dem antiken und suggestiven Scherbenhügel Monte Testaccio wird echt römisch gekocht: deftige Bohnensuppe mit Speckschwarten, hausgemachte Nudeln mit gekochten Innereien wie Hirn, Leber und Milz und als Nachtisch eines der besten

das moderne Restaurant „Casa del Jazz"

Tiramisus der Hauptstadt. Kleine, aber gute Weinkarte. Bequem mit dem Taxi vom barocken Zentrum aus zu erreichen.

Checco er Carrettiere **F F**
OT Trastevere, Via Benedetta, 10
PLZ 00153 ■ B 5, S. 498
Tel. 0039/065 80 09 85, Fax 065 88 42 82
www.checcoercarettiere.it
kein Ruhetag
Hauptgerichte € 18-26
AmEx DINERS MASTER VISA M ⛱ 🍸
Ja, es gibt doch noch ein echtes traditionelles Familienrestaurant im heute arg touristischen Viertel Trastevere. Die VIP-Fotos von Loren und Lollobrigida, von Sinatra, Rossellini und vielen anderen beweisen es: Schon seit den 40er-Jahren wird hier kräftige römische Kost geboten. Mit dicken Röhrennudeln, dazu einer würzigen Tomatensauce und Basilikum, mit *trippa*-Innereien und Ochsenschwanz. Weinkarte mit guten Tropfen aus Latium und der Toskana.

Colline Emiliane **F F**
Innenstadt, Via degli Avignonesi, 22
PLZ 00187 ■ E 3, S. 498
Tel. 0039/064 81 75 38, Fax 064 81 75 38
So abend, Mo geschl.

Hauptgerichte € 9-22
MASTER VISA M
Die echte Küche der norditalienischen Region Emilia kommt hier, nicht weit vom Trevi-Brunnen entfernt, auf den Tisch. Ein zünftiges und lebhaftes Lokal, das vor allem von Römern frequentiert wird. Besonders zu empfehlen: die reiche Auswahl an hausgemachten Nudeln, darunter natürlich Emilia-Klassiker wie die gefüllten Nudeltaschen. Dazu gibt es eine kleine, aber gute Weinauswahl.

Dal Bolognese **F F**
Innenstadt, Piazza del Popolo, 1/2
PLZ 00187 ■ C 1, S. 498
Tel. 0039/063 61 14 26, Fax 063 22 27 99
dalbolognese@virgilio.it
Mo geschl.
Hauptgerichte € 12-29
AmEx MASTER VISA M ⛱
Hierher kommen die Römer vor allem, um gesehen zu werden. Das rustikal anmutende Lokal direkt an der Piazza del Popolo ist eine der begehrtesten VIP-Adressen Roms. Schön ist die Gaststube, ganz im Stil der 50er-Jahre eingerichtet. Freundlicher und professioneller Service. Auf den Teller kommen römische Klassiker, etwas leichter als üblich zubereitet. Gute Weinkarte. Unbedingt reservieren.

Traditionsadresse: „Checco er Carrettiere"

Enoteca Ferrara `F` `F` ☐ ☐ ☐

OT Trastevere, Via del Moro 1 a/
Piazza Trilussa, 41
PLZ 00153 ■ B 5, S. 498
Tel. 0039/06 58 33 39 20
Fax 06 58 33 39 20
www.enotecaferrara.it
kein Ruhetag
Hauptgerichte € 15-35
`DINERS` `MASTER` `VISA` ☼ ☂ ♆

Das gemütliche kleine Lokal in Trastevere
ist Anlaufpunkt vor allem der römischen
Kulturszene. Nicht selten verkostet hier
Starregisseur Nanni Moretti seine Lieblings-
weine, und Monica Bellucci probiert die
leckeren Nudelgerichte. Reiche Weinauswahl. Schön ist es, bei gutem Wetter im
kleinen Innenhof zu essen. Zur Weinbar
führt auch ein hübscher und gut sortierter
Delikatessenladen.

Gusto ✳

Innenstadt, Piazza Augusto Imperatore, 9
PLZ 00186 ■ C 2, S. 498
Tel. 0039/063 22 62 73
www.gusto.it
kein Ruhetag
Hauptgerichte € 12-18
`AmEx` `DINERS` `EC` `MASTER` `VISA` ☼ ♆

Roms angesagte Pizzeria Nummer eins. In
dem loftähnlichen Lokal trifft man oft
Schauspieler und Politiker. Serviert wird die
echte neapolitanische Pizza. Besonders
schön: bei gutem Wetter unter den hohen
luftigen Arkaden zu speisen. Kleine Weinkarte. Empfehlenswert: der reichhaltige
Brunch am Sonntagmorgen. Unbedingt
meiden: das teure Restaurant im ersten
Stock, das nichts Besonderes bietet.

Hostaria dell'Orso `F` `F` `F` ☐

Innenstadt, Via dei Soldati, 25 c
PLZ 00186 ■ C 3, S. 498
Tel. 0039/06 68 30 11 92
Fax 06 68 21 70 63
www.hdo.it
nur Abendessen, So geschl.
Hauptgerichte € 24-44
`AmEx` `DINERS` `MASTER` `VISA` ☂ ♆

Der römische Ableger des lombardischen
Starchefs Gualtiero Marchesi. Haute Cuisine
all'italiana in einem mittelalterlichen und
sorgfältig restaurierten Gebäude in der
Nähe der Piazza Navona. Elegantes Ambiente und kreative Gerichte, etwa die
berühmten Marchesi-Spaghetti mit frischem
Lachs und Zwiebelkraut, die „offenen"
Ravioli und das zarte Kalbsfilet nach einem
Rezept des Komponisten Rossini. Fantastischer Weinkeller. Reservieren!

Il Pompiere `F` `F` ☐ ☐ ☐

Innenstadt, Via S. Maria dei Calderari, 38
PLZ 00186 ■ C 5, S. 498
Tel. 0039/066 86 83 77, Fax 066 86 83 77
So geschl.
Hauptgerichte € 35-45
`AmEx` `MASTER` `VISA` ☼

Essen unter nachgedunkelten barocken
Fresken im ersten Stock eines Palazzos im
ehemaligen Ghetto. Römischer geht es
nicht, denn hier essen römische Familien zu
besonderen Anlässen. Leckere Nudelgerichte, in feinstem Olivenöl frittierter Fisch und
Gemüse und römische Kochklassiker wie
trippa, Hirn und andere Innereien. Sehr
freundlicher Service. Leckere Desserts, vor
allem das Tiramisu mit Waldfrüchten.

Beliebt bei den Einheimischen: „Il Pompiere"

La Campana FF

Innenstadt, Vicolo della Campana, 18
PLZ 00186 ■ C 3, S. 498
Tel. 0039/066 86 78 20, Fax 066 86 78 20
www.ristorantelacampana.com
Mo geschl.
Hauptgerichte € 10-18
AmEx DINERS MASTER VISA M

Traditionslokal, in dem ausschließlich
römische Klassiker auf die Teller kommen.
Besonders lecker schmecken die vielen
Vorspeisen aus Gemüse und die Nudelgerichte. Deftige Fleischspreisen und eines
der besten Tiramisus von Rom. Die Weine
stammen aus der Region Latium, darunter
auch einige wirklich gute Flaschen. Lockere
Atmosphäre, man isst wie bei *mamma*.
Beliebt vor allem bei Rom-Besuchern, die es
unkompliziert mögen.

La Carbonara FF

Innenstadt, Piazza Campo de' Fiori, 23
PLZ 00186 ■ C 4, S. 498
Tel. 0039/066 86 47 83
Fax 06 97 27 40 86
www.la-carbonara.it
Di geschl.
Hauptgerichte € 12-20
AmEx MASTER VISA M T

Was kann es Schöneres geben, als bei
Sonnenschein in diesem Lokal auf dem
quirligen Campo de' Fiori zu sitzen, dem
bunten Markttreiben zuzuschauen und die
Spaghetti *alla carbonara* zu probieren,
hausgemachte dicke Röhrennudeln mit
Sahne-Speck-Sauce, dazu ein Rotwein aus
Latium? Ein Rom-Klassiker, den man
besuchen sollte. Dieses beliebte Familienrestaurant ist besonders zu empfehlen,
wenn bis Mittag Markt ist.

La Pergola FFFFF

Innenstadt, im Hotel Rome Cavalieri
Via Alberto Cadlolo, 101
PLZ 00136 nördlich ■ B 1, S. 498
Tel. 0039/06 35 09 21 52
Fax 06 35 09 21 65
www.romecavalieri.com
nur Abendessen, So, Mo geschl.

Traumhafte Aussichten: „La Pergola"

Hauptgerichte € 54-56
AmEx DINERS MASTER VISA

Im Reich von Heinz Beck, Roms bestem
kreativen Koch, stimmt einfach alles: der
umwerfende Blick auf die Stadt, der raffinierte Service, der beste Weinkeller Roms
und die Gerichte. Traumhaft eine Consommé mit Lakritz und Peperoni-Ravioli und die
zarten Lachsmedaillons. Oder das Kalbsfilet
mit einer Vanillesauce und einem Püree aus
Topinambur. Beck bietet die überzeugendste
Mischung aus mediterraner und italienischer Küche. Ein Muss für Feinschmecker.
Unbedingt reservieren.

La Terrazza dell' Eden FF

Innenstadt, im Hotel Eden, Via Ludovisi, 49
PLZ 00187 ■ E 2, S. 499
Tel. 0039/06 47 81 27 52
Fax 064 81 44 73
www.lemeridien.com/eden
kein Ruhetag
Hauptgerichte € 45-75
AmEx DINERS MASTER VISA M

Einen garantiert unvergesslichen Abend bietet das *rooftop*-Restaurant des Hotels Eden zwischen Spanischer Treppe und Via Veneto. Man sollte einen Tisch kurz vor Sonnenuntergang reservieren. Das Restaurant ist modern, die Küche klassisch-italienisch mit einem Hauch Kreativität. Empfehlenswert sind die Nudel- und Fischgerichte. Das negative Preis-Leistungs-Verhältnis wird vor allem durch den Blick auf die Altstadt kompensiert.

Mirabelle F F F

Innenstadt, im Hotel Splendide Royal,
Via di Porta Pinciana, 14
PLZ 00187　　　　　■ E 2, S. 499
Tel. 0039/06 42 16 88 38
Fax 06 42 16 88 70
www.mirabelle.it
kein Ruhetag
Hauptgerichte € 48-56
AmEx DINERS VISA

Im siebten Stock des Hotels „Splendide Royal" wird mit Blick auf den Petersdom und in elegant-klassischem Ambiente eine modern-mediterrane Küche geboten, die immer mehr Römer begeistert. Fantastisch schmecken gedünstetes Hummerfleisch in einer frisch zubereiteten Sauce aus Waldfrüchten oder die zarte Taubenbrust in Brotkruste mit Trüffelsauce. Guter Weinkeller und ein wirklich aufmerksamer Service.

Osteria del Velodromo Vecchio F F

OT Appio-Tuscolano, Via Genzano, 139
PLZ 00179　　　südlich ■ E 5, S. 499
Tel. 0039/067 88 67 93
Fax 06 78 34 69 41
Mo, Di, Mi nur Abendessen, So geschl.
Hauptgerichte € 10-16
AmEx EC MASTER VISA

Es gibt sie noch, die Familientrattoria, wo *papà* in der Küche steht und *mamma* serviert. Mit der U-Bahn oder dem Taxi gut zu erreichen ist dieses Lokal am östlichen Stadtrand. Hier essen nur Römer. Aufgetischt werden mittelitalienische Klassiker wie ein würziges Ragout, ausgezeichnet

Herrliche Dachterrasse: „Relais Picasso"

schmecken frittierte Gemüse und viele deftige Vorspeisen und Nudelgerichte. Kleine, aber feine Weinauswahl.

Relais Picasso F

Innenstadt, im Hotel Raphael, Largo Febo, 2
PLZ 00186　　　　　■ C 3, S. 498
Tel. 0039/06 68 28 31, Fax 066 87 89 93
www.raphaelhotel.com
kein Ruhetag
Hauptgerichte € 22-35
AmEx DINERS EC MASTER VISA

Man sollte sich einen der wenigen Tische auf der obersten Dachterrasse reservieren. Der Blick auf die Kuppeln und Dächer der Paläste bei der Piazza Navona ist umwerfend. Das Restaurant des Hotels „Raphael" bietet eine italienische Küche ohne kreative Überraschungen, darunter hausgemachte Nudeln und leckere Fisch- und Fleischgerichte. Diskrete Weinauswahl. Der Trumpf dieser Adresse ist die Möglichkeit, ein romantisches Abendessen über den Dächern des barocken Roms einzunehmen.

Restaurant Il Baby ▮F▮F▮F▮□□

Innenstadt, im Hotel Aldrovandi Palace,
Via Ulisse Aldrovandi, 15
PLZ 00197 　　　　nördlich ■ F 1, S. 499
Tel. 0039/063 22 39 93, Fax 063 22 14 35
www.aldrovandi.com
Mo geschl.
Hauptgerichte € 35-40
AmEx DINERS MASTER VISA M ⌂ ⛱ ⌂ Y

Alfonso Iaccarino, der sich seit Jahren im
berühmten „Don Alfonso" einen Namen
macht, steht auch für eine der besten
Küchen in Rom. Er orientiert sich an den
gastronomischen Traditionen der süditalie-
nischen Region Kampanien und fasziniert mit
Authentizität: zarte Käseravioli mit kraftvoll
schmeckenden Vesuv-Tomaten und frischem
Basilikum, frischer Fisch aus dem Meer bei
Capri und echt neapolitanische *sfogliatelle*-
Backwaren. Weinkeller mit 4000 Etiketten.
Reservieren!

Tuna ▮F▮F▮□□□

Innenstadt, Via Veneto, 11
PLZ 00187 　　　　　■ E 2, S. 499
Tel. 0039/06 42 01 65 31
www.tunaroma.it
Sa mittag, So mittag geschl.

Hauptgerichte € 30-50
AmEx MASTER VISA M

Ganz in Weiß und mit einem Mix aus
coolem und neobarockem Design präsentiert sich dieses Fischrestaurant an der
Via Veneto. Ins Auge fällt am Eingang ein
großer Tisch mit einer beeindruckenden
Auswahl an frischen Fischen und Meerestieren auf einem Eisbett. Feine Vorspeisen,
darunter ein Salat mit Krabben und Tinten-
fischringen, und rund 30 Fischgerichte.
Gute Karte mit Weißweinen. Die Dessert-
karte ist noch ein wenig klein, überzeugt
aber mit italienischen Klassikern.

Bars/Cafés

Bartaruga

Innenstadt, Piazza Mattei, 9
PLZ 00186 　　　　　■ D 4, S. 499
Tel. 0039/066 89 22 99
www.bartaruga.com
Fr und Sa 18-2 Uhr, So-Do 18-24
▱ ⛱

Berühmt geworden durch verschiedene
Filme des römischen Starregisseurs Ferzan
Ozpetek. Die gemütliche Bar bietet Long-
drinks, aber vor allem ausgesuchte Weine

Fischgalerie mit beeindruckender Auswahl: das angesagte Restaurant „Tuna"

aus ganz Italien. Besonders reizvoll ist es, nach Einbruch der Dunkelheit vor dem Lokal zu sitzen, an einem der schönsten Plätze Roms, mit dem berühmten Schildkrötenbrunnen. Die Bar ist vor allem bei der römischen Kulturschickeria beliebt.

Brunello Lounge

Innenstadt, im Hotel Baglioni
Via Veneto, 70 a
PLZ 00187   ■ E 2, S. 499
Tel. 0039/06 48 90 28 67
Fax 06 42 01 21 30
www.brunellorestaurant.com
Lounge: Mo-Sa 18-1 Uhr,
Caffè Baglioni: tgl. 12.30-18 Uhr
AmEx DINERS MASTER VISA 🍷🍸

Beliebter Treffpunkt: „Brunello Lounge"

Untergebracht im Hotel „Baglioni" direkt an der berühmten Via Veneto, trifft man sich in dieser schicken Loungebar, um die besten Brunello-Weine aus der Toskana zu verkosten, aber auch andere wichtige Italo-Tropfen und französische Champagner. Die angenehme Atmosphäre zieht vor allem römische VIPs an. Bei gutem Wetter wird auch auf dem Bürgersteig serviert, aber schöner ist es drinnen.

Casa Bleve

Innenstadt, Via del Teatro Valle, 48-49
PLZ 00186   ■ C 4, S. 498
Tel. 0039/066 86 59 70, Fax 066 86 59 70

www.casableve.it
Di-Sa 12.30-15 und 19-23 Uhr
AmEx DINERS MASTER VISA 🍸
Direkt gegenüber dem barocken Teatro Valle, zwischen Pantheon und Piazza Navona. Moderne Weinbar mit einem überaus reichen Angebot an italienischen und ausländischen Weine. Jeden Tag stehen rund zehn offene Weine zur Verkostung an. Dazu werden kleine warme und kalte Häppchen serviert. Mittags können auch Nudeln und Salate bestellt werden. Der hauseigene Shop bietet Olivenöl, Saucen und Marmeladen.

Città del Gusto

OT Ostiense, Via Enrico Fermi, 161
PLZ 00146   ■ C 5, S. 498
Tel. 0039/065 51 12 11
Fax 06 55 11 22 60
www.cittadelgusto.it
Mo 9-16.30 Uhr, Di-Fr 9-1 Uhr,
Sa 18.30-24 Uhr
AmEx DINERS MASTER VISA 🏠🍷🍸
Auf dem Dach eines eher hässlichen modernen Gebäudes, in dem die Zentrale des Gourmet-Guide-Imperiums Gambero Rosso nebst Trattoria und Restaurant untergebracht ist, können jeden Tag bis zu 15 offene Weine probiert werden – mit Blick auf Rom. Regelmäßig werden Verkostungen zu italienischen Weinregionen durchgeführt. Das aktuelle Weinprogramm sollte man sich vor der Rom-Reise auf der Website anschauen.

Duke's

Innenstadt, Viale Parioli, 200
PLZ 00197   nördlich   ■ F 1, S. 499
Tel. 0039/06 80 66 24 55
Fax 06 97 61 35 63
www.dukes.it
Bar: tgl. 18.30-2 Uhr,
Restaurant: tgl. 20.30-24 Uhr
AmEx VISA 🍸
Das Gebäude sieht wie eine schicke Strandbar an der kalifornischen Küste aus. Die Eigentümer, einst Surflehrer in San Diego, locken an jedem Wochenende Roms

Schickeria an ihren Tresen. Die Cocktails sind stadtbekannt, hier trifft man Stars und Sternchen und Künstler. Serviert wird zu einer Auswahl ausgezeichneter amerikanischer Weine auch US-Küche wie Steaks und Salate. Eine vor allem bei jüngeren Leuten beliebte Adresse.

Il Palatium

Innenstadt, in der Enoteca Regionale
Via Frattina, 94
PLZ 00187 ■ D 2, S. 499
Tel. 0039/06 69 20 21 32
Fax 06 69 38 05 04
www.arsial.it
Mo-Sa 11-23 Uhr
AmEx DINERS MASTER VISA Y

Latium ist eine der enologisch unbekanntesten Regionen Italiens. So entschied sich die Regionalverwaltung im römischen Modeviertel bei der Spanischen Treppen ein cooles Lokal einzurichten, in dem die besten Tropfen der mittelitalienischen Region zu verkosten sind: am Tresen oder zu kleinen Imbissen oder im ersten Stock im Restaurant, wo dazu noch regionale Gastroklassiker gekocht werden.

Le Bain Art Gallery

Innenstadt, Via delle Botteghe Oscure, 33
PLZ 00186 ■ D 4, S. 499
Tel. 0039/066 86 56 73
www.lebain.it
tgl. 11.30-2 Uhr
AmEx DINERS MASTER VISA

Elegante, neobarocke Champagner- und Weinbar in einem ehemaligen Weizenspeicher des 16. Jahrhunderts zwischen Campo de' Fiori und Kapitol. Besonders abends *der* Treffpunkt der römischen Schickeria. Geboten wird eines der reichsten Campagnerangebote Roms. Auch das hauseigene Restaurant besticht vor allem wegen des guten Weinangebots.

Trimani Il Wine Bar

OT Castro Pretorio, Via Cernaia, 37 b
PLZ 00185 nordöstlich ■ F 2, S. 499
Tel. 0039/064 46 96 30
Fax 064 46 83 51
www.trimani.com
Mo-Sa 11.30-15 und 17.30-0.30 Uhr
AmEx DINERS EC MASTER VISA ⇔ Y

„Trimani" ist eine der bekanntesten Adressen für Wein in Rom. Das sieht man dem modernen Weinladen aber leider nicht mehr an mit seinen Abertausenden von verschiedenen Etiketten aus ganz Italien, dem europäischen und amerikanischen Ausland. Mittags und am frühen Abend können in der hauseigenen Weinbar, wo auch Sommelierkurse stattfinden, bis zu 20 offene Weine verkostet werden. Dazu gibt es kleine kalte Häppchen.

Neobarockes Ambiente: „Le Bain Art Gallery" zwischen Campo de' Fiori und Kapitol

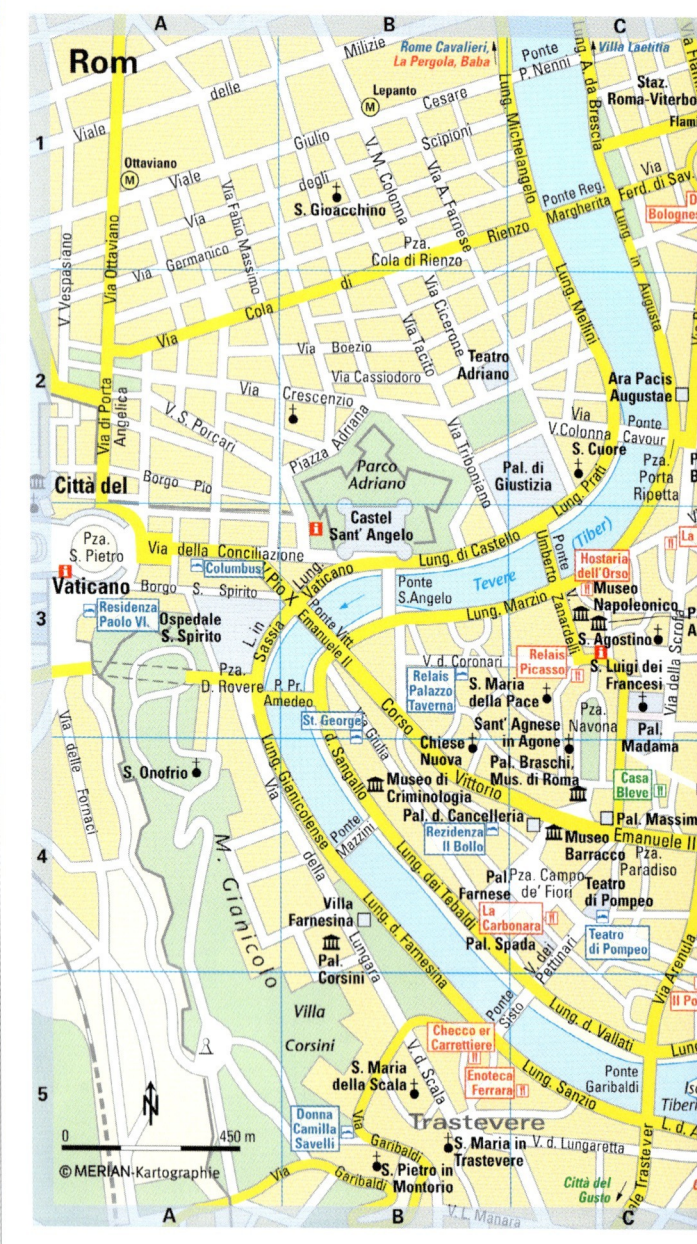

Rom

A   **B**   **C**

Viale delle

Milizie

Rome Cavalieri, La Pergola, Baba

Ponte P. Nenni

Lung. A. da Brescia

Villa Laetitia

Staz. Roma-Viterbo

Flami

Viale

Lepanto (M)

Cesare

Scipioni

Via A. Farnese

Via Michelangelo

Ottaviano (M)

Viale

Giulio

V. M. Colonna

degli

S. Gioacchino

Via Fabio Massimo

Via Germanico

Pza. Cola di Rienzo

Rienzo

di

Cola

Ponte Reg. Margherita

Ferd. di Sav

Bolognes

Via

Via di Porta Angelica

V. Vespasiano

Via Ottaviano

Via

di

Via Cicerone

Via Tacito

Lung. Mellini

Via in Augusta

Via Boezio

Via Cassiodoro

Crescenzio

Teatro Adriano

Ara Pacis Augustae

V. S. Porcari

Piazza Adriana

Via Triboniana

Via V. Colonna

Ponte Cavour

Pza. Porta Ripetta

B

Borgo Pio

Parco Adriano

S. Cuore

Pal. di Giustizia

Lung. Prati

Città del

Castel Sant' Angelo

(i)

Lung. di Castello

Umberto

Zanardelli

(Tiber)

Tevere

La

Pza. S. Pietro

Via della Conciliazione

Columbus

Pio X

Lung. Vaticano

Ponte S. Angelo

Lung. Marzio

Hostaria dell'Orso

Museo Napoleonico

Pa

S. Agostino

(i)

Vaticano

Borgo S. Spirito

Residenza Paolo VI.

Ospedale S. Spirito

L. in Sassia

Ponte Vitt. Emanuele II

V. d. Coronari

Relais Picasso

S. Luigi dei Francesi

Via della Scrofa

Pza. D. Rovere

P. Pr.

Amedeo

St. George's

Corso

Via Giulia

Relais Palazzo Taverna

S. Maria della Pace

Sant'Agnese in Agone

Pza. Navona

Pal. Madama

S. Onofrio

Via delle Fornaci

M. Gianicolo

Lung. Gianicolense

Ponte Mazzini

Via della

Vittorio

Chiese Nuova

Museo di Criminologia

Pal. d. Cancelleria

Pal. Braschi, Mus. di Roma

Casa Bleve

Pal. Massim

Emanuele II

Museo Barracco

Pza. Paradiso

Teatro di Pompeo

Rezidenza Il Bollo

Pal Farnese

Pza. Campo de' Fiori

Teatro di Pompeo

Villa Farnesina

Lung. dai Tebaldi

La Carbonara

Pal. Spada

V. dei Petturari

Pal. Corsini

Lungara

Villa Corsini

R

N

0   450 m

© MERIAN-Kartographie

Lung. d. Farnesina

Ponte Sisto

Checco er Carrettiere

V. d. Scala

S. Maria della Scala

Donna Camilla Savelli

Garibaldi

Via Garibaldi

S. Pietro in Montorio

Enoteca Ferrara

Lung. d. Vallati

Lung. Sanzio

Trastevere

S. Maria in Trastevere

V. d. Lungaretta

V. L. Manara

Ponte Garibaldi

Via Arenula

Il Po

Lung

Isc Tiberi

L. d. A

Città del Gusto

Calle Trastever

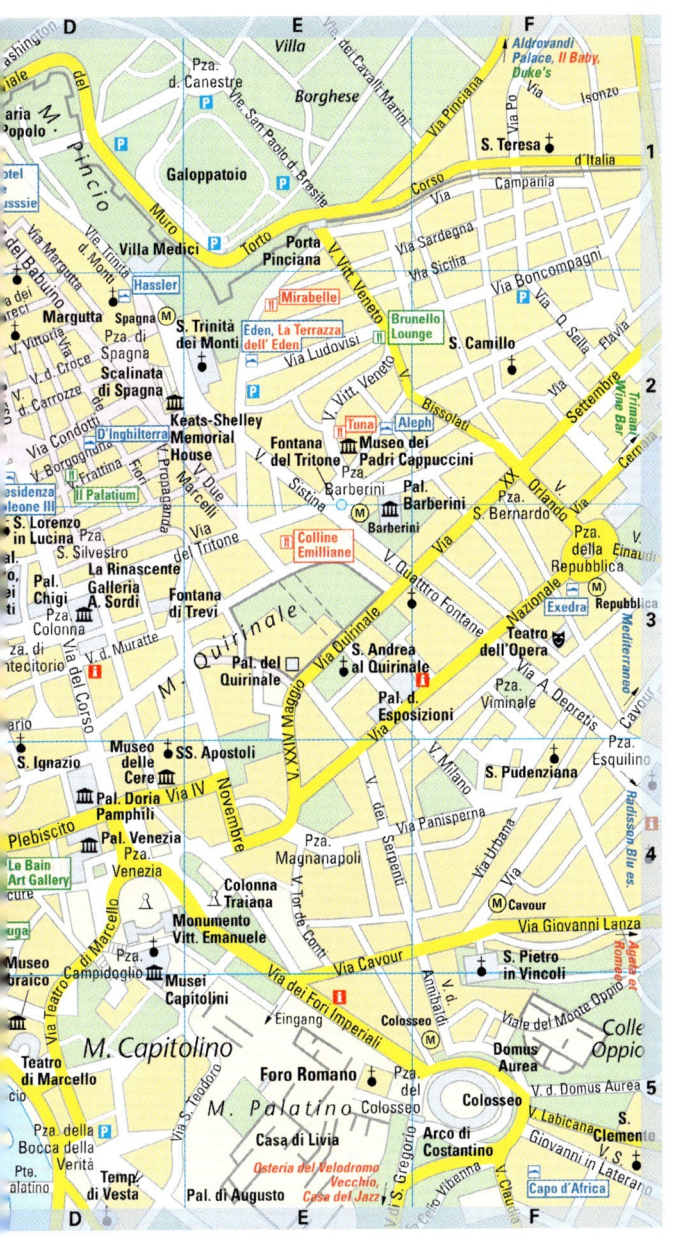

ST. PETERSBURG

Nicht nur die Erlöserkirche bringt Glanz in die einstige Zarenresidenz. Klassische Hotels wurden prächtig herausgeputzt, und die Köche beweisen viel Fantasie im Umgang mit den Aromen aus aller Welt

Hotels

Alexander House ⓕ ☐☐☐☐
Innenstadt, Nab. kanala Krjukova 27
PLZ 190068　　　　　■ B 5, S. 508
Tel. 007/812/575 38 77, Fax 575 38 79
www.a-house.ru
19 Zi., 13 Suiten, 1 App., DZ ab € 190
AmEx DINERS MASTER VISA ⓨ 🏠 ⓠ

Das Palais aus dem 19. Jahrhundert, das
direkt an einem Kanal liegt, befindet sich
in Gehweite zum Mariinskij-Theater. Hier
hat sich der Journalist Alexander Schukow
seinen Traum verwirklicht: Kein Zimmer
gleicht dem anderen, und er hat sie alle
nach seinen Lieblingsorten benannt.
„Paris", „London" und „Köln" sind groß-
städtisch elegant, „Bali", „Peking" und
„Delhi" verzaubern mit asiatischem
Charme. Besonders schön ist im Sommer
der verwunschene Innenhof mit kleinen
Separees und Zugang zur Sauna.

Angleterre ⓕⓕⓕ ☐☐
Innenstadt, Malaja Morskaja ul. 24
PLZ 190000　　　　　■ B 3/4, S. 508
Tel. 007/812/494 56 66, Fax 494 51 25
www.angleterrehotel.com
193 Zi., 5 Suiten, DZ ab € 250
AmEx DINERS EC MASTER VISA ⓨ 🏠 ⓠ

Das First-Class-Hotel gehört zur Rocco-
Forte-Gruppe. Es hat schon so einiges
erlebt: 1925 tötete sich hier der Dichter
Sergej Jessenin, der mit der Tänzerin Isadora
Duncan verheiratet war. Viele Zimmer haben
Blick auf die Isaakskathedrale. Spa, Fitness
und kleiner Pool. (Siehe „Caviar Bar".)

Astoria ⓕⓕⓕ ☐☐
OT Admiraltejskij
Bolschaja Morskaja 39
PLZ 190000　　　　　■ B 4, S. 508
Tel. 007/812/494 57 57, Fax 494 50 59
www.thehotelastoria.com
210 Zi., 42 Suiten, DZ ab € 320
AmEx DINERS EC MASTER VISA ⓨ ⓠ

Das Jugendstilgebäude im historischen
Zentrum am Isaaksplatz galt als das
feudalste Hotel der Zarenzeit kurz vor der

Revolution. 2000 erwarb Sir Rocco Forte
das Haus und gestaltete es völlig um:
Kostbare Möbel und Accessoires, Leinen
und Holzfußböden geben den Zimmern
einen besonderen Touch. Am Fahrstuhl ist
auf Messingschildern angezeigt, welche
celebrities hier waren. Neben Rasputin, auch
Marcello Mastroianni, H. G. Wells, Truman
Capote und Luciano Pavarotti, um nur
einige zu nennen. In der Lobby wird am
Nachmittag Tee aus dem Samowar serviert,
mit leckeren kleinen Kuchen. Fitness und
Sauna befinden sich im Dachgeschoss.

Casa Leto ⓕ ☐☐☐☐
OT Admiraltejskij
Bolschaja Morskaja 34
PLZ 190000　　　　　■ B 4, S. 508
Tel. 007/812/600 10 96, Fax 314 66 39
www.casaleto.com
5 Zi., DZ ab € 165
AmEx MASTER VISA ⓨ

Das schönste Minihotel in St. Petersburg,
erdacht und umgesetzt von dem Italiener
Adriano Leto. Die fünf großzügigen Zimmer
sind benannt nach italienischen Architekten,
die in Petersburg gebaut haben. Die Lage
ist toll, denn in nur fünf Minuten ist man
an der Eremitage und am Newskij-Prospekt.
Sehr persönlicher Service.

Grand Hotel Europe ⓕⓕⓕⓕ ☐
Innenstadt, Michailovskaja ul. 1/7
PLZ 191011　　　　　■ C 3, S. 508
Tel. 007/812/329 60 00, Fax 329 60 01
www.grandhoteleurope.com
301 Zi., 89 Suiten, DZ ab € 332
AmEx DINERS EC MASTER VISA ⓨ 🏠 🏠 ⓠ

Das älteste noch bestehende Hotel der
Stadt. 1824 erbaut, wurde es kurz vor der
Revolution aufwendig im Jugendstil renoviert. Der verbindet sich heute perfekt mit
der Moderne. Die Barockfassade zieht sich
vom Newskij-Prospekt zum Platz der
Künste. Die Philharmonie steht direkt
gegenüber. Nachdem vor vier Jahren die
Orient-Express-Gruppe das Hotel übernommen hatte, wurden die Zimmer im klassischen russischen Stil renoviert, auch die

endlos langen Flure sind in klassisch Grün
oder Rot gestaltet und mit opulenten
Teppichen ausgestattet. Im 5. Stock bieten
die Zimmer mit Dachterrasse einen weiten
Blick über die Stadt. Das „Europe" ist un-
bestritten das erste Haus am Platz. Schöner
Treffpunkt tagsüber: das „Mezzanine Café"
im Stil eines russischen Hofes. Sauna,
Fitness und Spa. (Siehe Restaurant
„L'Europe" und „Lobby Bar".)

Kempinski Hotel
Moika 22 ▮▮▮▯▯
Innenstadt
Moika River Embankment 22
PLZ 191186   ■ C 3, S. 508
Tel. 007/812/335 91 11, Fax 335 91 90
www.kempinski-st-petersburg.com
197 Zi., 23 Suiten, DZ ab € 250
AmEx DINERS MASTER VISA ⅄ 🚗 🍽
Der Palast aus dem 19. Jahrhundert wurde
völlig entkernt. Die Lage am Moika-Kanal
mit Blick auf die Eremitage, den Schloss-
platz und die goldene Kuppel der Isaakskathedrale ist ideal. Erst 2005 eröffnet,
hat das Hotel noch manche Anfangsschwie-
rigkeiten zu überwinden. Als Vier-Sterne-
Haus gebaut, als Fünf-Sterne-Haus genutzt,
muss man über manche bauliche Mängel

Schöne Aussicht: „Kempinski Moika 22"

Noch schönere Aussichten: das Restaurant

hinwegsehen. Die Zimmer zum Innenhof
sind besonders ruhig. Schön sind die Suiten,
die über zwei Ebenen gehen. Spa und
Fitness im 9. Stock. (Siehe Restaurant
„Bellevue".)

Radisson Blu Royal
Sankt Petersburg ▮▮▮▯▯
OT Admiraltejskij, Newskij-Prospekt 49/2
PLZ 191025   ■ E 3, S. 509
Tel. 007/812/322 50 00, Fax 322 50 02
www.stpetersburg.radissonblu.com
164 Zi., 18 Suiten, DZ ab € 160
AmEx DINERS EC MASTER VISA ⅄ 🍽
Ins 18. Jahrhundert reicht die Geschichte des
prächtigen Palais in bester Lage am
Newskij-Prospekt zurück. Die Zimmer haben
neuzeitlichen Komfort mit Kaffee-Tee-
Bereiter, WiFi und Fußbodenheizung in
den Bädern. Moderne Fitnessgeräte, Sauna
aus kanadischem Zedernholz, Jacuzzi,
Solarium und Massage. Restaurant „Barba-
zan" mit gläsernem Weinkeller, „Canelle
Bar" mit Panoramafenstern.

Restaurants

Bellevue ▮▮▮▯▯
Innenstadt, im Kempinski Hotel Moika 22
Moika River Embankment 22
PLZ 191186   ■ C 3, S. 508
Tel. 007/812/335 91 11, Fax 335 91 90
www.kempinski-st-petersburg.com

„Bellevue" im „Kempinski Hotel Moika 22"

kein Ruhetag
Hauptgerichte € 19-40
AmEx DINERS MASTER VISA M 🅿 🏕 🏠

Der Blick fällt auf die Eremitage, der barocke, geheimnisvoll beleuchtete Palast beherbergt eine der größten Kunstsammlungen der Welt. In der Ferne wirken die goldenen Dächer der Isaakskathedrale mit der abendlichen Illumination noch strahlender. Unter der verglasten Kuppel im 9. Stock des „Kempinski Hotels Moika 22" ist der Abschied vom Tag besonders reizvoll. Und der Elsässer Didier Reibel verbindet mit leichter Hand die kulinarischen Genüsse seiner Heimat mit denen seines Gastlandes. Seine Kompositionen sind durchdacht und fantasievoll wie das Elch-*stew* mit *pomme Dauphine* und Rotkohl.

Bellini ▊▊

OT Wassileostrowskij
Nab. Universitetskaja 13
PLZ 191186 ■ A 3, S. 508
Tel. 007/812/331 10 01, Fax 327 46 02
www.elbagroup.ru
kein Ruhetag
Hauptgerichte € 17-32
AmEx EC MASTER VISA M 🅿 🏕

Das Ambiente ist fürstlich. Die drei ineinander übergehenden Räume im Menschikow-Palast an der Newa faszinieren durch ihren Minimalismus. Nichts lenkt ab in diesem Raum von der überwältigenden Aussicht auf St. Petersburg. Die Paläste auf der anderen Uferseite wirken in der Abendsonne wie pastellfarbene, glitzernde Perlen. Dem optischen Zauber begegnet Chef Dmitrij Kusmin mit einer exzellenten, leicht mediterranen Küche. Die Karte ist klein, aber verlockend. Das Erstaunlichste an diesem russischen Restaurant mit dem italienischen Namen aber ist die Weinkarte. Sie ist klein, erlesen und fair kalkuliert.

Chutor Wodograi ▊

Innenstadt, Karawanaja ul. 2
PLZ 191011 ■ D 3, S. 509
Tel. 007/812/570 57 37, Fax 570 50 15
www.vodograi.ru
kein Ruhetag
Hauptgerichte € 13-28
DINERS EC MASTER VISA M 🏕 🏠

Die Atmosphäre eines ukrainischen Landhauses ist hier stilecht nachempfunden. Dazu passen die hausgemachten Spezialitäten von Chefkoch Jewgenij Gubin. Besonders gut schmecken die Würste oder Eisbein mit Moosbeeren. Gewöhnungsbedürftig ist die Folkloremusik.

Ginza ▊▊▊

OT Petrogradskij, Aptekarskij prospekt 16
PLZ 197022 nördlich ■ C 1, S. 508
Tel. 007/812/324 70 94, Fax 324 41 76
www.ginzaproject.ru
kein Ruhetag
Hauptgerichte € 17-114
VISA M 🅿 🏕

Die Schönen und Reichen sitzen auf riesigen Sofas oder in zeltartigen Separees auf der beheizten Terrasse. Zurückhaltende Loungemusik stört kaum die Gespräche. An den Wänden hängen riesige Modefotos, auf den Screens werden Modeschauen in Endlosschleife übertragen. Die Karte ist riesig und international, sie bietet eine Zusammenführung der asiatischen und kaukasischen Küche, etwa japanisches Schaschlik. Das wird pur und ohne Beilagen auf einem großen Brett serviert. Ideenreiche Küche, umfangreiche Sushi-Auswahl, tolle Stimmung. Super Service.

Le Borshch **F** **F** ☐ ☐ ☐
OT Admiraltejskij
Nab. Reki Fontanki 11
PLZ 191011　　　　　　■ D 3, S. 509
Tel. 007/812/314 00 56
le-borshch.ru
kein Ruhetag
Hauptgerichte € 11-24
DINERS MASTER VISA M

Der Borschtsch mit Pflaumen ist natürlich
vorzüglich, doch das ist noch nicht alles.
Chefkoch Alexej Wichorew experimentiert
mit den Zutaten und Rezepten der russi-
schen Küche und präsentiert Leichtes wie
Rote-Bete-Carpaccio mit Ziegenkäse.
Loftatmosphäre mit Jazzpiano live am
Wochenende, manchmal etwas zu laut.

Lenkonzert **F** ☐ ☐ ☐ ☐
OT Petrogradskij
Kamennoostrowskij prospekt 11 a
PLZ 197022　　　nördlich ■ C 1, S. 508
Tel. 007/812/644 44 46
www.decadencegroup.ru
kein Ruhetag, Hauptgerichte € 12-25
EC MASTER VISA M 🏠 🚗

Nicht weit von der historischen Peter-und-
Paul-Festung steht dieses schöne, helle
Restaurant mit einem Saal für 200 Gäste.
Die Küche bietet die populäre Mischung
aus Japanisch, Italienisch und Russisch.
Beliebtes Restaurant der lokalen Politiker,
die sich hier oft in größerer Runde treffen.

L'Europe **F** **F** **F** **F** ☐
Innenstadt, im Grand Hotel Europe
Michailovskaja ul. 1/7
PLZ 191186　　　　　　■ C 3, S. 508
Tel. 007/812/329 66 30, Fax 329 60 01
www.europe-restaurant.net
nur Abendessen, So abend geschl.
Hauptgerichte € 18-70
AmEx DINERS EC MASTER VISA 🏠 🏠 🍷

Im prunkvollen Jugendstilsaal mit holz-
getäfelten Separees präsentiert Alexej
Kostitschkin Köstliches à la carte oder als
Vier- oder Sechs-Gänge-Menü (90/125
Euro). Imposant ist das Buffet für den
Sonntagsbrunch: Hummer, Langusten,
Austern, Kaviar mit kleinen Blini, Lachs, auf
verschiedene Arten mariniert, und Sushi.
Alles ist so frisch, dass man meint, die
Meeresfrüchte kämen direkt aus dem nahen
Finnischen Meerbusen. Der Weinkeller ist
eine Schatzkammer für Kenner.

Palkin **F** **F** ☐ ☐ ☐
OT Admiraltejskij, Newskij-Prospekt 47
PLZ 191025　　　　　　■ E 3/4, S. 509
Tel. 007/812/703 53 71, Fax 703 54 20

Köstliche Meeresfrüchte im prunkvollen Jugendstilsaal : „L'Europe"

www.palkin.ru
kein Ruhetag
Hauptgerichte € 22-45
AmEx DINERS EC MASTER VISA M ⊻

1784 wurde das „Palkin" gegründet, auf
die lange Tradition ist man stolz. Die Fenster
im ersten Stock gehen zum Newskij-
Prospekt, das Ambiente ist traditionell. Das
passt zu den Speisen: russisch mit Tendenz
zur französischen Küche. Die Preise allerdings überragen das Gebotene! Die Weinkarte bietet eine gute Auswahl.

Russian Vodkaroom No. 1 🅕🅕

OT Admiraltejskij, Konnogwardeiskij boul.
PLZ 190000   A/B 3/4, S. 508
Tel. 007/812/570 64 20
www.vodkaroom.ru
kein Ruhetag
Hauptgerichte € 16-30
AmEx DINERS MASTER VISA M

Zu einer Riesenauswahl von Wodkasorten
wird authentische russische Küche verschiedener Zeiten präsentiert: gebratener Buchweizen mit Pilzen, geräucherter Stör, Pilz-
Julienne, mit Smetana überbacken, und
natürlich Bœuf Stroganoff. Großer schöner
Gewölberaum, und nebenbei kann man das
Wodka-Museum besichtigen, wo man alles
über die Geschichte des russischen Lebens-
wässerchens erfährt.

Sadko 🅕

OT Admiraltejskij, Glinki ul. 2
PLZ 190068   A 4, S. 508
Tel. 007/812/920 82 28, Fax 570 08 32
www.probka.org
kein Ruhetag
Hauptgerichte € 8-15
AmEx EC MASTER VISA M

Chef Andrej Tschajew präsentiert zünftige
russische Klassiker: Gut schmecken Koteletts
auf Kiewer Art, Kohlrouladen und Zander,
gefüllt mit Pilzen. Direkt am Mariinskij-
Opernhaus und dem Konservatorium
gelegen, ist es kein Zufall, dass die Kellner
Gesang studieren und das oft zeigen.
Dazu passt das Ambiente mit modern
interpretierter russischer Folklore.

Schatjor ✳

Innenstadt, Italjanskaja ul. 2
PLZ 191011   C 3, S. 508
Tel. 007/812/943 32 00, Fax 438 14 18
www.shateropencafe.ru
kein Ruhetag, Dez.-April geschl.
Hauptgerichte € 6-17
MASTER VISA M 🏠

Im großen, weißen Zelt kann man schon
morgens um acht bestens frühstücken,
mittags werden frische Salate serviert
oder ein Businesslunch, abends legen
hippe DJs auf. Schön lockere Atmosphäre, reichhaltige Cocktailauswahl
und kreative Küche.

Stroganoff Steak House 🅕🅕

Innenstadt, Konnogwardejskij bl. 4
PLZ 190000   A 4, S. 508
Tel. 007/812/314 55 14, Fax 315 49 97
www.stroganoffsteakhouse.ru
kein Ruhetag
Hauptgerichte € 16-34
AmEx DINERS EC MASTER VISA M

Riesiges Steakhaus im amerikanischen Stil
mit grünen Lampen, braunen Lederbänken,
dunklen Holzfußböden und historischen
Fotos an den Wänden. 300 Gäste finden in
sechs Räumen Platz. Neben ausgezeichneten Steaks gibt es das beste Bœuf Stroganoff der Stadt.

Tarchun 🅕

Innenstadt, Karawannaja ul. 14
PLZ 191011   D 3, S. 509
Tel. 007/812/571 11 15, Fax 571 01 05
kein Ruhetag
Hauptgerichte € 8-15
EC MASTER VISA M

Das beste georgische Restaurant der
Stadt. Drei Räume im Souterrain ohne
Folklorekitsch, eher minimalistisch,
dafür kommt die Küche umso opulenter
daher. Auf der Karte 15 Sorten Schaschlik. Besonders zu empfehlen ist *sadsch*,
Kalbfleisch mit gegrilltem Gemüse. Vorab
werden frische Kräuter mit Tomaten
und Gurken und warmem *chatschapuri*
(überbackenes Käsebrot) serviert.

Terrassa ▣▣□□
Innenstadt, Kasanskaja ul. 3 a
PLZ 191186 ■ C 3, S. 508
Tel. 007/812/937 68 37, Fax 380 41 20
www.terrassa.ru
kein Ruhetag
Hauptgerichte € 7–70
`EC` `MASTER` `VISA` Ṁ 🏠 🍸
Durch ein gläsernes Edel-Shopping-Center
fährt man mit dem Fahrstuhl in den
6. Stock. Die Kuppel der Kasaner Kathedrale
ist zum Greifen nah. Das „Terrassa" ist ein
heller Raum mit emsigem Treiben in den
Küchen hinter einer Glaswand. In vier
Abteilungen wird chinesisch, japanisch,
italienisch und georgisch gekocht. Die *dim
sums* und die Sushis sind die besten der
Stadt. Ein Festival für alle Sinne. Die Stärken
der Küche: Einfachheit und Frische.

Tschechow ▣▣□□
OT Petrogradskij
Petropawlowskaja ul. 4
PLZ 197022 nördlich ■ C 1, S. 508
Tel. 007/812/234 45 11, Fax 347 60 45
kein Ruhetag
Hauptgerichte € 10–44
`MASTER` `VISA` Ṁ
Russische Landhausatmosphäre pur. Zu den
eingelegten „Pilzen auf Datscha-Art"
werden kleine *piroschki* gereicht, gefüllt mit
gehacktem Lammfleisch. Der Teig ist zart,
die Füllung pikant. Danach gibt es „Forel-
lenfrikadellen à la Hausfrau" mit frischem
Kartoffelpüree. Zum Abschluss unbedingt
den hausgemachten Wodka probieren.

Zar ▣▣▣□
OT Admiraltejskij, Sadovaja ul. 12
PLZ 190068 ■ D 3, S. 509
Tel. 007/812/640 19 00, Fax 493 36 96
www.tsar-project.ru
kein Ruhetag
Hauptgerichte € 11–38
`AmEx` `EC` `MASTER` `VISA` Ṁ
Roman Wassiljew zelebriert russisch-franzö-
sische Küche nach Rezepten des 19. Jahr-
hunderts. Vor allem mit den Zutaten, die der
russische Markt bietet. Köstlich der Salat

von Roter Bete und Ostseehering, garniert
mit eingelegtem Gemüse, danach schmek-
ken die kross gebratenen kleinen Karpfen-
koteletts mit warmem Kartoffel-Spinat-
Salat, gekrönt mit Rote-Bete-Schaum. Das
Personal ist jung und besonders freundlich,
das Ambiente imperial.

Bars/Cafés

Caviar Bar
Innenstadt, im Hotel Angleterre
Malaja Morskaya ul. 24
PLZ 190000 ■ B 3/4, S. 508
Tel. 007/812/494 56 66
www.angleterrehotel.com
tgl. 17–1 Uhr
`AmEx` `DINERS` `EC` `MASTER` `VISA`
Von den drei Dutzend Weinen auf der
Karte wird in der Bar des „Angleterre"-
Hotels die Hälfte auch offen ausgeschenkt,
darunter ein 2004er Château Le Grand
Vostock von einem neuen französisch-
russischen Weingut nördlich des Schwarzen
Meeres. Natürlich spielt Kaviar (28 Gramm
Beluga für 110 Euro) hier eine wichtige
Rolle. Er wird begleitet von einer reichen
Auswahl an Champagner und Sekt.
Doch auch andere maritime Leckereien
gefallen, wie ein Salat mit Kamtschatka-

Salat mit Königskrabbe im Restaurant „Zar"

Krebsen. Die Stimmung ist locker und kommunikativ.

Jazz Philharmonic Hall

OT Admiraltejskij
Zagorodny prospekt 27
PLZ 191180 ■ D 5, S. 509
Tel. 007/812/764 85 65, Fax 764 98 43
www.jazz-hall.spb.ru
Di-So ab 19 bzw. 20 Uhr

Die russische Antwort auf den New Yorker „Blue Note Club". Ein Muss für Jazzfans und eine Institution, die schon seit der Sowjetzeit existieren. Gespielt wird Mainstream und Dixieland. Gute Atmosphäre, Publikum aller Generationen.

Jelsomino

Innenstadt, Poltawskaja ul. 5/29
PLZ 197198 ■ F 4, S. 509
Tel. 007/812/703 57 96
www.jelsominocafe.ru
tgl. 20-5 Uhr
AmEx MASTER VISA
Eine Karaokebar gehobenen Stils. Die bekannten Automarken vor der Tür weisen ebenso auf einen Petersburger Hotspot hin wie die strenge Eingangskontrolle. Die Stimmung ist ausgelassen, fröhlich und laut. Der dunkle Raum mit viel Samt und schwarzen Kronleuchtern wird dominiert von einer großen Bar, an den Wänden umrahmen barocke Goldrahmen große Video-Screens. Auf der kleinen Bühne mit drei Musikern und zwei Animateuren fühlt sich jeder quer durch alle Generationen wie ein Star.

Lobby Bar

Innenstadt, im Grand Hotel Europe
Michailovskaja ul. 1/7
PLZ 190000 ■ C 3, S. 508
Tel. 007/812/329 66 30, Fax 32 96 00 01
www.lobby-bar.com
tgl. 24 Stunden
AmEx DINERS EC MASTER VISA
Am Abend werden in der „Lobby Bar" des „Grand Hotels Europe" coole Drinks zu heißen Jazzrhythmen serviert. Bill Clinton

griff hier kürzlich in bester Laune nach dem Saxofon. Bis in den Morgen kann man in tiefen Sesseln versinken und so das quirlige Petersburger Nachtleben ausklingen lassen.

Purga

Innenstadt, Nab. Reki Fontanki 11
PLZ 191011 ■ D 3, S. 509
Tel. 007/812/570 51 23, Fax 570 51 23
www.purga-club.ru
tgl. 16-6 Uhr

Purga heißt auf Deutsch Schneesturm. Ein schräges Lokal, wo täglich um Mitternacht die Sektkorken knallen, Wunderkerzen zischen und per Videoband der Präsident seine Neujahrsansprache hält. Und so wird mit immergleichen Enthusiasmus das „neue Jahr" begrüßt.

Seven Sky Bar

Innenstadt, 5. Stock in der Passage Grand Palace, Italjanskaja ul. 15
PLZ 191011 ■ D 3, S. 509
Tel. 007/812/449 94 32
www.sevenskybar.ru
Mo-Do 12-1 Uhr, Fr, Sa 12-3 Uhr,
So 12-1 Uhr
EC MASTER VISA
Der cool illuminierte Tresen dominiert den großen Raum unterm Glasdach. Ein Lieblingstreff für die jungen Erfolgreichen der Stadt, die besten DJs legen auf. Wenn Russen tanzen, müssen sie auch essen, hier sind vor allem Sushi gefragt.

Stolle

Innenstadt, Konjuschenny per. 1/6
PLZ 191186 ■ C 2, S. 508
Tel. 007/812/312 18 62, Fax 312 77 01
www.stolle.ru
tgl. 9-21 Uhr

Atmosphäre wie in einem Wiener Kaffeehaus, dunkel getäfelte Wände, alte Fotos und vor allem die besten Piroggen der Stadt: mit Lachs, Kaninchen mit Pilzen, mit Kohl oder mit Frühlingszwiebeln und Ei. Die sind immer frisch.

St. Petersburg

Petrograder Seite

Wassiljewski Insel

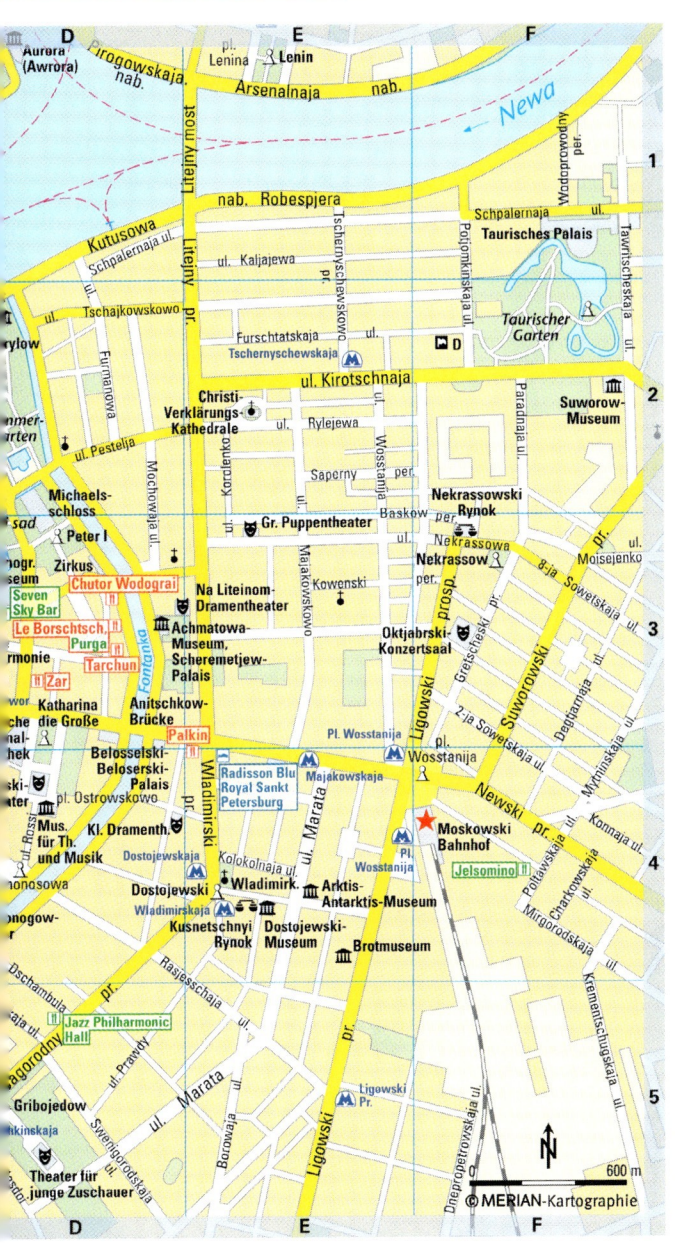

SOFIA

Die lange osmanische Herrschaft über Bulgarien hat nicht nur im Stadtbild ihre Spuren hinterlassen (das Foto zeigt die Banya-Bashi-Moschee). Sie wirkt auch bis in die kulinarische Gegenwart, etwa mit Köfte- und Kebab-Gerichten

Hotels

Art'Otel ▢ F ▢▢▢

Innenstadt, 44, William Gladstone ul.
PLZ 1000　　　　　　　■ C 2, S. 516
Tel. 00359/2/980 60 00,
Fax 981 19 09
www.artotel.biz
19 Zi., 3 Suiten, DZ ab € 110
▢MASTER▢ ▢VISA▢ ☕ 🏠 🛏

Über das Dekor lässt sich streiten, aber
die Lage in einer ruhigen Seitengasse der
quirligen Fußgängerzone könnte besser
nicht sein. Manche der angenehm ruhigen,
großen Zimmer haben Balkon, andere
Badezimmer mit Tageslicht, alle sind frisch
renoviert. Restaurant, Bar, Fitnessraum,
Sauna und Massage im Haus.

Diter F F ▢▢▢

Innenstadt, 65, Han Asparuh ul.
PLZ 1000　　　　　　　■ C 2/3, S. 516
Tel. 00359/2/989 89 98, Fax 989 89 98
www.diterhotel.com
19 Zi., 2 Suiten, DZ ab € 98
▢DINERS▢ ▢MASTER▢ ▢VISA▢ € 🏠 🛏

Preiswertes, privat geführtes Mittelklasse-
hotel in ruhiger Lage und doch mitten im
Zentrum, in einem Viertel mit vielen kleinen
Geschäften und Lokalen. Freundlicher
Empfang, gut ausgestattete, renovierte
Zimmer, Restaurant mit Garten, kosten-
loser Parkplatz.

Grand Hotel Sofia F F F ▢

Innenstadt, 1, Gurko ul.
PLZ 1000　　　　　　　■ C 2, S. 516
Tel. 00359/2/811 08 11
Fax 811 08 01
www.grandhotelsofia.bg
105 Zi., 17 Suiten, DZ ab € 225
▢AmEx▢ ▢DINERS▢ ▢MASTER▢ ▢VISA▢ 🍸 🏠 🛏

Am Stadtgarten, wo sich auch die Kunstgalerie und das Nationaltheater befinden.
Die Ausstattung mit viel Marmor beeindruckt, die Lobby mit ihrem eleganten Café
ist immer belebt. Die durchschnittlich
50 Quadratmeter großen, klassisch eingerichteten Zimmer sind State of the Art.

Manche der Suiten haben Panoramablick.
Mehrere Restaurants, Spa mit Fitness,
Sauna, Massage und Beauty-Abteilung,
aber ohne Pool.

Kolikovski Hotel F F ▢▢

Innenstadt, 46, Hristo Belchev ul.
PLZ 1000　　　　　　　■ B 4, S. 516
Tel. 00359/2/980 95 69, Fax 980 95 69
www.kolikovski.com
28 Zi., 4 App., DZ ab € 108
▢AmEx▢ ▢MASTER▢ ▢VISA▢ € 🍸 🏠 🛏

Der zentral zwischen den beiden großen
Boulevards Vitosha und Patriarch Evtimii
gelegene Neubau fügt sich gut in das
Ensemble alter Bürgerhäuser aus dem
19. Jahrhundert. Im Inneren dominieren
Brombeertöne, Plüsch und Leder. Von der
Suite im 5. Stock eröffnet sich ein schöner
Blick über die Dächer die Stadt. W-Lan in
der Lobby, Restaurant und Workstation
im Haus. Am Wochenende günstigere Preise
als werktags.

Maria Luisa F ▢▢▢

Innenstadt, 29, Marie-Louise Bul.
PLZ 1301　　　　　　　■ C 1, S. 516
Tel. 00359/2/980 55 77,
Fax 980 33 55
www.marialuisa-bg.com
15 Zi., 5 Suiten, DZ ab € 95
▢AmEx▢ ▢DINERS▢ ▢EC▢ ▢MASTER▢ ▢VISA▢ 🍸 🏠 🛏

Hinter der Fassade eines denkmalgeschützten Wohnhauses aus dem 19. Jahrhundert
warten im Stil klassischer bürgerlicher
Interieurs eingerichtete Zimmer. Wiener
Kaffeekonditorei und Restaurant. Zentrale
Lage in einer der lebhaftesten Straßen
von Sofia nahe der Markthalle, der Moschee
und der Synagoge.

Radisson Blu
Grand Hotel F F F ▢

Innenstadt, 4, Narodno Sabranie pl.
PLZ 1000　　　　　　　■ D 3, S. 517
Tel. 00359/2/933 43 33, Fax 933 43 35
www.radissonblu.com/hotel-sofia
118 Zi., 8 Suiten, 9 App., DZ ab € 210
▢AmEx▢ ▢DINERS▢ ▢MASTER▢ ▢VISA▢ 🍸 🛏

Blick auf die Alexander-Nevski-Kathedrale: „Radisson Blu Grand Hotel"

Wie eine Arena umschließt der halbkreis-förmige Bau das innerstädtische Ensemble aus der Reiterstatue des Zaren Osvoboditel, dem Parlament und der imposanten Alexan-der-Nevski-Kathedrale. Dezent und wohn-lich eingerichtete Zimmer mit Marmorbä-dern, W-Lan und schönem Ausblick, teils auf den Platz, teils auf das Witoscha-Gebirge. Fitness, Sauna und Massage im Haus. Enga-gierter Service. Das Café auf der Galerie über der Lobby ist ein beliebter Treffpunkt und stets gut besucht. Das „Flannagans", wo auch das Frühstücksbuffet aufgebaut wird, bietet leichte, unkomplizierte Gerichte.

Sheraton Sofia
Hotel Balkan F F F
Innenstadt, 5, Sveta Nedelja pl.
PLZ 1000   ■ C 2, S. 516
Tel. 00359/2/981 65 41
Fax 980 64 64
www.luxurycollection.com/sofia
166 Zi., 18 Suiten, DZ ab € 174
AmEx DINERS MASTER VISA ⛾ ⊕
Die monumentale Lobby mit Säulen, Tor-bögen und viel Marmor könnte auch der Eingang zu einem Museum sein. Die Lage neben der Sophienkirche und der Kirche zum Heiligen Georg macht das 1956 erbaute, 2008 renovierte Eckgebäude zu

einer Art Wahrzeichen der Stadt. Die Zimmer und Suiten mit Kirschholzmöbeln, Seidenstoffen, Ottomanen, Kunstobjekten

„Sheraton Sofia Hotel Balkan": elegantes

und großen Schreibtischen sind auf dem neuesten Stand der Technik. Außer der Lobbybar gibt es noch ein Restaurant und einen Nachtklub.

Restaurants

Beyond the Alley, behind the Cupboard F F

Innenstadt, 31, Budapest ul.
PLZ 1000 ■ D 1, S. 517
Tel. 00359/2/980 90 67
www.beyond-the-alley.com
So geschl.
Hauptgerichte € 7-14
AmEx EC MASTER VISA

Neobarockes, blassblaues Bürgerhaus in einer Seitengasse. An den Wänden hängen biedere Ölgemälde, altes Blechspielzeug dekoriert die Tische. Geboten wird moderne bulgarische Gourmetküche: marinierte Waldpilze mit Cherrytomaten und Basili-

Wahrzeichen der Stadt

kum-Salsa, Kalbsragout in Rotweinsauce mit Couscous, das Schokosoufflé kam mit zweierlei hausgemachter Eiscreme auf den Tisch – einmal Pistazien- und einmal Rosenaroma. Gute bulgarische Weine.

Divarka F

Innenstadt, 41 a, 6ti Septemvri ul.
PLZ 1000 ■ C 4, S. 516
Tel. 00359/2/986 69 71
kein Ruhetag
Hauptgerichte € 3-8

Traditionelle Küche, die von einem jungen Team modern umgesetzt wird. Das „Divarka" verköstigt seine Gäste zu moderaten Preisen und rund um die Uhr, unter anderem mit *tarator,* der mit Walnüssen und Dill verfeinerten kalten Joghurt-Gurken-Suppe, zwei Dutzend frischen Salaten, Fleischspeisen *à la minute* und Fischgerichten, etwa geräucherte Makrele oder knusprig gebratene Gebirgsforelle. (Zwei weitere Ableger hat das Restaurant: 54, William Gladstone ul. und 16, Hristo Belchev ul.)

Manastirska Magernitsa F

Innenstadt, 67, Han Asparuh ul.
PLZ 1000 ■ C 4, S. 516
Tel. 00359/2/980 38 83
www.magernitsa.com
kein Ruhetag
Hauptgerichte € 5-21
DINERS EC MASTER VISA

Der Stolz der Küche im charmanten Knusperhäuschen ist die Sammlung von 161 Rezepten aus den Klöstern des Landes, darunter Zucchini mit Joghurt und Walnüssen, gebratener Ziegenkäse mit Kräutern und andere Fastenspeisen. Umfangreiche Speisenkarte: Kuttelsuppe, *loukanka* (eine Hartwurst) und *baniza,* mit Schafkäse *(sirene)* gefüllter Blätterteig. Zu den Spezialitäten zählen die stundenlang bei kleiner Flamme im Tontopf geschmorte zarte Fasanenbrust und das gebeizte Hirschfilet mit Pilzen und Heidelbeeren. Die Weinkarte listet alle großen Weingüter Bulgariens auf, das glasweise Angebot ist eingeschränkt.

S

Pod Lipite F ☐☐☐☐

Innenstadt, 1, Elin Pelin ul.
PLZ 1000 ■ E 5, S. 517
Tel. und Fax 00359/2/866 50 53
www.podlipitebg.com
kein Ruhetag
Hauptgerichte € 5-10

Man glaubt sich in einer Dorfschenke in
einem der Täler des Witoscha-Gebirges. Im
Kamin lodert ein Feuer, Wände und Fuß-
böden sind aus Naturstein, an den langen
Holztischen sitzen die Gäste eng beisam-
men. Auch im zweiten Raum gibt es eine
offene Feuerstelle und davor einen Koch,
der die *kebaptsche* (Hackfleischröllchen) und
kjufteta (Hackfleischklößchen) formt, grillt
und anrichtet. Von der Kuttelsuppe über
giuvetsch (Eintopf) bis zum Wildschwein mit
Lauch und getrockneten Pflaumen werden
alle bulgarischen Traditionsgerichte angeboten. Abends Folkloreprogramm.

Pri Yafata F ☐☐☐☐

Innenstadt, 28, Solunska ul.
PLZ 1000 ■ B 3, S. 516
Tel. 00359/2/980 17 27, Fax 981 48 54
www.pri-yafata.com
kein Ruhetag
Hauptgerichte € 4-12

AmEx DINERS EC MASTER VISA

Abendrestaurant mit Kultstatus. An den
Wänden alte Gerätschaften vom Bügeleisen
bis zum Jagdgewehr, das angeblich im
Befreiungskrieg zum Einsatz kam. Ab 21 Uhr
spielt ein Roma-Quartett. Der *schopska*-
Salat, reichlich mit geriebenem Schafkäse
bestreut, erhält seine hügelige Form dadurch, dass Tomaten, Gurken, Paprika,
Zwiebeln und Gewürze in eine Schüssel
gepresst und auf einen Teller gestürzt
werden. Der „Hase auf Jägerart" mit Pilzen,
Zwiebeln, Karotten und Speck köchelte in
einem runden Tongefäß noch vor sich hin,
als er serviert wurde, und schmeckte wie
dezent geräuchert. Dazu warmes Weißbrot
und Rotwein, der auch offen ausgeschenkt
wird. Als Dessert Büffelmilch-Joghurt mit
frischen Feigen, Honig und Walnüssen.

Bars/Cafés

Art Club Museum

Innenstadt, 2, Saborna ul.
PLZ 1000 ■ C 2, S. 516
Tel. 00359/2/980 66 64
tgl. 24 Std.

Die ebenerdig hinter dem archäologischen
Museum gelegene fashionable Cafébar ist
immer gut für einen Zwischenstopp – tagsüber genauso wie abends. Der in hellen
Cremetönen gehaltene Raum mit den
hohen Rundbogenfenstern gibt den Blick
nach draußen auf antike Ausgrabungs-
funde frei. Bunt gemischtes, internationales
Publikum, trendige Musik.

BedRoom

Innenstadt, 3, Narodno Sabranie pl.
PLZ 1000 ■ D 3, S. 517
Tel. 00359/2/986 20 11
www.bedroom.bg
tgl. 21-5 Uhr

Late-Night-Spot im Souterrain des Hauses
neben dem „Radisson Blu Grand Hotel".
Treffpunkt der Jeunesse dorée, die sich hier
ab Mitternacht glamourös in Szene setzt.
Jeden Montag Karaoke, jeden Mittwoch
„Retroroom" mit DJ Dimo.

Opera

Innenstadt, 113, Rakovski ul.
PLZ 1000 ■ D 2, S. 517
Tel. 00359/2/988 21 41
www.opera-bg.info
Bar Do-Sa 10-4 Uhr
Restaurant tgl. 12-23 Uhr
DINERS MASTER VISA M

Die Nähe zum Opernhaus prädestiniert
dieses elegante Lokal mit Bar für einen
Drink vor oder einen Snack nach
der Vorstellung. Das Interieur ist eine
Mischung aus barockem und minimalistischem Design und harmoniert mit
der coolen Chillout- und Loungemusik.
Jeden Donnerstag und Freitag stehen
stadtbekannte DJs am Plattenteller.

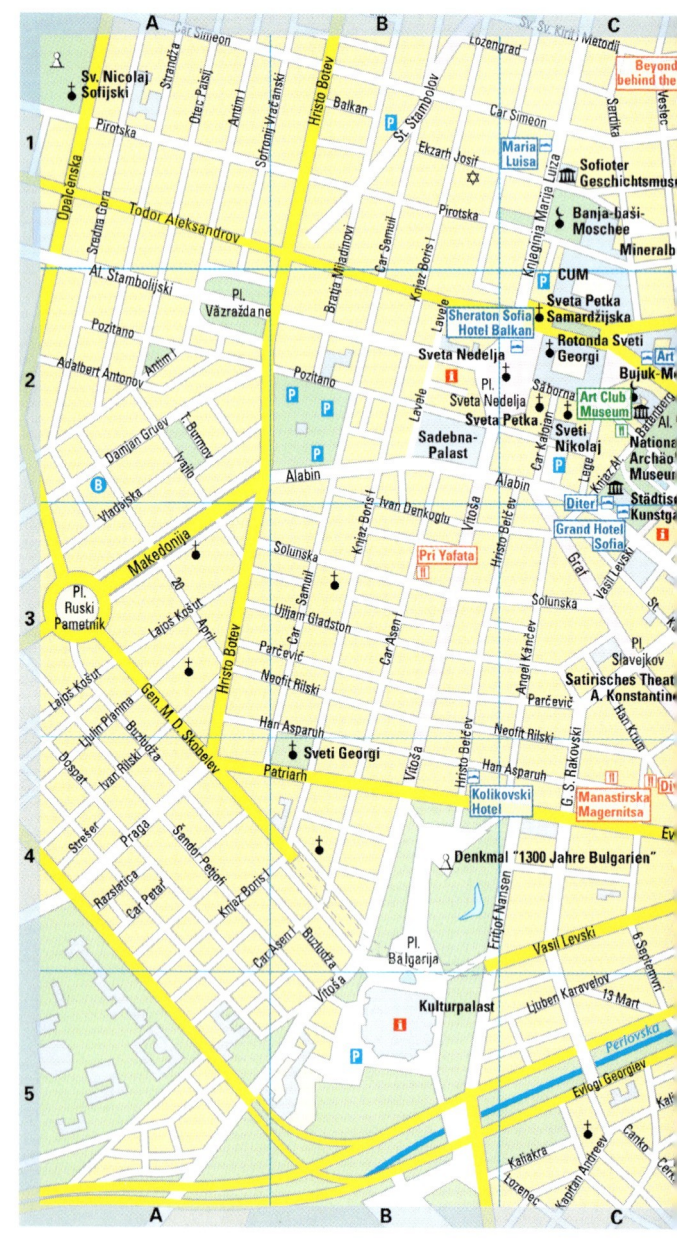

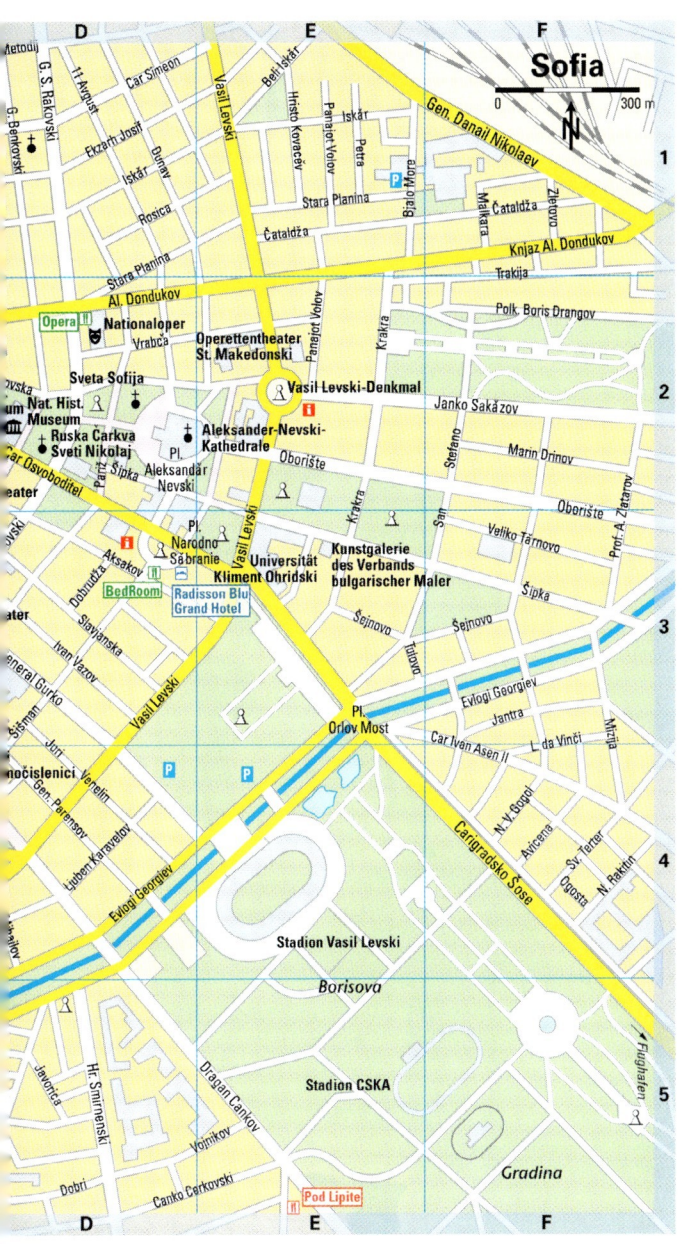

Sofia

0   300 m

N

STOCKHOLM

In der weltoffenen Metropole an
der Ostsee tun es die Köche ihren
Kollegen in Kopenhagen und Helsinki
nach: Aus den guten Produkten
des Landes komponieren sie überraschende weltläufige Gerichte

Foto: Mauritius Images/Age

Hotels

Berns 🄵🄵🄵

Innenstadt, Näckströmsgatan 8
PLZ 10327 ◼ C 2, S. 528
Tel. 0046/8/56 63 22 00, Fax 56 63 22 01
www.berns.se
82 Zi., 6 Suiten, DZ ab € 295
[AmEx] [DINERS] [MASTER] [VISA] 🍸🏨🏊♨

Der Berzeliipark grenzt an das Hafenbecken
von Nybroviken, wo die Fähren zu den
Schären ablegen, eine stimmungsvolle
Atmosphäre. Hinter der historischen Fassade
aus dem 18. Jahrhundert warten kleine
und große Zimmer mit extra angefertigten
Möbeln aus Kirschholz und mit Marmorbä-
dern, in denen schon Prince, Bill Gates oder
Isabella Rossellini gebadet haben. Hotelgäste können das „Sturebadet Grand Fitness Center" in der Nachbarschaft nutzen.

Clarion Sign 🄵🄵

OT Norrmalm, Östra Järnvägsgatan 35
PLZ 10126 ◼ A 2, S. 528
Tel. 0046/8/676 98 00, Fax 676 98 99
www.clarionsign.com
558 Zi., 8 Suiten, DZ ab € 175
[AmEx] [DINERS] [MASTER] [VISA] 🍸🏨🏊♨

Jede Etage im lichtdurchfluteten Haus ist
mit Möbelklassikern von einem skandinavischen Designer (von Alvar Aalto bis Arne
Jacobsen) eingerichtet. (Siehe Restaurant
„Aquavit Grill & Raw Bar".)

Grand Hôtel 🄵🄵🄵🄵

OT Norrmalm, Södra Blasieholmshamnen 6
PLZ 10327 ◼ C 3, S. 528
Tel. 0046/8/679 35 00, Fax 611 86 86
www.grandhotel.se
331 Zi., 37 Suiten, DZ ab € 421
[AmEx] [DINERS] [EC] [MASTER] [VISA] 🍸🏨🏊♨

Klassiker am Berzeliipark: „Berns"

Design mit Ausblick: „Clarion Sign"

Stockholms coolstes Designhotel bietet Lichtspiele je nach Stimmungslage des Gastes:

Seit mehr als 100 Jahren logieren die Nobelpreisträger anlässlich ihrer Auszeichnung im schlossähnlichen Prachtbau. Am gegenüberliegenden Ufer des Nörrström erheben sich Parlamentsgebäude und Stadtpalast des Königshauses. Zimmer und Suiten sind mit Antiquitäten ausgestattet, aber auch mit vielen modernen Annehmlichkeiten wie dem kabellosen Internetzugang. Ende 2009 soll ein luxuriöser Spa eröffnet werden. Das „Veranda"-Restaurant bietet das beste Smörgåsbord der Stadt. (Siehe Restaurant „Mathias Dahlgren Matsalen".)

Hellsten ⬛⬛⬜⬜⬜
OT Norrmalm, Luntmakargatan 68
PLZ 11351　　　　　■ B 1, S. 528
Tel. 0046/8/661 86 00, Fax 661 86 01
www.hellsten.se
67 Zi., 9 Suiten, DZ ab € 130
`AmEx` `DINERS` `MASTER` `VISA` 🇪🇺 ￥ 🚗 ♿

Jeder Raum dieses kleinen Hotels ist individuell gestaltet. In einigen finden sich restaurierte Stuckaturen, Holzpaneele und Kachelöfen aus der Gründerzeit des Gebäudes vor mehr als 100 Jahren, andere sind mit Möbeln und Kunst aus Afrika und Asien oder schwedischen Bauernantiquitäten dekoriert. Die persönliche Note wurde kombiniert mit freiem Internetzugang und anderem modernem Komfort.

Nordic Light ⬛⬛⬛⬜⬜
OT Norrmalm, Vasaplan 7
PLZ 11120　　　　　■ A 2, S. 528
Tel. 0046/8/50 56 30 00, Fax 50 56 30 60
www.nordiclighthotel.com
105 Zi., 60 „Mood Rooms", DZ ab € 147
`AmEx` `DINERS` `MASTER` `VISA` ￥ ♿
Nicht weit vom Hauptbahnhof steht das raffiniert ausgeleuchtete „Nordic Light", Stockholms coolstes Hotel. In der Einrich-

son, dem einstigen Abba-Mitglied. Die unterschiedlich großen Zimmer haben bequeme Betten und viele audiovisuelle Einrichtungen (inklusive 32-Zoll-Flat-Screens). Filme für den DVD-Player verleiht die Rezeption kostenlos. Diverse Konferenz-angebote, eigenes Filmtheater mit 700 Plätzen. Restaurant und Bar.

Royal Viking
Radisson Blu **F F F F** ☐

OT Norrmalm, Vasagatan 1
PLZ 10124   ■ B 3, S. 528
Tel. 0046/8/50 65 40 00, Fax 50 65 40 01
www.royalviking.stockholm.
radissonblu.com
459 Zi., 3 Suiten, DZ ab € 280
AmEx DINERS MASTER VISA ⛾ 🏠 🛏 🍸

Das komfortable Tagungshotel in der Stadtmitte bietet Zimmer in fünf Katego-rien, sie sind in schwedischem oder italieni-schem Stil möbliert. Alle haben Internetzu-gang, ab Kategorie „Business Class" ist der Zugang zum Fitness- und Wellnessbereich mit Pool frei, die anderen Gäste müssen zwölf Euro zahlen. Vielfältige Konferenz-möglichkeiten, Restaurant, „Sky Bar" mit Panoramafenstern im obersten Stock.

„Nordic Light" nahe dem Hauptbahnhof

tung dominieren konsequent Schwarz und Weiß, dafür kreierte der Lichtdesigner Kai Piipoo farbige Lichtspiele zwischen Blau und Rot für die Wände. In den sogenannten „Mood Rooms" – zwischen 15 und 35 Quadratmeter groß – können Gäste eine Lichtdekoration nach ihrer eigenen Stim-mung auswählen. Im Schwesterhotel „Nordic Sea" kann man in der „Ice Bar" quietschbunte Wodkacocktails aus eisigen Gläsern trinken.

Rival **F F F** ☐ ☐

OT Södermalm, Mariatorget 3
PLZ 11891   ■ B 5, S. 528
Tel. 0046/8/54 57 89 00, Fax 54 57 89 24
www.rival.se
97 Zi., 2 Suiten, DZ ab € 160
AmEx DINERS MASTER VISA ⛾ 🏠 🛏

Art déco, kräftige Farben und großformatige Fotos prägen das Hotel von Benny Anders-

Kräftige Farben und Entertainment: „Rival"

Nostalgie im Lüsterglanz: „Stureplan"

Stureplan F F ▢ ▢ ▢

OT Östermalm, Birger Jarlsgatan 24
PLZ 10216 ■ C 1, S. 528
Tel. 0046/8/440 66 00, Fax 440 66 11
www.hotelstureplan.se
101 Zi., DZ ab € 136
AmEx DINERS MASTER VISA 🔌 🍸 🏠 🍸
Boutiquehotel in zwei Gebäuden, die Ende
des 19. Jahrhunderts errichtet wurden. Die
unterschiedlich großen und unterschiedlich
möblierten Räume schmücken teilweise
Antiquitäten. Alle haben Flat-Screens, Musik
und DVD on demand sowie W-Lan. Die
Gäste können den nostalgischen Badetem-
pel „Sturebadet" von 1890 nutzen. Gegenüber steht das Restaurant „Pontus!" (siehe
Restaurants).

Victory Hotel F F ▢ ▢ ▢

Altstadt, Lilla Nygatan 5
PLZ 11128 ■ B 4, S. 528
Tel. 0046/8/50 64 00 00, Fax 50 64 00 10
www.victoryhotel.se
42 Zi., 3 Suiten, 4 App., DZ ab € 280
AmEx DINERS MASTER VISA 🍸 🏠 🏠 🍸
Das individuelle Hotel in einem historischem
Haus in der Altstadt ist mit maritimen
Antiquitäten geschmückt. Die Zimmer sind

im Stil des 18. Jahrhunderts eingerichtet
und bieten Flat-Screens, Bang-&-Olufsen-
HiFi sowie W-Lan. Einige haben Whirlwan-
nen. (Siehe Restaurant „Leijontornet".)

Restaurants

Aquavit Grill & Raw Bar F ▢ ▢ ▢ ▢

OT Norrmalm, im Hotel Clarion Sign
Östra Järnvägsgatan 35
PLZ 10126 ■ A 2, S. 528
Tel. 0046/8/676 98 50
www.aquavitgrillrawbar.se
kein Ruhetag
Hauptgerichte € 16-34
AmEx DINERS MASTER VISA @ M 🏠 🏠
Das New Yorker Restaurant wurde nach
Stockholm importiert: lässige Atmosphäre,
kleine Delikatessen aus schwedischen
Zutaten wie Hühnchen-Hotdogs mit Krab-
bensalat, Schweinebauch mit Apfel
und Maronen oder das „NY Strip Steak"
mit Zwiebeln.

Fredsgatan 12 F F F ▢ ▢

OT Norrmalm, Fredsgatan 12
PLZ 11152 ■ B 3, S. 528
Tel. 0046/8/24 80 52, Fax 23 76 05

Akademisch: „Fredsgatan 12"

In der Altstadt: „Leijontornet"

Ehemalige Backsteinfabrik: „Lux"

www.fredsgatan12.com
Sa mittag, So geschl.
Hauptgerichte € 27-70
AmEx DINERS MASTER VISA M 🚗 ⛵ 🍸
Kreative Küche von gleichbleibend hohem
Niveau in einem Gebäudeflügel der Akademie der Künste. Reichstagsabgeordnete und
Mitarbeiter umliegender Büros lassen sich
hier mittags verwöhnen. Abends serviert die
gut geschulte Kellnerbrigade raffinierte
Köstlichkeiten im modernen, sechs Meter
hohen Speisesaal: pochiertes Ei aus Sandö
mit Bockshornklee, Ossietra-Kaviar und
Blumenkohl-Mayonnaise oder Ochsenschwanz auf zweierlei Art, als Ravioli und
als Consommé mit schwarzen Trüffeln
und kandierten Samen vom Thymian. In
sternklaren nordischen Sommernächten
wird die große Terrasse zum beliebten
Outdoor-Nachtklub.

Leijontornet F F ▢ ▢ ▢
Altstadt, im Victory Hotel, Lilla Nygatan 5
PLZ 11128   ■ B/C 4, S. 528
Tel. 0046/8/50 64 00 80, Fax 50 64 00 85
www.leijontornet.se
So geschl.

Menüs € 75-130
AmEx DINERS MASTER VISA @ M 🍸
Die Mauerreste des „Löwenturms" aus dem
14. Jahrhundert sind durch den Glasboden
des Hotelrestaurants zu sehen. Die Küche
verarbeitet fast ausschließlich Produkte aus
dem Bio-Anbau. Vermeintliche Deftigkeiten
wie geröstete Blutwurst mit karamellisierten
Apfelspalten und Preiselbeeren kommen als
feine Delikatessen auf den Tisch.

Lux F F ▢ ▢ ▢
OT Lilla Essingen, Primusgatan 116
PLZ 11267   westlich ■ A 4, S. 528
Tel. 0046/8/619 01 90, Fax 619 04 47
www.luxstockholm.com
Sa mittag, So, Mo geschl.
Hauptgerichte € 33-37
AmEx DINERS MASTER VISA @ M 🚗 ⛵ 🍸
Eine Backsteinfabrik auf der Insel Lilla
Essingen war 1907 die Keimzelle des
Electrolux-Konzerns. Heute wird in der
schicken Halle mit hohen Fenstern moderne
Landküche wie Schweineschnitzel mit
geschmortem Speck, schwedischem Trüffel
und Wurzelgemüsepüree serviert. Lockerer
Service, schöne Sommerveranda.

Hafenblick: „Mathias Dahlgren"

Mathias Dahlgren
Matsalen FF

OT Norrmalm, im Grand Hôtel
Södra Blasieholmshamnen 6
PLZ 10327 ■ C 3, S. 528
Tel. 0046/8/679 35 84, Fax 611 86 86
www.mathiasdahlgren.com
nur Abendessen, So, Mo geschl.
Hauptgerichte € 45-56
AmEx DINERS MASTER VISA 🚗 🛏 🍷
Seit anderthalb Jahren bewirtet Stockholms
bekanntester und innovativster Koch seine
Gäste im „Grand Hôtel". Er beeindruckt mit
einer „Fusion" von Rind und Austern oder
mit in Portwein geschmorten Ochsenbäck-
chen und Püree von Gewürzgurken und
gebratenen Zwiebeln. Große internationale
Weinauswahl. Nebenan das legere Bistro
„Matbaren".

Och Himlen Därtill F

OT Södermalm, Götgatan 78
PLZ 11730 südlich ■ C 5, S. 528
Tel. 0046/8/660 60 68
www.restauranghimlen.se
nur Abendessen, So geschl.

Hauptgerichte € 30-36
AmEx DINERS MASTER VISA 🍷
Ansprechende französisch-schwedische
Küche und Panoramablicke aus dem
25. Stockwerk eines Bürohauses: Kalbsbries
mit Ochsenschwanzragout und Topinambur-
püree, Dorsch mit Eier-Lauch-Forellenkaviar-
Creme und *beurre blanc.* In der „Sky Bar"
nebenan ist man dem Himmel genauso nah.

Operakällaren FFFF

OT Kungsholmen, im Opernhaus
Karl XII:s Torg
PLZ 11186 ■ C 3, S. 528
Tel. 0046/8/676 58 01, Fax 676 58 72
www.operakallaren.se
So, Mo geschl.
Hauptgerichte € 32-52
AmEx DINERS MASTER VISA M 🍷
Seit König Gustav III. im Jahr 1787 die
Speisegaststätte im Opernhaus eröffnete,
gehört der „Opernkeller" zu den besten
Restaurants des Landes. Der Speisesaal ist

Seit 222 Jahren das repräsentativste

mit Freskomalereien und aufwendigen Holzvertäfelungen dekoriert. Aus der verglasten Veranda bietet sich ein Blick über den Nörrström bis zum Königspalast. Die Köche verbinden Französisches mit besten schwedischen Zutaten und kreativen Einfällen: Bresse-Huhn in der Salzkruste mit einer Sauce aus Leber und Chartreuse grün. Im Weinkeller lagern 1350 verschiedene Weine. Der Service ist klassisch, diskret und bestens informiert.

Pontus! FF

OT Norrmalm, Brunnsgatan 1
PLZ 11131 ■ C 1, S. 528
Tel. 0046/8/54 52 73 00, Fax 796 60 69
www.pontusfrithiof.com
Sa mittag, So geschl.
Hauptgerichte € 15-40
AmEx DINERS MASTER VISA @ M Y
Büchertapeten schmücken den 15 Meter hohen Raum zwischen Austern-, Champagner- und Cocktailbar zu ebener Erde und

Bücher-Illusion: „Pontus!"

dem Speisesaal im Souterrain. Der bekannte Koch und Patron Pontus Frithiof hält sich strikt an die Jahreszeiten. Er glaciert Rehfilet mit Schwarzen Johannisbeeren und reicht dazu zitronengewürzte Gelbe Rüben, Pastinakenterrine und Johannisbeersauce. Zweitrestaurant „Pontus at the sea" am Hafen (Skeppsbron Tullhus 2) mit unschlagbarer Open-Air-Lounge, schnippischem Personal und wechselhaftem Essen.

Restaurang 1900 F

OT Norrmalm, Regeringsgatan 66
PLZ 11139 ■ B 1/2, S. 528
Tel. 0046/8/20 60 10
www.r1900.se
So geschl., Hauptgerichte € 16-33
AmEx DINERS MASTER VISA @ M Y
Der populäre Fernsehkoch Niklas Ekstedt hat sein Restaurant nach Motiven des schwedischen Malers Carl Larsson eingerichtet. Er pflegt eine moderne skandinavische Küche. Das zarte Lamm kommt aus Sörmland südlich von Stockholm und wird von Wachtelei, Petersilienwurzeln und Süßkartoffeln begleitet.

Restaurant Stockholms: „Operakällaren"

Rolfs Kök FF

OT Norrmalm, Tegnérgatan 41
PLZ 11161 ■ A 1, S. 528
Tel. 0046/8/10 16 96, Fax 789 88 80
www.rolfskok.se
Sa mittag, So mittag geschl.
Hauptgerichte € 18-38
AmEx DINERS MASTER VISA @

Die moderne schwedisch-französische Bistroküche im citynahen Norrmalm-Quartier hat Erfolg. Mit einer Mischung von frischen, schmackhaften Gerichten, munterer Stimmung, aufmerksamem Service und moderaten Preisen. Aus der Showküche inmitten des Gastraumes kommt eine Kasserolle von Stubenküken, weißen Bohnen, Tomaten und Knoblauch oder Kabeljaufilet mit Anchovis und Dill aus dem Backofen, dazu Spinat mit Zitrone. Gut sortierte Weinkarte.

Smak pa Restaurangen FFF

OT Norrmalm, Oxtorgsgatan 14
PLZ 11157 ■ B 2, S. 528
Tel. 0046/8/22 09 52, Fax 22 09 54
www.restaurangentm.com
So geschl.
Hauptgerichte € 30-50
AmEx DINERS MASTER VISA @

Hier bestellt man Aromen: Wer auf dem Speisenblatt „Dill" ankreuzt, bekommt einen Skagen-Toast mit Garnelen und Gurken, unter „Sesam" gibt's ein *beef satay* mit Soja und Cashewnüssen. Drei der Probierportionen entsprechen einem Hauptgang. Zu jedem Minigericht gibt es eine Weinempfehlung, ebenfalls im Probierglas.

Wärdshuset Ulla Winbladh F

OT Djurgarden, Rosendalsvägen 8
PLZ 11521 ■ E 3, S. 529
Tel. 0046/8/53 48 97 01, Fax 54 50 01 67
www.ullawinbladh.se
kein Ruhetag, Hauptgerichte € 12-35
AmEx DINERS MASTER VISA

Ein schöner Ausflug im Sommer. Auf der grünen Insel Djurgården steht die einladende weiße Gründerzeitvilla. Traditionelle

Ausflugsziel: „Wärdshuset Ulla Winbladh"

schwedische Küche: Graved Lachs mit Senfsauce, gebackener Ostsee-Hering mit Lauch und Kaviar.

Wedholms Fisk FF

OT Östermalm, Arsenalgatan 1
PLZ 11148 ■ C 2, S. 528
Tel. 0046/8/611 78 74, Fax 678 60 11
www.wedholmsfisk.se
Sa mittag, So geschl., Hauptgerichte € 25-56
AmEx DINERS MASTER VISA

Seezunge, Wildlachs, Zander, Hummer oder Jakobsmuscheln – seit mehr als 20 Jahren werden im besten Fischrestaurant der Hauptstadt am Nybrokajen fangfrische Meerestiere auf klassische Art zubereitet. Köstlich ist etwa die *marmite* (Eintopf) von

Der Fischspezialist: „Wedholms Fisk"

Fisch und Muscheln mit *rouille*, die Seezunge gibt es als „Müllerin" oder pochiert mit französischem Kaviar und Champagnersauce. Service und Weinauswahl sind gut, Letztere bietet viele Weiße aus dem Burgund und dem Elsass.

Bars/Cafés

Blue Moon Bar

OT Östermalm, Birger Jarlsgatan 29
PLZ 10395   ■ B 2, S. 528
Tel. 0046/8/24 47 00, Fax 24 41 86
www.bluemoonbar.se
Fr, Sa 20-3 Uhr
AmEx MASTER VISA
Besonders die Mode- und Medienszene trifft sich gern in der schicken Bar, die sich über mehrere Ebenen erstreckt. Musik und Tanz bis in den frühen Morgen.

Café Opera

OT Norrmalm, im Opernhaus, Karl XII:s Torg
PLZ 11147   ■ C 3, S. 528
Tel. 0046/8/676 58 07, Fax 676 58 72
www.cafeopera.se
Mi-So 22-3 Uhr
AmEx DINERS MASTER VISA

Glanzvolle Nächte: „Café Opera"

Gepflegtes Interieur aus dem Jahr 1895. Die Bar und Diskothek ist eine der exklusivsten und elegantesten Adressen der Stadt. *Late Night Menu* mit Austern und Steaks. Das Indoor-Ambiente ist grandios, das Publikum eher neureich.

Eriks Vinbaren

OT Södermalm, Stadsgarden 6
PLZ 10465   ■ C 5, S. 528
Tel. 0046/8/641 70 90, Fax 641 11 40
www.eriks.se
Di-Do 17-23 Uhr, Fr, Sa 16-24 Uhr
AmEx DINERS MASTER VISA ♞ ♟
Einige Gäste platzieren sich auf einen Barhocker direkt am Fenster und sehen mit einem Glas Roten auf den Verkehrsknotenpunkt Slussen beim Södermalmstorg zu. Die gut 40 Weine der monatlich wechselnden Karte werden auch glasweise ausgeschenkt. Dazu Tapas oder Speisen wie Lammfilet mit Waldpilzen und Schaum von schwarzem Pfeffer für 16 Euro aus „Eriks Gondolen Restaurant", elf Stockwerke über der Bar.

Terrenos Vinotek

OT Kungsholmen, Scheelegatan 12
PLZ 11228   westlich ■ A 3, S. 528
Tel. 0046/8/653 19 88
www.terrenosvinotek.se
Di-Do 17-23 Uhr, Fr-Sa 17-24 Uhr
AmEx MASTER VISA ♞ ♟
„Hightech meets Weingenuss" könnte über der Eingangstür vom „Terrenos" stehen, einer Weinbar der Neuzeit, nicht weit vom Stockholmer Rathaus entfernt. Ein Sommelier berät bei der Auswahl, die Gäste füllen dann den Wein per Selbstbedienung aus einer Art „Jukebox" ins Glas und zahlen mit einem Chip, den man an der Kasse auf einen gewünschten Betrag aufladen kann. Alle 45 Weine auf der Karte gibt es im Glas und per Flasche. Darunter sind zehn Tropfen aus dem eigenen Weingut in der Toskana. Auch in der Küche überwiegen italienische Einflüsse. Pastagerichte gibt es als halbe Portion oder reichlich zum Sattwerden.

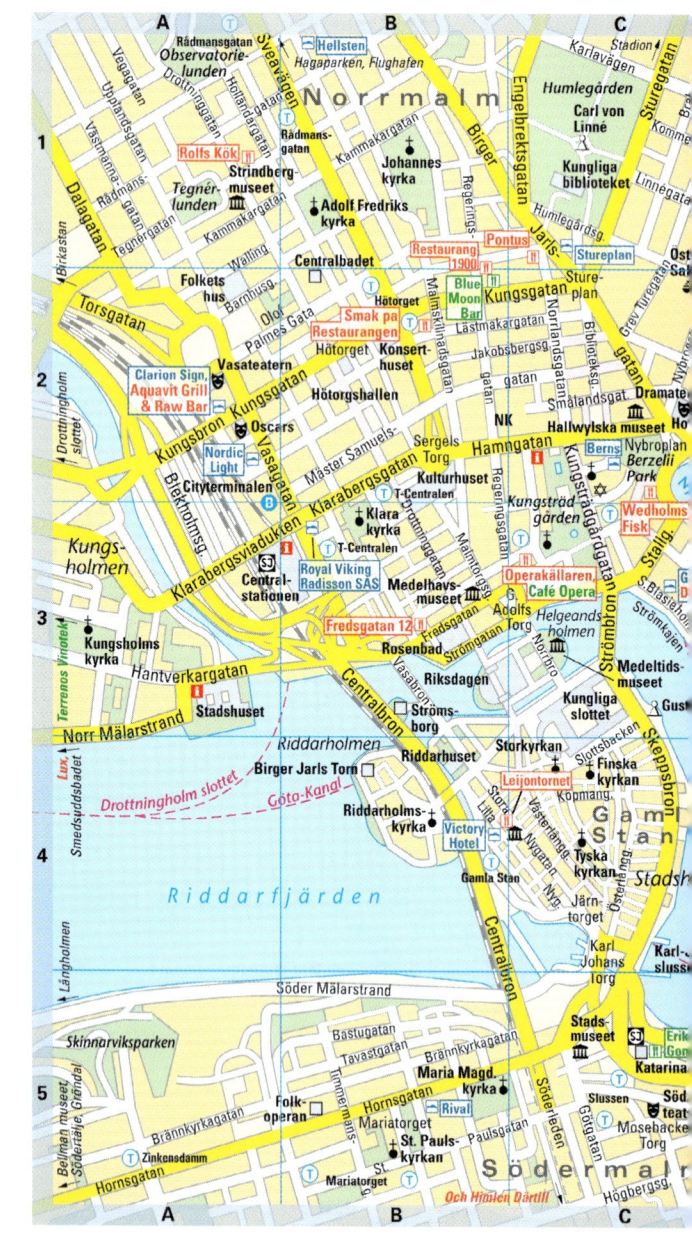

Stockholm

0   450 m

D · E · F

Östermalm

Universitetet
Värta-vägen
Borg- vägen
Stadion
Artillerig.
Styrleg.
Longatan
Karlaplan
Valhallavägen
Karlaplan
Jungfrugatan
Skeppargatan
Grevgatan
A
Gustav Adolfs kyrka
Gustav Adolfsparken
Etnografiska museet, Sjöhistoriska museet, Kaknästornet, Tekniska museet
Karlavägen
TV-huset
Kakrnästornet
Narvavägen
Banérgatan
-malmstorg
-s-
-edvig
-leonora kyrka
-mémuseum
Historiska museet
Linnégatan
Gärdesgatan
Skarpögatan
D
Storgatan
Grevgatan
Styrmansgatan
Grev Magnigatan
Torstenssonsg.
Banérgatan
Oskars kyrka
Berwald-hallen
Riddargatan
Strand- vägen
Engelska kyrkan
Strandvägen
Nobel-parken
Nobelgatan

Djurgårdsbrunnsviken

Ladugårdslands-viken
-thias
-en
-sieholmen
Junibacken
Galär-parken
Nordiska museet
Rosendalsvägen
slott
Rosendals
-lmuseet
Vasamuseet
Estonia-monumentet
⚓
Wardshuset Ulla Winbladh
Skansen Nebeneingang
Djurgården
Östasiatiska museet
Skeppsholmskyrkan
Biologiska museet
Skansen
Seglora kyrka
Moderna museet Arkitekturmuseet
Liljevalchs konsthall
Djurgårdsvägen
Tobaks-museet
Skeppsholmen
Aquaria Vattenmuseum
Cirkus
Skansen Haupteingang
Djurgårds-slätten
Djurgårdskyrkan
Djurgårdsvägen
Gröna Lund
Thielska galleriet, Prins Eugens Waldemarsudde
Kastellholmen
Beckholmen
Waldemarsviken

Saltsjön

-dsgårdshamnen
-en
Stadsgårdsleden
Fjällgatan
Ersta g.
Tegelvikshamnen
-rina
-a
Norska kyrkan
Stigbergsgatan
Spårvägsmuseet, Gustavsberg, Nacka
© MERIAN-Kartographie

D · E · F

TALLINN

Die schmucke Altstadt ist nicht nur bei finnischen Gästen beliebt. Kein Wunder, Tallinn gilt als die kreativste und lebenslustigste Stadt des Baltikums. Auch die Küchen sind international und *dim sum* ebenso empfehlenswert wie der heimische Aal

Hotels

Merchant's House Hotel ▇▇□□□
Innenstadt, Dunkri 4/6
PLZ 10123 ▪ C 3, S. 538
Tel. 00372/697 75 00, Fax 697 75 01
www.merchantshousehotel.com
37 Zi., 6 Suiten, DZ ab € 120
AmEx DINERS EC MASTER VISA
Charmantes Hotel in historischen Gebäuden
aus dem 14. und 16. Jahrhundert. Wegen
der alten Bausubstanz sind manche der
Zimmer klein, alle verbinden allerdings
alte Elemente wie Mauerwerk mit moder-
nem Design und zeitgemäßem Komfort wie
Flat-Screen-TV und W-Lan. Die Suiten
haben eine eigene Sauna. Innenhof,
Terrasse, Restaurant und Bar.

Schlössle ▇▇▇□
Innenstadt, Pühavaimu 13/15
PLZ 10123 ▪ D 2/3, S. 539
Tel. 00372/699 77 00, Fax 699 77 77
www.schlossle-hotels.com
8 Zi., 15 Suiten, DZ ab € 220
AmEx DINERS EC MASTER VISA 🍴🛏️🍷
Die Liste internationaler Berühmheiten, die
im luxuriös-gemütlichen Hotel genächtigt
haben, ist lang. Klassisch-elegante Zimmer,
die alle individuell eingerichtet sind, aufmerksamer Service und ein intimes
Gewölberestaurant mit guter Küche und
gut gefülltem Weinkeller mit imposantem
Pétrus-Sortiment.

St. Petersbourg ▇▇□□□
Innenstadt, Rataskaevu 7
PLZ 10123 ▪ C 3, S. 538
Tel. 00372/628 65 00, Fax 628 65 65
www.schlossle-hotels.com/st.petersbourg
20 Zi., 7 Suiten, DZ ab € 95
AmEx DINERS EC MASTER VISA €🛏️
Das Schwesterhotel zum „Schlössle" ist
kleiner, die Zimmer sind im Art-déco-Stil
eingerichtet und haben hohe Decken. Sauna
im obersten Stock mit Ausblick, russische
Küche im opulenten Restaurant „Nevskij".

Swissotel ▇▇▇▇□
Innenstadt, Tornimäe 3
PLZ 10145 ▪ F 4, S. 539
Tel. 00372/624 00 00, Fax 624 00 01
www.tallinn.swissotel.com
227 Zi., 11 Suiten, DZ ab € 99
AmEx DINERS EC MASTER VISA 🍴🛏️🍴🛏️
Höher als im „Swissotel" kann man in
Estland nicht wohnen. Zur ansprechenden
Zimmerausstattung im modernen Stil

„Schlössle": die allgegenwärtige, luxuriöse Geschichte schätzen auch viele Prominente

„Telegraaf": Charme und Stil auch im Spa

gehören Lavazza-Kaffeemaschine und W-Lan. Von den meisten Gästezimmern hat man einen schönen Panoramablick auf Stadt und Bucht. Angesagte Bar und schickes Restaurant im 30. Stock. (Siehe Restaurant „Horisont".)

Telegraaf **F F F**

Innenstadt, Vene 9
PLZ 10123 ■ D 3, S. 539
Tel. 00372/600 06 00, Fax 600 06 01
www.telegraafhotel.com
78 Zi., 8 Suiten, DZ ab € 152
AmEx DINERS EC MASTER VISA Ⴤ 🏠 ≋ ♀

Der ehemalige Sitz der estnischen Telegraphengesellschaft in der Altstadt wurde zu einem ausgesprochen schönen Hotel umgebaut. Die Zimmer im historischen Teil sind stilvoll-klassisch eingerichtet, jene im neuen Anbau angenehm modern mit bodentiefen Fenstern und roten Farbakzenten. Überall wurden hochwertige Materialien verwendet. Spa mit 10-Meter-Pool. Bar. Konferenzraum. Imposantes Dekor mit Glasdach und Polstern im Restaurant „Tchaikovsky", wo Russland mit Frankreich eine kulinarische Liaison eingeht. Tiefgarage! Das Hotel ist Mitglied der Small-Luxury-Gruppe.

The Three Sisters **F F F**

Innenstadt, Pikk 71/Tolli 2
PLZ 10133 ■ D 1/2, S. 539
Tel. 00372/630 63 00, Fax 630 63 01
www.threesistershotel.com
15 Zi., 8 Suiten, DZ ab € 169
AmEx DINERS EC MASTER VISA Ⴤ

Designhotel in drei mittelalterlichen Kaufmannshäusern mit freundlichem, modernem Innenleben. Fußbodenheizung unter brasilianischem Schiefer in den Bädern, Plasmabildschirme, Himmelbetten und Holzbalken fügen sich in den komfortablen

„The Three Sisters": gelungenes Designhotel mit stimmungsvollem Ambiente

Zimmern harmonisch zusammen. Sehr gute Weinbar, schönes Restaurant (siehe Bar und Restaurant „The Three Sisters".)

Uniquestay Mihkli F F ☐ ☐ ☐
Innenstadt, Endla 23
PLZ 10122 ■ B 5, S. 538
Tel. 00372/666 48 00, Fax 666 48 88
www.uniquestay.com
71 Zi., 14 Suiten, DZ ab € 125
AmEx DINERS EC MASTER VISA ♈ 🏠

Günstige Alternative an der Nationalbibliothek. Das Mittelklassehotel wurde neu renoviert, die funktionalen Zimmer haben Parkettboden, Flat-Screen-Computer und kostenlosen Internetzugang. Die „Zen-Zimmer" sind komfortabler. Sauna und Gym. (Siehe Restaurant „La Boheme".)

„Bocca": gute Pasta unter der Gewölbedecke

Restaurants

Bocca F ☐ ☐ ☐ ☐
Innenstadt, Olevimägi 9
PLZ 10137 ■ D 2, S. 539
Tel. 00372/641 26 10, Fax 611 72 99
www.bocca.ee
So mittag geschl.
Hauptgerichte € 16-27
DINERS EC MASTER VISA ♈

„Bonaparte": der Geschichte verbunden

Das schicke Restaurant ist Tallinns „In-Italiener" − nicht nur wegen des trendigen Designs mit Holzboden, geschickt inszenierten Mauerwänden, massiven Holztischen und skulpturenartigen Lampen unter der Gewölbedecke. Die Auswahl an Gerichten ist umfangreich, darunter Klassiker wie Carpaccio, gute Pasta, etwa Ravioli mit Kaninchen, Estragon und Walnuss oder Lasagne mit Kalbsragout. Schicke Bar.

Bonaparte F ☐ ☐ ☐ ☐
Innenstadt, Pikk 45
PLZ 10133 ■ D 2, S. 539
Tel. 00372/646 44 44, Fax 646 47 81
www.bonaparte.ee
So geschl.
Hauptgerichte € 19-26
AmEx DINERS EC MASTER VISA

Geschichtsträchtige Adresse: Unter einer jahrhundertealten Holzdecke hängt an der Wand des Restaurants das Wappen der deutschen Familie, die einst in dem Haus lebte. Die Küche gibt sich ebenso klassisch mit französischem Einschlag: Entenbrustcarpaccio mit Cranberrycoulis oder gegrilltes Kalbsfilet mit Trüffeln und Rotweinsauce. Im Café gibt's leckere Kuchen und Croissants.

T

Chedi F F ☐ ☐ ☐

Innenstadt, Sulevimägli 1
PLZ 10123   ■ D 2, S. 539
Tel. 00372/646 16 76
www.chedi.ee
kein Ruhetag
Hauptgerichte € 13-26
EC MASTER VISA

Schickes asiatisches Restaurant mit grauem
Schiefer, schwarzen Möbeln und rotgolde-
nen Lampen. Der Küchenchef kommt aus
dem erfolgreichen Londoner Alan-Yau-
Imperium, wohl deshalb sind seine *dim sum*
so hervorragend. Die Haut der „Pi Pa Duck"
ist mit einer streng geheimen Gewürzmi-
schung eingerieben und duftet so köstlich,
wie sie schmeckt.

Egoist F F F ☐ ☐

Innenstadt, Vene 33
PLZ 10123   ■ D 2, S. 539
Tel. 00372/646 40 52
www.egoist.ee
So geschl.
Menüs € 36-50
AmEx DINERS EC MASTER VISA

Rostrote Ziegel im Boden markieren den
unbeschrifteten Eingang, die Tür zum
opulenten Restaurant mit mittelalterlichem
Gewölbe öffnet sich erst nach dem Klingeln.
Was aus der Küche kommt, sind ideenreich
angerichtete Kreationen aus lokalen
Produkten, Augen- und Gaumenschmaus
zugleich. Die Lachs-Timbale, leicht über

nordischer Kiefer geräuchert, schmolz zart-
saftig auf der Zunge, das Lammkarree mit
Schaum aus Dicken Bohnen und Knoblauch
vereinte harmonisch die Zutaten um das gut
gegarte Fleisch. Aufmerksamer Service.

Gloria F F ☐ ☐ ☐

Innenstadt, Müürivahe 2
PLZ 10146   ■ C 4, S. 538
Tel. 00372/644 69 50, Fax 646 61 80
www.gloria.ee
So geschl.
Hauptgerichte € 18-27
AmEx DINERS EC MASTER VISA 🏮 ⌂ 🍸

Weinkeller mit opulenter Auswahl dank des
zugehörigen russisch-französischen Restaurants, das vor allem Kaviar und Tournedos
Rossini serviert. 2000 Positionen umfasst
die Auswahl an Weinen, Cognacs und
Whiskeys, dazu gibt es eine kleine Auswahl
an Speisen wie hausgemachte Ricotta-
Ravioli. Weinladen.

Horisont F F ☐ ☐ ☐

Innenstadt, im Swissotel, Tornimäe 3
PLZ 10145   ■ F 4, S. 539
Tel. 00372/624 30 00, Fax 624 00 01
www.swissotel.com
So, Mo geschl.
Hauptgerichte € 19-27
AmEx DINERS EC MASTER VISA 🚗 ⌂

Der 360-Grad-Ausblick aus den Panoramafenstern im 30. Stock des „Swissotels" ist
atemberaubend, nicht nur deswegen ist

„Egoist": ideenreiche Kreationen

„Gloria": Mekka für Weinliebhaber

„Restaurant Ö": modernes Ambiente und regionale Produkte im ehemaligen Fabrikkomplex

Tallinns höchstes Restaurant so beliebt. Naturtöne mit Purpura-Akzenten schaffen eine lichte, moderne Atmosphäre, hauchzarte Stoffvorhänge unterteilen den großen Raum. Aus der Küche kommen kreative saisonale Gerichte, die klassische Rezepte und moderne Technik vereinen, etwa Gänselebert-Terrine mit gegrillter Wassermelone, Honig und Grapefruit-Konfitüre oder karamellisierte Jakobsmuscheln mit Karottenpüree und Zitronen-Gnocchi.

La Boheme FF
Innenstadt, im Hotel Uniquestay Mihkli Endla 23
PLZ 10122   ■ B 5, S. 538
Tel. 00372/666 48 06, Fax 666 48 88
www.laboheme.ee
kein Ruhetag
Hauptgerichte € 9-14
AmEx DINERS MASTER VISA M ⌂
Nicht alle Hotelrestaurants bürgen für Qualität, hier ist jedoch eine stimmige Mischung aus Café und *fine dining* gelungen. Das Ambiente ist lässig-elegant, die Speisenkarte bietet sowohl Snacks wie Quiche oder Froschschenkel im Cafébereich

als auch mit getrockneten Tomaten gefüllten Fasan mit Walnuss-Couscous oder geräuchertes Schweinefilet mit Portweinsauce im Restaurant.

Restaurant Ö FF
Innenstadt, Mere pst. 6 e
PLZ 10111   ■ E 2, S. 539
Tel. 00372/661 61 50, Fax 661 61 52
www.restoran-o.ee
kein Ruhetag
Hauptgerichte € 16-25
DINERS EC MASTER VISA ⌂ Y
Schickes Restaurant in Brauntönen im ehemaligen Fabrikkomplex Rotermund mit innovativer Küche. Viele Produkte stammen aus der Region, ob der in Apfelwein pochierte Aal mit Kräuteremulsion und knusprigen Rote-Bete-Chips oder der Kaninchenrücken mit Pfifferlingscreme-Strudel. Fröhlich buntes Café „Spirit" nebenan.

The Three Sisters FF
Innenstadt, im Hotel The Three Sisters Pikk 71/Tolli 2
PLZ 10133   ■ D 1/2, S. 539
Tel. 00372/630 63 00, Fax 630 63 01

www.threesistershotel.com
kein Ruhetag
Hauptgerichte € 10-21

AmEx DINERS MASTER VISA M ⌂ ☂

Im licht-eleganten Restaurant mit großen Fenstern und fein eingedeckten Tischen pflegt Aleksander Fedin eine aromareiche Küche: Makellos waren die geschmacks-intensive Steinpilzsuppe und die langsam gegarten Kalbsbäckchen mit Rotweinsauce. Gute Weinauswahl mit 300 Positionen.

Vertigo F F ▢ ▢ ▢

Innenstadt, Rävala puiestee 4
PLZ 19080 ◼ E 4, S. 539
Tel. 00372/666 34 56, Fax 640 02 44
www.vertigo.ee
kein Ruhetag
Hauptgerichte € 12-19

AmEx DINERS EC MASTER VISA M ☂ ☂

Im neunten Stock eines großen Glaskastens befindet sich das „Vertigo", ein schicker Treffpunkt des heimischen Jetsets mit Altstadtblick aus Lounge, Restaurant und von der Dachterrasse. Was aus der Küche kommt, ist facettenreich: Die „Austern-Sinfonie" präsentiert die Delikatesse mit Meerrettichcreme und Kresse, mit Kürbis-Ingwer-Salat und geräuchert mit Himbeer-Vinaigrette. Die Scholle von der Insel

„Vertigo": Austern-Sinfonie im Glaskasten

Saarema wird mit getrüffeltem Kartoffel-mousse gefüllt, mit Kürbismehl bestäubt und in Lavendelbutter gebraten. Köstlich!

Bars/Cafés

Anneli Viik

Innenstadt, Pikk 30
PLZ 10140 ◼ D 2, S. 539
Tel. 00372/644 45 30
www.anneliviik.ee
tgl. 11-21 Uhr

EC MASTER VISA

Gemütlich ist das kleine Café mit seinem Holzfußboden, den Korbstühlen und roten Lampen. Bei einem Kaffee probiert man am besten die leckeren Torten oder die handge-machten Pralinen aus Valrhona-Kuvertüre und sieht der Crew bei der Herstellung der Köstlichkeiten zu. Nette Bedienung.

„Anneli Viik": leckere Torten und Pralinen

BonBon

Innenstadt, Mere pst. 6 e
PLZ 10111 ◼ E 2, S. 539
Tel. 00372/661 60 80, Fax 661 61 52
www.bonbon.ee
Fr, Sa 22-5 Uhr

MASTER VISA 🚗

Szenetreff mit Tanzfläche, drei Bars und guter Stimmung ab Mitternacht. Das

Interieur mit Lüstern und opulenten Sesseln erinnert an die Zeit, als hier nur Club-Mitglieder Einlass fanden.

„Pegasus": Brailleschrift als Designelement

Pegasus
Innenstadt, Harju 1
PLZ 10146 ■ C 3, S. 538
Tel. 00372/631 40 40
www.restoranpegasus.ee
Mo-Do 8-23 Uhr, Fr, Sa 9-2 Uhr
AmEx DINERS EC MASTER VISA
Bar mit Restaurant über drei Ebenen – alles sehr trendy gestaltet. Unten sitzt man an Holztischen oder auf den Venushockern an der gelben Bar, trinkt Cocktails und versucht die Brailleschrift an der Wand zu entziffern. Im ersten Stock scheinen bunte Plastikskulpturen über dem Terrazzoboden zu schweben, auf der Speisenkarte stehen internationale Gerichte. Ganz oben laden gemütliche Sitzelemente zum Entspannen ein. Live-Jazz am Wochenende.

Taanilinna Veinikelder
Innenstadt, im Hotel Taanilinna, Uus 6
PLZ 10111 ■ D 3, S. 539
Tel. 00372/640 67 00, Fax 646 43 06
www.taanilinna.ee
tgl. 17-22 Uhr
AmEx DINERS EC MASTER VISA

In dem intimen Weinkeller wählt man aus etwa 100 verschiedenen Gewächsen, rund 15 werden offen ausgeschenkt. Eine Auswahl von Barsnacks, Thunfisch-Carpaccio beispielsweise, Parma-Schinken mit Melone oder eine italienische Käseplatte liefert die Restaurantküche des Hotels.

The Three Sisters Wine Bar
Innenstadt, im Hotel The Three Sisters
Pikk 71/Tolli 2
PLZ 10133 ■ D 1/2, S. 539
Tel. 00372/630 63 00, Fax 630 63 01
www.threesistershotel.com
tgl. 17-1 Uhr
AmEx DINERS EC MASTER VISA
Das luxuriöse Boutiquehotel „Drei Schwestern" ist schon mehrfach wegen seiner exzellenten Weinkarte ausgezeichnet worden. Für die ist die kalifornische Sommelière Jennifer Mitchell verantwortlich. Im Keller lagern 300 Gewächse, 30 von ihnen werden in der Weinbar glasweise serviert. Rot gemusterte Sessel, ockergetönte Wände und solide Weinschränke aus Holz schaffen eine gediegene Atmosphäre. Leichte Mahlzeiten, zum Beispiel Rindercarpaccio mit Rucola und Parmesan (12 Euro) oder eine Waldpilz-Consommé (6 Euro), kommen aus der Hotelküche.

„Taanilinna Veinikelder": intimer Keller

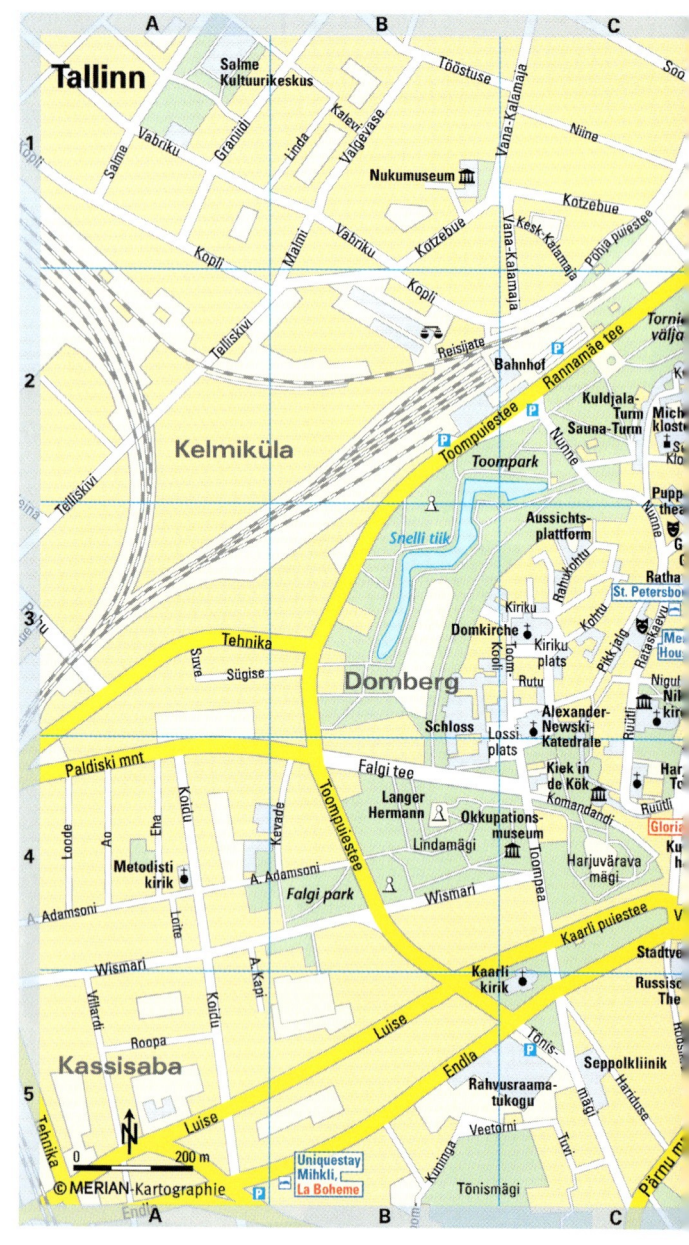

Tallinn

Salme Kultuurikeskus

Tööstuse

Soo

Vabriku
Graniidi
Linda
Kalevi vasa
Valgevase
Vana-Kalamaja
Niine

Nukumuseum 🏛

Kotzebue

Kopli
Matmi
Vabriku
Kotzebue
Kesk-Kalamaja
Vana-Kalamaja
Põhja puiestee

Kopli

Telliskivi

Reisijate
Rannamäe tee

Bahnhof P

Torni
välja

Ke

Kelmiküla

Toompuiestee P

Kuldjala-Turm
Sauna-Turm
Mich
kloste
St
Klo

Nunne

Toompark

Telliskivi
(Soona)

Snelli tiik

Aussichts-plattform

Rahukohtu

Pupp
thea
G
O

Ratha
St. Petersbo

Tehnika

Kiriku
Domkirche †
Kiriku plats
Toom-Kooli
Rutu

Men
Hou

Suve
Sügise

Domberg

Nigul
Nik
kir

Schloss
Lossi plats
Alexander-Newski-Katedrale

Ruutli
Ratsakaev
Pikk jalg
Kohtu

Paldiski mnt

Falgi tee

Kiek in de Kök 🏛

Har
To

Komandandi

Toompuiestee

Langer Hermann

Okkupations-museum 🏛

Gloria

Kavade
Eha
Koidu

Lindamägi
Toompea
Harjuvärava mägi

Ruutli
Ku
h

Loode
Ao

Metodisti kirik ●

A. Adamsoni
Falgi park
Wismari

Kaarli puiestee
V

A. Adamsoni

Stadtve

Wismari
Lotte
A. Kapi
Koidu

Kaarli kirik ●

Russiso
The

Villardi

Roopa
Luise

Tõnis
P
Seppolklinik

Kassisaba

Endla

Handuse
mägi

Luise

Rahvusraama-tukogu

N

0   200 m

© MERIAN-Kartographie

Uniquestay
Mihkli,
La Boheme

P

Veetorni

Tuvi

Tõnismägi

Kuninga

Endla
Tom

Pärnu m

A   B   C

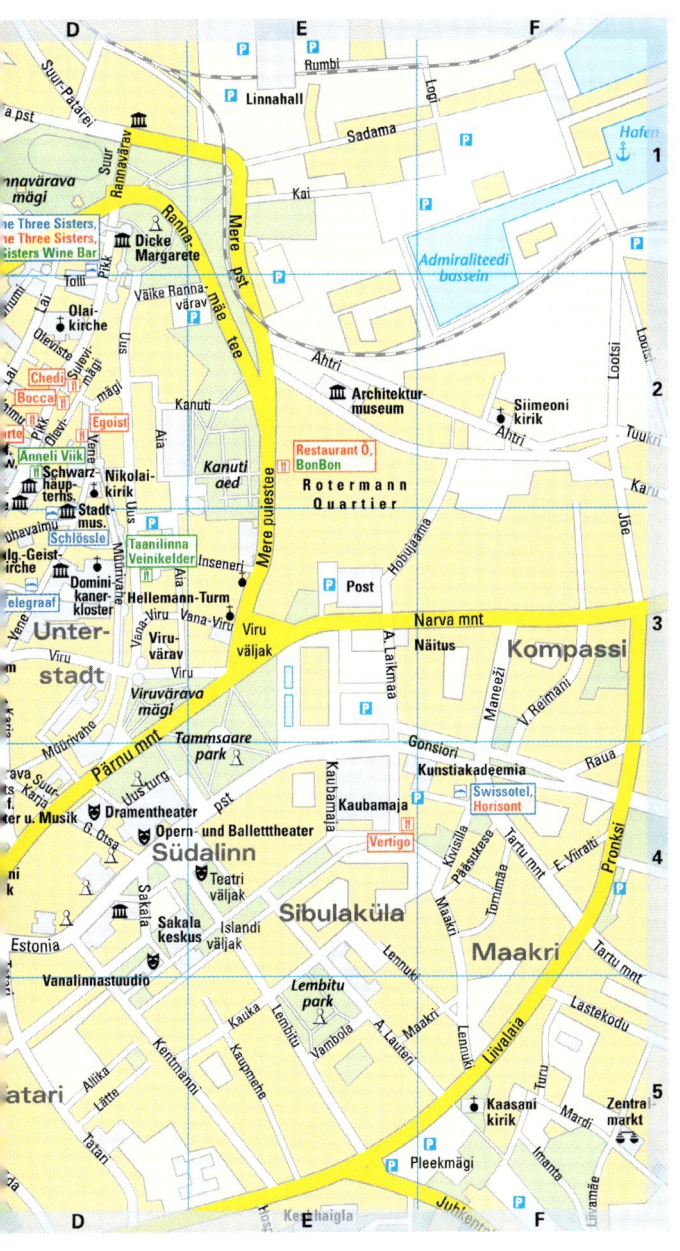

VALENCIA

Die Mittelmeer-Metropole hat sich mit avantgardistischer Architektur (im Bild das neue Opernhaus), dem modernen Hafenausbau und Designhotels zur Kultstadt entwickelt. Viele Restaurants glänzen mit ihrer Version der Paella.

Foto: Mauritius Images/J. F. Raga

Hotels

Ad Hoc Monumental `F` `F`
OT Xcrea, c/ Boix, 4
PLZ 46003 ■ B 1, S. 547
Tel. 0034/963 91 91 40, Fax 963 91 36 67
www.adhochoteles.com
28 Zi., DZ ab € 82
`AmEx` `DINERS` `MASTER` `VISA` €

Wohnen in der Altstadt bei der Kathedrale, in einem alten Gebäude. Das komfortable Stadthotel mit seinen geräumigen Zimmern ist renoviert worden. Es wirkt mit seinen Backsteinwänden, Kunstwerken und modernen Möbeln sehr ansprechend. Reichhaltiges Frühstück und freundlicher Service. Geschäfte und Bars liegen gleich um die Ecke.

Barceló `F` `F` `F`
OT Ciudad de las Artes y las Ciencias
Av. de Francia, 11
PLZ 46023 ■ B/C 1, S. 547
Tel. 0034/963 30 63 44, Fax 963 30 68 31
www.barcelovalencia.com
178 Zi., 9 Suiten, DZ ab € 95
`AmEx` `DINERS` `MASTER` `VISA` €

Neues und sehr ansprechendes Designhotel mit schönen und komfortablen Zimmern. Herrlich ist es, ein Zimmer in einem der oberen Stockwerke reserviert zu haben oder im Fitnesscenter zu radeln und auf die futuristischen Bauten des spanischen Stararchitekten Santiago Calatrava zu schauen, vor allem auf das tolle Opernhaus. Klare Linien und ein minimalistisches Design. Spa im Haus.

Confortel Aqua 4 `F` `F`
OT Ciudad de las Artes y las Ciencias
c/ Luis García-Berlanga, 19-21
PLZ 46023 ■ B/C 1, S. 547
Tel. 0034/963 18 71 00, Fax 963 18 71 67
www.confortelhoteles.com
172 Zi., 8 Suiten, DZ ab € 79
`AmEx` `DINERS` `MASTER` `VISA` €

Das neue, geradlinig gestaltete Komforthotel mit Zimmern in heiteren Farben befindet sich in der Shoppingmall Aqua Centre direkt bei dem Palau de les Arts, Calatravas

fantastischem Opernhaus. Das historische Zentrum ist mit dem Taxi in wenigen Minuten erreichbar. Ebenso das nahe Meer. Empfehlenswert: die Zimmer mit Blick auf die Calatrava-Bauten und ein Abendessen mit Panoramaaussicht im obersten Stock.

Las Arenas
Balneario Resort `F` `F` `F`
OT Malva-Rosa, c/ Eugenia Viñes, 22-24
PLZ 46011 ■ C 1, S. 547
Tel. 0034/963 12 06 00, Fax 963 12 06 16
www.hotel-lasarenas.com
243 Zi., 10 Suiten, DZ ab € 200
`AmEx` `DINERS` `MASTER` `VISA`

Modernes Badehotel mit allem modernen Komfort direkt am Meer und nur 10 Minuten mit dem Taxi vom Stadtzentrum entfernt. Besonders schön: die geräumigen Gästezimmer mit Balkon und Blick auf das Meer. Großer Spa mit reichhaltigem Angebot. Sehr aufmerksamer Hotelservice. Eines der besten Häuser am Ort. Im hoteleigenen Restaurant werden valencianische Spezialitäten serviert, vor allem eine leckere Paella. Gute spanische Weinkarte.

Miramar `F`
OT Poblados Maritimos
Paseo de Neptuno, 32
PLZ 46011 ■ C 1, S. 547
Tel. 0034/963 71 51 42, Fax 963 55 91 81
www.petitmiramar.com
18 Zi., 4 Suiten, DZ ab € 76
`AmEx` `DINERS` `MASTER` `VISA` €

Haus in unmittelbarer Strandnähe, nur fünf Minuten von der Stadt der Künste und Wissenschaften entfernt. Funktionale Zimmer mit Klimaanlage, einige mit Balkon. Im Restaurant Reisgerichte von Paella mit Hühnchen, Kaninchen und Gemüse bis zum *arroz negro* mit Babytintenfischen. Terrasse zum Paseo Marítimo.

Neptuno `F` `F` `F`
OT Las Arenas, Paseo de Neptuno, 2
PLZ 46011 ■ C 1, S. 547
Tel. 0034/963 56 77 77, Fax 963 56 04 30
www.hotelneptunovalencia.com

V

50 Zi., 5 Suiten, DZ ab € 145

`AmEx` `DINERS` `MASTER` `VISA` € Y ⌂

Direkt am Strand nahe dem America's-Cup-Zentrum steht das sehr komfortable Haus mit herrlicher Aussicht von den schönen Gästezimmern auf das Meer. Der Service ist freundlich, das hoteleigene Restaurant bei Valencianern sehr beliebt, nicht nur wegen der traditionellen Paella und des gut sortierten Weinkellers. Es bietet auch kreativ angehauchte Traditionsgerichte, etwa Fischeintöpfe.

The Westin █F█F█F█ ▢

OT Paseo de la Alameda
c/ Amadeo de Saboya, 16
PLZ 46010   ■ B/C 1, S. 547
Tel. 0034/963 62 59 00
Fax 963 62 59 09
www.westin.com/valencia
135 Zi., 11 Suiten, DZ ab € 140

`AmEx` `DINERS` `MASTER` `VISA` € Y ⌂ ⌂

Eines der Top-Häuser der Stadt. Elegant gestylt ist es mit geräumigen Suiten, von denen einige in strengem Schwarz-Weiß gestaltet sind. Das sehr komfortable Hotel steht in der Innenstadt, in einem 1927 errichteten Prachtbau. Großer Indoor-Pool. Das attraktive „Oscar Torrijos Gourmet Restaurant" ist eine gute Adresse in der Stadt, um kreative spanische Gastroklassiker zu genießen.

Vincci Palace █F█F█ ▢▢

OT Barrio del Carmen, c/ de la Paz, 42
PLZ 46011   ■ B 3, S. 547
Tel. 0034/962 06 23 77, Fax 962 06 23 64
www.vinccihoteles.com
76 Zi., 10 Suiten, DZ ab € 85

`AmEx` `DINERS` `VISA` € Y ⌂

Sehr komfortables Hotel in einem schönen Gebäude aus dem frühen 20. Jahrhundert im Design des spanischen Jugendstils. Mitten im quirligen historischen Zentrum steht das Haus, Bars und Geschäfte liegen gleich um die Ecke. Geräumige Zimmer in einem ansprechenden modernen Design. Reichhaltiges Frühstücksbuffet und ein aufmerksamer Service.

Elegantes Ambiente und höchster Komfort:

Restaurants

Albacar █F█F█ ▢▢▢

Innenstadt, c/ Sorní, 35
PLZ 46004   ■ B 1, S. 547
Tel. 0034/963 95 10 05, Fax 963 95 60 55
Sa mittag, So geschl.
Hauptgerichte € 25-38

`AmEx` `MASTER` `VISA` M

Tito Albacar mag keinen kreativen Schnickschnack. Seine Gerichte basieren auf spanischen Traditionen, nur dass seine Paellas und Fleischgerichte leichter sind und mit zum Teil exotischen Gewürzen verfeinert werden. Ansprechende spanische Weinkarte. Ein für Valencia und ein solches Designlokal gutes Preis-Leistungs-Verhältnis.

Alejandro del Toro █F█F█F█ ▢▢

OT Aragón, c/ Amadeo Saboya, 15
PLZ 46010   ■ B/C 1, S. 547

„The Westin" in Valencias Innenstadt

Tel. 0034/963 93 40 46
www.restaurantealejandrodeltoro.com
So geschl.
Hauptgerichte € 18-30
AmEx VISA M

Eines der interessantesten Restaurants der Stadt. Alejandro del Toro bietet im minimalistisch-elegantem Speisesaal eine fantasiereiche, kreative Küche, die ausschließlich lokale Zutaten nutzt. Das karamellisierte Schweinefilet mit Makrelen schmeckt ausgezeichnet. Dazu gibt es beste spanische Rot- und Weißweine. Freundlicher Service. Reservieren!

Arroceria Duna F

OT El Saler, Paseo Pintor Fco. Lozano – Mod. 3, s/n
PLZ 46012   südöstlich ■ B 5, S. 547
Tel. 0034/961 83 04 90
Fax 961 83 04 94

arroceriaduna@gmail.co
kein Ruhetag
Hauptgerichte € 15-35
AmEx EC MASTER VISA 🚗 🍴 🍸

Direkt am feinen Sandstrand gelegenes Restaurant mit großen Panoramafenstern, die den Blick aufs Meer freigeben. Das Lokal ist modern eingerichtet, der Service jung und freundlich. Man hat sich auf Reis- und Fischgerichte spezialisiert. Nach den Tagesgerichten fragen, denn das aktuelle Menü von der Speisenkarte variiert, je nachdem, was auf dem Fischmarkt zu haben ist. Kleine, aber gute spanische Weinkarte. Junges Publikum.

Ca' Sento F F F

OT Puerto, c/ Méndez Núñez, 17
PLZ 46024   ■ C 1, S. 547
Tel. 0034/963 30 17 75
casento@sento.e.telefonica.net
So abend, Mo abend geschl.
Hauptgerichte € 25-35
AmEx DINERS EC MASTER VISA M 🏠

Raúl Aleixandre lernte im legendären „El Bulli" und präsentiert in diesem schönen Lokal seine Version einer spanisch-kreativen Küche. Er bietet Kombinationen aus Fleisch und Fisch mit exotischen Gewürzen. Seine Paella mit Gemüsen und Früchten ist eine der fantasiereichsten Valencias. Gute Weinkarte. Netter Service.

Casa Carmina F F

OT El Saler, c/ Embarcadero, 4
PLZ 46012   südöstlich ■ B 5, S. 547
Tel. 0034/961 83 02 54, Fax 961 83 00 49
www.casacarmina.es
nur Mittagessen, Mo geschl.
Hauptgerichte € 13-21
MASTER VISA M

Außerhalb der Stadt, mitten im herrlichen Albufera-Naturschutzpark befindet sich dieses nette Familienrestaurant, das wegen seiner Reisgerichte berühmt ist. Leckere Fischgerichte, darunter ausgezeichnete Sardinen. Kleine Weinkarte und sehr freundlicher Service. Ideal für eine Pause nach dem Besuch des schönen Naturschutzparks.

Das Fashionrestaurant der Stadt: „El Alto de Colón" im Zentrum

El Alto de Colón **F F**

OT L'Eixample, c/ Jorge Juan, 19
PLZ 46004 ■ C 4, S. 547
Tel. 0034/963 53 09 00, Fax 963 10 68 90
www.grupoelalto.com
Sa mittag, So geschl.
Hauptgerichte € 22-28

AmEx MASTER VISA

Fashionrestaurant Nummer eins in Valencia, mitten im Zentrum. Unter einer bemalten Decke des frühen 20. Jahrhunderts präsentiert sich das coole, ganz in Weiß gehaltene Lokal. Moderne spanische Saisonküche mit kreativ angehauchten regionalen Einflüssen, etwa Thunfisch mit Oliven-Emulsion, wilder Wolfsbarsch und Kaninchen mit Apfelpüree. Freundlicher Service.

El Romeral **F F**

Innenstadt
c/ Gran Vía Marqués del Turia, 62
PLZ 46005 ■ C 5, S. 547
Tel. 0034/963 95 15 17
So abend, Mo geschl.
Hauptgerichte € 18-23

AmEx MASTER VISA M

Seit 1944 gibt es das stadtbekannte Restaurant mit seiner konservativen Karte: Muscheln und Tintenfisch im eigenen Sud, Milchlamm mit Pilzen und Knoblauch oder die saftige Wachtelbrust schmecken. Routinierter Service.

Kailuze **F F**

OT Russafa, c/ Gregorio Mayans, 5
PLZ 46005 ■ B 5, S. 547
Tel. 0034/963 74 39 99, Fax 963 35 48 93
www.kailuze.com
Sa mittag, So geschl.
Hauptgerichte € 24-30

DINERS EC MASTER VISA M Y

Rustikales Lokal im Stadtzentrum, spezialisiert auf die baskische Küche. Deftige Fleischgerichte, aber auch Fischgerichte, wie man sie im hohen Norden Spaniens mag, mit Kartoffeln, Gewürzen und kräftigen Saucen. Kleine Weinkarte. Sehr beliebt bei den Valencianern, deshalb bitte reservieren.

La Sucursal **F F F**

Innenstadt, im Instituto Valenciano de Arte Moderna, c/ Guillem de Castro, 118

PLZ 46003 ■ B 1, S. 547
Tel. 0034/963 74 66 65, Fax 963 92 41 54
www.restaurantelasucursal.com
Sa mittag, So geschl.
Hauptgerichte € 12-29
AmEx MASTER VISA M

Minimalistisch eingerichtetes Restaurant, in
dem Jorge Bretón die klassische spanische
Küche mit innovativen Anklängen präsentiert. Tolle Fleischgerichte mit Tintenfisch
und Paellas mit Muscheln, Huhn und *pulpo.*
Mit 500 verschiedenen Etiketten ist der
Weinkeller einer der besten Valencias. Auch
hier gilt vor allem am Wochenende: unbedingt reservieren.

Messana FF

OT Barrio del Carmen, c/ de Catalans, 8
PLZ 46001 ■ A 2, S. 547
Tel. 0034/963 15 59 75, Fax 963 15 59 75
www.restaurantemessana.com
Mo abend, So geschl.
Hauptgerichte € 11-20
AmEx DINERS MASTER VISA Y T

Ideal für die Happy Hour! Große Cocktailauswahl für die meist junge Klientel. Hinterher kann man gleich am Ort bleiben und
im styleorientierten Restaurant essen.
Leckere Gemüse- und Schinkenvorspeisen.

Die Reisküche dominiert bei den ersten
Gängen. Nur wenige Hauptspeisen, gut sind
die beiden Stockfischgerichte. Kleine
Weinkarte.

Riff FFF

OT Gran Via, c/ Conde Altea, 18
PLZ 46005 ■ C 5, S. 547
Tel. 0034/963 33 53 53, Fax 963 35 31 78
www.restaurante-riff.com
So, Mo geschl.
Hauptgerichte € 18-30
AmEx DINERS MASTER VISA M 🏠

Das beste Restaurant der Stadt. Hier kocht
der Deutsche Bernd Knöller seine kreativen
Interpretationen moderner Mittelmeerküche. Eines der schönsten Geschmackserlebnisse ist das Degustationsmenu. Klasse:
Stabmuscheln mit Rucola und Gänseleber,
die Seezunge brät er auf der Haut und
serviert sie mit Bohnen und Speck, großartig
der „grüne" Reis mit Stockfisch und
Steinpilzen. Modernes Design, toller Weinkeller und ein sehr aufmerksamer Service.
Reservieren, denn das Lokal ist nicht groß.

Seu – Xerea FF

OT El Carmen, c/ del Conde de Almodóvar, 4
PLZ 46003 ■ A 1, S. 547

Ein Deutscher ist Küchenchef des besten Restaurants der Stadt: Bernd Knöller im „Riff"

Tel. 0034/963 92 40 00
www.seuxerea.com
Sa mittag, So geschl.
Hauptgerichte € 12-22

`AmEx` `MASTER` `VISA` M

Gemütliches Restaurant in einem alten
Gebäude. Guter Weinkeller und mediterrane
Gerichte mit asiatischen Einflüssen. Leckeres Kaninchen- und Rindfleisch, aber auch
saftiges Schwein auf burmesische Art oder
Fisch aus dem Mittelmeer mit *saté*.

Submarino `F`

OT Parque Oceonografico de Valencia
Camino de Moreras s/n
PLZ 46013   ■ B/C 1, S. 547
Tel. 0034/961 97 55 65, Fax 961 97 55 64
www.grupo-jbl.com
kein Ruhetag
Hauptgerichte € 22-23

`AmEx` `EC` `MASTER` `VISA`

Wer hier hereinkommt, gerät erst mal ins
Staunen: Man speist in einem Saal, dessen
Wände nahezu komplett aus Glas bestehen, hinter dem Mondfische und andere
exotische Schwimmer durch das Wasser
gleiten. Ein fantastisches Ambiente, unterirdisch im Meerespark, der von Santiago
Calatrava entworfen wurde. Die spanische
Küche kommt ganz traditionell und mit
nicht nur überzeugenden kreativen Ausflügen auf den Tisch. Trotzdem reservieren!

Tapelia `F F`

OT Ciudad de las Artes y las Ciencias
Av. de Francia, 27
PLZ 46023   ■ B/C 1, S. 547
Tel. 0034/963 30 06 71, Fax 963 30 15 48
www.tapelia.com
So abend, Mo abend geschl.
Hauptgerichte € 11-21

`AmEx` `MASTER` `VISA` M

Eines der besten Fisch- und Paella-Restaurants in Valencia. Viel Design und viel
junges Publikum. Täglich fangfrischer Fisch,
der besonders lecker in der Paella mit einem
ganz cremigen Reis und Meeresfrüchten
schmeckt. Kleine spanische Weinkarte. Sehr
freundlicher Service.

Bars/Cafés

Café las Horas

OT Barrio del Carmen
c/ Conde Almodobar 1
PLZ 46003   ■ A 3, S. 547
Tel. 0034/963 91 73 36
tgl. 16-3 Uhr

Seit 1920 Treffpunkt der Valencianer. Heute
ist die Traditionsbar einer der beliebtesten
und heißesten Orte für Nachschwärmer auf
der Suche nach scharfen und fantasiereichen Drinks, berühmt ist der „Agua de
Valencia", ein Cocktail aus spanischem
Sekt – Cava –, frisch gepresstem Orangensaft und meist Wodka oder Gin.

Casa Montaña

OT Cabañal, C/ José Benlliure, 69
PLZ 46011   ■ C 1, S. 547
Tel. 0034 963 672314
www.emilianobodega.com
Mo-Sa 13-15.30 Uhr und 20-23.30 Uhr
So 12.30-15.30 Uhr

`AmEx` `DINERS` `MASTER` `VISA` M Y

Die „Casa Montaña" ist eine Bodega, die
seit 1836 existiert. Sie liegt im Hafenviertel
und ist Anlaufstelle Nummer eins für alle
Wein- und Tapas-Liebhaber. Die Bodega hat
eine Weinkarte mit ungefähr 1500 Positionen und klassische Tapas auf dem höchsten
Qualitätsniveau. Sie hat ein tolles Ambiente,
da man noch zwischen den historischen
Barrique-Fässern isst und trinkt. Eine
Institution in Valencia!

Tula Café

OT Russafa, c/ Càdiz, 62
PLZ 46006   ■ B 1, S. 547
Tel. 0034/963 41 75 14
tgl. 10-1.30 Uhr

`MASTER` `VISA`

Von morgens bis tief in die Nacht treffen
sich in diesem modernen Café die jungen
Valencianer, vom Frühstück bis zum Absacker in Form von Cocktails oder Whiskeys.
Eines der besten Lokale, um mit Valencianern ins Gespräch zu kommen.

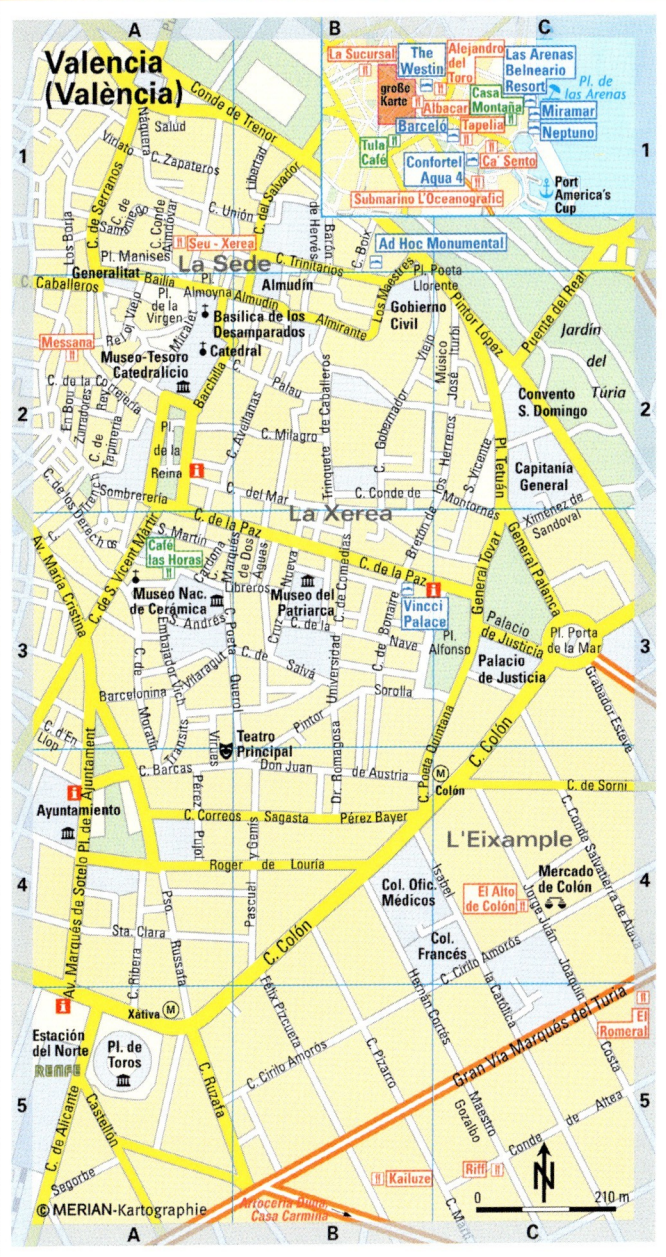

Valencia
(València)

Inset (top right):

La Sucursal — The Westin — Alejandro del Toro — Las Arenas Belneario Resort — Pl. de las Arenas

große Karte — Casa Montaña — Miramar

Barceló — Albacar — Tapelia — Neptuno

Tula Café — Confortel Agua 4 — Ca' Sento — Port America's Cup

Submarino L'Oceanografic

Main map labels:

Conde de Trenor

Salud — Viriato — C. Zapateros — Libertad — C. del Salvador

Náquera — Maquera — C. de Serranos — C. Samon — Conde Sandoval — C. Unión — Hervás — Barón — C. Boix — Ad Hoc Monumental

Los Boïls — C. de la Corretería — Rey D. Jaime I — Micalet — C. Trinitarios — Pl. Manises — Seu - Xerea

Caballeros — Generalitat — Bailía — Pl. de la Virgen — Almoyna — Almudín — Los Maestres — Pl. Poeta Llorente — Puente del Real

Messana — C. d. Caballeros — Basílica de los Desamparados — Almirante — Gobierno Civil — Pintor López — Jardín del Túria

Museo-Tesoro Catedralício — Catedral — Palau — C. de Caballeros — Músico Peydró Viejo — José Iturbi

C. En Bou — Zurradores — Bachiller — C. Avellanas — Trinquete de Caballeros — Gobernador Viejo — C. Vicente — V. Herrero — Convento S. Domingo

Pl. de la Reina — C. del Mar — C. Conde de — C. de Montornés — Capitania General

Sombrerería — La Xerea — C. de la Paz — Nueva — C. de Comedias — Bretón de los — Bretón Tovar — General Palanca — Ximénez de Sandoval

Av. Maria Cristina — Av. de S. Vicent Mártir — S. Martin — Café las Horas — Marqués de Dos Aguas — Librería — Museo del Patriarca — C. de la Paz — Pl. Alfonso — Vinci Palace — Palacio de Justicia — Pl. Porta de la Mar

Museo Nac. de Cerámica — C. Andrés — C. de la — C. Nave — Palacio de Justicia — Grabador Esteve

Barcelonina — C. d'En Llop — Embajador Vich — Vilaragut — C. de — C. Salvá — Sorolla — C. Colón

Moratín — Transits — C. Barcas — Viciana — Teatro Principal — Pintor — Don Juan — de Austria — C. Poeta Quintana — Pl. Porta — C. de Sorni

Ayuntamiento — C. Barcas — Pérez — Pujol — C. Correos — Sagasta — Pérez Bayer — Colón — L'Eixample

Pl. de — Roger — de — Lauría — Isabel — Mercado de Colón — C. Conde Salvatierra de Álava

Av. Marqués de Sotelo — Pascual — Russafa — Col. Ofic. Médicos — El Alto de Colón — Ciril Amorós — la Católica — Joaquín — Costa

Sta. Clara — C. Ribera — C. Colón — Félix Pizcueta — Col. Francés — Hernán Cortés — Cirilo Amorós

Estación del Norte — RENFE — Pl. de Toros — Xàtiva — C. Ruzafa — C. Pizarro — Gran Vía Marqués del Turia — El Romeral

C. de Alicante — Castellón — Segorbe — C. Cirilo Amorós — Maestro Gozalbo — Conde — de — Altea

© MERIAN-Kartographie — Arrocería Duna Casa Carmina — Kailuze — Riff — C. M.

0 — 210 m

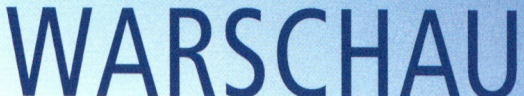

WARSCHAU

Polens Hauptstadt verändert sich ständig. Neue Restaurants wollen entdeckt werden, neue Bars locken mit Drinks und Design. Die Hotels zeigen nicht immer so viel Engagement. Macht nichts, die Auswahl ist schließlich groß genug

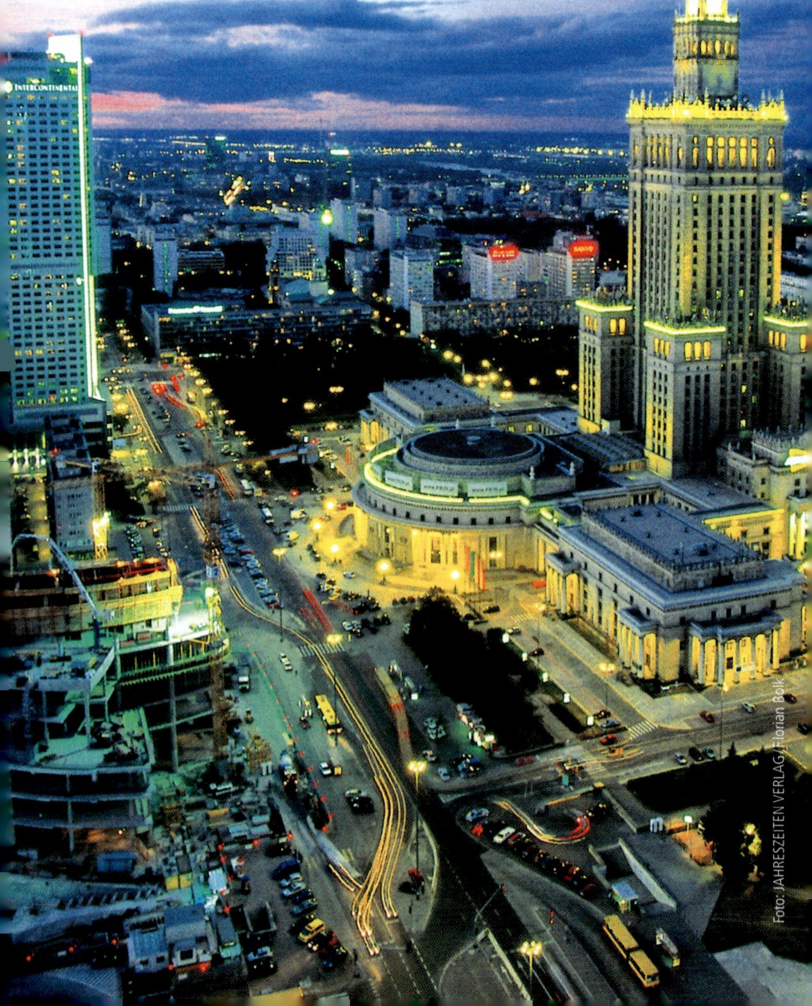

Foto: JAHRESZEITEN VERLAG/Florian Bolk

Hotels

Hilton `F F F`

Innenstadt, Ul. Grzybowska 63
PLZ 00-844   westlich ■ A 3, S. 559
Tel. 0048/22/356 55 55, Fax 356 55 56
www.hilton.com
314 Zi., 48 Suiten, DZ ab € 66
`AmEx` `DINERS` `MASTER` `VISA` 🏧 🍸 🚗 ≈ 🛎

In Warschaus jüngstem „Business Hotel &
Convention Center" im neuen Geschäfts-
und Finanzviertel sind mit dem Spielcasino
und der Sommerterrasse nun auch die
letzten Bauabschnitte fertig geworden. In
den obersten der 29 Stockwerke befinden
sich Executive-Zimmer, eine Lounge, Konferenzräume, zwei Bars und das Restaurant
„Meza" mit internationaler Küche. Die
Hotelgäste haben Zugang zum „Holmes
Place Lifestyle Club" mit Spa und 25 Meter
langem Pool. Einziges Manko: die Mega-
baustelle auf dem Grundstück nebenan.
In die Innenstadt fährt man zehn Minuten
mit dem Taxi.

„Hilton": Lifestyle-Club mit Pool inklusive

Hyatt Regency Warsaw `F F F`

Innenstadt, Ul. Belwederska 23
PLZ 00-761   südöstlich ■ C 4, S. 559
Tel. 0048/22/558 12 34, Fax 558 12 35
www.warsaw.regency.hyatt.com
246 Zi., 19 Suiten, DZ ab € 125
`AmEx` `DINERS` `EC` `VISA` 🍸 🚗 ≈ 🛎

„Hyatt": Einblicke im Atrium

Auch die bevorzugte Unterkunft von Diplomaten und Delegationen befindet sich
nicht direkt in der Innenstadt, dafür aber
am schönen Lazienki-Park und der mondänen Belwederska, an der die Botschaften
stehen. Elegante, runde Lobby mit Bar. Die
gemütlichen Zimmer sind geräumig, schöne
Clubzimmer mit Loungezugang liegen im
obersten Stock. Ein Fitnesscenter mit Saunen und Pool gibt's auch. Sushi-Bar und
Restaurant „Ventitre" mit guter italienischer Küche.

InterContinental `F F F F`

Innenstadt, Ul. Emilii Plater 49
PLZ 00-125   ■ B 4, S. 559
Tel. 0048/22/328 88 88, Fax 328 88 89
www.warsaw.intercontinental.com

„InterContinental": Warschaus Wahrzeichen

„Le Meridien Bristol": Renovierung fällig

306 Zi., 22 Suiten, 75 App., DZ ab € 120

AmEx DINERS EC MASTER VISA 𝖸 🏠 🌊 🍴

Der markante Hotelturm aus den neunziger Jahren in prominenter Lage neben Kulturpalast und Hauptbahnhof ist längst zum Wahrzeichen der Stadt geworden. Von den meisten Zimmern schaut man weit über Warschau. Auf der 43. und 44. Etage befinden sich Wellnessbereich und Pool, darunter Clubzimmer und Lounge. Im Restaurant „Frida" gibt's Lateinamerikanisches, im „Downtown" wechselnde Dinner-Buffets. Eine Institution ist der Sonntagsbrunch – frühzeitig reservieren!

Le Meridien Bristol F F ▢ ▢ ▢

Innenstadt
 Ul. Krakowskie Przedmiescie 42-44
PLZ 00-325   ■ C 2, S. 559
Tel. 0048/22/551 10 00, Fax 625 25 77
www.lemeridien.com/warsaw
174 Zi., 31 Suiten, DZ ab € 277

AmEx DINERS EC MASTER VISA 𝖸 🌊 🍴

Die Fassade wurde renoviert, im Inneren jedoch wartet Warschaus einstige Hotelikone, die 1901 eröffnet wurde, immer noch auf eine Modernisierung. Einige Zimmer, der Spabereich und die Lobby wirken verbaut und muffig. Auch Starkoch Karol Okrasa hat

das Haus verlassen. Essen muss man im „Bristol" nicht mehr, das wunderschöne Jugendstil-Café mit Bar ist allerdings einen Besuch wert.

Le Regina F F F F ▢

Innenstadt, Ul. Koscielna 12
PLZ 00-218   ■ B 1, S. 559
Tel. 0048/22/531 60 00, Fax 531 60 01
www.leregina.com
61 Zi., 3 Suiten, DZ ab € 170

AmEx DINERS MASTER VISA 𝖸 🌊 🍴

„Regina": moderner Komfort mit viel Platz in den Deluxe-Zimmern im Dachgeschoss

„Sofitel Victoria Warsaw": Pool und Wellnessbereich über mehrere Ebenen

Das elegante Hotel im wiederaufgebauten Barockpalais in der Altstadt, fünf Minuten vom Marktplatz entfernt, ist die erste Adresse der Stadt. In der schicken Lobby stehen Designermöbel, am Abend wird Klavier gespielt. Alle Zimmer sind mit hochwertigen Materialien luxuriös und individuell gestaltet. Schöne Bäder! Am geräumigsten sind die Deluxe-Zimmer im Dachgeschoss mit Terrasse. Wellnessbereich mit Pool im Untergeschoss. Gourmetrestaurant (siehe „La Rotisserie").

Sofitel Victoria Warsaw F F F

Innenstadt, Ul. Królewska 11
PLZ 00-065 ■ B 2, S. 559
Tel. 0048/22/657 80 11, Fax 657 80 57
www.sofitel.com
343 Zi., 52 Suiten, DZ ab € 76
AmEx DINERS MASTER VISA

Das Hotel im von Grund auf renovierten 70er-Jahre-Bau ist ein guter Ausgangspunkt, um Warschau zu Fuß zu entdecken. Angenehmes Detail, weil keineswegs selbstverständlich heutzutage: In allen Zimmern lassen sich die Fenster öffnen. In der Deluxe-Kategorie genießt man den Blick auf den Sächsischen Garten. Bar und Restaurant in der Lobby, Wellnessbereich mit Pool im Untergeschoss.

The Westin F F F

Innenstadt, Al. Jana Pawla II 21
PLZ 00-854 ■ A 3, S. 559
Tel. 0048/22/450 80 00, Fax 450 81 11
www.westin.pl
361 Zi., 52 Suiten, DZ ab € 103
AmEx DINERS EC MASTER VISA

Rund um das moderne Gebäude mit 20 Stockwerken, gläsernem Fahrstuhlschacht und frei schwebender Wendeltreppe sind in den letzten Jahren Bürogebäude

„Ale Gloria": originelles Szenelokal

entstanden. Vor allem Geschäftsleute schätzen deshalb die Lage. Fitness und Saunen mit Ausblick, einen Pool gibt es allerdings nicht. Im Restaurant „Fusion" wird Europäisch-Asiatisches serviert. In die Altstadt geht man in etwa 30 Minuten.

Restaurants

Ale Gloria **F**
Innenstadt, Pl. Trzech Krzyzy 3
PLZ 00-535   ■ C 4, S. 559
Tel. 0048/22/584 70 80, Fax 584 70 81
www.alegloria.pl
kein Ruhetag, Hauptgerichte € 14-24
AmEx DINERS EC MASTER VISA M

Magda Gessler hat sich mit eigenen Restauranteröffnungen wie dem „Gar" (Ul. Jasna 10) selbst Konkurrenz gemacht. Das beste und originellste ist noch immer ihr erstes Szenelokal im Gewölbekeller: Die polnischen Farben Rot und Weiß domieren das Ambiente, es gibt sogar Lampen aus Gänsefedern. Aus der Küche kommt junge polnische Küche wie Borschtsch mit Himbeeressig und Johannisbeersirup, Wildschwein in Gin-Honig-Sauce mit Piroggen,

die hier mit Pflaumen und Kartoffeln gefüllt werden. Im Obergeschoss Konditorei und Teestube.

Bistro de Paris – Michel Moran **F F F**
Innenstadt, Pl. Marszalka Piludskiego 9
PLZ 00-078   ■ B 2, S. 559
Tel. 0048/22/826 01 07, Fax 827 08 08
www.restaurantbistrodeparis.com
So geschl.
Hauptgerichte € 14-19
AmEx MASTER VISA M

In den beiden Restaurants, die sich im Gebäude der Warschauer Oper befinden, gibt es Veränderungen. Das „La Boheme" wurde geschlossen und enttäuscht unter neuer Führung als „Nowa La Boheme". Das „Bistro de Paris" auf der anderen Seite des Gebäudes dagegen wurde aufwendig renoviert. Dort kocht der französische Küchenchef Michel Moran besser denn je: Jakobsmuscheln mit Walnüssen und süßsaurer Mangosauce, geröstete Jungtaube mit Foie gras auf Linsen in Orangensauce oder warme *tarte Tatin* mit Birne. Französische Weinkarte, professioneller Service.

„Bistro de Paris": aufwendig renoviert

„Boathouse": mediterrane Küche und eine der besten Weinkarten der Stadt

Boathouse ▮F▮▮F▮▮ ▮ ▮

OT Saska Kepa, Wal Miedzeszynski 389 a
PLZ 03-975   nordöstlich ■ C 1, S. 559
Tel. 0048/22/616 32 23, Fax 616 33 31
www.boathouse.pl
kein Ruhetag
Hauptgerichte € 15-40
AmEx DINERS MASTER VISA ⛟ ⌂ ☂ ♟

Im Bootshaus mit Sommerterrasse in den
Weichsel-Wiesen wird's immer schöner.
Der Service ist höchst aufmerksam, die
mediterrane Küche kreativ: hausgemachte
garganelli in Weißweinsauce mit Peperoncini, Kapern und Anchovis oder gegrillte
Seebrasse in Parmesankruste mit Tomaten-
Oliven-Chutney. Die Crème brûlée mit
krupnik, polnischem Honiglikör, ist ein
gelungenes Finale. Nagelneu ist die Weinbar mit Loungemöbeln und einer der besten
Weinkarten der Stadt, die auch deutsche
Gewächse listet. Fazit: Die Taxifahrt (7 bis
10 Euro) lohnt sich.

Folk Gospoda ▮F▮▮ ▮ ▮ ▮

OT Wola, Ul. Walicow 13
PLZ 00-865   ■ A 3, S. 559
Tel. 0048/22/890 16 05, Fax 654 91 17
www.folkgospoda.pl

kein Ruhetag
Hauptgerichte € 5-13
AmEx DINERS MASTER VISA ⛟ ⌂ ☂ ♟

Im Familienrestaurant im Bauernhausstil
gehen auch die Warschauer essen: Hering
mit Apfel und Lauch, Piroggen, gegrillter

„Folk Gospoda": rustikal und günstig

oscypek, ein Schafskäse aus der Tatra, Hirschsteak in Thymiansauce. Im „Oberza Pod Czerwonym Wieprzem" (Ul. Zelazna 68), dem neuen Zweitrestaurant, gibt's die Lieblingsgerichte ehemaliger kommunistischer Führer, auch Erich Honeckers Schweinshaxe in Schwarzbiersauce.

La Rôtisserie **F F F**

Innenstadt, im Hotel Le Regina
Ul. Koscielna 12
PLZ 00-218   ■ B 1, S. 559
Tel. 0048/22/531 60 70, Fax 531 60 01
www.leregina.com

Pawel Oszczyk

kein Ruhetag
Hauptgerichte € 19-34

AmEx DINERS EC MASTER VISA M 🌴 ⛱ ⌂

Italienische Designermöbel, Gewölbedecke und Kerzenschein sorgen für Eleganz. Die Küche von Pawel Oszczyk ist noch feiner geworden, ohne dabei an Kraft und Kreativität zu verlieren: mit Krabbenrillettes gefüllte Räucherlachs-Röllchen auf einem Mosaik aus Birne, Rettich und Korianderblättern, in Wodka und Honig marinierter Rehbraten in Glöggsauce auf einem Gemüse aus getrockneten Morcheln und Pflaumen oder Kokos-Crème-brûlée mit Mango, rotem Pfeffer und Baileys-Sorbet. Zwischen den Gängen werden gute Säfte serviert: Gurke mit Ananas oder Rote Bete mit Grapefruit. Internationale Weinkarte mit 85 Positionen, perfekte Weinberatung, professioneller Service.

Likus Concept Store **F**

Innenstadt, Krakowskie Przedmiescie 16-18
PLZ 00-325   ■ C 3, S. 559
Tel. 0048/22/492 74 01
www.likusconceptstore.pl
So abend geschl.
Hauptgerichte € 16-21

AmEx DINERS MASTER VISA M

„La Rôtisserie": kreative Küche von Pawel Oszczyk in elegantem Ambiente

„Likus Concept Store": Restaurant im ehemaligen Badehaus mit Säulen und Designermöbeln

Ein Warschauer Kleinod ist zu neuem Leben erwacht: Im „Messal"-Badehaus von 1910 in einem Hinterhof am Königsweg sind im Erdgeschoss und Keller schicke Boutiquen und ein Weinladen entstanden, an der Stelle des Beckens findet sich jetzt ein Restaurant mit mächtigen Jugendstilsäulen, bunten Kacheln und Designermöbeln. Am kulinarischen Konzept wird noch gefeilt, aber der Besuch lohnt sich schon der Atmosphäre wegen. Die einfachsten Gerichte wie Hirsch-*ossobuco* mit Polenta-Kuchen sind die besten. Schöne Desserts, gute Weine. Netter Service.

Mielzynski F

OT Wola, Ul. Burakowska 5 Eing. 7
PLZ 01-066   nordwestlich ■ A 2, S. 559
Tel. 0048/22/636 87 09, Fax 636 87 09
www.mielzynski.pl
kein Ruhetag
Hauptgerichte € 9-17

AmEx DINERS EC MASTER VISA

Warschaus beste Weinhandlung mit Weinbar und Bistro im grünen Hof einer alten Spitzenklöppelei hat sich zum Insidertreff von Gourmets und Genießern entwickelt, bevorzugt am Wochenende. Fast alle der 500 Gewächse werden auf Wunsch auch

„Mielzynski": Geschäft, Bar und Lieblingstreff für Warschaus Genießer und Weinfreunde

„U Kucharzy": früher Hotelküche, heute Restaurant und Societytreff mit polnischer Küche

glasweise ausgeschenkt, darunter etliche aus Deutschland. Dazu gibt's *focaccia*, Tortilla, Toast mit Gänseleber, und Tagesgerichte wie gebackene Ente mit Rote Beter in Balsamico oder Linguine, Rührei und Risotto mit frischen Trüffeln aus Bergerac.

Rondo Royal █

Innenstadt, Im Rondo 1 Building, Rondo ONZ (Swietkrzyska/Aleja Jana Pawla II) 1
PLZ 00-124   ■ A 4, S. 559
Tel. 0048/510 111 111
www.rondoroyal.com
kein Ruhetag
Hauptgerichte € 13-35
AmEx DINERS MASTER VISA M

Das Restaurant im neuesten Büroturm der Stadt sollte das exklusivste und teuerste von ganz Polen werden, mit Kaviar und Champagner auf jedem Tisch. Doch die Gäste blieben aus. Jetzt wird einfache italienische und polnische Küche serviert: Pilzsuppe mit masurischen Krebsen, Safranrisotto, Dorade in der Salzkruste. Das schrille Interieur setzt nun mit schwarzen Murano-Lüstern, schwarzen Samtsofas mit glitzernden Swarovski-Knöpfen ungewollt einen Kontrapunkt. Die Speisenkarte ist in Schlangenleder gebunden, die Weinkarte listet noch immer überteuerten Bordeaux und Burgunder.

U Kucharzy █ █

Innenstadt, Ul. Ossolinskich 7
PLZ 00-071   ■ B 2, S. 559
Tel. 0048/22/826 79 36
Fax 826 92 05
www.gessler.pl
kein Ruhetag
Hauptgerichte € 11-19
AmEx DINERS EC MASTER VISA M

Der Treffpunkt von Warschaus High Society. Das unprätentiöse Restaurant ist in den gekachelten Küchenräumen des gerade geschlossenen „Grandhotels Europejski" entstanden. Am besten sitzt man an den hohen Bistrotischen mit direktem Blick auf die riesigen Kupferkessel und Pfannen. Serviert wird gute polnische Küche aus saisonalen Produkten: gebackenes Kalbshirn mit Zwiebeln, Ei und Dill auf gerösteтем Bauernbrot, Kalbshaxe mit Wurzelgemüse und *pyzy*, eine Art Miniknödel aus rohen Kartoffeln. Dazu spielt ein Pianist.

Bars/Cafés

KOM

Innenstadt, Ul. Zielna 37
PLZ 00-108   ■ B 3, S. 559
Tel. 0048/22/338 63 53
Fax 338 63 33
www.komunikat.net

Mo-Sa 12-23 Uhr, Sa 12-17 Uhr
AmEx DINERS MASTER VISA M ⛱ 🍷

Im alten Telegrafenamt direkt am Kulturpalast trifft man sich zum Drink nach der
Arbeit. Im Keller ist die Cocktailbar, im
ersten Stock die schöne Weinbar mit hohen
Weinregalen. 150 internationale Gewächse,
20 werden offen ausgeschenkt, darunter
auch große Bordeaux und Cabernet.
Kubanische Zigarren und kreative Gerichte
wie Foie gras mit Birne-Minze-Chutney,
Thunfisch mit Gemüsespaghetti und Gur-
kensorbet.

Platinium Club

Innenstadt, Ul. Fredry 6
PLZ 00-097 ■ B 2, S. 559
Tel. 0048/22/596 46 66
www.platiniumclub.pl
Di-Sa ab 17 Uhr
AmEx DINERS EC MASTER VISA

Keine Angst vor den Türstehern! In Warschaus größtem Club im Philippe-Starck-
Design kommt wirklich jeder rein. Mittags
trifft man sich im Restaurant auch zu
geschäftlichen Gesprächen, am Abend wird
gefeiert. Musik bis vier Uhr früh! Highlights

sind die „Platinium Club"-Drinks wie
Elusive (Wodka mit eingelegten Feigen und
Himbeerpüree, Sahne und Vanille) oder
Fire (Wodka mit Meerrettich, Tomatensaft,
Balsamico und Basilikum).

Porto Praga

Innenstadt, Ul. Stefana Okrzei 23
PLZ 03-714 nordöstlich ■ C 1, S. 559
Tel. 0048/22/698 50 01
Fax 689 50 34
www.portopraga.pl
Mo-Fr 12-24 Uhr, Sa, So 12-2 Uhr
AmEx MASTER VISA

Warschaus beste Cocktailbar hat im
Gebäude einer alten Brotfabrik eröffnet.
Das Untergeschoss beherbergt die Bar mit
gemütlichen Separees und Tanzfläche, das
Erdgeschoss einen schönen Restaurant-
bereich. Klassische Cocktails, gute Martinis
und Collins, aber auch neue polnische
Kreationen wie der Polish Martini mit
Bisongras-Wodka, *krupnik,* Zitrone und
Apfelsaft. Die Küche von Tomasz Stanczak
kann sich ebenfalls sehen lassen: *steak
tartare* mit eingelegten Pilzen, flambierte
Gnocchi mit Maronen.

„Platinium Club": Warschaus größter Club mit toleranten Türstehern und kreativen Drinks

„Zen Jazz Bistro": Zen-Atmosphäre, Wodka-Cocktails und Jazzmusik

Slodki Slony

Innenstadt, Ul. Mokotowska 45
PLZ 00-551   ■ C 5, S. 559
Tel. 0048/22/622 49 34
Fax 626 81 43
www.slodkislony.pl
Mo 11-23 Uhr, Di-So 10-23 Uhr
AmEx DINERS MASTER VISA

Hinter dem Namen „Süß & Sauer" verbirgt
sich Magda Gesslers kleines zweistöckiges
Café-Restaurant mit knarrender Holztreppe,
Konditorei und Bedienung in Blumenklei-
dern. Schon am Eingang türmen sich Kuchen und Torten, insgesamt 60 Sorten, viele
garniert mit Blütenblättern und Zuckerguss.
Toast mit Ei und Kaviar oder mit Anchovis
und Avocado und *bigos* und Borschtsch
stehen für das herzhafte Angebot. Internationale Kaffeespezialitäten. Ein bevorzugter
Treffpunkt frisch Verliebter!

Wedel Staroswiecki Sklep

Innenstadt, Ul. Szpitalna 8
PLZ 00-031   ■ C 3, S. 559
Tel. 0048/22/827 29 16, Fax 827 29 16
www.wedelpijalnie.pl
Mo-Sa 8-22 Uhr, So 10-21 Uhr
MASTER VISA

Alt-Warschau vom Feinsten. Die Schokola-
denstube des Berliners Karol Wedel von
1893 hat den Krieg überstanden, in den
letzten Jahren wurde alles liebevoll renoviert: Stuck, Lüster, Marmor, Wände in
Altrosa. Junge Damen in schokobraunen
Uniformen und Spitzenschürzen servieren
Eiskreationen, Trüffeln und Pralinen auf
Silbertabletts und natürlich die heißen
Trinkschokoladen, die so dick sind, dass
der Löffel darin steht. Besonders empfehlenswert: Schokolade mit Ingwer, Kirsche
oder Pflaumenmus.

Zen Jazz Bistro

Innenstadt, Ul. Jasna 24
PLZ 00-054   ■ B 3, S. 559
Tel. 0048/22/447 25 00
Fax 447 25 01
www.jazzbistro.pl
Mo-Fr 11-24 Uhr, Sa, So 12-24 Uhr
AmEx DINERS EC MASTER VISA

Dunkles Holz und bequeme Sessel bestimmen das Ambiente, Kieselsteine und eine
raffinierte Beleuchtung setzen Zen-Akzente.
Mittags Businesslunch mit asiatischer
Küche, abends gibt's Cocktails, vor allem
mit Wodka. Guter Jazz, bisweilen auch live.

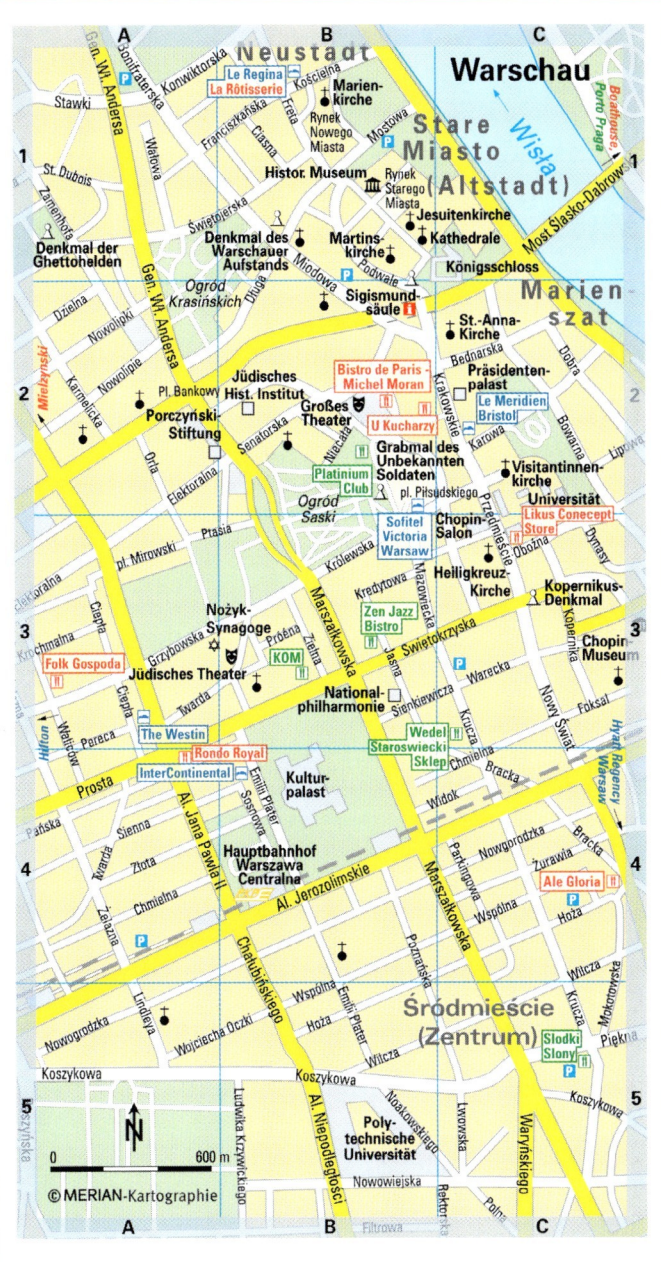

WIEN

Pallas Athene vor dem Parlament weiß: Die Wiener Gastronomie kennt viele Götterspeisen. Die Köche können aus einem großes Reservoir bester Produkte schöpfen, und sie experimentieren auch gern mal mit exotischen Aromen.

Hotels

Alma FF

1. Bezirk, Hafnersteig 7
PLZ 1010 ◼ E 2, S. 577
Tel. 0043/1/533 29 61, Fax 533 29 61 11
www.hotel-alma.com
DZ ab € 121

DINERS | EC | MASTER | VISA 🌐 🚗 🚕

Hotel in zentraler Lage, fünf Gehminuten
vom Zentrum entfernt, dabei versteckt in
einer fast autofreien Seitengasse – solche
Vorzüge wissen Städtereisende zu schätzen.
Da nehmen sie schon mal in Kauf, dass die
Zimmer klein sind und teilweise nur eine
Dusche haben. Jugendstilmotive an den
Wänden, leuchtendes Rot in Kombination
mit Schwarz oder Weiß bringt Frische ins
Dekor und erzeugt eine angenehme
Atmosphäre.

Altstadt Vienna FF

7. Bezirk, Kirchengasse 41
PLZ 1070 östlich ◼ A 4, S. 576
Tel. 0043/1/522 66 66, Fax 522 49 01
www.altstadt.at
42 Zi., DZ ab € 139

AmEx | DINERS | EC | MASTER | VISA 🍸 🚗

Für Individualisten: schöne Verbindung
von Tradition und zeitgenössischer Kunst.
Die Zimmer verteilen sich über sechs
Stockwerke. Neun Räume hat der Star-
architekt Matteo Thun gestaltet, in den
Badezimmern setzen Swarovski-Steine
Akzente. Andere Suiten und Zimmer bieten
Dachgarten oder Dachterrasse.

Bristol FFFF

1. Bezirk, Kärntner Ring 1
PLZ 1015 ◼ D 4, S. 577
Tel. 0043/1/51 51 60
Fax 51 51 65 50
www.luxurycollection.com/bristol
122 Zi., 18 Suiten, DZ ab € 295

AmEx | DINERS | MASTER | VISA 🍸 🚕

Der Klassiker an der Staatsoper prunkt mit
Marmor, Seidentapeten, Antiquitäten und
recht geräumigen Zimmern. *Cosy* sind die
Juniorsuiten unter dem Dach. Im „Bristol"
zählen Tradition und Stil, mit neumodischen
Sachen wie Wellness hat man nichts am
Hut, aber Internetzugang auf den Zimmern.
Generationswechsel im Restaurant „Korso":
Reinhard Gerer, lange einer der besten
Köche Österreichs, ging, Gerald Angelmahr
ist gekommen.

Das Triest FFF

4. Bezirk, Wiedner Hauptstr. 12
PLZ 1040 südlich ◼ C 5, S. 576
Tel. 0043/1/58 91 80, Fax 589 18 18
www.dastriest.at

Herrschaftlich: die „Prince of Wales"-Suite im Grandhotel-Klassiker „Bristol"

Zeitlose Eleganz an der Ringstraße: Foyer des „Grand Hotels Wien"

56 Zi., 16 Suiten, DZ ab € 281
AmEx DINERS EC MASTER VISA 🍸 ⌂
Wiens erstes Designhotel, *Sir Conran was here,* schick und dabei sogar gemütlich, durch behutsame Renovierungen up to date. Einige Zimmer haben eine Dachterrasse und schöne Ausblicke. Private Atmosphäre. Kleiner Saunabereich. (Siehe Restaurant „Collio" und „Silver Bar".)

Do & Co F F F
1. Bezirk, Stephansplatz 12
PLZ 1010   ■ D 3, S. 577
Tel. 0043/1/24 18 80, Fax 24 18 84 44
www.doco.com
42 Zi., 2 Suiten, DZ ab € 245
AmEx DINERS EC MASTER VISA 🍸 ⌂
Das Hightech-Hotel in Top-Lage am Stephansdom überzeugt mit großzügigen Zimmern, hochwertig möbliert und ausgestattet (große Flat-Screens, CD- und DVD-Player, W-Lan, Weinbar). Dazu der sehr persönliche Service, das gute Restaurant und die „Onyx Bar" (siehe Bars).

Grand Hotel Wien F F F F
1. Bezirk, Kärntner Ring 9
PLZ 1010   ■ D 5, S. 577
Tel. 0043/1/51 58 00, Fax 515 13 13
www.grandhotelwien.com

175 Zi., 30 Suiten, DZ ab € 340
AmEx DINERS MASTER VISA 🍸 🚗 ⌂
Tradition mit großzügiger Lobby und komfortablen Zimmern, deren Wände Seidentapeten tragen und die mit antiken Möbeln, schönen Bädern und High-Speed-Internet ausgestattet sind. Kleiner Fitnessraum, Businesscenter. Wiener Spezialitäten im „Grand Café", japanisches Restaurant „Unkai". (Siehe Restaurant „Le Ciel".)

Hollmann Beletage – Design & Boutique F F
1. Bezirk, Köllnerhofgasse 6
PLZ 1010   ■ E 2, S. 577
Tel. 0043/1/961 19 60
Fax 961 19 60 33
www.hollmann-beletage.at
25 Zi., DZ ab € 170
AmEx DINERS EC MASTER VISA 🍸 🚗 ⌂
Sehr persönliches Wohnerlebnis im Mezzanin eines Gründerzeithauses unweit vom Stephansdom. Salon, offener Kamin, Klavier, kleine Bibliothek, Speisezimmer, Küche, Sauna und die Zimmer fügen sich zu einem so funktionellen wie ästhetischen Gesamtkunstwerk. Auf Wunsch wird im Frühstücksraum auch ein Mittagessen serviert, das aus „Hollmann's Salon" im nahen Heiligenkreuzerhof stammt.

W

Imperial FFFF
1. Bezirk, Kärntner Ring 16
PLZ 1015 ■ D 5, S. 577
Tel. 0043/1/50 11 00, Fax 50 11 04 10
www.luxurycollection.com/imperial
79 Zi., 59 Suiten, DZ ab € 409
[AmEx] [DINERS] [MASTER] [VISA] 🍷🏨🍸

Tradition ist hier das Wichtigste: Über die
Lüster-illuminierte Marmortreppe vom Foyer
zu den Gesellschaftsräumen sind seit 1863
viele Staatsgäste geschritten. Die Zimmer
haben Seidentapeten und sind kostbar
möbliert, die Bäder natürlich aus Marmor.
Restaurant, Café mit Terrasse.

Intercontinental FFFF
3. Bezirk, Johannesgasse 28
PLZ 1037 ■ E 5, S. 577
Tel. 0043/1/71 12 20, Fax 713 44 89
www.vienna.intercontinental.com
377 Zi., 61 Suiten, DZ ab € 259
[AmEx] [DINERS] [MASTER] [VISA] 🏨

Das Hochhaus von 1964 am Stadtpark ist
eines der wenigen Wiener Hotels, die über
einen Wellness-, Fitness- und Beautybereich
verfügen. Bei Redaktionsschluss waren
Modernisierungsarbeiten im Gang, inzwischen sollen alle Räume in frischem,
modernem Glanz erstrahlen.

Le Meridien FFF
1. Bezirk, Opernring 13-15
PLZ 1010 ■ C 4, S. 576
Tel. 0043/1/58 89 00
Fax 588 90 90 90
www.lemeridien.com/vienna
294 Zi., 25 Suiten, DZ ab € 249
[AmEx] [DINERS] [MASTER] [VISA] 🍷🏨🏔🍸

Designerschick im Ringstraßen-Palais. Die
Zimmer haben moderne Technik und
komfortable Bäder. Hervorzuheben in Wien:
der Wellnessbereich mit Pool, Dampfbad,
Sauna und Fitnessgeräten.

Palais Coburg FFFF
1. Bezirk, Coburgbastei 4
PLZ 1010 ■ E 3, S. 577
Tel. 0043/1/51 81 80, Fax 51 81 81
www.palais-coburg.com

Glanzvolle Geschichte: „Imperial"

Freundlicher Empfang: „Palais Coburg"

35 Suiten, Suite ab € 590

AmEx DINERS EC MASTER VISA 🍸🏠〰️♦️

Luxuriöses Palais, das nur Suiten bietet. Sie haben Gegensprechanlage, Kitchenette und separates Gäste-WC. Das Top-Restaurant wurde geschlossen, das Weinbistro bleibt geöffnet. Die Gäste werden ins „Steiereck" geschickt, das auch Weine aus dem legendären „Coburg"-Keller ausschenkt.

Sehr persönlich: „Pension Franz"

Pension Franz F

9. Bezirk, Währinger Str. 12
PLZ 1090   nordwestlich ■ B 1, S. 576
Tel. 0043/1/31 04 04 00, Fax 310 40 40 23
www.hotelpensionfranz.at
25 Zi., DZ ab € 109

AmEx DINERS MASTER VISA 💶🏠

Individuelle Pension mit sehr wienerischer Atmosphäre, zu Fuß nur ein paar Minuten von der Altstadt entfernt.

Radisson Blu Palais F F F

1. Bezirk, Parkring 16
PLZ 1010   ■ E 4, S. 577
Tel. 0043/1/51 51 70, Fax 512 22 16
www.radissonblu.com
247 Zi., 41 Suiten, 4 App., DZ ab € 239

AmEx DINERS EC MASTER VISA 🍸🏠♦️

Zwei Palais an der Ringstraße. In einen sind die Zimmer im Stil der klassischen Moderne eingerichtet, im anderen im Biedermeier-

Stil. Flat-Screen-TV, DVD/CD-Player und Internetzugang. Separates Fitnesscenter und „Vendome"-Spa im Haus. Das Restaurant bietet mediterrane Küche.

Rathaus Wein & Design F

8. Bezirk, Lange Gasse 13
PLZ 1080   westlich ■ A 2, S. 576
Tel. 0043/1/400 11 22, Fax 400 11 22 88
www.hotel-rathaus-wien.at
39 Zi., 1 Suite, DZ ab € 148

AmEx DINERS EC MASTER VISA 🍸♦️

Hausherr ist hier der Salzburger Spitzenkoch Klaus Fleischhaker. Jedes der geräumigen, modern designten Zimmer ist einem österreichischen Top-Winzer gewidmet, der auch die Minibar mit einer Auswahl seiner Weine versieht. Aparte Beleuchtung durch einen Himmel über dem Bett.

Lobby im Innenhof: „Radisson Blu Palais"

An den Wänden Bilder prominenter Gäste: Grandhotel „Sacher"

Roomz F F

1. Bezirk, Paragonstr. 1
PLZ 1110   südöstlich ■ E 2, S. 577
Tel. 0043/1/743 17 77
Fax 743 18 88
www.roomz-vienna.com
152 Zi., DZ ab € 59
AmEx DINERS EC MASTER VISA € Ⴤ ⌂

Erfrischend und am Puls der Zeit, behauptet sich das Haus im Umfeld der von internationalen Architekten umgestalteten Gasometerbauten mit Shopping- und Entertainmentcenter. Die in den Farben Pink, Blau, Grün oder Braun gehaltenen Zimmer – mit durchdachten Details vom variablen Bett über den multifunktionalen Schreibtisch bis hin zur effizienten Beleuchtung – erfüllen alle wichtigen Funktionen und bieten auch Bewegungsfreiheit.

Sacher Wien F F F F

1. Bezirk, Philharmonikerstr. 4
PLZ 1010   ■ C 4, S. 576
Tel. 0043/1/51 45 60, Fax 51 45 68 10
www.sacher.com
97 Zi., 55 Suiten, DZ ab € 355
AmEx DINERS EC MASTER VISA Ⴤ ⌂

Der Wiener Hotelklassiker schlechthin. Antiquitäten, Kunst und Eleganz paaren sich mit moderner Kommunikationstechnik und Wellness. Österreichisch-französische Küche in den Restaurants. Und im Café gibt's nicht nur Torte, sondern auch gute Würstel.

Steigenberger Herrenhof F F

1. Bezirk, Herrengasse 10
PLZ 1010   ■ C 2, S. 576
Tel. 0043/1/53 40 40, Fax 53 40 41 55
www.steigenberger.com
10 Suiten, DZ ab € 189
AmEx DINERS EC MASTER VISA Ⴤ ⌂ ⌂

Die Lobby als Lounge und Wohnzimmer – mit offenem Kamin, bequemen Ohrensesseln und riesiger Bar –, diesem Trend folgt auch das nächst der Hofburg eröffnete „Steigenberger". Es regiert vornehme Zurückhaltung, modische Farbtöne wie Pistazie, Zitrone und Brombeere dominieren bei Stoffen und Tapeten. Die Minibar ist im Zimmerpreis enthalten. Die Suiten im 7. Stock haben Balkon mit Wien-Blick, im Untergeschoss befinden sich Spa und Fitnessraum.

Sichere Bank: „Stylehotel Vienna"

Profiliert: „The Levante Parliament"

Stylehotel Vienna **F F**

1. Bezirk, Herrengasse 12
PLZ 1010 ■ C 2, S. 576
Tel. 0043/1/22 78 00, Fax 227 80 77
www.style.vienna.radissonsas.com
79 Zi., 17 Suiten, DZ ab € 245
AmEx DINERS EC MASTER VISA ⛾🏠🍽

Das 1919 erbaute Gebäude diente früher
als Bank, die ehemalige Kassenhalle ist
heute die Lounge. Kunstobjekte und
Designermöbel prägen das Interieur. Die mit
vielen Extras ausgestatteten Zimmer bieten
auch kostenlosen Internetzugang sowie
DVD- und CD-Player. Fitnessraum und
Sauna.

The Levante Parliament **F F F**

8. Bezirk, Auerspergstr. 9
PLZ 1080 ■ A 3, S. 576
Tel. 0043/1/22 82 80, Fax 228 28 28
www.thelevante.com
65 Zi., 5 Suiten, DZ ab € 175
AmEx DINERS MASTER VISA ⛾🏠🍽

Das Gebäude von 1908 im Stil der klassi-
schen Moderne birgt Wiens profiliertestes
Designhotel. Die Räume sind 3,30 Meter
hoch, heller Naturstein, Chrom und dunkle
Hölzer prägen die aparte Atmosphäre.
Moderne Kommunikationstechnik, Sauna,

Fitnessraum. Außerdem eine Glasausstel-
lung von Ioan Nemtoi. Restaurant und Bar
tragen den Namen des Künstlers.

The Ring **F F F**

1. Bezirk, Kärntner Ring 8
PLZ 1010 ■ C 5, S. 576
Tel. 0043/1/22 12 20, Fax 22 12 29 00
www.theringhotel.com
61 Zi., 7 Suiten, DZ ab € 199
AmEx DINERS MASTER VISA ⛾

In einem Ringstraßen-Palais befindet sich
„Vienna's casual luxury hotel". Die komfortablen Zimmer in drei Größen- und Ausstat-

Eleganz in warmen Farben: „The Ring"

Feines Norditalien: „Collio" im Designhotel „Das Triest"

tungskategorien sind in kräftigen, harmonischen Farben gehalten, alle bieten Internetzugang und Nespressomaschinen. Informierter Service. Restaurant „at eight", Bar „Drings".

Restaurants

Artner
am Franziskanerplatz FF
1. Bezirk, Franziskanerplatz 5
PLZ 1010 ■ D 3, S. 577
Tel. 0043/1/503 50 34
www.artner.co.at
kein Ruhetag
Hauptgerichte € 19-28
DINERS MASTER VISA M 🍴 Ⴤ
Subtil eingesetztes Licht, cremefarbenes Leder, Loungemusik und schöner Blick nach draußen – mit „Artner am Franziskanerplatz" gelang der renommierten Winzerfamilie aus Höflein in Niederösterreich ein großer Coup. Ihr mittlerweile zweites Restaurant in Wien ist ein eleganter City-Treffpunkt mit Vinothek und Bar für Wein-, Champagner- und Kaffeeverkostungen sowie Abendrestaurant im historischen Kellergewölbe. Die Küche setzt sich vom Mainstream ab. Hauchdünne, mit herbem

Bouillabaissefond gefüllte Ravioli werden mit süßer Erbsencreme und Tahiti-Vanille kombiniert. Zum glasierten Spanferkelrücken gibt es einen süß-sauren Mix aus Kohlrabi und Senfgurkengemüse. Gut sortierte Weinkarte mit Schwerpunkt Carnuntum.

Collio FFF
4. Bezirk, im Hotel Das Triest
Wiedner Hauptstr. 12
PLZ 1040 südlich ■ C 5, S. 577
Tel. 0043/1/58 91 81 33, Fax 589 18 18
www.dastriest.at
Sa mittag, So geschl.
Hauptgerichte € 20-28
AmEx DINERS EC MASTER VISA M 🍴 🏠
In die italienischen Regionen Friaul und Collio blicken die Köche des Designhotels. Da gibt es *pappardelle* mit Rehragout, Rindersteak in Barolo und Maroniknödel, in Amarettibrösel gewendet, mit Zwetschgensauce. Viele österreichische und italienische Weine, freundlicher Servcie.

Ein Wiener Salon FF
1. Bezirk, Stubenbastei 10
PLZ 1010 ■ E 3, S. 577
Tel. 0043/660/654 27 85, Fax 654 27 85

Maria Theresia im Blick: „Ein Wiener Salon"

www.einwienersalon.com
nur Abendessen, So, Mo geschl.
Menü € 39-47

EC MASTER VISA ⊤

Lockere Atmosphäre im Raum mit offener Küche. Die Qual der Wahl hat man hier nicht: Die Karte verzeichnet ein Menü, aus dem man vier, fünf oder sechs Gänge wählen kann. Etwa Lachsforelle mit marinierten Zucchini und Avocado oder Lammrücken mit Selleriejus, japanischem Risotto und Zuckerschoten. Schön und gut. Kleine österreichische Weinauswahl.

Eisvogel FF▢▢▢

2. Bezirk, Riesenradplatz 5
PLZ 1022   östlich ■ F 1, S. 577
Tel. 0043/1/908 11 87
Fax 908 11 87 31 01
eisvogel@riesenradplatz.at
www.stadtgasthaus-eisvogel.at
kein Ruhetag
Hauptgerichte € 16-23

AmEx DINERS EC MASTER VISA M̌ Ῠ

Eine Restaurantlegende im Wiener Wustelprater wurde wiederbelebt. Im Saal erinnern großflächige Schwarz-Weiß-Fotografien an die gute alte Zeit, aus der Küche kommen Wiener Lieblingsgerichte wie Schnitzel, gebackener Kalbskopf, Tafelspitzsülzchen, Kalbsbeuscherl oder böhmische Mehlspeisenvariation. Die Qualität ragt weit über die der herkömmlichen Wirtshausküche hinaus. Weinkarte mit über 200 Positionen, darunter Top-Weine aus Wien, viele auch in halben Flaschen. Sonntags geöffnet!

Mediterrane Urlaubsstimmung: „Ella's" am Judenplatz

Ella's ▢▢▢▢▢
1. Bezirk, Judenplatz 9-10
PLZ 1010 ■ C 2, S. 576
Tel. 0043/1/535 15 77, Fax 535 15 77 14
www.ellas.at
So geschl.
Hauptgerichte € 12-28
AmEx DINERS EC MASTER VISA M T Y
Die mediterrane Fusionküche erfreut immer
wieder. Ob Jakobsmuscheln mit Zwiebel-
ravioli und weißem Tomatenschaum oder
Lammcurry mit Chili, Minze und Mandeln:
Alles ist frisch und aromatisch. Dazu
fröhliche Atmosphäre drinnen und im
Sommer auf der Terrasse draußen.

Gaumenspiel ▢▢▢▢▢
7. Bezirk, Zieglergasse 54
PLZ 1070 südwestlich ■ A 4, S. 576
Tel. 0043/1/526 11 08,
Fax 526 11 08 30
www.gaumenspiel.at
nur Abendessen, So geschl.
Hauptgerichte € 17-24
AmEx MASTER VISA T
Man sitzt in Ellbogendistanz zum Nachbarn
in einem Raum, in dem ein Hauch von Paris
weht. Dieter Breitenecker (vormals „Meinl
am Graben") lässt sich gern auf Wagnisse
ein und gewinnt dabei meist: Die Komposition aus Seeteufel, Chicorée, Birne und
Topinambur glückt ihm genauso wie die
Gänseleber mit Blutwurst – einmal in
hauchdünnen Scheiben, kross gebraten wie
Chips, dann in zarte Teigblätter gehüllt –,
dazu frisch gehobeltes Kraut in einer
leichten Sahnesauce. Die Desserts, Walnuss-
schmarren mit Berberitzen und Karamell-Eis
oder Blutorangen-*panna cotta* mit weißem
Schokoladenschaum, bringen wohltuende
Abwechslung in die Wiener Mehlspeisen-
küche. Ausgesuchte Weine österreichischer
Spitzenwinzer glasweise.

Kim kocht ▢▢▢▢▢
9. Bezirk, Lustkandlgasse 4-6
PLZ 1090 nordwestlich ■ B 1, S. 576
Tel. 0043/1/319 02 42, Fax 319 02 42
www.kimkocht.at

Sa, So, Mo geschl.
Menüs € 42-62
AmEx DINERS MASTER VISA M
Köchin Kim ist zwei Häuser weitergezogen,
aber leider ist das neue Restaurant nicht
größer. So muss man nach wie vor lange im
Voraus reservieren, auch wenn jetzt mittags
geöffnet ist, denn die Schar der Fans ihrer
tollen Küche ist groß. Fleisch gibt es bei
Kim nicht. Vorwiegend mit Produkten aus
biologischem Anbau kocht sie asiatisch,
österreichisch und vor allem originell.

Himmlisch: „Le Ciel" im „Grand Hotel Wien"

Le Ciel ▢▢▢▢▢
1. Bezirk, im Grand Hotel Wien
Kärntner Ring 9
PLZ 1010 ■ D 5, S. 577
Tel. 0043/1/515 80 91 00, Fax 515 13 27
www.leciel.at
So geschl.
Hauptgerichte € 26-42
AmEx DINERS MASTER VISA M 🚗 T 🏠 Y
Unter prächtigen Decken Säulen und Lüster,
dazu ein Piano. Die Küche ist vorwiegend
französisch orientiert, überrascht mit
hübschen Ideen wie einem Thunfisch-
Forellen-Törtchen auf Orangen-Basilikum-

Gelee. Spezialität zum Dessert: Salzburger Nockerln. 350 Weine, überwiegend aus Österreich und Frankreich.

Meinl am Graben **F F F**

1. Bezirk, Graben 19
PLZ 1010 ■ C 2, S. 576
Tel. 0043/1/532 33 34 60 00
Fax 532 33 34 20 90
www.meinlamgraben.at
So und feiertags geschl.
Hauptgerichte € 30-37

AmEx DINERS MASTER VISA M ⚲ ♈

In der Beletage: „Meinl am Graben"

Über dem Delikatessengeschäft erstreckt sich das gediegene Restaurant, das zu Wiens besten gehört. Joachim Gradwohl steht für sensiblen Umgang mit Aromen. So auch bei den Traun-Flusskrebsen mit Blumenkohl, Trauben und intensiven gebackenen Kapern. Weiterhin sind 1000 Weine im Angebot, alle werden, wie gewohnt, fachkundig präsentiert.

Mraz & Sohn **F F F**

20. Bezirk, Wallensteinstraße 59
PLZ 1200 nördlich ■ E 1, S. 577
Tel. 0043/1/330 45 94, Fax 350 15 36
www.mraz-sohn.at

Sa, So geschl.
Hauptgerichte € 28-30

DINERS EC MASTER VISA M ⚲ ♈

Zur Eigenart des Hauses gehört ein besonderer Hang zur Präsentation. Das Verspielte – pointilistisch auf den Teller gepinselte Saucen, Essig aus der Pipette, Honig, der als gefrorenes Pünktchen in Erscheinung tritt – macht die besondere Note dieses ehemaligen Vorstadtbeisls aus. Man sollte also nicht allzu lange nachgrübeln, was mit „Illusion von einem Spiegelei" gemeint ist, sondern sich davon überraschen lassen, was Markus

„Meinl"-Chefkoch Joachim Gradwohl

Mraz sich da ausgedacht hat. Rund 700 Weine aus fast allen wichtigen Weinbaugebieten der Welt.

Plachutta **F F**

1. Bezirk, Wollzeile 38
PLZ 1010 ■ E 3, S. 577
Tel. 0043/1/512 15 77, Fax 512 15 77 20
www.plachutta.at
kein Ruhetag
Hauptgerichte € 13-24

AmEx DINERS MASTER VISA

Einst glückliche steirische Rinder sorgen hier für die Wonnen der Wiener Fleischküche. Das klassische Ritual: Erst die kräftige

Fleischtempel: „Plachutta"

Bouillon löffeln, dann das Mark aus dem Knochen auf geröstetes Brot streichen und endlich den mürben, saftigen Tafelspitz (oder die anderen Varianten der Wiener Fleischteilung) mit Schnittlauchsauce und Apfelkren genießen.

RieGi ⬛⬛⬜⬜

1. Bezirk, Schauflergasse 6
PLZ 1010   ⬛ C 3, S. 576
Tel. 0043/1/532 91 26, Fax 532 91 26 20
www.riegi.at
So, Mo geschl.
Hauptgerichte € 26-30
AmEx DINERS EC MASTER VISA 🚗 ⛱ 🍸

Der gewölbte blaue Himmel an der Decke changiert je nach Lichteinfall. Einfallsreiche Küche, etwa confierter Schweinebauch, mit Steinbutt gefüllt. Die meisten der rund 300 Weine werden vom freundlichen Service auch glasweise ausgeschenkt.

Steirereck im Stadtpark ⬛⬛⬛⬜

3. Bezirk, Am Heumarkt 2 a
PLZ 1030   ⬛ F 4, S. 577
Tel. 0043/1/713 31 68, Fax 71 33 16 82
www.steirereck.at
Sa, So und feiertags geschl.
Hauptgerichte € 36-44
AmEx DINERS EC MASTER VISA 🚗 🏠 ⛱ 🍸

Immer blauer Himmel: „RieGi"

Innovative Interpretationen der österreichischen Küche in Wiens führendem Restaurant: Lammherz mit Waldpilzen und gekochtem Getreidestrudel oder Flusskrebse mit Pastinaken-Milchrahm-Strudel. Serviert wird im stilvollen Gastraum mit edlem Holzfußboden und klassisch modernem Interieur. Schöne Sommerterrasse.

Der Klassiker: „Steirereck im Stadtpark"

WIEN

W

Prachtvolle Inszenierung: Restaurant „Vestibül" im Burgtheater

Vestibül **F F**
1. Bezirk, Dr. Karl-Lueger-Ring 2
PLZ 1010 ■ B 2, S. 576
Tel. 0043/1/532 49 99, Fax 532 49 99 10
www.vestibuel.at
Sa mittag, So geschl.
Hauptgerichte € 18-24
AmEx DINERS MASTER VISA M 🌴 🍸

Prunkvolles Interieur im Burgtheater.
Traditionelle Schmankerl wie Beuschel und
Paprikahendl, aber auch Heilbutt mit
Gemüse-Oktopus-Eintopf. Schöne Käseaus-
wahl, anständige Weine, netter Service.

Zum finsteren Stern **F F**
1. Bezirk, Schulhof 8
PLZ 1010 ■ C 2, S. 576
Tel. 0043/1/535 21 00
nur Abendessen, So geschl.
Hauptgerichte € 18-24
DINERS EC MASTER VISA

Ist der Schanigarten im Frühjahr eröffnet,
verwandelt sich der versteckte, von Barock-
fassaden umrahmte Platz in einen der
romantischsten Winkel der Innenstadt. Auch
der modern designte Saal im alten Kellergewölbe hat Atmosphäre. Besonders gut
gelingen der Chefin Schmorgerichte wie
Lammkeule mit Tomaten und Basilikumsalsa

oder kross gebratener Fisch, der gern mit
bodenständigem Gemüse wie Linsen oder
Lauch kombiniert wird. Große Auswahl
glasweise angebotener Weine österreichischer Top-Winzer.

Zum Schwarzen Kameel **F F F**
1. Bezirk, Bognergasse 5
PLZ 1010 ■ C 2, S. 576

Große Tradition der österreichischen Küche:

572

Tel. 0043/1/533 81 25, Fax 533 81 25 23
www.kameel.at
So geschl.
Hauptgerichte € 19-31
AmEx DINERS EC MASTER VISA ⋔ 🍽 🍷
Sehr gute klassische Küche, das beste
Wiener Schnitzel. Mittags gibt's Snacks,
abends modernisierte Wiener Küche, auch
das Szegediner Hummerkrautfleisch ist
stadtbekannt. Und zum Dessert immer
wieder Marillenpalatschinken mit Marmelade. Gute Weine.

Zum weißen
Rauchfangkehrer F F ☐ ☐ ☐
1. Bezirk, Weihburggasse 4
PLZ 1010   ■ D 3, S. 577
Tel. 0043/1/512 34 71
www.weisser-rauchfangkehrer.at
So, Mo geschl., Di-Mi nur Abendessen
Hauptgerichte € 17-27
MASTER VISA
Gulasch und Tafelspitz stammen vom
steirischen Almochsen, das Wiener Schnitzel
vom Teichalm-Kalb, Flusskrebse und Waller
vom Gut Dornau in Niederösterreich – in
einer der ältesten Gaststätten Wiens landen
ausschließlich Produkte mit Profil auf dem
Teller. Dass der neue Chefkoch Martin Arnez

„Zum Schwarzen Kameel"

sie konsequent und kreativ zu klassischen
Gerichten der österreichischen Küche zu
verarbeiten weiß, bringt dem Traditionslokal
einen weiteren Pluspunkt ein. Auch die
Weinkarte konzentriert sich ganz auf
Österreich.

Bars/Heurige

Barfly's Club
6. Bezirk, Esterházygasse 33
PLZ 1060   südwestlich ■ A 5, S. 576
Tel. 0043/1/586 08 25
www.barflys.at
tgl. 18-3 Uhr
AmEx DINERS MASTER VISA
Wie es in einer richtigen Bar sein soll: *cosy*
und prickelnd zugleich. Frank Sinatra, Dean
Martin und all die anderen sind auf wun-
dersame Weise im Raum präsent, zumindest
über die Musik, die Jazziges ebenso bietet
wie Swing oder Latin. In Kombination mit
einem ausgezeichneten Whisky oder einem
alten Rum passt dieser leicht antiquierte
Sound perfekt zur klassischen Baratmosphäre. An manchen Abenden lateinameri-
kanische Liveacts.

Fabio's
1. Bezirk, Tuchlauben 6
PLZ 1010   ■ D 2, S. 577
Tel. 0043/1/532 22 22
www.fabios.at
Mo-Sa 10-1 Uhr, So geschl.
AmEx DINERS MASTER VISA
Beim Italiener mit dem schönsten Design
und dem höchsten Promifaktor der Stadt
erweist Wien sich als Metropole und die
Einkaufsstraße Tuchlauben als Catwalk.
Durch die verglaste, im Sommer zur Terrasse
umfunktionierte Frontseite sieht man Wiens
Schönheiten die Modemeile entlangschlen-
dern. Im Inneren regiert die Coolness. Die
Beschreibung der Speisen klingt extrem
verlockend, die Küchenleistung hält damit
allerdings nicht Schritt. Am besten man
setzt sich an die Bar, genießt dort ganz
entspannt ein Glas Wein und bestellt sich
einen Antipastiteller dazu.

Loosbar

1. Bezirk, Kärntner Durchgang 10
PLZ 1010 ■ D 3, S. 577
Tel. 0043/1/512 32 83
www.loosbar.at
So-Mi 12-4 Uhr, Do-Sa 12-5 Uhr
AmEx DINERS MASTER VISA

Unikat aus Glas, Messing, Marmor und Onyx, geschaffen von dem strengen Puristen Adolf Loos nach seiner Rückkehr aus Amerika 1908. Das denkmalgeschützte Interieur ist nicht größer als ein Hotelzimmer, immer gut besucht und das bis fünf Uhr früh.

Onyx Bar

1. Bezirk, im Hotel Do & Co
Stephansplatz 12
PLZ 1010 ■ D 3, S. 577
Tel. 0043/1/53 53 96 94 29
Fax 535 39 59
www.doco.com
tgl. 11-2 Uhr
AmEx DINERS EC MASTER VISA

Wiens Wahrzeichen, der Stephansdom, ist ebenfalls zu Gast in dieser eleganten Bar im 6. Stock des Haas-Hauses, mitten im Herzen der City: Durch die verglaste Fensterfront schimmert die Fassade des gotischen Gotteshauses und erzeugt ein zusätzliches Dekorelement. Man trifft sich hier entweder tagsüber, um zurückgelehnt in den tiefen Sesseln vor den orientalischen Teetischchen das Kommen und Gehen auf dem Platz vor dem Dom zu betrachten, zu einem Afterwork-Drink an der indirekt beleuchteten Theke oder nach 22 Uhr, um zu sehen und gesehen zu werden.

Reiss Bar

1. Bezirk, Marco-d'Aviano-Gasse 1
PLZ 1010 ■ D 4, S. 577
Tel. 0043/1/512 71 98
www.reissbar.at
So-Do 11-2 Uhr, Fr, Sa 10-3 Uhr
AmEx DINERS MASTER VISA 🍸

Wiener Institution: klassische, elegante Baratmosphäre. Neun Champagner werden offen ausgeschenkt.

Silver Bar

4. Bezirk, im Hotel Das Triest
Wiedner Hauptstr. 12
PLZ 1040 südlich ■ D 5, S. 577
Tel. 0043/1/58 91 80, Fax 589 18 18
www.dastriest.at
Mo-Sa 16-2 Uhr, So 16-24 Uhr
AmEx DINERS EC MASTER VISA 🛋 🍸

Die Welt ist schlecht, aber der Champagner tut gut: Die „Reiss"-Bar ist eine Institution

Gute Cocktails und die Aussicht genießen – im Sommer auch draußen,: „Sky Bar"

Dass die Größen des Showbiz sich bei ihren Wien-Aufenthalten gern im „Triest" einquartieren, gibt dieser Hotelbar schon etwas Besonderes. Der Barkeeper ist jedoch diskret und spricht nicht gern über seine *celebrities.* Stadtbekannt ist mittlerweile, dass er seinen berühmten Ingwer-Drink speziell für einen von ihnen kreierte. Für wen nun? Für Robbie Williams oder für David Bowie?

Sirbu

19. Bezirk, Kahlenberger Str. 210
PLZ 1190   nordwestlich ■ B 1, S. 576
Tel. 0043/1/320 59 28
www.sirbu.at
Mo-Sa 15-23 Uhr
`EC` `MASTER` `VISA` ☕ 🌴 🍸
Wiener Heurige werden geschätzt für guten Wein, eine lockere Atmosphäre und die Lage im Grünen. Der Blick auf Wien ist von nirgendwo so schön wie vom „Sirbu" am Kahlenberg in Döbling. Man sitzt unter einer Laube, die terrassenförmig inmitten der Weinberge angelegt ist. Klassisches Heurigenbuffet mit hausgemachten Mehlspeisen.

Sky Bar

1. Bezirk, im Kaufhaus Steffl, Kärntner Str. 19
PLZ 1010   ■ D 3, S. 577

Tel. 0043/1/513 17 12 12
Fax 513 17 12 20
www.skybar.at
Mo-Sa 13-3 Uhr, So 18-2 Uhr
`AmEx` `DINERS` `MASTER` `VISA`
Im 7. Stock des „Kaufhauses Steffl": Der Blick durch die raumhohen Panoramafenster reicht vom Kahlenberg bis zum Riesenrad im Prater. Mehr als 350 Cocktails und 80 Whiskysorten. Luftige Terrasse.

Wieninger

21. Bezirk, Stammersdorfer Str. 78-80
PLZ 1210   nordwestlich ■ E 1, S. 577
Tel. 0043/1/292 41 06, Fax 292 86 71
www.heuriger-wieninger.at
Do, Fr 15-24 Uhr,
Sa, So und feiertags 12-24 Uhr
`VISA` 🍴 ☕ 🌴
Spätestens seit Leo Wieninger die Weinproduktion im elterlichen Betrieb übernahm, gilt sein Name als Synonym für Wein aus Wien. Bruder Fritz führt den Heurigen, und dort können die Kultweine – vom Grünen Veltliner bis zur Rotwein-Trilogie – glasweise verkostet werden. Neben dem in der Glasvitrine ausgestellten Heurigenbuffet mit Salaten, Aufstrichen, Wurst, Käse und eingelegtem Gemüse gibt es hier, was sonst nicht üblich ist, auch noch eine Speisenkarte.

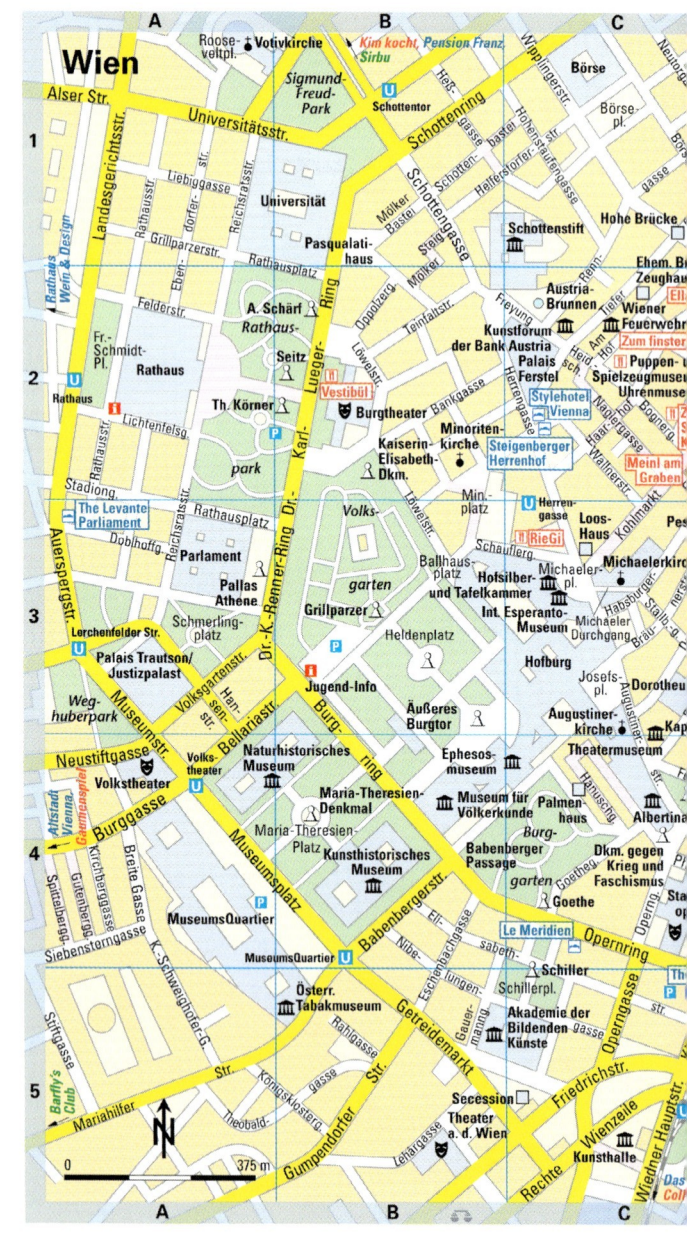

Wien

Wieninger, Mraz & Sohn

Donaukanal

Salztor-brücke

Obere Donaustr.

Klosterkirche der Barmherzigen Brüder

Gedenkstätte für d. Opfer d. österr. Freiheitskampfes

Morzin-pl.

Ruprechtskirche

Altes Rathaus

m. Böhm. kanzlei

Synagoge ✡ 9.

Schwedenbrücke

Untere Donaustr.

Franz-Josefs-Kai

Urania

Julius-Raab-Pl.

Urania-str.

Hoher Markt

Ankeruhr

Röm. Ruinen

Fabio's

Heiligen-kreuzer Hof

Hollmann Beletage Design & Boutique

Alma

Basiliskenhaus
Alte Schmiede

Georg-Coch-Pl.

Radetzky

Erzbisch. Dom- und Diözesan-museum

Jesuiten-kirche

Alte Universität

Kokoschka-Pl.

Marxerg.

Do & Co, Onyx Bar

Stephans-Haus

Stephans-dom

Schatzkammer des dt. Ordens

Figaro-Haus

Plachutta

Stephanspl.

Österr. Museum für Angewandte Kunst

Zum weißen Rauchfangkehrer

Wien Mitte

osbar

Stubentor

Ein Wiener Salon

Artner am Franziskanerplatz

Franziskaner-kirche

Schubert

Landstraße Hauptstr.

Sky Bar

Donner-brunnen

Palais Coburg

Wien Mitte/Landstraße

s Bar

Winterpalais

Etab. Ronacher

Stadt-park

Bruckner

Makart

Casino

Sammlung Religiöser Volkskunst

Radisson Blu Palais

Steirereck im Stadtpark

Gr. Ungar-brücke

Johann Strauß

Kursalon

Sebastian Kneipp

Johannesgasse

Stadtpark

Grand Hotel Wien, Le Ciel

Beethoven-pl. L.-v.-Beethoven

Intercontinental

Imperial

Wiener-Eislauf-verein

Am Modena-park

Künstler-haus

Musikverein

Konzerthaus, Akademietheater

Wien Museum

Schwarzenbergplatz

Roomz

©MERIAN-Kartographie

ZÜRICH

Die größte Stadt der Schweiz pflegt einen faszinierenden Lebensstil zwischen Tradition und Avantgarde. So finden sich hier renovierte Grandhotels und coole Lokale. Die Köche werden immer besser, die Bars haben Stil und Witz

Hotels

Alden Hotel
Splügenschloss `F` `F` `F`
Innenstadt, Splügenstr. 2
PLZ 8002 ■ B 4, S. 593
Tel. 0041/442 89 99 99, Fax 442 89 99 98
www.alden.ch
22 Zi., 21 Suiten, DZ ab € 380
AmEx DINERS EC MASTER VISA 🍸🚗🍴
Das Traditionshaus Splügenschloss – nicht
weit vom Zürichsee entfernt – wurde
umgebaut in ein Fünf-Sterne-Haus mit
22 Suiten. Die sind sehr geräumig, zwischen
60 und 100 Quadratmeter groß. Und keine
Suite gleicht der anderen, ausgestattet mit
Designklassikern und ausgewählten Antiquitäten. Auch die Badezimmer sind elegant
und großzügig geschnitten. Mit eigenem
Restaurant.

Altstadt `F`
Innenstadt, Kirchgasse 4
PLZ 8001 ■ C 3, S. 592
Tel. 0041/442 50 53 53, Fax 442 50 53 54
www.hotel-altstadt.ch
23 Zi., DZ ab € 172
AmEx DINERS EC MASTER VISA 🍸🍴

Es ist klein und liegt mittendrin in der
Altstadt. Manche Zimmer bieten unerwar-
tete Ausblicke auf das Grossmünster,
ansonsten ist der Blick jedoch eher nach
innen gerichtet, denn die Zimmer sind
Gesamtkunstwerke. Der Maler H. C. Jensen
hat sie zusammen mit Literaten gestaltet:
Jürg Federspiel, Peter K. Wehrli, Hugo
Loetscher, Urs Widmer, Ludwig Harig.
Zusätzlich finden sich in den Gästeräumen
Werke der Autoren für die Nachtlektüre.
Kleine Cafébar im Haus.

Baur au Lac `F` `F` `F` `F` `F`
Innenstadt, Talstr. 1
PLZ 8001 ■ C 3, S. 592
Tel. 0041/442 20 50 20, Fax 442 20 50 44
www.bauraulac.ch
120 Zi., 18 Suiten, DZ ab € 553
AmEx DINERS EC MASTER VISA 🍸🚗🍴
Thomas Mann pries das Grandhotel zwischen Bahnhofstrasse und See als ein
„wahrhaft wirtliches Haus", und das ist es
heute noch: eine Spitzenadresse in Zürich!
Seit 1844 befindet sich das Hotel in Fami-
lienbesitz und wurde in regelmäßigen
Abständen renoviert und verschönert,
zuletzt 2008/9. Dabei haben die Eigentümer

„Alden Hotel Splügenschloss": neuer Glanz

„Baur du Lac": herrliche Aussicht

Kracht zusammen mit Direktor Michel Rey immer die Tradition des Hauses geachtet. Nur manche Zimmer bieten Seeblick, aber alle Flair und Eleganz. Benutzer des Fitnessbereichs im Dachgeschoss haben den See vor sich. Sehr schön das Frühstück im Pavillon mit Blick auf den Garten, der schon ein kleiner Park ist. Eingespielter und perfekter Service, viele internationale Stammgäste.

Greulich ▉F▐F▐ ▢ ▢

OT Langstrasse, Herman-Greulich-Str. 56
PLZ 8004   nordwestlich ▪ A 1, S. 592
Tel. 0041/432 43 42 43, Fax 432 43 42 00
www.greulich.ch
10 Zi., 8 Suiten, DZ ab € 221
[AmEx] [DINERS] [MASTER] [VISA] ⊻ 🚗 ⊋

Der Blick von außen täuscht. Die Zimmer des Designhotels im Kreis 4 befinden sich nicht in dem Eckhaus, hier liegen nur Restaurant, Rezeption und Bar. Durch einen idyllischen Birkenwald, als wär's ein Bühnenbild, von Tschechow gelangt man zu den Zimmern. Wie in einem Motel hat jedes einen Eingang zum Hof: alles in Weiß und Grau, bestechend klar und minimalistisch. Im Restaurant praktiziert der spanische Küchenchef David Martinez Salvany seine kreative Küche.

„Greulich": Designhotel mit Kreativkoch

„Park Hyatt": coole Top-Adresse am Seeufer

Park Hyatt ▉F▐F▐F▐ ▢

Innenstadt, Beethovenstr. 21
PLZ 8002   ▪ B 3, S. 592
Tel. 0041/438 83 12 34, Fax 438 83 12 35
www.zurich.park.hyatt.com
130 Zi., 12 Suiten, DZ ab € 393
[AmEx] [DINERS] [EC] [MASTER] [VISA] ⊻ 🚗 ⊋

Das große, erst 2004 eröffnete Hotel zwischen Seeufer und Bankenviertel hat sich bereits als eine Züricher Spitzenadresse etabliert – nicht nur für Geschäftsreisende, die hier ideale Arbeitsbedingungen vorfinden. Die Räume und Bäder wurden großzügig und fast Bauhaus-artig nüchtern geplant, die hellen Zimmer haben Fenster vom Boden bis zur Decke sowie W-Lan. Es wurde an nichts gespart. Als City-Treffpunkte fungieren die Lobby, die „Onyx Bar" und „The Lounge". Im Restaurant „Parkhuus" wird eine anspruchsvolle Marktküche serviert – etwa Wagyu-Rind oder über Zedernholz gegarter Lachs aus dem Holzofen. Finnische Sauna, großer Fitnessraum, gesundes Biofrühstück.

Plattenhof `F` `F` ☐ ☐ ☐
Innenstadt, Plattenstr. 26
PLZ 8032 ■ E 2, S. 592
Tel. 0041/442 51 19 10, Fax 442 51 19 11
www.plattenhof.ch
37 Zi., DZ ab € 163
`AmEx` `EC` `MASTER` `VISA` ☂ 🏠 ⌂
Das kleine, feine Designhotel nahe der
Universität verfügt über eine intelligente
Ausstattung bis ins Detail. Die Zimmer sind
mit iPod-Anschluss am TV, mit W-Lan und
angenehmem Licht ausgestattet. Piemonte-
ser Küche im Restaurant „Sento".

Radisson Blu `F` `F` `F` ☐ ☐
OT Kloten, Zürich-Airport
PLZ 8058 nördlich ■ D 1, S. 592
Tel. 0041/448 00 40 40, Fax 448 00 40 50
www.radissonblu.com
323 Zi., 7 Suiten, DZ ab € 119
`AmEx` `DINERS` `MASTER` `VISA` ☂ 🏠 ⌂
Direkt gegenüber den An- und Abflugs-
terminals empfängt dieses im August 2008
eröffnete Hotel seine Gäste. Die 323 hoch-
modern eingerichteten Gästezimmer in den
drei Stilrichtungen „chic", „fresh" und „at
home" haben Ausblick auf das Flugfeld
oder das Atrium. Klimaanlage, LCD-Fernseher, und W-Lan sowie Safe und Hosenbügler
sind hier Standard. Wer es morgens ganz

eilig hat, zum Meeting oder zum Flieger zu
kommen, darf sich sein „Grab & Run"-
Frühstück ab 4.30 Uhr holen: Nespresso,
Obst und Müsliriegel; ab 6.30 Uhr wird
dann richtig gefrühstückt. In der Lobby
erregt ein 16 Meter hoher *wine tower* mit
4000 Flaschen die Aufmerksamtkeit.
19 multifunktionale Tagungsräume für jede
Menge Menschen (bis zu 600 Personen
maximal). Fitness und Sauna. Die Innenstadt von Zürich ist mit dem Zug bequem in
zehn Minuten erreichbar.

Romantik Hotel Florhof `F` `F` `F` ☐ ☐
Innenstadt, Florhofgasse 4
PLZ 8001 ■ D 2, S. 592
Tel. 0041/442 50 26 26, Fax 442 50 26 27
www.florhof.ch
33 Zi., 2 Suiten, DZ ab € 260
`AmEx` `DINERS` `EC` `MASTER` `VISA` 🏠 ⌂
Eine Drei-Sterne-Adresse, aber mit dem Flair
eines kleinen Luxushotels. Das 450-jährige
Haus, das seit 1907 als Pension geführt
wird, liegt fast neben Kunsthaus und
Schauspielhaus in Fußnähe zur Altstadt und
ist doch eine stille Oase. Die Zimmer
verbinden individuelle Behaglichkeit und
Eleganz mit dem dezenten Komfort eines
kleinen Stadthotels. Auf der Sonnenterrasse
kann man manchen Sommertag genießen.

„Romantik Hotel Florhof": familiär geführtes Domizil in guter Lage am Innenstadtrand

Im Restaurant steht Küchenchef Eric Denéchau für marktfrische Küche. Neben traditionellen Zürich-Klassikern wie Kalbsgeschnetzeltem mit knusprigem Butterrösti ist auch eine saftige Ente mit Limetten und Shiitakepilze-Ragout auf der Karte; sonntags und montags ist das Restaurant geschlossen. Freundlicher und kompetenter Service. Das beliebte Haus wird sehr persönlich geführt durch das Gastgeberpaar Schiesser. Es hat viele Stammgäste.

Savoy Baur en Ville [F][F][F][F]

Innenstadt, Poststr. 12
PLZ 8001   ■ C 3, S. 592
Tel. 0041/442 15 25 25, Fax 442 15 25 00
www.savoy-baurenville.ch
112 Zi., 15 Suiten, DZ ab € 530
[AmEx] [DINERS] [EC] [MASTER] [VISA] ⛾ 🏠 ♨

Eine äußerst exklusive Lage am Paradeplatz hat das Hotel zwischen Banken und Edelshops zu bieten. Das älteste Grandhotel der Stadt ist bestens renoviert und wird sehr persönlich und traditionell von dem Ehepaar Hörger geführt. Die Bar ist ein beliebter Treffpunkt zur Mittagszeit ebenso wie am Abend, und im zum Hotel gehörigen Restaurant „Orsini" genießt man beste italienische *cucina alta*.

Seefeld [F][F]

OT Mühlebach, Seefeldstr. 63
PLZ 8008   ■ D 4, S. 593
Tel. 0041/443 87 41 41, Fax 443 87 41 51
www.hotel-seefeld.ch
64 Zi., DZ ab € 213
[AmEx] [DINERS] [EC] [MASTER] [VISA] ⛾ 🏠 ♨

Mitten im beliebten Seefeld-Quartier liegt dieses Designhotel in einem Haus aus den 30er-Jahren. Nur ein paar Gehminuten entfernt liegen der See, das Opernhaus und mehrere Museen. Die Zimmer sind großzügig, mit Holzfußböden und modernem, unaufdringlichem Design ausgestattet. Kleiner Fitnessraum und große Dachterrasse mit weitem Seeblick. Netter Service und gute Atmosphäre.

The Dolder Grand [F][F][F][F]

OT Fluntern-Hottingen, Kurhausstr. 65
PLZ 8032   östlich ■ E 3, S. 592
Tel. 0041/444 56 60 00, Fax 444 56 60 01
www.thedoldergrand.com
173 Zi., 59 Suiten, DZ ab € 574
[AmEx] [DINERS] [EC] [MASTER] [VISA] ⛾ 🏠 ♨ ♨

Im April 2008 war es endlich so weit: Das „Dolder" öffnete nach umfangreicher Renovierung wieder seine Türen. Wer möchte, dass ihm Zürich zu Füßen liegt,

„Savoy Baur en Ville": Grandhotel alter Schule mit Räumen in bürgerlichem Chic

„The Dolder Grand": hoch über Zürich

muss hier wohnen. Das 1899 eröffnete Haus thront hoch über Zürich, zwischen Wald und Neun-Loch-Golfplatz. Der Blick über den See und die Stadt ist spektakulär. Architekt Lord Norman Foster hat dem historischen Palast zwei hypermoderne Flügel gegeben. Hier sind die großzügigen Zimmer bis zum Boden verglast, das Design der Londoner Innenarchitekten United Designers verströmt postmodernen Zeitgeist. Sensationell schön und groß (4000 Quadratmeter) der Spabereich. Wellness vom Feinsten! Damit knüpft das Haus an die alte Tradition als Kurhotel an. Im Gourmetlokal „The Restaurant" kocht Heiko Nieder und bietet eine junge, kreative Küche für hohe Ansprüche.

Widder Hotel FFF
Innenstadt, Widdergasse 6
PLZ 8001   ■ C 2, S. 592
Tel. 0041/442 24 25 26, Fax 442 24 24 24
www.widderhotel.ch
42 Zi., 7 Suiten, DZ ab € 489
AmEx DINERS EC MASTER VISA ⏁ 🚗 🏧
Aus acht mittelalterlichen Häusern wurde ein Gesamtkomplex geschaffen: Ein *grand hôtel historique,* in dem kein Zimmer wie das andere ist und jedes seine Herkunft aus

den ehemaligen Bürgerhäusern spüren lässt. Die Skala der Einrichtungsstile reicht von Biedermeier bis zur Postmoderne. Fresken und Balken wurden freigelegt und geschickt mit modernem Design und Kunst kombiniert. Das ideale Hotel für Individualisten. (Siehe „Widder Bar".)

Restaurants

Alpenrose FF
OT Gewerbeschule, Fabrikstr. 12
PLZ 8005   nördlich ■ B 1, S. 592
Tel. 0041/442 71 39 19, Fax 442 71 02 76
Sa, So, Di nur Abendessen, Mo geschl.
Hauptgerichte € 14-30
EC M
Eigentlich ist die Speisekarte der „Alpenrose" auch eine kulinarische Landkarte der Schweiz. Von Beginn an hatte sich das wunderhübsche alte Ecklokal regionalen Produkten verschrieben und traditionellen Schweizer Gerichten. Die Braten mit Spätzli oder Schupfnudeln wie der Kalbsbraten, nach Berner Hausfrauenrezept mit Salbei und Safran geschmort, sind sehr gut, das Gemüse ist frisch und saisonal, teils aus dem eigenen Garten, das Wild stammt aus Schweizer Jagdgründen wie dem Puschlav-Tal, die Fische sind vor allem aus dem Züricher See. Deftige Alpenküche steht neben Tellern mit Tessiner Italien-Nähe. Produzenten, Metzger, Bäcker und Tierrassen werden genannt. Inzwischen ist Bioqualität ein weiterer Schwerpunkt. Fast alles

„Widder Hotel": edler Designklassiker

wird selbst im Restaurant gekocht und gebacken, außer der guten Pasta von der stadtbekannten „Patrizia Fontana". Die Weinkarte mit bekannten Schweizer Winzern wie Marie-Thérèse Chappaz ist die erfrischende Alternative zur sonstigen internationalen Mischung anderer Restaurants.

Cinque F

OT Langstrasse, Langstr. 215
PLZ 8005   nördlich ■ A 1, S. 592
Tel. 0041/442 72 46 30
www.restaurant-cinque.ch
Sa mittag, So geschl.
Hauptgerichte € 13-40

AmEx DINERS EC MASTER VISA

An den Wänden antiquarischer Trödel, auf den Tischen lange weiße Decken, und die Karte ist mit der Schreibmaschine getippt – alles wirkt wie eine Inszenierung aus einer vergangenen Welt. Das Speiseangebot ist klein: zwei Fisch- und vier Fleischgerichte und täglich frische Pasta. Auch die Weinkarte ist übersichtlich und bietet Italienisches zu günstigen Preisen. Der deutsche Küchenchef Sven Behrendt zieht mit seiner Küche viel junges Publikum an. Im Sommer Tische vor der Tür.

Cucina e Libri F F

OT Seefeld, Fröhlichstr. 39
PLZ 8008   ■ E 6, S. 593
Tel. 0041/443 83 21 39
www.cucinalibri.ch
nur Abendessen, So, Mo geschl.
Hauptgerichte € 20-35

EC MASTER VISA

„Cucina e Libri": klein, aber bibliophil

„Giesserei": originelles Ambiente im

Es ist wohl das kleinste Restaurant in Zürich mit nur sieben Tischen. Der Gourmetkritiker Carlo Bernasconi übernahm vor drei Jahren das „Heimelig" und bringt seither das Beste aus Italien auf die Tische. An den Wänden Bücherregale über mediterrane Kochkunst, zum Teil auch von Bernasconi selbst. Im Keller eine gute Auswahl italienischer Weine.

Giesserei F F

OT Oerlikon, Birchstr. 108
PLZ 8050   nördlich ■ D 1, S. 592
Tel. 0041/432 05 10 10, Fax 432 05 10 11
www.diegiesserei.ch
Sa mittag geschl.
Hauptgerichte € 25-30

AmEx DINERS EC MASTER VISA

Das Erlebnisrestaurant im postindustriellen Ambiente ist gerade sehr in. Es bietet eine marktfrische, mediterrane Küche: drei Vorspeisen, drei Hauptgerichte und drei Desserts, beliebig zu kombinieren. Die Ravioli mit Ricotta-Nuss-Füllung sind ebenso gut wie das zarte Kalbssteak. Die Weinkarte bietet keine großen Namen, dafür eine preiswerte Auswahl.

Ginger F F

OT Seefeld, Seefeldstr. 62
PLZ 8008   ■ D 4, S. 593
Tel. 0041/444 22 95 09, Fax 444 51 66 88

stillgelegten Industriebetrieb in Oerlikon

www.shinsen.ch
Sa mittag, So geschl.
Gerichte € 6-15

AmEx | EC | MASTER | VISA

Seinem Motto „*More than sushi*" wird das Haus gerecht. An der langen Bar ziehen die Köstlichkeiten auf dem Fließband vorbei: herrlich gewürztes Thunfischtatar, diverse Sashimi, aber auch mariniertes Rinderfilet und natürlich Sushi. Die gehören zu den Besten der Stadt! Die Köche kommen alle von einer Kochschule in Japan; auch der Service ist hervorragend.

Goethe-Stübli F F F

Innenstadt, in Kaiser's Reblaube
Glockengasse 7
PLZ 8001   ■ C 2, S. 592
Tel. 0041/442 21 21 20, Fax 442 21 21 55
www.kaisers-reblaube.ch
Sa mittag, So geschl.
Hauptgerichte € 25-39

AmEx | EC | MASTER | VISA

Peter Brunner kocht sensibel und nur mit frischen Zutaten der Saison. „Perfektion in der Einfachheit" lautet sein Motto. Eine Mousse im Foie-gras-Stil aus natürlichen Entenlebern hat er sich patentieren lassen. Sein hübsches 26-Stühle-Lokal liegt im ersten Stock von „Kaiser's Reblaube" in einem schmucken Altstadthaus. Freundliche Bedienung; Schweizer Weine sowie exzellente Bordeaux-Raritäten, erklärt von Sommelier Pascale Gut. Weinstube und kleiner Garten, im Sommer schön lauschig.

Hiltl F F

Innenstadt, Sihlstr. 28
PLZ 8001   ■ B 2, S. 592
Tel. 0041/442 27 70 00, Fax 442 27 70 07
www.hiltl.ch
kein Ruhetag
Hauptgerichte € 14-22

AmEx | DINERS | EC | MASTER | VISA

„Goethe-Stübli": sensibel gekochte Saisongerichte in hübschem historischem Rahmen

Seit 2007 ist das älteste vegetarische Restaurant von Zürich im frisch renovierten Gebäude am alten Platz. Top-Restaurant mit 50 verschiedenen fleischlosen Gerichten, ob Eierschwämmli mit Rösti oder Linsen-Couscous. Tolles Salatbuffet mit riesiger Auswahl – und auch die frisch gepressten Säfte schmecken ausgesprochen köstlich! Außerdem Bar mit DJ und kostenloses W-Lan.

Josef FF

OT Gewerbeschule, Gasometerstr. 24
PLZ 8005   nördlich ■ B 1, S. 592
Tel. 0041/442 71 65 95, Fax 444 40 55 64
www.josef.ch
Sa mittag, So geschl.
Gerichte (ab 2 Teller) ab € 24
AmEx DINERS MASTER VISA 🍴 🌴

Der Hauptgang wurde hier abgeschafft, stattdessen gibt es im „Josef" eine Auswahl von Gerichten, die beliebig kombiniert werden können. Gewählt wird zwischen 14 bis 20 Angeboten. Man sitzt an Holztischen, und an den Wänden glitzert Spiegelfolie. Viel junges Publikum – im Sommer gibt es auch Plätze vor der Tür.

Kronenhalle FF

Innenstadt, Rämistr. 4
PLZ 8001   ■ D 2, S. 592
Tel. 0041/442 62 99 00, Fax 442 62 99 19
www.kronenhalle.com
kein Ruhetag, Hauptgerichte € 19-47
AmEx DINERS MASTER VISA 🍴 🍷

In Zürich eine unverzichtbare Institution, weniger wegen der Küche als wegen der besonderen Atmosphäre. Wann speist man schon mal unter einem echten Chagall, Kandinsky, Bonnard oder Miró? Die Küche bietet in konstant guter Qualität Traditionelles wie Filet Stroganoff oder Kalbssteak, sehr beliebt auch der Balleron-Wurstsalat oder die Bouillon mit Mark. Tagesempfehlungen werden auf dem Rollwagen präsentiert. Mittags und abends trifft sich hier die Züricher Schickeria, aber am Nachmittag findet man hier immer einen Platz und kann in Ruhe die Atmosphäre genießen. Danach

„Kronenhalle": Alte Liebe rostet nicht

könnte man sich noch in der lauschigen Bar von Zürichs bekanntestem Barkeeper Peter Roth einen Drink mixen lassen.

Mesa FFF

Innenstadt, Weinbergstr. 75
PLZ 8006   nördlich ■ D 1, S. 592
Tel. 0041/433 21 75 75, Fax 433 21 75 77
www.mesa-restaurant.ch
Sa mittag, So, Mo geschl.
Hauptgerichte € 40-48
AmEx MASTER VISA 🍴 🌴

Im zeitlos eleganten Design des Lokals entwickelt der Österreicher Marcus G. Lindner kreative Gerichte, oft kombiniert er Fisch und Fleisch auf raffinierte Art: Krebsschwänze mit Spanferkelbauch oder Jakobsmuschel mit Weideschwein. Abends wird ein vier- bis sechsgängiges Menü „Sinfonie der Sinne" angeboten, das Hervorragendes offeriert. Auf der Karte viele Österreicher und auf dem Käsewagen beste Auswahl an Schweizer Rohmilchprodukten! Sehr zuvorkommender Service.

Petermann's Kunststuben FFFF

Küsnacht, Seestr. 160
PLZ 8700   ■ B 6, S. 593
Tel. 0041/449 10 07 15, Fax 449 10 04 95

www.kunsstuben.com
So, Mo geschl., Hauptgerichte € 47-65

AmEx MASTER VISA M 🏠 🌴 🍸

Man isst zwar teuer in diesem eleganten
Salon, aber dafür ist der Gast vor Enttäu-
schungen sicher. Was Horst Petermann und
sein kongenialer Partner Rico Zandanella
anrichten, verdient nur ein Prädikat: perfekt! Abseits aller zeitgeistigen Moden und
Verirrungen konzentriert sich Petermann
seit mehr als 25 Jahren darauf, Gourmets
mit all den Genüssen zu versorgen, die die
Saison zu bieten hat – und das immer
kreativ und konzentriert. Beste regionale
Erzeuger liefern Kaninchen, Stubenküken
und Milchschweine. Meisterlich ausgetüf-
telte Fischgerichte wie das mit Zwiebeln,
Speck, Trüffeln und Artischocken servierte
Rotbarbenfilet. Wunderbare Desserts.
Riesige Weinauswahl.

Rüsterei F

OT Alt-Wiedikon, Kalanderplatz 6
PLZ 8045 ■ B 5, S. 593
Tel. 0041/443 17 19 19, Fax 443 17 19 18
www.ruesterei.ch
kein Ruhetag, Hauptgerichte € 19-36

AmEx EC MASTER VISA 🌴

Szenelokal im neu gestalteten Industrieareal
Sihlcity, der Einkaufsstadt, gelegen in einer
alten Papierfabrik. Sehr originelles Interieur.
Auf der Karte viele Schweizer Gerichte wie
Hackbraten nach Großmutterart und
gehacktes Kalbfleisch sowie Hörnli mit
hausgemachtem Apfelmus oder Sauerbraten
vom Damhirsch mit Tessiner Polenta.

Schlüssel F F

OT Seefeld, Seefeldstr. 177
PLZ 8008 ■ E 1, S. 593
Tel. 0041/444 22 02 46, Fax 444 22 02 70
www.restaurant-schluessel-zuerich.ch
Sa, So geschl., Hauptgerichte € 19-30

EC MASTER VISA 🌴

Quartierbeiz de luxe im Seefeld. An Holztischen speist man im hellen Ambiente, über
dem Stammtisch hängt ein silberner Hirsch-
geweihleuchter. Seit drei Jahren begrüßt
Werner Frei aufs Herzlichste die Gäste, und

in der Küche überlässt Roman Wyss nichts
dem Zufall. Die kleine Karte mit Schweizer
Gerichten wie Hacktätschli wird durch
Wochenhits wie Siedfleisch auf Randensalat
oder Wolfsbarschfilet auf Proseccokraut
ergänzt. Reservieren!

Sein F F F

Innenstadt, Schützengasse 5
PLZ 8001 ■ C 1, S. 592
Tel. 0041/442 21 10 65, Fax 442 12 65 80
www.zuerichsein.ch
Sa, So geschl., Hauptgerichte € 25-39

AmEx DINERS EC MASTER VISA M 🌴

Das Restaurant liegt wenige Schritte von
der Bahnhofstraße entfernt, es ist altmodisch elegant. Dafür wirkt die kreative
Küche von Martin Surbeck umso überra-
schender: Wenn er gut ist, ist er sehr gut,
aber manchmal schmeckt es bei ihm auch
nicht so gut … Wer das Risiko liebt, kann
hier eine Spitzenküche erleben! Das Stör-
carpaccio auf Kartoffelstock mit Kaviar und
Sauerrahm war perfekt, der Tafelspitz auf
Gemüse zerging auf der Zunge, die Bouillon
gab's im Glas dazu. In der angrenzenden
Tapas-Bar kann man köstliche „Seinigkei-
ten" – gemischte Tapas – probieren.

„Schlüssel": Roman Wyss (l.), Werner Frei

„Spice": Zur leichten euroasiatischen Kochkunst passt der weite Blick in die Landschaft

Spice ⬛F⬛F⬛F⬛⬜

OT Oberstrass, im Hotel Rigiblick
Germaniastr. 99
PLZ 8006   nördlich ⬛ D 1, S. 592
Tel. 0041/432 55 15 70
 Fax 432 55 15 80
www.restaurantrigiblick.ch
So, Mo geschl., Hauptgerichte € 38-40

AmEx DINERS EC MASTER VISA
M ⌖ ⛱ ⌂ ☂

Ein fantastischer Blick – hoch über Zürich –,
modernes Design und die Kochkunst von
Felix Episser. Asiatisch inspiriert, präzise
gewürzt und perfekt gegart, so die gebratenen Scampi und die Wachtel mit Winter-
spinat. Auch immer wieder ein Genuss sind
Epissers Amuse-Bouches! Dazu kommt
noch eine exzellente Weinauswahl.

Sternen Grill ✳

Innenstadt, Theaterstr. 22
PLZ 8001   ⬛ D 3, S. 592
Tel. 0041/442 51 49 49, Fax 442 52 90 63
www.sterne-foifi.ch
kein Ruhetag
Hauptgerichte € 15-37

AmEx DINERS EC MASTER VISA M ⛱

Viele sagen, man habe Zürich nicht gesehen, wenn man nicht dort gewesen sei! Am
„Sternen Grill", „wo es die besten Grillbrat-
würste von ganz Zürich gab", wie es zu

Beginn von Peter Zeindlers Krimi „Bratwurst
für Prominente" heißt – „eine Legende,
vielleicht, aber ebenso unzerstörbar wie
Legenden eben sind". Ob der Schweizer
Schriftsteller Peter Zeindler, ob Tina Turner
oder Federico Fellini, ob in der Opernpause,
beim Warten auf die Tram oder vor dem
Kino: Alle verlieren hier am Bellevue ihr
Herz an die Bratwurst. Es gibt davon nur
zwei Sorten: die St. Galler Bratwurst, eine
Kalbsbratwurst, und Cervelat, einfach in
Papier gewickelt, dazu ein Topf Senf und ein
Brötchen namens Gold-Bürli. Das Bürli ist
ein Brocken aus Sauerteig mit krachender
Kruste und weichem Innenleben. Das kann
man im Sitzen oder im Stehen genießen!

Terroir ⬛F⬛⬜⬜⬜

Innenstadt, Rämistr. 32
PLZ 8001   ⬛ D 3, S. 592
Tel. 0041/442 62 04 44, Fax 442 62 03 35
www.terroir.ch
kein Ruhetag
Hauptgerichte € 16-33

AmEx DINERS EC MASTER VISA

Auch die Schweizer lieben ihre eigene
Küche seit einigen Jahren wieder. Instinkt-
sicher und mit einem Studium an der Slow-
Food-Universität in Colorno versehen,
eröffnete Adrian Bindella 2007 das Restaurant „Terroir". Bündner Gerstesuppe,

„Wurscht-Chäs-Salat, Ghackts vom Kalb mit Drache-Hörnli und Öpfelmus" sind ebenso Klassiker wie „Züri Gschnätzlets" und Cordon bleu. Die Produkte kommen alle aus der Schweiz, und die Produzenten werden auf der Karte namentlich genannt. Die Idee, wie bei Schweizern zu Hause oder im traditionellen Gasthaus zu kochen, ist großartig – die Umsetzung bislang noch etwas grob. Denn man sitzt immer noch in einem Restaurant und erwartet, dass gerade aus einfachen Gerichten das Beste gemacht wird. Die Lebensmittel sind handverlesen. Im Erdgeschoss kann man sie zum Großteil kaufen: die guten Käse des Affineurs Rolf Beeler, die Muotathaler Cervelat, das Bündner Fleisch aus dem Puschlav-Tal und die Obstschnäpse von Lorenz Humbel. Es lohnt sich, als Zürich-Besucher in das angenehm schlichte Restaurant zu gehen und Schweizer „Terroir"-Küche zu kosten.

The Riva [F] [F] ☐ ☐ ☐

OT Wollishofen, Seestr. 457
PLZ 8038 südlich ■ B 6, S. 593
Tel. 0041/444 87 14 14, Fax 444 87 14 15
www.theriva.ch
Sa mittag (im Winter auch Mo) geschl.
Hauptgerichte € 24-49
[AmEx] [EC] [MASTER] [VISA] ♨ � ♆

Zürich-Blick und maritimes Ambiente durch die verglaste Front zum See (im Sommer auch direkt von der Terrasse) machen das „Riva" in Wollishofen zum schönsten Restaurant direkt am Ufer. Neben Pasta- und Fleischgerichten sind vor allem die Fischgerichte zu empfehlen.

Wolfbach [F] [F] ☐ ☐ ☐

Innenstadt, Wolfbachstr. 35
PLZ 8032 ■ E 3, S. 592
Tel. 0041/442 52 51 80, Fax 442 52 53 12
www.ristorante-wolfbach.ch
Sa mittag, So geschl.
Hauptgerichte € 28-46
[AmEx] [EC] [MASTER] [VISA] ♨ ♆ ♇

Mit seiner Holztäfelung wirkt es ein wenig wie ein Chalet in den Alpen. Das Essen ist beste italienisch-schweizerische Küche von Küchenchef Antonino Alampi. Köstlich schmecken die hausgemachten Ravioli, wunderbar ist das Engadiner Gemsschnitzel mit gebratener Tessiner Polenta. Alle sechs Wochen gibt es neue Fleisch- und Fisch-gerichte auf der Speisenkarte. Erlesene Weine in guter Auswahl.

Bars/Cafés

Indochine

OT Gewerbeschule, Limmatstr. 275
PLZ 8005 nördlich ■ B 1, S. 592
Tel. 0041/444 48 11 11, Fax 444 48 11 12
www.club-indochine.com
Do 22-2 Uhr, Fr, Sa 22-4 Uhr
[AmEx] [DINERS] [MASTER] [VISA]

Wer mehr als nur Barszene will, wer vielleicht sogar tanzen möchte zu guter Musik, geht am besten in Zürichs exklusivsten Club; die „Buddha Bar" in Paris gilt ihm als Vorbild. Inszenierung einer glamourösen Traumkulisse mit tiefen Sofas, mit Buddhas, mit asiatischer Küche – und guten DJs.

Kaufleuten-Lounge

Innenstadt, Pelikanplatz
PLZ 8001 ■ B 2, S. 592
Tel. 0041/442 25 33 66, Fax 442 25 33 15
www.kaufleuten.com
Mo-Fr 17.30-2 Uhr, Sa 19.30-2 Uhr
[AmEx] [DINERS] [MASTER] [VISA]

Die Lounge des gleichnamigen Clubs und Restaurants gibt sich großzügig auf zwei Ebenen. Man kann wählen zwischen marrokanischem Ambiente und coolem

„Wolfbach": Charme eines Alpen-Chalets

Design. Hier kann man Stunden mit einem Drink und entspannter Musik verbringen, auch kleine Snacks probieren.

Rive Gauche

Innenstadt, im Grandhotel Baur au Lac
Talstr. 1
PLZ 8001 ■ C 3, S. 592
Tel. 0041/442 20 50 60, Fax 442 20 50 44
www.agauche.ch
Mo-Do 11.30-1 Uhr, Fr, Sa 11.30-2 Uhr
AmEx DINERS MASTER VISA

Schöne Bar im legendären Hotel „Baur au Lac", heute eine sehr beliebte Adresse. Hier trifft sich Jung und Alt, und die Stimmung ist bestens. Die Bar bietet an einem 15 Meter langen Tresen aus dunklem Holz Platz für 50 Gäste. Kult ist die Sammlung an erlesenen Single Malts. Seltene Whiskys vom Glenivet von 1949er bis hin zum 1960er Strathisla und Cocktails wie Züri-See-Wasser oder Chocolate Martini zählen zu den Highlights. Chefkoch Olivier Rais und sein Team bieten kleine Gerichte: das „Rive Gauche Tatar" oder „Papas Tapas".

Terrasse Bar

OT Gewerbeschule, Limmatquai 3
PLZ 8001 ■ C 3, S. 592
Tel. 0041/442 51 10 74, Fax 442 51 11 23
www.bindella.ch
Mo, Di 15-1 Uhr, Mi-Sa 12-2 Uhr
So 11-24 Uhr
AmEx DINERS EC MASTER VISA

Im ehemaligen „Grand Café" wurde früher Striptease geboten. Die neue „Terrasse Bar" am Limmatquai bringt den Gast in die glanzvolle Zeit der Belle Époque zurück. Gemütliche Bar, wo man die perfekt gemixten Drink-Klassiker genießt, wie auch exzellente Tees und Kaffee-Spezialitäten in guter Auswahl.

Widder Bar

Innenstadt, im Widder Hotel, Widdergasse 6
PLZ 8001 ■ C 2, S. 592
Tel. 0041/442 24 24 12, Fax 442 24 24 24
www.widder.ch
Mo-Mi 11.30-1 Uhr, Do-Sa 11.30-2 Uhr, So 11.30-24 Uhr
AmEx DINERS EC MASTER VISA

Intime Jazzkonzerte bekannter Jazzgrößen gibt es immer wieder in der eleganten Bar im „Widder Hotel", mit separatem Eingang. Dazu eine bewundernswerte „Library of Spirits" von 1000 Flaschen und einer riesigen Auswahl an Single Malts. Intime, gemütliche Atmosphäre.

„Widder Bar": Legende im „Widder Hotel" – mit Jazzmusik und Riesenauswahl an Spirituosen

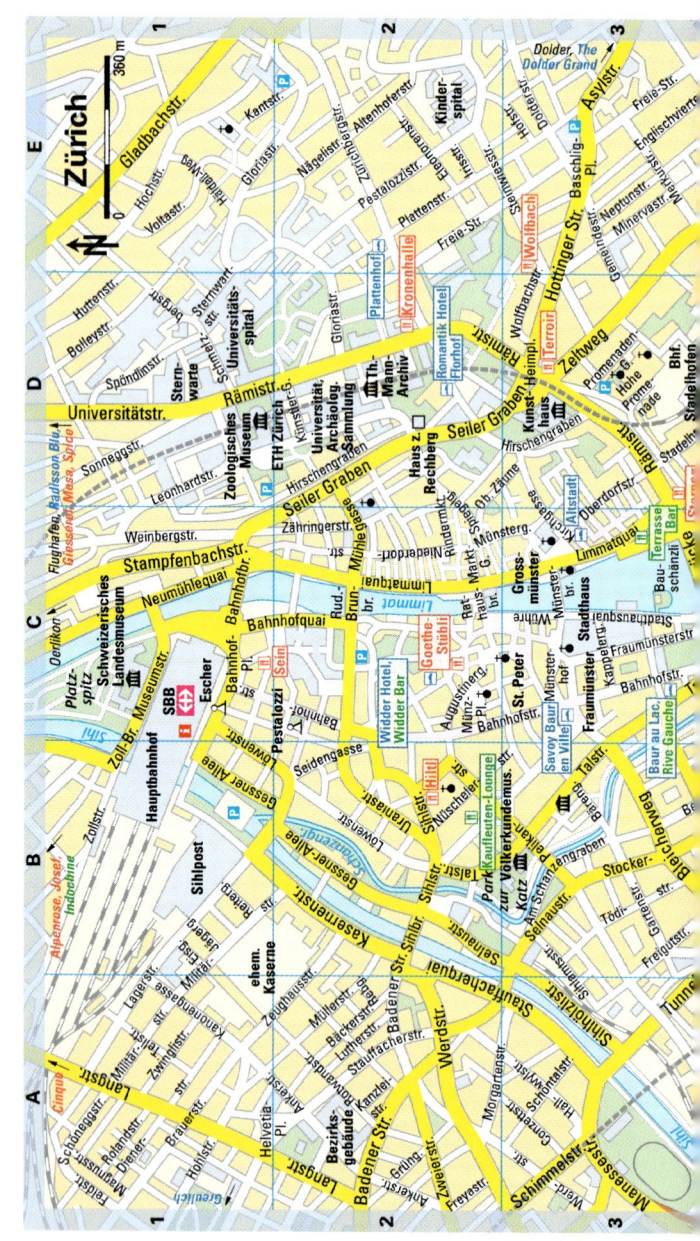

HOTELS

Hotels

A

Abalu (Madrid) S. 343
Abtei (Hamburg) S. 215
AC Miramar (Barcelona) S. 63
AC Palacio del Retiro (Madrid) S. 343
Ad Hoc Monumental (Valencia)
    S. 541
Adlon Kempinski (Berlin) S. 83
Admiral (Kopenhagen) S. 261
Advokat (München) S. 391
Ainavas (Riga) S. 473
A'jia (Istanbul) S. 243
Albergaria Senhora do Monte
    (Lissabon) S. 273
Albert Premier (Luxemburg) S. 323
Alden Hotel Splügenschloss (Zürich)
    S. 579
Aldrovandi Palace (Rom) S. 483
Aleph (Rom) S. 483
Alexander House (St. Petersburg)
    S. 501
Alma (Wien) S. 561
Altstadt Vienna (Wien) S. 561
Altstadt (Zürich) S. 579
Amigo (Brüssel) S. 111
Amzei (Bukarest) S. 141
Andaz Liverpool Street (London)
    S. 295
Angleterre (St. Petersburg) S. 501
anna hotel (München) S. 391
Antica Locanda dei Mercanti
    (Mailand) S. 363
Antica Locanda Solferino
    (Mailand) S. 363
Antiq (Ljubljana) S. 287
Ararat Park Hyatt (Moskau) S. 377
Arcadia (Bratislava) S. 103
art'otel Budapest (Budapest) S. 131
Art'Otel Hotel (Sofia) S. 511
Arts (Barcelona) S. 63
As Janelas Verdes (Lissabon) S. 273
Aster House (London) S. 295
Astoria (St. Petersburg) S. 501
Atahotel Fieramilano (Mailand)
    S. 363
Athenaeum (Athen) S. 51
Athenée Palace Hilton (Bukarest)
    S. 141
Atrium Hotel (Budapest) S. 131
Au Repos des Chasseurs (Brüssel)
    S. 111
Avenida Palace (Barcelona) S. 63

B

B Hotel (Barcelona) S. 64
Bairro Alto (Lissabon) S. 273
Baltschug Kempinski (Moskau) S. 377
Banks Mansion (Amsterdam) S. 39
Banys Orientals (Barcelona) S. 64
Barceló Raval (Barcelona) S. 64
Barceló Valencia (Valencia) S. 541
Baur au Lac (Zürich) S. 579
Bayerischer Hof (München) S. 391
Be Manos (Brüssel) S. 111
Beau-Rivage (Genf) S. 203
Beaux Arts (Lyon) S. 333

Bel'Espérance (Genf) S. 203
Bentley (Istanbul) S. 245
Bergs (Riga) S. 473
Berns (Stockholm) S. 519
Bloom! (Brüssel) S. 112
Borges (Lissabon) S. 274
Bosphorus Palace (Istanbul) S. 245
Boston (Hamburg) S. 215
Brandenburger Hof (Berlin) S. 83
Bristol (Wien) S. 561
Brown's Hotel (London) S. 295
Brussels Welcome (Brüssel) S. 112
Buda Castle Fashion Hotel
    (Budapest) S. 131
Buddha Bar Hotel (Prag) S. 459
Bulgari (Mailand) S. 364
Burg Hotel (Budapest) S. 131

C

Capo d'Africa (Rom) S. 483
Carlo IV (Prag) S. 459
Carlton (Lyon) S. 333
Carol Parc Hotel (Bukarest) S. 141
Casa Camper (Barcelona) S. 64
Casa Capsa (Bukarest) S. 142
Casa de Madrid (Madrid) S. 343
Casa Fuster (Barcelona) S. 64
Casa Leto (St. Petersburg) S. 501
Christopher North House
    (Edinburgh) S. 163
Çiragan Palace Kempinski
    (Istanbul) S. 245
City Hotel (Ljubljana) S. 287
Claridge's (London) S. 296
Clarion Sign (Stockholm) S. 519
Columbus (Rom) S. 484
Comfort Hotel Børsparken (Oslo)
    S. 421
Concorde (Berlin) S. 83
Condes de Barcelona (Barcelona)
    S. 65
Confortel Aqua 4 (Valencia) S. 541
Conrad Brussels (Brüssel) S. 112
Continental (Oslo) S. 421
Corinthia Grand Hotel Royal
    (Budapest) S. 131
Cortiina (München) S. 391
Cosimo de' Medici (Florenz) S. 173
Cour des Loges (Lyon) S. 333
Crillon (Paris) S. 431

D

D'Angleterre (Kopenhagen) S. 261
Das Triest (Wien) S. 561
Devín (Bratislava) S. 103
D'Inghilterra (Rom) S. 484
Diter (Sofia) S. 511
Do & Co (Wien) S. 562
Donna Camilla Savelli (Rom) S. 484
Duquesa de Cardona (Barcelona) S. 65
Durrants Hotel (London) S. 296
Dylan (Dublin) S. 151

E

EA Art Hotel William (Bratislava)
    S. 104
East (Hamburg) S. 215
Eden (Genf) S. 203
Eden (Rom) S. 485

Ellington (Berlin) S. 83
Empire Riverside (Hamburg) S. 215
Europa Royale (Riga) S. 473
Excelsior (München) S. 392
Exedra (Rom) S. 485

F

Fairmont Vier Jahreszeiten
    (Hamburg) S. 216
Four Seasons (Florenz) S. 173
Four Seasons (Istanbul) S. 246
Four Seasons (Mailand) S. 364
Four Seasons Gresham Palace
    (Budapest) S. 132
Four Seasons Hôtel des Bergues
    (Genf) S. 204
Four Seasons Hotel Dublin
    (Dublin) S. 151
Four Seasons Hôtel George V
    (Paris) S. 431
Four Seasons Hotel Prague
    (Prag) S. 459
Four Seasons Istanbul at the
    Bosphorus (Istanbul) S. 246
Fox (Kopenhagen) S. 261
Fresh Hotel (Athen) S. 51
Front (Kopenhagen) S. 262

G

Gallery Hotel Art (Florenz) S. 173
Gastwerk (Hamburg) S. 216
Gerbermühle (Frankfurt/M.) S. 187
Glo (Helsinki) S. 233
Golden Apple (Moskau) S. 378
Goldman 25hours (Frankfurt/M.)
    S. 187
Gran Hotel La Florida (Barcelona)
    S. 66
Grand Elysee (Hamburg) S. 216
Grand Hôtel (Stockholm) S. 519
Grand Hotel Amrâth (Amsterdam)
    S. 39
Grand Hotel Central (Barcelona) S. 66
Grand Hotel et de Milan
    (Mailand) S. 364
Grand Hotel Europe
    (St. Petersburg) S. 501
Grand Hotel Firenze (Florenz) S. 174
Grand Hôtel Kempinski (Genf) S. 204
Grand Hotel Rica (Oslo) S. 421
Grand Hotel Sofia (Sofia) S. 511
Grand Hotel Union (Ljubljana) S. 287
Grand Hotel Wien (Wien) S. 562
Grand Hyatt (Berlin) S. 84
Grand Palace (Riga) S. 471
Grand Visconti Palace (Mailand)
    S. 365
Grande Bretagne (Athen) S. 51
Grands Hommes (Paris) S. 431
Greulich (Zürich) S. 580
Grims Grenka (Oslo) S. 421

H

Hassler (Rom) S. 485
Haven (Helsinki) S. 233
Haymarket Hotel (London) S. 296
Helka (Helsinki) S. 233
Hellsten (Stockholm) S. 520
Helvetia & Bristol (Florenz) S. 174

Heritage Av Liberdade (Lissabon) S. 274
Hessischer Hof (Frankfurt/M.) S. 187
Hilton (Frankfurt/M.) S. 187
Hilton (Warschau) S. 549
Hilton Athens (Athen) S. 52
Hilton Munich Park (München) S. 392
Hollmann Beletage – Design & Boutique (Wien) S. 562
Holmenkollen Park Hotel Rica (Oslo) S. 421
Hospes Madrid (Madrid) S. 344
Hotel de Rome (Berlin) S. 84
Hotel de Russie (Rom) S. 486
Hôtel de Varenne (Paris) S. 432
Hôtel du Congrès (Brüssel) S. 113
Hôtel du Petit Moulin (Paris) S. 432
Hôtel L' Amour (Paris) S. 432
H'Otello (München) S. 392
Howard Johnson Grand Plaza (Bukarest) S. 142
Hyatt Regency (Istanbul) S. 247
Hyatt Regency Warsaw (Warschau) S. 549

I

Ibrahim Pasha (Istanbul) S. 247
Imperial (Wien) S. 563
Inn Side Premium Suites (Frankfurt/M.) S. 187
InterContinental (Berlin) S. 84
InterContinental (Bukarest) S. 142
InterContinental Amstel Amsterdam (Amsterdam) S. 39
InterContinental (Frankfurt/M.) S. 188
Intercontinental Park Lane (London) S. 296
InterContinental (Warschau) S. 549
Intercontinental (Wien) S. 563

J

Jeanne d'Arc (Paris) S. 432
Josef (Prag) S. 460
Jurys Inn Custom House (Dublin) S. 151
JW Marriott Grand Hotel (Bukarest) S. 143

K

Kämp (Helsinki) S. 233
Katajanokka (Helsinki) S. 234
Kempinski Bristol (Berlin) S. 85
Kempinski Hotel Corvinus Budapest (Budapest) S. 132
Kempinski Hotel Moika 22 (St. Petersburg) S. 502
Kempinski Hybernská Prague (Prag) S. 460
Kempinski München Airport (München-Flughafen) S. 392
K+K Hotel Elisabeta (Bukarest) S. 143
King George Palace (Athen) S. 52
Klaus K (Helsinki) S. 234
Kolikovski Hotel (Sofia) S. 511
Königshof (München) S. 393
Kube (Paris) S. 433

L

La Cour des Augustins (Genf) S. 205

La Pérouse (Nizza) S. 411
Lanchid 19 (Budapest) S. 133
Las Arenas Balneario Resort (Valencia) S. 541
Le Bristol (Paris) S. 433
Le Dokhan's Trocadéro (Paris) S. 434
Le Grimaldi (Nizza) S. 411
Le Meridien (München) S. 393
Le Meridien (Wien) S. 563
Le Meridien Bristol (Warschau) S. 550
Le Meridien Gallia (Mailand) S. 365
Le Meurice (Paris) S. 434
Le Palais (Prag) S. 461
Le Regina (Warschau) S. 550
Le Richemond (Genf) S. 205
Le Royal (Luxemburg) S. 323
Le Royal Méridien (Hamburg) S. 216
Le Vert Galant (Paris) S. 435
Les Armures (Genf) S. 206
Les Ottomans (Istanbul) S. 248
Liberty (Mailand) S. 366
Lindner Hotel am Michel (Hamburg) S. 217
Linna (Helsinki) S. 234
Lloyd (Amsterdam) S. 39
Louisa's Place (Berlin) S. 85
Lungarno (Florenz) S. 174
Lungarno Suites (Florenz) S. 174
Lux 11 (Berlin) S. 85

M

Mama Shelter (Paris) S. 435
Mamaison Andrassy Hotel (Budapest) S. 133
Mandarin Oriental Hyde Park (London) S. 297
Mandarin Oriental (München) S. 393
Mandarin Oriental (Prag) S. 461
Manos Premier (Brüssel) S. 113
Maria Luisa (Sofia) S. 511
Maritim (Berlin) S. 85
Marriott (Berlin) S. 86
Marriott (Hamburg) S. 217
Marriott (Kopenhagen) S. 262
Marrol's (Bratislava) S. 104
ME Madrid Reina Victoria (Madrid) S. 344
Mediterraneo (Rom) S. 486
Meliá (Berlin) S. 86
Merchant's House Hotel (Tallinn) S. 531
Mercure An der Messe (Hamburg) S. 217
Metropole (Brüssel) S. 113
Milan Marriott (Mailand) S. 366
Miramar (Valencia) S. 541
Missoni (Edinburgh) s. 163
Mövenpick (Hamburg) S. 217
Mövenpick Hotel Amsterdam City Centre (Amsterdam) S. 40
Murmuri (Barcelona) S. 66

N

Negresco (Nizza) S. 411
Neptuno (Valencia) S. 541
Neri (Barcelona) S. 67
Nhow Milano (Mailand) S. 366
Nimb (Kopenhagen) S. 262
Nordic Light (Stockholm) S. 520

Novotel City Centre (Bukarest) S. 143

O

Olissippo Lapa Palace (Lissabon) S. 274
Olympic (München) S. 394
Omm (Barcelona) S. 67
One Aldwych Hotel (London) S. 297
Opéra (München) S. 394
Orfila (Madrid) S. 345

P

Pacific (Brüssel) S. 114
Palace (Berlin) S. 86
Palace (Helsinki) S. 235
Palácio Belmonte (Lissabon) S. 275
Palais Coburg (Wien) S. 563
Parc Beaux Arts (Luxemburg) S. 324
Park Hyatt (Hamburg) S. 217
Park Hyatt (Mailand) S. 366
Park Hyatt (Zürich) S. 580
Park Hyatt Istanbul – Maçka Palas (Istanbul) S. 248
Pension Franz (Wien) S. 564
Pestana Carlton Palace Hotel (Lissabon) S. 275
Petit Palace Puerta del Sol (Madrid) S. 345
Petit Palais (Nizza) S. 412
Phaedra (Athen) S. 53
Phoenix Copenhagen (Kopenhagen) S. 262
Plattenhof (Zürich) S. 581
Platzl (München) S. 394
Plaza Athénée (Paris) S. 435
Prestonfield House (Edinburgh) S. 163
Principe di Savoia (Mailand) S. 367
Puerta América (Madrid) S. 346
Pulitzer (Barcelona) S. 67
Pullman Berlin Schweizerhof (Berlin) S. 86

Q

Q! (Berlin) S. 87
Qbic Hotel Amsterdam WTC (Amsterdam) S. 40

R

Radisson Blu (Berlin) S. 87
Radisson Blu (Brüssel) S. 114
Radisson Blu (Bukarest) S. 145
Radisson Blu Alcron (Prag) S. 461
Radisson Blu Carlton (Bratislava) S. 105
Radisson Blu es. Hotel (Rom) S. 487
Radisson Blu (Frankfurt/M.) S. 188
Radisson Blu Grand Hotel (Sofia) S. 511
Radisson Blu (Helsinki) S. 235
Radisson Blu Hotel (Dublin) S. 152
Radisson Blu Metropolitain Hotel, Paris Eiffel (Paris) S. 435
Radisson Blu Palais (Wien) S. 564
Radisson Blu Plaza (Hamburg) S. 218
Radisson Blu Plaza Hotel (Oslo) S. 422
Radisson Blu Royal (Kopenhagen) S. 263
Radisson Blu Royal Sankt Petersburg (St. Petersburg) S. 502

Radisson Blu (Zürich) S. 581
Radisson SAS Daugava (Riga) S. 474
Rathaus Wein & Design (Wien) S. 564
Relais Palazzo Taverna (Rom) S. 487
Relais Santa Croce (Florenz) S. 175
Rembrandt Hotel (Bukarest) S. 145
Residenza del Moro (Florenz) S. 175
Residenza Il Bollo (Rom) S. 487
Residenza Johanna I. (Florenz) S. 175
Residenza Napoleone III (Rom) S. 488
Residenza Paolo VI (Rom) S. 488
Reval Elizabete (Riga) S. 474
Ritz (Madrid) S. 346
Ritz (Paris) S. 436
Riva Lofts Florence (Florenz) S. 176
Rival (Stockholm) S. 521
Romantik Hotel Florhof (Zürich) S. 581
Rome Cavalieri (Rom) S. 488
Room Mate Mario (Madrid) S. 347
Room Mate Oscar (Madrid) S. 347
Roomz (Wien) S. 565
Royal Square Hotels & Suites
   (Riga) S. 475
Royal Viking Radisson Blu
   (Stockholm) S. 521
Royal Windsor (Brüssel) S. 115

S

Sacher Wien (Wien) S. 565
Saint-Germain-Des-Prés (Paris) S. 436
Sanderson (London) S. 297
Sankt Petri (Kopenhagen) S. 263
Santo Mauro (Madrid) S. 347
Savic Hotel (Prag) S. 461
Savoy Baur en Ville (Zürich) S. 582
Savoy (Florenz) S. 176
Savoy (Moskau) S. 378
Schlössle (Tallinn) S. 531
Seefeld (Zürich) S. 582
Seven One Seven (Amsterdam) S. 40
71 Nyhavn (Kopenhagen) S. 263
Sheraton Grand Hotel & Spa
   (Edinburgh) S. 163
Sheraton Sofia Hotel Balkan
   (Sofia) S. 512
Side (Hamburg) S. 218
Slon (Ljubljana) S. 288
Sofitel Luxemburg Europe
   (Luxemburg) S. 324
Sofitel Luxemburg Le Grand Ducal
   (Luxemburg) S. 324
Sofitel Munich Bayerpost
   (München) S. 395
Sofitel Victoria Warsaw
   (Warschau) S. 551
Soho Hotel (London) S. 297
Sokos Hotel Aleksanteri (Helsinki)
   S. 235
Solar do Castelo (Lissabon) S. 276
Spadari al Duomo (Mailand) S. 367
St. George Lycabettus (Athen) S. 53
St. George (Rom) S. 489
St. James's Hotel and Club
   (London) S. 297
St. Petersbourg (Tallinn) S. 531
Stanhope (Brüssel) S. 115
Steigenberger Frankfurter Hof
   (Frankfurt/M.) S. 188

Steigenberger (Hamburg) S. 218
Steigenberger Herrenhof (Wien)
   S. 565
Straf (Mailand) S. 367
Stureplan (Stockholm) S. 522
Stylehotel Vienna (Wien) S. 566
Sultanahmet Sarayi (Istanbul) S. 248
Sumahan (Istanbul) S. 248
Swissôtel (Berlin) S. 87
Swissôtel Krasnye Holmy
   (Moskau) S. 378
Swissotel (Tallinn) S. 531
Swissôtel The Bosphorus
   (Istanbul) S. 249

T

't Hotel (Amsterdam) S. 40
Teatro di Pompeo (Rom) S. 489
Telegraaf (Tallinn) S. 532
The Augustine (Prag) S. 462
The Balmoral (Edinburgh) S. 164
The Berkeley (London) S. 298
The Charles Hotel (München) S. 395
The Clarence (Dublin) S. 153
The College Hotel (Amsterdam) S. 41
The Connaught (London) S. 298
The Dolder Grand (Zürich) S. 582
The Dominican (Brüssel) S. 115
The Dorchester (London) S. 299
The Dylan (Amsterdam) S. 41
The George (Edinburgh) S. 164
The George (Hamburg) S. 219
The Glasshouse (Edinburgh) S. 164
The Gray (Mailand) S. 368
The Howard (Edinburgh) S. 164
The Hoxton Hotel (London) S. 299
The Icon Hotel & Lounge (Prag)
   S. 462
The Levante Parliament (Wien) S. 566
The Mandala (Berlin) S. 88
The Marmara (Istanbul) S. 249
The Marmara Pera (Istanbul) S. 249
The Merrion Hotel (Dublin) S. 153
The Metropolitan (London) S. 299
The Morrison (Dublin) S. 152
The Pure (Frankfurt/M.) S. 189
The Regent (Berlin) S. 88
The Ring (Wien) S. 566
The Ritz-Carlton (Berlin) S. 88
The Ritz-Carlton (Istanbul) S. 250
The Ritz-Carlton (Moskau) S. 379
The Ritz Hotel (London) S. 299
The Rockwell (London) S. 299
The Scotsman (Edinburgh) S. 165
The Shelbourne (Dublin) S. 153
The Sofa (Istanbul) S. 250
The Square (Kopenhagen) S. 264
The Three Sisters (Tallinn) S. 532
The Westin Grand Arabellapark
   (München) S. 395
The Westin Grand (Berlin) S. 88
The Westin Grand Hotel
   (Frankfurt/M.) S. 189
The Westin Palace (Madrid) S. 348
The Westin Valencia (Valencia) S. 542
The Westin (Warschau) S. 551
The White Hotel (Brüssel) S. 116
The Witchery by the Castle

   (Edinburgh) S. 165
The Zetter (London) S. 299
Thon Hotel Opera (Oslo) S. 422
3 Rooms (Mailand) S. 368
Tiffany (Genf) S. 206
Tigerlily (Edinburgh) S. 165
Torre di Bellosguardo (Florenz) S. 177
Torre Guelfa (Florenz) S. 177
Town House 31 (Mailand) S. 368
25 Hours (Hamburg) S. 219

U

Uniquestay Mihkli (Tallinn) S. 533
Urbán (Madrid) S. 348

V

Vendôme (Nizza) S. 412
Victory Hotel (Stockholm) S. 522
Vier Jahreszeiten Kempinski
   (München) S. 396
Villa D'Estrées (Paris) S. 436
Villa Florentine (Lyon) S. 333
Villa Kennedy (Frankfurt/M.) S. 190
Villa La Vedetta (Florenz) S. 177
Villa Laetitia (Rom) S. 489
Villa Magna (Madrid) S. 349
Villa Orange (Frankfurt/M.) S. 190
Vincci Capitol (Madrid) S. 349
Vincci Palace (Valencia) S. 542
Vincci SoMa (Madrid) S. 349

W

W Istanbul (Istanbul) S. 250
Warwick Barsey (Brüssel) S. 116
Wedina (Hamburg) S. 219
Widder Hotel (Zürich) S. 583
Windsor (Nizza) S. 412
Witt Istanbul Suites (Istanbul) S. 251

Y

Yoho – The Young Hotel
   (Hamburg) S. 219
York House (Lissabon) S. 276

Restaurants

A

A Commenda (Lissabon) S. 276
A Travessa (Lissabon) S. 277
Abac (Barcelona) S. 68
Abstract (Edinburgh) S. 166
Acquarello (München) S. 396
Ada (Prag) S. 462
Agapé (Paris) S. 437
Agata e Romeo (Rom) S. 490
Agut (Barcelona) S. 68
Aigner (Berlin) S. 89
Al Tranvai (Florenz) S. 178
Alain Ducasse at The Dorchester
   (London) S. 300
Alain Ducasse au Plaza Athénée
   (Paris) S. 437
Albacar (Valencia) S. 542
Alboroque (Madrid) S. 349
Alcron (Prag) S. 462
Ale Gloria (Warschau) S. 552
Alejandro del Toro (Valencia) S. 542
Alkimia (Barcelona) S. 68

RESTAURANTS

Alla Cucina delle Langhe (Mailand) S. 369
Alle Murate (Florenz) S. 178
Allegro (Prag) S. 463
Alpenrose (Zürich) S. 583
Alpenstueck (Berlin) S. 89
Amaya (London) S. 301
Ambassade de L'Île (London) S. 301
Amphora (Riga) S. 475
Andechser am Dom (München) S. 396
Angel (Prag) S. 463
Antigo 1.° de Maio (Lissabon) S. 277
Aphrodite – David Faure (Nizza) S. 413
Apicius (Paris) S. 437
Apoteca (Luxemburg) S. 325
Aqua (Istanbul) S. 251
Aquavit Grill & Raw Bar (Stockholm) S. 522
Arbutus (London) S. 301
Argent (Oslo) S. 422
Armani Nobu (Mailand) S. 369
Arola (Barcelona) S. 69
Arrocería Duna (Valencia) S. 543
Artner am Franziskanerplatz (Wien) S. 567
AS (Ljubljana) S. 288
Assaggi (London) S. 302
Astrid & Gaston (Madrid) S. 350
Atrium (Edinburgh) S. 166
Au Bascou (Paris) S. 438
Auberge de l'Île (Lyon) S. 334
Aux Lyonnais (Paris) S. 438
Avocado (Frankfurt/M.) S. 191

B

Baba (Rom) S. 490
Bagatelle (Oslo) S. 422
Balikçi Sabahattin (Istanbul) S. 251
Balthazar (Bukarest) S. 145
Baltschug Kempinski (Moskau) S. 379
Bandol sur Mer (Berlin) S. 89
Bank (Helsinki) S. 235
Baraka Restaurant & Lounge (Budapest) S. 134
Beim Sedlmayr (München) S. 397
Bellamy's (London) S. 302
Bellevue (St. Petersburg) S. 502
Bellini (St. Petersburg) S. 503
Benoît (Paris) S. 439
Bentley's Oyster Bar & Grill (Dublin) S. 153
Bentley's Oyster Bar and Grill (London) S. 302
Bergs (Riga) S. 475
Beyond the Alley, behind the Cupboard (Sofia) S. 513
Biancalani (Frankfurt/M.) S. 191
Bibulus (München) S. 397
Bica do Sapato (Lissabon) S. 278
Bieberbau (Berlin) S. 90
Bigarrade (Paris) S. 439
Bilbao (Barcelona) S. 69
Bistro de Paris – Michel Moran (Warschau) S. 552
Bistrot du Bœuf Rouge (Genf) S. 206
Bistrot du Mail (Brüssel) S. 116
Blauer Bock (München) S. 397

Blauw aan de Wal (Amsterdam) S. 42
Bo Bech at Restaurant Paustian (Kopenhagen) S. 264
Boathouse (Warschau) S. 553
Bocca (Tallinn) S. 533
Bock Bisztro (Budapest) S. 134
Boettner's (München) S. 397
Boeucc (Mailand) S. 369
Bofinger (Paris) S. 439
Bonaparte (Tallinn) S. 533
Bon-Bon (Brüssel) S. 116
Borchardt (Berlin) S. 90
Bordewijk (Amsterdam) S. 42
Buca Lapi (Florenz) S. 178
Buffet de la Gare des Eaux-Vives (Genf) S. 207
Bullerei (Hamburg) S. 220

C

Ca l'Isidre (Barcelona) S. 69
Ca' Sento (Valencia) S. 543
Café de Paris (Genf) S. 207
Café Imperial (Prag) S. 464
Café Kör (Budapest) S. 134
Café Puschkin (Moskau) S. 379
Calla (Hamburg) S. 220
Callas (Budapest) S. 135
Callens Café (Brüssel) S. 117
Camouflage (Bratislava) S. 105
Can Majó (Barcelona) S. 69
Can Margarit (Barcelona) S. 70
Cantinetta Antinori (Moskau) S. 380
Carls (Hamburg) S. 220
Carma (Helsinki) S. 236
Carré des Feuillants (Paris) S. 439
Caru'cu Bere (Bukarest) S. 145
Casa Carmina (Valencia) S. 543
Casa del Jazz (Rom) S. 490
Casa do Leão (Lissabon) S. 278
Casa Doina La Sosea (Bukarest) S. 146
Casa Fontana (Mailand) S. 369
153, Rue de Grenelle (Paris) S. 440
Cervejaria Ribadouro (Lissabon) S. 278
Cezayir (Istanbul) S. 251
Changa (Istanbul) S. 252
Chapter One (Dublin) S. 154
Checchino dal 1887 (Rom) S. 490
Checco er Carrettiere (Rom) S. 491
Chedi (Tallinn) S. 534
Chez Dominique (Helsinki) S. 236
Chez Jacky (Genf) S. 208
Chez L'Ami Jean (Paris) S. 440
Chez Michel (Paris) S. 440
Chou (Brüssel) S. 117
Christian Têtedoie (Lyon) S. 335
Chutor Wodograi (St. Petersburg) S. 503
Cibrèo (Florenz) S. 178
Ciel Bleu (Amsterdam) S. 43
Cinc Sentits (Barcelona) S. 70
Cinque (Zürich) S. 584
Cintemani (Istanbul) S. 252
Clairefontaine (Luxemburg) S. 325
Colline Emiliane (Rom) S. 491
Collio (Wien) S. 567
Comerç 24 (Barcelona) S. 70

Comme Chez Soi (Brüssel) S. 118
Coure (Barcelona) S. 71
Cracco-Peck (Mailand) S. 370
Csalogány 26 étterem (Budapest) S. 135
Cubo (Ljubljana) S. 289
Cucina e Libri (Zürich) S. 584

D

Dal Bolognese (Rom) S. 491
Dallmayr (München) S. 398
Dassa Bassa (Madrid) S. 350
Dax (Dublin) S. 154
De Kas (Amsterdam) S. 43
Demo (Helsinki) S. 236
Die Bank (Hamburg) S. 220
Die Quadriga (Berlin) S. 90
Dió (Budapest) S. 135
Divarka (Sofia) S. 513
DiverXo (Madrid) S. 351
Domaine de Châteauvieux (Satigny) S. 208
Don Camillo Créations (Nizza) S. 413
360 Istanbul (Istanbul) S. 253
D/S Louise (Oslo) S. 423
Dunapark (Budapest) S. 136

E

Ederer (München) S. 399
Edodi (Athen) S. 53
Egoist (Tallinn) S. 534
Ein Wiener Salon (Wien) S. 567
Eisvogel (Wien) S. 568
Ekebergrestauranten (Oslo) S. 423
El Alto de Colón (Valencia) S. 543
El Ámparo (Madrid) S. 351
El Romeral (Valencia) S. 544
El Schotis (Madrid) S. 351
eleven (Lissabon) S. 278
Ella's (Wien) S. 569
Els Pescadors (Barcelona) S. 71
Emma Metzler (Frankfurt/M.) S. 191
Emporio Armani Caffè (Paris) S. 441
En Mets, fais ce qu'il te plaît (Lyon) S. 335
Enoteca Ferrara (Rom) S. 492
Enoteca Pinchiorri (Florenz) S. 179
Erno's Bistro (Frankfurt/M.) S. 192
Espai Sucre (Barcelona) S. 71
E.T.A. Hoffmann (Berlin) S. 91

F

Fabrikas Restorans (Riga) S. 475
Facil (Berlin) S. 91
Fallon & Byrne (Dublin) S. 155
Fast Good (Madrid) S. 352
Finstua – Frognerseteren (Oslo) S. 423
1.th. (Kopenhagen) S. 264
1. Slovak Pub (Bratislava) S. 106
first floor (Berlin) S. 91
Fischereihafen Restaurant (Hamburg) S. 221
Fischers Fritz (Berlin) S. 92
FishMarket (Helsinki) S. 237
5. Kat Cafe-Bar-Restaurant (Istanbul) S. 253
Flambée (Prag) S. 464

RESTAURANTS

Flo (Amsterdam) S. 43
Folk Gospoda (Warschau) S. 553
Fonda Gaig (Barcelona) S. 72
Formel B (Kopenhagen) S. 265
48 The Restaurant (Athen) S. 53
Français (Frankfurt/M.) S. 192
Fredsgatan 12 (Stockholm) S. 522
Freisinger Hof (München) S. 399

G

G. W. Sundmans (Helsinki) S. 237
Gabriele (Berlin) S. 92
Galleria (München) S. 399
Gallery Café (Moskau) S. 380
Galvin at the Windows (London)
  S. 303
Garibaldi (Frankfurt/M.) S. 192
Gastronom No.1 (Moskau) S. 380
Gaumenspiel (Wien) S. 569
Gaya par Pierre Gagnaire (Paris)
  S. 441
GB Corner (Athen) S. 54
Geisel's Vinothek (München) S. 400
Gerlóczy Kávéház (Budapest) S. 136
Giesserei (Zürich) S. 584
Ginger (Zürich) S. 584
Ginza (St. Petersburg) S. 503
Gloria (Tallinn) S. 534
Goethe-Stübli (Zürich) S. 585
Goko (Berlin) S. 92
Gold (Mailand) S. 370
Goldman (Frankfurt/M.) S. 193
Gordon Ramsay (London) S. 303
Gozzi Sergio (Florenz) S. 179
GQ (Moskau) S. 380
Grand Cru (Frankfurt/M.) S. 193
Great Queen Street (London) S. 303
Green's (London) S. 304
Gresca (Barcelona) S. 72
Grill Royal (Berlin) S. 93
Grossmanns (Frankfurt/M.) S. 193
Guelfi e Ghibellini (Florenz) S. 180
Gundel (Budapest) S. 136
Gusto (Rom) S. 492
Guy Savoy (Paris) S. 441

H

Haerlin (Hamburg) S. 221
Haga (Oslo/Bekkestua) S. 424
Hakkasan (Istanbul) S. 253
Hakkasan (London) S. 304
Halali (München) S. 400
Halvemaan (Amsterdam) S. 43
Hamdi et Lokantasi (Istanbul) S. 254
Havis (Helsinki) S. 237
Heimat (Frankfurt/M.) S. 194
Hélène Darroze at The Connaught
  (London) S. 305
Henssler Henssler (Hamburg) S. 221
Herman (Kopenhagen) S. 265
Hibiscus (London) S. 305
Hiltl (Zürich) S. 585
Hisop (Barcelona) S. 72
Hix Oyster & Chop House
  (London) S. 305
Hofbräuhaus (München) S. 400
Hofmann (Barcelona) S. 73
Holbein's (Frankfurt/M.) S. 194

Horisont (Tallinn) S. 534
Hostaria dell'Orso (Rom) S. 492
Hostellerie du Grunewald
  (Luxemburg) S. 326
Hugos (Berlin) S. 93
Hünkar (Istanbul) S. 254

I

Ida Davidsen (Kopenhagen) S. 266
Il Lago (Genf) S. 208
Il Latini (Florenz) S. 180
Il Luogo di Aimo e Nadia (Mailand)
  S. 370
Il Marchesino (Mailand) S. 370
Il Pompiere (Rom) S. 492
Il Sambuco (Mailand) S. 371
In 't Spinnekopke (Brüssel) S. 119
Iroco (Madrid) S. 352
Itinéraires (Paris) S. 442

J

Jacobs Restaurant (Hamburg) S. 222
JB (Ljubljana) S. 289
Jeroboam (Moskau) S. 381
Joia (Mailand) S. 371
Jolki-Palki (Moskau) S. 381
Josef (Zürich) S. 586
Juuri (Helsinki) S. 237

K

Käfer-Schänke (München) S. 401
Kailuze (Valencia) S. 544
Kalku Värti (Riga) S. 476
Kameha Suite – Next Level
  (Frankfurt/M.) S. 195
Kampa Park (Prag) S. 464
Keisuke Matsushima (Nizza) S. 413
Kim kocht (Wien) S. 569
Kleine Brunnenstr. 1 (Hamburg) S. 222
Kodbyens Fiskebar
  (Kopenhagen) S.266
Koefoed (Kopenhagen) S. 266
Kokkeriet (Kopenhagen) S. 266
Kollias (Athen) S. 54
Kong Hans Kælder (Kopenhagen)
  S. 266
Königshof (München) S. 401
Kovac (Ljubljana) S. 289
Kronenhalle (Zürich) S. 586
Krpan (Ljubljana) S. 290
Küchenwerkstatt (Hamburg) S. 223
Kupol (Moskau) S. 382
Kuzina (Athen) S. 54

L

L'Ambroisie (Paris) S. 442
L'Âne Rouge (Nizza) S. 414
L'Annexe (Luxemburg) S. 326
L'Aromate (Nizza) S. 414
L'Assiette (Paris) S. 442
L'Astrance (Paris) S. 443
L'Atelier de Joël Robuchon
  (London) S. 305
L'Auberge du Pont de Collonges –
  Paul Bocuse (Lyon/Collonges-au-
  Mont-d'Or) S. 335
L'Autre Pied (London) S. 306
L'Écrivain (Dublin) S. 155
L'Escalinada (Nizza) S. 414

l'Est (Lyon) S. 336
L'Europe (St. Petersburg) S. 504
L'Horloge du Sud (Brüssel) S. 119
L'Huîtrier (Paris) S. 443
L'Univers de Christian Plumail
  (Nizza) S. 414
La Boheme (Riga) S. 476
La Boheme (Tallinn) S. 534
La Bola (Madrid) S. 352
La Cambusa (Prag) S. 465
La Campana (Rom) S. 493
La Cantine de Lulu (Nizza) S. 415
La Carbonara (Rom) S. 493
La Degustation Bohème Bourgeoise
  (Prag) S. 465
La Grande Cascade (Paris) S. 443
La Lorraine (Luxemburg) S. 326
La Mama (Bukarest) S. 146
La Mandragora (Bukarest) S. 146
La Manufacture (Brüssel) S. 119
La Marée (Moskau) S. 382
La Mère Brazier (Lyon) S. 336
La Merenda (Nizza) S. 415
La Part des Anges (Nizza) S. 415
La Pergola (Rom) S. 493
La Perle du Lac (Genf) S. 209
La Petite Maison (Nizza) S. 416
La Régalade (Paris) S. 444
La Reggia degli Etruschi (Florenz) S. 180
La Rive (Amsterdam) S. 44
La Rôtisserie (Warschau) S. 554
La Scala (Hamburg) S. 223
La Sucursal (Valencia) S. 544
La Taberna de Liria (Madrid) S. 353
La Table de Joël Robuchon (Paris)
  S. 444
La Tasquita de Enfrente (Madrid)
  S. 353
La Terraza del Casino (Madrid) S. 354
La Terrazza dell' Eden (Rom) S. 493
La Trainera (Madrid) S. 354
La Zucca Magica (Nizza) S. 416
landersdorfer & innerhofer
  (München) S. 401
Lasarte (Barcelona) S. 73
Lasserre (Paris) S. 445
Laurent (Paris) S. 445
Le Bélisaire (Paris) S. 446
Le Borshch (St. Petersburg) S. 504
Le Bouquet Garni (Luxemburg) S. 328
Le Café Anglais (London) S. 306
Le Café de Turin (Nizza) S. 416
Le Châlet de la Forêt (Brüssel) S. 120
Le Chat Botté (Genf) S. 209
Le Châteaubriand (Paris) S. 446
Le Ciel (Wien) S. 569
Le Cinq (Paris) S. 446
Le Comptoir du Relais (Paris) S. 447
Le Coq d'Argent (London) S. 306
Le Dali (Paris) S. 447
Le Gavroche (London) S. 307
Le Grand Balcon (Athen) S. 55
Le Grand Pan (Paris) S. 447
Le Grand Véfour (Paris) S. 447
Le Jules Verne (Paris) S. 448
Le Meurice (Paris) S. 448
Le Monde (Bratislava) S. 106
Le Papillon (Prag) S. 465

598

Le Pavillon de Rotonde (Lyon/Charbonnières-les-Bains) S. 336
Le Plat du Jour (Hamburg) S. 223
Le Potager des Halles (Lyon) S. 337
Le Restaurant (Amsterdam) S. 44
Le Safari (Nizza) S. 416
Le terroir (Prag) S. 466
Les Ambassadeurs (Paris) S. 448
Les Armures (Genf) S. 209
Les fines Gueules (Paris) S. 449
Les Olivades (Paris) S. 449
Les Ottomans 29 (Istanbul) S. 254
Les 5 Portes (Genf) S. 210
Léa Linster (Luxemburg/Frisange) S. 327
Leijontornet (Stockholm) S. 523
Lenkonzert (St. Petersburg) S. 504
Likus Concept Store (Warschau) S. 554
Lo Zibibbo (Florenz) S. 180
Lofoten Fish Restaurant (Oslo) S. 424
Loft (Helsinki) S. 238
Long Island City Lounge (Frankfurt/M.) S. 195
Looks (Amsterdam) S. 44
Loosbar (Wien) S. 574
Lorenz Adlon (Berlin) S. 94
Luc Salsedo (Nizza) S. 413
Luna Rossa (Athen) S. 54
Lux (Stockholm) S. 523

M

M Restaurant – Mathieu Viannay (Lyon) S. 337
MÂTim Raue (Berlin) S. 94
Madu (Oslo) S. 424
Majak (Moskau) S. 382
Malacatin (Madrid) S. 355
Manairo (Barcelona) S. 73
Manastirska Magernitsa (Sofia) S. 513
Manon (Moskau) S. 383
Marco (London) S. 307
Marco Pierre White Steakhouse and Grill (Dublin) S. 156
Marcus Wareing at The Berkeley (London) S. 307
Maremoto (Berlin) S. 94
Margaux (Berlin) S. 94
Mark's (München) S. 401
Martin Wishart (Edinburgh) S. 167
Masuelli San Marco (Mailand) S. 371
Mathias Dahlgren Matsalen (Stockholm) S. 524
Mavrommátis (Paris) S. 450
Medici (Frankfurt/M.) S. 195
Medúsa (Bratislava) S. 106
Meinl am Graben (Wien) S. 570
Menza (Budapest) S. 137
Mesa (Zürich) S. 586
Messana (Valencia) S. 545
Mi & Ti (Luxemburg) S. 328
Micro (Frankfurt/M.) S. 196
Mielcke & Hurtigkarl (Kopenhagen) S. 267
Mielzynski (Warschau) S. 555
Mikla (Istanbul) S. 255
Milos (Athen) S. 55
Mirabelle (Rom) S. 494

Moo (Barcelona) S. 74
Mraz & Sohn (Wien) S. 570
Mosconi (Luxemburg) S. 329
MR (Kopenhagen) S. 267
Mu-Mu (Moskau) S. 383
Murano (London) S. 308

N

Nahm (London) S. 308
Nedal'nij Vostok (Moskau) S. 383
Nicolas Le Bec (Lyon) S. 338
Nodo (Madrid) S. 355
Noma (Kopenhagen) S. 267
Notos (Brüssel) S. 120
Noube Daigaku (Brüssel) S. 120
Number One (Edinburgh) S. 167

O

Och Himlen Därtill (Stockholm) S. 524
Odeon (Amsterdam) S. 45
Olo (Helsinki) S. 238
Oloroso (Edinburgh) S. 168
Olympen Mat & Vinhus (Oslo) S. 425
One Pico (Dublin) S. 156
Opéra (Frankfurt/M.) S. 196
Operakällaren (Stockholm) S. 524
Oro Restaurant Terje Ness (Oslo) S. 425
Oscarsgate (Oslo) S. 425
Osteria del Velodromo Vecchio (Rom) S. 494

P

Palkin (St. Petersburg) S. 504
Pan de Lujo (Madrid) S. 355
Pandeli (Istanbul) S. 255
Pap'Açorda (Lissabon) S. 279
Papadakis (Athen) S. 56
Paparazzi (Bratislava) S. 106
Parc des Eaux-Vives (Genf) S. 210
Paris' (Frankfurt/M.) S. 196
Patrick Guilbaud (Dublin) S. 156
Peck (Mailand) S. 372
Peploe's Wine Bistro (Dublin) S. 156
Petermann's Kunststuben (Zürich/Küsnacht) S. 586
Pied à Terre (London) S. 308
Pierre Gagnaire (Paris) S. 450
Pil-Poul (Athen) S. 56
Plachutta (Wien) S. 570
Pod Lipite (Sofia) S. 514
Poletto (Hamburg) S. 224
Pontus! (Stockholm) S. 525
Poseidon (Istanbul) S. 255
Postres (Helsinki) S. 238
Prémisse (Kopenhagen) S. 267
Pri Vitezu (Ljubljana) S. 290
Pri Yafata (Sofia) S. 514
Prime Steaks and Seafood (Bukarest) S. 147
Prinz Frederik (Hamburg) S. 224

Q

Quattro Leoni (Florenz) S. 181

R

Raconte-moi des salades (Brüssel) S. 121
Rami (Istanbul) S. 256

Rasmus Oubaek (Kopenhagen) S. 268
Relais Picasso (Rom) S. 494
Restaurang 1900 (Stockholm) S. 525
Restaurant Il Baby (Rom) S. 495
Restaurant Ö (Tallinn) S. 535
Reinstoff (Berlin) S. 94
Retters (München) S. 402
Rhodes D7 (Dublin) S. 157
RieGi (Wien) S. 571
Riff (Valencia) S. 545
River Café (London) S. 309
Roast (London) S. 309
Roig Robí (Barcelona) S. 74
Rolfs Kök (Stockholm) S. 526
Rondo Royal (Warschau) S. 556
Rossini (Florenz) S. 181
Rouge Tomate (Brüssel) S. 121
Rüsterei (Zürich) S. 587
Russian Vodkaroom No. 1 (St. Petersburg) S. 505
Rutz Weinbar (Berlin) S. 95
Rybí trh (Prag) S. 466

S

Sadko (St. Petersburg) S. 505
Sadler (Mailand) S. 372
Salle du Jour (Amsterdam) S. 45
San Nicci (Berlin) S. 95
Santceloni (Madrid) S. 356
Santo Bevitore (Florenz) S. 181
Sapori (Genf) S. 210
Särkänlinna (Helsinki) S. 239
Saslik (Helsinki) S. 239
Saüc (Barcelona) S. 74
Savoy (Helsinki) S. 239
Schatjor (St. Petersburg) S. 505
Schauermann (Hamburg) S. 225
Schlüssel (Zürich) S. 587
Schuhbeck's Südtiroler Stuben (München) S. 402
Scott's (London) S. 310
Seagrill (Brüssel) S. 121
Sein (Zürich) S. 587
Semproniana (Barcelona) S. 74
Senderens (Paris) S. 451
Senhor Vinho (Lissabon) S. 283
Senyor Parellada (Barcelona) S. 75
Serata (Helsinki) S. 239
Sergi Arola Gastro (Madrid) S. 356
Seu – Xerea (Valencia) S. 545
Seven Seas (Hamburg) S. 225
Sgroi (Hamburg) S. 225
Shanahan's on the Green (Dublin) S. 157
Shinok (Moskau) S. 383
Silk (Frankfurt/M.) S. 197
Slotskælderen (Kopenhagen) S. 268
Smak pa Restaurangen (Stockholm) S. 526
Solar dos Presuntos (Lissabon) S. 279
Speltz (Luxemburg) S. 329
Spice Market (Istanbul) S. 256
Spice (Zürich) S. 588
Spisestedet Feinschmecker (Oslo) S. 426
Spondi (Athen) S. 56
Spoon Café & Lounge (Budapest) S. 157

RESTAURANTS

St. Alban (London) S. 310
St. John (London) S. 311
Statholdergaarden (Oslo) S. 426
Steirereck im Stadtpark (Wien) S. 571
Sternen Grill (Zürich) S. 588
Strindberg (Helsinki) S. 240
Stroganoff Steak House
   (St. Petersburg) S. 505
Submarino (Valencia) S. 545
Symposium (Riga) S. 477
Syrah (Barcelona) S. 75

T

Taberna del Alabardero (Madrid)
   S. 356
Taillevent (Paris) S. 451
Tantris (München) S. 403
Tapelia (Valencia) S. 546
Tarantella (Hamburg) S. 226
Tarchun (St. Petersburg) S. 505
Tavares Rico (Lissabon) S. 280
Teatriz (Madrid) S. 357
Tempus Fugit (Bratislava) S. 107
Terrassa (St. Petersburg) S. 506
Terres de Truffes (Nizza) S. 417
Terrine (München) S. 403
Terroir (Zürich) S. 588
Thai (Genf) S. 211
The Anchor & Hope (London) S. 311
The Capital (London) S. 311
The Ivory Club (Frankfurt/M.) S. 197
The Kitchin (Edinburgh) S. 168
The Last Supper (Luxemburg) S. 329
The Monastery (Prag) S. 466
The Narrow (London) S. 312
The Paul (Kopenhagen) S. 268
The Plumed Horse (Edinburgh) S. 168
The Riva (Zürich) S. 589
The Square (London) S. 312
The Three Sisters (Tallinn) S. 535
The Wolseley (London) S. 312
Theatercaféen (Oslo) S. 426
Theo Randall (London) S. 313
Thornton's (Dublin) S. 158
Tiger-Restaurant (Frankfurt/M.) S. 197
Tom & George (Budapest) S. 137
Tom Aikens (London) S. 313
Topaz (Istanbul) S. 256
Trattoria Sostanza –Troia
   (Florenz) S. 182
Trussardi alla Scala (Mailand) S. 372
Tschechow (St. Petersburg) S. 506
Tuna (Rom) S. 495
Turandot (Moskau) S. 384

U

U Kucharzy (Warschau) S. 556
U Pirosmani (Moskau) S. 384
Umu (London) S. 313
Unico (München) S. 403

V

Valvas'or (Ljubljana) S. 290
Van Vlaanderen (Amsterdam) S. 45
Varoulko (Athen) S. 57
VAU (Berlin) S. 96
Venu (Dublin) S. 158
Vermeer (Amsterdam) S. 46
Vertigo (Tallinn) S. 536

Vestibül (Wien) S. 572
Via Veneto (Barcelona) S. 75
Villa Lorraine (Brüssel) S. 122
Villa Natka (Brüssel) S. 123
Vincents (Riga) S. 477
Vinkeles (Amsterdam) S. 46
Viridiana (Madrid) S. 357
Vismet (Brüssel) S. 123
Viva M'Boma (Brüssel) S. 123
Vogue (Istanbul) S. 256
Vox (Berlin) S. 96

W

Wagner Apfelwein (Frankfurt/M.)
   S. 197
Wärdshuset Ulla Winbladh
   (Stockholm) S. 526
Warwary (Moskau) S. 385
Wedgwood (Edinburgh) S. 169
Wedholms Fisk (Stockholm) S. 526
Weingrün (Berlin) S. 96
Wild Honey (London) S. 314
Wolfbach (Zürich) S. 589

Y

Yakimono (Bukarest) S. 147
Yamazato (Amsterdam) S. 46
Yauatcha (London) S. 314
Yu Yuan (Hamburg) S. 226

Z

Zar (St. Petersburg) S. 506
ZDL-Club (Moskau) S. 385
Ze Kitchen Galerie (Paris) S. 451
Zum finsteren Stern (Wien) S. 572
Zum Franziskaner (München) S. 404
Zum Schwarzen Kameel (Wien) S. 572
Zum Weißen Rauchfangkehrer
   (Wien) S. 573
Zuma (Istanbul) S. 256
Zuma (London) S. 314

Bars/Cafés/ Heurige/Pubs/ Tapas-Bars

A

À la Mort Subite (Brüssel) S. 124
A 21 (Helsinki) S. 240
A 38 Ship (Budapest) S. 138
Aku-Aku Tiki Bar (Oslo) S. 426
Alexander's (Athen) S. 57
Angie's Nightclub (Hamburg) S. 226
Anneli Viik (Tallinn) S. 536
Åpenbar (Oslo) S. 426
Art Club Museum (Sofia) S. 514
Au Petit Bouchon – Chez Georges
   (Lyon) S. 338

B

Baby (München) S. 404
Bacchus Vinbar (Kopenhagen) S. 268
Balthazar (Athen) S. 58
Bar Boca (Oslo) S. 427
Bar Centrale (München) S. 405
Bar Fifty Four (Frankfurt/M.) S. 198
Bar Mirablau (Barcelona) S. 76
Barfly's Club (Wien) S. 573

Bartaruga (Rom) S. 495
Barysphär Foodclub (München) S. 405
Bebo (Brüssel) S. 124
BedRoom (Sofia) S. 514
Béli-Bar (Brüssel) S.
Bistrot à Vins Melac (Paris) S. 452
Blå Lounge Bar (Bukarest) S. 147
Blue Bar (London) S. 315
Blue Moon Bar (Stockholm) S. 527
Blues Café (Lissabon) S. 280
Bosco (Moskau) S. 386
BonBon (Tallinn) S.
Brunello Lounge (Rom) S. 496
Büyük Londra Öteli Bar (Istanbul) S. 257

C

Café A Brasileira (Lissabon) S. 280
Café am Tonstudio (München) S. 405
Café Americain (Amsterdam) S. 47
Café Belga (Brüssel) S. 124
Café des Fédérations (Lyon) S. 338
Café Louvre (Prag) S. 467
Café las Horas (Valencia) S. 546
Café Opera (Stockholm) S. 527
Café Savoy (Prag) S. 467
Caffè Giacosa Roberto Cavalli
   (Florenz) S. 182
Caffè Gioberti (Florenz) S. 182
Cal Pep (Barcelona) S.
Cantine Isola (Mailand) S. 372
Carluccio's (London) S. 315
Casa Bleve (Rom) S. 496
Casa Lucas (Madrid) S. 358
Casa Montaña (Valencia) S. 546
Cata 1.81 (Barcelona) S. 76
Caviar Bar (St. Petersburg) S. 506
Cellar Gascon (London) S. 315
Centotre (Edinburgh) S. 169
Chafariz do Vinho (Lissabon) S. 281
Chai 33 (Paris) S. 452
Chez Richard (Brüssel) S. 124
Chocolat (Bukarest) S. 148
Christiansen's (Hamburg) S. 227
Città del Gusto (Rom) S. 496
City Space Bar (Moskau) S. 386
Ciu' Bar (Hamburg) S. 227
Cloud 9 sky bar & lounge (Prag) S. 467
Club Lounge Senzone (Madrid) S. 358
Conservatory Lounge & Bar
   (Moskau) S. 386
Cortiina Bar (München) S. 406
Crystal Lounge (Brüssel) S. 125

D

D' Vine Bar (Riga) S. 478
Délirium Cafe (Brüssel) S. 125
10 Corso Como (Mailand) S. 373
Divinis (Prag) S. 467
Dos Palillos (Barcelona) S. 76
Dry Martini (Barcelona) S. 77
Duke's (Rom) S. 496

E

Ecco Vino (Edinburgh) S. 169
El Bocaito (Madrid) S. 358
Els Fogons de la Barceloneta
   (Barcelona) S. 77
Ely hq (Dublin) S. 158
Emihls Gustavs Shokolahde

(Riga) S. 478
Enoiteca Il Calice (Berlin) S. 96
Enoteca Winebar (Genf) S. 211
Entrevinos (Madrid) S. 358
Eriks Vinbaren (Stockholm) S. 527
Estado Puro (Madrid) S. 358
Etoile Bar (Oslo) S. 427

F

Fabio's (Wien) S. 573
falk's Bar (München) S. 406
Fetiche (Ljubljana) S. 291
Fragil (Lissabon) S. 281

G

Gaja Sky Bar (Istanbul) S. 257
Galaxy (Athen) S. 58
Grand Café des Négociants
  (Lyon) S. 339
Grand Café Galleron (Bukarest) S. 148
Grand Café Orient (Prag) S. 468

H

Honey Ryder Cocktail Lounge
  (Kopenhagen) S. 269
Horseshoe Bar (Dublin) S. 159

I

Il Manduca (Florenz) S. 182
Il Palatium (Rom) S. 497
Indochine (Zürich) S. 589
Inopia (Barcelona) S. 77
Jazz Philharmonic Hall
  (St. Petersburg) S. 507
Jelsomino (St. Petersburg) S. 507

K

Kalku Värti Bar (Riga) S. 479
Kanela Konditoreja (Riga) S. 479
Kaufleuten-Lounge (Zürich) S. 589
K-Bar (Kopenhagen) S. 269
KOM (Warschau) S. 556
Kristal Glam Club (Bukarest) S. 148

L

L'Archiduc (Brüssel) S. 125
La Nuit (Hamburg) S. 227
La Panxa del Bisbe (Barcelona) S. 77
La Vinya del Senyor (Barcelona) S. 78
Le Bain Art Gallery (Rom) S.
Le Bar du Plaza Athénée
  (Paris) S. 452
Le Baratin (Paris) S. 453
Le Cirio (Brüssel) S. 126
Le Garet (Lyon) S. 339
Le Jura (Lyon) S. 339
Le Mercière (Lyon) S. 339
Le Volpi e l'Uva (Florenz) S. 182
Leb-i Derya (Istanbul) S. 257
Lime (Amsterdam) S. 47
Living (Mailand) S. 373
Lobby Bar (St. Petersburg) S. 507
Loosbar (Wien) S. 574
Lux (Lissabon) S. 282

M

Macek (Ljubljana) S. 291
Mandalay (Hamburg) S. 227
Maria's Market Café (London) S. 315
Market 8 (Bukarest) S. 148

Monvinic (Barcelona) S. 78
Murano (Paris) S. 453

N

Negro Café (Budapest) S. 138
Negroni (Florenz) S. 182
Newton Bar (Berlin) S. 97
Nørrebro Bryghus (Kopenhagen)
  S. 269

O

Onyx Bar (Wien) S. 574
Opera (Sofia) S. 514
O2 Lounge (Moskau) S. 386

P

Palace Katto (Helsinki) S. 240
Palm Court Bollinger Bar
  (Edinburgh) S. 169
Panzón (Kopenhagen) S. 269
Patisserie Valerie (London) S. 315
Pavilhão Chinês (Lissabon) S. 282
Pegasus (Tallinn) S. 537
Peoples Lounge (Bratislava) S. 107
Platinium Club (Warschau) S. 557
Porto Praga (Warschau) S. 557
Posthallen (Oslo) S. 427
Pravda (Frankfurt/M.) S. 198
Pravda Vodka Bar (Mailand) S. 373
Purga (St. Petersburg) S. 507

Q

Quentin Pain et Vin (Brüssel) S. 126

R

Ramses (Madrid) S. 359
Reingold (Berlin) S. 97
Reiss Bar (Wien) S. 574
Rive Gauche (Zürich) S. 590

S

Salon (Ljubljana) S. 292
Sansibar (Frankfurt/M.) S. 198
Saphire (Berlin) S. 97
Schumann's Bar am Hofgarten
  (München) S. 406
Sefahathane Bar (Istanbul) S. 257
Senhor Vinho (Lissabon) S. 283
Seven Sky Bar (St. Petersburg) S. 507
1707 Wine Bar (London) S. 316
Silver Bar (Wien) S. 574
Sirbu (Wien) S. 575
Sky Bar (Wien) S. 575
Skyline Bar (Riga) S.
Slodki Slony (Warschau) S. 558
Solar (Berlin) S. 98
Solar do Vinho do Porto
  (Lissabon) S. 283
Soleil Rouge (Genf) S. 211
Sounds (Brüssel) S. 126
St. Pancras Champagne Bar
  (London) S. 316
Star Ferry (Amsterdam) S. 47
Stolle (St. Petersburg) S. 507
Sula (Madrid) S. 359
Summit Bar (Oslo) S. 427

T

Taanilinna Veinikelder (Tallinn) S. 537
Tabacco (München) S. 407

Tapaç 24 (Barcelona) S. 78
Tausend (Berlin) S. 98
Terrasse Bar (Zürich) S. 590
Terrenos Vinotek (Stockholm) S. 527
The Flat (Brüssel) S. 126
The George Inn (London) S. 316
The Grenadier (London) S. 317
The Kings Wark (Edinburgh) S. 169
The Pingala Bar (Nizza) S. 417
The SolÅr (Brüssel) S. 127
The Stag's Head (Dublin) S. 159
The Three Sisters Wine Bar
  (Tallinn) S. 537
The Vintners Rooms (Edinburgh)
  S. 170
Torni Bar Ateljee (Helsinki) S. 240
Trafo Music Bar (Bratislava) S. 108
Tretter's New York Bar (Prag) S. 468
Tribeca (Athen) S. 59
Trimani Il Wine Bar (Rom) S. 497
Tula Café (Valencia) S. 546
20 up (Hamburg) S. 228
22nd Lounge (Frankfurt/M.) S. 198

U

U Zlatého Tygra (Prag) S. 468
Ufo (Bratislava) S. 108

V

V. I. P. Room (Luxemburg) S. 330
V. Kuze Café (Riga) S. 479
Vertigo 42 (London) S. 317
Victoria Bar (Berlin) S. 98
Vina Studija (Riga) S. 479
VinBaren (Kopenhagen) S. 269
Vinivore (Nizza) S. 417
Vinn'y Bar Monarch (Prag) S. 468
Vinosyr (Moskau) S. 387
Vinothek Movia (Ljubljana) S. 292
Vogue Café (Moskau) S. 387
Volkonsky Café (Moskau) S. 387

W

Walden (Frankfurt/M.) S. 198
Wedel Staroswiecki Sklep
  (Warschau) S. 558
Whiski (Edinburgh) S. 170
Whispers of Wine (Athen) S. 59
Widder Bar (Zürich) S. 590
Wieninger (Wien) S. 575
Wildschut (Amsterdam) S. 47
Willi's Wine Bar (Paris) S. 453
Windhorst Bar & Lounge (Berlin) S. 98
Wine Wharf (London) S. 317
Winery (Brüssel) S. 127

Y

Yakshis Bar (Hamburg) S. 228

Z

Zen Jazz Bistro (Warschau) S. 558

IMPRESSUM

DER FEINSCHMECKER

ISBN 978-3-8342-0584-1

Redaktion und Mitarbeit

Helene Aecherli, Winfried Bährsch, Achim Becker, Karin Berger, Sven-Claude Bettinger, Dieter Braatz, Annett Brohmann, Stephan Clauss, Stefan Elfenbein, Ralf Frädtke, Eva Gerberding, Barbara Goerlich, Irene Hanappi, Gabriele Heins, Albrecht Heinz, Madeleine Jakits, Klaus Kamolz, Sabine Knappe, Deborah Knür, Astrid Lenz, Caro Maurer, Gitta Martens, Isolde von Mersi, Sabine Michaelis, Thomas Migge, Axel Pinck, Vladimír Poštulka, Andrea Remus, Andrea Sach, Dorothee Schöndorf, Ulf Sundermann, Karin Szpott, Kersten Wetenkamp, Astrid Wiedemann, Merten Worthmann, Jörg Zipprick

Projektleitung Justus Hertle
Chef vom Dienst Bartosz Plaksa
Gestaltung UMP GmbH, Hamburg
Bildredaktion Antje Elmenhorst, Helgard Below
Herstellung Jörg Schumacher
Lithografie UMP GmbH, Hamburg
Druck und Bindung GGP Media GmbH, Pößneck

Bildnachweis

GourmetPictureGuide (586); Michael Holz/Jahreszeiten Verlag (S. 506);
Jörg Lehmann/Jahreszeiten Verlag (S. 377, S. 378, S. 382, S. 383, S. 385, S. 386, S. 387);
Titel: Florian Bolk (1), Jan C. Brettschneider (2), GourmetPictureGuide (3),
Joerg Lehmann (3), Jan Peter Westermann (3), Götz Wrage (1)

Wir freuen uns, Ihre Meinung zu diesem FEINSCHMECKER-Guide zu erfahren.
Bitte schreiben Sie uns, wenn Sie Berichtigungen und
Ergänzungsvorschläge haben oder wenn Ihnen etwas besonders gut gefällt:
Redaktion DER FEINSCHMECKER Reiseressort, Stichwort DER FEINSCHMECKER-Guide
Jahreszeiten Verlag, Poßmoorweg 2, 22301 Hamburg
redaktion@der-feinschmecker.de

JAHRESZEITEN VERLAG GmbH
DER FEINSCHMECKER Gourmet-Shop Bestellhotline Tel. 040/87 97 35 60
www.der-feinschmecker-shop.de
Group Head Anzeigen Roberto Sprengel
Anzeigenleitung Sabine Rethmeier
Anzeigenstruktur Anke Neitzel, Nadine Sturmat
Vertriebsleitung DER FEINSCHMECKER Jörg-Michael Westerkamp
Objekt-Marketing Sonja Wünkhaus
Verlagsleitung Special Interest Oliver Voß
Geschäftsführung Special Interest Peter Rensmann
Verantwortlich für den redaktionellen Inhalt Madeleine Jakits
Verantwortlich für Anzeigen Roberto Sprengel

GourmetPictureGuide
Stefanie Lüken, Tel. 040/27 17-20 02,
syndication@jalag.de, www.jalag-syndication.de
Bei Interesse an Hotel- oder Restaurant-Fotografie: www.GourmetPictureGuide.de

iPUBLISH GmbH
Karten MERIAN-Kartographie
Kartenredaktion Michael Menzel
Redaktionstechnik Nicole Könnecke, Dr. Thomas Neumann
Bei Interesse an MERIAN-Kartographie schreiben Sie bitte an: iPublish GmbH, Geomatic, Berg-am-Laim-Straße 47, 81673 München

Vertrieb Buchhandel TRAVEL HOUSE MEDIA GmbH
Berg-am-Laim-Straße 47, 81673 München
Telefon 089/45 00 09-900, Telefax 089/45 00 09-901
www.travel-house-media.de

Anzeigenabteilung Der Feinschmecker:
Tel. 040/27 17-2097
Fax 040/27 17-2065
E-Mail: anzeigen@premium-magazine.de

Verlagsbüros Inland:

Düsseldorf:	Tel. 0211/9 01 90-0, Fax -19, E-Mail: vb-duesseldorf@jalag.de
Frankfurt:	Tel. 069/97 06 11-0, Fax -44, E-Mail: vb-frankfurt@jalag.de
Hamburg:	Tel. 040/27 17-25 95, Fax -25 20, E-Mail: vb-hamburg@jalag.de
Hannover/Berlin:	Tel. 0511/85 61 42-0, Fax -19, E-Mail: vb-hannover@jalag.de
München:	Tel. 089/99 73 89-30, Fax -44, E-Mail: vb-muenchen@jalag.de
Stuttgart:	Tel. 0711/96 66 65-20, Fax -22, E-Mail: vb-stuttgart@jalag.de

Repräsentanzen Ausland:

Belgien:	siehe Büro Frankreich
Dänemark:	siehe Büro Hamburg
Frankreich/Paris	International Magazine Company, Tel. +33/1/53 64 88 91, Fax 45 00 25 81, E-Mail: imc@international.fr
Großbritannien/London:	The Powers Turner Group Ltd., Tel. +44/20/75 92 83 06, Fax 75 92 83 01, E-Mail: jbutchers@publicitas.com
Italien/Mailand:	Media & Service International Srl, Tel. +39/02/48 00 61 93, Fax 48 19 32 74, E-Mail: info@it-mediaservice.com
Luxemburg:	siehe Büro Frankfurt
Niederlande:	siehe Büro Düsseldorf
Österreich/Wien:	Publimedia Internationale Verlagsvertretungen GmbH, Tel. +43/1/21 15 30, Fax 212 16 02, E-Mail: ppn-vienna@publicitas.com
Schweden:	Annonsbolaget JB Media AB Tel. 0046/8/753 96 04
Schweiz/Basel:	Intermag, Tel. +41/61/275 46-09, Fax -10, E-Mail: info@intermag.ch
Spanien/Madrid:	Alcalá Media International Media, Tel. +34/91/326 91 06, Fax 326 91 07, E-Mail: alcalamedia@retemail.es
USA/New York:	The Russell Group Ltd., Tel. +1/212/213 11-55, Fax -60, E-Mail: info@russellgroupltd.com